중세의 성경 연구

중세의 성경 연구

2020년 9월 10일 초판 1쇄 인쇄
2020년 9월 15일 초판 1쇄 발행

지은이 | 베릴 스몰리
옮긴이 | 정원래
펴낸이 | 박영호
교정·교열 | 주종화
펴낸곳 | 도서출판 솔로몬

주소 | 서울시 동작구 사당로 170
전화 | 599-1482
팩스 | 592-2104
직영서점 | 596-5225

등록일 | 1990년 7월 31일
등록번호 | 제 16-24호

ISBN 978-89-8255-584-8 03230

중세의 성경 연구

The Study of the Bible in the Middle Ages

베릴 스몰리 지음 | 정원래 옮김

솔로몬

베릴 스몰리Beryl Smalley(1905-1984)는 영국의 역사학자로 1941년에 출판한 『중세의 성경 연구』*The Study of the Bible in the Middle Ages*를 통해 중세 성경 연구에 대한 기초를 놓았다고 평가를 받는다. 이 저서는 중세 성경 연구에 관한 깊은 관심을 불러일으켰고, 연구 결과를 제공했다. 본문에서 언급되는 앙리 드 뤼박Henri du Lubac의 『중세의 주석: 성경의 4중적 의미』*Medieval Exegesis: The Four Senses of Scripture*(1959-64)와 프랑스인 세스라 스픽Ceslas Spicq의 『중세 라틴 주석의 역사에 대한 개요』*Esquisse d'une histoire de l'exégèse latine au Moyen Âge*(1944) 등과 더불어 이 저서는 20세기 중반 중세의 성경 연구에 대한 중요한 자극이었다. 21세기에 들어와서는 얀 크리스토퍼 레비Ian Christopher Levy나 프란츠 판 리에르Frans Van Liere 등이 중세의 성경 연구에 관해 저술들을 출판하였으며, 다양한 측면에서 중세의 성경 연구에 대한 관심과 연구는 지속적으로 이루어지고 있다. 스몰리는 성경은 중세에서 가장 열심히 연구된 책이며, 성경 연구는 배움에서 최고의 분야였다고 주장한다. 그러나 스몰리는 자신의 시대에 중세 연구에서 중세의 주석들은 그 엄청난 양에도 불구하고 거의 연구자들의 관심이나 주의를 사로잡지 못하고 있었다고 말한다. 그럼에도 불구하고 스몰리는 자신보다 앞선 시대인 19세기 후반에 진행된 중세 주석에 관한 연구에서 다른 분야보다 훨씬 관심이 덜하였지만, 연구자들에 의해 행해진 결과들에서 중세시대가 창조의 시대였음을 충분히 보여준다고 평가한다.

20세기의 당시의 연구 환경에 관하여 스몰리 자신이 간략하게 설명하고 있다. "스픽은 신학전공에 아마추어 역사가인 반면, 나는 역사전공자이지 신학전공은 아니다. … 스픽은 14세기를 대상으로 연구를 진행했고, 나는 1300

년경에서 연구를 마쳤다. 그는 연구를 인쇄된 자료에 한정하였고, 나는 비록 전체는 아니지만 부분적으로 필사된 자료들을 조사하였다."[서문] 둘은 서로 상대방의 책의 존재를 2차 대전이 끝나기 전에는 알지 못했다. 이처럼 중세의 성경에 관한 연구는 각각의 특성을 지니고 연구되었고, 종합적인 평가를 하기에는 아직 미흡하다.

그러나 스몰리는 자신의 연구를 통해서 제시하는 것은 "중세의 주석은 멀리 떨어진 성경의 과거와 더 긴밀하게 연결되어 있다는 것이다" 즉 중세인들은 성경의 역사를 자신들의 전통의 재구성과 필요성을 충족시키기 위해 진지하게 자신들과 연결하고 있었다. 이를 위해 그들은 텍스트들에 자신들의 의미를 불어넣었다. 스몰리는 이러한 태도는 고대 교부들 그리고 중세의 사고방식에서 드러나는 연속적인 현상으로 파악한다. 스몰리는 중세에서 소위 말하는 알렉산드리아적 방법론-알레고리 중심의-이 거대한 정서적 요구를 만족시켰고, 세계 조망과 일치하였기 때문에 더 열정적으로 채택되었다고 보았다. 따라서 스몰리는 중세 초기는 이처럼 영적 해석이 언어, 사상, 정치 그리고 궁극적으로는 일상의 삶에 깊이 침투하고 있는지를 알 수 있다고 주장한다.

성경에 대한 연구의 역사를 고대 교부들과 연결하여 중세 초기, 그리고 중세에서의 발전 과정에 대한 스몰리의 연구는 역사적 접근이 보여줄 수 있는 특성 중의 하나를 우리에게 제공한다. 그것은 스몰리가 성경 주석에 관한 연구에서 "그리고 사회and Society"를 첨가한 것이다. 이는 그가 역사학자로서 중세의 성경 주석에 접근에서 드러나는 독특성의 하나이다. 그리고 이러한 경향은 중세 후반으로 진행될수록 더욱 명확해진다. 스몰리는 13세기 피터 챈터Peter the Chanter의 사회적 견해와 그의 주변circles에 관한 연구들은 성경*sacra pagina* 교사들이 실제 현실 문제에 그 가르침을 어떻게 적용했는지 보여주고 있다고 주장하며, 성경의 교사들의 현실의 문제들에 대한 적용을 고민했음을 드러내 준다.

스몰리는 일련의 성경 연구의 역사의 과정을 통해서 그 목적의 변화도 우리에게 제시한다. 중세 초기의 수도원적 묵상의 대상으로서 성경 읽기는 경건의 행위였다. 성경 연구는 거룩함의 수단이었다. 그러나 11세기 후반에 이르러 주교좌성당학교들에서 성경은 학교의 텍스트가 되었다. 이제 성경 연구의 중심은 '학교들'이 되었다. 이들 학교는 성경의 교수법, 표준성경 그리고 각종 참고서*apparatus*의 제작을 낳았다. 이제 성경주석은 묵상의 내용이 아니라, 객관적 설득력을 지녀야 했다. 이러한 과정에 대하여 특히나 스몰리는 표준주석*Glossa Ordinaria*의 형성 과정에 주의를 기울였다. 표준주석의 토대가 될 주석을 발전시킨 이들은 11세기 후반에 주교좌성당학교들에서 신학교육을 담당했던 학자들이다. 이는 교실의 산물이었다. 이를 수행하기 위해 12세기에 가장 우선되어야 했던 것은 불가타역의 정확한 본문을 확정하는 일이었다. 이러한 노력은 본문 비평에 대한 새로운 방식-성경의 장과 절-을 사용하고, 히브리어 원전의 본문에 관해 유대인 학자들에게 자문을 구하고 논의도 펼쳤다. 이러한 과제는 매우 방대해서 어떤 개인이 감당하기 어려웠고, 공동의 과제가 되었다. 그와 더불어 성경을 장chapter과 절verse로 구분하기 시작하였고, 이는 성경에 대한 교육과 신학의 발전에 크게 이바지하게 되었다. 표준주석에 대한 요구는 대학에서 신학 강의에 필요한 교과서의 필요성에 의해 강화되었다. 표준주석은 무엇보다도 성경을 위한 핵심적인 요약 자료로 발전하였고, 수 세대 동안 사용되었던 가장 중요한 성경 신학의 교과서였다. 연구에 따르면 17세기에도 표준주석은 설교에서 여전히 언급되고 있다. 스몰리의 연구들은 이러한 표준주석의 형성과 성경 연구가 학교에서 어떻게 발전해 가는가를 잘 드러낸다. 표준주석을 향한 수고는 특히 라온의 안셀무스Anselm of Laon(1117년 사망)와 그 협력자들이 성경 전체에 대한 주석을 시도함에서 잘 드러난다. 이들의 노력과 결과에 안셀무스의 제자인 푸와티에의 질베르Gilbert of Poitier는 베드로와 시편의 주석을 추가하였고, 피터 롬바르두스Peter Lombard의 바울서신에 대한 주석이 더해졌다.

표준주석을 표기하는 *Gloss*, *Glossa Ordinaria*, *Ordinaria*는 모두 같은 뜻을 의미한다. 실상 "표준주석"*Glossa Ordinaria*이라는 용어는 사실상 현대적

용어다. 12/13세기의 학자들은 단순하게 "*glosa*"[1]라고 표현했다. 이러한 표현들은 성경에 있는 무언가에 대한 설명을 의미하는 것으로 사용되었다. 초기의 주석은 단지 성경 본문에 있는 어떤 까다롭거나 불분명한 말에 대한 설명으로 매우 간략하거나 단어들로서 행간이나 여백에 기록되었다.

12세기에 여러 개별 학자들이 그들 나름의 주석을 덧붙였고, 그 수가 증가하여 *glosa*는 더 이상 본문 안이나 가장자리에 들어맞는 상태로 남을 수가 없었다.[2] 이로서 주석의 성경 본문과의 분리된 책으로 나타나기 시작하였다. 12세기경에는 *glosa*라는 용어로 성경의 일부분에 대한 완전한 연속적 주석을 의미하게 된다. 베릴 스몰리의 이 연구의 탁월한 업적 중의 하나는 "표준주석"이 왈라프리드 스트라보Walafrid Strabo(849년경 사망)의 저술이라고 하는 전승을 깨뜨린 것이다.

성서학의 발전의 과정에서 연구의 대상으로 스몰리가 제시하는 인물들인 라온의 안셀무스, 생 빅터의 휴Hugh of St. Victor, 생 빅터의 앤드류Andrew of St. Victor 그리고 다양한 성경 교사들-피터 코메스터Peter Comester, 피터 챈터Peter the Chanter, 그리고 스테판 랭튼Stehpen Langton-은 다소 생소하다. 그러나 이들은 중세의 성서학의 발전에서 무엇보다도 기여가 큰 인물들이라고 할 수 있다.

스몰리는 학교에서 성경을 텍스트로 다루기 시작하면서 나타나는 성경해석의 가장 극적인 변화는 영적인 해석이 아니라 문자적 해석이 우선하기 시작하였다는 것이다. 영적인 해석이 모두 포기된 것은 아니지만, 학교의 교사들은 객관성과 권위를 확보하기 위해 표준적인 설명을 제시해야 했다. 이를 위해 교사들은 영적인 해석을 해야 하는 본문과 문자적 해석의 대상이 되는 본문들을 구분하려 노력하였다. 더 나아가 이들은 어떠한 사본이 성경의 바

1 "*glosa*"는 추가적으로 텍스트를 따라서, 그 구조나 구문을 더 세밀하게 설명한다. 다르게 말하면, "*glosa*"는 문자적 연속성(continuatio litterae)에 따라서 단어(words)와 그 의미(sense)를; commentum은 그 의미(sense)만을 설명한다.

2 G. R. 에반스가 편집한 『중세신학과 신학자들』(서울: CLC, 2009), 제 10장을 참조.

른 텍스트인지를 결정해야 했고, 자신들의 주변에서 마주할 수 있는 유대인들은 그들의 훌륭한 조언자들이었다. 12세기에서 13세기에는 종종 이들과 유대인들의 논쟁도 펼쳐졌다.

스몰리는 13세기 중세 전성기에 이르면 성경 연구는 학문적·신학적 탐구의 대상으로 변천하고 있음도 드러낸다. 거룩한 가르침(*Sacra pagina*: 신학)은 학문의 마지막 단계에 해당했다. *Master of sacra pagina*는 성경 교사 혹은 성경 교수를 의미한다. 이는 초기 성경 연구는 묵상과 경건의 중심이었다가, 일부 그룹의 개관적인 대상으로, 더 나아가 개별적 탐구와 호기심의 대상으로 변천해 감을 보여주기도 한다. 『토론집』*Questiones*은 성경에 대한 학문적 관심과 신학적 탐구의 산물이라고 할 수 있다. 결국 이러한 역사적 변천은 성경 연구가 사회적·역사적 상황과 관련을 맺고 있음을 보여준다. 이는 특히 중세의 성경 연구라는 주제의 후반부에 아리스토텔레스의 『자연학』, 『윤리학』과 『정치학』에 대한 영향을 다루는 것에서 잘 드러난다.

스몰리는 자신의 연구의 주제를 크게 1장 초대 교부들, 2장 수도원과 성당학교들, 3장 생 빅터주의자들, 4장 생 빅터의 앤드류, 5장 성경 교사들, 그리고 6장 수사들로 구분하여 고찰하였다. 그는 각 장들에서 생생한 자료들과 심도 있는 고찰들을 통해 자신의 주장들을 설득력 있게 제시한다. 물론 역사가로서 스몰리의 다양하고 풍성한 자료의 제공은 신학적 중요성에 비추어 다소 거리가 있어 보인다. 그러나 적어도 스몰리가 중세에서 성서학이 어떻게 발전하는지는 충분한 근거자료들을 뒷받침하며 잘 제시한다. 이 저서를 통해서 중세의 성서학이 지닌 다양한 이슈들과 또 역사적 정황들과 성서학의 발전을 살펴볼 수 있다.

독자들의 이해를 위해서 역자가 본서를 번역하면서 취한 몇 가지 태도들과 주의 사항을 미리 알리고자 한다. 먼저 본문에는 많은 언어가 등장한다. 본문에서 제시하는 라틴어 등은 번역을 제시하고, 본문을 함께 적었다. 반면에 각주에 등장하는 많은 라틴어 본문은 원문을 그대로 제공하려 하였다. 비록 페이지를 두껍게 하지만, 관심 있는 독자들의 이해를 위해 그대로 제공했다. 단 부록으로 제시되는 20페이지 이상의 라틴어 본문은 사본의 목록을 제시하는 것에 만족하였다. 많은 중세 인물들에 대한 명명은 영어식 발음을 기초로 하며, 구별의 필요성이 있을 때 라틴식 이름을 사용하였다. 일관성을 유지하는 것에 초점을 맞추었다.

glosa, *commentar*, *postill*등은 모두 주석을 의미한다. *glosa*는 12세기 초까지 일반적이었던 단순한 본문의 구조, 단어, 의미 등을 제시한다면, *commentar*는 그 의미sense가 강조된다. 그러나 실상 그렇게 명확하게 구분되지 않는다. 마찬가지로 *postill(a)*는 '이 단어에 따라서'*post illa verba*에서 파생한 것으로 여겨진다. 굳이 구분을 한다면 *postill*는 주로 학교에서 발굴되는 주석들에 붙여졌다. 상대적으로 후반부의 작업이다. *postill*가 사용되기 시작하면서 *glosa*는 거의 사용하지 않게 되었다. 약간의 구분이 필요하다고 여겨지는 부분에서는 원어를 표기하였다.

중세신학을 가르치는 역자로서 중세의 성경 연구에 대한 흥미도 있었고, 또한 독자들에게 소개도 해야 할 약간의 의무감도 지니고 있었다. 이러한 와중에 솔로몬 출판사에서 베릴 스몰리의 중세의 성경 연구의 번역을 할 수 있도록 기회를 제공하고 편의를 제공해 주셔서 박영호 사장님과 출판사에 매우 감사를 드린다. 번역의 과정은 상당한 시간이 필요했고, 시간을 확보할 수 있도록 많은 도움을 준 사모 전사라와 세 딸-예원, 예지, 예은-에게 감사드린다.

아무튼, 본서의 소개를 통해 더 많은 독자가 중세에서 성서학이 어떻게 발전했으며, 또한 성서학이 그 사회의 발전과 역사적 배경들과 맺고 있는 상호관계성을 이해하는데 독자들에게 유익한 도움이 될 수 있기를 기원한다.

2020년 8월 6일

정원래

| 차 례 |

약어표

Calandra	G. Calandra, *De historica Andreae victorini expositione in Ecclesiasten* (Palermo, 1948).
C.S.E.L	*Corpus Scriptorum Ecclesiasticorum Latinorum.*
M.G.H.	*Monumenta Germaniae Historica.*
P.G.	Migne, *Patrologia Graeca.*
P.L.	Migne, *Patrologia Latina.*
Quam notitiam	S. Berger, *Quam notitiam linguae Hebraicae habuerint Christiani medii aevi temporibus in Gallia* (Paris, Nancy, 1893)
Rech. Theol. anc. med.	*Recherches de Theologie ancienne et medievale.*
Rep.	P. Glorieux, *Repertoire des maitres en theologie a Paris au XIIIe siecle*, Etudes de philosophie medievale, xvii, xviii (Paris, 1933-4).
Rev. ben.	*Revue benedictine.*
Rev. bibl.	*Revue biblique.*
'Sapiential Books I'	B. Smalley, 'Some Thirteenth-Century Commentaries on the Sapiential Books', *Dominican Studies*, ii (1949), 318-55, iii (1950), 41-77, 236-74.
'Sapiential Books II'	B. Smalley, 'Some Commentaries on the Sapiential Books of the Late Thirteenth and Early Fourteenth Centuries', *Archives d'histoire doctrinale et litteraire du Moyen Age*, xviii (1950), 103-128.
Spic. Sac. Lov.	*Spicilegium Sacrum Lovaniense.*
Spicq	C. Spicq, *Esquisse d'une histoire de l'exegese latine au Moyen Age* Bibliotheque thomiste, xxvi (Paris, 1944).
'Stephen Langton and the Four Senses'	B. Smalley, 'Stephen Langton and the Four Senses of Scripture', *Speculum*, vi (1931), 60-76.
'Studies on the Commentaries'	G. Lacombe and B. Smalley, 'Studies on the Commentaries of Cardinal Stephen Langton', *Archives d'histoire doctrinale et litteraire du Moyen Age*, v (1931), 1-220.

3판 서문

30년 전에 2판은 출판되었다. 책을 최신 상태로 유지하려면 두 권으로 다시 작성해야한다. 당시 우리는 『성경 목록』*Repertorium Biblicum*이나 『라틴교부들의 열쇠』*Clavis Patrum Latinorum*가 없었다. 비평 본에서 더 많은 텍스트를 사용할 수 있게 되었다. 유행이 바뀌었다: 구속사Heilsgeschichte라는 용어는 독일 이외에는 통용되지 않으며, 제목에 '그리고 사회'and Society를 추가하는 것이 바람직하지 않다고 생각했다. 오늘날 성경 연구에 대한 새로운 접근법이 있다. 문자적-역사적literal-historical, 알레고리적allegorical, 도덕적tropological(또는 교훈적) 및 신비적anagogical이라는 사중적 의미에 따른 중세의 성경 해석은 무의미하고, 실제로는 괴물같이 역사가에게만 관심이 있는 것으로 여겨졌다. 내가 이전에 그 시대에 쓴 모든 것은 사실 그대로의 성경학의 기원과 발전에 관한 역사였으며 지금까지나 1300경에 이르기까지 중세를 통해서 내가 이해한 것들이다. 그것이 성 빅터의 앤드류Andrew of St Victor와 다른 기독교인 히브리어학자들이 나를 매우 흥분시킨 이유였고, 내가 성 토마스 아퀴나스의 의미들의 구별과 정의에 대해 너무나 감탄한 이유이다. 그러므로 나의 책은 한 시대의 마침표로 읽을 수 있다. 그 주요 주제는 문자적·역사적인 의미에 대한 중세 연구와 그것이 어떻게 더 두드러지게 되었는지에 관한 이야기이다. 제 3판에서 할 수 있는 일은 가장 명백한 실수와 누락을 수정하고 지난 30년 동안 일어난 일과 진행 중인 연구로써 나에게 알려진 것을 개괄하고 선정된 참고 문헌을 작성하는 것이다. 나는 일반적인 구조에서 시작해서 순서대로 장chapter을 살펴볼 것이다.

중세 주석은 내가 알았던 것보다 더 먼 성경의 과거와 더 연속성을 지닌다. 우리에게 전해지는 본문에서 성경의 대부분의 역사는 전통의 재구성과 나중의 필요성을 충족시키기 위해 초기 예언의 재적용으로 구성된다. 중세 주석가들은 같은 종류의 과정을 사용하여 원하는 것을 얻었다. 독자의 생각과 저자의 책임에 대한 사고idea에서 내가 생각한 것보다는 더 연속성이 있다. 성경적이든 고전적이든 텍스트를 읽는 독자는 그의 현대의 독자보다 더 능동적이고 덜 수동적일 것으로 예상되었다. 그는 작가의 마음에 대한 관심이 적었고 저자의 작품에 더 관심이 많았다. 그는 그것에 자신의 의미를 불어넣었다. 그 텍스트는 그 저자보다 더 살아있었다. 이러한 태도의 유사성은 고대, 교부들 중세적 사고방식 사이의 연속성을 강조한다.

서로 다른 단계의 의미에 대한 본문의 주석에 대한 관심은 다양한 종류의 비문자적 또는 '영적'인 엄밀한 조사를 통해 포괄적인 용어를 사용하고 해석하도록 이끈다. 알레고리는 비유적 또는 상징적인 의미와 구별된다. 에릭 아우어바흐Eric Auerbach는 한편으로는 호머Homer의 시와 신화, 다른 한편으로는 영적 해석의 주제로서의 성경 사이의 대조를 지적했다. 전자는 시간과 장소가 설정되고 세부 사항이 채워진다. 후자는 지역적인 역사가 아니라 보편적인 기록을 주장하며 더 구체적인 세부사항은 상상력에 맡긴다. 기독교인의 비유적 해석은 두 가지 사건을 모두 역사적으로 간주했다. 구약에 기록된 사건은 신약의 사건을 예시한다: 약속과 성취. 대조적으로 이교도의 알레고리에서 한 사건은 다른 사건이 아니라 추상적인 진리를 의미했다. 유대인 필로Philo Judaeus는 이교도의 알레고리 기법을 그의 성경에 적용했다. 그는 알렉산드리아인들, 클레멘트, 오리겐 등 기독교인들에 영향을 미쳤다. 일부 현대 학자들은 특히 신약의 저서에서 상징적 또는 비유적 해석을 정당화하고 알레고리를 공상적이고 주관적인 것으로 거부한다. 다른 사람들은 사도 바울 자신이 두 가지를 모두 사용했으며, 두 가지는 서로에게로 쉽게 흘러들어간다고 주장하는 근거에 대해 의문을 제기한다. 그들은 사중의 의미에 따라 중세의 주석에서 융합했다.

페레 앙리 드 뤼박Père Heni de Lubac은 이 모든 실타래를 모아 고대부터 스콜라전성기까지 사중적 의미의 역사적 배경을 추적했다. 그는 중세 시대에 그들의 가치에 대해 긍정적인 호소를 했다; 영적인 해석은 별다른 것이 아니라 헌신적인 성경 연구와 가르침에 필수적이다. 그는 성경이 어떻게 그리스도 중심의 기록이 되었는지 그것들을 통일하고 올바른 역사와 올바른 생활과 신비주의의 지침으로 바꾸는 방법을 보여주는 풍부한 사례들을 제공한다. 그는 나를 문자적 의미를 영적 의미보다 선호한다고 비난한다. 중세 시대에 이해된 문자적 역사적 의미는 중세 독자들을 만족시키기에는 너무 건조하고 불완전했다. 그의 공격은 내가 외부에서 영적인 해석을 보았고, 중세 성경 개념과 결과적으로 중세 신앙의 중심 위치를 간과했다는 점에서 정당화된다. 그것은 나를 가장 큰 나락으로 이끌었다. 나는 세속적인 학교가 등장하자 수도원 주석들을 소홀히 했다. 종교적인 렉치오 디비나lectio divina(거룩한 독서)는 영적인 해석을 암시했다. 세속 학교는 문자에 대한 관심과 연구에 더 많은 시야scope를 제공했다. 그러나 지난 30년간 나의 소홀함이 보충되었다. 여러 책들editions을 포함한 방대한 문헌인, 종교적 설교, 설교학 및 주석, 특히 루퍼트 도이츠Rupert of Deut의 시토수도사들 및 베르나르두스에 대한 출판이 쏟아졌다. 내가 묘사하려고 하면 서문과 서지가 모든 비율에서 엄청난 양이 될 것이다. 나를 비겁하다고 생각하는 사람은 레클레르크Dom Jean Leclercq라는 이름으로 도서관 카탈로그를 봐야한다.

다른 분야에서도 영적인 해석이 이어졌다. 이는 설득력이 없어도 세속적인 대중 문학을 이해하기 위한 도구로 사용되었다. 작가가 자신이 쓴 것에 대해 많은 내면의 의미를 의도하지 않았다는 것을 증명할 수 없기 때문에 그것은 유혹적인 계획이다.

동시에 역사가들은 구약 성경이 성직자 고문adviser을 통해 군주에게 어떤 영향을 미쳤으며 그것이 기독교 사제권에 관한 사상에 어떤 영향을 미치는지를 보여줌으로써 문자적 역사적 의미에 더 넓은 의미를 부여했다. 신약은 가톨릭과 이단의 개혁 운동에 영감을 주었다. 성경 역사는 실제 역사였다. 그것을 모범으로 가르쳤다. 문자적 역사적 의미를 올바로 보려면 사중적 의미에 따른 해석에서 제한된 역할을 넘어야한다. 또한 이것은 행동과 기관의 모델과 표준을 제공했다.

2장. 수도원 학교와 성당 학교들

카롤링거인들Carolingian과 카롤링거 이후 시대에 대한 오늘날 학문의 가장 뛰어난 결과는 개별 인물들과 관련이 있다. 신비한 위-히에로니무스Pseudo-Jerome는 잘 알려지지 않은 유대인 개종자로 살아난다. 할버스타트의 하이모Haimo Halberstadt의 유령은 옥세의 하이모Heimo of Auxerre를 지지하는 것 같다. 우리는 여전히 초기 옥세르 학교의 마지막이자 가장 다작의 주석가 중 하나인 옥세르의 레미기우스Remigius of Auxerre에 대한 연구가 필요하다. 그 시대의 주석가들에 대한 연구는 여전히 혁신보다는 인용을 하는 경향이 있기 때문에 그들의 출처를 추적하고 후임자들에 의해 출처로 사용되는 것을 평가하는 데 주로 집중되어 왔다. 그렇게 해야 한다; 그러나 이제는 야심찬 교육 프로그램에서 그들의 목표에 비추어 그들의 방법과 책을 살펴볼 수 있는 환영할 만한 상태disposition가 되었다.

11세기 후반과 12세기 초반에 이르러서 진보는 '더 낳은 것을 위해 뒤로 점프하는 것'recular pur mieux sauter이었다. 초기 교사들에 대한 집중적인 연구는 많은 설명들을 용광로에 던져 불살라, 그들에 대한 추정된 지식을 감소시켰다. 우리는 성 부르노St Bruno of Chartreux, 마네골드Manegold, 길버트Gilbert the Universal 또는 라온의 안셀무스Anselm of Laon의 것으로 확실히 식별할 수 있는 주석을 가지고 있지 않다. 나중에 "표준"Ordinaria으로 알려진 주석의 선-역사pre-history에는 여전히 물음표가 있다. 적어도 주석가들glossators은 이전의 주석들gloses에서 시작한 것은 분명해 보인다. 라온의 안셀무스와 그의 형제 랄프Ralph와 길버트는 여전히 우리에게 알려진 유일한 주석가들이다. 아직 표준주석Gloss의 어떤 부분도 비판적인 판edition을 만든 사람은 없다. 다른 연구의 지엽에서 드러난 구성 요소에 대한 연구에 따르면 *Octateuch*에 대한 성 그레고리우스St. Gregory로부터의 파테리우스Paterius의 발췌문이 놀랍게도 널리 사용되지 않았고, 네 번째 복음에 대한 안셀무스의 표준주석을 통해 요한 스코투스 에리우게나John Scot Erigena의 주석commentary이 더 놀랍게 전파되었다. 다양한 책에서 표준주석은 표준화되기 전에 개정을 거쳤다는 사실의 발견으로 인해 편집 작업이 더욱 어려워졌다. "표준화는 언제 어떻게 이루어졌습니까?"

귀이 로브리혼Guy Lobrichon 박사는 새로운 프랑스 『성경 사전』*Dictionaire de la Bible*을 위해 영웅적으로 원고들manuscripts로부터 표준주석의 초기 역사를 조사하는 임무를 맡았다. "몇 가지 질문에 대답해주십시오!"

또 다른 질문은 표준주석Gloss의 역사의 다른 쪽 끝에 있다. 『신학백과사전』*Theologische Realenzyklopaedie*의 표준주석에 관한 항목의 글을 쓸 때, 나는 표준주석이 언제, 어디서, 누가, 왜, 어떻게 실수로 둘로 나뉘어졌는지, 즉 왜 왈라프리드 스트라보Walafrid Strabo에게는 여백 주석이 주어지고, 라온의 안젤무스에게는 단지 행간 주석이 주어졌는지를 발견하려 노력했다. 트리테미우스Trithemius에 이르기까지 계속되는 중세 전통은 전체 표준주석을 라온의 안셀무스에 돌린다. 스트라보의 수도원인 라이헨나우Reichennau에는 그와 표준주석을 연결하는 지역적 전통이 없었다. 나의 전적인 실패다! 15세기 후반과 16세기 초반 첫 판의 편집자들은 익명으로 "표준주석"Ordinaria을 인쇄했다. 식스투스 세넨시스Sixtus Senensis는 그의 *Bibliotheca sancta*(Venice, 1566)에서 어떤 증거를 제시하지 않으면서, 스트라보에게 나눔split과 여백주석을 돌렸다. 후대의 참고 문헌들 역시 증거 없이 그를 복제했다. 이 실수는 도서관 카탈로그와 오래된 참고문헌들에 남아 있다. 16세기 초 학문에 정통한 누군가가 *Bibliotheca sancta*의 출처를 밝히고 어떻게 식스투스의 서술이 기원한 것인지를 말해줄 수 있을 것이다.

라온의 표준주석이 파리로 옮겨가는 것을 보면 모호하다. 피터 롬바르두스Peter Lombard는 시편과 바울 서신들의 표준주석을 확장했을 뿐만 아니라 누가복음의 표준주석과 다른 주석gloss이 있는 책에 대해서도 강의했다. 그의 관행은 신학을 위한 학교의 강의 계획서에 침투했다. 파리의 서기관들scribes은 여백 주석과 행간 주석 사이에서 텍스트와 및 표준주석의 얼개를 완성했다. 처음에는 해설은 어수선하고 불규칙한 방식으로 추가되었기 때문에 많은 곳에서는 서로 서로 구분하기 어려웠고 어떤 곳에서는 지면을 낭비했다. 12세기 후반에 이 교과서는 가르치고 공부하기 쉬울 뿐만 아니라 눈을 즐겁게 해주었다. 우리가 여전히 필요로 하는 것은 안셀무스의 『소주석』*Parva*과 롬바르두스의 『대주석』*Magna glosatura* 사이에 오는 시편에 대한 푸아티에의 길버트의 『중간주석』*Media Glosatura*의 기여를 평가하는 것이다. 필사본에서 시편에 대한 길버트의 주석을 일별하면 나는 그가 단지 『소주석』*Parva Glosatura*을 확장시키는 것보다 훨씬 더 많은 일을 했다고 확신했다. 철학자이자 신학자로서 길버트의 명성에서 기대할 수 있듯이, 여기에는 예리한 정신mind이 활동하고 있다.

첫 번째 십자군의 긴장은 성경적 예언에 대한 새로운 유형의 해석을 불러 일으켰다. 신약은 여전히 구약의 약속을 성취했다; 예루살렘은 사중적 의미를 유지했다; 그러나 시편 저자와 선지자들도 역시 성스러운 도시에 대한 프랑스의 정복을 예언했다. 약속은 과거부터 현재까지 탄력적으로 이어진다. 이사야의 예언: "내 아들을 먼 곳에서 이끌며"는 하나님의 새 이스라엘 백성인 프랑크의 그들의 대적인 사라센에 대한 승리를 예언했다.(Robert of Rheims, *Rec. des bistoriens des bisoriens des Groisades. Hist. occid*. iii, 880). 십자군의 역사가들과 성 베르나르두스의 성전기사단에 대한 옹호에서, 널리 퍼져있는 이 예언의 재적용reapplication은 내가 아는 한 수도원이나 학교 주석들에서 빠지지 않았다. 그때까지 선지서에 대한 주석은 이 이유들로 두꺼워졌다. 두 번째 십자군이 실패하고 사라센이 예루살렘을 정복한 것이 이것을 피하도록 했을 것이다. 아마도 1100년경의 많은 시편의 주석들에서 그 흔적을 찾을 수 있을 것이다. 그러나 수명이 짧기는 하지만 이는 중세에서 인식된 것처럼 확장된 성경의 다양한 용도를 말한다.

3장. 빅터주의자들

앤드류를 제외한 빅터주의자들은 신학과 신비주의에 관해 매우 부지런한 관심을 불러 일으켰다. 휴의 노아의 방주에 대한 독립적인 그림이 언급되었지만 그들의 주석은 비교에서 간과되었다. 레위기의 문자적 의미에 대한 익명의 기독교 히브리어학자Hebraist의 글에 대한 나의 발견은 빅터주의자들이 내가 생각했던 것보다 개척자처럼 독창적이지는 않게 만들었다. '교사 X'는, 내가 부르는 휴와 동시대인이며 일부 프랑스 북부 학교에서 가르치고 있었다. 그러나 그는 파리의 성 빅터와 관련이 없었다.

4장. 생 빅터의 앤드류

반면에 앤드류는 무대의 전면으로 등장했다. 페나Fr. A. Penna는 욥기에 대한 그의 주석을 편집했다. 앤드류와 그의 유대 자료들에 관한 Mrs. 헤드필드Hadfield의 비공개 논문은, 그가 한 유대인의 도움을 받아 성경 본문을 읽을 만큼 히브리어를 충분히 알고 있었지만, 그 자신의 것으로 남았고, 그는 잘못 기억하고 커다란 실수를 행하는 경향이 있었다고 말한다. 마이클 시그너Michael Signer 박사는 에스겔에 대한 비판적이고 주석이 달린 앤드류의 출판edition을 준비하고 있으며, 마크 지어Mark Zier 박사는 다니엘서에 대한 앤드류에 대하여 동일한 것을 준비하고 있다. 우리는 머지않아 이 모험적인 빅터주의자가 당대의 랍비들과 접촉한 것에 대해 더 자세하게 이해하고 그가 구약의 예언들에 대한 유대인과 기독교의 해석 사이의 관계를 어떻게 다루었는지 더 잘 알게 될 것이다. 그의 학생인 보스함의 허버트Herbert of Bosham는 앤드류보다 높은 점수를 받은 당대 히브리학자들의 시험을 통과했다.

5장. 성경 교사들: 코메스터, 피터 챈터, 스테판 랭튼

이 장에서는 비로소 '그리고 사회'and Society를 추가 할 수 있었다. 볼드윈J. W. Baldwin 교수는 피터 챈터Peter the Chanter의 사회적 견해와 그의 주변circles에 관한 그의 저서에서 성경sacra pagina 교사들이 실제 현실 문제에 그 가르침을 어떻게 적용했는지 보여주었다. 나는 베켓Becket 갈등을 학교 배경에 맞추려고 노력했다. 최근에 나는 피터 코메스터와 피터 챈터의 글들을 읽음으로써 복음서 주석을 소홀히 하고 있었다. 그들은 현저하게 대조된다. 『역사』*Histories*의 교사는 구약의 문자적·역사적 의미에 대한 관심을 신약으로 확대하고, 그의 활용할 수 있는 제한된 수단에서 복음서의 역사에 관한 새로운 자료들을 찾고 초대교회로부터 당대까지의 변화를 받아들임으로 역사적 발전의 의미를 보여준다. 남용은 아니지만 그는 당시의 사용을 필요에 따라 변호했다. 시간은 변하고 우리는 그들과 함께 변한다. 챈터는 신약의 역사에 관심이 없었으며 자신이 속한 강력한 기관과의 차이를 애도하면서 초대 교회를 그리워했다. 그는 수사들friars에게 세례 요한처럼 행동했다.

많은 익명의 강의 과정이 이 시대부터 살아남아 탐구를 기다리며 또한 우리 세 명의 교사들의 가르침의 거대한 흔적은 말할 필요도 없다.

6장. 수사들

파리의 첫 수사 박사들에 대한 최근 연구는 나의 인상적인 설문 조사를 확인시켜 주었다. 성 체어의 휴Hugh of St Cher의 『성경 전체에 관한 주석』*Postilla super totam Bibliam*은 훨씬 복합적인 것으로 판명되어, 그 주석가the Postillator를 '휴의 팀'Hugh's team이라고 부르는 것이 더 정확해졌다. 탁발수도회의 연구studia에서 팀워크 범위에 대한 인식이 높아지고 있었다. 수사들은 세속 교사들보다 프로젝트를 조직하고 회원들에게 지루한 임무를 할당하기 위해 더 잘 갖추어졌다. 우리가 당연하게 여기는 모든 학생의 요구에 맞춘 콘코단스concordance, 색인, 표, 단어 목록 및 페이지의 배치 등은 수사들의 힘을 사용하는 탁발수도회로 돌아간다.

세이트 체어의 휴, 헤일즈의 알렉산더Alexander of Hales, 라 로셸의 요한John of la Rochelle에 의해 대표되는 13세기에 복음서 주석들을 살펴보면서 나는 실제로 그들이 얼마나 보수적이었는지를 알고는 놀랐다. 그들은 성경적 도덕 학교의 전통을 고수했다. 피터 코매스터Peter Comestor는 휴의 복음서에 대한 기본 자료였다. 휴는 도미니쿠스 수사였고 요한은 프란체스코 수사였다는 사실을 그들을 읽는 사람들은 거의 추측할 수 없었다. 알렉산더가 프란체스코 수도회에 합류하기 전에 강의를 했다면, 사람들은 그것이 그를 끌어 당겼다고 추측할 수는 없었다. 다음에 다루어야 할 문제는 1250년대와 이후의 파리의 탁발수도사들에 대한 세속적 공격이 강의에서 자신을 더 명확하게 식별하도록 수사 박사들을 강요했는가의 여부이다. 곧 발표될 논문에서 나는 분명한 '예'로 대답한다.

'영적 해석의 쇠퇴'The Spiritual Exposition in Decline라는 이 부분은 수사들에 대한 나의 주장의 잘못된 부분이다. 나는 요아킴 피오레Joachim Fiore와 요아킴 주의Joachim를 영적인 해석에서 '노인성 치매의 공격'an attack of senile dementia으로 일축했다. 그 주제에 관한 책과 논문의 발표는 나의 은유metaphor를 어리석어 보이게 한다. 나는 그것을 바꾸어야하고, 노년의 영적인 해석은 번성하는 아이를 낳았지만 내가 입양해야 할 아이는 아니었다. 확실히 나는 그것이 살아있는 동안 매장했다. "문자적 의미는 사실들을 가르치고, 알레고리적 의미는 네가 믿어야 하는 것을 가르치며 도덕적 의미는 네가 행해야 하는 것을 가르치며, 신비적 의미는 네가 무엇을 소망해야 하는지를 가르친다."Littera gesta doce, / quid credas allegoria, / moralis quid agas, / quid speras anagogia와 같은 유명한 시구를 회자시킨 것은 도미니쿠스 수사 덴마크의 아우구스티누스 Augustine of Denmark이었다. 아우구스티누스는 1260년경 혹은 아마도 그 이후에 그의 *Rotulus pugillaris*를 저술했고, 1285년에 사망했다. 그의 이행시는 당시의 가르침을 구체화했다. 영적인 의미들은 믿음에 너무 통합되어 있고, 설교에 너무나 유용하여 누락되거나 그 여백으로 밀쳐질 수 없다. 나는 또한 성 토마스 아퀴나스 교리에서 그것들의 위치를 과소평가했다. 그것들은 구약성경이 신약을 예고했다는 믿음을 고수했다. 그는 복음서에 관한 교부들의 발췌문인 황금사슬Catena aurea를 포함하여 자신의 성경적 주석에서 그것들을 사용했다. 두 가지 예외는 학사일 때, 성경을 순서cursoire와 그리고 문자에 따라ad litteram 읽으면서, '주어진 문자에 따른 욥기'라는 탁월한 해석과 이사야에 대한 강의이다. 오늘 나의 책을 읽는 독자들은 성 보나벤투라의 성경에 대한 메타-역사적 접근 방식에 대한 더 완전한 취급을 헛되이 찾을 것이다.

그럼에도 불구하고 영적인 해석에서 학자들 자신이 알아볼 수 있는 걸림돌이 있었다. 먼저 '알레고리의 불합리한 표시'라는 개념이 나온다. 일어날 수 없었던 사건이나 순종할 수 없는 교훈은 문자적인 의미를 전혀 지니지 않는다. 그것은 내면의 영적 의미를 가리켰다. 제롬Jerome과 아우구스티누스 Augustine는 12세기 주석가들을 위한 교부들의 출처를 조사할 때 놀라움을 언급한 것처럼, 복음서의 본문에도 이 규칙을 적용했다. (피터 코메스터의 복음서주석에 관한 나의 논문을 참조하라). 복음에 대하여 코메스터Comester와 다른 주석가들은 교부들을 공개적으로 대립하지 않으면서 '불합리한 것'으로 간주되는 구절에 대한 문자적인 의미를 조용히 회복했다. 구약 주석에서 규칙은 더 오래 살아있었다. '모순적인 것'에 대한 연구는 레위기에 대한 프라익스의 랄프Ralph of Flaix에서 불합리의 극치에 이르렀다. 그는 모세 율법의 '문자'를 고수하는 유대인들을 반박하기 위해 '문자가 지지될 수 없는' 증거를 찾기 위해 법적 예식적 규정을 철저히 조사했다. 그들의 문자는 종종 터무니

없었고 영적인 의미로만 이해될 수 있었다. 레위기에서 랄프는 수도원의 기원에도 불구하고 표준 교과서가 되었다. 그 인용문들을 확인한 결과, 레위기에 대한 강사들은 처음에 랄프를 맹목적으로 따랐다는 것을 알 수 있었다. 그 후 13세기에 그들은 랄프가 넌센스nonsense라고 기록한 구절들의 문자적 의미를 인정했지만 그 의미는 불분명했다.

둘째로, 영적인 의미에서 증거 텍스트를 논거로 사용하는 것은 주관적이고 통제할 수 없었다; 그러나 그것은 '서임권 갈등'Investiture Conflict의 논쟁에서, 왕권과 사제권 사이의 관계 또는 정식regular 성직자와 세속seular 성직자 사이의 관계에 대한 설명으로 밝혀졌다. 많은 성직록을 소유한 체어의 휴St Hugh of Hugh가 사회를 본 파리의 논쟁은 다툼의 양 진영에 의해 수반된 텍스트들은 그들이 영적인 의미에 따라 인용되었음을 보여준다(F. Stegmüller, *Historisches Jahrbuch* lxxii [1953] 176-204). 당연하다! 성경에 대한 공격에는 주석에 대한 공격이 수반되었다; 많은 해설들이 영적인 의미를 지녔다. 성 토마스St. Thomas는 이것이 신학적 주장에 도움이 될 수 없음을 보여주었다. "신학적 상징은 논쟁이 아니다."*theologia symbolica non est argumenttvu*. 당시 반-탁발수도회 논쟁은 사중적 의미의 문제에 그의 관심을 끌고 있다고 제안되어 왔다. 그의 증명은 이론에서 장애물을 해결했다. 실천에 얼마나 영향을 미치는가는 또 다른 문제이다. 그의 영향은 연구되어야 한다.

셋째, 사중적 해석은 어떻게 구약의 예언을 분류할 것인가에 대한 질문을 제기했다. 시편 저자와 선지자들은 그리스도의 오심의 직접적 예언으로 어느 정도로 해석될 수 있었을까? 일부 예언은 이스라엘의 가까운 미래에 문자적 의미로 적용하도록 의도되었는가? 그렇다면, 그들의 기독론적 해석은 문자적 의미가 아니라 알레고리적 의미에 해당한다. 생 빅터 앤드류Andrew of St Victor는 이사야의 메시아 예언을 문자적 의미로써 유대인들의 해석을 제시했다. 따라서 그는 후임자들에게 선지자의 일차적 의도에 대한 질문에 마주하게 했다. 그들은 그것을 알고 그것은 그들을 당황케 했다. 젊은 토마스는 이사야Isaias에 대한 학사 강의에서 이것과 씨름했다. 문자적인 의미가 성스러운 저자가 의도한 전부라는 그의 성숙한 가르침은 그 본질을 명확히 하는 사실에 의해서 문제를 예리하게 했다. '전체'에 무엇이 포함되어야 하는가?

그것은 나를 마이모니데스Maimonides의 『난제에 대한 안내』*Guide of the Perplexed*의 충격에로 이끌었다. 나는 더 넓은 독서를 원하기 때문에 여기서 잘못했다. 오베르뉴의 윌리엄William of Auvergne과 함께 시작했어야 했다. 『안내』*Guide*에서 모세 율법의 합리화에 매료된 윌리엄은 법적인 규례를 영적인 의미에 대한 단순한 베일이 아니라, 입법자가 의도한 도덕적 이유와 목적을 가진 것으로 보았다. 이 발견으로 윌리엄은 사중적 의미에 따른 해석의 타당성을 의심하게 되었다. 그는 그것을 해석이라기보다는 '부과물'imposition이라고 불렀다. 그것은 신성한 작가가 다른 의미로 의도하지 않은 것을 말하게 했다. 의미가 아닌 비교가 구약 역사를 가르치는 목적에 맞는 적절한 방법이었다. 윌리엄은 '많은 사람들'을 대변한다고 주장했는데, 그들은 많은 알레고리allegoires와 교훈들tropologies이 성경 해석을 반박하게 만들었다고 생각했다. 그는 '많은 사람들'이 누구인지 말하지 않는다.

파리의 존경받는 박사이자 감독은 파리 학교들에 폭탄을 심었다. 라 로셀의 요한John of La Rochelle은 『법에 관하여』*De legibus*에서 이것을 제거하기 위해 서둘렀다. 그는 구약의 규례들과 예식에 대한 전통적인 알레고리적 해석에 대해 윌리엄을 반대하면서, 그들 중 일부는 문자적 의미에 따라 합리적이고 도덕적인 목적을 가질 수 있다고 주장했다. 토마스는 요한의 주장을 받아들였다. 그는 자신의 『신학대전』*Summa theolgiae*의 구약 율법에 관한 부분에서 더 명확하고 질서 있게 정리했다. 내가 실수로 생각한 것처럼, 그는 마이모니데스에서 직접 이르지 않았지만, 그러나 그는 오베르뉴의 윌리엄과 대립하는 라 로셀의 존을 통해 이에 도달했다. 그는 문자적 해석에 도움으로써 『안내』를 환영했지만 더 광범위한 전선에서는 윌리엄의 혁신적인 아이디어에 대항하여 존을 지지했다. 구약 율법에 관한 나의 논문(참고, 문헌 참조)은, 내가 나의 책에서 성 토마스와 마이모니데스에 관하여 쓴 것을 대체한다. 가장 중요하게 개정되어야 한다. 윌리엄은 성 빅터의 앤드류보다, 사중적 의미에 대해 계몽된 보수주의자인 토마스보다 급진적이다. 그것은 복음서에서 신약의 법의 우선권에 대한 그의 주장에도 불구하고 말할 필요가 있다.

이 사중적 의미는 학생들의 세계의 일부를 형성했다; 그러나 그것들은 어색한 부분이었다. 그들의 가치는 중세 초기의 어색함을 능가했다; 실제로 그것은 인식되지 않았다. 13세기 동안 일부 지역에서 해결 불가능한 문제들이 깨달아졌고 제기되었다. 그럼에도 불구하고 사중적 의미는 지속되었다는 것은 성경의 중세 개념에서 그들의 깊은 뿌리에 대한 찬사를 표하는 것이다.

토마스주의자thomist의 주석에 대한 최근의 연구와 구원사에 대한 견해는 그들의 신학적 풍요로움을 나타내었다. 또한 토마스의 심도 깊은 주석이 가능하기 전에 그의 출처, 특히 그리스어 자료와 그 전파에 대해 더 많은 작업이 필요하다는 것을 보여주었다. 성 알베르투스의 성경 주석에도 똑같이 적용된다. 이 두 박사의 주석은 그들의 수많은 작품들에서 가장 무시되는 부분이다.

랄프 뢰브Raphael Loewe 교수는 영국에서 기독교 히브리어학자들의 노력을 계속 탐구해 왔다; 그러나 리라의 니콜라스Nicholas of Lyre 이전에 유럽 대륙에서의 노력은 동등하게 성취된 것 같지는 않나.

30년간의 연구는 중세 성경 연구에 대한 새로운 관점을 열었고, 새로운 자료가 제공하였다. 일부 영역은 거의 그대로 비어 있다. 13세기 후반에는 피터 존 올리비Peter John Olivi라는 도전적인 인물이 포함되어 있는데, 그의 수많은 주석들postills은 여전히 읽혀지기를 기다리고 있다. 이 빈 공간이 채워지면 나는 일부 학자나 또는 학자들의 팀은 일평생의 과제가 될 후기 중세 조사를 연장하기 위해서는 Institut de l′ histoire le la Reformation at Gneva와 연결하기를 희망한다. Institut의 회원들은 종교개혁가들의 자료들과 주석의 선례에 대한 연구를 중세 시대로 되돌려 놓았다; 그러므로 그곳은 만남의 장소가 될 수 있다.

나는 지면의 제약 때문에 선택적이어야 하는 새로운 독서 목록을 제시한다. 각 장은 주제 순서에 따라 대략적으로 배열된다. 종합적인 참고 문헌을 제공하는 가장 최근의 책이나 논문의 목록을 통해 중복을 피하려고 노력했다.

서문은 '감사합니다.'thank yous로 끝나야 한다. 그것도 또한 너무 길다. 지난 30년 동안 도움을 준 모든 분들에게 감사드린다.

1982년 옥스퍼드
B.S.

서문

성경은 중세에서 가장 열심히 연구된 책이다. 성경 연구는 배움에서 최고의 분야였다. 가경자 비드Venerable Bede는 그의 『영국교회사』*Ecclesiastical History of the Englisch People*보다 성경에 대한 주석으로 더 잘 알려졌었다. 독일의 사도이자 '하늘 도서관celestial library의 유명한 보유자'인 성 보니페이스St. Boniface는 비드를 '교회의 촛불'candle of the Church로 불렀는데, 그는 보았음에 틀림없다:

…거룩하고 밝은 성경 위에
빛나는 촛불들.[1]

비드 스스로도 성경에 대한 자신의 주석을 그의 저술들의 목록에서 첫째에 놓았다; 그리고 그는 전형적typical이었다. 또한 대헌장Magna Carta으로 인한 스테판 랭톤Stephen Langton처럼 우리가 다른 이유로 기억하는 많은 문헌의 저자들은 동시에 성경학자들이었다.

마찬가지로 우리는 수도원이나 학교에서 성경을 설명하는 수많은 익명의

1 9세기의 아이리스 은자들의 시로부터 K. Jackson 옮김, *Studies in Early Celtic Nature Poetry* (Cambridge, 1935), 5.

사람들과 수사들, 참사수도회원canons(혹은 성직자수도사들) 그리고 수도사들과 세속교사들을 더해야 한다. 연구를 위한 그들의 성경 주석과 도움들은 수도원과 대성당 도서관의 상당한 분량을 차지한다.

그러한 지식들은 전문가에게만 제한되는 것은 아니다; 성경의 언어와 내용은 중세 사상에 넘쳐나고 있다. 중세 라틴 문헌들을 정확하게 번역하기 위해서 학생들은 라틴어성경Vulgate의 색인을 필요로 한다. 비록 때로 그것들은 불충분하다; 원 저자와 그 독자들에게 분명하고, 번역자에게는 이해될 수 없더라도 그 저자들은 자신들이 인용하는 교부들이나 스콜라적 설명을 내포한다. 단순한 번역이 보증하는 것은 중세의 라틴어 성경의 텍스트와 그 주석에 대한 연구와 관련된다. 서사시들과 연대기들에는 성경의 내용이 들어있다.[2] 자신들을 선택받은 민족들로 간주하는 프리지아인들[네덜란드 지역]은 자신들의 역사에서 그 순서를 바꾸었다. 이로써 그들은 구약과 더 밀접한 관계를 얻으려 하였다.[3] 프리지아 연대기의 이러한 형태들은 자신의 재료를 전통이라는 주조 틀에 부어넣는 경향의 극단적인 예를 제공한다. 중세에서 전통은 창세기에서 말해지는 창조의 이야기로 시작한다.

그러나 매우 흥미있게도 중세문화의 역사가들은 자신들의 연구의 대상들에서 결정적인 요소를 무시해왔다. 역사가들은 자신들의 자료의 선택에 있어서 질quality보다 양quantity을 중시한 자들로 비난을 받아왔다.[4] 이 경우에 비난은 근거가 없다. 왜냐하면 성경에 관한 엄청난 양의 저작들이 그들의 주의를 사로잡는 데 성공하지 않았기 때문이다. 중세 주석들의 대부분은 인쇄되지 않은 형태로 남아있다. 편집되어 인쇄된 소수의 분량도 극소수의 예외를 제외하고는 오래되고 검증되지 않았다. 많은 문헌들이 잘못된 저자에게 돌려진다. 전문적인 논문articles과 참고 도서들은 최근에서야 모아졌다. 관련된

---

2 J. Crosland, *The Old French Epic* (Oxford, 1951), 74.

3 H. Reimers, 'Die lateinische Vorlage der "Gesta Frisioum",' *De Vrije Fries*, xxxiv (1939), 96-151; J. Hoekstra, *Vier Friese Kronieken* (Zaltbommel, 1948).

4 A. J. Toynbee, *A Study of History*, i (London, 1934), 6.

출판물들을 통해 인내를 지닌 학생만이 자신들의 문제들을 현대의 학자들에 의해 해결할 수 있을 것이다. 그는 다른 누군가의 도움이 없다면, 연대와 저작권과 텍스트를 검토하는 것을 포기할 가능성이 있다.

하나의 주석이나 혹은 일련의 주석들을 가지고 연구하는 대신에 학생들은 중세 성경 연구의 가치에 대한 발달을 소개하고 어떤 판단을 제공하는 교과서를 사용하기를 원할지도 모른다. 그러면 그는 자신이 진퇴양난에 빠져 있음을 발견하게 될 것이다. 몇 년 전까지만 해도 이 주제에 대한 기본 도서들은 1678/1693년에 출판된 리처드 사이먼Richard Simon의 『역사비평』*Histories critiques*이었다. 계몽주의 시대의 학자들과 19세기의 그들의 계승자들은 자연스럽게 자신들의 평가를 채색하는 그들의 편견들을 허용했다. 단지 그들은 중세의 주석가들이 수고한 것들에 족쇄를 채우거나 그들의 주된 관심사가 자신들과 반대됨을 지적하는 것이었다. 즉 파러Farrar는 1888년 밴턴 강의the Bampton lecutres로 옥스퍼드에서 연설한 자신의 『해석의 역사』*History of Interpretation*에서 중세의 주석가들에게는 한 장chapter만을 할당하였다. 그는 우리에게 자신의 고전이자 학교 이야기 소설 *Eric or Little by Little*를 상기시킨다. 여기서 나이든 소년은 자신의 개구쟁이 동생에게 '슬픔과 경멸의 고상한 모습'을 지닌다:

> '우리는 중세의 성경주석이란 주제를 가장 호의적인 마음으로 평가하려는 열망으로 접근한다; 그러나 우리는 7세기부터 12세기의 어둠의 시대Dark Ages와 12세기부터 16세기의 스콜라주의 시대를 말해야 한다. 이 분야에서 수고한 자들 중에 하나님의 말씀의 설명에 대하여 어떤 본질적인 원리를 더하거나 혹은 어떤 독창적인 기여를 제공한 자는 소수이다. 이 9세기 동안 교부들의 유산의 "희미하게 깜빡임과 쇠퇴"를 제하고는 거의 아무것도 발견할 수 없다. … 수백 명 중의 단 한 사람도 주석들이 실제로 암시하고 있는 어떤 참된 개념들을 보여주지 못했다. … 그들은 … 성경에 기초했다고 주장하는 교리와 도덕과 체계의 양절 판들을 제공하지만 대부분의 경우 그들이 첨부한 단

락들은 실제적인 연결이 되지 않는다.'[5]

1888년의 '단순하게 깜빡임과 쇠퇴'가 중세의 문화 전반에 대한 일반적인 견해를 드러낸다. 중세 시대는 여전히 '야만적'barbarous이었다. 폴린 마틴Paulin Martin이 로저 베이컨Roger Bacon과 라틴어 성경과 라틴어 성경의 파리본에 관한 자신의 글을 출판하기 시작하던 그 해에 글에서 그는 베이컨을 리차드 사이먼Richard Simon과 비교하고 주석가로서의 스테판 랭톤Stephen Langton의 중요성을 지적하였다. 텍스트 비평에 의한 그의 엄격한 관점에 따라서 그는 베이컨과 같은 그러한 과학적 지식science을 –"우리가 일반적으로 야만인들로 취급하는 시간이다. 특이한 야만인들, 이들은 13세기의 위대한 사람들이다!"dans un temps qu'on traite communément de barbare. De singuliers barbares en effet queces grands hommes du treizieme siècle! – 발견하고 놀라워했다.

80/90년대에 데니플Denifle과 베르거Berger는 마틴의 연구결과를 따랐다. 12세기에 대한 위대한 두 명의 베네딕트 학자인 모린Morin과 빌마트Wilmart는 교부들과 중세의 저작들에 관한 자신들의 저술의 일부에서 중세시대 주석의 많은 문제들을 다루었다. 중세 연구에서 다른 분야보다 이 분야에 훨씬 관심이 덜하였지만 이들과 또한 다른 연구자들에 의해 행해진 것은 중세시대가 창조의 시대였음을 충분히 보여준다. 오늘날 아주 소수의 사람들만이 12/13세기를 경제활동에서 행정학에서 또는 과학과 예술에서 '쇠퇴'의 시대로 치부해 버린다. 그러나 그 말은 주석의 역사에서도 지속적으로 사용되었으나,[6] 19/20세기의 학문의 결과들을 대중화시키는 전문적인 부분에 대한 시도들이 결여되었기 때문이다. 그 결여가 특히 유감스러운 것은 중세의 주석들이 역사가들에게 이중적인 관심을 지닌다는 점이다. 한편에서 전문가들은 자신의 선조들이 순수한 학문적 방법으로 성취한 것이 무엇인가를 알고 싶

5 245-6.

6 See for instance, J. Coppens, *L'histoire critique de l'Ancien Testament* (Tournai, Paris, 1938), 6.

어 하는 것이며; 다른 한편에서 해석의 역사는 사회, 문화적 변화의 거울로서 사용될 수 있다는 점이다. 성경은 중세 사고에 있어서 중심을 차지하는 책으로 필수적으로 읽혀지고, 다른 세대들과는 상이하게 해석되었음이 분명하다. 그곳에는 드러나지 않는 연속성이 존재할 것이다; 또한 틀림없이 강조점에서의 변화도 있다.

그 차이점은 두 명의 저자가 거의 동시에 그것을 설명하려 할 때는 명료하다. 나의 첫 번째 출판은 1941년이었다. Fr. 스픽Spicq은 자신의 저서인 『중세 라틴 주석의 역사에 대한 개요』*Esquisse d'une histoire de l'exégèse latine au Moyen Âge*를 1944년에 출판했다. 우리 중 누구도 전쟁이 끝나고 일반적인 정보교환이 다시 구축될 때까지 상대방 책의 존재를 알지 못했다. 사실 우리는 서로 서로를 보완하고 있는 것 같다. 스픽은 신학전공의 아마추어 역사가인 반면, 나는 역사전공자이지 신학전공은 아니다. 나아가 그의 관점은 나와 비교하면 때로는 넓고 때로는 좁다. 스픽은 14세기를 대상으로 연구를 진행했고 나는 1300년경에서 연구를 마쳤다. 그는 연구를 인쇄된 자료에 한정하였고, 나는 비록 전체는 아니지만 부분적으로 필사된 자료들을 조사하였다. 이 주제에 관하여 관심을 지닌 독자는 우리 둘을 모두 읽어야 한다. 그러면 독자는 두 가지 서로 다른 종류의 정보와 나아가 두 개의 서로 다른 관점을 발견할 것이다.

누구나 다 두 권의 두꺼운 책을 다룰 용기를 내지는 않을 것이며 독자는 선택을 할 것이므로 그들이 나에게서 기대할 수 있는 것들을 알리는 것은 지나친 것이 될 것이다. 이처럼 커다란 주제를 다루는 것은 매우 선택적이어야 한다.[7]

중세시대의 교사들은 성경을 탁월한 교과서로 여겼다. 시편[8]과 성경으로

---

7 나의 첫 번째 판의 개정함에 독자들의 비평으로부터 많은 유익을 얻었다. M. W. L. Leistner, *Speculum*, xvii (1942), 146-8과 A. Souter, *Journal of Theological Studies*, xliii (1942), 99-102는 특히 도움이 되었다. 그러나 내가 염려하는 것은 만일 내가 모든 서평자들이 호의로 제공하는 모든 자료를 이용한다면 책이 출판을 하기에는 너무 길어지는 것이다.

8 F. Falk, *Bibelhandschriften und Bibeldrucke in Mainz von achten Jahrhundert bis zur Gegenwart* (Mainz, 1901), 28-9는 초등교육에서 시편 사용의 좋은 예를 제공한다.

부터 글을 배운 소수의 성직자들만이 가르침에 있어 인문학liberal arts[9]을 사용했다. 따라서 성경 연구는 처음부터 제도의 역사와 연결되어 있다. 나의 방법은 중세가 낳았던 두 가지의 특징적인 제도의 틀 안에서 그 발전을 추적하는 것이었다. 이는 수도회와 학교들인데 학교들은 12세기를 거치면서 대학으로 수렴되었다. 수도원의 영적인 분위기와 학과목에 제시된 교과 과정들을 모두 고려해야 한다.

성경은 공인된 종교 서적이다; 렉치오 디비나lectio divina는 수도원의 전통적인 한 일과였다. 성경 독서를 배우는 것을 꺼리는 어떤 수도회는 과학적 의미에서 '신중함'serious 없이도 '거룩했다holy'; 반대로 독서에 친근한 어떤 수도회는 성경신학자들을 배출했다: 9세기의 베네딕트 수도회, 빅터 수도회 그리고 탁발수사회 등. 그러므로 성경학의 역사는 종교의 조직과 개혁의 역사에 의존하고 있다.

성경은 중세의 학교들에서 신학자들에게 '교과서'set book로 규정되었다. 신학 교사가 되기를 원하는 학생들은 성경수업에 참여해야 했다. 이는 교수법의 역사와 연관된다. 우리는 파리에서의 학문의 집중화, 교실 도구들의 발전, 표준주석Gloss(당대의 주석) 혹은 표준주석과 그 사용을 따라야 한다. 또한 강의, 대학 설교들, 토론 등을 보완하는 학문적 역량의 발전을 따라야 한다. 이러한 과정들은 그 형식을 결정하고 어느 정도는 중세 주석의 내용을 결정했다.

성경연구Sacra pagina(신학)는 학문의 마지막 단계에 해당했다; 학자들은 인문학으로 출발하여 신학에 접근했다. 문법, 수사학, 그리고 논리학에서의 발전은 언제나 성경 연구에 영향을 주었다. 그것은 교사들의 방법과 그의 지적인 관심과 열정을 결정했다. 또한 유행하는 철학도 그에게 영향을 주었다. 성 아우구스티누스와 강한 열광을 낳은 재발견된 아리스토텔레스의 대립은

---

9 A. Allgeier, 'Exegetische Beiträge zur Geschichte des Griechischen', *Biblica*, xxiv (1943), 265.

우주와 그 창조자에 대한 가장 근본적인 개념을 뒤집거나 또는 수정하였고, 창조주의 특별한 책에 대한 신학 연구에 당혹스러운 영향을 주었다. 아리스토텔레스는 신학이 모든 사물들을 보는 것처럼 새롭게 성경을 보도록 이끌었다.

그러나 신학연구는 생각했던 것처럼 그 자체로 종결되지 않았으며, 신학은 '호기심'의 대상으로 전락할 가능성이 생겼다. 학문은 학문 연구자를 지혜로 이끌어야 한다; 또한 그의 학문적 세계는 외부세계로부터 결코 단절될 수 없다. 따라서 성경연구는 학생들의 개인적인 신앙적 의무들에 대한 가르침을 포함하며 또한 목회사역을 위해 그들을 준비시켜야 한다. 교회와 신앙적 개혁운동은 [역으로] 렉치오 디비나에 영향을 끼쳤다.

외적인 환경에 영향은 받는다는 점에서 성경 연구는 산발적이고 예측할 수 없게 발전한다. 물론 그 발전에는 자신의 내적인 법칙들을 지닌다. 대부분의 인간의 행동과 마찬가지로 그 역사는 개별화의 역사이다. 중세 초반의 신학은 구분되지 않고 개별화되지 않은 존재로서의 세속 정부와 닮았다. 노르만Norman과 앙주Angevin 왕가처럼 '학문의 여왕'(신학에 대한 별칭)은 모든 자품의 왕궁royal court이었으며 그 공식직분은 신학을 설명하는 수도사와 교사들이었다. 신학의 다른 분야들과 분리시켜 주석을 연구하는 것은 말하자면 재정이나 행정과는 무관한 왕의 법정Curia Regis에서의 법적 측면만을 연구하는 것과 같다. 12/13세기에는 점차적으로 주석은 단일한 주제로 나타나기 시작한다. 비록 교사들 개인적인 것은 여전히 드러나지는 않지만 신학자로의 그의 저술과 주석가로서의 저술은 구별되었다.

양식과 지적인 유행의 변화는 하나의 불변의 요소를 지닌 배경에 저항하여 발생한다. 구약의 텍스트를 연구하려는 열망은 언제나 학자들에게 라틴어 성경을 히브리어 성경과 비교하도록 이끌었다. 또한 히브리어의 연구는 언제나 유대인들과의 접촉을 낳았다. 기독교인들은 자신들이 유대인들의 도움을 필요로 하지 않을 만큼 셈어에 대한 숙련에서 온전한 전통이 부족하기 때문에 그들은 유대인들과의 접촉을 원했다. 실상 유대인들과의 접촉을 피하기는 커넝 라틴 학자들은 그들에게 랍비문헌들에 대한 정보와 히브리 방언에 대한 안내를 요청했다. 북부 프랑스와 라인란트의 유대인들은 라시Rashi 이후로 독창적인 주석적 방법으로 전승된 지식들을 보완했다. 그러므로 랍비들에게 조언을 구했던 12/13세기의 기독교인들은 자신들의 질문에 두 가지 형태의 답을 얻을 수 있었다: 그들은 옛 전통들과 전통적 해석의 실례들을 수집할 수 있었고, 자신들의 접근에 영향을 미치는 생생한 당대의 학문을 습득할 수 있었다. 중세시대에서 랍비문헌에 대한 기독교인의 지식은 과소평가되어 왔다. 라시는 14세기 초반에 니콜라스 리라Nicholas of Lyre와 함께 라틴 주석에서 처음으로 등장한다고 여겨졌다. 리라에 대한 그의 영향력은 중세적인 형식으로 분류되지 않고, 실제로 그러했지만 종교개혁시대의 요소로 분류되었다:

> 만일 리라가 리라를 켜지 않았다면,Si Lyra non lyrasset
>
> 루터가 춤추지 않았을 것이다.Lutherus non saltasset.

오래전 1893년 한 프랑스 학자가 한 '애매한 표현'dicton absurde[10]은 결국 인정받지 못했다. 만일 그렇지 않다면 우리는 종교개혁의 시작을 성 빅터 학파나 혹은 캔터베리의 성 토마스[Thomas Becket을 말함-옮긴이] 주변의 일단의 학자들에게 두어야만 한다.

성경 연구의 역사는 제도와 운동들을 고려해야 한다; 이는 주로 학자들의 역사로서 써진다. 어떤 시대는 다른 시대보다 더 개인에 주목해야 할 것처럼 여겨지고, 12세기가 그러한 시대 중의 하나이다. 우리는 베르나르두스Bernard와 아벨라르두스Abailard를 통해 수도원과 학교의 갈등을, 베켓Becket과 헨리 2세Henry II를 통해 교회와 국가의 갈등을 그릴 수 있다. 왜냐하면 이들은 개인적individual이면서도 전형적typical으로 나타난다. 동일한 세기가 성경 신학의 좁은 영역에서 상응하는 탁월한 인물을 낳는 것이 단지 적합해 보였다. 분

10 J. Soury, reviewing *Quam notitiam in Bibl. de l'Ecole des Chartes*, liv (1892). 738.

명히 그를 찾고자 했을 때 그는 그곳에 있었다. 모든 이정표는 파리의 생 빅터 수도원을 가리켰다. 생 빅터에서 교사 앤드류는 모든 전문가와 학자들의 전형으로, 성 베르나르두스와 아벨라르두스, 헨리 2세 그리고 토마스 베켓을 구별하는 분명하고, 대담한 자질을 공유했다. 아벨라르두스가 자신의 논리학을 신앙의 원리들에 적용한 것처럼, 앤드류는 자신의 히브리어 연구를 성경에 적용하였는데, 아벨라르두스 이전에는 거의 선구자를 찾아볼 수 없다. 생 빅터의 교사 앤드류는 그렇게 잊혔으나, 여전히 중요한 인물이다. 그의 영향력은 성경 신학의 역사에서 매우 결정적이어서 우리의 전체 분량의 제6번째 한 장을 통째로 그에게 할당하는 것도 어색한 것이 아니다.

지난 10년간 그의 중요성에 관한 더 많은 증거들이 모아졌다. 매우 뜻밖에도 보스함의 허버트Herbert of Bosham의 제자로 밝혀졌다. 허버트는 베켓의 비서이자 전기 작가였다; 따라서 성 빅터와 '성 토마스의 제자들'*eruditi Sancti Thomae* 사이에 또 다른 연결점을 지닌다. 앤드류는 또한 토마스의 작품의 한 편집자로 드러났다. 팔레르모의 칼란드라Fr. Calandra는 전도서의 주석들에 대한 비평적인 서적을 출판했다. 그는 자신의 서문에서 다른 사람들의 견해를 요약해 주고 있다.[11] 그는 앤드류의 언어적 지식을 연구하였고, 후대의 저자들에 의해 앤드류로부터 인용을 나의 목록에 첨가하였다. 불행하게도 인쇄된 첫 번째 주석은 매우 짧은 것들 중의 하나였고 크게 흥미롭지 못했다. 이것은 몇몇 학자들이 오경과 선지서에 대한 앤드류의 주석을 편집하려고 선택하는데 도움이 될 것이다.

사상과 제도와 특징들의 상호교류가 나의 저서의 윤곽을 형성한다. 나는 전체를 연대순으로 배열했고, 주어진 시대에서 성경 연구가 특별히 융성했던 학파들을 서술하려고 했다.

나의 범위로 전통적인 13세기의 자료들을 선택함에 있어서는 약간의 변

11 Fr. Calandra는 매우 고맙게도 1948년 팔레르모에서 출판된 자신의 저서를 나에게 한부 보내주었다. 그는 나의 책을 구할 수 없어서 거의 사용할 수 없었다. 그가 전도서에 대한 앤드류로부터 인용을 나는 약간의 수정을 통해 나의 원고를 대치하였다.

론이 필요하다. 실제로 나는 때로 그 범위를 넘어서기도 한다. 그러나 그 선택은 주제에 따른 제한에 의한 것이다. 또한 나는 라틴어 성경과 성직자들에 의한 연구만을 다룬다. 나의 대상이 되는 학자들은 성경을 심사숙고하고meditate 주석하도록 의무를 지녔던 자들이다. 방언으로 된 성경에 관한 전체적인 질문이나 성경에 대한 평신도들의 접근 문제는 생략되었다. 이유는 이 시대에 해석에 있어서 새롭고 건설적인 사상들을 위해서는 성직자들을 살펴보아야 하기 때문이다. 나의 이야기가 시작하는 8세기 이후로 (1장은 단순히 서론적이기 때문에), 평신도들은 문맹이라는 핸디캡을 지녔다. 샤를마뉴의 궁정의 한 기사는 비록 성직자들의 주석에 관하여 소박한 질문일지라도[12] 지성인들에게 질문했다. 12세기 후반 플란더스의 백작 귀네스Guignes는 전적으로 평신도였고 문맹이었지만 성경의 독경을 주의 깊게 듣기를 원했고, 선지서, 역사서 그리고 복음서들의 문자적 의미뿐만 아니라 영적인mystical 의미들도 이해했다.[13] 이 두 사람은 당시의 사람들에게 예외로 간주되었다. 이는 평신도들의 무지를 고소하려는 것이 아니다: 시각적인 보조수단 그리고 구전 가르침이 중세의 농민들에게 신구약 성경의 내용의 일부 개념들을 전달하기 위해 결합되었다. 그러나 이는 평신도들이 자신들의 사고를 성직자들을 통해 이차적으로 획득했음을 의미한다:

> "이제 당신은 나에게 다시 내가 한 번도 본 적도 없고 알지도 못하며 그들의 도시도 알지 못할 뿐만 아니라 한 번도 방문하지 않았던 도시 그리고 롯과 그 부인에 관해서 설교했습니다. 그러나 한 천사가 나타나 그들이 거주하던 도시를 떠나라고 말하며 뒤를 돌아보지 말라고 명했다고 들었습니다. 그리고 그녀가 뒤를 돌아보았기 때문에 소금 기둥으로 변하였다고 들었습니다. 그러나 내게는 한 번도 뒤를 돌아보지 말라는 명령이 내려진 적이 없습니다.…"

---

12 M.G.H., *Epistolae*, iv, Ep. 136, 205-8.

13 A. 램버드(Lamber)의 귀네스 백작의 연대기로부터, M.G.H., *Scriptores*, xxiv, 598.

한 평신도 영주가 이러한 편지를 1143년 어떤 성직자에게 보냈다. 그는 자신의 불명예를 감수하고서라도 성직자들의 논의에 답하려고 노력했다. 그는 편지를 받는 사람이 인용된 본문을 읽고, 교훈을 강조하기위해 본문을 사용할 때 들었다.[14]

어느 정도의 균형은 13세기 말에 교정되기 시작했다. 학식이 있는 평신도의 전통이 강했던 이탈리아에서는 이미 교회 당국의 용인 하에 시장Podesta 또는 법원 공무원의 설교를 종종 들을 수 있었다. 14세기 초반의 세속 통치자였던, 나폴리의 지혜로운 로버트Robert the Weise는 매우 많은 설교를 작성하고 또한 하기도 하였다.[15] 또한 동일한 14세기는 성경의 해석과 관련한 학식 있는 이단들이 처음으로 출현하는 것도 목격된다. 정통적 가르침은 도전을 받지 않을 수 없었으나 역사가들은 이러한 대중적인 저항들 이면의 이론들에 대하여 거의 주목하지 않는다. 라둘푸스 글라버Radulphus Glaber의 연대기는 예언서들이 부분적으로는 믿어졌고, 부분적으로는 믿어지지 않았다고 여기는 한 이단에 대하여 말해준다. 그는 농부는 십일조를 낼 필요가 없다는 단순하고 직접적인 결론을 내렸다.[16] 이것이 그에 대해 아는 전부이다. 발데스Valdès와 그의 추종자들 그리고 카타리파Cathari의 다양한 체계에는 더 많은 증거들이 있다.[17] 리용의 가난한 자들the Poor Men of Lyons이나 카타리파가 농

---

14 '브리앙 피츠 백작이 윈체스터의 주교 블로와'에게는 H.W.C. Davis에 의해 *English Historical Review*, xxv (1910), 297-303에 게재되었다. 브리앙은 헨리 1세의 궁정에서 자랐기 때문에 대부분의 평신도들보다 더 낳은 교육을 받았다.

몇몇 최근의 성경과 세속 문화에 대한 연구들은: H. Vollmer, "Bible und deutsche Kultur. Veröffentlichungen des deutschen Bibel-Archivs in Hamburg", *Materialen zur Bibelgeschichte und religiösen Volkskunde des Mittelalters*, Neue Folge v (Potsdam, 1931); G. Kisch, *Sachsenspiegel and Bible* (Notre Dame, Indiana, 1941); H. Rost, *Die Bibel im Mittelalter* (Ausburg, 1939)이다.

15 W. Goetz, *König Robert von Neapel* (1309~1343), (Tübingen, 1910); 평신도 설교의 초기형태에 대하여는 29~30페이지를 참조.

16 ed. M. Prou (Paris, 1886), 49-50.

17 A. Dondaine, "Aux origines du Valdéisme", *Archivum Fratrum Praedicatorum*, xvi (1946), 191-235; H. Söderberg, *La religion des Cathares* (Uppsala, 1949).

민운동의 그 지도자보다 성경학의 역사에 대해 보다 나은 입장을 지녔는지는 의심스럽다. 발데스주의자들은 가톨릭교회로부터 추방될 때까지 단지 몇 가지 강조점에서 차이를 보였고, 그 이후 다른 이단 분파들sects의 영향을 받았다. 카타리파에게: 중세시대의 가톨릭 주석가들은 지나치게 유비적이거나 신비주의적 해석을 함으로 눈살을 찌푸리게 했다; 그러나 그들은 성경을 역사적인 것으로 받아들였고, 단지 역사에서 상징적인 가치를 발견하기를 원했다. 카타리파는 성경에 등장하는 사건들을 세상으로부터 영적인 세계로 전이하는 경향을 지녔다.[18] 그가 다른 관점에서 흥미로울 수 있는 것은 네오-마니교Neo-Manichee는 성경 연구의 역사가에게 가장자리에 있는 인물이다. 14세기 가톨릭 학자들은 새로운 경험을 하게 된다. 그들은 자신들의 유리한 근거를 가지고 논쟁을 할 수 있는 대적들을 만나게 된다. 이 대적들은 대학에서 같은 용어와 문헌들을 사용하여 연구하고 가르치는 자들이었다. 13세기의 아베로에스주의자들Averroists은 이점에 있어서는 정통주의자들과 동일한 레벨에 있었고, 자신의 논점을 신학적이라기보다는 오히려 철학적으로 전환시켰다. 반대로 파두아의 마르실리우스Marsilio of Padua와 존 위클리프John Wyclif는 공격을 주석의 영역으로 이끌고 갔다.

그러므로 두 가지 이유들이 1300년을 편리한 간이정류장halting place으로 만들었다. 이는 성직자들에 대한 집중을 위해 평신도와 이단들에 의한 성경 연구를 배제하는 것을 허용한다. 이는 교회가 배움에 있어 온전한 독점권을 가졌던 한 시대의 종말을 의미한다. 좁은 그룹의 사람들에게 문헌들을 제한하는 것은 그 그룹 내에서의 관용을 낳았다. 교회는 라틴어 성경Vulgate에 대해 인문주의자들과 종교개혁자들로부터의 비판이 나타났을 때 사라지게 되는 경향인, 학자들에 대한 관대한 태도를 보였다.[19] 만일 우리가 12/13세기의

18 A. Dondainé, *Un traité néo-manichéen du XIIIe siècle le Liber de duobus principiis* (Rom, 1939), 20-26.

19 이것이 모두 사라지지는 않았다; M.-D Chenu, "L'humanisme et réforme au Collège Saint-Jacques de Paris", *Archives d'histoire dominicaine*, i (1946), 130-154.

해석들에 대한 비판적인 접근을 찾는다면, 우리는 새로운 수도회들, 시토수도회Cistercians, 참사수도회Canons Regular, 도미니쿠스 수도회Friars Preacher, 프란체스코 수도회Friars minor로 갈 수밖에 없다. 이들 모두는 신앙과 교황에 대해 열정적이었다. 그들의 구성원들은 에라스무스Ersmus를 매혹시켰고 그의 반대자들을 괴롭게 했던 견해들을 지녔다. 우리는 중세의 신학자들이 보수적일 뿐만 아니라 독창적이었음을 발견하게 될 것이다; 그들의 가장 일상적인 잘못은 지나침extravagance이지 반지성적obscurantism인 것은 아니다.

자신의 농장을 경작하면서, 위험한 구덩이 주변에 펜스를 치는 농부처럼 나의 연구의 경계를 표시하기 위해 이 저서에서 독자들에게 가장 난감한 차이점들에 관해 미리 알리기를 원한다. 첫째로, 중세의 라틴어 성경은 [신적으로] 주어진 것으로 받아들여졌다. 또한 나는 이 글에서 연도와 저자 그리고 지역에 관한 중세의 학생들이 받아들인 전제들을 모두 수용하였다. 신구약 성경의 구성과 선pre 역사는 그것들이 중세 학자들의 의식에 영향을 주는 한에서만 나는 관심을 둔다. 예컨대 유대인 필로Philo Judaeus는 서론적인 장chapter에 등장하는 데, 이는 그가 적어도 간접적으로 중세에 알려졌기 때문이다. 나는 라틴어 성경의 역사를 쓰려고 의도하지 않았다. 성경의 어떤 부분의 해석은 다른 사람들보다 더 충분히 다루어진다. 이는 부분적으로 우연에 기인한다: 나는 정경적 서신들과 사도행전에 관한 주석들 중에 나에게 연구의 가치가 있는 것으로 여겨지는 것을 발견하지 못했었다. 바울서신과 요한계시록만이 계획에 따라 구성했다. 성 바울St. Paul은 신학교육을 위한 하나의 핵심을 제시하였다. 따라서 그의 서신에 대한 중세의 주석들은 스콜라주의를 연구하는 역사가들에게 매력적이었다. 그들의 연구를 포함하는 것은 나의 시야를 전 영역으로 확대시키는 것을 의미했다. 계시록 역시 그 본래의 특별한 문제를 제시할 것이다; 이는 한 연구논문monopraph[20]의 주제가 되었다.

---

20 W. Kamlah, "Apokalypse und Geschichtstheologie", *Historische Studien*, cclxxxv (Berlin, 1935).

나의 첫 번째 책은 12세기에서 13세기 소홀히 다루어지던 것으로 확대되었다. 나는 지난 몇 년 동안 파리와 옥스퍼드에서 형제 수사단[프란체스코회]의 연구에 진행된 강독lecture들을 읽는데 시간을 보냈다; 그것들이 13세기의 그림들을 채웠다; 그러나 이것들이 빅터주의자들Victorianes에 대한 나의 설명에서 여전히 남아있던 앞선 차이들로부터 나를 돌이키게 했다. 그 와중에 프랑스에서 일련의 학자들은 모든 빅터주의자들의 문헌들을 편집하고 재 간행하려는 프로젝트를 계획했다. 이에 나는 구약성경의 여러 권들에 대한 생 빅터의 휴Hugh of St. Victor가 작성한 원고의 사본에 대한 편찬을 그들에게 남겨주었다. 더 중요한 것은 생 빅터 수도원의 휴, 앤드류 그리고 리처드의 유대적 문헌들에 대한 어떤 적절한 연구의 결여이다. 나의 동료인 라비노비츠 Dr. L. Rabinowitz 박사는 빅터주의자들과 유대 랍비들 사이에 비교를 시작하였다. 나는 첫 번째 저서에서 그의 연구를 요약했고 우리는 증거를 제시하는 공동 논문 초안을 작성했다. 그러나 전쟁이 우리를 방해했고 라비노비츠 박사는 군 복무 후에 남아프리카로 이주했다. 그 질문은 1939년 우리가 남겼던 그대로 남아있다.

나의 주제에서 또 하나 소홀히 다루어진 부분은 유대인과 그리스도인 사이의 논쟁, 그리스도인의 선교사역 그리고 동방의 언어로 선교훈련 학교들 사이의 논쟁 등이다.[21] 논쟁과 선교사역에서 성경은 학교에서의 성경과 분명한 연결을 지닌다; 그러나 이러한 연구는 우리의 지역적 한계를 넘어서도록 이끈다. 우리의 주 관심사는 북서 유럽의 학파들과 대학에 있다. 논쟁들과 선교, 만일 완전히 설명된다면 우리를 스페인과 지중해를 경계로 모슬렘 국가들로 들어가야 한다.

훈련된 중세전문가들은 나의 논지에서 보다 많은 차이점들을 발견할 것이다. 중세의 주석에 대한 두 권의 책이 오늘날 출판되었으나, 우리는 여전히

---

21 특별히 A. Berthier의 "Les écoles de langues orientales fondées au XIIIe siècle par les Dominicains en Espagne et en Afrique", *Revue africaine*, lxiii (1932), 84-103; P. Browe, *Die Judenmissionen im Mittelalter und die Päpste* (Rome, 1942).

[연구를] 시작하는 중이다. 아마도 충분한 연구를 하려면 전문가들로 이루어진 팀이 요청될 것이다. 우리는 헬라어와 히브리어의 전문가도 필요로 하며 교부학과 랍비문헌 전문가, 비잔틴 전문가, 중세의 도서관들의 내용에 익숙한 전문가, 신학과 인문주의의 역사가들도 필요하다. 나의 저서는 이러한 협업을 더 용이하게 하도록 하는 데 도움이 될 것이다(*)

1장

교부들

1. 영과 문자(The Letter and the Spirit)

> 나는 영과 문자에 관심을 지녔던 거룩한 교부들의 어록으로부터 [창세기에 관한] 세 권의 책을 출판했다. … 왜냐하면 말씀the Word이 마리아를 통해 세상에 왔고, 육체를 입으셨으나, 그러나 보는 자들이 이해를 하지 못하였다; 모든 사람들이 그 육체를 보았으나; 신령한 지식은 택함을 받은 몇몇에게만 주어졌다. 따라서 말씀이 율법가와 선지자들을 통해서 사람들에게 드러났을 때, 합당한 예복이 없이는 그들에게 드러나지 않았다. 육체의 베일을 통해 가려져 있기 때문에, 여기서는 문자에 의해서 가려져 있었다. 문자는 육체로서 드러나며 그러나 내적인 영적 의미는 신령한 것으로 알려진다. 이것이 내가 레위기를 연구하면서 발견한 것이다… 문자의 베일을 통해서 신령한 것을 보는 눈은 복이 있도다.[1]

투린의 클라우디우스Claudius of Turin는 교부들의 전통은 샤를마뉴 시대의 학자들에게까지 이르렀던 것으로 평가한다. 마치 사람의 몸과 영혼처럼 말씀the Word이 성경 속에서 육화되었다.[2] 그 몸은 거룩한 텍스트의 언어 '문

---

1 *In Libros Infromationum Litterae et Spiritus super Leviticum Praefatio*, PL (1844 edition) civ. 615-17. From Origen, *Hom. in Lev*. i. I.

2 성 제롬(St. Jeorme)은 성경을 그리스도의 몸에 비교하여 현대의 독자들에게까지도 커다란 반향을 가져오는 표현을 하였다. 참고. G. Morin, *Etudes, textes, dècouwertes*, i (1913), 243-4.

자'letter이며 문자적 의미이다; 그 영혼은 그 영적인 의미이다. 문자적 의미를 설명하는 것은 문자적이며 육적으로litteraliter vel caraliter 설명하는 것이며 문자는 몸corpus으로 거의 대체할 수 있다.[3] 드물게 회의주의자들이 아니라면, 중세의 학자들이 성경의 진리를 질문하였고 그는 결코 성경이 문자와 영을 지님을 의심하지 않았다; 그가 두려워했던 것은 단지 영이 타락하지는 않았을까 하는 것이었다.[4] 그러므로 그는 자연적으로 몸과 영혼의 관계를 이해하는 것과 동일한 형식으로 문자와 영의 관계를 이해했다. 이는 그의 삶의 철학과 살아가는 방식에 의존한다.

신플라톤주의에 영향을 받은 금욕적인 관점을 발견하게 되는 클라우디우스를 살펴보면 교부들 가운데서 가장 권위를 가진 이가 성 아우구스티누스임을 이 수도사로부터 기대할 수 있다. 문자는 주석가들이 파고들어가야만 하는 감춤이나 은폐를 의미하는 영을 위한 의복이다. 몸이 이 사멸의 삶에서 영혼에 필수적인 것처럼, 문자는 영에 필수적이다. 훌륭한 신자가 영에 자신을 헌신하기 위해 자신의 몸을 다루는 것처럼, 영적인 성향의 주석가는 문자를 받아들이지만 이를 금욕적으로 다루게 된다.

현재 우리가 주석exegesis이라고 불러야 하는 것, 즉 넓은 의미에서 텍스트와 성경 역사에 대한 연구에 기초하고 있는 것들이 '문자적 해석'literal exposition에 해당됨을 발견할 수 있다. 일반적으로 '영적 해석'spiritual exposition은 텍스트가 단지 적절한 시발점starting-point으로 사용되는 경건한 묵상과 종교적 가르침에 있었다. 성경 연구에 대한 이러한 개념을 잘 유지한다면 소규

---

3 마가복음에 대한 15세기의 익명의 주석가는 마가복음 6:28-9절에 대하여. PL xxx. 608; [세례] 요한의 몸은 매장되었고, 그의 머리는 접시에 놓여졌다: 문자는 흙으로 덮였고, 영은 영광스럽게 되었고, 제단 위에 올려졌다. 주석가는 세례요한을 구주와 비교한다; 그 접시는 그에게 평평하고, 둥글고, 낮은 미사에 사용되는 접시를 상기시킨다. G. Morin, "Un commentaire romain sur S. Marc de la première moitiè du Ve siècle", *Rev. Bén*. xxvii (1910), 358.

4 성 엠머란의 오틀로(Otloh of St. Emmeran, d. 1070)는 그의 저서 *Liber de Tentationibus* (PL cxlvi, 33)에 빚지고 있음을 설명하였다: "… 신적 율법의 모든 책은 종교와 덕의 외적인 표시(show)를 주는 것에 따라서 쓰여진다; 내적으로 그들은 다른 이유와 해석을 요청한다."

모의 주석을 포함한 많은 자료들을 얻을 수 있다.

> 마치 눈의 초점을 대상의 물리적 표면[피부]이 아니라 격자를 통해 보이는 무한함에 집중하도록 우리가 초대받는다면 …; 그 대상은 … 무한한 공간의 특정 부분을 정의하고 분리하고, 그것을 다루기 쉽고 이해하기 쉽도록 만드는 것에 있다.[5]

만일 '예술적 재료의 물리적 표면'을 '텍스트'로 대체한다면 그리고 '무한한 공간'을 '진리'로 대체한다면, 19세기 초반 '피어싱 기술'pierced technique에 대한 이 설명은 클라우디우스의 주석에 대한 이해에 적합한 설명이 된다. 우리는 텍스트를 보도록 초대받는 것이 아니라 텍스트를 통해서through 보도록 초대받는 것이다.

전통의 강점과 연대를 이해하기 위해서는 고대의 전통으로 어느 정도 소급가능한지와 또한 그것이 어떤 현안에 기여할 수 있는지를 이해해야 한다. 알레고리적 해석은 거룩한 문서를 지닌 문명화된 사람들에게는 '원시적'primitive인 역사적 단계를 가리킨다. 그들은 과거를 알레고리로 읽음으로써 현재의 도덕적, 지적 기준과 상충되는 것들을 해결한다. 훨씬 후대에야 그들은 이것을 역사적 발전의 과정으로 보게 된다. 그리스 주석가들은 호머Homer에서 알레고리를 발견했으며, 헬라화된 유대인인 알렉산드리아의 필로Philo of Alexandria는 칠십인 역에서 그것들을 발견했다. 유대인인 필로는 알레고리의 "키케로"Cicero라고 불렸다; 필로는 수많은 알레고리적 전통을 발견한 것이 아니라 언제나 화해시키지 않고 이를 대중화했다.[6]

필로의 목적은 영감 받은 성경의 문자들이 말하는 것을 드러내려 했다. 그

---

5 R. Hinks, *Carolingian Art* (London, 1935), 82-3.

6 참조: E. Stein, "Die allegrische Exegese des Philo aus Alexanderia", *Zeitschrift für die alttestamentliche Wissenschaft*, Beiheft 51 (1929); 그리고 P. Heinisch, "Der Einfluss Philos auf die aelteste christliche Exegese", *Alttestament. Abhandl*. i, I, 2 (Münster, 1908).

내적 혹은 영적 의미는 당대 이교철학인 플라톤주의와 조화를 이루었다. 그는 활동적인 유대인으로서, 로마 황제에 대한 사절에서 자신의 백성들을 대표했다. 때문에 필로는 그 문자를 거의 잊어버릴 수가 없었다. 실제로 필로는 그러한 어떤 의도를 부정한다:

> 만일 우리가 사물의 내적인 의미를 드러내는 것만을 주의하게 된다면 우리는 성전의 신성함이나 다른 수천 가지의 다른 것들을 무시하게 될 것이다.[7]

율법은 역사적 제도로서 문자적으로 유대인을 구속할 뿐만 아니라, 내적 의미를 지닌다. 필로는 자신이 텍스트에 관한 문제들에 대하여 전문적인 사람들에게 맡기기를 바란다고 말한 점으로 보아 그가 텍스트의 문자적 의미 연구에 대한 유산들을 받아들였음에 틀림없다.[8] 심지어 필로의 저서 『질의와 응답』*Questions and Answers*은 성경으로부터 제기되는 어려운 문제들에 대해 종종 문자적 해결을 담고 있다.[9] 그러나 필로는 선지자 사무엘에 대하여 말할 때 알레고리적 의미의 중요성을 강조한다:

> 아마도 사무엘이라 불리는 사람이 실제로 있었을 것입니다. 그러나 우리는 성경의 사무엘을 영혼과 육체의 살아있는 구성체로서가 아니라 하나님께 봉사하고 경배하는 것을 기뻐하는 마음, 오로지 그러한 마음을 지닌 사람으로 생각합니다."[10]

알레고리는 유대의 율법과 역사에서 보편적 성격을 부여하는 것이었다.

---

7 *De Migratione Abrahae*, xvi, trans. F. H. Colson and G. H. Whitaker (Loeb Classical Library), iv. 186.

8 H. A. Wolfson, *Philo* (Cambridge, Mass., 1947), i. 57-63.

9 『질의와 응답』(*Questions and Answers*)에 대한 편집과 번역은 H. L. Goodhart와 E. R. Goodenough의 *A General Bibliography of Philo* (New Haven, 1938), 133을 참조.

10 *De Ebrietate*, xxxvi (Loeb Classical Library, op. cit.), iii. 395.

만일 우리가 그 정치적 배경들을 고려한다면 의미가 있는 그러한 은유를 통해 자신의 관점을 표현했다: 로마인들은 자신들이 정복한 것을 세계제국에 편입시켰다. 문자적 의미로 해석하는 사람들은 '조그만 국가의 시민'이다; 그러나 알레고리주의자는allegrists '더 큰 나라, 즉 전 세계의 시민의 역할을 한다.'[11]

알레고리의 주된 역할은 변증apologetic이다. 알레고리는 그가 철학을 성경에 읽어 들일 수 있게 하고 사소하거나 비난할만한 것으로 여겨지는 것들을 더 높은 차원으로 고양시키도록 돕는다. 또한 관심 있는 것들에 대한 토론을 위한 적절한 수단을 제공한다. 현대 학자들은 필로의 방법론에서 명백하게 구분되는 것처럼 내용에 대한 그들의 해석에 있어서도 구분된다. 그러나 그의 관심사의 주된 방향은 분명하다. 필로는 플라톤주의에서 '다른 세속적'이고 도덕적 요소를 강조하고 정신과 물질 간의 대조를 강조하는 당시의 지적 경향에 부합했다. 필로는 과거의 자신처럼 식욕을 탐하면서 영을 고양하기를 원하는 부와 여가를 지닌 사람들에 맞서 사유하고 있다. 내적 성찰은 삶의 외적 사건에서 비롯된 인격화와 상징: 결혼, 여행, 전쟁 등 자연스럽게 학문적 용어로 표현될 수 없는 추상화와 경험의 영적 세계를 드러내고 있었다. 성경은 필로가 자신의 개념을 보다 정확하고 명료하게 만드는 것을 가능하게 했다. 또한 성경은 필로에게 사고의 맥락을 발전시킬 수 있도록 했고 [사고의] 체계를 구축하는 데 필요한 수고를 덜어주었다. 필로는 자신의 출발점으로 삼은 텍스트뿐만 아니라 처음으로 제안한 다른 단락들도 알레고리화시켰다. 자신의 사고ideas를 분류하거나 체계화하려는 시도는 방대한 카드 목록을 구축하는 것과 연관된다; 그 결과는 필로 자신이 거의 인식하지 못한 것일 수 있다.[12] 자신의 주제에 적합한 은유에서 자신의 사고에 옷을 입히는 가능성처럼 계시의 자유롭고 유연한 해석은, 한편으로는 창조적 사고와 다른 한편으로는

---

11 H. A. Wolfson, op. cit. 61, quoting *De Somniis*, i. 7, 39.

12 E. R. Goodenough가 A. Wolfson의 *Philo*에 관하여 *Journal of Biblical Literture*, lxvii (1948), 87-109에 기고한 리뷰(review)를 참조.

권위의 수용 사이의 타협적인 정신적 태도에 적합했다.[13] 문학적 또는 역사적 텍스트의 여백에서 스스로 사유하는 것을 선호하는 현대의 독자들은 그에게 공감한다. 어쨌든 필로는 길고 찬란한 미래를 지니게 되는 표현 수단을 선택했다. 이 저서에서 다루는 기간 동안 그것은 완전히 대체되지는 않았다.

이 과정은 전문적인 기술을 요구했으며 현대 학생들은 그렇게 친숙하다고 느끼지 않는다. 처음에는 필로가 문자적 의미에 더하여 알레고리적 의미를 가진 것으로 간주한 구절들과 창세기의 신인동형 같은 미신적이거나 우화적인 구절들로 순수하게 알레고리로 해석되어야 하는 것들 즉, 일차적 의미에서 알레고리적인 것들 사이에 명확한 구분이 없는 것처럼 보인다. 따라서 현대의 주석가들처럼 무엇을 가장 중요하게 생각하는지를 결정하는 규칙은 없다. 반면에 알레고리를 구성하는 규칙들은 수와 복잡성 때문에 당혹스럽다. 현실과 가상의 경계가 무너진 것처럼 여겨진다. 필로를 읽으면 사람들은 '거울을 보며' 걷는 느낌을 갖는다.

이상한 나라의 앨리스처럼 -어린이 동화의 주인공- 어떤 사람은 그 백성들이 이상한 것을 합리적인 것으로 간주하는 여왕의 법에 의해 통치되는 한 나라를 발견한다. 중세의 성경연구를 이해하기 위해서 사람은 그들의 방법에 침투하고 그들의 엄격한 논리와 정교하고 환상적인 관례들을 인식하기 위해서는 중세에 충분히 오래 살아야 한다. 필로는 성경의 어떤 것이 관련된 유사-학문pseudo-science, 즉 알레고리적 해석의 법칙에 종속적인 다른 무엇을 의미할 수도 있음을 인정한다. 알레고리는 '문자적 기반 위에 지어지는 상부구조물을 지시하는 지혜로운 건축가'a wise architect이다. 영감된 텍스트의 모든 음절은 이들 기초로 사용될 수 있다. 따라서 주석가는 글의 형식을 취하는데 그 각각은 텍스트의 짧은 구절들에 그 근거를 지닌다. 그리고 궤도를 벗어나 전개된다.

---

13 E. Bréhier, *Les idées philosophiques et religieuses de Philon d'Alexandrie* (2nd edn., Paris, 1925), 312-13.

건물을 위한 '규칙'은 주로 수지학數智學: number-symbolism이나 어원학 etymology에서 이끌어낸다. 그는 창조 시의 6일에 대하여 이렇게 주석한다:

존재하게 되는 모든 만물의 가장 완전한 세계는 완전 수(數), 즉 6과 일치하여 구성될 필요가 있었다.

[숫자] 6은

그 첫 번째 완전한 수數는 그 공약수들의 곱(1x2x3)과 같으며 또한 그 합(1+2+3)으로 구성된다. … 우리는 그 수는 본질에서 남성이자 여성이기도 하며 각자 구별되는 힘의 결과라고 할 수 있다. 왜냐하면 존재하는 사물들 중에 남성이자 심지어 여성이기도 하다. 홀수 3은 출발점이며 짝수 2도 출발이다. 이 둘의 산물이 6이다.

수 7의 특성은 모든 언어를 뛰어넘는다.[14] 어원학etymologies은 수보다 더 도움이 되었다. 그 개념은 원시의 주술word-magic로 환원되었다. 즉 필로는 성경적 이름들은 사물의 완전한 서술이라고 믿었다:

모세에게 할당된 이름은 사물들의 명백한 이미지이다. 이처럼 그 이름과 사물은 처음부터 불가피하게 동일한 것이며 이름과 그 이름이 주어진 사물은 조금도 다르지 않다.[15]

어원은 사람과 장소에 대한 진정한 설명을 줄 수 있다. 어떤 어원은 성경적이었다. 다른 경우에는 [새로운] 어원이 발명될 수 있다. 히브리어를 거의

---

14 *De Opificio*, iii; xxx, op. cit. i, 13, 73.

15 *De Cherub*, xvII, op. cit. ii 43.

알지 못한 필로는 칠십인역에서 구두로 영감을 얻었으므로 그 원칙을 그리스어 단어에도 적용할 수 있었다. 그것은 필로에게 자신의 환상에 대한 풍부한 조망을 주었다: 사람들은 어디서 어원학이 끝나고 단어에 대한 놀이play가 시작하는지를 항상 말할 수는 없다. 그리고 그 어원과 밀접한 관련이 있는 것은 그 일에 대한 설명이다. 그것의 고유한 특성은 그것이 의미하는 것을 결정한다:

> 뱀은 쾌락에 적합한 상징이다. 왜냐하면 첫째로 뱀은 발이 없는 동물로 자신의 배로 납작 엎드리는 까닭이요; 둘째는 흙덩이를 음식으로 취하는 까닭이며; 셋째는 자신의 이빨에 독을 지니고 다니며 그것으로 자신이 물은 자들을 파괴하는 본성을 지닌 까닭이다. 쾌락을 사랑하는 자들은 이러한 특성으로부터 어느 것도 예외가 없다.…[16]

필로의 활동은 A.D. 1세기의 전반기에 해당한다. A.D 1세기의 후반과 2세기의 시작 무렵에 알렉산드리아가 기독교적 해석과 필로의 해석이 서로 혼합하는 지점이 되는 것은 자연스러운 일이었다. 비록 오리게누스는 자신을 사도 바울의 제자이자 계승자로 간주하고 있지만 우리는 필로를 찬양한 오리게누스에서 이러한 과정이 진행되고 있음을 살펴볼 수 있다. 오리게누스는 유대인의 랍비와 영지적인 이단자들 모두와 싸우기도 하고 또한 차용했다. 최근 오리게누스의 주석에서 다양한 실타래strand를 풀기 위해 많은 노력이 이루어졌다.[17]

이것은 우리에게 더 이상 다양한 전통이 병립되지 않고, 하나의 해석적 전통이 됨을 분별하는 마지막 기회를 제공한다. 이는 다른 강조점과 발전을 인

---

16 From *De Opificio* lvi, op. cit.,는 F. A. Wright, *A History of Later Greek Literature* (London, 1932), 193에 인용되었다.

17 오리겐의 주석에 관하여는 J. 다니엘로(J. Daiélou)의 *Origene* (Paris, 1948) 139-190의 연구와 색인을 보라.

정할 수 있다; 중세 전체를 통해 이는 원칙적으로 의문시 되지 않았다.

오리게누스는 구약의 전통이 신약의 예시나 전조라는 기독교 가르침을 넘겨받았다: "예시 속에 있는 모든 것은 그들에게서 일어났다."*omnia in figura contingebant illis.* 알레고리에 대한 이러한 개념은, 표시하는 것과 표시되는 것은 역사적으로 생각되며 그 둘은 그것들이 없었다면 아무런 의미도 지니지 않는다는 두 가지 점에서 필로와 구분된다.[18] 오늘날 이것은 종종 '알레고리'allegory와 소위 '도덕론'typology으로 구분된다. 오리겐은 구약에서 네 가지 형태를 발견하였다: 그리스도의 오심에 대한 예언들, 교회와 그 성례의 예시들(예를 들어, 세례를 상징하는 홍해), 종말과 천국에 대한 예시들, 마지막으로 선택된 사람들이 역사에서 하나님과 개인의 영혼 사이의 관계의 예시들; 영혼의 인도에 있어서 하나님의 방법들은 그의 백성들을 인도하시는 방법들과 같다. 그러므로 우리는 출애굽기와 아가서를 통해 영적인 가르침을 그릴 수 있는draw 권리가 있다.[19] 마지막의 두 가지 종류, 종말론적이거나 신비적인 또는 도덕인 형태는 또한 신약 성경에서도 찾을 수 있다. 오리게누스Origen는 신약 성경과 초기 기독교 저술가들로부터 그토록 자신의 자료들을 끌어내었다. 단지 그는 성경에 대한 저들이 다루는 방식을 체계화해야 했다. 오리게누스는 자신이 필로에게서 발견하는 것에 일종의 더 포괄적이고 우주적 알레고리들을 추가하였다. 이로써 필로 이후에 전체 성경은 단순히 어떤 구절들이 아니라 주석가에 의해 설명된 더 깊은 의미를 지니기 때문에, 이는 쉽게 기독교의 도덕이나 신비적 형태에 영향을 주었다. 오리게누스의 스승이었을 알렉산드리아의 클레멘스Clement of Alexanderia는 그에 대하여 예상했다. 그렇지 않다면, 그의 전임자들은 성경의 모든 구절을 세심하게 알레고리화하기보다는 오히려 각 유형을 찾아야 한다고 생각한 것 같다.

---

18 G. Wittke, "Melchisedech der Priesterkönig von Salem:, Zeitschr. f. d. netestamentl. Wiss., Beiheft 5 (1927).

19 J. Daniélou, "Les sources bibliques de la mystique d'Origène", Revue d'ascétique et de mstique, xxiii (1947), 128.

다양한 영지주의 이단들의 일파sects는 알레고리를 보다 급진적인 방법으로 사용했다. 그들은 구약을 문자적 의미로 이해했고 데미우르고스demi-god의 작품으로 구약을 거절했다. 신약 성경이나 혹은 신약 성경에 포함된 발췌 부분들을 알레고리로 해석하였고, 이로써 자신들의 특별한 우주론을 나타낼 수 있었다. 오리게누스는 우주에서 무질서의 주요 원인과 조화가 회복되는 과정에 대한 자신의 정통적이지만 여전히 매우 사색적인 견해speculative opinions로 대치하였다. 문자적 의미에서 성경은 오리게누스가 만족하기에는 사람에 대하여는 너무 많이 말하고, 영과 우주적 힘에 대하여는 너무 적게 말했다; 그러므로 복음은 그리스도의 지상적 삶과 사역의 기록들에서 영원한 그리스도를 감추고 있다. 이처럼 오리게누스도 자신의 생각을 지상적인 것으로부터 우주적인 것으로 전환하는 과정에서, 가톨릭이든, 이단이든 혹은 이교도이든 간에 당시의 대부분의 다른 지성인들과 비슷했다. 성경의 수용이 철학과 양립할 수 있음을 보여주는 것이 기독교 변증학christian apologetic의 중요한 부분으로 형성되었다.

필로적 알레고리Philonic allegory의 철저한 사용은 알레고리의 해석에 있어서 필로의 법칙의 차용과 사용을 의미한다. 최근의 연구들은 기독교 이전과 교부들에게서 특별한 알레고리와 유형의 역사를 추적하였다. 이로써 우리는 의미의 변화를 알 수 있고 어떻게 고대의 개념과 지식이 상징주의symbolism라는 옷을 입고 중세 시대로 전달되었는지를 볼 수 있다.[20] 위-클레멘스pseudo-Clementine의 한 주석의 인용은 어원학의 신비적 가치에 대한 필로의 믿음이 채택되는 방법을 보여준다. 직접적인 방식이 아닌 알렉산드리아의 유산의 일부로 전달된 이 진술은 중세 주석의 기본적인 전제가 될 것이다.

피타고라스는 사물에 이름을 준 사람은 가장 현명할 뿐만 아니라 가장 고대

20 G. B. Ladner, "The Symbolism of the Biblical Corner Stone in the Medieval West," *Medieval Studies of the Institute of Toronto*, iv (1942), 43-60; P. Lundberg, *La typologie baptismale dans l'ancienne Eglise* (Leipzig/Uppsala, 1942).

> 의 현자sages로 명성을 얻어야 한다고 생각했다. 그러므로 우리는 성경이 비유로 쓰여졌다는 것을 동의하기 때문에 성경을 주의를 기울여 면밀히 조사해야 한다. 우리는 성령Holy Spirit께서 실재와 관련시키려는 의도를 지닌 의미들 그리고 말하자면 단어들 속에서 그 생각을 드러내심으로 우리에게 가르치려는 의미들을 위해 이름들을 연구해야 한다. 우리는 그 이름들을 주의하며 연구할 때, 우리는 이름들이 다양한 의미를 지니고 있으며 많은 의미들 가운데 숨겨져 있는 의미는 검토와 연구 후에 스스로를 드러내고 빛날 것이다.[21]

클레멘스와 오리게누스는 성경의 인물과 은유를 분류함에 또한 필로의 불확실성을 물려받았다. 오리게누스는 다음과 같은 교훈을 이해하는 것이 불가능하다는 점에서 '영적인 해석'spiritual interpretation을 정당화한다: 만일 네 눈이 너를 죄를 범하게 한다면 문자에 따라 그것을 뽑아내라. 그에게 성경은 신성을 때로는 어둡게, 때로는 밝게 반영하는 거울이었다; 그것은 육체적, 정신적, 영적, 문자적, 도덕적, 그리고 비유적 의미를 지녔다. 처음의 둘[육체적이고 정신적인 의미]은 '심오한 의미를 이해할 수 없는' 자들, '단순한 신자들'simple believers을 위한 것이며, 셋째[영적인 의미]는 하나님의 신비와 감추어진 지식[22]을 탐구할 수 있는 초심자, 기독교 영지주의자들을 위한 것이다. 성경의 '의미'는 그 내용과 그것을 설명하는 주석가의 방법에 연관된다. '알레고리'는 상징적인 언어 속에 거룩한 저자들이 표현하는 가르침과 역사적 사건과 제도에 대한 주석가의 비유적 설명을 포함한다. 오리게누스는 성경 전체는 영적이지만 그 전체가 육체적 의미는 아니라고 믿었고, 이는 어떤 경우에는 자신의 생각에 따라 주관적으로 해석하도록 이끌었다. 오리게누스는

---

21 Eclogae propheticae, ed. Stählen (Leipzig, 1909), 146-7은 J. Lebreton, "Le désaccord de la foi populaire et la théologie savante", *Revue d'histoire ecclésiastique*, xix (1923), 495, n. 2. 이탤릭체는 내가 표시한 것이다.

22 *De Principiis*, iv. 11, 18.

필로처럼 문자를 명료하게 정의하기보다는 너무 영적인 것에 사로잡혔다.[23]

그러나 알레고리적 사고를 단순히 지적인 훈련으로 여기는 것은 잘못이다. 오리게누스는 그리스도인들을 위해 이를 사용하였다. 이는 예배 가운데 살았던 그리스도인들의 삶의 핵심에 놓여 있다. 오리게누스는 그 날을 위한 교훈에서 매일 설교하였다. 오리게누스는 자신이 선택하지 않는 본문이나 전례에 따라 주어진 본문을 설명하는 동안 알레고리적 해석으로 자신의 청중들의 필요를 만족시킬 수 있었다.[24] 교회에서의 공적인 예배의 발달과 설교의 기술은 단일한 과정의 두 가지 측면에서 함께 진행되었다. 본래의 예배적 기능과 분리되어 알레고리는 기독교의 대적자들과의 논쟁과 교회가 여전히 핍박을 받고 교리가 아직 유동적인 시기인 당대 그리스도인 사이의 논쟁에서 무기가 되었다. 최근에 발견된 파피루스는 아마도 245년경 아라비아 또는 팔레스틴에서 개최된 오리게누스와 몇 주교들 사이의 회의를 보고한다.[25] 오리게누스는 교리에 관한 다양한 질문에 대답하도록 요청을 받았으며 단순히 듣는 자들이 아니라, '증인'으로 참석한 그리스도인들의 모임 앞에 섰다. 그 자리에서 기록된 문서로 구성한 보고서는 우리가 오리게누스를 생생하게 보도록 하며, 단순한 사람들을 괴롭히는 성경의 문자적 해석으로부터 야기된 어려움을 해결하기 위해서 심지어는 그들을 영혼의 불멸에 대하여 의심을 지니도록 그가 알레고리를 사용하는 것을 보여준다. 율법의 두 본문(레 17:11;

---

23 한 실례로서 그의 민수기 16:9절에 대한 해석. 오리게누스는 발람(Balaam)의 축복에 관하여 언급한다. "그 움킨 것을 먹으며 죽인 피를 마시기 전에는 눕지 아니하리로다"[민 23:24]. "어느 누구 역사적 의미를 지지하는 사람이 두려움 가운데 누가 알레고리의 달콤함에서 회피하지 않을 만큼 잔인할 수 있는가? 그러므로 그는 예언적 은유를 약속의 땅에 들어가는 이스라엘 사람들에게가 아니라 그리스도의 도래를 언급하는 것으로 (1차적인 의미로) 해석한다. 따라서 그는 '인자의 살을 먹고 피를 마시는 것 외에는 생명이 없을 것입니다'"라고 말한다. (ed. Baehrens *(Die griechischen christlichen Schriftsteller*, vii, 1921), 151-2.

24 H. de Lubac, op. cit. 131-5.

25 "Entretien d'Origène avec Héraclide et les évêques ses collègues sur le Père, le Fils, et l'Âme", ed. J. Scherer, *Publications de la Sociéte Fouad I de Papyrologie: Textes et Documents*, ix (Cairo, 1949).

신 12:23)은 영혼이 피 속에 있음을 암시하는 것처럼 보인다. '아라비아' 이단들은 그렇게 생각했다. 그러면 어떻게 영혼이 육체의 죽음 이후에도 살아남을 수 있겠는가? 오리게누스는 불경한 사람들의 귀에 말해져서는 안 되는 것으로 신비를 제기함으로 이 질문에 답해야 함을 느꼈다. 오리게누스는 자신의 청중들에게 이해에 적합하게 되기 위해 그들의 마음을 깨끗하게 하라고 간청한다. 내적이고 영적인 사람은 성경에서 육적인 사람들을 의심한다. 거룩한 저자들은 감각적인 이름들 하에 이 영적인 부분들을 언급한다: 그 눈과 귀는 이해를 의미한다; 희생의 손을 들어 올리는 것은 하나님께 영을 높이는 것을 의미한다. 오리게누스는 육체의 각 지체와 다섯 가지 감각이 비유적인 의미에서 사용되는 많은 본문들을 모았다. 비유적인 것을 설명함에 때로 오리게누스는 더 깊은 의미를 발견한다. 따라서 당신의 머리카락까지 모두 계수되었다는 것이 머리를 깍은 나사렛 제자들에게 말해졌는데, 이는 틀림없이 영적인 보호를 언급하는 것이다.[26] 창세기에서 우리가 읽는 것처럼 -너희 생명의 피도 찾으리니(창 9:5)- 율법의 두 본문에서 언급된 피는 내적인 사람에 속한 것이 틀림없다. 따라서 생명의 피가 포함된 고기를 먹는 것을 금하는 것은 육체적인 피를 언급하는 것이 아니다. 육적인 사람으로부터 구별되는 영적인 사람에 대한 다른 것을 암시하는 것은 아니다. 어려움은 해결되었다. 영혼은 죽어 마르며 무덤 속에 남는 물리적 피 속에 내재하지 않는다.

그 다음에 오리게누스는 성경의 문자적 의미에 스스로를 제한하는 결과에 대하여 지적한다: 그것은 불멸에 대한 소망을 부정한다. 영혼은 죽음 이후와 부활 이전에는 육체와 더불어 남아있지 않다. 영혼은 해방되었고 그리스도와 더불어 안식을 누린다. 때문에 그리스도인들은 진리를 위하여 고통을 감내하는 것이다. 오리게누스는 순교에 대한 열정적인 권고로 마친다. 몸으로부터 벗어나면 죽음이 아니라 오히려 더 나은 삶을 누릴 것이다.

---

26 ibid. 165.

지금 나는 진리를 위하여 죽을 준비가 되어 있습니다. 지금 나는 죽음이라 불리는 것을 직면하여 그것을 멸시합니다. 맹수, 십자가, 화형, 고문, 그것들이 오게 하십시오! 나는 숨을 거두는 순간 즉시 내 몸을 떠나 그리스도와 함께 안식할 것임을 알고 있습니다. 이것을 위해 우리는 투쟁하고, 이것을 위해 우리는 싸웁니다. 우리는 몸 안에 있는 것에 대하여 슬퍼하며, 곧 우리의 무덤에 있게 될 우리의 몸에 의해 설득되는 것이 아니라 영적인 상태를 위해서 우리의 몸을 자유하게 하며, 교환하도록 합시다. 육체를 벗어나 그리스도와 안식할 운명으로서, 육체 안에 있는 우리가 어떻게 슬퍼하겠습니까!

주교인 필립Philip이 들어왔을 때, 또 다른 주교인 데미트리우스Demitrius가 말했다: "여기 우리의 형제 오리게누스가 그 영혼이 불멸한다고 가르치고 있습니다."

그리고 그 보고서는 끝난다.

그 장면의 실재성은 사람들이 '대중과 접촉하지 않는'[27] 철학자들에 의해 성경에 부과된 인공적인 것으로 알레고리를 생각하는 것을 금지한다. 오히려 이것은 사람들에게 기독교가 전파되는 데 필요로 하는 조건이었다. 당시 그 어떤 다른 방법도 율법에 묘사된 것처럼 원시 족장시대의 금기를 더 이상 원시적이지 않는 사람들의 유익을 위하여 영적인 것이 될 수 없었다.

초기 기독교인의 공적인 예배는 전례에서 읽는 것처럼 성경에 대한 설교를 듣는 것을 포함한다. 오리게누스의 개인적인 삶 역시 성경의 연구에 중심을 두어야 했다. 오리게누스는 그 신비mysteries에 대한 자신의 이해가 '내적인 사람'의 성장의 부분으로 발전할 것이라고 단언한다. 우리는 마음을 성경

---

27 J. Lebreton, "Le désaccord de la foi populaire et la théologie savante", Revue d'histoire ecclésiastique, xix (1923), 481-506, xx (1924), 5-37은 이 문제를 논의 한다. 하지만 그는 대중적인 목적을 위한 알레고리의 사용은 고려하지 않는다.

이라는 책을 위한 방주나 벽장으로 만들어야 한다.[28] 이것은 성스러운 책이나 두루마리가 책장에 보관되어 있던 시대에 또는 라벤나의 갈라 플라시디아Galla Placidia 박물관에 있는 성 로렌스St. Laurence의 모자이크에서 그리고 『코덱스 아미아티누스』*Codex amiatinus*[29]에 있는 에스드라Esdras의 그림에서 드러나는 형태처럼 드문 경우들에는 적절한 비유처럼 보였을 것이다. 책이 도서관 선반에서 펼쳐지면 그 적절성을 잃어버린다; 그러나 친밀감과 내면성은 남아있다. 여기서 오리게누스는 초기 수도원주의의 렉치오 디비나lectio divina를 예표한다. 렉치오 디비나는 그 신비적 의미에서 성경을 이해함으로써 금욕주의와 영성으로 대표된다. 성례에 관해 말하면서 오리게누스는 성찬보다 성경에 더 중점을 둔다; 로고스는 거룩한 본문의 몸체에서 성육신되었다.[30]

오리게누스의 전 체계와 기독교 전통으로부터 또한 그의 유산이 된 필수적인 부분은 성경의 해석이 은혜 또는 '카리스마'charisma라는 견해이다. 오리게누스의 제자인, 성 그레고리우스 타우마투르고스St. Gregory Thaumaturgus는 자신의 선생이 신성한 저술가들과 영감을 공유하고 있다고 믿었다: 선지자들에게 영감을 준 동일한 성령이 오리게누스로 하여금 저들의 예언을 해석하도록 영감을 주었다.[31] 그 주장은 신비로운 해석의 또 다른 위대한 교사들에게서도 계속될 것이다. 성령은 대 그레고리우스St. Gregory the Great나 클레르보의 베르나르두스St. Bernard of Clairvaux가 성경을 설명할 때 그들의 입을 통해 말한다.[32] 복음서 저자들이 천사의 받아쓰기로 글을 쓰는 것으로 중세의 성화

---

28 Hom. *in Gen*. ii. 6을 H. de Lubac은 op. cit. 347에서 인용한다. 오리게누스는 노아의 방주의 건조에 대하여 주석을 하고 있다; 우리는 방주를 일종의 요트(houseboat)와 연관시키게 된다; 그러나 칠십인역과 벌게이트에 사용된 그 단어는 또한 책을 위한 궤를 의미할 수 있다. 그러므로 오리게누스가 '신적인 도서관'을 마음의 방주로 여겼을 때 뤼박은 궤에 대한 언급으로 본 것은 아마도 적절하다.

29 P. Courcelle, "Le grille de S. Lauret au Mausolée de Galla Placidia", *Cahiers archéologiques*, iii (1948), 29-38.

30 H. de Lubac, op. cit. 336-73; J. Daniélou, *Origène* (Paris, 1948), 74.

31 *In Orig. orat. panegyrica*, c. 15 PG x. 1094-6은 H. de Lubac, op. cit. 46에 인용되었다.

32 Ansolm of Laon: "… 우리는 거룩한 성령이 Moralibus에서 말하는 것을 본다…"(videamus

들iconography에 표현된 것처럼 자신의 주석을 구성하면서 성 그레고리우스는 자신의 귀에 봉인된 문서를 지니고 그의 어깨 위에 앉은 비둘기에게 듣는다.[33] 이 모든 것은 오리게누스의 가르침으로 돌아간다.

그럼에도 불구하고 중세의 가장 열정적인 학문은 궁극적으로는 알렉산드리아로부터 그 인정과 방향성을 도출했다. 클레멘트와 오리게누스는 성경 연구를 위해 세속 학문의 가치를 주장했다; 그러한 사고는 필로에게 환원된다. 후일 철학으로 이어지는 3학문trivium과 4학문quadrivium으로 알려지는 인문학과 학문의 고리cycle는 학생들에게 성경을 이해하고, 그 반대자들을 논박하도록 준비시킨다.[34] 그러한 프로그램은 중세 학자들에게 대헌장Magna Carta으로 불릴 수 있다; 이는 성 제롬St. Jerome에 의해 라틴화되었고, 성 아우구스티누스St. Augustine에 의해 체계화되었다. 필수적인 일반 학문의 대부분은 알레고리적이고 신비적인 의미에 초점을 맞출 것이다; 그러나 오레게누스는 또한 문자에 대한 학문적 연구의 기초를 놓았다. 그는 알레고리에 집중하면서도 어마어마한 분량의 문자적 주석을 남길 만큼 위대한 사람a giant이었다. 성스러운 역사, 팔레스타인의 지리, 그리고 특별히 텍스트 비평은 그의 관심사였다.[35] 오리게누스는 당시 유대인들과 상의하였고 종종 (예를 들면, 방주의 크기에 대하여) 랍비들의 설명을 듣는다. 그는 칠십인역과 히브리 성경과 비

---

quid dicat S. Spiritus in *Moralibus*…). (G. Lefévre, *Anselmi Laudunensis et Radulfi fratris eius Sententias excerptas edidit mouvement théologique du XIIe siède* (2nd edn. Burges, 1948), 476; John of Salisbury는 St. Bernard에 대하 말했다: "… 나는 썼다(scripsit).… 저 가장 미묘하고 가장 유용한 아가서의 주석에서, 의심을 넘어 성령께서 그의 입을 통해 받아쓰게 했다."; Historia ponfificalis, ed. R. L. Poole (Oxford, 1927), c. II. 26-7. 요아킴 피오레에 관하여는 아래 p. 289 참조.

33 Paul the Deacon, S. Gregorii Magni vita, PL lxxv. 58; C. Nordenfalk, "An Early Mediaeval Schorthand Alphabet", Speculum, xiv (1939), 443-7. 여기서 재현된 그림은 에스겔에 대한 설교를 쓰고 있는 그레고리우스를 보여준다. 수아비코에 있는 성 베네딕트의 프레스코화는 욥기에 관한 주석(*Moralia*)을 쓰고 있는 그를 보여주는 데 그의 귀에는 비둘기가 있고, 벌거벗고 상처투성이인 발을 가진 욥이 있다.

34 P. Camelot, "Clément d'Alexandrie et l'utilisation de la philosophie grecque", *Recherches de science religieuse*, xxi (1931), 38-60; J. Daniélou, op. cit. 31.

35 ibid. 139-44, 176-9.

교할 수 있는 히브리어와 그리스어로 된 현존하는 번역들을 모두 수집하였다. 그러나 오리게누스는 신약 성경을 발견하기 위해 본문에 대한 연구를 확장하지는 않았다.

우리는 중세의 학문이 오리게누스의 방법, 태도 및 한계들을 반영한다는 것을 알게 될 것이다. 유대인들은 언어와 역사적 문제에 대한 질문에 의견을 제시할 것이다. 변형된 문서들varinat reading이 수집되고 비교될 것이다. 칠십인역에 대하여 교회에 의해 받아들여진 번역본이 다른 번역본과 충돌할 때, 오리게누스처럼 전자를 거부하는 것이 아니라 그들을 나란히 적시하고 둘 모두에 대하여 언급을 하게 될 것이다. 이중의 텍스트에서 선택하는 것이 아니라, 이들에 대하여 이중의 주석을 작성하는 습관은 점점 더 증가할 것이다. 이는 오리게누스로부터 유래한 것인지 혹은 자연스러운 망설임에서 비롯된 것이든지 구약에 대한 텍스트 비평의 한계는 계속될 것이다. 실제로 성경의 이러한 부분들은 신학자들과 설교자들로부터는 아니라도 학자들로부터는 대단한 관심을 얻게 될 것이다. 오리게누스의 직접적인 영향이 아니라면, 여기에는 그와 유사함을 지닌다.

그리스어에 대한 지식이 줄어들었을 때 알렉산드리아 주석들은 두 통로channels를 통해 중세의 라틴 세계에 스며들었다: 간접적으로는 라틴 교부들을 통해서 그리고 직접적으로는 오리게누스의 저술들의 번역을 통해서다. 오리게누스의 일부 설교에 대한 루피누스Rufinus의 번역은 『표준주석』*Glossa Ordinaria*의 편집자에 의해 사용되었다. 따라서 중세의 표준 주석은 그 세대의 학생들에게 '선택된 발췌본'select extracts에 의해 익숙해졌다. 설교들은 널리 퍼졌다. 그것들은 12세기에도 여전히 필사되고 있었고 최근의 연구에 의하면 클레르보의 베르나르두스가 거리낌 없이 그것들에 의존하였다는 것을 보여준다. 중세의 학생들은 오리게누스의 특정한 견해가 이단으로 정죄 받았다는 것을 깨달았다; 그러나 그 사실이 오리게누스로부터 그들의 배움을 제한하거나 막지는 못했다.[36] 서양에서 오리겐주의자들의 영향에 대한 역사를 쓰는 것은 서양의 주석의 역사를 쓰는 것과 유사하다.

다른 측면에서 안디옥인들도 마찬가지였다. 그들은 서양에 대한 가벼운 영향을 미쳤고, 여러 곳에서 나타나기 때문에 그 증거들이 여기서 논의될 수 있다. 때로 무슨 일이 있었다고 알려진 것처럼 실제로 일어나지 않았음을 이해하는 것은 역사의 이해를 위해 매우 중요하다. 안디옥 주석이 라틴 세계로 침투함의 실패는 알렉산드리아의 성공만큼 부정적인 의미에서 중요성을 지닌다.

안디옥인들은 알레고리적 방법의 남용을 바로잡기 때문에 알렉산드리아의 영향을 상쇄했을 수도 있다. 그들은 영혼을 피로 간주하는 아라비아인들Arabians, 계시록을 종말의 정확한 날짜를 주는 것으로 해석하는 밀레니엄주의자들millenarist 등의 오리게누스 반대자들의 조잡한 문자주의를 지지하지 않는다. 안디옥인들의 목표는 성경의 의미를 보다 정확하게 정의하는 것이었다. 그들에 따르면 문자적 의미는 은유와 상징metaphors and figures을 포함하여 저자의 전체 의미를 내포하고 있다. 예언에 포함되어 있고 또한 선지자에 의해 의도된 영적인 가르침은 '신적인 것'theoria로서 분류되며, 이는 그의 단어의 단순한 문법적인 구성과 구별된다.[37] 이에 더하여 이들은 문자를 초월하는 영적인 의미들을 받아들였지만 자신들을 모형론에 엄격하게 제한하였으며, 구약 성경에서 발견되는 모형의 수를 아주 소수의 구절에 한정했다. 안디옥인들과 알렉산들아인들은 모두 구약 성경을 신약 성경에 대한 예언으로 명백

---

36 G. Hoquard는 창세기에 대한 오리게누스의 설교에 대한 현대 프랑스 번역에 대해 서평한다. *Revue du Moyen Âge latin*, i (1945), 192-3; G. Bardy, "Saint Bernard et Origène", ibid. 420-1; J. Leclercq, "S. Bernard et Origène d'après un ms de Madrid", Rev. Bén. lix (1949), 183-95; cp. E. Gilson, *La théologie mystique de Saint Bernard* (Paris, 1934), 27-8. 진행하면서 중세 저자들의 자료에 대한 자세한 연구는 제시하지 않고 차용한다; 베르나르두스의 친구이자 그를 존경하는 자로서 St. Thierry에 의한 오리게누스의 인용에 관하여는, J.-M. Déchanet, "Guillaume et Plotin", *Revue du Moyen Âge latin*, ii (1946), 258.

37 A. Vaccari, "La Θεωρια nella scuola esegetica di Antiocha", *Biblica*, i (1920), 3-36.

하게 옹호하였으며, 그들이 제공하는 증거의 종류에 있어서만 차이가 난다. 알렉산드리아인들에게 각각의 단어는 신비를 품고 있다. 안디옥인들은 예언을 그대로 받아들여야만 하는 정말로 확실하고 분명한 주장을 찾고자 했다. 그들의 기준은 주관적이다;[38] 그러나 그들은 자신들의 저술에서 매우 다른 분위기를 조성하는 데 성공했다.

강조점은 지상으로 그리고 지상의 인간에게로 되돌아갔다. 창세기에 대한 자신의 주석에서 몹스에스타의 테오도르Theodore of Mopsuestia는 '어떻게 인간은 다른 모든 피조물들과 달리 하나님의 형상으로 창조되었는가?'의 질문에 답을 할 때, 인간에 대한 그의 태도를 드러낸다. 그 당시의 사람들이 말하는 것처럼 인간이 이성과 명령을 할 능력을 지니기 때문이 아니다. 이 능력에서 인간은 천사들과 함께 한다. 인간은 배ship, 집house, 그리고 도시town를 건설하는 것처럼 새로운 조합을 고안함으로써 창조하는 신적인 능력을 소유하기 때문에 신적godlike이다.[39] 그러므로 성경 역사에서의 각 인물은 오리게누스에게서보다 테오도르에서 더 커다란 역할을 한다.[40] 예를 들면, 시편을 설명함에, 테오도르는 구약 역사의 지평을 유지하며, 다윗을 본질적으로 자신의 백성의 선지자로 취급하며 이스라엘의 통치자로서 그의 사고에 공감하려 시도한다. 그는 단지 시편에서 네 편만을 메시아적인 것으로 받아들였다: 2, 8, 44, 109편. 마찬가지로 테오도르는 '고난당하는 종'의 구절에서 나오는 예언에서 그가 도축장으로 인도되는 양이라는 것이 예언자가 십자가를 언급하려 의도하였다는 것을 인정하기를 거절한다(사 53: 7). 신약의 저자가 구약의 구절을 인용했다는 사실이 원래 본문이 그러한 의미로 의도되었다는 것을 반드시 증명할 필요는 없다: 다른 모든 설교자들이 하는 것처럼, 바

38 J. Guillet, "Les exégèses d'Alexandrie et d'Antioche: conflit ou malentendu?", *Recherches des science religieuse*, xxxiv (1947), 257-302; F. Ogara, "De typica apud Chrysostomum prophetia", *Gregorianum*, xxiv (1943), 62-77.

39 R. Devresse, "Essai sur Théodore de Mopsueste", Studi e Testi, cxli (1948), 13.

40 테오도르의 주석에 관한 연구를 보라, ibid. 55-93.

울과 다른 사람들은 그들의 주장argument을 위하여 본문을 적용하였을 것이다. 안디옥 사람들의 원칙은 성경학의 발전을 지지한다. 테오도르는 텍스트 연구에서 "문학적 비평을 사용한 최초이자 거의 유일하게 고전에 대한 주석가"라고 불렸다. 그들이 설교자에게 주었던 관점들은 요한 크리소스토무스St. John Chrysostom의 설교들에서도 입증된다. 크리소스토무스는 성경의 문자적 의미는 알레고리에 의지하지 않으면서 도덕적 교훈을 위한 기초로 사용될 수 있음을 보여주었다. 테오도르는 428년에 사망하였고, 그의 저작들은 553년 콘스탄티노플 공의회에서 기독론적인 이단으로 정죄 받았다.(지금은 부당하다고 말한다). 이러한 금지는 오리게누스의 저술에 내려졌던 유사한 정죄보다 그의 저작에 대한 기억과 생존에 훨씬 더 심각한 결과를 가져왔다. 그럼에도 불구하고 안디옥사람들의 원리에 따라 쓰인 몇 저술들이 라틴어로 번역되거나 다듬어졌다.[41] 펠라기우스파 주교인 애클라눔의 줄리아누스Julian of Aeclanum는 자신의 자리에서 쫓겨났을 때, 테오도르에게서 피난처를 찾았다. 테오도르는 비록 그 자신을 어떤 식으로든 펠라기우스주의자에 연관시키지는 않았지만,[42] 그를 친절하게 영접했다. 줄리아누스의 망명은 그에게 안디옥 사람들의 주석을 연구할 기회를 제공했다. 그 비교적인 자연주의와 합리주의는 원죄의 교리와 씨름하는 자이자 다음과 같은 주장으로 고소당하는 자에게는 매력적으로 여겨졌을 것이다: "이성이 주장하는 것을 권위가 주장할 수는 없는가?"[43] 그는 이탈리아에서 420년 피신하자마자 곧 세 권의 소선지서에 대하여 라틴어로 주석을 썼다: 호세아, 요엘, 아모스.[44] 여기서 그는 맥

---

41 서방에서 안디옥인들의 작품에 대한 지식의 증명은 M. L. W. Laistner, "Antiochene Exegesis in Western Europe", *Harvard Theological Review*, xl (1947), 19-32 참조.

42 R. Devresse, op. cit. 3-4, 161-5. 펠라기우스 스스로는 해석에 있어 안디옥인들의 원리를 받아들인 것 같지 않다. 그는 자신의 평등과 정의의 감정과 충돌하는 구약에서의 어떤 것도 상징적으로 이해되어야 한다고 생각하였다; G. de Plinval, *Pélage, ses écrits, sa vie et sa réforme* (Lausanne, 1943), 210.

43 Augustine, *Contra Iulianum*, i. 29: "··· quod ratio arguit non potest auctoritas vindicare."

44 PL xxi. 959-1104; G. Morin, "Un ouvrage restitué à Julien d'Eclane: le commentaire

락과 비유를 사용하며, 컨텍스트를 소홀히 하는 것으로 오리게누스와 제롬을 비판하며 문자적 의미와 '신적인 것'*Theoria*을[45] 유지했고 예언의 메시아적 해석에 대하여 제한한다. 요엘서 2장 28-31절에 관한 주석에서 그는 베드로가 이 구절을 인용하였을 때(행 2:17) 그 예언을 설명하지 않고 복음을 설교하고 있음을 도발적이면서도 분명한 즐거움을 지니고 말한다. 그러므로 사도들의 설교는 그 의미를 소진하지 않는다.[46] 이 주석은 흥미로운 역사를 지닌다. 단지 두 사본만이 오늘날까지 살아남은 것으로 알려져 있다; 하나는 현재 사라졌고, 다른 하나는 원래 코르비 수도원Corbie의 10세기 사본이다. 이러한 추정은 거의 알려지지 않았었고, 중세시대에 어느 누구도 이를 인용한 것이 발견되지도 않는다. 이단적 저자라는 것이 주목을 받지 못한 것에 대한 설명일 수 없다; 그 안에 포함된 펠라기우스주의의 흔적은 거의 드러나지 않는다; 저자는 잊혔고, 문헌학자들은 이것을 오리게누스에 대하여 격찬한 루피누스Rufinus의 것으로 설명하였다! 줄리아누스의 라틴어가 어렵기 때문이라고 주장할 수도 있다; 그러나 언어는 실제로 내용을 익히려는 중세의 학자들에게 제한이 아니었다: "헬라어와 아랍어로부터의 축어적verbal 번역에 대한 연구를 살펴보십시오." 또한 줄리아누스는 솔로몬의 책에 관한 주석을 썼다: 이것은 사본을 접했을 것이 분명한 비드의 아가서에 대한 단락에서의 인용을 제외하고는 잃어버렸다.

안디옥사람들에 기원을 둔 시편에 대한 주석은 초기 중세 시대에 두 사본이, 밀라노와 투린의 암브로시우스 도서관에 미완성의 형태로 남아있다.[47]

---

du Pseudo-Rufin sur les prophètes Osee, Joël et Amos{, Rev. Bén. (1913), 1-24에서 줄리아누스의 삶과 작품에 대한 서지목록과 참고를 보라.

45 'Theoria'는 PL xxi. 971에서 정의된다.

46 줄리아누스는 두 가지 자격에서 역사를 기술한다. 이단이자 아우구스티누스의 대적자이자, 그리고 기근이 들었을 때 자신의 교구에서 가난한 자들에 대한 그의 관대함으로 존경받는 지역의 성인의 자격이다. G. Morin, op. cit. 21.

47 암브로시우스의 MS에 옛 아일랜드어로 된 주석을 가지고 G. I. Ascoli에 의해 편집되었다. "Il codice Irlandese dell'Ambrosiana", *Archivio Glottologica Italiano*, v (1887). 저자는 복수이다: A. Vaccari, "In margine al commento di T. Mopsuesteno ai Salmi", Miscellanea G.

시편 132편에 대한 주석의 인용은 최근 기대하지 않았던 장소에서, 옥세르의 레미기우스Remigius of Auxerre(c. 900)의 시편 주석에서 빛을 보게 되었다.[48] 안디옥의 주석으로부터의 축어적 인용이 아닌 처음의 단 하나를 제외하고[49] 레미기우스의 해석의 나머지는 그리스도에 대한 예언으로서의 시편을 설명하는 라틴 교부들의 전통을 유지한다. 지금까지 지니고 있는 안디옥의 단편들은 이제 막다른 골목에 이르렀다. 레미기우스는 널리 유포되었고, 그의 주석은 『표준주석』의 편집자에 의해 사용되었다: 그것들은 레미기우스가 시편을 구약의 역사를 언급하는 것으로 해석하는 어떠한 구절도 포함하지 않는다. 같은 일이 성 제롬이 자신의 전도서 서문에서 '안디옥인의 소환'Antiochene ring으로 언급한 것에서도 나타났다; 그는 시편 64편과 71편이 역사적 의미에 따라서는 솔로몬을 언급하는 것이라고 말한다.[50] 이는 비록 자주 읽혀졌음이 틀림없지만 중세 학자들의 주의를 끌지 못했다.

바울서신에 대한 테오도르의 주석은 라틴어로 번역되었으며 이것은 오해로 인해 성 암브로시우스St. Ambrose에게 돌려짐으로 커다란 성공을 거두었다. 이 논박할 수 없는 이름[암브로시우스]의 표지 아래 많은 편집본에서 요약의 형태로 전해진다. 그러나 사실은 주석적 방법론에서보다 신학의 역사에서 더 중요성을 지닌다. 그 서신서들은 어떤 경우에도 알레고리적 해석을 하도록 자신을 허용하지 않는다; 대부분의 알렉산드리아 전통의 주석가들Alexanderian-minded of commentators은 자신들이 바울을 설명할 때 그 택스트에

Mercati, I, *Studi e Testi*, cxxi (1946), 173-98; M. L. W. Laistner, op. cit. (p. 15, n. 3).

48 A. Vaccari, "Il genuino commento ai Salmi di Remigio di Auxerre", Biblica, xxvi (1945), 98. 주석은 두 개정판이 존재한다. Vaccari는 문제가 되는 단락은 둘 중에서 단지 하나에서만 발견되기 때문에 레미기우스의 원본에 덧붙여진 것으로 추정한다. Vaccari가 목록을 제시하는 한 사본은 10세기의 것이다. 나는 MS. Paris, Bibl. nat. lat. 546, fo. 126v에서 이 단락을 보았다.

49 시편 127편에 관한 주석. (ibid. fo. 121r-v). 레미기우스는 하나는 구약의 역사로 다른 하나는 그리스도인들의 시대로 이중적인 해석을 제안한다. 이러한 이중적 의미에서 그는 시편의 본문을 계속 설명한다. 그러나 시편 142편은 단지 전자의 의미로만 설명한다.

50 A. Caccari, op. cit. (위의 각주 47), 176-8.

직접적으로 담겨진 신학적 가르침을 다루기에 바빴다. 그러므로 암브로시우스로 위장된 테오도르는 알레고리적 해석이 일상이 된 라틴인들의 텍스트에 대한 접근 방식에 어떠한 변화도 줄 수 없었다. 번역된 요한 크리소스토무스의 설교들은 읽혀지고 음미되었다. 그는 서방에 훨씬 더 잘 알려진 안디옥 학파의 원칙의 대표자이며, 동시에 적어도 안디옥 학파의 주석에 관하여 자신들의 독자들을 가르칠 수 있는 저자였다. 애클라눔의 줄리아누스가 불평한 것처럼 위대한 설교자는 '설명보다는 더 권고'rather by exhortation than by exposition로 나아갔다.[51]

마지막으로, 유닐리우스 아프리카누스Junilius Africanus는 551년 직후에 라틴어로 작은 메뉴얼을 작성하였는데, 이는 니시비스Nisibis의 페르시아인 바울Paul the Perisian이라는 교사의 가르침을 번역하였다: *Instituta regularia divinae legis*.[52] 그는 예언과 은유의 해석을 위한 규칙과 [문자적] 의미 사이의 관계를 간략하게 정의하고 있다. 몹수에스타의 테오도르에 대한 오늘날 권위자들은 *Instituta regularia*에서 메시아 시편의 아주 작은 부분을 제외하고는 테오도르를 거의 발견하지 못한다. 니시비스의 학파는 안디옥 학파로부터 유래하였으나, 동일하지는 않으며, 아마도 유닐리우스는 그 가르침의 한 경향만을 나타낸다.[53] 그러나 메시아 시편은 중세의 라틴학자들이 직면한 가장 중요한 문제 중 하나를 제시했다. 이 주제에 대한 테오도르의 가르침doctrine은 시편에 대한 그들의 연구에 결정적인 왜곡twist을 줄 수 있었다. *Instituta regularia*는 원래의 안디옥 사람들의 다른 저술들보다 더 많이 회람되었다. 23개의 원고들이 현존하는 것으로 알려졌다. 그러나 그들의 연대는 중요하다: 단 하나만이 12세기의 것으로 주장되고, 다른 하나는 15세기의 것이다; 이 사본들의 대다수는 초대에 속한다. 중세 도서관 목록에서 이

---

51 PL xxi. 960.

52 Ed. H. Kihn (Freiburg im Br.), 1880.

53 R. Devresse, op. cit. 273-5. 정확한 이름은 'Junilus'이다. 그러나 여기서 전통적인 철자를 유지하는 것도 허용될 것 같다.

책의 기록은 같은 인상을 준다; 중세 저자들의 이용 역시 마찬가지다.[54] 카시오도루스Cassiodorus는 이를 알았다; 그러나 내가 아는 한 그는 시편에 대한 자신의 주석에서 이로부터 단 한 번 인용한다. 이 구절은 명백하고 해가 없는 예언에 대한 정의이다.[55] 이는 『표준주석』의 시편 서문에 들어갔으며 이는 쉽게 라틴 전통에 흡수되었다.[56] 앵글로 색슨 학자인 알드헬름Aldhelm은 *Instituta regularia*를 알았다[57]; 그러나 비드는 이를 사용하지 않았다. "9세기의 신학적 저자들에서도 그 이후에도 유닐리우스에 대하여는 거의 흔적을 찾을 수 없다."[58]

그 증거는 이해하기 쉬운 패턴을 지닌다. 안디옥 학파의 자료들의 대부분은 중세의 라틴 학생에게 회복이 불가능할 정도로 상실되었다. 그는 결코 어느 때라도 테오도르의 저술들에 몸을 담글 기회를 갖지 못했다. 반면 중세 초기에는 라틴 독자들이 적어도 안디옥 학파의 주석들의 원리를 배울 수 있을 만큼 그리고 만일 원한다면 스스로를 실험할 수 있는 충분한 자료들이 존재했다. 우리는 초기 아일랜드 학자 중 일부가 그 기회를 사용했다는 것을 안다. 그러나 그들은 홀로 그렇게 하였다. 사실상 안디옥인들은 일반적으로 무시되었다.

그 이유는 라틴 학생들은 안디옥의 방법보다는 알렉산드리아의 방법을

---

54 M. L. W. Leistner, op. cit. 27-32.

55 Junilius: "예언이란 무엇인가, 과거와 현재와 미래의 슬픔에 속한 것들을 신적 영감으로 드러내는 것."(Quid est prophetia? Rerum latentium praeteritarum aut praesentium aut futurarum ex divina inspiratione menifestatio, ed. Kihn, 473).

Cassiodorus: "과거와 현재와 미래의 시간에 대해 말하여지는 모든 예언은 참으로 알아야 하는 것이다."(Sciendum est sane quod omnis propheta aut de praeteritis aut de praesenti aut de futuro tempore loquatur…, PL lxx. 12)

56 Laistner는 솔즈베리의 존(John of Salisbury)에서 유닐리우스의 개연성 있는 기억을 발견한다. (Policraticus, i. 12, ed. C. C. Webb, i. 51). 존은 거의 확실하게 유닐리우스가 아니라, 카기오도루스를 *Glossa Ordinaria*에서 인용하고 있다.

57 M. R. James, "Two Ancient English Scholars", *Glasgow University Publications*, xxii (1931), 13.

58 Laistner, op. cit. 31.

좋아했기 때문이다. 전자가 냉담하고 부적절한 것으로 그들에게 다가왔다면 후자는 거대한 정서적 요구를 만족시켰고 세계 조망과 일치하였기 때문이다. 안디옥 전통 역시 교부들을 향한 전반적인 존경을 누렸기 때문에, 교부들의 유산에서 즉시 사라지지는 않았다. 그런 다음 도서관에 대한 대규모적인 파괴와 차별과 선별 과정이 이어졌다. 교부들에 대한 지식은 좀 더 좁은 한계로 줄어들었고, 안디옥의 유산들은 그 바깥에 남아있는 경향이었다. 12세기에 성경 신학이 부활했을 때, 주석가들은 자신들을 당혹하게 만들었던 문제들에 대한 안디옥인들의 접근에 대하여 매우 기뻐했을 것이다. 그것은 성경 예언에 대한 라틴 교부들의 해석과 유대인들의 해석 사이의 갈등에서 기독교인들에 대안을 제공했을 것이다. 나중에 13세기에 아리스토텔레스의 영향 하에서 탁발수도사들이 '문자'의 영적인 가치를 재발견하기 시작했다. 그들은 자신들에 앞서 안디옥인들이 있었다는 것을 상상할 수 없었다.

구별되는 방법으로써의 안디옥 주석은 유용했을 시간 속에서 잊혔고 회복의 소망도 없이 잊혀졌다. 그리스어 원전으로부터 12세기와 13세기의 '수용된' 방대한 양의 자료에서도 빠졌다. 그러므로 우리는 알렉산드리아인들과 라틴교회의 교부들에게 집중할 수 있다.

알레고리적 방법은 라틴 세계를 사로잡았고, 위험스러운 것이 되는 것이 멈춘 이후에는 더욱더 자유롭게 사용되었다. 성 힐라리우스St. Hilary와 암브로시우스는 결코 오리게누스가 한 것처럼 이를 사색의 도구로 간주하지 않았다. 라틴 교부들은 오리게누스의 시대에서 보다 더 분명하게 정의되는 정통신학에 적합하게 알레고리를 만들었다. 이 교육받은 로마의 개종자는 철학자라기보다는 수사학자였다. 그에게 기독교와 이교 철학의 갈등은 성경의 ' 소박한 단순성'과 그들의 '예술적 스타일'보다 훨씬 덜 어려움을 주었다; 그는 관습들을 놓치고 자신이 익숙했던 화려함을 조심스럽게 준비했다. 알레고리적인 표현은 복잡성과 독창성을 갈망하는 그의 일부를 만족시켰다. "나는 왜인지 모르겠다.", 아가서의 텍스트를 말하면서, 당신의 이*teeth*는 양떼와 같습니다.(아 4:2), 아우구스티누스가 "나는 거룩한 사람들을 교회의 이빨로서 생각하는 것에서 더 기쁨을 느낀다. 이들은 사람들을 그들의 잘못으로부터 찢어버리고, 사람들을 마치 이빨에 의해 찢어지고 씹히는 것처럼 모든 가혹함이 완화된 상태로 교회의 몸속으로 데려옵니다."[59] 그는 성 암브로시우스의 설교에서의 알레고리적 해석이 어떻게 그를 교회로 가까이 이끌었는지를 우리에게 말해준다.[60]

암브로시우스는 유대인 필로를 창세기에 대한 그의 주석의 기초로 삼았고 그의 유일한 비판은 필로가 유대인으로서의 도덕적 의미만을 이해하였고, 알레고리적 의미는 아니라는 것이다; 그리스도인 주석가는 그리스도와 그의 교회와의 모형을 발견함으로 그를 보완해야만 한다.[61] 헥사메론Hexaemeron(6일 동안의 천지창조)에서 암브로시우스는 알렉산드리아와 안디옥 사이의 중도에 있는 갑바도키아 학파를 대표하는 성 바실St. Basil에서 문자적 설명을 취했다; 그러나 그는 알레고리를 추가하였고 누가복음에 대한 주석에서 오리게누스를 사용하였다.[62] 그의 영감과 그의 많은 자료들은 알렉산드리아에서 직접 가져왔다.

성 제롬은 더 복잡한 전통을 이어갔다. 그는 다른 많은 출처에서 자료들을 가져왔다; 그의 관심사는 변화하고 발전했다; 하지만 그는 일관적이거나 체계적이라고 하기에는 지나치게 서둘렀다. 처음에는 알렉산드리아의 방법이 그를 매료시켰다, 특별히 영적인 해석의 기초로 히브리 이름들의 번역이 그러했다. 이어서 오리게누스주의 논쟁은 그에게 알레고리의 지나친 사용에 대한 경고를 주었다. 하지만 이것이 그로 하여금 오리게누스를 지속적으로 인용하는 것을 막지는 못했다.[63] 히브리어에 대한 자신의 연구는 문자에 대

---

59 *De Doctrina Christiana*, ii, 6, trans M. Dods.

60 *Confessions*, v, 14; vi, 4.

61 *De Cain et Abel*, i. 4-5.

62 C. Schenkl의 편집본을 보라. C.S.E.L. xxxii.

63 P. Courcelle은 *Les Lettres grecques en Occident de Macrobe à Cassiodore*, 2nd edn. (Paris, 1938)에서 제롬의 그리스 문화와 그리스도 자료들에 대하여 세밀한 연구를 하였다. 그의 결론은 오리게누스에게 빚지고 있는 정도를 강조하는 것이다. 88-101.

한 그의 관심을 증대시켰다. 예레미야에 대한 그의 마지막 주석은 주로 문자적이다.

그러므로 제롬은 문자와 영에 대한 다양한 의미의 정의에서 '가능한 모든 변경permutation'을 사용한다.[64] 그의 주석에서 발견되는 알레고리와 '테오리아'*theoria*에 대한 안디옥의 구분의 흔적이 혼란스럽게 가끔 나타난다.[65] 같은 주석에서 제롬은 한 단락에서 영적인 의미는 문자적 의미에서 발견된다고 말하고, 다른 곳에서는 문자가 불완전할 때 영적인 의미로 대체해야 한다고 말한다; 그러므로 유다Judas와 다말Tamar의 이야기는 문자적 진리가 아니라 알레고리이다. 동일한 방법으로 제롬은 고령의 다윗에게 데려온 수넴 여인을 '지혜의 표상'으로 생각했다.[66]

그러나 제롬은 그리스어 학습을 위한 통로 이상이었다. 그는 히브리어를 공부함에 오리게누스의 예를 따랐으며, 유대인들에게 자문을 받았다: 실제로 제롬은 때때로 인정하지는 않았지만 자신의 자료에서 랍비 전통을 인용한다.[67] 그러나 제롬은 더 나아가 중세 문화에 대한 그의 공헌의 독특함은 여기 있다. 히브리어 학자이자 인문주의자로서 제롬은 성경을 라틴어를 사용하는 세계에 더 가까이 가져왔다. 구 라틴어본the Old Latin은 칠십인역으로부터 비문자적인 번역이었다; 그러나 불가타는 제롬이 사랑스럽게 부르는 것처럼 '히브리어 진리'에 기초하였다. 첫 기독교 세기의 소박한 라틴어가 성 제롬의 히브리적 라틴어Hebraising Latinity와[68] 섞여진 언어는 동방의 시poetry들이 서방 사람들의 언어에 침투하는 새로운 시대의 시작이었다. 번역의 서문

---

64 L. Schade, "Die Inspirationslehre des heiligen Hieronymus", *Biblische Studien*, xv (1910), 110.

65 A. Vaccari, op. cit. (p. 14, 각주 2).

66 PL xxv (1845), 1003; xxii. 527-8.

67 G. Bardy, "Les traditions juives dans l'oeuvre d'Origène", *Rev. Bibl.* xxxiv (1925), 217-52.

68 S. Berger, *Histoire de la Vulgate pendant les premiers siècles du Moyen Âge* (Nancy, Paris, Strasbourg, 1893), vii. 또한 F. Stummer, *Einfürung in die lateinische Bibel* (Paderborn, 1928), 4-124.

과 일부 주석은 성스러운 저자들에게 생명력을 불어넣었다. 성 제롬의 학문은 그 특성들에 대한 통찰력을 그에게 제공해 주었다. 성경의 저술들이 그 모든 음절에 있어서 하나님에 의해 받아 쓰였고 저자들은 단지 수동적인 도구였다고 하는 생각은 몬타니스주의Montanist 이단에서 절정에 이른 경향이었다. 반면에 성 제롬은 영감에 있어서 인간적 요소들을 지지하였다; 하나님이 "선지자의 귀에 말씀하신 것이 아니라 그의 마음에 말씀하셨다." 비록 하나님이 내용을 제공하시지만 그 언어와 비유의 선택은 저자들의 환경과 교육에 달려있다. 그는 바울서신의 문체에 대하여 토론한다: 많은 이들이 하는 것처럼 사도는 자신이 "말하기에 미숙하다"고 선언할 때 이는 겸손에서 한 말이 아니었다; 히브리인 중의 히브리인이고 바리새인인 바울은 헬라어로 그 의미의 깊이를 설명할 수 없었다, 그리고 자신이 생각했던 것을 위한 단어를 거의 찾을 수 없었다. 그럼에도 불구하고 바울의 문체는 놀랍도록 효과적이었다; "그를 읽을 때마다 말이 아니라 천둥소리가 들리는 것 같다." 그는 선지자들의 특유한 점을 지적한다: 이사야는 "소박함이 없고 부자로 태어났으며 도시의 언어"[69]로 쓴다.

성 제롬은 한편에서는 비현실적인fanciful 영성의 전통을 다른 측면에서는 학문적인 문자적 해석의 전통을 남겼다. 중세의 학생들은 선택할 수 있었다. 그들은 알레고리에 대해 초대하는 모델로서 제롬의 주석을 사용할 수 있거나 그의 다른 능력에 대하여 존경할 수 있었다: "저 회당의 현대적 제자인 교부 히에로니무스는 전체 학문의 토대이다."*modernus ille synagoge alumpnus, totius litterature fundamentum, pater Ieronymus.*[70]

문자에 대한 보다 호의적인 경향은 '암브로시아스터Ambrosiaster' 또는 '위-암브로시우스'Pseudo-Anbrose의 저술들이다. 그는 잘 알려지지 않은 주석가로

---

69 L. Schade, op. cit. (p. 21, 각주 2), 27 ff.; PL xxvi, 558; xxii. 502; xxviii. 771; 제롬은 서신을 다룰 때, 오리게누스를 발전시켰다; 그가 선지서를 다룰 때는 독창적이다. Schade, 17-21 참조.

70 아래 p. 187 참조.

서 366년과 384년 사이에 저술하였으며 그 정체에 관하여는 알려지지 않았다. 그는 그리스인들보다는 라틴 저자들을 사용하였고 성경에 대한 그의 접근은 독자적이었으며 사실의 문제였다. 유대인들에 관심을 지녔던 그는 "역사적 방법과 발전에 대한 진지한 사고idea"를 지녔다. 알레고리는 그에게 조금도 매력이 없었다.[71]

아우구스티누스는 이러한 다양한 요소들을 성경 연구의 철학으로 통합시켰다.[72] 『기독교 교리』*De Doctrina Christina*는 그의 전체적인 입장에 대한 요약을 담고 있으며, 주석에 관하여 고찰하고 있다. 제롬은 중세의 학자들에게 자신의 텍스트와 학습의 참고서apparatus를 제공하였다면; 아우구스티누스는 그 목표가 무엇인지를 말해주었다.

신플라톤주의자인 한에서, 아우구스티누스는 문자적 의미보다는 영적인 의미를 높이 평가했다. 그의 세계는 "우리의 사고가 모든 사물에서 하나님을 분명하게 반영하는 명백한 거울이었다."[73] 피조물이 그 창조주를 반영하는 것처럼 성경의 말씀은 그 신적인 저자를 반영한다. 그의 세계는 "각각의 존재가 다르다는 단순한 사실에 의해 하나의 존재는 다른 사물과 필연적으로 우월하거나 연약함superior or inferior을 지니는"[74] 단계적 위계를 지니며 성경의 의미도 그러하다. 아우구스티누스는 인간을 '육체를 사용하는 합리적 영혼soul'으로 정의하며, 영혼의 초월성에 강조점을 둔다; 마찬가지로 영은 문자를 초월한다; 그들의 연계는 연약하고 인위적인 것으로 알레고리의 기계적 법칙에 의존한다. 독창적인 기독교 사상가로서 아우구스티누스는 '문자'

---

71 A. Souter, *The Earlist Latin Commentaries on St. Paul* (Oxford, 1927).

72 P. Courcelle, op. cit. 185-93은 아우구스티누스가 다른 그리스 교부들과 더불어 오리게누스의 몇몇 작품들을 번역을 통해 알았음을 보여준다. 그러나 그의 신학은 독자적이며, 자신의 자료들에 구속되지 않는다. 193-4. 그리스어에 대한 아우구스티누스의 지식과 그리스어 텍스트에 대한 연구의 정도는 여전히 논쟁 중이다. Courcelle, ibid. 137-53. G. Bardy가 작성한 첫 번째 서평을 보라. Revue du Moyen Âge latin, i (1945), 312-18.

73 E. Gilson, *Introduction à l'étude de St. Augustin* (Paris, 1931), 27.

74 ibid. 74.

에 그의 전에는 존재한 적이 없는 역사적 실재를 부여했다. 성경의 이야기를 성육신에 기초한 역사철학으로 전환시켰다. 아우구스티누스는 성 제롬보다 더 온전한 마음으로 문자의 역사적 진실성을 받아들였다. 우리는 실제로 믿어야 한다: 그리고 그리할 때에만 그 영적인 의미를 찾을 수 있을 것이다.

거룩한 저자들에 의해 연관된 것으로 사실이 의심되는 유일한 경우는 그것이 사랑으로 이끌지 않을 때이다. 아우구스티누스는 알렉산드리아인들이 지혜를 강조하는 곳에서 사랑을 강조하였다. 성경 연구의 전체적 목적은 하나님과 이웃에 대한 우리의 사랑을 강화하는 것이어야 한다: "우리는 사랑의 통치가 세워지는 경향을 지닌 해석이 발견될 때까지 우리가 읽은 것을 묵상해야 한다."[75] 사랑은 순결함과 믿음을 내포하기 때문에 "문자 그대로 말해질 수 없는 하나님의 말씀에는 무엇이든지 삶의 순결함이나 건전한 교리의 상징으로 묘사될 수 있다."[76]

자신의 주석에서 아우구스티누스는 문자적 해석과 알레고리적 해석의 중간을 유지하려고 시도하였다. 그는 은유를 포함하여 문자적 의미에 넓은 의미를 부여한다. 그는 동일한 텍스트에 대하여 문자적 해석과 영적인 해석을 선호하였다. 전자가 의미하는 것이라면, 다른 하나는 예시하는 것이었다. 아우구스티누스는 주관적인 영적인 해석에 문자적 의미를 거의 희생하지 않는다. 역사에 대한 그의 느낌과 그의 보편적 상식은 심지어 이야기narrative가 언뜻 보기에 불쾌한 것처럼 보일지라도 사랑에 도움이 되는 설명을 제시하였다. 일부다처제와 같은 구약에서 묘사되는 어떤 관습은 원시적인 사람들에게는 허용되었다: 다윗과 같은 의로운 사람들의 죄-간음-은 교만에 대하여 우리에게 경고하기 위하여 기록되었다. 예외도 있는데 아우구스티누스는 야곱이 양 떼 앞에 버드나무 가지rods를 세움이 자신의 장인을 속이려는 목적이 아니라, 그리스도의 예언으로 설명한다.[77] 이는 이야기의 역사적 의미

---

75 *De Doctrine Christiana*, iii. xv (23).

76 ibid. x (14).

77 Quaestiones in Heptateuchum, i. 93. 한 말(speech), 하나의 법(law), 그리고 하나의 축

를 부인하는 것이다. 아우구스티누스는 모순을 설명하고 다양한 허구적이고 폭력적인 방법들로 성경에서 예언을 발견하려는 도나투스주의자인 티코니우스Tyconius에게 근거authority를 주었다.[78] 그러나 제롬은 거룩한 저자들에게 하였던 것처럼 대체로 아우구스티누스는 거룩한 역사를 더 생생하고 직접적으로 만들었다.

이런 방식으로 중세 학자의 성경관은 결정되었다. 거룩한 역사는 그 앞에 펼쳐졌고, 창조의 봄날부터 시작하여 깔끔하게 "인간의 시대들"ages of man로 나누어졌다. 그는 이야기를 생생하게 인식했다. 성 베네딕트 규칙은 열왕기서나 헵타투크*Heptateuch*(성경 앞의 여섯 권)가 듣는 사람들을 지나치게 자극시킬 수 있는 경우에 저녁에 읽혀지는 것을 금하였다. 구약성경의 인물들은 그에게 살아있는 것이었고 가까이에 있었다. 성 그레고리우스는 자신의 근심과 열병 그리고 소화불량이 욥의 고난을 설명하도록 지니게 되었다고 느꼈다: "어쩌면 고난당하는 내가 고난 받는 욥을 설명하고 이러한 징벌들에 의해 내가 징벌을 당하는 사람들의 감정을 더 온전하게 들어가도록 하는 것은 신의 섭리가 계획하였다."[79] 그러나 족장들과 예언자들, 구주와 그의 사도들의 친숙한 선례precession는 그 학자가 평신도들과 함께 공유하는 문자적·역사적 의미이다. 또 다른 선례는 그와 병행하여 행하여졌고 더 선명하게 그려지며 어둡거나 밝았다. 여기서 영적 해석과 교회와 회당, 덕과 악의 유형들, 신약성경에 대한 구약 성경의 예표들이 있다. 평신도들은 단지 그것들을 알 수 있었다. 그는 교회의 창문과 벽에서 그것들을 보았다; 그는 설교에서 그것들에 대한 암시를hints 들었다. 그 신비한 교제에 들어가는 것은 성직자의 특별한 의무이자 특권이었다. 12세기의 시인은 신학자들을 이렇게 정의한다. 그들은

복(benediction)은 그것의 역사적 정황들과 무관하게 어떤 문자적 의미를 지닌 것으로 해석되지 않는다. 즉 그러나 기독교인들에게는 그러하다. ibid. i. 123; ii. 90; v. 56.

78 * Tyconius는 주로 중세의 학생들에게 *De Doctrina Christiana*를 통해 알려졌다. F. C. Burkitt, "The Book of Rules Tyconius", *Texts and Studies* (ed. J. A. Robinson), i (1894), xxiv.

79 *Moralia; Praef. in Iob* (Library of the Fathers), i. 10.

이새의 싹을
동정녀 탄생과 비교하거나
모세의 떨기나무에서의 환상이나,
유리 같은 이슬에 젖은 기드온의 양털과 비교하는 자들이다.[80]

우리는 평신도들simple peoples의 실수를 들을 때 그들에 대한 연구가 복잡하다는 것을 깨닫기 시작한다. 영적인 의미에 따르면 나사로Lazarus의 부활은 회개의 성례를 나타낸다; 필멸의 죄를 지은 사람인 나사로는 회개하고 고백하며, 용서를 받은 사람을 의미한다; 이는 흔한 경우이다:

> 나사로의 부활 후에 제자들에게 말해진다: 그를 풀어주어라. 이에 의해서 분명히 보여지는 것은 하나님은 회개하는 죄인을 소생시켰지만 그러나 아직 교회의 성직자들에 의해서 풀려나는 구원을 받지 못했다.[81]

세인트 에드먼즈 베리의 한 무지한 수도사는 설교하면서 문자적 의미와 영적인 의미를 뒤섞어서 나사로가 죽을 죄로 죽었기 때문에 그러한 이유로 삼일 만에 악취가 났다고 가르쳤다.[82]

우리는 이러한 예에서 얼마나 심각하게 영적인 해석이 언어, 사상, 정치

---

80 K. Strecker, Moralisch-satirsche Gedichte walters von Chaltillon (Heidelberg, 1929), Gedicht. i. 9:

qui aptabant virgam Jesse
partui virgineo
seu rubum visionis,
sive vellus Gedeonis
sparsum rore vitreo.

81 F. Blienmetzrieder, "Trente pièces inédites d'Anselme de Laon", *Rech. Théol. anc méd.* ii (1930), 70은 위-아우구스티누스의 『회개의 참과 거짓』(*De Vera et Falsa Poenitentia*)에서 가져왔다. PL. xl. 1122.

82 'Electio Hugonis', Memorials of St. Edmundsbury, ed. T. Arnold)Rolls Series), ii, 60. 이는 1213-1215년의 논란이 되는 선출을 묘사하는 소책자이다.

그리고 궁극적으로 일상의 삶에 침투할 것인지를 알 수 있다. 그 형식들은 실제적이고 매우 친숙해서 그것들은 권위 있는 논증으로 사용될 수 있었으며 또한 예화로도 사용될 수 있었다. 그들의 영향은 유익하기도 또는 불편하기도 하였다. 회당은 언제나 알레고리적 해석에서 빛과 어둠처럼 교회에 반대되었다. 그리고 점차 이러한 형태는 살아있는 유대인과 동일시되어 갔다. 아마도 유대인들에 대하여 점차적으로 악평을 낳는데 도움이 되어갔다.[83] 필로의 "지혜로운 건축물"은 유대인들에게는 감옥처럼 된 것이다.

2. 거룩한 독서

신비의 책들은 또한 신성하든 혹은 세속적이든 인간에게 유용한 모든 지식을 담고 있는 백과 사전encyclopaedia이었다. 아우구스티누스는 이 알렉산드리아의 개념을 받아들었고, 기독교 교육을 위하여 그 결과들을 적용하였다. 성경의 내용은 백과사전적이기 때문에, 이는 학생들에게 백과사전적 지식을 요청한다; 그러므로 모든 고대 후기 문화의 자료들은 성경 읽기에 영향을 미쳤다.

학문적인 관점에서 볼 때 이는 퇴락한 문화였다. 4세기의 편지를 쓴 사람들은 고전 문학에 대한 읽기와 해석에 집중하고 있었다; 그러나 그들은 이들에 대한 접근에서 문학적이라기보다는 문자적이었다. 교수들은 버질Virgil의 시를 전체적으로 설명하지는 않았지만, 그러나 간단한 소개와 더불어 한줄씩 혹은 한 단어씩 설명했다. 그들은 특히 문법에 집중했다. 문법은 항상 그들의 주된 관심사였으며, 이어서 검토 중인 구절들에서 언급되는 역사적 신화 또는 모형론적 세부사항들을 언급했다. 그들의 언급들은 현대 학문의 상태를 반영했다. 즉 호기심과 놀라운 사실의 축적인 박식함Erudition은 자연법의

---

83 J. Pakes, *The Conflict of the Church and the Synagogue* (London, 1934).

고찰보다는 더 흥미로운 것이 되었다. 이와 같은 경향은 필연적으로 교부들에게서도 다시 나타나며 그들을 통해 중세의 성경주석들에서 다시 나타난다. 성 아우구스티누스가 추천한 이교도의 학습은 학문적 방법을 배제하지 않는다; 그는 수사학이 제공할 수 있는 최상의 훈련만을 주장할 수 있었다: 성경은 이교도들이 버질에게 바치는 것과 동일한 박식한 취급treatment을 요구한다.[84]

학문과 인문학은 성경의 이해를 위해서 도움이 되는 한 필수적이다. 학생들은 문자적 의미를 이해하기 위해서 언어, 문법, 및 역사가 필요하다. 상징적인 수를 이해하기 위하여 거짓된 수학으로부터 참된 교리를 구분하기 위해서 변증학dialectic이 필요하며, 동물과 새의 상징의 이해를 위해서는 자연사natural history가 필요하며; 고등 교육의 왕좌인 수사학rhetoric이 자신의 학생들에게 필요할 뿐만 아니라, 그로 하여금 자신이 배운 것을 가르치고 설교할 수 있도록 하는 데에도 필요하다. 『기독교 교리』*De Doctrina Christiana*의 네 번째 책은 설교를 위한 안내서이다. 읽기 및 설교*Lectio et Praedicatio*. 읽기와 가르치기 그리고 설교는 동일한 과정의 다른 측면이다. 우리는 우리의 학습을 공유함으로써 배운다.

성경 연구는 아우구스티누스가 성경과 구분하지 않은 가톨릭 전통의 연구가 포함된다. 이는 신학의 일부이며, 신학은 성경 연구이다; 그들의 목적이 동일하기 때문에 철학도 마찬가지이다. 성경은 기독교 철학의 목표이자 사랑을 통해 도달할 수 있는 지복blessedness에 이르는 출발점이며 길이다.[85]

어떻게 이러한 계획이 실현될 수 있었는지를 보여주는 것이 교부들의 주석의 다양한 유형들이다. 네 개의 주된 유형은 오리게누스에게로 거슬러 간다. 텍스트 비평은 『헥사플라』*Hexapla*에서 나타나고, 성 제롬은 세 종류의 설명을 구분하였다: 종종 선포되는 설교들*homily*, 오리게누스가 '자신의 천재성을 바람에 실어 퍼트리고 대양을 위해 만든 곳'에서의 토움*Tome*이나 주석

84 이 주제에 관하여는 H. Marrou, *St Augustin et la fin de la cultre antique* (Bibl. des Ecles d'Athènes et de Rome, cxiv, 1938) 참조.

85 J. Beumer, "Heiliger Schrift und kirchliche Autorität", *Scholastik*, xxv (1950), 40-72.

commentary, 특별한 어려움을 지닌 개별 단락들을 짧게 언급하는 스콜리아 *scholia* 등이다. 교부들이 세속적인 문헌이나 필로적 문헌에서 발견하고 적용한 '질문과 대답'question and answer의 일종은 스콜리아와 거의 같은 등급에 속한다.[86] 주석은 그 안에 다른 셋을 담을 수 있을 만큼 유연했다; 아우구스티누스의 창세기에 대한 네 가지의 서로 다른 주석들은 어떻게 동일한 텍스트가 다른 종류의 자료에 대한 틀로 사용될 수 있는 지를 보여주었다. 『마니교도에 대항한 창세기 주석』*De Genesi contra Manichaeos*과 『창조의 불완전한 일』*De Genesi Opus Inperfectum*은 주로 변증적이다. 『창세기 주석』*De Genesi ad Litteram*은 신학적이며 철학적이고, 또한 사색적이다; 이는 창조의 문제를 논의하고 있다. 그리고 마지막 권은 아담에게 임했던 '깊은 잠'deep sleep에 의해 제안된 비전vision에 관한 논문이다. 『고백록』을 끝마치는 창세기의 주석은 어떻게 주석이 하나의 기도의 행위가 될 수 있는지를 보여준다: "그 깊은 사랑의 연습은 마침내 하나님을 발견하게 되고 그분의 작품에서 다시금 그를 구하게 된다." 읽기*lectio*로 시작하였고, 기도*oratio*로 끝마쳤다.

이는 사막의 교부들에 의해 행해졌고 성 요한 카시안St. John Cassian에 의해 서방에 소개된 관상적인 삶contemplative life의 기초였다. 카시안의 『강화집』*Conlationes*[87]은 『기독교 교리』를 보완한다; 그것은 성경 연구를 위한 수도원 안내서이다. 카시안은 단순하고 배우지 못한 사람들의 말로 기록하기를 주장한다; 그러나 어떤 문학적인 가공이 그의 설명 속에 들어간다. 그는 오리게누스를 인용하며 사막으로 은퇴한 예리한 오리겐주의자인 폰투스의 에바그리우스Evagrius of Pontus의 가르침을 받아들였다. 그의 은둔은 성경에 대한 강조에 더불어 알레산드리아 신비주의의 [수도]꼭지였다.[88] '독서의 긴급함'

---

86 G. Bardy, 'La littérature patristique des *Quaestiones et Responsiones* sur l'Écriture sainte', *Revue Biblique*, xli (1932), 210-36, 341-69, 515-37; xlii (1933), 14-30, 211-229, 328-352.

87 *(옛 수도원에서 장상의 설명, 강화를 곁들이며 낭독되던) 성경의 역사서나 교부전, 위인전.

88 R. Courcelle, op. cit. (p. 21, n. 1), 214-16; O. Chadwick, *John Cassian: Study in*

은 수도원적인 전투의 무기로서의 금식과 철야와 동일하다. 초심자로서 수도사는 자신의 머리에 성경에 대한 묵상이 길고 안정적으로 침투하였을 때에서야 세상적인 기억들을 몰아낼 수 있다. 그런 다음 그는 관상적 삶에서 진보하게 되며 성경에 대한 이해가 상급으로 주어질 것이다.

"종교적인 사람의 지식"은 두 부분으로 구성된다. 첫째는 실천적인 것으로 삶의 정화와 개선이다. 이는 학문적인 학습보다 성경 공부에 대하여 마음을 더 잘 준비시킨다; 둘째는 이론적인 것으로 성경의 해석이다. 카시안은 성경의 네 가지 의미를 구분한다, 하나의 문자적 혹은 역사적 의미, 그리고 세 개의 영적인 의미; 카시안은 중세시대의 환상을 포착하고, 고전이 되는 한 예를 제공했다: 역사에 따르면 예루살렘은 유대인들의 도시이다. 알레고리에 의하면 이는 그리스도의 교회이다; 유비anagoge에 따르면 그것은 우리 모두의 어머니인 하나님의 하늘 도시이다(갈 4:26); 비유론topology에 따르면 그것은 '이 이름 하에 종종 주님이 칭찬하거나 위협하는' 사람의 영혼이다.[89]

그 마음의 순결함이 성숙하게 되면 수도사는 영적인 의미에 대한 인식이 증가하게 된다. 이는 논리적 귀결이다. 영적으로 해석하면 성경은 그 만족함과 그 유혹으로 수도원의 전투를 반영한다. 수도사를 방해하는 '8가지 주요 악'은 이스라엘의 백성들이 멸망시키도록 명령받은 7개의 민족들과 그들이 떠나도록 명령을 받은 이집트이다. 이집트는 첫 번째 악으로서 폭식gluttony을 의미한다. 다른 일곱 개는 일곱 개의 민족들이 파괴될 수 있었고, 이스라엘이 그들의 땅을 소유했던 것처럼, 철저히 파괴될 수 있다; 그러나 폭식은 결코 파괴될 수 없다. 단지 버려질 수 있을 뿐이다; 심지어 수도사도 먹어야 하기 때문이다.[90] 자연적으로 가장 경험이 많은 수도사는 이러한 영적인 의미를 찾는 데 가장 능숙한 이the most expert가 된다.

카시안의 뒤를 따르는 서방 수도원주의 설립자들은 거룩한 독서*lectio*

Primitive Monasticism (Cambridge, 1950), c. i, v and passim.

89 *Conlationes*, xiv. 8.

90 ibid. v. 16-19.

divina 또는 *lectio sacra*를 자신들의 규율에 포함시켰다. 성 베네딕트는 평일에는 두 시간을 사순절에는 세 시간을 개인적으로 성경을 읽는 데 할당했고; 주일에는 손노동을 하도록 하였다. 사순절 동안 형제들이 성경을 읽도록 배포되어야 했다.[91] 수녀들을 위한 규칙에서 아를의 캐사리우스St. Caesarius of Arles는 하루에 두 시간의 개인적인 독서를 명령했으며 물레를 돌리는 동안에도 큰 소리로 독서를 명령했다. 심지어 다른 일들을 할 때에도, 수녀들은 '항상 성경에서 무언가를 반추하기 위해 노력했다.'[92] 식사 시간에서의 독서 외에도 신자들은 교회로부터 들리는 교훈들을 들었을 것이다; 베네딕트는 8개의 사무실에서 매주 전체 시편을 암송하도록 규정하였다.

5세기부터 9세기까지 대략적으로 말한다면, 서유럽에서 연구에 필요한 조건은 수도원에서만 찾을 수 있었다. 아우구스티누스에 의해 규정된 계획은 수도원의 일상에서 거룩한 독서를 실시할 때 실현되어야만 한다. 두 가지가 서로 호환되었다. 아우구스티누스 자신은 규칙을 세웠고, 성직자들과 공동으로 살았다. 제롬은 거룩한 독서에 대한 헌신에서 전형적인 수도원적이었다.[93] 제롬과 그의 지도 하에 있던 여성들의 그룹은 성경 연구가 학문을 포함하고 있다는 점에서 『강화집』*Conlationes*의 신앙 그룹과는 달랐다. 그리고 제롬에게 '쓰지 않고 읽는 것'to read without also writing은 '잠자는 것'to sleep이었다.[94] 서방 수도원의 거룩한 독서는 그 영감을 아우구스티누스와 제롬으로부터 또한 카시안으로부터 얻었다. 이는 현재 '영적 독서'spiritual reading로 알려진 경건의 연습과는 크게 다른 것을 의미하였다.

---

91 A. Mundo, "Bibliotheca", Bible et lecture du Caréme d'après S. Benoît', *Rev. Bén*, lx (1950), 65-94.

92 Statuta Sanctarum Virgium, xviii, xix, xx. 독서로는 주로 성경을 읽었다. 고올(Gaul) 지역에서의 6세기의 한 흥미로운 편지는 한 수녀에게서 다른 수녀에게 보내는 편지로, 열심으로 lectio divina와 영적 해석이 수도원에서 실행되고 있었음의 증거이다. 이는 거의 도덕적인 인용으로 구성되어 있다. *M.G.H., Ep. iii*, 716-18.

93 D. Gorce, *Lectio Divina* (Paris, 1925).

94 St. Jerome은 교황 다마수스*(Damasus)에게 편지하였다: "당신의 눈에 쓰지 않고 읽기만 하는 것은 잠자는 것이다." *Ep.* xxxvi.

우리는 두 전통의 융합을 볼 수 있다. 리용의 오이처St. Eucher of Lyons는 단어의 영리한 조작을 통해 카시안과 성 제롬을 조화시키려고 노력한다; 그는 카시안의 이론적이고 관상적인 지식에 대한 정의에 대하여 논쟁을 일으키고, 이를 '천상적 철학인' 성경과 물리학, 윤리학 그리고 자신이 성 제롬에게서 발견한 세속적인 학문의 논리학 등의 비교를 통해 연결하도록 한다.[95] 카시오도루스Cassiodorus는 아우구스티누스와 카시안을 화해시킴에 궁정의 전술을 보여준다. 『기독교 교리』의 서문은 성경 연구에 있어서 사람들의 어떤 도움도 없이 신적 조명에 의해 성경을 이해할 수 있다고 생각하는 사람들에 대항하여 세속 학문의 사용을 옹호한다; 이는 카시안을 지도하였던 사막교부들의 주장과 다르지 않다. 카시오도루스는 하나님께서는 때때로 단순한 사람들에게 기도에 대한 응답으로 이해를 허락하였음을 인정한다; 그러나 우리는 기적을 요구함으로 그를 시험해서는 안 된다: "숨겨진 것이 우리에게 계시되기를 기도하고 결코 우리의 연구로부터 단념하지 않도록 하자."

카시오도루스는 거룩한 연구를 위한 세속 학교secular school를 설립하기를 희망했다. 이것이 불가능한 것으로 판명되자 그는 수도원을 짓고 도서관을 제공하였으며 그 사용을 설명하기 위해 두 권의 『강요』*Institutiones*을 썼다. 그의 위대하고 신중하게 계획된 수집들collection에는 알렉산드리아의 클레멘트의 일부를 포함하여, '오리게누스의 번역을 위한 무기들armoury 전체'가 포함되었다. 그의 사후에 비바리움Vivarium이 사라지고 그 도서들이 흩어지거나 파괴되었지만, 학문을 위한 카시오도루스의 저술은 결코 무용한 것이 되지 않았다. 그 자신의 저술들과 달리 그가 번역한 몇몇 예를 들면, 요세푸스Josephus의 고전들은, 중세 내내 성경 연구를 위하여 사용되었을 것이다. 실

95 *Formulae Spiritalis Intelligentiae, Praef.*, ed. K. Wotke, C.S.E.L. xxxi. 3-6. 성 제롬이나 카시안의 이름은 언급되지 않았다. 그러나 St. Eucher는 *Epp.* xxx, cxx를 Conlationes, xiv. 1-4와 8을 비교하였다. 아우구스티누스는 사막교부들을 '기도에서, 성경읽기에서 그리고 토론에서 살아있는 자들'(*viventes in orationibus, in lectionibus, in disputationibus*)로 설명한다. *De Moribus Ecclesiae*. i. 69, PL xxxii. 1338. 이것이 아마도 St. Eucher에게 영향을 주었을 것이다.

제 사본들 중 일부는 현재도 남아있다. 그것들은 라테란의 교황 도서관에 옮겨졌고 그곳에서 다른 곳으로 옮겨졌다; 심지어 일부는 비드Bede에 의해 사용되도록 노섬브리아Nothumbria까지 이르렀다.[96] 카시오도루스에게 교부들의 저술은 성경읽기lectio divina와 천상적 관상으로 이끄는 사다리의 가로대와 같았다.[97] 그는 어떤 주석들이 어떤 책과 관련하여 읽혀져야 하는지 조언했으며, 성경 연구에 대한 소개 목록을 제시했다: 티쿠스Tychous, 아우구스티누스Augustine, 하드리안Hadrian, 오이처Eucher, 그리고 유닐리우스Junilius. 카시오도루스의 『강요』의 두 번째 책은 신학에 필요한 준비가 되는 7개의 인문학iberal arts으로 넘어간다. 카시오도루스는 일종의 성 아우구스티누스가 권면하는 것과 같은 요약을 제시하는 데 학생들이 낭비하는 시간을 절약하고, 가능한 빨리 더 높은 지혜에 들어갈 수 있도록 하기 위해서였다.

시편에 대한 그의 주석은 실제로 설교를 행하고 성경 연구에 세속 학문을 사용하려는 놀라울 정도로 양심적이며 학문적인 시도를 나타낸다. 그는 사랑의 정의definition를 정밀하게 함으로 문자적 의미를 명확하게 한다; 시편 1편에서의 [오만한 자들의] 자리cathedra는 나에게 동고트족의 왕국에서의 그의 기억을 불러일으키는 것 같다.

> 의자는 앉기에 적합하게 뒤에서 부드러운 곡선을 받는 질료로 구성된 형태이다. 또한 우리를 감싸는 교묘한 용기처럼 자락을 늘어뜨린다.[98]

그는 알렉산드리아 전통에 따라 이교의 저자들이 원래 성경에서 배웠다고 하는 방법들arts을 찾기 위해 고심하고 있다. 시편에서의 '개요와 교훈'Schemes and tropes은 분명하지 않다; 그러나 '맛있는 물고기는 깊은 물에서

---

96 P. Courcelles, op. cit. 336-82.
97 *Lib, i. Praef.*, ed. R. A. B. Mynors, *Cassiodori Senatoris Institutiones* (Oxford, 1937), 4.
98 *Com. in. Ps.*, PL lxx. 28.

잡아와서 사람들이 그들을 보기 전까지 그들은 눈으로 볼 수 없다.'[99] 카시오도루스는 인내심을 지닌 어부였다:

> 시편 61편은 요약epitrochasmos이다 (우리는 이것을 종종 말할지라도, 결코 이것을 알아차리지 못했었다!). 시편 41편 17절은 오중적인 추론quinquepatite syllogism으로 정교하게 작곡되었고; 시편 43편 15절은 반복 또는 후렴 anaphora or relatio이다. … 등등. 주석의 모든 페이지에: 우리는 대환법代煥 hypallage, 중복pleonasmos, 제유법synecdoche, 점층법climax에 익숙하고, 그러나 반복epembasis, 성격구성ethopoeia, 과장auxesis, 추론ennoematice은 다른 많은 것들보다 덜 친숙하다.

그는 승리로 마무리한다.

> 우리는 일련의 시편은 문법적 솜씨를 지닌 어휘들, 도식과 수사학적 기술들, 모형론, 변증법적 방법들, 음악, 기하학, 천문학 그리고 신적인 법에 대한 세속적 표현들로 가득하다.[100]

카시오도루스의 '문자'에 대한 설명은 신중하게 자신의 양동이에 물을 채우고 다시 쏟아 붓는 작은 아이 하나를 떠올리게 한다. 그는 고대 후기의 전통이 제공할 수 있는 것 이상의 학문적 준비 없이 연구가 진행된다면 이것이 얼마나 소득이 없을지를 보여준다. 히브리어에 대한 지식이 없는 아우구스티누스는 '거룩한 율법에 대한 세속적 표현'에 머물렀다. 그는 구약 성경이 만일 그것이 수사학적 기준과 무관하게 판단한다면, 그 자체로 아름다움을 지니고 있다는 것을 깨달았다; 그리고 그는 언어적 연구의 필요성을 강조했다.

---

99 ibid. 20-1.

100 J. Chapman, *St. Benedict and the Sixth Century* (London, 1929), 89, n. 2.

그러나 6세기 슬픔의 세기triste siècle에 이르러 한 사람의 학자가 할 수 있는 모든 것은 자신들의 라틴 문화를, 특별히 교부들의 사상에서 기초가 되는 것들을 보존하기 위해 분투하는 것이었다. 카시오도루스 주석의 커다란 부분을 차지하는 영적인 해석은 문자적 해석보다 이를 위해 더 많은 여지를 주었다. 카시오도루스를 읽은 후에 '영적' 해석의 대가master인 그레고리우스로 넘어가는 것은 놀라운 일이 아니다. 그의 단어에서 '이러한 방법에 대한 열쇠가 최상으로 발견될 수 있다.'[101] 그것들은 카시오도루스보다 더 위대한 사람에 의한 거룩한 독서의 실천 가운데 아우구스티누스의 가르침을 깨닫도록 하는 또 다른 시도들을 보여준다.

『욥기 주석』*Moralia in Job*은[102] 수도원에서의 매일의 모임collatio에 기원한다. 여기서 수도원장은 설교하고, 수도사들은 그들이 읽도록 제공된 것에 대하여 질문을 하는 것이 허용되었다. 복음서와 에스겔에 대한 설교들Homilies은 그레고리우스가 교황으로 재위하는 동안 성직자들과 로마의 사람들에게 설교되었다. 각각의 경우에 그 주석은 청중에 달려 있다.

> 내가 형제들과 함께 있을 때, 나는 혼자서는 이해할 수 없는 성스러운 글들에서 많은 것들을 이해하는 경우가 자주 있다는 것을 안다. … 분명히 이러한 이해는 그들이 함께 있는 동안 내게 주어진 것으로써 그것은 틀림없이 그들을 위해서 나에게 주어진 것이다. 그러므로 하나님은 내가 당신을 대신하여 당신에 대하여 가르칠 때 이해가 증가하고 교만이 감소함을 인정하신다. 실제로 당신이 하는 것처럼 내가 처음으로 말을 하는 것을 매우 자주 듣는다.[103]

---

101 Guibert of Nogent, *De Vita Sua*, ed. G. Bourgin (Paris, 1907), 66: "… Gregoriana dicta, in quibus artis huius potissimum reperiuntur claves…"

102 * 그레고리우스의 Moralia in Job은 간략하게 Moralia로 표기하기도 하며, 『욥기 주석』 혹은 『도덕대전』, 『도덕론』 등으로 표기하기도 한다. 이는 욥기서에 대한 주석을 바탕으로 주로 도덕적인 문제를 다루고 있기 때문이다.

103 성 그레고리우스는 Moralia를 콘스탄티노플에서 그의 미사에 동행하였던 수도사들과 또한 자신과 더불어 세상의 소유들에 대한 물결에서 성경에 대한 연구와 토론으로 피난처를 택하

그의 청중을 생각하며, 그레고리우스는 아우구스티누스의 가르침을 해석한다. 사람에게 유용한 모든 지식은 성경에 포함되어 있다는 것은 각 텍스트가 특정 순간에 특정 인물에게 유용한 내용을 포함하거나 그를 향하고 있음을 의미한다. 성경은 에스겔의 환상에서의 짐승의 바퀴와 닮았다: "그들이 가면 이들도 가고 그들이 서면 이들도 서고 그들이 땅에서 들릴 때에는 이들도 그 곁에서 들리니 이는 생물의 영이 그 바퀴들 가운데에 있음이더라."(겔 1:21): 거룩한 독서와 마찬가지로 이는 학생들의 상태와 일치한다; 그가 활동적인 삶, 안정과 정신의 불변성 또는 관상의 비상flights을 추구함에 따라, 이것이 바퀴처럼 가고, 서거나 그와 함께 들린다.[104] 따라서 청중의 요구를 아는 해설자는 어떤 텍스트에 이르든지 상관없이 적절히 대비해야 한다. 성 그레고리우스는 그 해법은 끊임없는 지류로 흘러가기digress에 있다고 본다. 매우 좋은 표현이다: 강물처럼 구불구불하게 하는 것이 이상적이다.

> 거룩한 문서를 다루는 자는 강의 길을 따라야 한다. 왜냐하면 강은 그 길을 따라 흐르는 동안 그 옆으로 열린 계곡을 만나면 즉시 그 흐름의 방향을 바꾸고, 수량이 풍성하게 공급된다면 이는 다시 현재의 자리로 쏟아져 되돌아온다. 그러므로 의심할 여지없이 신적인 말씀을 다루는 모든 사람도 그러해야 한다. 어떤 주제에 관한 논의에서 그가 가까이에서 적절한 교훈의 기회를 지닌다면 언급한 것처럼 그는 논의의 흐름을 인접한 계곡으로 또한 그가 그 수준의 교훈을 충분히 설명함으로써 그는 자신을 위하여 준비된 담론의 통로[과정]으로 되돌아가게 된다.[105]

성 그레고리우스는 문명이 정죄를 받는 것과 같은 시대에 설교를 하였다. 그는 로마의 성문에서 야만인의 군대로 더불어 에스겔에 관한 설교를 마

고 성 베네딕트 수도교칙을 즐거워하는 자들을 위한 강의로써 작성했다. *Praef. in Iob.*

104 *Hom. in Ezech.* II. ii, PL lxxvi. 949.

105 *Praef. in Iob* (op. cit. p. 18), I. 6-7.

쳤다. 자신들의 팔이 잘린 채 돌아오는 사람들이 그에게 몇몇은 포로가 되었고, 다른 사람들은 죽었다고 말하는 때였다.[106] 영적인 교훈은 성직자든 백성이든 그의 청중들이 필요로 하는 것이었으며 신앙을 위해 더 나아갔다. 성경학의 문제는 그들에게 관심사가 아니었다. 욥기의 저자를 조사하는 것은 '매우 피상적인'것이었다: 성령이 그 실제 저자라는 것을 아는 것으로 충분했다; "만일 우리가 현재 지니고 있는 그의 편지를 가지고 몇몇 위인들의 글을 읽었을 때, 그것들이 어떤 펜으로 쓰였는지 조사하는 것은 어리석은 것이 될 것이다."[107] 그레고리우스는 문자적 해석을 최소한으로 축소한다. 이는 주로 교리적인 논의에서 존재한다: 어떻게 거룩한 사람 욥에 의해 말해진 저주를 변명하거나 예언의 본질에 관하여다. 그의 독창성은 영적 의미의 적응과 확장에 있다.

그것들의 기능은 중세의 학자들이 결정적인 것으로 받아들인 한 은유에서 설명된다.

> 먼저 우리는 역사적 토대를 마련한다; 다음으로 모형적인typical 의미를 추구함으로 우리는 믿음의 망대가 될 마음의 구조를 세운다; 마지막 단계로써 도덕적 교훈의 은혜로써 말하자면, 우리는 색을 뒤덮어 건물을 옷 입힌다.[108]

'모형적인' 의미는 카시안의 알레고리와 유비적 의미를 포함한다. 즉, 과거와 현재의 교회의 형태들과 종말의 형태들을 찾는 것이다. 모형을 찾는 것은 그레고리우스의 청중들을 교육하기 위해 잘 설계되었다. 이는 그가 몇몇 교리적 요점의 요약을 각 구절들과 연결하고 이단을 반박하는 것을 가능하게 했다-이것이 주석의 전통적인 기능이다. 욥기 28장 19절 본문의 "구스의 황옥으로도 (지혜는) 비교할 수 없고"는 '이방인의 미덕은 하나님의 아들의 거

---

106 *Hom. in Ezech*. II. x, PL lxxvi. 1072.
107 *Praef. in Iob*, 15
108 ibid.

룩함과 결코 같지 않음'을 의미한다. 이는 그레고리우스가 성육신에 대한 가톨릭 교리를 설명하고 자신의 청중들에게 우리 주의 신성을 부인하는 이단들에 대하여 경고하는 기회였다.[109] 반면에 도덕적 영역은 신앙적 삶과 윤리에 관한 그의 가르침을 담고 있다. 여기서 그는 '증언'testimonies을 사용하여 각각의 본문에서 자신이 요구하는 것이 무엇인지를 찾는다. 그레고리우스가 『도덕론』*Moralia*을 쓴 수도원의 형제들에게 알레고리적 해석과 도덕적 해석을 요청했다. "내가 증거들testimonies로 몇 의미를 결론으로 제시하였던 것을 어느 정도는 더 힘들게 추가하여 내가 앞서 가져왔던 증거들을 그들에게 연관된 것으로 보여야 했으며 추가적인 설명에 의해서 풀려져야 한다고 요청했다."[110] 하나의 '증거'는 성경에서 '병행구절'이다. 성경에서 그 자신의 텍스트가 해석되어야 한다는 것은 같은 단어를 포함하고 있는 다른 텍스트가 일차적으로는 동일한 영적인 의미를 지님을 제시한다. 그러므로 두 번째 텍스트는 그 영적 의미에 따라서 해석된다; 이것은 또 다른 것을 제안한다; 이처럼 주석가가 '자신이 준비한 담론의 과정이 [원래로] 돌아갈 때까지 [계속된다].' 그 증거 본문은 담론이 적절한 교훈의 계곡을 향하여 그 길을 향하는 연약한 토양들이라고 할 수 있다.

우리에게 이것은 하나의 성가신 방식이다. 성 그레고리우스의 가르침의 모든 것은 느슨하게 말해서 본문에 실로 연결되어 있어 일관성이나 어떤 논리적 배열의 시도를 배제하지 않는다. 그러나 우리가 일련의 둘 혹은 셋의 설교를 택하거나 『욥기 주석』 35권의 책 중 하나를 취한다면 우리는 그것이 교육 목적에 얼마나 적합한지 살펴볼 수 있다. 두세 번의 강의 혹은 연구 시간에 그레고리우스의 청중이나 독자는 교리와, 기도와 윤리에 관한 일련의 교훈들이 잘 정돈되고 다양한 시간에 따라 신중함을 얻을 수 있다.

그레고리우스는 성경을 섬기는 일에 자신이 배운 지식에서 아우구스티

---

109 *Mor.* xviii. lii, PL lxxvi. 88-90.

110 *Praef. in Iob*, op. cit, i. 5.

누스의 가르침을 따르고 있다: 자신의 문장들의 균형 잡힌 리듬에서 드러나는 수사학은 심각한 정치적 위기에서도 잃지 않고 있으며; 교부들에 대한 연구, 신앙적 체험, 심리학에 대한 깊은 지식 이것들을 그레고리우스는 세 가지 의미의 수단을 통해서 성경적 언어로 표현하였다. 이것은 그에게 매우 자연스러워서 심지어 그가 전례의 의무에 관한 비-주석적인 논문을, 『목회 규율』*Liber Regulae Pastoralis*, 쓸 때에도 성경 본문을 인용하고 도덕화함으로써 그 의미를 전달했다. 주석은 가르치고 설교하는 것이다. 가르침과 설교는 또한 주석이다. 이는 중세 성경 연구에서 그레고리우스가 남긴 가장 강력한 영향이었다.

우리가 그레고리우스에게서 그리워하는 지적 호기심의 정신은 백과사전적 지식을 지닌 스페인 세비아의 이시도루스St. Isidore of Seville와 7세기의 아일랜드 학자들에게서 다시 부활하였다. 특별히 교부들의 저술들을 수집하고 이해하려는 아일랜드인들의 노력은 그들에게 고전 라틴 문헌들을 넘어서도록 하였다. 그들은 안디옥 학파의 몹스에스타의 테오도르Theodore of Mopsuestia의 시편 주석의 번역을 알았고 또한 확산시켰다; 안디옥인들이 문자적이고 합리적인 경향은 7세기 중반에 쓰인 위-아우구스티누스의 저술 『성경의 기적들에 관하여』*De Mirabilibus Sacrae Scripturae*[111]에서 강력하게 드러난다. 그 저자는 자신이 말한 것처럼 영적 의미를 다루기 위해 '더 많은 책들과 오랜 수고'가 필요로 하기 때문에 성경의 기적에 대한 역사적 의미만을 논한다. 그는 하나님의 창조 사역은 제 칠일에 완성되었다고 주장한다; 그리고 이후로 하나님은 어떤 새로운 것을 만들지 않으시고 자신의 창조물을 통치하신다; 그러므로 특별한 통치행위인 기적은 '자연의 심연에 감추어져 있던 새로운 원리를 부르는 것'[112]으로 설명될 수 있다. 그러므로 그는 초자연적인 것의 자연적 근거를 찾기 위해 노력한다; 물을 피로 바꾼 이집트의 재앙은 그리스

---

111 PL xxxv. 2146-2200.

112 J. F. Kenney, *The Sources for the Early History of Ireland*, i (New York, 1929), 277.

도의 기적에서와 유사하게, 물이 피로 바뀌거나 살아있는 기관의 수액이 되는 느린 과정을 서두르는 것이다.

교부들의 전통은 로저 베이컨Roger Bacon이 '권위자'로서 인정한 마지막 저자인 가경자 비드the Venerable Bede에서 끝난다. 그의 전임자들은 가능한 한 많은 것들을 교부들의 가르침에서 찾았다. 비드는 '단순한 언어로 하지만 미묘한 의미로'[113] 야만인들에게 이것을 제시했다. 그의 중요성은 다양한 측면에서 전통을 충실하게 표현함에 있다. 사무엘과 잠언에 대한 그의 주석들은 성 그레고리우스와 카시안의 협소하고 도덕적인 방식을 따른다.

> 유대인의 방식으로만 성경의 문자를 따르려고 한다면 축복받은 사무엘의 책을 열고 엘가나가 두 명의 아내를 가졌다는 것을 읽을 때, 우리의 죄를 시정하고 우리를 위로하거나 교훈하기 위해 무엇을 찾을 수 있습니까? 만일 우리가 이와 같은 말에서 알레고리적 의미를 끌어내는 방법을 모른다면 그것이 우리를 내적으로 교정하고, 가르치고 위로할 수 있겠습니까?[114]

중요한 것은 이러한 비드의 주석의 종류들은 성 보니페이스St. Boniface의 선교 사역에 매우 유용한 것으로 판명되었다.[115] 다른 주석들은 제롬에 의해 전해진 학문적인 전통에 있었고 아일랜드인들에 의해 부활하였다. 비드는 한 사람의 편집자로서 실제로 성 제롬의 많은 구절들에서와 같이 동시대의 아일랜드 사람들처럼 히브리어를 거의 알지 못했고, 그리스어와 세속 라틴 문학에 대해서도 그에게 돌려진 것만큼 알지 못했다.[116] 그러나 연구들은 그의

---

113 Alcuin, *Ep*. clxi.

114 *Samuelis Prophetae Allegorica Expositio, Prol.*, PL xci. 499-500.

115 St.Boniface는 영국에 '우리의 설교에 대한 매우 유용한 매뉴얼과 도움이 되는 것들과 그 해를 위한 교훈과 솔로몬의 잠언에 대한 자신의 작품을 보냈다.' *M.G.H., Ep*. iii. 398.

116 E. F. Sutcliffe, "The Venerable Bede's knowledge of Hebrew", *Biblica*, xvi (1935), 300-6; M. L. W. Laistner, "The Library of the Venerable Bede' in *Bede: his Life, Times, and Writings*, ed. A. HamiltonThompson (Oxford, 1935), 237-66. Bede의 주석과 관련된 자료들

기독교 라틴 학습과 그가 자료를 신중하게 다루는 것에 대한 우리의 찬사를 증가시키고 있다. 비드는 두 가지 방식으로 중세 학문에 영향을 주었다; 그는 다양한 작가들에 대하여 쉽게 접근할 수 있게 했으며 그들을 활용함에 열정적인 호기심의 예를 보여 주었다. 베네딕트 규칙에 따라 훈련된 그는 거룩한 독서의 대하여 성 제롬의 열정을 지녔었다.

에 대한 연구의 서지 목록은 W. Levison, England and the Continent in the Eighth Century (Oxford, 1946), 132-4, 143, n. 1. M. L W. Laistner는 Bede의 *Expositio Actuum Apostolorum*에 대한 비판적 편집본을 제공하였다(Cambridge, Mass., 1939). Bede의 주석 작품의 전파에 관한, Laistner and King, *A Handlist of Bede Manuscripts* (Ithaca, 1943)는 N. R. Ker, *Medium Aevum*, xiii (1944), 36-40에 의한 서평을 담고 있다. 또한 A. Vaccari, "Scripsitne Beda commentarium in Iob?", *Biblica*, v (1924), 197-201.

2장

수도원 학교와 성당학교들

1. 카롤링거의 부흥

샤를마뉴Charlemagne가 언급한 것처럼 카롤링거Carolinger 부흥 프로그램은 성경 연구를 예비하는 교육learning으로, 이는 『기독교 교리』*De Doctrina Christiana*의 프로그램이었다. 성경 연구는 교부들과 함께 성스러운 텍스트를 연구하는 것을 의미했고; 이 두 종류의 권위는 서로 분리될 수 없었다. 샤를과 그의 협력자들이 극복해야만 했던 장애물은 일반적인 무지, 지역적으로 심각한 서적의 부족과 연구 중심 주제인 거룩한 테스트의 오염이었다. 이 두 가지 요구 사항은 벌게이트Vulgate 텍스트의 체계적인 개정과 카롤링거 주석가들에 의해 취해진 형태를 모두 설명한다. 알퀸Alcuin은 그의 성경 개정판이 800년 성탄절에 황제로서 대관식을 치르는 샤를마뉴에게 적절한 선물이라고 생각했다. 본문의 상태에 대해 제기된 문제들과 이 기간에 만들어진 다양한 개정의 시도는 여기서 논의하기에는 너무 복잡하므로[1] 단지 카롤링거 주

---

1 서지목록에 관한 가장 최근의 연구는 F. L. Ganshof, "La Révision de la Bible par Alcuin", *Bibliothèque de l'Humanisme et Renaissance: Travaux et Documents*, ix (1947), 1-20. 오를레앙의 데오둘프(Theodulf of Orleans)의 개인적인 동기에 의한 텍스트의 수정에 관하여는 S. Berger, op. cit (p. 21, 각주 6), 145-84. 학자들은 카롤링거 시대의 성경의 MSS에 대하여 세 가지 주요한 그룹(families)으로 인식한다; '보수적인' 스페인어로 된 MSS, 테오둘프의 수정에서 따른 MSS, 그리고 알퀸의 수정에서 따른 MSS. 세 번째 그룹이 가장 양이 많다. 영어권, 좀 자세히 노섬브리아의 텍스트들이 알퀸의 판(version)에서 우세하다; 그러나 옛 라틴어에 대한 성 제롬의 벌게이트를 넘어서는 다른 영향들도 있다. 5-9세기의 아일랜드 텍스트는 노섬브리아의 텍스트와 구분하기 어렵다. A.Cordoliani, "Le texte de la Bible en Irlande du Ve au IXe siècle",

석의 주요 개요만 간략히 설명할 수 있다. 첫 번째 필요성은 교부 전통을 활용할 수 있고 이해할 수 있게 만드는 것이었다. 학자들은 비드의 방법을 채택함으로써 이 목적을 달성했다. 그들은 편리한 교과서나 일련의 선정된 발췌문을 준비했다. 일찍이 5세기 초에 시작된 '교부들의 정원에서 꽃을 따는 것' 또는 '바다에서 나오는 잔물결'은 그처럼 체계적으로 행해진 적이 없었다.

뛰어난 이름을 언급하기 위해 알퀸, 투린의 클라우디우스Claudius of Turin, 라바누스 마우루스Rabanus Maurus 그리고 그의 제자 왈라프리드 스트라보Walafrid Strabo의 주석을 연구하는 것은 단순히 그들의 자료들을 연구하는 것이다. 이 복잡하고 달갑지 않은 작업을 수행했던 소수의 학자들은 카롤링거 시대의 편집자들이 그들의 '스승'인 비드보다 과학적이지 못하다는 것을 보여주었다. 그들은 보다 습관적mechanical이고 덜 비판적인 방식으로 일했다. 원래의 교부 저자들의 인용문을 사용하는 대신 기존의 발췌문을 늘리거나, 교부들로부터 얻은 구전교육에 대한 그들의 메모들, 또는 학생들을 고용해서 발췌문을 모으도록 했다. 따라서 프롤로그에서 이들 작품이 [수신자로] 밝히고 있는 가난한 강사pauperculus lector는 세 번째 또는 네 번째 손을 통해 교부들을 접했다. 우리는 종종 발췌문에 라벨label을 붙이려는 시도가 있다고 듣는데, 이는 적어도 그가 어떤 교부를 읽고 있는지 알기 위함이다. 라벨은 필사 과정에서 쉽게 누락되었고, 당대 사람들에게는 그것을 인정해야할 의무는 없었다. 저자의 선택은 더욱 제한적이었다; 비드와 카시오도루스를 읽을 때처럼 방대한 자료들과 귀한 작품들이 있는 라이브러리는 편집자의 처분에 따라 지금은 상실되어 엿볼 수 없다.[2]

Revue Biblique, lvii (1950), 5-41.

2 알퀸으로부터 파스카시우스 라트베르투스(Paschasius Radbertus)에 이르는 주석에 대한 철저한 연구는 A. E. Schönbach, "Über einige Evangelienkommentare des Mittelaltrs", *Sitzungsber. Wiener Ak*. cxlvi (1903); "Otfridstudien", *Zeitschr. f. deutsches Altertum*, xl (1896). 또한 A. Wilmart, "Deux expositions d'un évêque Fortunat sur l'Évangile", *Rev. Bén*. xxxii (1920), 160-174; "Smaragde et le Psautier", Rev. Bibl. xxxi (1922), 350-9; P. Lehmann, "Fuldaer Studien", *Sitzungsberichte der Bayerischen Akademie der Wissenschaften, Philos.-*

성공을 거둔 전반적인 계획에 사소한 결점들이 있었다. 9세기 말까지 초보자는 거의 모든 성경의 책들을 한 명 또는 그 이상의 교부들로부터 수집한 주석의 도움으로 읽을 수 있었다. 만약 그의 도서관이 풍성하고 최신이었다면 그는 창세기, 첫 번째 복음서, 바울 서신과 시편과 더불어 교리 또는 전례에서 특별히 중요한 책들에 대해서 주석이 요청됨으로 많은 '해설자' 중에서 선택할 수 있었다.

편집의 수고는 그 자체로 더 독립적인 작업으로 이어졌다. 이것은 교부들의 전통과 불일치와 차이를 나타냈다. 학자들이 비교하고 토론하고 자신들의 작품으로 채우는 것을 거의 피할 수 없었다. 9세기 해설자 중 가장 독창적인 두 사람인 파스카시우스 라트베르투스Paschasius Radbertus와 요한 스코투스[에리우게나]*John the Scot*는 성 오이처St. Eucher가 거룩한 독서에 대한 그의 정의에 『토론』*disputatio*을 삽입하며, 부여한 '토론'할 수 있는 권한을 둘 모두 사용한다. 파시카시우스는 마태복음St. Matthew에 관한 그의 12권의 책[3]이 권위의 종합synthesis이라는 것을 의미했고; 사실상 그는 때때로 그것들을 비교하고 비판한다; 그는 자신이 다루는 본문의 교리적 내용을 가능한 한 완벽하게 이끌어 내고 성찬논쟁에서 자신이 제시한 견해를 변호한다.

요한 스코투스는[4] 라틴 신학과 여러 점에서 구별되는 헬라 신학에 관한 그의 연구에서 서로 상반되는 권위의 심각한 문제를 스스로 준비했다. 그리고 성경의 형이상학적 내용은 그가 공개적으로 말했듯이 그에게 알레고리와 도덕성보다 더 흥미를 주었다. 아주 흥미로운 헬라 신학자가 보편적으로 받아들여지는 아우구스티누스의 증언과 충돌했을 때 그는 무엇을 해야 했을

---

philol. und hist. Klasse (Munich, 1925), No. 3, 52-3; J. Winaudy, "L'oeuvre littéraire d'Ambroise Autpert", *Rev. Bén*. lx (1950), 93-119. 완전한 목록을 제시하는 것은 이 책의 계획 밖의 일이다.

3 PL cxx. 31-992.

4 그의 주석적 작업은 요한복음 1장 1-14절에 관한 설교이다. 성 요한에 대한 주석은 아마도 완료하였으나 단지 단편적으로만 남아있다. PL cxii. 283, 297. M. Cappuyns, *Jean Scot Erigène: sa vie, son ouvre, sa pensée* (Louvain, Paris, 1933), 222-32.

까? 한 가지 대안은 어투를 전환해서 그의 실제 선호에 관해서는 의심의 여지를 남기지 않고 두 가지 설명을 모두 하는 것이었다. 또 다른 하나는 두 가지를 조화시켜 근본적으로 의견 차이가 없다는 것을 보여주는 것이었다. 가장 대담한 과정은 인간 권위자로서 교부들은 성경의 신성한 권위 아래에 서 있다는 것을 인정하면서 토론하고 선택하는 것이었다. 제 사복음서에 대한 요한의 주석의 남아있는 부분은 예언적인 질문quaeritur에서 시작되는 논쟁과 토론으로 가득하다.

뛰어난 요한에서 같은 시대의 하이모Haimo로 넘어 가는 것은 실망스러운 결말이다. 하이모는 아마도 옥세르Auxerre의 수도사였을 것이라는 사실을 제외하고는 우리가 아무것도 알지 못하는 무명의 사람이다.[5] (약 840-60년에 써진) 그의 주석은 10세기부터 12세기까지 널리 읽혀졌고, 카롤링거 부흥에 내용을 제공했기 때문에 중요하다. 우리는 하이모에게서 요한 스코투스나 파시카시우스보다 독창성이 부족하지만 겸손한 태도로 그들과 같은 방식으로 일하기 위해 노력하는 주석가를 볼 수 있다. "전통의 유대는 아직 깨지지 않았지만 느슨해지고 독립적인 판단과 조사를 위한 공간을 남기기 시작한다."[6] 하이모는 엄선된 발췌문의 편집자를 주석의 저자로부터 나누는 선상에 서 있다. 그의 방법은 각 본문에 대한 설명을 선택하고 가끔 질문을 제기하고 대답하는 것이다. 그의 가르침에서 의미 있는 발췌는 그의 제자 옥세르 하이릭Heiric of Auxerre에 의해 출판되었다. 사본의 제목은 『간략한 문제해설』*Scolia Questionum*이다. 각각의 짧은 설명을 가진 흩어져있는 단일한 텍스트들 사이

5 하이모의 질문에 관하여 E. Riggenbach, "Hist. Studien zum Hebräerbrief", *Forschung. z. Gesch. des neutest. Kanons*, ed. T. Zahn viii (Leipzig, 1907), 41-201. 바울서신, 이사야, 소선지서, 계시록 그리고 아가서에 대한 주석들은 거의 틀림없이 이것들의 저자가 옥세르의 하이릭(Heiric)의 스승인 옥세르의 하이모의 것임을 보여준다. 이는 통상적으로 옥세르의 레미기우스나, 할버스타트의 하이모(Haimo of Halberstadt)의 것으로 여겨졌었다. 이들 주석들은 PL cxvi, cxvii에 인쇄되었다. 그것들과 함께 인쇄된 시편주석, 요엘과 아모스의 주석은 위조로 레미기우스의 이름으로 인쇄되었다(Max. Bibl. xvi). 창세기의 주석에 대한 단편들은 베를린의 한 원고에서 발견되었다. (Berlin MS. Rose, ii. 3).

6 Riggenbach, 56.

에서, 우리는 질문과 상충되는 텍스트의 기본적인 색인concordance을 발견한다.[7] 그것들은 많은 잠재력을 가진 교부적 성경 해석의 한 유형을 부흥시켰다.

파스카시우스와 요한 스코투스에 이어지는 하이모와 하이릭은 신학적 토론이 해석의 일상적인 부분이 되었다는 것을 증명한다. 하이릭의 제자인 레미기우스Remigius의 출판되지 않은 주석에 대한 연구는 우리에게 그 움직임이 한 단계 더 발전되었다는 것을 보여줄지도 모른다.

현재까지 우리는 시편에 대한 그의 해설에 관한 한 장의 문서만 가지고 있다.[8] 레미기우스는 분명히 '짧고 명확한'것을 목표로 했다; 그는 신학적인 토론으로 벗어나지 않는다. 그의 도덕성 중 일부는 나중의 방법을 예상하는 것처럼 흥미롭다. 당시 사회적 집단에 대한 언급은 첫 번째 시편에 대한 그의 주석에서 주교, 수도사, 교회법학자 그리고 평신도 형태의 전통적인 추상적 개념으로 나뉜다.[9] 그러나 레미기우스는 우리를 다음 요점으로 인도한다: 성경 연구의 발달. 그는 자신이 텍스트로 취하는 갈리아Gallican 버전과 성 제롬의 헤브라이카*Hebraica* 번역본보다 히브리어 텍스트를 의미하는 것으로 보이는 '히브리어'를 가끔 비교하면서 변형된 해석을 논의한다. 그는 자신의 자료

7 MS. Bible. Nat. 8818 (11cent.), ff. 29v-44v. See L. Traube, *Rheinisches Museum* (1892), xlvii. 559-61. Riggenbach, op. cit. pp. 187-98는 하이모의 주석으로부터 평행구절 옆의 주석(Scolia)로부터 선별한 단락들을 인쇄하고 있다. 그 유사성은 매우 놀라울 정도다; 그러나 하이릭(Heiric)의 발췌는 주석으로부터 축어적으로 가져온 것이 아니다; 어떤 경우에는 같은 주제가 다루어지는 하이모의 두 단락 중 하나에서나 혹은 둘 모두에서 발췌하고 있다. Scolia가 강의를 대충 받아 적은 것일 가능성이 크며, 자신의 스승의 강의에 대한 하이릭의 노트로부터 발췌한 것일 수 있다. 발췌문에 붙어 있는 시(poem)에서 그는 그것들의 스승인 하이모로부터 가져왔다고 말한다.

8 A. Vaccari, "Il genuino commento ai Salmi di Regigio di Auxerre", *Biblica*, xxvi (1945), 52-59. 창세기에 관한 그의 주석은 J. De Blic, "Walafrid Strabon, etc", *Rech. Théol. anc. méd.* xvi (1949), 19, n. 40을 보라.

9 A. Vaccari, op. cit., 73. "Unus ordo electorum erit qui non iudicabitur et salvabitur, quales sunt apostili ac perfecti monarchi, necnon et illi qui sua pro Domino dimiserunt. Hi tales non iudicabuntur, sed sum Domino ceteros sunt boni canonici et laici, qui de facultatibus suis egentibus tribuerunt..." 중세 초기의 'canonici'에 관한 의미는 J. C. Dickinson, *The Origins of the Austin Canons*, etc. (London, 1950), 12-25 참조.

와 관계없이 그리스 문자로 몇 개의 그리스어 단어를 쓸 수 있을 만큼 충분한 그리스어를 알고 있었다.

성경학의 진보에 있어서 초기 단계는 문자와 영letter and spirit 사이의 교부들의 구별을 알아내는 것이었다. 구별 그 자체는 '문자'를 열등한 위치로 떨어뜨릴 수밖에 없었다. 그러나 그것이 대충 설명되기도 전에 주석가들은 문자가 무엇인지 결정해야만 했다. 만일 은유, 예언, 그리고 비유가 주관적인 '영적' 설명에 포함된다면 성경학은 미래가 없을 것이다.

교부 전통은 '문자적'과 '역사적' 의미에 대해서 일치하지 않았다. 성 그레고리우스는 역사는 알레고리의 기초라고 말했지만 때때로 그는 역사적인 의미를 부인했다; 성 아우구스티누스는 드물게 알레고리적인 것을 선호해서 문자적 의미를 부인할 수도 있다고 인정했다. 문자적 의미는 영감을 받은 저자의 전체적 의미이며, 하나님이 거룩한 역사에 주신 것이 영적 의미라는 어려움에 대한 토미스트들thomist의 해결책은 9세기 학자들에게는 거의 발생하지 않았다. 그들은 일반적으로 성경을 하나님이 그들에게 보내신 편지라고 생각했다.[10] 복음주의자들은 일반적으로 천사나 성령의 구술로 쓰는 아티스트들artists로 표현되었다. 토미스트들이 존재하지 않았을 때에는 의미를 구별하는 다른 방법이 찾아져야 했다.

뤽세이유의 안젤롬Angelom of Luxeuil은 열왕기와 '많은 다른 책'에서 세 가지 의미뿐 아니라 일곱 가지 의미를 발견했다.[11] 때로 그렇듯이 이것은 지나치게 정교하다는 점에서 희극적인 부분은 아니다. 그것은 어려움에 대면하려는 진정한 시도이다. 첫 번째 의미는 역사적, 즉 단순하고 직접적인 가르침이다. 예를 들면, "순종은 제사보다 낫다."[삼상 15:22]; 두 번째는 지혜를 나타내는 노년의 다윗에게 데려온 소녀처럼[왕상 1:1-4], 문자적 의미는 없는 알레고리적 의미이다. 세 번째 의미는 처음 두 가지의 혼합이다. 그것은 문자적

---

10 성 그레고리우스는 위에서 인용하였고 알퀸, *Ep.* xxi. Agobard of Lyons은 성 제롬의 관점을 선호했다. *Liber adversus Predgismum*, PL civ. 165-7.

11 *Com. in Reg., Praef.*, PL cxv. 245-6.

으로 사실이고 또한 다윗과 밧세바의 이야기처럼 알레고리적인 의미를 가지고 있다. 마지막 두 종류는 성 제롬과 아우구스티누스가 이 두 여성에게 부여한 다른 취급treatment을 조화시키기 위해 안젤름에 의해 분명히 고안되었다. 제롬은 그 소녀를 단순히 하나의 상징으로 이해한 반면 아우구스티누스는 밧세바는 하나의 역사적 인물로 보았다. 네 번째 의미는 하나님에 관한 가르침을 포함한다. 다섯 번째는 비유적parabolic이다, 즉 신비적 의미와는 대립된다.[12] 여섯 번째는 그리스도의 처음 오심과 재림에 관한 것이고, 일곱 번째는 도덕적 가르침이다. 안젤름의 목적은 세분화를 통해 '알레고리냐 또는 역사냐?' 문제를 피하려는 것처럼 보인다.

요한 스코투스는 두 부분으로 나뉘어 더욱 분명함을 이루었다: (i) 신비 또는 알레고리, 즉 옛 율법Law과 같은 역사적 사건이나 제도. (ii) 은유, 비유, 교리적인 가르침을 포함하는 상징. 첫 번째는 문자적 의미와 영적인 의미를 모두 지니고 있다, 첫째는 단순한 사람[평신도]를 위한 것, 다른 하나는 지혜로운 자를 위한 것이다; 따라서 옛 율법은 새로운 것을 미리 보여준다. 두 번째는 모든 그리스도인들에 의해 같은 방식으로 이해되어야 하고, 비록 그들이 의미를 완전히 이해할 수 없을지라도 단순한 사람도 믿어야한다.[13] 요한은 안디옥의 테오리아*theoria*와 다르지 않은 비유와 은유의 개념에 따라 자신의 방법으로 작업했다. 그는 성경 전체가 역사와 시 또는 교리적 가르침을 모두 포함하는 신자들에 의해 받아들여지는 근본적인 의미를 가지고 있고 거룩한 역사는 또한 알레고리적인 의미를 가지고 있다고 보았다.

파스카시우스는 기본적인 의미가 예언과 은유를 포함한다는 원칙을 암묵적으로 받아들인다. 그는 먼저 은유에 대한 설명이 포함되어 있는 문자적 의미를 간단히 설명한 다음 은유적 문자에 기초하여 알레고리와 도덕성을 구성하는 어려운 예레미야애가를 통해 승리의 길을 이끌고 있다. 따라서 은유

---

12 성경에서 불명료한 부분을 조화시키려는 전통적인 방법이다. 안젤름은 아비멜렉이 나오는 시편 34편의 제목을 예로 든다. 반면에 열왕기상 21:12절의 이름은 아기스(Achis)이다.

13 *Com. in Evan. Iohan.*, PL cxxii, 341-8.

와 예언은 (1) 예언자가 의도한 문자적 및 역사적 의미와 (2) 주석가가 발견한 영적 의미를 모두 가지고 있다.[14] 어려움에 대한 이러한 해결책은 일반적으로 받아들여졌다.

알레고리적이고 도덕적인 의미에 대한 일반적인 선호에도 불구하고 문자적 해석에 대한 흥미로운 논문essay이 몇 개 있었다. 라바누스Raban는 열왕기에 대한 영적인 해설뿐만 아니라 문자적인 것을 발견함으로써 비드를 개선했다. 그는 교부들과 유대인 역사가 요세푸스Josephus로부터 흩어져 있는 참고 문헌을 수집했고 율법에서 배운 '당대 시대'의 유대인들의 작품을 사용했다.[15] 이 마지막 참고 문헌은 히브리어 전통을 부여하고 히브리어 텍스트를 벌게이트 성경과 비교하는 제롬의 창세기에서의 『히브리어 문제들』*Quaestiones Hebraicae in Genesim*의 모델에 쓰인 『열왕기와 역대기에서의 히브리어 문제들』*Quaestiones Hebraicae in libros Regum et Paralipomenon*[16]의 익명의 저자에 의해 추적되었다. 저자는 유대인과 상담했던 기독교인처럼 보인다. 그는 또한 다양한 구약 성경에 대한 익명의 주해와 드보라의 찬송Canticle of Debbora에 대한 짧은 주석을 남겼다.[17]

스타벨롯Stavelot의 한 기독교인은 주로 역사적으로 의도된 것으로써 마태복음에 대한 주석을 썼다. 이것은 초보자를 대상으로 한 작은 작품이지만 문법적 의미에 대한 저자의 신중한 설명과 때로는 주변 지방에서 끌어온 지역적인 암시allusion들에 의한 텍스트를 설명하려는 그의 시도 때문에 흥미롭다.[18]

---

14 한 예를 든다면, *Com. in Lam.*, PL cxx. 1079-80: Sordes eius in pedibus eius, i. 9.
(i) "non quod ad litteram solummodo eam [Ierusalem] lugeat tantus propheta, eo quod sordidos gesserit pedes, quod frivolum satis videri potest, sed quia secundum interioriem hominem pullutos habeat gressus …"
(ii) "Mystice autem, nostra Ierusalem sordes gestat in pedibus: quia in huius mitae solitudine, nemo sine squalore incedit vitiorim …"

15 J. B. Hablitzel, "Hrabanus Maurus", *Bibliche Studien*, xi (1906), 14-15.

16 PL xxiii. 1329.

17 *Quam notitiam*, 1-4. L. Ginsberg, *Die Haggada bei den Kirchenvatern*, I: *Die Haggada in den ps.-hier. Quaestiones* (Amsterdam, 1899), v. 105; 여러 곳에서.

18 M. L. W. Laistner, "A Ninth-Century Commentator on the Gospel According to

언어학 연구가 발전하면서 알퀸의 동료인 오를레앙의 주교 테오둘프 Theodulf가 수정한 성경 원고는 이미 히브리어 본문과 비교한 흔적을 보여준다.[19] 레미기우스는 그러한 비교가 예외적이지 않다는 것을 우리에게 보여주었다. 적어도 히브리어 알파벳을 배우려는 학자들의 많은 시도가 있었다. 9세기의 아일랜드 사람인 아마도 세둘리우스 스코투스Sedulius Scotus는 그리스어에서 라틴어로 시편을 번역하고 원문의 교정에 대하여 편지의 형태로 논문을 썼다. 이 저자는 그리스어를 잘 알고 있었다. 그의 머리말과 함께 시편의 수정된 텍스트는 9세기와 10세기에 신중하게 쓰인 세 사본으로 현존한다. 텍스트를 대조하도록 보여주는 그리스-라틴Greco-Latin 시편은 솔로몬 3세가 수도원장으로 있던 세인트 갈St. Gall 수도원에서 909년에 작성되었다. 세인트 갈은 사라센의 공격으로 북쪽으로 이동했고, 그들의 사본들 일부를 구했을지도 모르는 남부 이탈리아 출신으로 그리스어를 사용하는 수도사들과 접촉했을 수도 있다는 것을 보여준다.[20] 요한 스코투스는 그리스어를 제4복음서의 라틴어 텍스트와 비교하고 원본이 '더 중요한' 것을 발견했다.[21] 이 시기에 그리스의 학문은 13세기 말에 이를 때까지 적어도 주해와 관련하여 아마 더 높은 수준에 이르렀을 것이다.

그렇지만 과장해서는 안 된다. 요한 스코투스의 위-디오니시우스의 『천상적 위계』*De coelesti hierarchia*에 대한 주석은 그리스어를 배우려는 학생을 지원하는 기본 도서관 시설의 부족을 드러낸다. 요한은 그의 저자의 텍스트 "우리는 칠십인역을 가까이에 가지고 있지 않기 때문에"[22] 대신에 라틴 벌게

Matthew", *Harvard Theological Review*, xx (1927), 129-49.

19 E. Power, "The lost ninth-century Bible of Carcassone", Biblica, v (1924), 197-201.

20 A. Allegeier, "Exegetische Beiträge zur Geschichte des Griechischen", ibid. xxiv (1943), 261-88. 9-10세기에 St. Gall이 쓴 이사야에 대한 해설에서 성 제롬의 주석으로부터 가져온 그리스 단어를 위해 그리스어 특성을 사용하는 것을 주목하라. MS. St. Gall 41; 한 표본이 J. de Blic, "Walafrid Strabon et la Glossa Ordinaria", Rech Théol. anc. méd. xvi (1949), 22-3.

21 M. Cappuyns, op. cit. (p. 39. n.2), 225.

22 PL cxxii, 245: "Breviter commemoriat visionem prophetae, quae sic in hebraica veritate scripta est; Septuaginta enim prae manibus non habemus, quos sequitur Dionysius..."

이트를 인용해서 저자에 대한 성경적 언급을 확장해야 했다. 만일 요한 스코투스처럼 열성적인 헬라주의자hellenist가 자신의 목적에 꼭 필요한 참고 서적을 찾을 수 없었다면 구약 성경의 그리스어 원문에 접근하는 것은 정말 드문 일이었을 것이다.

8세기와 9세기의 학자들은 교부의 권위에 대한 '질문'과 중세 주해가 발전할 히브리어 연구의 두 경계를 설정했다. 그런 다음 갑자기 중단되었다. 약 908년 옥세르의 레미기우스Remigius of Auxerre가 사망한 후, 약 1과 1/4세기 동안 중요한 주석이 없고 편집조차 부족하다. 그들의 전기 작가들이 우리에게 말한 것처럼 거룩한 수도원장들은 여전히 거룩한 독서에 헌신적이었고 우리는 히브리어의 연구에 대한 증명되지 않는 참고 문헌을 가지고 있다. 그들은 아주 적은 양의 서면으로 된 주해를 남겼다. 이 시기에 조직을 개선하고 있던 주교좌성당학교들은 수도원과 같은 성경 연구를 거의 하지 않았다.

그것은 성경 연구의 역사에서 극적인 중단이며 만일 우리가 그것을 전쟁과 바이킹의 침입이 사기를 꺾은 효과로 설명한다면 우리는 그것의 중요성을 놓칠 것이다. 그것들은 확실히 학문을 어렵게 만들었다. 그러나 진짜 이유는 관심의 전환이었다. 클루니Cluniac와 다른 10세기 종교개혁자들은 연구를 희생하면서 전례liturgy를 강조했다. 예식들이 늘어나자 거룩한 독서는 수도원 회랑에서 성가대로 옮겨 갔다. 이것은 단순한 은유가 아니다. 실제로 일어날 수 있다. 우리는 시편을 부르는 동안 주해를 연구하기 위해 항상 주석이 달린 시편을 가지고 다니는 모범적인 신앙심을 가진 수도사에 대해 듣는다. 만약 그가 이해하지 못하는 구절에 이르면 그의 눈은 즉시 주석으로 향할 것이다.[23] 이 시기 단선율의 성가Plainsong는 그들이 부를 때에 그 단어에 대한 명상을 할 수 있을 정도로 충분히 느렸다.[24] 창조적인 에너지는 전례적인 시와

---

23 Peter the Venerable, *De miraculis*, I. 20. PL clxxxix. 886, J. Leclercq, *Pierre le Vénerable* (Saint Wandrille, 1946), 109.

24 S. A. Van Dijk, "Historical Liturgy and Liturgical HIstory", *Dominican Studies*, ii (1949), 180-1.

드라마의 고안, 수도회의 성인들의 연대기와 삶으로 나아갔다. 클루니 수도원장들은 그들의 설교와 묵상에서 성경의 극적이고 감정적인 측면에 집중한다. 그들의 방법은 '감탄조'라고 불릴 수 있다.[25] 그것은 그들의 전례에 삽입된 경건한 외침을 회상케 한다. 한편, 교사들masters, 특히 대성당학교에서 교사들은 신학보다 인문학과 학문에 더 관심이 있었다. 최소한 성경 3권의 주석들glossa뿐만 아니라 문법가와 시인에 대한 주석를 남긴 레미기우스는 그의 후계자들이 잃어버린 균형을 보여준다. 성 에버스베르그St. Ebersberg의 대수도원장 윌리람Williram은 1060년경에 글을 쓰면서, 문법과 변증법을 배운 사람들은 그것들에 대하여는 충분하게 생각하지만 성경을 무시한다고 불평한다; 신학을 졸업한 사람들이 자신들의 재능을 사장시킨다; 그들은 책을 읽고 노래하는 다른 사람들의 실수에 대하여 그들을 가르치거나 잘못된 책들을 고치기 위해 아무것도 하지 않고 조롱하기만 한다.[26]

이것은『기독교 교리』의 프로그램이 버려졌다는 것을 의미하지는 않는다. 그것은 아우구스티누스와 샤를마뉴가 의도했던 것처럼 학자 개개의 삶보다는 여러 세대의 삶에서 행해지고 있었다. 7세기와 8세기의 '비논리적인' 시대 이후, 학자들은 변증법을 재발견하기 시작했다. 10세기와 11세기 동안 그것을 다루는 법과 그것이 무엇을 의미하는지 깨닫는 것을 배웠다. 카시오도루스가 이해한 수사학은 학생들의 신앙에 아무런 위험 없이 성경 연구에 도움이 될 수 있다; 유일한 위험은 경솔함이다. 변증법은 기독교의 교리에 배치될 수 있고 훈련된 논리학자의 손에 있는 문법은 복잡한 문제를 일으킬 수 있다. 성 엠머란St. Emmeran의 오틀로Otloh는 "변증가들이 성경은 변증법의 권위에 따라 구성되어야 하고, 성경보다 보에티우스Boethius에서 많은 구절들을 믿을 만큼 단순하다는 것을 발견했다. 보에티우스를 따라 그들은 '사람'의 이름을

---

25 특별히 St. Odilio의 설교를 보라. PL cxlii. 991-1036; William of St. Bénigne of Dijon, *Opera* (ed. Levis, 1797), 96-116.

26 'Prologus in cantica', ed. J. Seemüller, *Quellen und Froschung. z. Sprach- und Cultur gesch*. xxviii (1878), 1-2.

이성적인 실재 이상 것이 아닌 것으로 설명하는 것에 대해 나를 비난한다."[27]

글로 쓰는 원래의 주석들이 11세기 중반을 향하면서 다시 시작되었을 때 이것은 오랜 준비로 얻었다. 주석가들은 새롭고 더 강력한 기술로 어려움에 대한 새로운 인식을 연구에 도입했다.

2. 주석(THE GLOSS)

우리는 누가 이것을 시작했는지 모른다. 12세기 후반과 13세기의 파리 교사들에게 파리 이전pre-Parisian 주석가들의 글은 자신이 대학에서 쓴 논문들과 거의 같았다. 그것들은 목적을 달성하고 휴지통에 들어가거나 버려지거나 잊혀졌다. 11세기와 12세기 초의 주석는 주로 발췌문과 인용문에서 현존한다. 우리는 한편으로는 유명한 학자들에 의해서 잃어버린 작품에 대한 참고문헌을 가지고 있고 다른 한편으로는 그 시대의 특징을 보여주는 익명의 작품을 가지고 있다. 우리의 문제는 어떻게 그것들을 조화시키는가이다. 우리는 추론에 의해 지식을 보충해야하며 현재는 새로운 발견이 우리의 모든 생각을 뒤엎을 수 있는 불안정한 상태에 있다.

희망적인 징조는 새로운 발견이 이루어지고 있다는 것이고 그것은 예상치 못한 활동을 가리킨다. 당대의 주석 가운데 란프랑Lanfranc의 작품만을 알았던 우울한 윌리람은 그의 시대에 뒤떨어져 있었다. 우리는 그가 우리를 잘못 인도하는 것을 허용하면 안 된다. 우리는 위대한 움직임을 보기 시작했다. 비록 우리가 아직 세부 사항을 파악할 수 없지만 적어도 잠정적으로 그 윤곽을 추적할 수 있다.

첫 번째 단계는 학교를 계승하고 교사들의 구성원을 재건하는 것이다. 11세기에 이르면 란프랑과 성 안셀무스 아래 있는 벡Bec을 제외하고는 대성당

27 *Dialogus de Tribus Quaestionibus, Praef.*, PL cxlvi. 60.

학교들이 수도원학교들보다 더 중요하게 되었다. 11세기 학교들은 카롤링거 시대의 학교보다 안정성이 떨어지는 경향이 있다. 너무 많은 것이 한 성당에서 다른 성당으로 옮겨 다니는 교사 개인에게 달려있다. 전형적인 카롤링거 학자는 그의 수도원의 『역사』*Gesta Abbatum*에 확실한 흔적을 남겼다. 그는 자신의 행위가 공식적으로 기록된 주교로서의 경력을 끝낸다. 이 후대의 교사는 그의 움직임과 성격에서 모두 파악하기 어렵다.

시작을 찾는 과정에서, 자연스럽게 11세기 초의 뛰어난 선생인 사르트르Chartres의 성 풀버트St. Fullbert(d. 1028)에게 눈을 돌리게 된다. 우리는 그가 성경을 그의 제자들에게 설명했다는 것을 안다. 우리는 문법적이고 논리적인 교과서의 간결하고 문자적인 설명이 그의 가르침과 학교의 특징이라는 것을 안다.[28] 우리는 그것이 거룩한 텍스트에 대한 그의 설명에 영향을 미쳤을지도 모른다고 의심하지 않을 수 없다. 우리의 의심은 '베렝가'Berengar라는 이름으로 밝혀진 바울 서신에 대한 주석들glosses의 단편들에 의해 고조된다.[29] 이것은 거의 확실하게 성 풀버트의 제자이자 성찬Eucharist에 대한 란프랑과의 논쟁으로 잘 알려진 투르의 베렝가이다. 베렝가는 때때로 '이단적' 이라고 불린다; 하지만 이것은 그를 균형 있게 보지 않는 것이다. 바울서신에 대한 그의 작품의 단편들은 베랑가의 친구인 파리의 드로고Drogo가 1040년경 투르에 있는 그를 방문한 후 '성경을 이해하고 설명하는 데 있어서 강력한 주의' 라는 칭찬의 구체적인 증거를 제공한다.[30] 그들은 그의 이단적 사고가 영향을 미치지 않은 것처럼 보이는 거룩함과 배움에 대한 명성을 새롭게 설명한다.

---

28 A. Clerval, *Les Ecoles de chartres au Moyen Âge* (Paris, 1895), 94-103, 108-16. 풀버트의 것으로 설명되는 이 설교 (PL cxli. 278-306)는 가짜이다; J. Chatillon, "Le contenu, l'autenticité et la date du Liber exceptionum, etc.", *Revue du Moyen Âge latin*, iv (1948), 364. 성경에 대하여 작업한 플버트의 어떠한 신뢰할 만한 저술도 발견되지 않았다.

29 Berengar, Drogo, 그리고 Lanfranc에 관하여는 B. Smalley의 "La Glossa Ordinaria", *Rech. Theol anc. med.* ix (1937), 372-99.

30 A. J. Macdonald, *Berengar and the Reform of Sacramental Doctrine* (London, 1930), 32.

베렝가의 단편들은 '드로고'와 '란프랑'에 속한 주석을 포함한 바울 서신에 있는 몇 개의 큰 주석 모음집에 포함되어 있다. 이 모음집에 있는 다른 모든 주석들은 교부들이 쓴 것이거나 익명이다. 베렝가, 드로고 그리고 란프랑의 주석를 비교하면, 이 세 명의 학자들이 거의 같은 방법으로 연구했다는 것을 보여준다. 아마도 '드로고'는 학계에서 명성이 높은 베렝가의 친구인 파리의 드로고였을 것이다. 란프랑의 주석에 관하여 우리는 확실한 토대에 이른다. 그것들은 대주교 란프랑의 것으로 확인될 수 있다. 그는 공부하기 위해 이탈리아에서 프랑스로 왔고 베렝가 아래서 신학을 공부하기 시작하였을 가능성이 있다.[31] 베렝가는 그의 스승 샤틀의 성 풀버트로부터 유래하였으며, 자신의 학생 란프랑이 벡과 캔Caen(1043-5~1070)에서 계속했던 운동의 중심이 되는 것은 매우 유혹적이다.

그 다음으로는 베렝가가 1086년 세상을 떠나기 전 랭스Rhemis에서 가르친 사르트로의 성 부르노St Bruno of Chartreux가 있다. 그의 학문적 이력은 거의 연구되지 않았다. 그는 시편과 바울 서신을 설명했다.[32] 그에게 직접적으로 연관된 시편에 대한 두 개의 주석은 그가 중요한 영향력을 가지고 있었을 수도 있음을 암시한다.[33]

이어서 파리에서 '당대 교사들의 교사'*modernorum magister magistrorum*로서 가르친 매우 중요하지만 놀라울 정도로 신비한 교사 마네골드Master Manegold가 있다. 그는 라우텐바흐Lautenbach에 있는 참사수도회canons regular로 은퇴하고 약 1110년에 사망했다. 그는 황제권 옹호자들과의 투쟁에서 교회를 지지하는 정치 이론가로 잘 알려져 있다. 또한 그는 인문학의 대가로서 문법과 수사학에 관한 저술은 규범적인formative 것으로 알려졌다. 그의 주석은 그럴듯

---

31 R. W. Southern, "Lanfranc of Bec and Berengar of Tours", *Studies in Medieval History presented to F. M. Powicke* (Oxford, 1948), 27-48은 란프랑의 초기 삶에 대한 증거들을 논의하고, 두 학자들의 사상을 분석한다.

32 PL. cliii.

33 B. Smalley, "Gilbertus Universalis Bishop of London and the Problem of the Glossa Ordinaria", *Rech. Théol. anc. méd.* viii (1936), 51-60; "La Glossa Ordinaria", ix. 375, n. 30.

하게 그의 것으로 여겨진 시편에 대한 익명의 주해Pseudo-Bede로부터 알려져 있고,[34] 한 사본에서 단락의 약 2/3는 분명히 바울 서신에 대한 그의 잃어버린 주해의 발췌문이 명백하게 『마네골드의 바울 사도에 대한 주석』*Manegaldus in glosis super apostolum*으로 제목이 되어있다.[35] 우리는 이 주석이 발견될 때까지는 그를 방정식의 X로 취급해야 했다.

마네골드와 성직 서임권논쟁investiture contest과의 연결은 우리를 매혹적인 옆길로 인도한다. 교황을 지지하여 모인 이탈리아의 학자들은 그들의 주석을 논쟁의 무기로 사용했다. 토스카나의 마틸다 백작부인Countess Matilda of Tuscany의 궁정은 이들에게 은신처와 후원을 제공했다. 이러한 환경에서 성경적 연구는 정치적 논쟁의 이해력을 날카롭게 하고 신성한 글에 대한 면밀한 조사로 이어지는 방식을 보여준다. 일반적으로 그레고리우스 7세가 도덕적인 것으로 증거 본문을 사용함은 역사가들에게 잘 알려져 있다. 그것은 교회의 방어를 위해 당시 정치에 비추어 성경을 검토하려는 움직임의 단지 하나의 표현일 뿐이다. 배움에 대한 헌신과 열정도 그 움직임에 들어갔다. 그러나 이탈리아인들은 북유럽의 학교들에 직접적인 영향을 미치지 않은 것으로 보인다. 국가에 대한 교회의 우월성을 증명하기 위해 제시된 해와 달 혹은 두 날 검two swords의 주제는 어떤 특정한 저자를 거론할 필요 없이 주석에서 평범한 것이 되었다. 따라서 우리 자신을 로마나 토스카나로 전환되는 것을 허락해서는 안 된다.[36]

---

34 G. Morin, "Le Pseudo-Bède sur les Psaumes et l'opus super Psalterium de Maître Manegold de Lautenbach", *Rev. Bén*, xxvii (1911), 331-40; B. Smalle, "Guilbertus Universalis", op. cit. viii, 52, n. 93; A. Wilmart, "Un commentaire des Psaumes restitué à Anselme de Laon", *Rech. Théol. anc. méd.* viii (1936), 326.

35 MS. Laud. Misc. 216, fo. 4d: "Manegaldus in gloss . inc. Filius diversus est in persona a patre et non est diversus in essentia. Expl. De huiusmo야 dicictur quicquid in Deo est, Deus etc." O. Lottin, "Manegold de Lautenbach source d'Anselme de laon", *Rech. Théol. anc. méd.* xiv (1947), 218-23. Dom Lottin은 이 상실된 작품의 복사본이 1201년 크레모나의 카탈로그에 들어 있다고 지적한다. 베리에 있는 성 에드문드에 다른 하나가 있다; M. R. James, "On the Abbey of St. Edmund at Bury", Cambridge Antiqu. Soc. 80 xxviii (1895), 10.

36 나의 편집 본에서 나는 이러한 방향으로 눈길을 주는 것을 거절했다; 그러나 Dr. B.

파리에서 라온Laon으로 곧장 가면 바위 위에 높이 위치한 라온의 대성당은 주위의 평야로부터 놀라울 정도로 뚜렷하고 갑작스럽게 우뚝 서 있다. 같은 방식으로, 라온의 교사 안셀무스Anselm와 그의 형제인 랄프Ralph의 학교는 12세기 초반의 지적 생활을 지배한다. 그들의 학교는 약 1100년에 번성했고, 안셀무스는 1117년에 그리고 랄프는 1134년 또는 1136년에 사망했다. 우리는 그들 둘 다 어디서 공부했는지 모르지만, 지금은 안셀무스가 마네골드에게서 차용한 것처럼 보인다.[37] 차용은 항상 스승-제자의 관계를 만드는 자취이다. 그들의 강의는 거의 모든 당대의 신학자들이 참석했고 현재 안셀무스는 다른 어떤 '성경의 교사'master of sacred page보다 더 많은 관심을 끌고 있다. 신학적 체계화를 향한 첫 번째 일치된 노력이 라온에서 발견된다. 『신학대전』*Summa Theolocia*은 그 형식적인 유래를 라온으로 거슬러 올라간다. 현대 학자들은 학교에서 파생된 저술들을 수집하고, 그들의 관계를 구별하고 안셀무스의 저작을 그의 제자들의 것들로부터 분리시키고 정리하는데 전념하고 있다. 그것들은 그의 영향력이 얼마나 멀리까지 미치는지 보여주었고, 라온과 파리의 후기 학교들과의 직접적인 연관성을 확립했다. 그것은 [순환하는] 원처럼 보이기 시작한다: 파리 (마네골드의 학교), 라온, [다시] 파리.

『라온의 안셀무스: 삶, 저술 그리고 사상』*Anselme de Laon: sa vie, son œuvre, sa pensée*을 기대하기 전에 많은 것들이 남아있다. 나는 이것을 12년 전에 썼다. 그동안 그러한 제목은 불가능할 것이 분명해졌다. 우리가 바랄 수 있는 가장 큰 것은 안셀무스의 학교에 관한 책이다. 그 교사는 단체의 활동에서 자신의 개성을 가라앉히는 학자들 중의 한 사람이었다. 협력하는 이 힘은 그의 성격

Bischoff의 만투아의 존(John of Mantua)에 대한 연구는 나를 노선을 벗어나도록 하기에 충분할 만큼 흥미 있다: "Der Canticumkommentar des Johannes von Mantua für die Markgräfin Mathilde", *Lebenskrafte in der abendlischen Geistesgeschichte. Dank-und-Erinnerungsgabe an Walter Goetz*, ed. W. Stammler (Marburg/Lahn, 1948), 24-48. 또한 B. Gigalski, *Bruno, Bischof von Segni, Abt von Monte Cassino: sein Leben und seine Schriften* (Münster i. W., 1898).

37 O. Lottin, loc. cit.

에서 지배적인 특성이었던 것처럼 보인다. 왜냐하면 우리는 존경과 칭찬의 보편적인 표현에서 긍정적인 그림을 갖기 때문이다. 우리가 그에 대해 아는 것이 거의 없지만 브루노나 마네골드에 대해 알고 있는 것보다 더 많다. 그리고 그것은 불안한 베렝가나 합법적인 생각을 가진 란프랑보다 더 동정적인 모습을 제시한다.[38]

안셀무스는 그 소유자가 안락함을 얻기에는 너무 희귀할 정도의 강한 개성, 명확한 판단력 및 평화로운 기질이 결합된 성격이었다. 죽은 지 50년이 지난 후에 글을 쓰며 피터 챈터Peter the Chanter는 교사 안셀무스는 그가 시작했던 성경 전체를 주석하는 위대한 업적을 끝내는 것을 허락하지 않았음을 여전히 한탄한다: "그가 참사수도회canons의 책임자였고, 그리고 많은 다른 것들은 그를 소송에 끌어들이거나 그를 지나치게 칭찬하거나, 보호해야할 의무가 있는 가난한 자들을 압박하거나 그를 총회 업무에 참여하도록 괴롭힘으로써 그의 일을 종종 방해했다."[39] 이것을 피터the Chanter는 쉽게 인정한다면 당대의 노쟁의 귀이베르트Guilbert of Nogent에 의한 불화가 라온에서의 안셀무스의 많은 행동에 대한 설명과 잘 일치한다.[40] 그의 다른 회상은 - "교사 안셀무스는 그리스도 수난 날에 우리는 예수님을 위해 울지 말라'고 말하곤 했다. 이스라엘 백성들은 모세를 위해 울었지만 예수 그리스도를 예시한 여호수아Josue를 위해서는 울지 않았다"[41] - 시편에 대한 안셀무스 자신의 작

38 안셀무스의 삶에 관한 가장 최근의 연구는 A. Willmart, "Un commentaire des Psaumes", op cit (p.48, n 4); 다양한 학자들에 의해 많은 논문이 *Rech. Théol. anc. méd.*에서 게제 되었다; F. Bliemetzrieder, "Anselms von Laon systematische Sentenzen", *Beitr. z. Gesch. der Philosophie des Mittelalters*, xviii 2/3 (Münster, 1919); H. Weisweiler, "Das Schrifttum der Schule Anselms von Laon und Wilhelms von Champeaux in deutschen Bibliotheken", ibid. xxxiii. 1/2 (1936).

39 시편에 대한 피터(Peter the Chanter)의 주석 참조: MS. Bibl. Nat. Lat. 12011, fo. 173b; B. Smalley, "La Clossa Ordinaria", 400, n. 1; op. cit, (p. 48. n. 3) 139-44, 174-5, 207.

40 Op. cit. (p. 32. n. 1).

41 피터(the Chanter)의 신명기 34장 8절에 대한 주해로부터; MS. Balliol 23, fo. 112d.: "*Fleveruntque eum*⋯ unde Iehu Nave sepultus ligitur, nec defletus, quia Iesum verum Iosue, scil Iesum Christum prefiguravit. Unde Magister Aneslmus die passionis Iesum

은 주석*glosula* 같은 평온함을 전달한다. 거기서 그는 "인내심을 갖고 정의하고 설명하면서 주석의 한쪽 끝에서 다른 쪽 끝까지 평온을 유지한다…그의 고요한 방식으로…"[42] 예리한 정신과 매우 다른 기질을 가진 피터 아벨라르두스Peter Abailard는 그의 스승이 말이 많고 열등하다고 생각했다.[43] 그는 더 철저한 변증가의 젊은 세대에 속해 있었다.

라온으로부터 교사 램버트Master Lambert가 가르치고 있는 북쪽 우트레히트Utrecht로, 또한 그의 제자들의 환대에 만족할만한 짧은 여행을 하려 한다. 램버트 가르침의 최고의 시기가 약 1080년과 1112년 사이였기 때문에, 그는 안셀무스와 거의 동시대의 사람이었을 것이다.[44] 라온이 그의 학교의 명성을 무색하게 했지만 우리는 그를 살펴본다. 사도 바울에 대한 그의 주석에서 나온 상당한 발췌문은 12세기에 꽤 많은 인기를 얻은 로버트Robert of Bridlington에 의해 편집된 안셀무스의 인용문과 함께 유포되었다.

그 다음에 우리는 파리에서의 여정을 끝낸다. 여기에 안셀무스의 제자인 질베르Gilbert de la Porree와 피터 롬바르두스Peter Lombard는 성경에 대한 그들의 작품에서 안셀무스적 전통을 이어 간다.[45] 이 두 명의 교사들은 흩어진 대성당 학교들의 시대와 파리 대학의 연구 집중화 사이의 전환을 상징한다.

베렝가에서 피터 롬바르두스에 이르는 11세기와 12세기 초반의 모든 학자들의 업적은 9세기의 전임자와 마찬가지로 자연스럽게 두 가지로 나누어진다: 교과서 및 '선택된 발췌문'의 형태의 보조도구의 제작; 그리고 독립적인 주석. 그러나 이제 그 두 활동은 함께 진행된다. 카롤링거 시대에 그랬던

---

dicebat non esse flendum."

42 A. Wilmart, op. cit. 28.

43 *Historia Calamitatum*, iii, PL clxxviii. 123-4.

44 J. M. de Smet, "L'exégète Lambert, écolâtre d'Utrecht", *Revue d'histoire ecclésiastique*, xlii (1947), 103-10. 나는 이것을 확인한 저자에게 축하를 해야 하며 12세기 연구의 지도에서 새로운 중심지를 그릴 수 있게 되었다.

45 특별히 F. Blienmetzrieder, "Robert con Melun und die Schule Anselms von Laon", *Zeitschr.f. Kirchengesch.* liii (1934), 117-70.

것처럼 옛 세대가 전적으로 편집 작업에 전념하고 있는 것을 발견하지 못한다. 라온과 파리의 학교들은 편집과 원문 모두에서 놀라운 진보를 이루었다. 그러나 성경 연구에 대한 더 근본적인 공헌을 고려하기 전에 '선택된 발췌문'을 처리하고 두 가지 활동을 따로 분리하는 것이 더 편리할 것이다.

첫 번째 활동은 '교과서 활동'이라고 할 수 있다. 중세 시대에는 가르침과 독창적인 사고 모두 그것이 영감을 받은 텍스트든, 성경이든, 법전coupus iuris이든, 또는 고전 작가든 간에 고대 시대부터 전해 내려온 텍스트를 중심으로 이루어졌다. 그러므로 모든 학자들과 학생들이 접근할 수 있어야 하고 모든 사람이 이해할 수 있다고 언급할 수 있는 강의에 사용하기 위해 주석을 동반한 표준 해설이 있어야 한다는 것은 교육 목적에 필수적이었다. 이 발달을 성경 연구와 로마법과 교회법 모두에서 발견된다. 세 학문은 모두 『표준주석』*Glossa Ordinaria*을 낳았다.

성경적 『표준주석』의 역사는 불완전하게 알려져 있으며 몇 가지 특정한 사실은 굉장한 오해로 인해 가려져있다. 민간인과 교회법 학자들의 『표준주석』*Glosses*은 집중적으로 연구되어왔다. 그들의 저자나 승인 과정에 대해서는 의문의 여지가 없다. 그러므로 성경의 『표준주석』을 다루는 데 있어서 알려진 것에서 알려지지 않은 것으로 진행하는 것이 바람직하다. 만일 표준 작업을 준비하는 데 있어서 민간인과 교회법 학자들의 업적에 대한 명확한 그림을 지니게 된다면, 성경적으로 동등한 것을 재구성하는 것이 훨씬 쉬울 것이다. 우리는 무엇을 기대해야 하는지 알게 될 것이고 비교(비유)가 제시하는 것을 발견할 것이다. 아래의 부분에서 고인이 된 칸트로비츠Dr. Kantorowicz는 합법적인 주석의 개발, 표준적인 민법과 교회법의 출현 또는 성경적 『표준주석』을 배우는 학생들이 부러워할 정도로 '표준' 주석의 출현에 대한 개요를 제공한다. 그의 부분에 이어지는 비교는 그와 우리의 토론 결과에 의해 제안되었다.

Note on the Development of the Gloss to the Justinian and the Canon Law

유스티니아누스 법과 교회법의 주석의 발전에 관한 노트

By HERMAN KANTOROWICZ (*Cambridge*)

I

소위 유스티니아누스 대제에 의해 533-536년에 제정된 로마의 법, 소위 『시민법전』*Corpus iuris civilis*의 본문은 중세 시대에, (a) 세 개의 법전*Digestum Vetus, Infortiatum, Digestum Novum*, (b) 코덱스*Code* books, I-IX, (c) *Tres Libri*(코드북 X-XII), (d) *Instituta*, (e) *Authenticum*(Justin novels 모음)으로 구성되었다. 이 법률 서적에 대한 주석gloss의 역사(해설되어야 할 필요성에서 거리가 먼 유일한 책)는 완전히 구분되고 그 사이에는 연관성이 거의 없는 세 시대에 해당한다. (1) 유스티니아누스 시대의 주석은 그의 Institutes를 가리킨다. 그것들은 성격상 부분적으로 법적이지만, 매우 적고 익명이다. (2) 약 600년에서 1070년 사이로 작성된 주석들은 역시 익명이지만, 순전히 문법적이다(동의어, 어원, 구성 등). (3) 법의 성격과 종종 최고의 학문적 가치에 대한 주석들은 볼로냐의 주석가들의 학파에 의해 쓰였다. 이 학교는 11세기 말에 이전 문법학자였던 과르네리우스Guanerius or Irnerius에 의해 설립되었다. 그의 제자인 불가루스Bulgarus(d. 1166), 마르티누스Martinus 및 많은 덜 알려진 사람들에 의해 계속되었다; 그들의 제자들, 로제리우스Rogerius(1170년경 사망), 플라센티우스Placentinus(d. 1192년), 요하네스 바시아누스Johannes Bassianus, 바카리우스Vacarius(약 1200년 사망) 등; 그 후 요하네스, 아조Azo(1220년), 휴골리누스Hugolinus의 학생들이 주로, 그리고 아쿠르시우스Accursius(1263년)에서 결론을 내렸다. 이 '아쿠르시우스 이전'pre-Accursian 해석들 중 수십만은 보존되었지만 거의 모든 것이 인쇄되지는 않았다. 그들은 전체 시민법*Corpus iuris civilis*, 특히 가장 어렵고 귀중한 부분인 세 개의 법전Digest을 다룬다. 일반적으로 저자는 기호*siglum*로 서명한다(g. = Guarnerius, b. = Bulgarus, Ioh. = Johannes Bassianus 등). 그러나 가장 오래된 것은 종종 익명이다; 그것들은 주로 원자료의 평행이나 대치되는 구절*similia*와 *contraria*의 인용에 대한 단순한 참고들로 구성되어 있다. 이 참고 문헌과 대부분의 주석은 텍스트의 여백에 기록되었지만, 짧은 주석 중 일부는 공간을 절약하기 위해 줄 사이에 작성되었다.

주석의 기능은 3가지였다: 구전 강의 전달을 위한 메모의 역할; 체계적인 교과서 구성을 위한 자료*summae*; 텍스트의 미래 독자들의 유익을 위한 주석*commentaries*으로. 그들은 교사들이 출판한 것이 아니라 종종 그의 학생들이 그의 책에서 복사한 것이다. 내용은 거의 전적으로 법적이다; 텍스트(문자)의 해석과 조화*solutiones contrarietatem*(모순의 해결), 질문*questiones*, 구분*distinctiones*, 총론*generalia*, 사례*casus* 등으로 설명한다. 해석은 다소 문자적이며, 때로는 매우 자유롭다. 그러나 도덕화하거나 알레고리적이지는 않다; 역사적, 비교적, 논리적, 문법적 관찰 및 변형('별칭'으로 소개된)은 드물지 않다. 인용된 권위는 거의 항상 주석가들 자신들이거나 몇몇 고대 철학자(아리스토텔레스, 보에티우스), 그리고 성경이다. 로마 법학자들은 그들의 권위가 아니라 주석가들의 주제이다.

주석가들은 곧 단일한 주석들을 참고서들*apparatus*로 결합하기 시작했으며, 이 책은 법률책의 전체 제목 또는 전체 법률책의 완전하고 일관된 주석을 제공한다고 주장한다; 그들은 본문의 순서를 바꾸지 않고 한 단어나 한 단락에 대해 언급한다. 그것들은 부분적으로 편집되었고, 같은 사람에 의해 부분적으로 새로 쓰여지고, 그에 의해 출판되었다. 전체 제목의 가장 오래된 참고서는 *De regulis iuris*의 이름을 지닌 법전의 마지막 제목에 대한 불가루스의 참고서이며, 여기에 대하여 그의 제자 중 하나인 플라센티누스Placentinus가 부록*additiones*을 썼고; 후일 그의 또 다른 제자인 요하네스는 새로운 참고서를 썼고, 이것은 그의 제자 아조의 부록*additiones*으로 보충되었다. 전체 법률책의 가장 오래된 참고서는 최근 마르티누스의 *Institutes*에 대한 일련의 주석에서 발견되어 추가 연구가 필요하다. 12세기 말과 13세기 초에 모든 유스티니아누스의 법전에는 볼로냐에서 참고서가 제공되었다; 다른 장소에서 써진 것(예: 사이먼 빈센티누스Simon Vicentinus가 쓴 것)은 거의 주목을 받지 않고 지나쳤다. 다소 편찬의 성격을 가진 그러한 참고서는 아조에 의해 *Digestum* *vetus, Digestum novom, Code* 및 아마도 *Infortiatum*에 대한 두 가지 참고서 장치*apparatus minor and maior*로 출판되었다. 후골리누스에 의해서는 3개의 법전*Digests*, *the Code*, *Institutes* 및 *Tres Libri*에 관하여; 마지막으로 아쿠르시우스에 의해서 *Authenticum*에 관해 참고서가 출판되었다.

주석가로서 불리는 것처럼 아쿠르시우스Accursius는 이전의 모든 참고서들, 거대한 단일 주석들 및 원래는 주석이었던 다른 장르(quaestione 등)를 96,000개 주석 이상의 광대한 수집본으로 편집했다. 그중 일부는 완전한 논문이다. 이 작업은 표준주석*glossa ordinaria*으로써, 즉 법률 학교에서 인정하는 참고서로 단 번에 인정되었다. 이는 텍스트의 여백에 쓰여졌지만 초기 참고서는 대개 직접*per se* 복사되었다. 그것은 공식 교정자의 지속적인 감독에 의해 보호되었고 강의의 주제가 되었다. 초기 참고서는 복사가 중단되었고 서점상들은 더 이상 일반 거래량의 일부로 그것들을 보관하지 않았다. 단지 몇 명의 학식 있는 법학자만이 계속해서 인용했으며 그들은 여전히 값비싼 새로운 표준주석*glossa ordinaria* 사본을 감당할 수 없었던 사람들에 의해 임시변통으로 여전히 사용되었다.

무수한 원고와 인쇄판(1468년에서 1627년까지, 일반적으로 5개의 Folio)으로 입증된 아쿠르시우스적 해석의 순식간의 성공은 주로 아쿠르시우스가 지금까지 제기되었거나 제기될 수 있는 모든 해석을 편집하는 것을 목표로 한 사실에 기인한다. 따라서 각 당사자들과 변호자들이 그들의 사업에 가장 유리한 것을 선택하는 것을 가능하게 하였다. 그는 종종 자신의 의견을 밝히지 않았지만, 보수적인 진영의 가르침doctrine, 우리 박사들Irnerius, Bulgarus, Johannes, Azo을 선호했다. 그는 1228년에 첫 번째 판을 출판했다. 그의 말년에 아직 확인되지 않은 정도의 수정과 증보를 했다. 아쿠르시우스적 주석의 첫 번째 비판적 판본은 이탈리아에서 준비 중이다.

13세기의 거의 모든 잘 알려지지 않은 법학자들(그의 아들들과 다른 Accursiani)은 부분적으로 새로운 논증과 추가적인 문제, 부분적으로는 반박으로 구성된 표준주석의 부록에 기여했다.

II

교회법canon law의 근원에 대한 주석은 다소 다른 방식으로 발전해야했다. 주석가들*glossators*은 신학적 교리와 교회의 규정과는 별개로 독립적인 교회법을 상속하지 않았다; 볼로냐 학교 초기에는 교회법 자체가 등장했다; 새로운 학문의 주제를 형성한 교황의 칙령들papal decretals이 계속 추가되었다. 그러므로 중세 시대 법규는 포괄적인 체계화라는 의미에서 일반법*corpus iuris*의 지위를 얻지 못했다. 인정된 참고서 외에 성공적인 개인의 또는 공적인 수집본에 이르기까지 표준주석은 존재하지 않았다.

카롤링거 시대에는 법적으로 가치가 있는 몇몇 익명의 주석들이 중요한 Dyonisio-Hadriana 교회법 수집본의 다양한 편집으로 작성되었다.

최초의 법률 서적은 일반적으로 그라티아누스의 『교령집』*Decreta,* 또는 *Decretum Gratinai*이라고 하는 『교회법의 모순의 일치』*Concrodia discordantium conoum*이다. 이것 역시 볼로냐의 작품으로 1142년경에 편집되었다. 12세기와 13세기 초반의 대부분의 교회법학자들은 여기에 대한 주석을 쓰고 서명했다.

『교령집』에 대한 첫 번째 참고서의 날짜는 여전히 불확실하다. 그러나 13세기 초부터 알려진 사례들이 있다. 일부는 로렌티우스 히스파누스Laurentius Hispanus(d. 1248)와 같은 잘 알려진 교회법 전문가에 의해 작성되었다. 다른 것들은 프랑스 작품을 보라, 『레오가 승소했다』*Ecce vicit Leo* 및 볼로냐 작품 『자연법』*Ius naturale* 및 『플라티누스의 참고서』*Apparatus Palatinus*와 같이 익명으로 출판되었다. 이 참고서는 독일사람 요하네스Johannes Teutonicus에 의해 1216년경 볼로냐에서 편찬한 『표준주석』의 기초였으며, 특히 1245년 이후 브릭센의 바르톨로메우스Bartholomaeus Brixiensis에 의해 개정되고 현대화된 아쿠르시우스의 것과 비슷한 성공을 거두었다.

다른 정경적 수집 본들이 나중에 그 참고서를 받았고 이러한 많은 경우에

참고서의 하나는 『표준주석』의 권위에 첨가되었다.[46]

H. K.

성경의 『표준주석』은 방대한 작품이다. 각 책은 성 제롬의 서문(들)과 함께 다른 서론적 역할을 하는 문제로 시작된다. 본문은 여백과 줄 사이에 두께가 다양한 주석이 달려있다. 그것은 일반적으로 니콜라우스Nicholas of Lyre의 주석*Postillae*과 폴Paul of Burgos의 부록과 함께 15세기부터 18세기까지 여러 번 인쇄되었다. 그것은 이 형태로 6권 분량에 달한다. 제목에 표준*Ordinaria*이라는 것은 후대에 붙여졌고 12세기와 13세기 교사들은 그것을 간단히 표준주석으로 부른다. 따라서 우리는 그것을 『표준주석』이라고 부르고 이를 구성하는 가장자리와 행간의 발췌는 '주석들'glosses이라고 부를 것이다. 보다 정확한 용어를 찾는 것은 불가능하며 불행하게도 '하나의 주석'a gloss은 거의 모든 설명을 가리킬 수 있다.

46 다양한 주석가들과 몇몇 장치에 대하여 현대 대규모의 작품들이 있으나, 법학 주석에 대하여 이해하도록 하는 역사가 쓰여진 적이 없다. 이어지는 메모는 다음 내용들로 부터 보완될 수 있다: v. Savingny, *Geschichte des römischen Rechts im Mittelalter*, 2nd ed. vo. iii (1834), ch. 24; vol. iv (1850); vol. v (1850), ch. 42; v. Schulte, *Die Glosse zum Decret Gratians von ihren Anfängen bis auf die jünsten Ausgaben* (in *Wiener Sitzungsberichte*, xxi and separately, 1872); Conrat (Cohn), *Geschichte der Quellen und literatur des römischen Rechts im früheren Mittelalter* (1891), chs. 12, 17, 25; Neumeyer, *Die geminr. Entwicklung d. internat. Privat- und Strafrechts*, ii (1916), 60, n. 1 (on Accursius); Juncker, "Summen und Glossen", in *Z. d. Sav. Stift. f. Rechtgesch*. xlv (1925), *Kan. Abt*.; Genzmer, "Die Justinianische Kodification und die Glossatoren", in *Atti del Congr. Intern. di Dir. Rom*., Bol. 1933, i (1934), 389-96; Meijers, "Sommes, Lectures et Commentaries", ibid. 435 (on Martinus); van Hove, *Prolegomena* (*Commentarium Lovaniense in Codicem iuris canonici*, i. 1(1928); Kuttner, *Repertorium der Kanonistik*, I (Citta del Vaticano, 1937), 그리고 이 이름의 저자들에 관하여는 다음과 같다: "Das Principium decretalium des Johannes de Deo", in *Z. d. Sav. Stift. f. Rechtsgesch*. xliii (1922), *Kan. Abt*.; "Accursio e la sua biblioteca", *Riv. d. stor. di Dir. ital*. ii (1929); *Studies in the Glossators of the Roman Law*, with the collaboration of W. W. Buckland (1938). 의학 주석은 현재 특별한 문제를 제기한다. Miss Susan Carrington는 *Mediaeval and Renaissance Studies*에 곧 발표할 논문에서 이를 논의할 것이다.

15세기 편집자들은 『표준주석』을 복합적이고 불확실한 저자의 작품으로 생각했다: '다양한 시대의 다양한 학자들'은 주석을 '정돈'했다. "누가 어떤 것을 썼는지 정확히 알 수 없지만 모두가 모든 사람들의 눈에 최고의 권위자였고 권위자이다."[47] 이러한 애매모호함은 여백에 쓰는[가장자리] 주석은 스트라보Walafrid Strabo(d. 849)에게, 행간 주석은 안셀무스에게 돌리는 서지학적 전설보다 더 나았다. 가장 최근의 미뉴Migne판은 이 가설에 따라 진행된다. 그것을 이용하려고 시도한 사람은 그것이 얼마나 가치 없는 것인지를 안다. 스트라보에 대한 귀속은 가장자리 주석과 행간 주석의 기능 사이의 차이를 이끌어냈다. 첫 번째는 전체 구절을 설명하고 두 번째는 본문의 한 단어를 설명한다고 한다. 실제로 성경의 표준주석은 이 문제에 있어서 법전*Corpus Iuris*의 것과 정확하게 닮아있다; 행간이 없는 가장자리를 포함하거나 그 반대로 된 사본은 발견되지 않았다.

스트라보W. Strabo의 저작에 대한 신화는 참고 문헌과 도서관 카탈로그에 보존되어 있기 때문에 쉽게 사라지지 않는다. 그것은 겔링크J. de Ghellinck와 같은 훌륭한 학자의 저술에서도 살아있다. 그는 여전히 표준주석이 다른 사람들에 의해 추가되었다는 것을 인정하면서도 여전히 스트라보에서 유래되었을 가능성이 높다고 믿었다.[48] 그러나 꽤 최근에 유고 논문에서 블릭J. de Blic은 전설에 대하여 최후의 일격*coup de grâce*을 가하였다.[49] 그는 스트라보의 진정한 저작들로 시작했는데 그것은 그의 것으로 여겨지는 시편과 정경적 서신들Canonical Epistles에 대한 주석과 또한 베르거가 스트라보의 진영에서 온 것으로 언급한 특정 예언서에 대한 가장자리 주석과 행간 주석이다. 이것은 대략 동시대이고 스트라보의 대수도원인 라이센나우Reichenau와 관계를 가졌던 세인트 갈St. Gall에 속했다. 베르거는 이 작품들과 표준주석 사이의 유사점

---

47 *Biblia cum glossis ordinariis* (Venice, 1495).

48 *Le mouvement théologique du XIIe siècle* (2nd ed., Bruges, etc., 1948), 104-12.

49 "L'oeuvre exégètique de Walafrid Strabon et la Glossa ordinaria", *Rech. Théol. anc. méd.* xvi (1949), 5-28.

을 발견했다고 생각했다. 따라서 성경의 일부 서적에 있는 표준주석의 중심은 스트라보에서 파생되었다.[50] 데 블릭은 그 유사성이 피상적이었다는 것을 보여주었다. 초기 작품들과 표준주석은 모두 동일한 교부들의 권위에 의존했기 때문에 기만적인 유사성을 보였다. 그러나 발췌물의 선택과 그것에 부과된 수정은 서로 완전히 독립적이었다.

모세 오경에 대한 표준주석은 더 복잡했다. 창세기와 출애굽기의 표준주석의 일부 주석들은 인쇄본과 필사본 모두에서 '스트라보적인 것Strabus'에 속하고 11세기 말과 12세기의 많은 작가들이 동일한 두 권의 책에서 그를 인용했다. 예를 들어, 마네골드Maneglod of Lautenbach는 '자신의 수집본에서 발라프리드 스트라보'Walfredus Strabo in collectario suo를 인용한다. 두 가지 설명이 가능했다. 스트라보 자신이 그의 교부의 발췌문에 자신의 주석을 추가하고 그것들을 자신의 서명으로 표시하면서 모세 오경의 표준주석을 편집했을 수도 있다.

데 블릭은 두 번째 가설이 옳았다는 것을 보여주었다. 스트라보는 실제로 모세 오경에 대한 주석을 남겼는데, 그의 목표는 그가 서문에서 말했듯이 자신의 스승인 라바누스 마우루스의 훨씬 더 긴 작품들을 요약하는 것이었다. 표준주석에서 '스트라보적인 것'으로 표시되는 주석들은 이러한 주석들에서 발췌한 것이다. 그래서 표준주석에서 그의 몫은 '창세기에 대한 표준주석의 몇 십 개의 짧은 인용문과 출애굽기서도 같은 수만큼 줄어들었다.' 모세 오경과 조사된 다른 책들에 관한 그의 나머지 작품들은 주석가들이 무시했다. 더욱이 그에게 속해있는 진짜 저작들은 모두 계속해서 쓰여 있었고 주석의 형태가 아니다. 따라서 그는 간접적으로 표준주석을 저술하는 것을 제안했다고 주장할 수 없다. 그는 그것과 전혀 관계가 없었다.

더 웃음이 나오는 것은 중세 학자들이 스트라보를 그리 높이 평가하지 않았다는 것이다. 라바누스에 대한 그의 의존은 너무 분명했다. 데 블릭은 9~10

---

50 S. Berger, *Histoire de la Vulgate, etc*. (Paris, 1893), 133-5.

세기의 필사본 두 개Rheims 130, Le Mans 213를 발견했고 거기서 출애굽기에 관한 스트라보의 주석은 다음과 같이 시작한다:

Hunc librum exposuit Hrabanus iure sophista,
Strabus et imposuit frivolos hos titulos.'
(이 책은 라바누스의 지혜로움을 설명하고 스트라보는 이 경박한 제목을 부여했다.)

11세기와 12세기 (Tours 69와 70) 2권의 비교적 나중의 필사본으로 된 동일한 수집본은 필사자가 라바누스의 주석만 복사하기를 원했지만 그 모든 것을 찾을 수 없었기 때문에 '라바누스의 생략자'Raban's abbreviator 스트라보를 사용했다. 데 블릭이 그레노블Greenoble을 방문할 수 있었다면, 그는 스트라보의 평판에 대해 더 많은 의견을 포함하는 동일한 유형의 다른 두 개의 필사본을 발견했을 것이다. 그레노블은 내가 짧은 기간 방문했을 때보다 더 정밀한 연구에 보답할 수 있는 그랑데 샤르트뢰즈Grande Chartreuse와 작은 카르투지오 수도원의 초기 주석과 주해 수집본을 가지고 있다. MS. 267은 원래 카르투지오 수도원Chartreuse of Ecouges에서 나온 것으로, 이것은 창세기에 대하여 첫 번째로 이시도르Isidore, 다음에는 라바누스Raban의 주석을 그 다음에 출애굽기와 레위기에서 이시도르와 융합된 모세 오경의 나머지 책에서 스트라보를 포함하는 12세기의 편집본이다.[51] 출애굽기에 대한 주석의 표제는 스트라보 저술의 파생적 성격을 들어낸다.

라바누스의 제자인 스트라보는 그의 스승의 의견에 따라 출애굽기에 대해 주석하며 거의 모든 자리에 이시도르의 설명을 추가하였다.[52]

---

51 카탈로그가 다른 탁월한 설명으로 언급한 것처럼 13세기는 아니다. *Gat. gén. des MSS. Dept*. vii (Paris, 1899), 101-3.
52 fo. 129: "Adnotatio Strabi, discipuli Rabani, super Exodum secundum magistri

12세기 그랑데 샤르트뢰즈의 MS. Grenoble 266은 동일한 수집본과 편집자의 긴 서문을 지니고 있다. 그가 수도원에서 읽을 수 있도록 편집하기를 의도하였기 때문에 그는 수도원장이거나 적어도 종교단체에서 교육을 담당했음에 틀림없다. 그는 독자가 선택할 수 있도록 때때로 이중적 주석을 제공하면서 라바누스, 스트라보, 및 이시도르의 작품들을 통해 그것을 만들었다고 설명한다. 그런 다음 계속한다:

> 우리가 말하는 스트라보는 라바누스의 제자였고, 그의 스승의 의견에 따라 네 권의 책을 설명하기보다는 주석을 한다. 그러나 우리가 라바누스의 창세기에 대한 훌륭한 주석을 마치고 남아있는 책들에 대한 똑같이 만족스러운 설명으로 그것을 계속하려고 했을 때, 두 명의 해설자만이 우리를 충분히 힘들게 했다: 한편으로는 그의 스승을 따라 율법에 관한 4권의 책을 어느 정도 읽은 스트라보. 다른 한편으로는 Heptateuch의 여러 책에 대해 언급할만한 가치가 있는 것을 가지고 있는 이시도르.

따라서 그는 출애굽기와 레위기에서 스트라보와 이시도르를 결합시켰다. 공적으로 읽지 말고 개인적으로만 읽어야 한다는 경고와 함께 그는 민수기와 신명기에서 스트라보로 계속 간다:

> 나아가 어떤 학생들에 의한 스트라보의 민수기와 신명기의 주석을 개별적으로 읽는 것을 허용하지만 공적으로는 그렇지 않다. 이시도르의 두 책에 대한 논문treatise만 거기서 읽을 수 있다. 스트라보와 이시도르가 결합된 출애굽기와 레위기의 설명은 당연히 공공연히 큰 소리로 읽힐 것이다. 여기서 스트라보는 꽤 적절하게 설명한다. 마치 초보자의 신중함과 그의 생각과 합쳐진 이

---

nichilominus sententiam, adiuncta huic suis locis Isidori pene tota de eodem libro expositione."

시도르의 의견이 결코 경멸할만한 것이 아닌 것처럼 만일 우리가 그것을 제 때에 감지했더라면 훨씬 더 좋았을 것이다.[53]

추가적인 조사는 본질적으로 모두 비슷하지만 개별적인 변형도 있는 이 여섯 개의 필사본들 사이의 관계를 충분히 확립할 수 있다. 그것은 심지어 스트라보에 대한 비평가의 정체를 드러낼 수도 있다. 최소한 모세 오경에서 스트라보는 라바누스에 대한 임시변통으로 간주된다는 것이 드러난다. 스트라보는 단순히 그의 스승을 요약했고 율법의 마지막 두 권의 책에 대한 그의 작품은 공적인 독서에 적합하지 않을 정도로 엉성했다. 그것은 구별된 학생들에게만 허용되었다. 『표준주석』의 작가로 추정되는 이들에게는 너무 많다!

그러나 이 수집 본들은 오류를 증폭시키며 또한 표준주석의 초기 단계에 대한 긍정적인 정보를 제공한다. 만일 익명의 비평가가 스트라보의 작품이 모세 오경의 책을 계속 진행하면서 악화되었다는 공통된 견해를 나타냈다면, 왜 주석가들이 창세기와 출애굽기에서만 스트라보로부터 발췌를 선택했는지 이해할 수 있다. 우리는 또한 왜 그들이 그를 선택해야 하는지 알 수 있다. 스트라보는 많은 논문집으로 복사되었는데 때로는 따로따로 그리고 때로는 이시도르와 융합되었다. 이러한 논문집은 가장자리 주석과 행간 주석

53 fo. 1v: "Strabus enim iste, de quo sermo habetur, discipulus Rabani fuit et secundum magistri sententiam quatuor libros magis annotat quam pertractat. Sed cum perfecissemus super Genesim egregiam expositionem Rabani et quereremus prosequi de residuis libris expositionem eque acceptabilem, erant cure satagente(s) pre manibus duo, hinc Strabus, qui post magistrum suum quatuor libros legis utcumque exequitur, inde Isidorus, qui de singulis Heptatici libris aliquid honeste dicit. …

Proinde, si placet, adnotationem Strabi super Numeros et Deuteronimum seorsum quidem legi a quibusdam studiosis sancimus, in conventu vero non, sed et Isidorum tantummodo de utroque tractatum. Illa nimirum expositio super Exodum vel Leviticum, que mixtim Strabum et Isidorum continet, necessario recitabitur in conventu. Ibi utique Strabus, utpote in prima studii vigilantia, admodum convenienter exponit, et Isidori non contempnende sunt admixte sententie, valde quidem melius, si perspexissemus ante tempus."

이 아니라 연속적인 주석으로 작성되었지만, 표준주석과 동일한 목적을 가지고 있었다: 그들의 편집자는 저자의 선택과 결합으로 본문에 대한 실천적 가이드를 제공하는 것을 목표로 했다. 편집자들은 스트라보에 기인한 것으로 여겨졌던 모세 오경에 대한 표준주석의 선례antecedents에서 동일한 역할을 했을 수 있다.

데 블릭이 스트라보와 표준주석에 관한 그의 논문을 발표하기 오래전부터, 그것의 기원에 대한 연구는 반대쪽 끝에서부터 진행되어 왔다. 이로 인해 많은 학자들, 특히 빌마트Wilmart는 스트라보의 저작권을 부인하고 9세기가 아닌 12세기로 제안한다.

표준주석의 저자에 관해 알려진 사실은 다음과 같다. 중심인물은 라온의 안셀무스이다. 우리가 보았듯이 피터 챈터Peter the Chanter는 그가 성경 전체에 주석을 달기 시작했지만 그 일을 끝낼 수 없었다고 말한다. 피터의 이야기는 우리가 다른 출처에서 알고 있는 것과 일치한다. 안셀무스는 확실히 사도 바울과 시편의 표준주석에 대한 책임이 있었다. 아마도 제 사복음서에 관한 것에도 그러했을 것이다. 안셀무스의 형제인 랄프는 마태복음의 표준주석을 편집했다. 그의 제자인 길버트Gilbert the Universal는 1128년 런던의 주교가 되기 얼마 전에 오경과 대선지서 그리고 예레미야애가의 표준주석을 편집했다. 소선지서에 관한 표준주석의 저자에 대한 증거는 상충된다. 아마도 1150년대에 활동했던 영국 작가 로버트Robert of Bridlington는 이것을 '길버트의 주석'으로 인용한다. 지금은 영국 박물관인 MS. Harl. 4981[54]에 있는 히어포드셔Herefordshire 도어Dore에 있는 시토Cistercian 대수도원에서 가져온 소선지서의 표준주석의 12세기 사본은 flyleaf(앞표지 뒷면)에 12세기 후반의 노트를 가지고 있다.

---

54 N. R. Ker, *Medieval Libraries of Great Britain* (London, 1941), 36. Mr. Ker는 매우 친절하게 나에게 이 노트를 보여주었다.

이 주석은 교사 안셀무스의 형제인 교사 란둘프에 속한다.(Hec glosatura est magistri Randulfi fratris magistri Anselmi).

다른 것들은 길버트에 따른다.(Alia est secundum magistrum Gilebertum universalem.)

이 책의 해석자들은 …(교부 저자들의 목록이 이어진다)(Expositores huius libri:…(a list of patristic writers follows).

나는 표준주석이 표준 텍스트인지 확인하기 위해 그 사본을 매우 신중하게 검토했다. 나는 또한 노트에 언급된 랄프의 주석이 볼륨volume의 주된 표준주석이 아니라, 나중에 그 노트를 쓴 손과 매우 비슷하거나 유사한 손으로 여백에 써졌을 것이라는 가능성을 소거했다. 그러나 이 두 번째 주석은 랄프와 길버트의 시대만큼 초기에는 발견되지 않은 표현과 장chapter의 구분을 사용한다. 그러므로 브리드링톤의 로버트나 그 노트의 저자는 틀렸음이 분명하다. 로버트는 아마도 초기 증인일 것이다. 반면에, 12 소선지서의 표준주석에 있는 어떠한 주석도 로버트가 쓴 것은 아니며, 모세 오경, 대선지서와 예레미야애가의 표준주석에 서명한 주석을 남겨두었다는 것을 알 수 있다. 12 소선지서의 표준주석은 랄프에 의한 것일 수도 있는데, 이 경우 우리는 동일한 책에 있는 알 수 없는 주석을 길버트의 저서에 첨가해야한다. 흥미로운 점은 12세기 작가들은 자신들이 안셀무스와 연결되었다는 것만 알았을 뿐, 표준주석의 다른 부분의 편집에 대해 상충되는 아이디어를 가지고 있었다는 것이다. 그 증거는 사도행전과 계시록의 표준주석에 대해서는 여전히 낫다. 질베르Gilbert de la Porree의 프롤로그는 후자의 표준주석에 서문을 붙인다. 또 다른 필사 노트는 '교사 알베릭'Master Alberic과 사도행전 표준주석*Gloss* on Acts을 연결하는 것으로 보인다. 교사 알베릭은 또 다른 안셀무스의 제자인 길버트와 동시대에 살았던 친구였을 것이다.[55] 성경의 많은 책들이 여전히 설명되지

55 "La Glossa Ordinaria", 366. Dr. R. W. Hunt는 계시록에 관한 Gloss의 12세기 사본,

않고 있다. 단지 가능성을 근거로 우리가 랄프와 안셀무스에게 표준주석의 많은 부분을 돌린다고 해도 우리는 그들 중 어느 누구도 마가복음에 대한 주석을 달지 않았다는 피터Peter Comestor의 신뢰할만한 진술을 가지고 있다. 그래서 이름이 알려지지 않은 다른 공동 작업자들이 틀림없이 있었을 것이다.[56]

이 편집자들은 모두 아쿠르시우스Accursius와 같이 주석가들*glosatores*로 언급되었고 그들은 표준주석을 '정돈된'*ordinare* 것으로 말했다.

신학자들은 법학자들legists보다 익명이 되는 것에 더 만족했다. 일반적으로 성직자였던 교회법 학자들은 그 중간 어딘가에 자리한다. 교사 길버트는 자신이 논평하거나 상호 참조할 때 자신의 주석에 정기적으로 서명하고 전체 책에서 표준주석의 편집자로 자신을 공개적으로 선언한 성경 주석자들 중 유일한 사람이었다. 그는 예레미야애가의 표준주석을 끝낸다. "이것이 예레미야의 애가의 설명을 하기에 충분할 것이다. 이것은 나, 길버트*Gilbert deacon of Auxerre*가 교부들의 원천에서 끌어낸 것이다." 모든 것을 아는 것으로 모든 곳에서 유명하고, 그의 친구들처럼 자신의 지식에 '박식'하며 다재다능한 이 사람은 유명했고 그의 적들은 그를 교황법정Papal Curia에서 일한 부도덕한 변호사라고 말했다. 따라서 그의 법률적 교육 덕분에 이 일에서 자신의 몫에 대한 확실한 증거를 가지고 있다.[57] 안셀무스나 랄프는 자신이 편집한 표준주석의 어떤 부분이나 교부들의 발췌문에 주석이 추가되었다면 어떤 것인지에

MS. Bodl. auct. D.IV. 12 (Summary Catalogue 2096)에서 흥미 있는 다른 참고들을 발견했다. 프롤로그의 끝에 한 노트가 있다. fo. iv: "계시록의 주석가들은 Beda, Haimo, Primasius, Ambrosius, Alber 등이다." 이는 교사 Alberic인가?

56 여기서부터 단락의 끝까지는 B. Smalley, "Gilbertus Universalis", *Rech. Théol. anc. méd.* vii (1935), 235-62; viii (1936), 24-60; "La Glossa Ordinaria", ibid. ix (1937), 365-400; "A collection of Paris Lectures of the Later Twelfth Century in the MS *Pembroke College Cambridge* 7", *Cambridge Historical Journal*, vi (1938), 110-13. Plate 1을 보라.

O. Lottin은 사도 바울에 대한 Gloss의 안셀무스의 저작권을 위한 더 나은 증거들을 제시하였다. "Nouveaux fragments, etc.", *Rech. Théol. anc. méd.* xii (1940), 52.

57 동일한 자기 확신이 교회법 변호사였던 투르나이의 사이몬(Simonof Tournai)의 신학적 작품에서 비정상적인 특징으로 기록되어 있다. J. Warichez, "Les disputationes de Simon de Tournai", *Spic. Sac. Lov.* xii (1932), xviii-xix.

관해 조금도 흔적을 남기지 않았다. 이것에 대해 우리가 알고 있는 것은 다른 출처에서 수집해야만 했다.

대략 주석가들의 생애에 관한 것을 제외하고 우리는 표준주석의 여러 부분의 시기를 기입할 방법이 없다. 그럼에도 불구하고 우리는 그것이 두 개의 합법적인 것보다 거의 한 세기 전에 나타났다는 것에 주목한다. 거기에는 분명한 이유가 있다. 이르네리우스Irnerius의 유스티니아누스와의 관계는 오리게누스의 사도 바울과의 관계와 거의 같다; 그는 적지만 그의 실제 텍스트를 가지고 있었다. 그 본문은 주석들이 '정돈'되기 전에 자세히 설명되어야만 했다.

법학자들은 필연적으로 신학자들보다 늦게 시작되었다. 그러나 그들은 더 빨리 일했다. 그들은 1세기가 조금 넘는 시기에 그들의 해설서, 그들의 첫 참고서*apparatus*, 그리고 그들의 표준주석을 제작했다. 신학자들은 수백 년 동안 같은 과정을 계속했다. 약 1100-30년에 일하던 라온의 안셀무스와 그의 조수들은 아쿠르시우스Accursius가 12세기 볼로냐Bolognese를 위해 13세기의 20년대에 했던 것과 같은 것을 교부들과 그들의 후계자들을 위해 일하고 있었다. 다시 그 차이에 대한 이유는 명백하다. 신학자의 텍스트는 많은 의미를 가진 신성한 백과사전이었기 때문에 그의 자료는 사실상 무제한이었다. 똑같이 중요하게도 표준주석의 제작은 가르침에 있어서 어느 정도의 집중화를 요구했고 12세기까지 법과 신학 모두에서 달성되지 못했다.

성경 표준주석의 '초기 단계' 즉 그것을 대체한 초기 참고서의 준비, 또는 표준적인 것*ordinaria*으로서의 수용의 역사를 고려한다면 신학자 측에서도 그처럼 속도가 느린 것을 알 수 있다.

알퀸의 개혁 이래로 그리고 훨씬 이전부터, 벌게이트는 성 제롬의 프롤로그를 중심으로 한 서문 역할을 하는 문제와 주석의 형태로 설명하는 문제들, 모두를 축적해왔다. 이 모든 자료는 사본마다 다르다. 11세기와 12세기 초반의 성경 주석가들은 보통 '해설자'*expositor*라고 불리는 이 참고서들 중 하나를 사용했다. 우리가 보았듯이 8세기와 9세기의 학자들은 그것을 만들어 내는

데 적극적이었다. 11세기의 학자들은 그들의 예를 따랐다. 우리는 때때로 참고서의 성장을 볼 수 있고 텍스트를 덮어씌우기 위해 연속적인 주석의 층이 어떻게 생겼는지를 볼 수 있다. '교부들의 어록으로부터 발췌한' 바울 서신에 대한 란프랑의 주석는 서로 다른 시간에 두 개의 추가적인 주석 세트sets를 받았는데 하나는 성 아우구스티누스의 것이고 다른 하나는 '암브로시우스'의 것이었다. 이 두 가지 추가 사항과 함께 란프랑의 주석 사본은 어떤 익명의 학자에게는 '해설자'의 역할을 했는데, 나중에 교사들이 표준주석에 대해 언급한 것처럼 그는 이것을 자신의 해설에서 주석으로 인용했다. 이 해설자는 개별 자료를 포함하여 베렝가Berengar와 드로고Drogo에 속한 주석이 포함된 두 개의 다른 큰 수집 본에 병합되었다. 포르테의 카르투지오 수도원Chartreuse des Portes의 그레노블 사본 32MS. Grenoble 32는 처음 볼 때는 표준주석의 초기 사본처럼 보이고 조사에서 매우 다른 것으로 밝혀진 해설자의 훌륭한 예이다. 그것은 12세기 초에서 중반에 쓰인 잠언, 전도서, 예레미야 애가에 관한 가장자리 주석과 행간의 주석을 포함한다. 그것은 표준주석과 다를 뿐만 아니라 공통된 소재가 없는 것으로 보이는 반면에 표준주석과 란프랑, 베렝가 및 드로고의 주석이 포함된 수집본 사이에는 적어도 어떤 공통점이 있다.

안셀무스와 그의 보조원들의 표준주석은 이 초기 참고서를 편애에서 몰아내는데 몇 년이 걸렸다. 우리는 특정 책의 표준주석이 1137년 전에 파리에서 복사되었다는 상당히 훌륭한 증거를 가지고 있다. 그러나 그것은 아쿠르시우스Accursius와 마찬가지로 즉시 표준 텍스트로 인정되지 않았다. 학자들은 이것을 '길버트의 주해' 또는 '안셀무스' 또는 익명으로 인용했다. 그들은 그것을 같은 종류의 많은 것들 중 하나의 참고서로 간주한 것으로 보인다. 안셀무스의 제자 질베르 드 라 포레Gilbert de la Porree와 피터 롬바르두스Peter Lombard는 그것을 표준으로 도입한 책임이 있는 것으로 보인다. 질베르 드 라 포레는 라온에서 그의 스승 앞에서 읽었던 '개정의 원인'*causa emendationis*은 사도 바울과 시편에 대한 안셀무스의 표준주석에서 교부들의 주석의 확장을 만들었고, 이 확장은 『중간주석』*Media Glosatura*으로 알려지게 되었다. 피터 롬바르두스는 또한 종교적으로 안셀무스적 본문을 핵심으로 보존하면서 두 권의 책에 대한 표준주석을 확장한다. (1135-6년과 1142-3년 사이에 쓰여진) 『대주석』*Maior or Magna Glosatura*은 그것이 다루고 있는 성경에 나오는 두 권의 책을 위해 학교에서의 '다른 모든 주석을 대체했다'고 말해진다.

그의 제자 허버트Herbert of Bosham가 『대주석』의 화려한 판본 서문에서 우리에게 말한 것처럼 롬바르두스는 더 오래된 주석가인 교사 안셀무스의 애매함과 간결함을 바로잡으려고 했고 자신의 확장이 공개적으로 읽혀져야 한다는 생각은 그에게 일어나지 않았다. 그러나 롬바르두스의 신학에 대한 체계적인 설명인 『명제집』*Sentences*(1152년 완결)은 교리를 가르치는 교과서가 되었고, 『명제집』에서 그는 자기 자신의 『대주석』과 표준주석을 모두 사용했다. 이것은 안셀무스와 그의 협력자들의 연구에 새로운 권위를 주었음에 틀림없다. 12세기와 13세기 필사자들과 주석가들은 질베르 드 라 포레와 피터 롬바르두스를 다른 여러 가지 다양한 방법으로 표준주석과 연결한다. 연구가 이러한 암시를 좀 더 이해하기 쉽게 만들기 전까지는 아마도 질베르와 롬바르두스가 그들의 구두수업에서 표준주석을 사용했음에 틀림없다고 말할 수 있다.

다음 세대에 성경에 대한 강의는 표준주석 또는 사도 바울과 시편의 『대주석』에 주석을 다는 형태를 띠기 시작했다. 우리가 알고 있는 바로는 표준주석에 대한 주석의 가장 초기의 예는 아마도 피터Peter Comestor가 1168년 법률고문Chancellor이 되기 전에 주어진 복음서에 대한 강의 시리즈이다. 그는 그것을 간단히 표준주석이라고 부르고 옛 주석*vetus glosa*과 비교하는데 그것은 이전의 참고서 중 하나를 의미한다.[58] 12세기 중반 무렵부터 주석이 있는 성경은 일반적으로 동일한 서문과 주석 세트 다시 말해서 표준주석이 들어있다. 사본마다 세부적인 차이가 있지만 큰 변경이나 추가는 없다. 초기 인쇄본

---

58 마대복음 2:12절에 대한 주석("La Glossa Ordinaria", 368에서 인용됨)과 *Historia scolastica in Evan*. c. 70. additio i, PL cxcviii. 1573: "이 주석에 관련된 것은 고대의 주석에서 같은 자리를 지닌다는 것을 주목하라". Gloss에서 인용된 이 단락은 장소에 따라 있지 않다.

은 필사본과 크게 다르지 않다. 파리에서 표준주석은 라틴 기독교세계 전역으로 퍼졌고 표준 작품으로 받아들여졌다.

우리가 그것을 합법적인 것과 비교하면 그것이 점점 더 불규칙하고 우연한 방법으로 자라고 퍼진다는 것을 깨닫는다. 그 편집과 유통은 덜 중앙 집권적이고 체계적이었다. 일반적으로 우리가 성경적 아쿠르시우스를 찾을 때 우리는 한 사람이 아니라 적어도 두 개의 다른 중심인 옥세르Auxerre와 라온Laon에서 작업하는 매우 불투명한nebulous 협력자들을 발견한다. 이것은 역사의 두드러진 문제가 그 자료들의 문제인 이유를 설명한다. 복합 저작이기 때문에 각 책에 대한 출처에 대한 별도의 전통이 있다. 비교할 것은 없지만 수년간의 상세한 연구만이 유용할 것이다. 아직 아무도 어떤 책에서 표준주석의 출처를 추적하고 확인할 용기가 없었다. 이 자료는 주석자들이 기존의 모든 참고서를 하나로 통합하기에는 너무 방대했다. 그들은 선택해야만 했고 우리의 어려움은 어떤 원칙이 있는지 아는 것이다. 즉, 그들의 선임자들이 수집한 발췌에 얼마나 의존했는가?

우리는 사도 바울의 표준주석이 확장된 란프랑-베렝가-드로고의 참고서와 공통점이 많은 주석를 가지고 있기 때문에, 이것이 초기 편집 방식을 기반으로 하고 있다는 것을 알고 있다. 모세 오경에 대한 표준주석은 이시도르Isidore, 라바누스Raban 및 스트라보Strabo를 결합한 수집본에 무엇인가 책임이 있는 것으로 증명할 수도 있다. 복음서에 대한 표준주석의 흔적은 8세기 주석에서 발견되었다.[59] 분명히, 주석가들은 본래 교부의 출처에서가 아닌 초기의 참고서에서 시작했다.

출처에 대한 충분한 탐구는 이러한 초기 편집본의 사용에서 안셀무스의

---

59 복음서의 해설에 관하여는 MSS의 매우 세밀한 연구를 참조하라.(PL cxiv는 여백 주석으로서 스트라보의 작품들 가운데 매우 조잡한 텍스트로부터 인쇄되었다.) B. Griesser, "Beiträge z, Textgesch, der Expositio IV Evangeliorum", *Zeitschr. f. kath. Theol*. liv (1939), 40-87; "Die hss. Ueberlieferung der Expositio IV Evangeliorum des Ps. Hieronymus", *Rev, Bén*, xlix (1937), 279-321. 그는 그 해석(Expositio)은 8세기 동안 구체화되었다고 결론짓는다; 그 자료들은 8세기의 해설들과 더불어 아우구스티누스 그리고 성 그레고리우스로부터 발췌되었다.

방법을 매우 중요하게 조망할 것이다. 그와 그의 협력자들이 가장 가까운 도서관에서 그들이 얻을 수 있는 것만 가져왔는가? 아니면 그들이 의도적으로 그 당시 가장 널리 알려지고 승인된 일부 참고서를 그들의 기초로 선택했는가? 두 번째가 더 매력적인 제안이고, 그것은 증거를 기다리고 있다.

선택된 이유가 무엇이든 표준주석에서 인용된 저자들의 범위는 넓다. 비드Bede, 오리게누스Origen, 헤시키우스Hesychius, 라바누스Raban, 스트라보Strabo, 파스카시우스Paschasius, 요한 스코투스John the Scot, 하이모Haimo, 란프랑Lanfranc, 베렝가Berengar에 이르기까지 전해진 라틴 교부들에 대해 잘 알려진 것은 모두 기여를 했다. 적어도 주석가들 중 하나인 길버트는 자신의 의견을 추가했고 다른 사람들은 익명으로 똑같이 했을 수도 있다. 실제로 그들은 3세기부터 12세기 초반에 이르기까지 교부들과 교사들의 대표적인 발췌문을 편집했다.

우리는 연구하기 위한 표준적인 도움에서 '정돈' 되어 있기 때문에 발췌물의 가치를 유용하게 논의할 수 없다. 표준주석은 교과서였고 편집자들은 교사들이었다. 그들의 실제적인 필요와 목적은 우리의 판단에 너무 멀리 떨어져 있다. 표준주석에 대한 의견은 제자들에게 강의할 때 그것을 정해진 텍스트로 사용해야 했던 12세기 후반의 교사들인 가까운 후임자들로부터 나왔다. 다음 장에서 우리는 그들이 말하는 것을 들을 것이다.

3. 질문(THE QUAESTIO)

주해는 가장자리maginal 주석과 행간에 있는 주석의 형태뿐만 아니라 '연속'의 형태를 취할 수 있고, 텍스트와 주석이 동일한 열에 나란히 작성되거나, 그 텍스트는 밑줄을 긋거나 하는 방식으로 표시할 수 있다. 『중간주석』 혹은 『대주석』은 이 형태를 취했지만, 일부 원고에서는 연속적인 주석이 텍스트 옆에 쓰여 있어 한 번은 그 자체로 그리고 한 번은 주석으로 두 번 필사되었다. 어떤 수도사는 친구에게 자신의 자필 주석을 보내며 그것이 "여기에 있는 것처럼 해설이 가장자리가 아니라 일반적으로 쓰는 것처럼 페이지에 계속해서" 필사해 달라고 부탁한다.[60] 사도 바울에 대한 란프랑의 예처럼 우리는 때때로 같은 작품이 한 원고에는 나란히 쓰여 있고 다른 것에는 가장자리와 행간 주석으로 쓰인 것을 발견한다. 우리는 그 두 형태를 매우 뚜렷이 구별할 수 없다. 그러나 가장자리와 텍스트 사이의 공간은 제한되어 있었고 길고 상세한 설명을 쉽게 허용하지 않았기 때문에 독립적인 주석은 연속 주석으로 나타는 경향이 있었다.

학자는 같은 책에 가장자리 주석과 행간 주석과 연속주석glosula 또는 연속해서 해설을 모두 쓸 수 있다. 란프랑는 더 풍부하면서도 그의 가장자리와 행간 주석과는 상당히 다른 자료를 포함하는 바울서신들에 대한 해설을 남겼다. 라온의 안셀무스는 시편에 대한 표준주석뿐만 아니라 연속주석을 남겼다.[61] 비록 이 경우 그것들은 연결되어 있지만, 동일하지 않고 연속주석은 그 두 가지 중 더 원본이다. 이제 안셀무스는 바울 서신들에 대해서도 같은 일을 한 것 같다. 『사도로부터의 발췌한 명제들』*Sententie de Apostolo Excerpte*이라는 제목으로 12세기 전반의 두 편의 원고manuscripts에 존재하는 편집본에는 그가 쓴 두 개의 발췌문을 포함한다. 하나는 안셀무스 또는 교사 AMagister A라

---

60 Robert od Tombelaine (d. about 1090), "Prologues in Cantica", ed. Mabillon, *Vetera Analecta* (1723), 128.

61 PL cxvi. 193-714. A. Wilmart, "Un commentaire des Psaumes restitué à Anselme de Laon", *Rech. Théol. anc. méd.* viii (1936), 325-44. Dr. A. Landgraf는 이 주석들이 라온 학파의 특징적인 교리들을 지니고 있지 않다는 근거로 그 특성들에 의문을 제기한다; "Die Zuweisung eines Psalmenkommentars an Anselm von Laon", Biblica, xxiii (1942), 170-4. Dom Lottin은 그의 것으로 여겨지는 표준주석이나 연속주석과 조금도 일치하지 않지만 안셀무스의 것으로 여겨진 시편에 대한 주석을 발견했다; "Nouveaux fragments, etc.", *Rech. Théol. anc. méd.* xii (1940), 51, n. 8. 어떠한 주장도 나에게는 안셀무스의 저작권을 지지하는 Wilmart에 의해 앞으로 내세워진 사람들만큼 확신을 주는 것은 없는 것 같다. 안셀무스는 사도 바울에 대한 강의를 위해 교리적 논의를 유보했을 수도 있으며 시편의 구절에 대한 그의 주석은 반드시 시편 주석에 속할 필요는 없다. 어떤 다른 텍스트에 적합하게 한 텍스트를 인용하고 이것을 설명하는 것이 일반적이다.

는 제목이 붙어있고 짧으며 아마도 다소 독특하다.

> 사람이 상식을 가지고 성경을 보지 않으면 그 사람은 더 난해하고subtle 더 터무니없는 사람이다.

편집자는 다른 발췌에 대해 분명히 말한다:

> 교사 안셀무스가 자세히 설명한 그 사도의 구절 [히 2:10]에서, 우리는 이 문장을 모았다. 그것은 안셀무스가 '인류의 구원은 창조물, 천사 또는 인간에 의해서가 아니라 오직 하나님에 의해서만 이루어질 수 있었다는 것을 증명'하는 긴 토론이다.[62]

이 두 문장 중 어느 것도 표준주석에서는 나오지 않는다. 그것들은 길고 두서없는 설명에서 발췌한 것으로 해석되었다. 잃어버린 주석이나 연속주석의 단편으로 간주하고 그것의 복구로 이어지기를 바라는 것은 자연스러운 일이었다. 그 가정은 이제 확인되었다. 성 안셀무스(캔터베리의 안셀무스)의 편지들 중에 출판된 성찬Eucharist에서 발생한 문제들에 대한 논의[63]는 라온의 안셀무스의 것으로 회복되었고, 고린도전서 10장 16-17절에 대한 주석에서 발췌한 내용으로 구성된 것으로 드러났다.[64] 하지만 주석 자체는 여전히 분실

---

62 O. Lottin reviewing R. M. Martin, "Œuvres de Roert de Melun" in Bulletin de Théol. anc. méd. iii, 337은 멜룬의 로버트(Robert of Melun)에 의해 사용된 바울 서신에 대한 주석의 저자가 안셀무스일 것이라고 제시한다. 왜냐하면 *Sententie de Apostolo Excerpte*, MS. Arundel 360이 안셀무스의 것으로 인정되는 두 문장을 담고 있기 때문이다(ff.60-1). Miss Rathbone는 같은 작품의 문장에서 같은 발췌문이 MS. Heidelberg Salem 103, ff. 117v-118v.에 있음을 발견했다. Dom Lottin은 긴 문장을 출판했다. "Nouveaux fragments théologiques de l'école d'Anselme de Laon", *Rech. Théol. anc. méd.* xi (1939), 254-5. MS. Salem 103에서 짧은 문장은 Cur anime infantium damnentur"라는 새로운 제목이 뒤따르는데 이는 이어지는 토론이 안셀무스의 것으로 의미될 수 없음을 제시한다.

63 PL clix. 255-8.

64 O. Lottin, "Anselme de Laon, auteur de la 'Lettre' de S. Anselme sur la Cène". *Rech.*

된 상태다. 아가서, 마태복음, 요한복음과 요한계시록에 대한 연속적인 해설도 그의 것으로 돌린다. 지금까지 우리는 아가서에 대해서만 비평적인 연구를 했다.[65] 그것은 세 개의 교정본으로 존재한다. 두 개는 교사들의 구두 교육 또는 그것에서 발췌한 것으로 여겨진다.[66] 세 번째 (인쇄판)는 좀 더 완성된 문학 작품이고 그의 형제가 안셀무스의 자료에 대하여 작업을 한 것으로 보인다. 안셀무스의 것으로 여겨지는 것은 좋은 외적 증거에 의존하고 있다. 매우 가능성이 있는 것처럼, 만일 우리가 그것을 받아들여야 한다면 아가서의 연속주석은 시편의 그것과 흥미로운 유사점을 낳는다. 그것은 결코 표준주석과 동일하지 않으며 시편의 연속주석과 동일한 도덕적 선입견을 가지고 있고 신학적 분열을 피하는데 있어서도 후자와 유사하다. 그의 것으로 인정받는 성경의 다양한 책에 대한 해설의 일부가 최근에 발견되었는데 이것은 우리가 그의 주석의 전체 본문corpus을 복구하는데 도움이 될 수 있다.

언뜻 보기에 매우 낭비적으로 보이는 특이한 이중적 해설은 만일 우리가 13세기 후반에 성경 학사*bachelarius biblicus* 또는 학생-교사들이 초보자를 위한 강의에서 텍스트와 그 표준주석을 '읽고' 해설하는 임무를 맡았고, 반면에 교사master들은 교리 내용을 자신의 더 고급 수준의 학생들에게 설명했던 것을 기억한다면 별로 놀랍지 않다. 이 초기 단계에서 란프랑과 안셀무스는 자신들만의 교과서를 구성하고 크게 읽어야 할 뿐만 아니라 권위 있는 설명도 제공해야 했다.

하나의 매우 특별한 형태의 가르침은 연속주석과 주석 모두와 구별되는 다른 유형의 해설을 설명한다. 그것은 문법 수업의 기초로 자신의 텍스트를 선택함에 있었고, 보다 발전된 단계에서 시편 읽는 것을 아이들에게 가르치는 관행과 일치했음에 틀림없다. 『욥기에 대한 대주교 란프랑의 교훈』*Dicta*

Théol anc. méd. xiii (1946), 222-5.

65 J. Leclerq, "Le commentaire du Cantique des cantiques attribué à Anselme de Laon", ibid. xvi (1949), 29-39.

66 PL clxii, 1187-1228.

*Lanfranci arbiepiscopi in Iob*이라는 제목을 지닌 단편은 아래와 같이 시작한다:

> *Horonias Hyades Rinocerota*는 헬라어로 (대격)목적격이고, 라틴어는 Horiones Hyades Rinocerotĕs 이다.[67]

이는 문법에 관한 기타 참고 사항을 모아 놓은 것으로 본문의 맥락과 연결한 것이다. 우리는 동등한 것을 찾기 위해서는 네크밤의 『프로메테우스 모음집』*Corrogationes Promethei*으로 한 세기를 뛰어 넘어야 한다.[68] 그러나 이것은 남아 있을 가능성이 가장 적은 기초적인 것이다. 교사 자신들이 그것을 성경 연구나 교양 과목의 예비 교육으로 분류했는지는 의문이다.

란프랑 가르침의 이 특이한 유물은 11세기와 12세기 초반의 주석들의 내용에 대한 소개로 우리에게 유용하다. 문법은 어디에나 그 흔적을 남겼다. 예레미야 애가에 대한 표준주석에도 스며들었다. 우리는 길버트가 그의 텍스트의 문학적 자질에 대한 판단appreciation으로 교부들을 보충한다는 것을 발견한다. 문법과 수사학에 대한 한 세기의 집중 훈련은 스스로 보여준다: 길버트는 카시오도루스보다 덜 허구적이고 더 정교하다:

> 나의 침묵은 수사적 색채의 화려함, 문장의 무게, 화려한 문체에 감탄하면서 신중한 독자를 침묵시키지 않을 것이다. 그는 자신을 위해 수사법의 항목의 수, 선택적 변증법, 미묘한 논쟁을 찾아낼 것이다. 그는 배우지 않은 수사학적인 "애도"의 비참함, "분노"에 대한 선동의 심각성, 그리고 이 두 가지의 결합을 가르칠 것이다. 그러나 초급자를 만족시키기 위해 나는 수사학적인 "애도"

---

67 MS. Tours 317. fo. 190v. 란프랑은 욥기 9:9절로부터 시작한 것으로 여겨지며 39.9를 찾아보라.

68 P. Meyer의 설명에 따랐다. "Notice sur les Corrogationes Promethei d'Alexandre Neckam", *Notices et extraits des MSS. de la Bibliothèque Nationale*, xxxv (1897), 14-15. Dr. R. W. Hunt는 나에게, 비록 그가 다른 병행구절에 대해 알고 있지만 란프랑의 *Dicta*는 *Corrogationes*에서 문법적 주석과 매우 일치한다고 말해준다.

와 "분노"의 정확한 정의를 제시하는 것을 무시하지 않을 것이다. 툴리Tully가 말한 것처럼 "예레미야애가"는 듣는 사람들의 동정심을 자극하는 연설이다. 그것의 첫 번째 항목은 우리가 한 때 가졌던 행복과 현재 우리가 얼마나 불행한지를 보여주는 것이다. 예를 들면: "사람들로 가득 찼던 그 도시가 어떻게 홀로 앉아 있는지" [애 1:1]. "분노"는 사람을 증오하거나 사건에 대한 불쾌감을 주장하는 언어이다. 여기에 있는 첫 번째 항목은 다음과 같이 말할 때의 권위에서 나온다: "불멸의 신들에게 이것이 무슨 상관인가?"[69] 이와 비슷하게, "전에는 존귀한 자들의 몸Her Nazarites이 눈보다 희었다."[애 4:7]
따라서 나는 첫 번째 알파벳에 "애도"와 "분노"의 몇 가지 항목을 표시함으로써 보다 더 신중하고 통찰력이 있는 독자들을 입문시켰다.[70]

비록 이 시기의 주석가들을 전문 문법가로 말하지 않더라도 그는 전문 용어를 전이시키는데 '사고의 연속성'을 의미하는 연속*Continuatio* 또는 주입*inculcatio*, 과장을 통해서*per exaggerationem* 등등은 거룩한 저자들의 방법을 묘사하기 위해 사용되었다.

논리학자로서 그는 논쟁을 명확히 하고, 둘러말하는 것the winding을 따라가고, 생각의 사슬에서 누락된 모든 연결 고리를 제공하려고 노력한다. 그는 다음과 같이 저자가 암시하는 것을 제시하려 한다. "마치 그가 말한 것처럼…", "그리고 그것은 마치 그가 말한 것처럼…" 또는 그는 상대가 자신의 의견을 논박하고 있다고 상상한다: "누군가 말할지도 모른다…" 드로고Drogo의 주석은 주석가가 논리적 흐름에서 텍스트를 어떻게 재구성하는지 보여준다:

"그러나 사람이 의롭게 되는 것은 율법의 행위에서 난 것이 아니요 예수 그

69 *Ad, C. Herennium*, ed. F. Marx (Leipzig, 1923), 91, 70, 67. 참조목록을 보라.
70 "Gilbertus Universalis", *Rech. Théol, anc. méd*, vii 252.

리스도를 믿음으로 말미암는 줄 알고"[갈 2:16]. 만일 이것이 그러하다면 의롭다함은 그리스도 안에서만 존재하지 않을 것이다. 그러나 의롭다함은 그리스도 안에서만 존재한다. 의롭다함이 그리스도 안에만 있지 않다면 우리는 율법을 버리고 그리스도 안에서만 의롭다함을 얻으려는 것에서 죄를 짓는다. 그러나 이것은 그렇지 않다. 만일 그렇다면 그리스도는 죄의 종minister of sin이 될 것이다. 그러나 절대 그럴 수 없다!But *God forbid!* 그러므로 그리스도가 죄의 종이 아니라면, 우리는 그에게서만 의롭다함을 얻으려 하는 것은 죄를 짓지 않는 것이고 의롭다함은 그리스도 안에서만 존재한다. 만일 그렇다면 "율법의 행위로 어떤 육체도 의롭다 할 수 없다." 내가 이렇게 말하면 나는 내가 인정한 것처럼 율법을 버리는 것을 의롭다한다면 "자신을 거짓말쟁이로 만드는 것이다."[71]

그 방법은 학생들에게 바울 서신들의 면밀한 추리를 설명하는데 장점이 있었다. 그것은 시편에는 덜 만족스럽게 적용되었다. 란프랑의 잃어버린 작품을 바탕으로 하였고[72] 또한 바울에 대한 그의 주석의 논리적이고 법률적인 경향을 보여주는 12세기 초의 시편에 대한 주석은 그것을 불합리하게 만든다. 통회에 관한 중요한 시편 주석에서 카시오도루스는 시편 기자가 '후손의 뺨을 따라 흘러내리는 회개의 눈물이 결코 마르지 않을 만큼 고생하고 있다'고 말하므로[73] 여기서는 통회하지만 지식이 있는 죄수가 된다. 우리는 마치 법정의 분위기에 있다:

"오 하나님, 당신의 커다란 자비에 따라 내게 자비를 베푸소서"[시편 1:1] 이것은 체포된 자가 자신의 범죄가 이미 판사에게 명백하기 때문에 무죄를 주장하려고 시도하지 않으며, 그러나 회개를 보여주고 이전의 공로를 내세우며

71 MS. Brene 334, fo. 120v; "La Clossa Ordinaria", *Rech. Théol. anc. méd.* ix. 390.
72 ibid. 374, n. 29.
73 PL lxx. 358.

장래에 잘 행동할 것이라고 약속하면서 사면을 받기위해 간청함으로 애쓰는 듯하다. 먼저 그는 자신의 죄에 대한 용서를 구한 다음, 자신의 죄를 고백한다. 그가 말한 것처럼: "하나님이시여" 즉, 나의 크고 많은 죄악이 감추어지지 않은 나의 창조주여, "주님의 크신 자비에 따라 나에게 자비를 베풀어 주소서." 큰 죄는 큰 자비를 필요로 한다. 즉, 주님의 커다란 자비의 척도measure에 따라 나의 큰 죄를 용서하는 것이다. 그리고 결과에 무한한*multiple* 당신의 자비의 척도에 따른 그 무한함*multitude*으로 온갖manifold 나의 죄를 지워 버린다. 즉, 자비의 표시로 나의 살인, 사기 및 간통을 지워 버린다. 여기서 그[다윗]는 그의 죄가 간음과 그 밖의 많은 것들 때문에 크다는 것을 보여준다. 살인, 사기, 그리고 많은 다른 것들이 여기에 제시될 수 있다.

나를 더 깨끗케 하소서, 즉 내가 구할 수 있는 것 이상으로 양심이 두려워하는 것을 용서하여 주시고 나의 기도가 생각하지 못한 것을 더하여 주소서. 나의 죄악으로부터, 즉, 간음으로부터, 세례 신앙으로; 내 죄를 깨끗케 하시고, 즉 살인에서 덕의 증가를 주사 내 안에 더러운 것이 남아있지 않게 하소서. 더 나아가, 즉 실제적인 것뿐만 아니라 원죄로부터 나를 씻어 주시고 깨끗케 하소서. 나를 더 깨끗케 하소서, 즉 죄악이 크기 때문에 씻음도 크십니다… 나는 나의 죄악을 알고 있사오니, 즉 나는 나의 죄를 슬퍼하고 보상satisfaction하기를 원하는 까닭에, 주께서 그것을 지워버릴 것을 알고 있습니다. 왜냐하면, 기록되었으되: 하나님은 동일한 죄로 두 번 심판하지 않으실 것입니다. 그리고 나는 내 죄로 잠시 슬퍼하는 것이 아니라 끊임없이…

오직 주께만 죄를 지었을 뿐: 그리고 주님 홀로만이 선하시고, 나나 다른 사람에게 조금도 악을 행하시지 않기 때문에 주께서 나나 다른 사람에게 악을 행하는 그런 주인처럼 내가 주님께 죄를 지은 것은 더 커다란 잘못입니다.

네가 하는 말로 의롭다 함을 얻고 너를 심판하는 자를 이길 수 있느니라. 즉 당신을 다른 사람과 비교하는 자가 당신을 정죄할 때, 당신은 이길 수 있다. 즉 당신은 모든 사람의 심판에서 비교할 수 없을 정도로 더 가치 있어 보이고 모든 피조물 눈앞에서 더 낫게 보인다. 또는 당신이 정죄를 받을 때, 즉 사람들이 기근으로, 홍수로 그와 같은 일들로 당신을 비난할 때에 당신을 이길 수 있다; 왜냐하면 그들이 당신의 판단에 주의를 한다면, 왜 당신이 그렇게 하시는지 당신에게는 아무런 비난할 것이 발견되지 않음을…
오직 당신께만 내가 범죄하였나이다; 오직 하나님 외에는 어떠한 지배자도 두지 않는 왕들과 귀족들의 죄를 당신만이 벌하십니다. 한 백성이 죄를 지으면, 그는 왕과 하나님께 죄를 짓는 것입니다. 그러나 왕은 오직 하나님께 죄를 짓는 것입니다.…[74]

드로고, 란프랑 및 베렝가는 텍스트 아래에 통로를 만들기 위해 변증법을 사용한다; 그들은 저자의 마음속에 있는 논리적인 과정을 재구성하려고 시도한다. 또한 변증법은 텍스트를 기초로 새로운 신학적 구조를 구축하는데 사용할 수 있다. 9세기 학자들에 의해 계속된 '질문'과 '토론'의 교부 전통은 결코 완전히 사라진 것 같지 않다. 신학부흥의 초기의 고립된 인물인 제랄드(Gerard of Czanad, martyred in 1046)는 현재는 잃어버린 히브리서에 대한 주석에서 자신을 "자신이 부족한 능력에 따라 논쟁하고 있다"고 말한다.[75]

베렝가, 드로고, 심지어 란프랑도 그의 주석에서 긴 신학적 토론을 삽입하지 않는다. 그러나 이러한 것들은 마네골드Manegold, 브루노Bruno, 라온의 안셀무스 및 랄프의 작품에서 다시 나타난다. 마네골드의 잃어버린 작품이 질문들*quaestiones*을 포함하고 있다는 것은 이제 분명해 보인다.[76] 라온의 안셀무스는 확실히 그의 강의에 그것들을 소개했다. 로틴Lottin은 최근에 설득력 있는 한 가설을 제시했다: 라온Laon에서 신학의 모든 가르침은 성경*sacra pagina*

74 MS. Royal 3. C.V.,fo. 104; "La Glossa Ordinaria", *Rech. Théol. anc. méd.* ix. 376-7.

75 "Quondam vero ibi, ubi dicitur in Psalmo: ipsi peribunt, tu autem permanebis, disputans secundum mediocritatem meam, in primo capitulo epistolae Pauli ad Hebraeos quicquid invenire ex apotheca Sancti Spiritus supra hoc potui stilo latissimo comendavi." G. Morin, "Un théologien ignoré du xi siècle, L'évêque-martyr Gérard de Czanad, O.S.B.", *Rev. Bén*, xxvii (1910), 519에서 이를 인용하였다.

76 O. Lottin, "Manegold de Lautenbach, etc.", *Rech. Théol. anc. méd.* xiv (1947), 222.

에 대한 강의로 구성되었다. 천지 창조, 천사학, 타락에 관한 문제의 토론은 6일 동안의 창조Hexaemeron에 관한 강의의 틀 안에서 생겨날 것이며 대부분의 다른 교리적인 문제들은 바울 서신의 텍스트로부터 자연스럽게 생겨날 것이다. 라온에서 나온 명제집 모음은 교사들의 주석에 대한 재배열과 체계화를 나타낸다. 그것은 수집하고, 저장하고, 추가하고, 수정한 것은 학생들과 협력자들의 작품이었다.[77] 결과적으로 적어도 안셀무스의 주석들 중 두 가지는 신학적 가르침이 풍부했음에 틀림없다. 그의 학생인 길버트는 그의 주석에 질문들을 도입하는 관행을 계속했다. 시편에 대한 그의 연속주석에서 성 브루노의 주석을 자신의 '해설자'로 받아들이고 성 브루노의 토론을 확대하고 그것들을 '질문'*quaestio* 형태로 확실하게 만든다. 따라서 아벨라르두스Abailard가 그의 주석에서 사용한 '질문'은 생각했던 것보다 덜 독창적이었다. 만일 정말로 전통의 부활이 필요했다면 그는 전통을 부활시킨 첫 번째 사람은 아니었다. [12]세기의 2/4분기에 이러한 질문들은 주석의 크기와 관련하여 수에 따라 증가하고 변증법의 사용은 그 길이를 증가시킨다. 각 학생은 자신의 스승의 것을 더 늘렸다.[78]

그 결과는 두 개의 별개의 요소로 구성된 해설의 새로운 유형이다. 실행 중인 설명은 텍스트나 그 설명이 제시하는 신학적인 질문들로 구분된다. 잘 알려진 예로는 바울 서신에 대한 피터 롬바르두스Peter the Lombard의 『대주석』이다. 이것은 롬바르두스의 연구가 통합시킨 안셀무스의 표준주석에 의해 제안된 질문들로 가득 채워져 있다.

주석에 있는 질문 부분은 간단한 설명을 생략하면서 커지는 경향이 있었다. 교사 멜룬의 로버트Robert of Melun는 사도 바울(1145-55)에 대한 주석을

---

77 O. Lottin, "Nouveaux fragments théologiques de l'école d'Anselme de Laon' Conclusions et tables', ibid. 159-65.

78 예를 들면, the *Commentarius Cantabrigiensis in Epistolas Pauli e Schola Petri Abaelardi*, ed A. Landgraf (Notre Dame, Indiana, 1937). 이 주석가는 '그 철학자'로 언급되는 아벨라르두스의 제자이다; 그는 1141년 직전이나 직후에 이를 저술하였다.

썼다;[79] 질문들은 주석보다 훨씬 더 넓은 공간을 차지하고 있는데 이는 그의 입장을 명확하게 드러내는 공식적인 방법을 보여준다. 로버트는 '라온의 현명한 보수적인 성향'과 '아벨라르두스의 진보적이고 건설적인 정신'을 결합한 철저하고 독립된 교사였다. 그는 직접적인 주석에 대한 해석적 도구로 질문을 매우 선호했다. 그는 너무 많은 주석이 쓰여지고 있다고 생각했다. 그는 안셀무스 학교에 대한 반응에서 불필요한 인용과 설명으로 텍스트를 덮어 씌우는 피상성superficiality과 허식성pretentiousness에 대해 강력히 비난했다.[80] 사실, 주석을 다는 것은 안셀무스의 제자들에게 제2의 천성이 되었고 그들은 자신들의 손이 닿는 곳에 있는 모든 문학 작품에 주석을 달았다. 그들 중 인내심이 있는 한 사람은 자신이 쓴 편지가 돌아왔다고 불평하며, 이해할 수 없을 정도로 많은 주석을 달았다.[81] 로버트는 질문에 집중함으로써 이 화려함luxuriance을 제거하려고 했다.

논리적으로 다음 단계는 주석이 전혀 없는 질문들로 구성된 주석이다.

---

79 R. M, Martin, "Œuvres de Robert de Melun, ii. *Questiones de Epistolis Pauli*" (*Spic. Sac. Lov.* xviii, 1938). 서문 i-lviii를 보라.

80 F. Blienmetzrieder, "Robert of Melun", & c., op. cit. (p. 51, n. 4). 우리는 현재 해설(glosses)에 대한 그의 공격을 포함하며, 그의 명제집에 대한 로버트의 서문의 완전한 본문을 가지고 있으며, 이는 R. M. Martin, *Œuvres de Robert de Melun*, iii (Louvain, 1947), 3-25에 실려 있다. 무엇보다도 이는 유일하게 발췌한 인쇄물이다. 나는 제 5장을 위해 여기에 대한 온전한 논의를 유보하고 그곳에서 강의에서 Gloss의 실제적인 취급이 설명될 것이다. 로버트의 편집자는 그 공격이 직접적으로 라온의 안셀무스를 향하고 있다는 것에 동의하지 않는다 (4, n. 23줄까지). 명제집이 1152-60에 작성되고, Gloss와 Magna glosatura를 사용하는 자들에 대한 로버트의 엄격함은 분명히 그것들을 편집하는 자들과 그것들을 배포하는 자들도 포함하였을 것이다. 그러므로 전체 라온의 전통은 그에 의해 비난을 받았다.

81 Philip. of Harvengt. *Ep.* vii. *ad Ioanum*, PL cciii. 57. "Meas mihi epistolas, quas vois miseram, remisistis, sed eas primitus tam crebro glossis marginalibus repersistis, ut quasi transire in colorem alterum comprellantur, et iam non esse quod uerant videantur." 필립은 이 주석의 한 곳에서 그의 동료가 분개하며 자신이 수도원에서의 어린 시절부터 성경을 배웠다는 추측에 항의했다고 말한다; 아니다. 그는 교사 안셀무스의 제자였다: "Super hunc versiculum vestra glossa: "in claustro, inquit, et alibi, in scholis scil., didici; nec iuxta quorumdam praesumptionem ipse me docui, *sed a magistro Ansello didici*, quod non dico ut me commendem, sed ut vos tangam.'"(ibid. 58).

질문들은 멜룬의 로버트Robert of Melun의 주석에서 발췌되었고, 『바울서신에 대한 질문들』*Quaestiones de Epistolis Pauli*이라는 별도의 제목으로 유포되었다. 그리고 사도바울에 대한 다른 익명의 질문들 세트가 이 방식으로 수집된 것으로 보인다.[82] 로버트의 두 번째 작품인 『성경에 대한 질문들』*Quaestiones de divina pagina*에서 기초로 사용된 텍스트는 사라졌다. 현대의 편집자는 많은 질문들이 마태복음에 대한 주석에서 발췌된 것처럼 보인다고 말해 줄 수 있을 뿐이다.[83] 그리고는 우리는 신학적인 문제에 대한 다양한 질문들의 수집본을 많이 가지고 있다. 만일 그것들이 원래 발췌한 주석에 속해있다면 이것들은 추적할 수 없다. 그것들의 존재는 단순한 가설일 뿐이다. 따라서 『성경에 대한 질문들』은 두 가지 유형의 질문 수집본 사이에 흥미로운 연결 고리를 형성하는데, 하나는 개연성이 있는 해석학적 틀에서 추적될 수 있고, 하나는 그렇게 할 수 없다.

질문들은 원래 주석에서 발췌되었고 따로 발행되었을 뿐만 아니라 다른 종류의 작품으로도 옮겨갔다. 롬바르두스가 그의 『명제집』*Sentences*을 편집할 때 그는 『대주석』에서의 많은 질문들을 그것들에 옮겼다. 그는 맥락에 따라 이러한 질문들을 제거할 수 있었고, 어떤 중요한 언어적인 변경 없이 『명제집』의 조직적인 교리 체계에서 그것들을 재배치할 수 있었다. 여기에 다시금 시민법과 유사점을 지닌다. 주해자의 대전*summulae*은 법조문과 또는 법전Digest의 여백에 있는 원래 위치에서 옮겨져 별도로 작성되었거나 구분*distinctiones*의 수집본에 통합되었다. 텍스트의 특정 부분을 언급한 처음의 몇 단어는 결국 삭제되었다. 그러나 이들은 때로는 초기 사본에서 '다양한 형태의 법률 문헌이 이들을 텍스트와 연결하는 탯줄을 절단하는 과정의 명확하고 유형적인 실례'로 생존하는 경우도 있다.[84]

---

82 PL clxxv. 431-634. 오류로 인해 생 빅터의 휴의 것으로 여겨졌다. R.M. Martin, op. cit. ii, xlvi-xlvii.

83 ibid. i. xxxii.

84 H. Kantorowicz, *Studies in the Glossators of the Roman Law* (Cambridge, 1938), 73-5,

따라서 우리는 해석과 체계적인 교리 교육을 구별하는 어려운 문제에 직면해있다. 우리는 12세기 후반에 성경*sacra pagina* 연구 외에도 교리에 대한 체계적인 가르침이 주어졌다는 것을 알고 있다. 그것은 롬바르두스의 『명제집』에 대한 강의 형식을 취했다. 우리는 『명제집』이 쓰이기 전에 그것이 어떤 단계를 거쳤는지 정확히 알지 못한다. 1152년 이전에는 성경의 해설과는 구분되는 것으로 어떤 신학적 가르침이 있었을까? 만일 있다면 어떤 신학적 교과서가 『명제집』을 대신 했었을까?

두 가지 가능성이 있는 것 같다. 수도원과 대성당의 교사들은 성경 외에도 다양한 텍스트, 아타나시우스 신경the Athanasian creed, 일부 교부들의 서적에 주석을 다는 습관을 가지고 있었고, 이러한 주석은 내용 면에서 교리적이었다.[85] 그것들은 아마 강의에서 유래되었을 것이다. 우리는 또한 기독교 교리가 체계적으로 설명되어 있는 라온 학교의 명제집 서적들을 가지고 있다. 이 책들은 실제 가르침을 나타내는 것일까, 아니면 단순히 개인적인 연구를 나타내는 것일까? 우리는 아벨라르두스와 생 빅터의 휴가 모두 체계적인 신학저 연구를 강의의 형태로 전달했다는 것을 안다.[86] 일반저 학문 과정에서 어느 정도 개선되었는가? 안셀무스 편집에 헌신한 어떤 현대 학자는 이미 안셀무스시대에 '적어도 그들이 가르친 과목의 마스터는 아니더라도' 전문화가 진행되고 있음을 주장했다. 예비적인 인문 교육artes liberales, 거룩한 학문의 세 분야가 나온다: 성경연구*divina pagina*, 가톨릭 교리*fides catholica, doctrine*,

---

87. Dr. R. W. Hunt는 12세기 후반의 문법을 가르칠 때, *disputatio*가 하나의 분리된 수업임을 위한 증거들을 발견했다: "Studies on Priscian in the Twelfth Century-II; the School of Ralph of Beauvais", *Mediaeval and Renaissance Studies*, ii (1950), 19.

85 나는 여기에 대한 자료들을 Dr. B. Bischoff에 의하여 독일에서의 초기 MSS의 지식을, Dr. K. Schleyer에 의해서 신경(the Creed)에 대한 작품에 연구로부터의 지식을 제공받았다. Dr. Hunt는 알렉산더 네크밤(Alexander Nequam)이 신경에 대한 여백 주석과 행간 주석을 언급한다고 말해주었다.

86 G. Paré, A. Brunet, P. Tremblay, La Renaissance du XIIe siècle (Paris, Ottwa, 1933), 256-66.

교회법*lex ecclesiastica, canon law*.[87]

그럼에도 불구하고 안셀무스의 시대에 신학은 일반적으로 여전히 성경연구와 동의어인 것처럼 언급되었다. 그의 학생 중 한 명은 다음과 같이 쓴다: "의도적으로 나는 라온을 찾았고 거기서 얼마동안 교사 안셀무스 밑에서 구약과 신약을 공부했다."[88] 우리가 살펴본 것과 같이 로틴Dom Lottin은 안셀무스가 그의 가르침을 전적으로 성경에만 제한하고 명제의 수집은 그의 교실 밖에서 만들어졌다는 논제에 대하여 전적으로 인정한다. 그러나 그 명제는 잠정적으로 제시된다. 교수법은 안셀무스의 죽음과 피터 롬바르두스의 출현 사이에서 발전되었다. 우리는 이 시기에 해석의 정확한 한계를 결정하기에는 대성당 학교에서의 연구 조직에 대해 너무 조금밖에 알지 못한다. 우리는 성경의 주석에서 유래하고 주석으로 간주되어야하는 다른 형태로 우리에게 전달되는 자료의 부분에 대해서만 추측할 수 있다.

그러나 우리가 그것의 세부 사항을 거의 알지 못하더라도 대성당 학교의 주된 경향은 분명하다. 그것은 옛날 방식의 성경 연구로부터 멀어지게 한다. 성 그레고리우스는 신학을 주석으로 여겼다. 11세기와 12세기 초반의 교사들은 신학과 함께 주석을 확인하는 경향이 있었다. 8세기와 9세기의 전망을 기억한다면 그들의 작품은 훌륭하지만 일방적인 것으로 보인다. 우리는 신학적인 질문을 찾을 수 있지만 성경적 학문은 찾을 수 없다. 주석가들이 가장 좋아하는 두 권의 책이 시편과 바울서신이라는 것은 우연이 아니다. 그들의 창조적 에너지는 후자에 집중되었다; 사도 바울은 신학자와 논리학자에게 가장 풍부한 영양분을 제공했다. 다음으로 육일 동안의 창조인데 그것은 창

---

87 F. Blienmetzrieder, "Autour del'oeuvre théologique d'Anselme de Laon", Rech. Théol. anc. méd. i (1929), 480. 그는 1068년 코스마(Cosmas)의 보헤미아의 연대기 작가가 지도신부(chaplain)인 Markus가 프라하의 주교의 자격이 있음을 설명하는 것을 인용한다.: "Marcus.... in omnibus liberalibus artibus valde fuit bonus scholasticus, ...in divina vero pagina intepres mirificus, in fide catholica et in lege ecclesiastica doctor maginificus." *Fontes Rer. Bohem.* ii. 100.

88 Hugo Metellus, *Ep.* xxi, *M.G.H., Lib. de lite*, iii. 354.

조와 천사론의 문제들을 토론할 기회를 제공했기 때문이다. 모세 오경, 구약 성경의 역사서, 예언서, 복음서 및 사도행전에 관한 원작은 부족하다. 우리는 『아벨라르두스의 애사』*Abailard*의 *Historia calamitatum*에서 이것에 대한 흥미로운 확인을 얻는다. 1121-3년 그가 라온에서 안셀무스의 제자였을 때, 그는 성경에 관해 강의함으로써 스승의 가르침에서 모방적인derivative 특성을 보여주고 싶었다. 에스겔의 예언은 학교에서 관습적으로 가르치는 것이 아닌 '이례적인 것inusitata'으로써 실험을 위해 선택되었다.[89] 그래서 우리는 예언자들 중 적어도 한 명은 높은 악명으로 무시당했다는 것을 알고 있다.

이 한 방향으로의 발전은 아주 자연스러웠다. 아리스토텔레스 논리의 수용과 교회법과 시민법의 연구, 추론의 새로운 가능성, 사색과 토론의 긴급한 필요로 인해 발생하는 무수한 문제들은 모두 성경학에 불리한 성급함과 흥분의 분위기를 만들었다. 대성당 학교의 교사들은 성경 연구의 매우 기술적인 분야를 전문화할 시간도 훈련도 없었다. 이것은 파리와 라온의 신학자들만큼이나 사르트르의 철학자들과 인본주의자들에게도 적용되었다. 심지어는 마지막 훌륭한 수도원 학교인 벡Bec도 예외는 아니었다. 란프랑은 학자이자 논리학자였다; 그의 천재적인 학생인 성 안셀무스는 다른 방향을 택했다. 그의 철학적 작품은 그의 성경적 작품을 가렸는데, 그것은 잃어버린 것처럼 보인다.[90]

그러나 자세히 살펴보면 학문 부활의 모든 요소를 볼 수 있다. 단지 그것들을 하나로 모을 사람이 부족하다. 기독교와 유대인 학자들 사이에는 우호적인 접촉이 있었고 그것은 히브리어를 배울 가능성을 제시했다. 웨스트민스터의 대수도원장 길버트 크리스핀Gilbert Crispin이 1098년 직전에 쓴 『기독

---

89 *Hist. calam.* iii PL clxxviii. 125.

90 성 안셀무스는 "세 논문은 지금까지 행해진 성경 연구에 미치는 것이다..."(Tres tractatus pertinentes ad studium sacrae scripturae quondam feci...), Dialogus de Veritate Prol. PL clviii. 467.

교인과 유대인의 논쟁』*Disputatio Judaei cum Christiano*과[91] 피터 아벨라르두스 Peter Abailard가 작성한 기독교인, 철학자, 유대인 사이의 『대화』*Dialogus*는 이후의 논쟁의 쓴맛과 현저하게 대조되는 유대인 관점에 대한 관용과 감사를 보여준다. 길버트 크리스핀은 그의 작품이 유대인들과의 실제 대화 배경을 가지고 있다는 것을 암시한다. 그리고 학문의 세계에서 토론에 대한 언급이 있다. 예를 들면, 피터Peter the Chanter는 질베르 드 라 포레Gilbert de la Porree가 분명히 논쟁 중에 일부 유대인을 개종시켰다고 말한다.[92] 아벨라르두스는 엘로이제Heloise에게 한때 유대인이 열왕기의 본문에 대해 논쟁하는 것을 들었다고 말한다.[93] 히브리어와 라틴어로 인용된 십계명과 특정 예언들을 『신학서론』*Ysagoge in Theologiam*에서 발견하는 것은 흥미롭다. '아벨라르두스의 학파'school of Abailard'로 분류될 수 있는 『신학서론』은 아마도 1148-52년에 작성된 짧은 신학적 개요summa이다.[94]

바울 서신의 본문에 대해 논평한 아벨라르두스의 또 다른 제자는 자신의 선생이 유대인에게 질문하는 것을 언급한다.[95] 그는 유대인의 주장을 반박하는데 관심이 있다.[96] 그러나 분명히 개인적인 한 구절에서 그는 [바울] 서신에 대한 유대인의 사랑을 기독교인과 호의적으로 비교한다.

---

91 J. A. Robinson, *Gilbert Crispin Abbot of Westminster* (Cambridge, 1911), 64.

92 *Summa Abel*. MS. Bibl. Nat. Lat. 455, fo. 71b: "Item nota quod magister Gilbertus sic convincit Iudeos, et conversi sunt, dicens: Que lex melior et potius observanda, an illa scil. que sine misericordia precipit hominem lapidari si colligat ligna in sabbato, an illa que hanet misericordiam et que dimittit non tantum septies sed etiam usque septuagies septies, et illud: Valde et amplius noli pecare?" 이는 드 라 포레의 길버트가 의미하는 것이 Rhoo 확실하다; 챈터(the Chanter)는 "교사 길버트"(Master Gilbert)로서 다른 텍스트에서 그를 의도적으로 언급한다.

93 *Problemata Heloisae*, xxxvi, PL clxxviii. 718,

94 A, Landgraf, "Écrits théologiques de l'école d'Abélard", *Spic. Sac*. Lov. xiv (1934). xl-lv.

95 *Comnmentarius Cantabrigiensis* (op. cit., p. 73, n.2), i. 65. 그에게 있어 "그 철학자"(the philosopher)는 그의 스승인 아벨라르두스이다.

96 ibid. ii, 259, 278-80.

기독교인들이 그들의 아들들을 교육시킨다면 그들은 하나님을 위해서가 아니라 이익을 위해서다. 만일 그중 한 형제가 성직자가 되면 아버지와 어머니와 다른 형제들을 돕기 위해 그렇게 한다. 그들은 성직자가 상속인이 없을 것이고 그가 가진 것은 무엇이든지 우리와 다른 형제들의 것이 될 것이라고 말한다. 교회에 갈 수 있는 검은 망토와 후드 그리고 그의 예복surplice은 그에게 충분할 것이다. 그러나 유대인들은 하나님을 향한 열정과 율법에 대한 사랑으로 가능한 많은 아들들이 각각 하나님의 율법을 이해할 수 있도록 편지한다… 아무리 가난한 유대인이라도 만일 열 명의 아들이 있다면 기독교인들처럼 이득을 위해서가 아니라 하나님의 율법을 위해 그의 아들뿐만 아니라 그의 딸들에게도 모두 편지에 쓸 것이다.[97]

그중에서도 가장 중요한 것은 엘로이제와 파라클레트Paracite(수녀원)의 수녀들에게 아벨라르두스가 원문으로 성경을 이해하기 위해 히브리어와 그리스어를 배워야만 한다는 권고이다. 아벨라르두스 자신이 거의 시도하지 않은 매우 전문적인 연구가 수녀들에게 적합한 일이라는 인상을 주어야 했다는 것이 우리를 놀라게 할 수도 있다.[98] 우리는 엘로이제와 아벨라르두스가 베네딕트 수도회 소속Benedictines이라는 것을 기억해야 한다. 렉치오 디비나는 그들의 규칙Rule에 의해 규정되었다. 세속적인 학교에서 성경의 가르침이 인문학의 영향을 받았을 때, 수도사의 반응은 스스로 물러나서 지적 훈련보다는 경건한 훈련으로 렉치오 디비나의 개념에 매달렸다.[99] 결코 거절당하

---

97 ibid. ii. 434.

98 Ep, ix, PLclxxviii. 325. J. G. Sikes, *Peter Abailard* (Cambridge, 1932), 29-30, 43은 아벨라르두스의 히브리어 지식에 대하여 언급한다.

99 우리는 12세기의 수도원적 주석가들에 대한 일반적인 연구가 필요하다; 특히 A. Wilmart, "Le Prologue d'Hervé de Bourgieu, etc." *Rev. Bén.* xxxv (1923), 256; A. Landgraf, "Der Paulinenkommentar des Hervaeus von Bourg-Dieu", *Biblica*, xxvi (1945), 113-32; Harvésms 1150년경 사망했다; D. Van de Eynde, "Les Magistri du Commentaire 'Unum ex Quatuor' de Zacharias Chrysopolitanus", *Antonianum*, xxiii (1948), 1-32, 181-220; Zachary of Besancon은 프레몽트레 수도사였고, 복음서의 조화에 대한 그의 주석은 1150-52

지는 않았지만 그는 세속적인 학교에서 다른 관심사들로 사로잡히는 경향을 지닌 영적인 해설에 집중했다. 아벨라르두스는 엘로이제가 자신이 인용한 성 제롬이 가르친 것처럼 렉치오 디비나의 학문적 이상으로 돌아가야 한다고 제안하고 있었다.

분명히 아벨라르두스에게는 선례가 있다. 성경학의 회복의 조짐을 보인 것은 성직자보다는 수도사에게서였다. 메츠Metz에서 약 1070년경에 가르치는 베네딕트 수도사 지게베르트Siegebert of Gembloux는 히브리어 진리를 다른 판본과 구별하는 데 능숙하였기 때문에 도시의 유대인들에게 매우 사랑받았다; 그는 저들이 히브리 진리와 일치한다면 그들이 한 말에 동의했다.[100] 시토Citeaux의 대수도원장인 스테판 하딩St. Stephen Harding은 그가 말하길 프랑스에 있는 유대인의 도움으로 구약 본문을 수정했다. 그의 두 번째 책은 1109년에서 완성되었다.[101]

시토 수도사들은 때로는 방법보다는 더 열정을 가지고 수정 작업을 계속했다. 트로와 폰테인Trois Fontaines의 학식 있는 수도사 니콜라스Nicholas Manjacoria는 그의 수도원의 한 곳을 방문하는 동안 필사실에서 한 형제가 성경의 훌륭한 초기 텍스트를 필사하면서 완성된 버전은 가장 정확해야만 한다고 확신하며 그 자신이 다른 예들에서 발견할 수 있는 모든 것을 추가하는 것을 발견하고 두려워했다. 니콜라스는 부드럽게 타이르며 후대에 수행되어야 할 프로젝트를 구상하여 텍스트 비평의 올바른 절차에 대한 규칙을 세웠다. 그는 이미 로마에 있는 교회에 소속되었을 때, 유대인들에게 자문하며 그로부터 라시Rachi의 학문에 대하여 얼마를 배우며, 성경의 텍스트를 수정하였었다. 비록 당시 라시의 영향은 여전히 간접적이었고, 그에게 정보를 준 인물

년 직후에 쓰여졌다. 프리오의 리차드(Richard of Préaux, d. 1131/32)에 대하여는 B. Smalley, "Sapiential BOoks I", ii. 318-20. 특별히 시토 수도사들의 아가서 주석에 관하여는 J. Leclercq, "Le commentaire de Gilbert de Standford sur le Cantique", *Studia Anselmiana*, xx (1948), *Analecta monastica*, no. 5, 205-25.

100 Godescalc, *Gesta Aabbatum Gemblacensis*, PL clx. 641.

101 *Quam notitiam*, 9-11.

이나 자료의 이름을 제시하지는 않았다.[102] 니콜라스는 시편의 본문에 특별히 관심을 기울였고, 그의 태도는 중세의 텍스트 연구에 있어서 전형적이며 중요하다. 학생은 세 가지 번역본 중에서 선택할 수 있었다: 로마 역, 갈리아 역 혹은 벌게이트, 그리고 제롬이 히브리어에서 번역한 히브리어 역*Hebraica* 중에서 니콜라스는 셋 중에서 원전에 가까울수록 선호한다: 그는 "이것과 비교해 볼 때 다른 시편의 서적들은 시편의 이름에 합당한 이름을 쓸 수 없다"고 말한다. 그러나 이는 로마 본이나 아우구스티누스의 것 또는 그가 보았던 어떤 다른 것보다 가깝지만 이것은 '히브리어 진리'와 상당히 다르다. 그래서 니콜라스는 다른 두 라틴 번역본을 헤브라이카*Hebraica*와 비교하였고, 그가 자신의 연구를 통해 확인할 수 있는 한 그리고 당시 유대 랍비의 도움으로 교부들의 주석으로부터 얻은 일부를 히브리어 텍스트와 비교하였다. 그는 의심할 여지없이 후자를 지지하였다.[103]

니콜라스는 1145년경에 사망했다. 그는 1140년부터 죽기 이전의 시간에 『시편에 대한 훼손과 수정의 목록』*Libellus de corruptione et correptione psalmorum*을 저술했다; 성경에 대한 그의 수정은 조금 이전에 만들어졌다. 1141-43년에 클루니 수도원장 가경자 피터Peter the Vernerable는 코란Koran과 모하메드Mohammed에 관한 다른 아랍 텍스트들을 라틴어로 번역하는 학자들의 팀을

---

102 H. Denifle, "Die Handschriften der Bibelcorrectorien des 13 Jahrhunderts", *Archiv f. Lit. und Kirchengesch. des M. As*, iv (1888), 270-7; 601; *Quam notitiam*, 12-15; A. Wilmart, "Nicholas Manjacoria, Cistercien a Trois-Fontaines", *Rev. Bén*. xxxiii (1921), 136-43.

103 "… cuius quidem comparatione alia psalmourum volumina vix sunt psalteria nominanda. Verumtamen hec translatio plus veritati propinqua est quam romana, etsi et illa et quam edisserit Origenes et quam exponit Augustinus et de qua tractat Ambrosius, sed et alie quascumque vidisse me recolo multumdissideant ab hebraica veritate." A. Wilmart, loc. cit., 139 from MS. Montpellier (School of Medicine) 294, fo. 145v에 인용되었다. 서평자는 지게베르트(Sigbert of Gembloux)의 '히브리 진리'는 라틴 벌게이트를 의미하는 것에 반대하였다; 그러므로 지게베르트는 히브리 본문에 대한 탐구의 결과가 아니라, 단지 유대인들이 말하는 것이 라틴 벌게이트와 일치한다면 받아들였다. 그러나 니콜라스(Nicholas Manajacoria)는 인용된 본문 자체에서 시편에서의 '히브리 진리들'과 제롬의 헤브라이카(Hebraica) 판을 분명히 대조시킨다. 여기서 '히브리 진리'는 히브리 본문 이상의 어떤 것을 의미하는 질문이 아니다. 그 용어는 매우 모호하게 사용되었다.

조직했다. 이는 그가 불신자들을 회심시키는 첫 걸음은 그들의 교리를 이해하는 것이라고 믿었기 때문이다.[104] 우리는 라틴 학자들의 유익을 위해 그리스어와 아랍어로부터 철학과 과학 서적들을 번역하는 위대한 운동의 초기 시대에 서 있다. 스테판 하딩, 아벨라르두스Abailard 그리고 니콜라스 등은 이러한 배경 하에 고찰되어야 한다. 성경을 수정하는 자들은 셈어로부터의 번역이 '분위기가 조성되었을'in the air 때에 살았다. 만일 학자들이 아랍의 학문을 찾기 위해 스페인, 남부 이탈리아, 그리고 시실리로 간다면, 성경의 학생들은 자신의 이웃에 살고 있는 유대인에게 조언을 구했을 것이다.[105]

텍스트로부터 그 해석으로 눈을 돌리면 우리는 잘 알려진 학교에서 기원을 지닌 새로운 대립을 드러내는 주석들을 인지하게 된다. 우트레히트의 교사 램버트Lambert of Utrecht는 사도 바울에 대한 해설에서 스스로를 성경학자로 보이기를 원하고, 대부분의 당대의 사람들보다는 덜한 논리학자로 보았다.[106] 그에게 갈등을 가져오는 권위에 의해 제기된 간단한 질문과 대답은 순수하게 변증법적dialectic이다. 그의 관심사는 신학적이라기보다는 역사적이다. 해당 본문의 교리적 내용을 탐구하는 대신에 그는 구약 성경이나 심지어 이교 역사의 참고문헌들로 채우기를 원했다. 예를 들면 그는 그리스와 이집트 사람들 사이에서 우상 숭배의 기원을 설명하기 위해 비화anecdotes를 말한다. 작품의 견고하고 여유로운 특성은 차이를 드러내고 우리의 관점에서보다 희망적인 배경을 제시한다. 비록 수도원은 아니지만 그것은 파리나 샤르트르보다 역사 연구에 더 평화롭고 전도유망한 것으로 보인다.

---

104 M-Th. d'Alverny, "Deux traductions latines du Coran au moyen âge", *Archives d'histoire doctorinale et littéraire du moyen âge*, xvi (1948), 69-131.

105 히브리어를 연구하는 것은 때로 시토 수도회의 공식적인 반대에 부딪혔다. 그 증거는 1198년 일반 헌장의 한 명령으로, 포블레(Poblet in Cataoni)의 한 수도사가 한 유대인으로부터 히브리 문자를 배웠다고 말했을 때, 그는 조사와 교정을 위해 클레르보의 수도원장에게 위임되었다; J. Canivez, *Statuta Ordinis Cisterciensis*, i (Louvain, 1933), 227. 그 문제가 된 수도사가 성경 연구를 목적으로 한 것인지는 언급되지 않는다. 히브리 문자는 또한 마술적 알파벳을 위해 사용될 수 있었다.

106 "La Glossa Ordinaria", op. cit. (p. 79, n. 1), 372-4.

우리는 엘로이제와 동료 수녀들이 어느 정도 히브리어에서 진보를 보였는지 의심스럽다; 그러나 아벨라르두스의 편지는 새로운 가능성을 열고 있다. 성경 연구는 수도원에 속했다; 12세기의 지성들은 학교들을 이리 저리 옮겨 다녔다. 렉치오 디비나와 배움에 헌신하는 수도회들이 파리에 정착했고 이곳에서 신학자들은 유대인들에 관심을 지녔으며 지성인들을 매혹하는데 성공적이었다. 그 결과로 이미 기초를 다진 성경학은 대학의 교과 과정에 편입되었을 것이다.

3장

빅터주의자들

1. 생 빅터의 휴

참사수도회의 길*via regularis et canonica*은 12세기의 종교적 이상 중 가장 흥미롭고 아마도 가장 어려운 것 중 하나다. 그의 흰색 의복 위에 입은 검은 망토는 참사수도회를 베네딕트수도사와 시토white 수도사들로부터 구별했다. 그는 수도사는 아니었지만 세속으로부터 격리된 신앙인이었다. 수도원 밖의 성직자를 위해 성 아우구스티누스가 작성한 것을 기본으로 하는 수도회 규칙은 11세기 말까지 이탈리아, 프랑스와 라인 지방에 널리 채택되어 12세기 초에 영국으로 확산되었다.[1]

이 운동은 그것을 해석해 줄 성 베르나르두스St. Bernard도 없고 성인들의 위대한 계승도 없다. 그들의 회칙Rule에 대해 언급한 수사들도 이상하게도 말이 적다. 그것의 직접적인 실천적 목적이 대성당 성직자의 개혁이었다는 것을 알고 있다. 그러나 이것을 훨씬 넘어갔다. 일반신도는 열정적으로 이 새로운 수도원을 찾았고 그 운동은 배운 성직자들에게 특별히 매력적이었다.[2] 수도사들과 학자들 사이에 격차가 시작됐다. 동시대의 사람들은 역할의 차이를

---

1 P. Mandonnet, *St Dominique: l'idée, l'homme et'œuvre*, ii (Paris, 1938); ch. ii, L'Ordre régulier et l'imitation des Apôtres, 103-92. 그의 관점은 12세기의 참사수도회의 삶은 설교 수사단을 예견하는 시도였지만 이는 예수 수도원주의의 영향으로 실패하였고 비록 제안 적이긴 하지만 지나치게 단순화되었다.

2 R. W. Hunt, "English Learning in the Late Twelfth Century", *Transactions of the Royal Historical Society*, xix (1936), 34.

끊임없이 강조한다: 학자는 배우고 가르치고, 수도사들은 기도하고 '애도'하고 참사수도회원은 용감하게 그 딜레마를 인정하기를 거부했다.

이것은 1110년에 세워진 파리의 생 빅터 성당에서 특별히 그러했다.[3] 본래의 충동은 학교를 그만 두고 세느 강의 왼쪽 둑에 있는 초원의 한 작은 예배당으로 옮겨 기도와 고독의 삶을 살려고 했던 안셀무스의 학생이자 아벨라르두스의 반대자인 교사 샴포의 기욤William of Champeaux에서 비롯됐다. 그의 제자들은 그를 따랐고 은퇴 후에도 그는 계속 가르쳤다. 그들은 이 설립의 중심을 형성했다. 적어도 거의 1140년까지 빅터 수도원은 학교를 개방했던 것으로 보인다.[4] 그들은 파리에서 학자*scholares*이면서 성직자*claustrales*인 점에서 독특했다. 그 수도원은 또한 파리 학생들에게 일종의 예배당의 역할을 했다. 자연스럽게 이것은 인재들이 폭넓게 모집된 학교의 결과를 낳았다. 참사수도사들 중에는 프랑스, 브르타뉴, 노르만, 영국, 스코틀랜드, 노르웨이, 독일 및 이탈리아 사람들이 있었다. 프랑스 왕실이 주요 후원자였고 풍부한 부를 소유한 지위는 훌륭한 도서관과 폭넓은 접촉의 이점뿐만 아니라 산만함도 가져왔다. 생 빅터는 개혁 운동의 격렬한 정치에 빠져 들었다. 그 수도원장이 1133년에 왕실 관료에 맞선 파리의 주교를 도와줌으로 살해되었다. 교황 중 한명은 그가 로마에서 망명생활을 하는 동안 수도원을 방문했다. 법정에서의 불명예 이후에 그곳으로 은퇴했던 전 왕실 총리는 자신의 호기심 많은 인문주의 서신을 대수도원의 서신 집에 복사하도록 했다.[5] 딸 수도원들Daughter Houses은 생 빅터를 위그모어Wigmore와 브리스톨Bristol 만큼 멀리 떨어져 있는 장소와 연결 시켰다. 그것들은 귀중품을 보관하는 장소처럼 중요

---

3 Fourier Bonnard, *Histoire de l' Abbaye Royale de St. Victor*, i (Paris), 특별한 언급이 없으면 참고문헌은 여기에서 가져왔다.

4 B. Bischoff, "Aus der Schule Hugos von St. Victor", *Aus der Geisteswelt des Mittelalter*, ed. A. Lang, J. Lechner, M. Schmaus, *Beitr. z. Gech. der Philosophie und Theologie des Mittelalters*, Suppl. Bd. iii, i (Münster, 1935), 247.

5 1175년에 사망한 Hugh of Champfleury. A. Wilmart, "Un Billet littéraire sur le retour du printemps dans un manuscrit de St Victor", *Rev. Bén*. xlviii (1936), 349-54.

한 경제적 기능을 가지고 있었다. 생 빅터의 소장품 중 많은 편지는 소지자에게 작성되고 오직 수취인(보통은 수도원장 또는 부원장)만이 이해할 수 있는 암시를 통해 전달된 비공식적 암호이다. 예를 들어, "당신은 내가 당신에게 의무실에서 무슨 말을 했는지 기억한다…"[6]

우리는 이러한 활동들을 식탁보 위에 놓이기 전에 접시를 닦아야만 하는 규율이 잘 잡힌 가정에서처럼, 엄격하지만 절제된 일상을 규정하는 생 빅터주의 관습의 정돈된 배경에 맞춰 설정해야한다. 이런 활동들과 배경만이 생 빅터주의자들의 문학의 이상한 풍요로움과 다양성을 설명할 수 있다. 우리는 브르타뉴 시인 아담과 휴와 리차드의 신비주의 신학에 모두 붙어 있는 종교적인 가사(종교시)를 가장 잘 기억한다. 그것은 역사, 연대기, 지리학, 문법, 철학, 심리학, 교육, 일반적인 설교, 주석 및 다양한 종류의 안내서들manuals을 포함한다. 이러한 활동들과 배경만이 다양성의 기초가 되는 정신의 일치와 탁월한 생 빅터주의자들에게 공통된 고유한 특성을 설명할 수 있다: "명확함을 지닌 미묘함, 인간의 신비에 대한 대담한 조사, 전형적인 생 빅터주의 주자들의 신비주의; 그러나 성공한 학자들보다 활기차고 독창적이며 때로는 웅변적이고 비교할 수 없을 정도로 매력적인 스타일이다."[7] 수도원장 아하드Achard의 이러한 특성은 그 학파의 특징이다. 이는 또한 생 빅터의 휴에도 적용된다. 그러나 그는 개인적 인상을 지니고 있으며, 동시대 사람들은 그를 "제2의 아우구스티누스a second Augustine"라고 불렀다.

우리는 그의 글을 제외하고는 휴의 삶에 대해 거의 알지 못하는 반면 그가 어떻게 죽었으며 전형적인 부드럽고, 경건하고, 겸손하며 선한 사람이라는 자세한 기록을 가지고 있다. 그는 1118년경에 로레인이나 베네룩스에서 생 빅터로 왔고 약 1125년에서부터 1141년에 사망할 때까지 가르쳤다. 그

---

6 A. Luchaire, "Les Recueils épistolaires de l'Abbaye de St Victor", *Bibl. de la Faculté des Lettres*, viii (1899), 45-6; Duchesne, *Historia Francorum*, iv. 746, Ep. DXIX.

7 G. Morin, "Un traité faussenment attribué à Adam de St. Victor", *Rev. Bén*. xvi (1899), 218-19.

는 이 짧은 시간 동안에 미뉴Migne의 2권의 책을 채우는 작품을 남기는 일을 해냈다.[8] 이 모든 작품들 중에서 현대 학자들에게 가장 무시당하는 것은 *Octateuch*(구약성경 최초의 8권)의 여러 구절들에 대한 그의 『강의록』Notulae이다. 무비판적 편집 본으로 인쇄된 이 책은 화려한 현대적 제목을 가지고 있다: Adnotationes Elucidatoriae.[9] 하우로Hauréau의 논평은 "이 『강의록』은 아무런 관심이 없었다"이다; 그의 유일하게 좋은 부분은 창조에 관한 언급이다; 왜냐하면 휴는 "중세의 신비주의자들 중 가장 소박하지만 둔스 스코투스Duns Scotus보다 덜 현실주의적이었다." 휴의 교리와 신비로운 작품 그의 역사 철학, 교육 프로그램, 그리고 다가오는 세대에 미치는 영향에 대한 수많은 현대 연구와 비교할 때 특히 무시되고 있다. "그의 사상은 성경적이다"라고 종종 말한다. 그러나 이것은 그의 성경 연구에 관심을 불러일으키지 못했다. 사실, 『강의록』은 학문의 부활을 표시한다. 그들은 새로운 시대를 열었고, 그로 인해 휴가 원하고 시도하는 과학적 연구가 실현되었다.

심지어 『강의록』은 잃어버렸지만 그의 다른 작품은 그 특성들을 추론할 수 있도록 한다. 휴는 그의 전체가 풍성하고 일관성이 있어 어떤 부분도 따로 고려될 수 없을 만큼 사고의 통일성에서 우선적으로 아우구스티누스를 닮았다. 그리고 그 전체는 성경 연구에 대한 새로운 태도를 암시한다.

우선적으로 휴는 신앙인이자 학자였다. 묵상적인 종교인으로서, 그의 최고의 목적은 기도와 하나님의 사역에 대한, 특히 성경 묵상을 통해 하나님과 연합union하는 것이었다. 성 그레고리우스는 휴에게 어떻게 이런 최고의 지

---

8 Hugh의 작품에 관하여는 B. Hauréau, *Les Œuvres de Hugues de St-Victor* (Paris, 1886); J. de Ghellinck, "La table des matiéres de la première édition des oeuvres de Hugues de St-Victor", *Recherches de Science Religieuse*, i (1910), 270-89. 신뢰성과 많은 경우에는 원본의 형태에의 문제에서 행해져야 할 것이 많이 남아 있다. 나는 이 연구에 어떤 것도 덧붙이기를 시도하지 않았다. 그의 서신에 관하여는 L. Ott, "Untersuchungen zur theologischen Brief-literatur der Früscholastik", *Beitr. z. Gesch. der Phil. und Theol. des MAs*. xxxiv (1937). 그의 삶에 관하여는 F. Vernet, *Dict. de Théol. Cath*. vii. 240 ff., F. E. Croydon, "Notes on the life of Hugh of St. Victor", *Journal of Theological Studies*, xl (1939), 232-53을 보라.

9 PL clxxv. 29-114.

혜를 신비적인 설명을 통해서 얻을 수 있는지 보여주었다. 학자로서 그는 변증법에 대한 강조와 함께 인문학의 당대 발전을 높이 평가했다; 그는 성경에 대한 주석이 질문들의 모음으로 변하고, 명제집에 대한 호적수rival를 지니는 한편 교부들은 모든 학문이 성경 연구의 소개와 안내로서 역할을 해야 한다고 가르쳤다.

그러므로 휴의 문제는 12세기 파리의 매우 다른 풍토에 로마와 카르타고Carthage의 가르침을 적용하면서 반역적인 교육을 『기독교 교리』의 성경적 틀로 되돌리는 것이었다. 그는 자신의 『교훈』*Didascalion: de Studio Legendi*에서 교리*De Doctrina*에 관한 완전한 점검*refonte complete*을 출판했다.[10]

그는 당대 학문에 대한 설명과 분석으로 시작한다. 성경을 배우는 학생들은 그것들을 환영해야한다: "모든 것을 배우라. 불필요한 것은 찾을 수 없을 것이다. 협소한 교육은 불만스럽다. 그러나 천천히 배우라."[11] "급할수록 돌아가라." "만일 당신이 모든 것을 읽지 않았어도 상관없다. 책의 수는 무한하다. 무한히 추구하지 마라."[12] 휴는 학교들의 과열된 방식에서 '주석으로 읽기'에 대한 경고의 손짓을 하고 있다. 이러한 성급하고 피상적인 독서는 수도원의 전통적인 연구인, 천천히, 넓게 그리고 깊이slow, wide and deep에 반대하는 것이다.

어떻게 이런 새로운 학문을 렉치오 디비나에 도움으로 바꿀 수 있을까? 그 문제는 휴에게서 어떤 근본적인 해결책을 인정하지 않았다. 한 생 빅터주의자는 "모든 좋은 것들은 셋 안에 들어간다"는[13] 것을 단호하게 설득했다.

---

10 PL clxxvi. 739-838. C. H. Buttimer의 새로운 편집본(Washington, Catholic University of America, 1939)은 내가 접할 수 없었다.

11 vi. iii. 800-1.

12 v. vii. 796.

13 생 빅터의 사유에서 셋의 중요성에 관하여는 B. Geyer, *Die patristische und scholastische Philosophie* (Berlin, 1928), 267, 269를 참조하라. Achard의 논문 *De discretione animae, spiritus et mentis*는 또 다른 예이다. G. Morin, "Un traité inédit d'Achard de St-Victor", *Aus der Geisteswelt des Mittelalters*, op. cit. (p. 84, n. 1), 251-62.

그가 세 가지 의미에 따라 설명했을 때, 단순한 관행에 복종하지 않았고 우주의 바로 그 리듬 안에서 움직였다. 그 다음 배움은 삼중의 설명에 꼭 들어맞아야만 한다. 이것은 전통적 해석의 형식과 문제 둘 다를 개발함으로써 이룰 수 있다.

렉치오 디비나의 형태로 그의 변화는 각 의미를 조사하기 위한 예비과정으로써 특별 연구 과정을 소개하는 것으로 이루어져 있다. 한 학생이 성경에 접근하기 위한 인문학과 학문에 충분한 기초 지식이 있다면, 그는 문자적, 역사적 의미로 시작해야한다. 따라서 그는 창세기, 출애굽기, 여호수아, 사사기, 열왕기상하, 역대기, 복음서 및 사도행전을 읽고 사건, 사람, 시간과 장소를 주의 깊게 암기해야 한다.

> 이런 작은 것들을 경멸하지 마라. 사소한 것을 경멸하는 자들은 서서히 실패할 것이다. 만일 당신이 알파벳 배우기를 경멸한다면 문법가로서 당신의 이름조차 만들지 못할 것이다. 나는 옛날이야기fairy tales는 거짓 사도들에게 맡겨져야 한다고 말하며, 바로 철학적으로 설명하기 원하고 말하는 사람들이 있다는 것을 알고 있다. 그들의 학습은 터무니없다. "그런 사람들을 모방하지 마라."[14]

따라서 연구에 대한 역사적, 지리적 도움이 이 단계에서 필요하다;[15] 휴 자신은 두 개의 연대기와 세계지도를 준비했다.

그 다음에 학생은 알레고리로 넘어갈 수 있다. 이번에는 교리가 가장 풍부한 신약 성경으로부터 시작하여 반대로 진행해야 한다: 마태, 요한, 서신서들 특별히 바울서신, 그리고 계시록. 그런 다음 그는 신약 성경에 예시가 되는 것으로 안전하게 넘어갈 수 있다. 그는 육일 동안의 창조, 율법, 에스겔서

---

14 vi. iii. 799-802.

15 Cf. *De Scripturis*, xviii. PL clxxv. 25-8과 비교하라.

의 시작과 끝, 욥기, 아가서, 그리고 시편을 읽을 수 있다.[16]

학생이 문자적 의미에서 지리와 역사를 필요로 하는 것처럼, 알레고리에 대하여 교리가 필요하다. 휴는 체계적인 교리 교육을 알레고리의 벽을 뒷받침하기 위해 역사라는 첫 번째 지하 기초 위에 다듬은 돌로 놓은 '두 번째 기초'와 비교한다.[17] 그는 이 목적을 위해 대전인 『기독교 신앙의 성례에 관하여』*De Sacramentis Christianae Fidei*를 썼다.[18] 이것의 초기 원고는 생 빅터 수도원의 강의 과정에서 주어졌다.[19] 자신을 위해 휴는 변증법을 피했다. 하지만 그의 숙련된 조치로 모든 토론과 함께 발전하는 신학을 렉치오 디비나의 구조 속에 받아들였다. 질문들은 벽에 있는 다듬은 돌이 되었다.

교훈적tropological인 세 번째 의미는 똑같이 통합의 눈부신 공로를 생기게 한다. 지금까지 예배용이 아닌 의미로 사용된 강독*lectio*은 연구 또는 강의를 의미했다. 우리는 텍스트를 '나누어' 무엇이 혼동되는지 구별하고 무엇이 숨겨져 있는지 조사한다.[20] 하지만 렉치오 디비나의 목적은 두 가지이다: 우리는 지식과 덕을 찾는다. 처음 두 의미는 지식과, 세 번째는 덕에 관련된 것이다.[21] 따라서 지식을 다루는 『교훈』*Didascalicon*은 세 번째 의미를 거의 말하지 않는다.[22] 성경의 특정 부분과 성 그레고리우스의 작품들은 여기서 유용하다.[23] 그러나 이런 종류의 연구는 학생들을 책으로부터 멀어지게 할 것이다: "하나님의 일을 깊이 생각함으로써 우리는 우리가 해야 할 것이 무엇인지 배운다. 모든 자연은 하나님을 말하고 모든 자연은 인간을 가르친다."[24] 강독과

---

16 *Didascalicon*, VI. iv. vi. 805-6.

17 Ibid. iv. 802-5.

18 *Prologues: quae lectionem mutaverit*, 183; G. Paré, A. Brunet, P. Tremblay, *La Renaissance*, etc., op. cit. (p. 76, n. 1).

19 B. Bishoff. op. cit. (p. 84, n. 1).

20 *Didascalicon*, VI, xii. 809.

21 v. vi. 794.

22 vi. v. 805.

23 v. vi. 794.

24 vi. v. 805.

교리는 초보자를 위한 것이다. 신앙은 연구, 묵상, 기도, 그리고 선행을 통한 관상contemplation을 목표로 한다.[25] 따라서 렉치오 디비나는 두 개의 분리된 훈련을 포함한다: 학교적인 읽기lectio 또는 강의 그리고 명상적인 독서다. 이는 성 그레고리우스와 카시안Cassian의 대조와 같다.

주석을 이해하는 관점에서 『교훈』의 한 가지 결점은 휴가 혼란스러운 알렉산드리아의 용어를 여전히 고집하고 있다는 것이다. 이 용어에서는 역사, 알레고리, 그리고 비유가 성경의 주제와 그것의 해석의 방법 모두를 언급한다. 바울 서신서에서의 가르침이었든지 주석가의 율법에 대한 알레고리적 해설이든지 '알레고리'는 예를 들면, '교리'와 같다. 이것은 전통에 대한 양보였다. 휴 자신이 문자적 의미를 토론할 때 보여주는 것처럼 내용과 의견의 차이는 꽤 분명하다. 그는 '역사'는 역사적 사건 아니면 단어의 일차적 의미를 뜻한다고 말한다.[26]

알레고리의 혼란스러운 이중 의미를 피하기 위해서 『교훈』의 계획을 뚜렷하고 단순화하고 있는, 아마도 한 생 빅터주의자가 쓴 익명의 편지를 찾는 것은 매우 흥미롭다. 작가는 어떤 스콜라적 교육도 받지 않고 렉치오 디비나로 나아가는 젊은 수사에게 어떻게 처신해야 할지 조언한다.[27] 성경책의 이름과 순서를 배운 뒤에 문자 그대로 받아들여서는 안 되는 구절들을 주의 깊게 언급하면서 역사적 의미를 위해 성경 전체를 3-4번 읽어야한다. 그에게 모든 주요 역사적 사실을 암기하면서 율법, 여호수아, 사사기, 열왕기, 역대기, 요세푸스와 에게시푸스Egesippus와 함께, 그리고 다양한 공부에 도움이 되는 특별히 성 아우구스티누스의의 질문들을 읽게 하라. 그런 다음 문자 그대로 성취되기 위해서 무엇이 있었는지 그리고 무엇이 남아있는지 주목해

---

25 v. viii. 796-7; vi. xiii. 809.

26 vi. iii. 801.

27 *Epistola anonymi ad Hogonem amicum*은 Martène et Durand가 편집하여 *Thesaurus Nouvs Anecdotorum*, i. 487-8에 실려 있다. 저자는 어떤 빅터주의자가 아니면, 빅터주의 사상에 의해 영향을 받은 자가 틀림없다.

서 예언서를 읽어야한다. 그런 다음에는 잠언, 지혜, 집회서와 함께 구약 나머지 역사서를 읽어야한다. 마지막으로 시편, 욥기, 아가: 이 마지막 세 권의 책은 문자적 의미가 없으며, 곧 그리스도와 교회로 해석되어야 한다. 그런 다음 그는 적절한 참고 서적과 공관 복음서 (복음서의 조화)와 함께 신약 성경으로 넘어가야 한다.

그런 다음 알레고리적인 해설을 위한 준비로 '교사 휴의 책에서 상세히 발견될 수 있는' 교회의 성례를 연구해야 한다. 이어서 도덕적 해석을 위해 많은 책에 묘사된 선과 악의 본질을 연구해야 한다. 그런 다음 전례liturgy에 관한 지침을 읽고, 그 다음 『기독교 교리』*De Doctrina Christiana*와 『신의 도성』*De Civitate Dei*을 읽어야 한다. 이제 마침내 세 가지 의미에 따라 순서와 상관없이 그가 선택하는 책을 읽을 수 있다.

휴는 역사적 의미의 존엄성을 막대하게 증대시킨 세 의미 사이의 차별화에 영향을 주었다. '문자'의 초라한 토대를 높은 영적 의미와 대조하는 대신 그는 지식에 관련되고 도덕론tropology과 대조되는 문자와 알레고리를 함께 그룹화 한다! 문자의 중요성은 끊임없이 강조된다.

두 가지의 이상이 문자에 대한 그의 의견을 제기하는데 원인이 있었다. 첫 번째는 역사에 대한 그의 관심이었다. 휴는 성 아우구스티누스로부터 배운 역사철학에 대하여 생 빅터주의적 수정을 가져왔다. 그는 인간 종교 역사와 구속사적 관점에서 사유했다:

> 성육신하신 말씀은 악마와 싸우기 위해 세상에 오신 우리의 왕이다; 그가 오기 전에 있었던 모든 성인들은 왕을 앞서가는 병사들과 같다; 세상 끝날까지 뒤에 온 사람들과 앞으로 올 사람들은 왕을 따르는 병사들과 같다. 그리고 왕은 그의 군대의 한가운데에 있다.[28]

28 *De Sacramentis, Prol.* ii, PL clxxvi. 183.

일반적인 12세기 대전summa과는 달리, 『성례론』*De Sacramentis*은 신학적인 분야 대신 역사적으로 계획되어 있다: 창조의 사역과 회복의 사역the work of Creation and the work of Restoration. 제1권은 창조에서 성육신까지로 자연과 모세 율법의 성례를 포함한다; 제2권은 종말로the Last Things 나아가며 교회의 성례를 포함한다. 따라서 교회의 역사가 그 조망 안에 있지 않더라도 시간이 지남에 따라 세계사와 일치한다: "거룩한 교회는 처음부터 충실하게 존재하기 시작했으며 끝까지 지속될 것이다. 우리는 처음부터 끝까지 그리스도에게 충실하지 못한 기간이 없다고 믿는다."[29]

그러므로 성경에서 영감된inspired 역사는 휴에게는 세계역사의 일차적 근원이다: "역사적인 진화의 원리는 동시에 우리의 역사적 이해의 열쇠다."[30] 따라서 모든 세부 사항을 조사하고 확립하는 것이 중요하다.

두 번째: 그의 사상의 성례의 경향trend은 역사와 밀접하게 관련된다. 인간의 역사는 성례의 역사다. 하나님은 일련의 성례를 통해 '회복의 역사'를 명령하셨다, 자연적 성례, 모세의 성례, 기독교인의 성례 등. '창조의 사역' 역시 성례전이다. 또한 역사적이고 상징적이다. 휴는 창조의 날에 이어서 그들의 신비적 의미에 관한 장이 온다: *Sacramentum divinorum operum*

> 나는 훌륭한 성례가 여기에 기록되어 있다고 생각한다. 모든 영혼은 죄에 남아 있는 동안은 어둠과 혼란 속에 있다… 처음 깨닫지 않는 한, 그래서 그것은 자신의 위험을 볼 수 있고, 빛과 어둠으로 나눌 수 있지 않는 한, 그것은 정의의 질서와 형태로 처분될 수 없다….[31]

휴는 성례의 실행과 그 정의가 크게 확대된 시대에 살고 있었다. 우리는

---

29 *De Arca Noe Mysica*, iii, op. cit. 685.

30 W. A Schneider, "Geschichte und Geschichtsphilosophie bei Hugo von St. Victor", *Münstersche Beitr. z. Gesch,-Forsch*. III, ii (Münster, 1933), 27.

31 *De Sacramentis*, I, i. xii. 195.

그의 죽음을 목격한 한 형제로부터 제단의 성례에 대한 그의 개인적인 헌신에 대해 듣는다.[32] 이것은 우리에게 성경의 문자에 대한 그의 특별한 느낌에 대한 단서를 준다.

화체설의 교리를 형성한 9세기의 성찬식의 논쟁은 불가피하게 성경과 성례를 비교할 것을 제안한다. 학자들은 성경을 '빵' 또는 심지어 '그리스도의 몸'과 비교하는 것에 너무 익숙하여, 성경의 신비한 해설과 성체의 축성식을 비유하는 것을 놓쳤다. 두 경우 모두 그 자료는 영적 도구가 된다. 신비 속에 있는 것인가 진리 속에 있는 것인가?*utrum in mysterio fiat an in veritate*라는 문제의 논쟁은 성 아우구스티누스를 당혹스럽게 한 구약의 구절에 적용할 수 있다. 그것들이 문자 그대로인가 아니면 상징적인가? 한 명에 관한 의견은 다른 사람에 대해 반응해야 한다는 것이 당연했다.

파시카시우스 라트베르투스Paschasius Radbertus는 성찬은 단순한 '서약', '유사함', 또는 '표시' 라고 주장하는 '영적인 학파spiritualist school'에 반대하여 화체transubstantiation를 변호하는 그의 저서 『주의 몸과 피』*Liber de Corpore et Sanguine Domini*에서 해설과 축성 사이의 유사점에 근접한다.[33] 파시카시우스는 빵과 포도주가 진정으로 그리스도의 몸과 피로 변했다고 주장한다. 동시에 한 사제의 행동은 과거의 한 사건을 기념하여 매일 제단에서 희생하기 때문에 외부적으로 상징적이거나 비유적이다. '상징'figure이란 무엇인가? 파스카시우스가 말하기를 성경을 읽는 사람은 누구도 구약의 인물들이 단지 신약의 예시라는데 의심하지 않는다. 그렇다면 어떻게 성찬은 동시에 한 상징이나 진리의 그림자가 될 수 있고 실제로 사실일까? 이 두 가지가 양립할 수 있는가? 그는 '한 상징'이 반드시 그림자와 환상을 의미할 필요는 없다고 대답한다. 어린 시절에 우리는 글자나 기호sign로 처음 읽는 법을 배운다; 그런 다음 우리는 영적 의미에서 성경에 대한 이해에 점진적 단계로 도달한다. 글

32 *Osberti Epistola de Morte Hugonis*, PL clxxv, clxii.

33 PL cxx. 1255-1350.

자가 그 자체가 아닌 다른 것을 의미한다는 사실은 그 글자를 환상적으로 보이게 하거나 어떤 다른 글자를 만들지는 않는다.[34]

파스카시우스는 성찬과 대조를 이루는 구약의 희생제사에 대해 계속 말한다. 축사하는 사제의 행동은 단순히 상징적이거나 비유적이라는 점에서 그것들은 기독교의 희생과 구분되었다. 그러나 그는 '비유적'figurative에 광범위하고 역사적인 의미를 부여한다: 우리의 믿음의 은혜를 갈구하고 있는 족장들은 '이 수단으로 그들에게 약속되었던 것이 믿음과 표지로서 진리의 성례를 받는 만큼 그것에 참여했다.'[35]

이제 파스카시우스는 성경 해석학자로서 문자를 이해하는데 아주 뛰어났다. 그 작품이 우리에게 전해 내려오는 그의 동시대인들 중 누구도 문자적 의미를 아주 분명하게 구분하지 못했거나 성경적 비유의 문자적 의미에 예레미아애가에 관한 파스카시우스의 주석만큼 매우 가깝게 적용하지는 않았다.[36] 이것은 거의 우연적일 수 없다. 예레미아애가서의 은유metaphors는 예언자가 의도한대로 그들의 문자적 의미에서 '진리의 비유'였고 파스카시우스에게는 나중에 그가 알레고리적으로 설명할 때 기독교 교리의 완전한 진리를 지니고 있다.

11세기에 성찬 논쟁이 다시 제기되었을 때 그 반대 [현상이] 일어난 것은 우연이 아니었다: 성 그레고리우스의 문자를 소홀히 함은 화체transubstantiation에 대한 논거의 역할을 했다. 투르의 베렝가Berengar of Tours나 아마도 그의 제자 중의 하나는 성찬식에서 순수하게 영적인 임재를 지지하는 성경의 영적 의미에 대한 성 그레고리우스의 선호를 내세운다:[37]

---

34 iv. 1277-9.

35 v. 1280-1: "… et si qua in his virtus sacranda latuit, totum ex ista gratia fidei qua fruimur praefulsit: quam profecto illi per haec quasi promissam suspirantes participabantur tantumdem per fidem, et de figuris sacramentum veritatis intelligebant.

36 앞서 p. 42 참조.

37 M. Matronola, *Un lesto inedito di Berengario di Tours e il Concilio Romano del 1079* (Orbis Romanus Biblioteca di Testi Medievali, Milan, 1936), 116: " Secundum capitula

거룩한 교부들의 구절들에 의하면 축사consecration 후에 제단 위의 빵은 영적으로 그리스도의 몸의 실체로 변화되고, 그리스도의 인간 본성으로부터 그리고 그리스도 안에서 참으로 이해되는 몸의 실체로 변화되었다고 믿어야 한다. 그리고 그리스도는 거기서 가장 좋은 방법으로 현재한다. 그러므로 에스겔은 우리가 그레고리우스에게서 발견할 수 있는 육적인 의미로는 이해할 수 없는 영적 규빗cubit에 대해 말한다: "이것은 진정한 규빗과 치수에 의한 제단의 치수이다."[겔 43:13].

에스겔의 환상에 관해 언급하면서 성 그레고리우스는 문자적 또는 육체적 의미는 불합리하다고 말하면서 문이 벽보다 크기 때문에 그 건물의 치수는 물리적으로 상상도 할 수 없다고 말한다. 그에 따르면 모든 세부사항에 대한 설문조사는 알레고리적으로 그리고 도덕적으로 설명될 수 있는 일련의 문구를 제외하고는 의미가 없다. 그는 에스겔이 건물을 묘사한 방법을 묻지 않고 영적 의미로 곧바로 간다.[38]

놀라운 휴의 예의 바른 매너를 거의 흔들지 않지만 그는 두 가지 오류, 모두 '영적의미spiritualist'를 심각하게 다룬다. 첫 번째는 화체설에 관심을 갖는다:

제단의 성찬이 표시sign이기 때문에 사실이 아닌 것인가? 그렇다면 그리스도

---

quidem sanctorum patrum credendum videtur. panem sacerdotali benedictoione facta in altari. verti in substantia corporis christi spiritaliter. ex humana natura eius in eo vere intellecta. et secundum hunc optimum modum vere esse ibi presentem. Unde de spiritali cubitu qui iusxta grgorium reppetitur. canaliter non potest intelligi. Ezechiel ait. *Iste mensure altaris in cubito verissimo. qui habebat cubitum et palmum.*" 베렝가에 자신에 대한 이 작은 논문의 설명은 논란이 된다. 서평을 참조: *Bulletin de Théol. anc. méd*, iii (1938), 250*-2*, nos. 551-3.

38 *Hom. in Ezech.* II. I, PL lxxvi. 936: "Cuius videlicet civitatis aedificium accipi iuxta litteram nullatenus potest. Nam paulo post subdit hoc ipsum aedificium calamo sex cubitorum et palmo … Quae cuncta stare iusta litteram nullatenus valent." Dom Motronola는 *Liber curae Pastroalis*, iii. 9을 거론한다. 그러나 이것은 '영적인 규빗'을 설명하지 않는다.

의 죽음도 표시이므로 없고 부활 역시 표시이기 때문에 없다. 사도는 그리스도의 죽음과 부활은 표시, 비유, 표상, 성례, 모범example이라고 분명하게 말하고 있다: 그리스도는 "우리의 죄를 위하여" 죽으셨고 "우리를 의롭게 하기 위하여 다시 살아나셨다."[롬 4:25] … 이것이 사실이 아니었나? 그렇다면 그리스도는 진정으로 죽고 다시 살지 않으셨다 … 그런 일은 없을 것이다 …제단의 성찬은 비유이면서 또한 진실할 수 없을까?[39]

두 번째 오류는 성경의 문자적 의미를 무시하는 것과 관련 있고, 이는 『성경에 관하여』*De Scripturis*와 『교훈』에서 비난을 받았다. 이것은 말도 안 될 만큼 그렇게 '위험' 하지는 않다. 휴는 신비mystery에 도달하기 위해 서둘러서 문자적 의미에 대하여 성급하게 결론을 내리는 사람들을 조용히 놀린다.

우선적으로, 신비적mystical 의미는 문자에서 말하는 것에서만 수집된다. 나는 어떻게 사람들이 문자의 일차적 의미를 알지 못하는 자신들을 알레고리의 선생이라고 뻔뻔스럽게 자랑하는지 궁금하다. 그들이 말하기를 "우리는 성경을 읽는다 하지만 문자를 읽지 않는다. 문자는 우리를 흥미롭게 하지 않는다. 우리는 알레고리를 가르친다." 만일 문자를 읽지 않는다면 어떻게 성경을 읽을 수 있나? 문자를 빼면 무엇이 남는가? 그들이 말하기를 "우리는 문자를 읽지만 문자에 따라는 아니다. 우리는 알레고리를 읽고 문자를 글자 그대로가 아닌 비유적으로 설명한다… 사자lion처럼 역사적 의미에 따르면 짐승을 뜻하지만 비유적으로는 그리스도를 뜻한다. 따라서 사자라는 단어는 그리스도를 의미한다."

휴는 문자의 의미는 단어가 아니라 그것이 의미하는 것이라고 끈기 있게 설명한다. 이것은 비유적인figurative 의미를 가질 수 있고; 그것은 문자적

39 *De Sacr.* i. 8, vi. 466.

의미에 속한다. 문자적의 의미를 경멸하는 것은 모든 신성한 문헌을 경멸하는 것이다:

> 만약 그들이 말한 것처럼, 문자에서 곧바로 이것의 영적 의미로 넘어가야 한다면 우리를 영적으로 교육하는 은유와 직유는 성령에 의해 성경에 헛되이 포함되었을 것이다. 바울사도가 말한 것처럼: "먼저는 육의 사람이오, 그 다음에 신령한 것이니라"[고전 15:46]. 하나님의 말씀에 겸손해지는 것을 경멸하지 말라, 당신은 겸손함으로 신령한 것에 깨달음을 얻게 될 것이다. 하나님의 말씀의 외관은 아마도 흙과 같이 보여서 땅에 있는 흙처럼 발로 짓밟고 문자가 당신에게 말하는 것은 육체적으로 그리고 가시적으로 행해졌기 때문에 경멸한다. 그러나 들어라! 당신이 짓밟은 그 흙이 눈 먼 자의 눈을 뜨게 했다. 성경을 읽고 그런 다음 먼저 육신으로 행해진다고 말하는 것을 주의 깊게 배우라.[40]

우리는 이 본문 "문자는 죽이는 것"을 거룩한 저자들보다는 우리 자신의 생각을 선호하도록 하는 구실excuse로 만들어서는 안 된다.[41] 해설은 다음 세 가지가 포함한다: 때때로 설명할 것이 전혀 없는 문자, 즉 실제 단어, 그것의 구조와 구문, 거룩한 저자가 의미하는 의미들: 단어의 단순한 문법적 설명은 항상 이것으로 충분하지 않다. 왜냐하면 저자는 자신을 독특하고 암시적인 방법으로 표현할 수 있기 때문이다. 마지막으로 문장은 문자 또는 의미에서 파생된 깊은 의미이다.[42] 휴는 성경의 예언에 따른 중요한 것으로 '의미sense'를 설명한다: "그날에 일곱 여성이 한 남자를 잡고 말하기를: 우리는 우리의 떡을 먹으며, 우리의 옷을 입으리니, 다만 당신의 이름으로 우리를 부르게 하여 우리가 수치를 면하게 하라"[사 4:1].

---

40 *De Scripturis*, v. 13-15.
41 *Didascalicon*, vi. iv. 804.
42 Ibid. viii-xi. 806-9.

> 단어는 단순하고 분명하다. 당신은 각각의 분리된 구절을 이해한다: 일곱 명의 여자들은 한 남자를 붙잡아야 하고 기타 등등. 그러나 아마도 당신은 이것이 전체로서 무엇을 의미하는지 이해할 수 없을 것이다. 당신은 예언자가 좋은 것을 약속하는지 재앙을 경고했는지 그가 말하고자 하는 것을 알지 못한다. 그리고 그렇게 되면 당신이 이해하지 못하는 문자적 의미의 구절이 영적 의미에서만 이해되어야 한다고 생각한다. 그래서 당신은 일곱 여자가 성령의 일곱 선물이라고 말하고, 한 사람, 즉 그리스도를 붙잡을 것이다… '그들의 수치를 벗어나도록 하는' 그리스도 안에서만 피난처를 찾아 낼 수 있다… 봐라! 당신은 영적으로 설명했고, 이것이 문자적으로 무엇을 의미하는지 이해하지 못한다. 그러나 예언자는 이 말에 의해 문자적으로 무엇인가를 의미할 수도 있다.

휴는 이것이 전쟁과 인구 감소의 예언이라고 설명한다. 당시에 불임은 여성의 최악의 '수치'였다. 성경에는 그런 구절들이 많이 있다, 특별히 구약에서 그 관용구를 알고 있는 사람들에게는 매우 이해하기 쉽지만 우리가 노력하지 않는 한 우리에게는 말도 안 되는 것처럼 보인다.[43]

그가 문장이나 깊은 의미를 전달할 때, 휴는 주목할 만한 요청을 한다:

> 우리가 거룩한 책을 읽을 때, [본문의] 몇 단어에서 끌어내고 저자에 의해 분명하게 의도된 것으로 보이는 가톨릭 신앙에 의해 뒷받침된 아주 많은 교부들의 설명에서 오히려 선택하자. 이것이 불확실하다면 적어도 문맥상 허용될 수 있고 신앙과 일치하는 설명을 선택하자. 만약 문맥이 도움이 되지 않는다면 우리는 오직 믿음에 의해 규정된 것만을 선택해야만 한다. 하나는 저자가 의도한 것을 분별하지 않는 것이고 다른 하나는 경건함에 반하는 잘못을 범하는 것이다. 만일 둘 다 피할 수 있다면 독서의 결실은 완벽하다…

---

43 807-8

우리는 성경에 대한 우리 자신의 '문장'을 읽는 것이 아니라 오히려 성경의 '문장'을 우리 것으로 만드는데 노력해야 한다.[44]

휴는 그레고리우스적 전통을 성경의 문자에 대한 황당한 무시로 비난하고 있다. 문맥과 저자의 의미를 고려하기 위한 비슷한 권고는 신학적이고 법적인 연구에서 흔히 볼 수 있는 일이다, 예를 들면, 『예와 아니오』*Sic et Non*; 그러나 여기서 이사야의 설명은 휴가 특별히 예언과 역사를 생각한다는 것을 보여준다. 그는 예레미야애가에서 파스카시우스를 읽었다.[45] 그는 파스카시우스가 조용히 모범을 보인 문자적 해석을 공개적으로 요청한다. 두 사람 모두 객관적이었다.

휴는 또한 그의 세기에 전형적인 생생한 시각적 상상력을 지녔다. 상징주의는 표시sign에 대한 날카로운 통찰력을 요구한다. 우리가 익숙한 본문과 그림의 역할은 12세기 교육적인 문헌의 많은 부분에서 변화된 것처럼 보인다. 당신은 본문이 논평과 해설인 그림으로 시작한다. 가장 추상적인 가르침은 학생이 그를 위해 눈에 보이게 묘사할 수 있는 어떤 구체적인 모양으로부터 출발점을 가져야한다. 휴는 노아의 방주에 관한 그의 두 논문에서 이 방법을 사용한다. 『노아의 방주에 관하여』*De Arca Noe Morali*는 그의 신앙적 동료와의 대조에서 기원하였다. 어느 날 그가 형제들 사이에 앉아 그들의 질문에 대답할 때, 그들은 인간 마음의 불안에 대한 이유와 해결책을 말하도록 그에게 요구하는 외침으로 끝났다. 따라서 그는 자신의 청중을 특별히 기쁘게 하기 위해 자신이 알고 있는 것을 그의 연설의 일부분으로 썼다.[46] 그러므로 그의 주제는 심리학적이고 종교적이다: 어떻게 신성한 내주하심의 평화를 위해 우리의 마음을 준비하는 방법 그러나 그는 그림을 이용한 방법으로 나아간다:

나는 이 영적 건물의 예화로, 당신의 눈이 외적으로 볼 수 있고 당신의 영혼

---

44 808-9. 참조. St. Augustine, *De Gen. ad Lit*. i. xxi.

45 아래 p. 102, n. 1 참조.

46 *De Arca Noe Morali, Prol*., PL clxxvi. 617-19.

> 이 내적으로 그것의 유사한 모양을 만들 수도 있는 노아의 방주를 들것이다. 당신은 눈을 즐겁게 하는 색상, 모양과 형상을 볼 것이다. 그러나 지혜와 이해와 미덕을 가르치고 당신의 영혼을 장식하기 위해 거기에 놓여있다는 것을 알아야한다. 방주는 교회를 의미하고 교회는 그리스도의 몸이다. 그래서 나는 그리스도의 완전한 인간(머리와 손발)을 분명하게 그리기 위해 눈에 보이는 모양으로 그렸다. 그래서 전체를 볼 때, 당신은 그 부분에 대해 말한 것을 더 잘 따라갈 수 있게 한다.[47]

그러므로 그 논문은 두 개의 그림으로 시작했다: 위엄 있는 그리스도와 노아의 방주. 휴는 청중들과 동일한 심정에서, 이러한 유형有形의 형태가 나타날 때, 그들과 감사를 함께 나눈다. 그는 계속 자신을 예술가로 언급하고 있다. 방주의 비율에 관한 여러 가지 의견을 토론한 후에 그는 계속 한다:

> 측면의 높이가 평면에 쉽게 보일 수 없기 때문에 우리는 다른 것 보다는 이 특별한 그림을 그렸다. 이 그림에서 양측에서 올라오는 배의 폭은 한 규빗의 단위로 정상에서 만날 때까지 서서히 모인다.[48]

첨부된 논문인 『노아의 신비한 방주』*De Arca Noe Mystica*에서 자신의 그림을 묘사하고 있다:

> 저 방주를 그릴 곳에 평면의 중심을 찾는다. 거기에 그 지점을 고정시키고 그 안에 방주가 완성될 규빗의 단위로 작은 정사각형을 그 주위에 그린다. 그런 다음 내부의 정사각형 안에 십자가를 그린다. 그래서 그 끝이 각 면을 만나도록 그리고 그것을 금색으로 칠한다. 이어서 십자가와 정사각형 사이의 공간

47 *De Arca Noe Morali*, Porl. PL I, ii. 622.
48 Ibid. I iii. 629.

에 칠을 한다. 위쪽은 불꽃색 아래는 하늘색…

그는 규빗의 복잡한 상징과 그 색깔을 설명한 다음, 그 그림이 방주를 나타내는 방법을 신중하게 설명하는 도해diagram를 그린다.[49]

바로 이거다! 우리는 유치원을 생각한다. 휴가 과학적 움직임의 선두에서는 진지함을 가지고, 무게의 중심을 위에 두는 오리게누스의 방주ark 모습을 거부할 때, 그리고 그가 양서류의 짐승들을 위해 바깥 주위에 '작은 칸막이'little compartments를 제안할 때, 미소 짓게 된다.[50] 우리의 미소는 잘못된 것이다: 과학적 움직임은 정말로 진행되고 있다. 휴는 성경 역사를 위해 벡Bec의 성 안셀무스와 [라온의] 교사 안셀무스Master Anselm가 각기 다른 방식으로 신학을 위해 한 일을 하고 있다. 그들이 문자를 기독교 신앙의 내용으로 만들었던 것처럼, 그는 문자를 연구에 적합한 주제로 만들고 있다. 그는 사건을 시각화하기 위해 정확하게 성경의 문자적 의미를 이해하기 원한다. 그는 엘도라도를 찾는 탐험가들을 세우고 [신]대륙 발견으로 이끄는 호기심을 지니고 있었다.

2. 주석가로서의 휴

휴의 주석은 그의 신념과 일치한다. 그는 자신이 선택한 책에서 독창적이다. 그는 바울서신에 관한 글을 남기지 않았고 시편의 분리된 본문에 대하여 몇 가지 노트만 남겼다.[51] 하지만 이것들은 당대 주석가들이 좋아하는 책들이

---

49 *De Arca Noe Morali*, i. 681-4.

50 *De Arca Noe Morali*, I. iii. 626-8. 홍수 기간 동안 양서류에 관한 질문들이 제기되었으나 위-아우구스티누스의 저서에서는 해결되지 않았다. *De Mirabilibus Sacrae Scripture*, i. 5. PL xxxv. 2156.

51 그의 저술들 가운데 인쇄된 *Notae*와 *Quaestiones in Epstolas Pauli*는 비논리적이다. Hauréau, Les Œuvres, etc. op. cit. (p. 85, n. 2), 27; 저자는 생 빅터의 발터(Walter of St.

었다. *Octateuch*[성경 처음의 여덟 권]의 문자적 의미, 전도서의 일부에 있는 설교, 예레미야애가, 요엘, 오바댜와 아마도 나훔의 일부분에 대한 삼중적인 해석,[52] 시편에 대한 그의 노트처럼, 예상대로 주로 경건한devotional 『마리아 찬양』*Magnificat*을 해석과 함께 남겼다.

이 저작들의 순서와 날짜는 한 번도 연구된 적이 없으며 그 출처는 다양하다. 우리는 그의 방주에 대한 두 논문처럼 형제들에게 설교한 전도서에 대한 설교는 강화시간collations이나 회의에서 비롯됐다는 것을 안다. 주석은 '독자'에 대한 언급이 포함된 문학적 작품이다.[53] 그의 『강의록』*Notulae*의 원래 형태

Victor)인 것 같다. H. Denifle, Die abendländischen Schriftausleger bis Luther über Justitia Dei (Mainz, 1906), 66.

52 A. Wilmart. "Le Commentaire sur le prophète Nahum attribué à Julien de Tolède", Bulletin de Littérature Ecclésiastique de Toulouse, vii-viii (1922), 235-79. Wilmart는 완결하지 못하고 출판한 주석 PL xcvi. 703-58은 한 빅터주의자에 의해 쓰였다. 아마도 휴(Hugh)일 것이다; 그는 요엘과 오바댜에 대한 주석에서 신뢰성을 지닌다. G. Morin, "Le Commentaire sur Nahum du Psedo Julien, une œuvre de Richard de St Victor", Rev. Bén. xxxvii (1925), 404-5는 요엘과 나훔에 대한 주석은 둘 모두 생 빅터의 리처드(Richard of St. Victor)의 것으로 여겨진다. 이는 Bates가 편집한(Oxford, 1902, 362) Bale의 색인(Index)에 의해 지지된다. 그러나 Bale는 베리(Bury)의 보스톤(Boston)을 단순히 필사한 것이다. 보스톤은 Registrum의 증거는 명확하지 않다. 이는 R. W. Hunt, R. A. B. Mynors, and W. A. Pantin에 의해 곧 출간될 책에서 논의될 것이다. Ottaviano, "Riccardo di S. Vittore", *Memorie della reale Accademia nazionale dei Lincei cl. di scienze morali*, etc., serie VI, vol. iv. v (1933), 428은 내적인 근거로 리처드의 저작권에 반박한다.

『요나서에 관하여』(*Super Ionam Prophetam*)라는 잘못된 제목을 지닌 나훔(Nahum)에 관한 주석은 소르본느의 13세기 사본에서는 생 빅터의 리차드의 것으로 여겨진다. 이는 최근 E. P Goldschmidt & Co., 45. Old Bond St. London (MS. no. 2 in list 30: *Mediaeval Literature and Education*, 1938, 3-5)에서 획득되었다. Mr. Goldschmidt는 이것을 L. Delisle에 의해 Cabinet des mss. ii. 107: Summe morales et tractatus modernorum doctorum로 출판된 1338년 소르본느의 카탈로그에 있는 한 권으로 확인했다; 이 카탈로그에서는 또한 그 주석은 리처드의 작품들의 목록에 들어 있다: Idem super Ionam. 그는 매우 친절하게 나에게 원고를 보여주었고 나는 소위 요나에 관한 주석을 나훔의 주석으로 확인할 수 있었다.

리처드에 대한 13세기의 설명은 결정적이지 않다. 특별히 원고와 카탈로그 모두 오바댜에 대한 주석을 그의 것으로 제시한다. 이는 한때 그 MS의 일부가 되었다.: 이것을 휴(Hugh)의 것으로 주장하는 권위 있는 원고가 있다. 나는 그 문체와 내용이 리처드보다는 휴라고 제안하는 Wilmart에 동의한다.

53 *Praefatio in Ecclesiastes*, PL clxxv. 114: 'nuper comra vobis disserui'.

는 당혹스럽(수수께끼)다.[54] 그 원고에는 두 가지 전통이 있다. 한 전통에 따르면, 『강의록』은 레위기에서 사사기를 지나 바로 열왕기로 넘어간다. 또 다른 전통에 따르면, 첫 번째 시리즈 다음으로 생략된 민수기와 신명기에 관한 노트를 포함하고 모세오경과 열왕기에 관한 추가 노트를 담고 있는 두 번째가 있다. 이중 일부는 첫 번째 시리즈에서 이미 다루어진 구절들에 대한 언급comment이다. 처음의 전통이 지닌 논리적인 측면의 차이들은 처음 시리즈에서는 생략되고 이곳에서는 주어진다.[55] 인쇄본은 절충안을 나타낸다. 민수기와 신명기에 관한 노트는 처음 시리즈와 함께 인쇄되었다; 창세기에 관한 추가된 노트는 이 책의 끝부분에 있다. 이러한 배치는 어떤 원고에서도 권위를 지니지 않는다. 많은 그의 스승의 노트를 자신의 것으로 포함시킨 생 빅터의 앤드류는 첫 번째 전통을 대표하는 원고에서 필사를 하고 있었다. 그는 민수기와 신명기에 관한 노트 또는 창세기에 관한 추가적인 노트를 사용하지 않는다. 이것은 분명히 진정성에 대한 논쟁이 아니다. 하지만 이것은 두 가지 시리즈의 노트가 별도로 시작되었다고 제안한다. 이것은 또한 휴의 학생들이 그것들을 수집했음을 시시한다. 휴 자신의 저술이 비논리적인 형태를 갖고 있었을 가능성은 거의 없다. "우리는 단지 그의 가르침의 잔해만 갖고 있다."[56] 『역사』*Histories* 또는 *Historia Scholastica*에서 피터Peter Comestor는 앤드류에게서는 논의되었지만 그 어느 노트에서도 발견되지 않은 창세기에 관한 휴의 의견을 인용하여, 우리에게 친숙한 말을 한다; 랭튼Langton은 다른 것을 반복한

---

54 *Com. in Ioel*, 350. Com. in Abdiam, 376.

55 MS. Trinity college B. I. 25 (23)l, 12세기 그리스도 교회로부터, ff. 39r-73r.

56 A. Wilmart, "Le Commentaire", etc., op. cit. (p. 97, n. 2), 265-6: "…nous n'avons guère que les débris de cette œuvre; il paraît bien que le célèbre maître ait pris habituellement pour texte de ses leçons l'Écriture et que les grands recuelis des *Excerptiones* ou *Allégories* et Miscellanea ne soient autre chose que le résidu de ces cours, pour ne rien dire des diverses *Adnotationes* conservées et des gloses perdues ou inédites." *Excerptiones*와 *Allegoriae*는 지금 생 빅터의 리차드의 것으로 여겨진다(아래 p. 106, n. 1 참조). 그러나 이 진술은 *Adnotationes*, etc로 여기는 것이 좋다.

다: "생 빅터의 교사 후고는 말하였다…"*Magister Hugo de Sancto Victore dicebat*…[57]

그러므로 우리는 그의 가르침의 형태를 짐작할 수 있다. 이 노트들은 고립된 구절들에 관한 개략적인 설명*scholia*이거나, 문자 그대로 알레고리적이고 도덕적인 주석의 문자적 부분 또는 *Octateuch*에 대한 도입의 문자적 역사적인 과정에서 발췌되었다. 후자의 경우 세기의 후반에 『역사』에 주어진 강의들을 예고했다. 휴는 새로운 형태를 개발하는데 독창적이였기 때문에 이 가능성이 꽤 크다. 그는 나중에 학문적인 일과의 일부가 된 성 제롬의 『나의 소망』*Desiderii mei*의 서문을 써서 모세오경에 관한 그의 수업을 처음으로 시작한 것으로 보인다.[58] 레위기에 대한 그의 노트는 법에 관한 대전summulae(전체 제목이나 내용의 일부를 체계적으로 요약한 짧은 글)과 거의 비슷하게 시작된다. 대전 형태는 1115-65년경에 가르친 불가루스*Bulgarus*에 의해 창안되었다.[59] 짧은 프롤로그 다음으로 휴는 레위기에 설명된 여러 종류의 제물, 제사할 사람, 시간과 계절을 요약한다. 이것은 저자의 원인*causa scribendi*, 자료*materia*, 의도*intentio*를 가진 접근*accessus* 또는 자료로 알려진 일반적인 프롤로그와 상당히 같지 않으며, 문법 학자, 신학자 및 변호사에게 공통적이었다. 『역사』가 편리한 대체물을 제공했기 때문에 별도의 성경에 대한 요약은 다소 드물다. 여기서 다시 휴는 『역사』를 예시했다.

호로우Haureau는 성급하게 "『강의록』이 주로 신비적이다"라는 결론을 내렸다. 그와는 반대로 그들의 제목 『문자에 따라서』*ad litteram*가 나타내는 것처럼 그들은 순전히 문자적인 것을 목표로 한다. 휴는 자신에게 꾸밈없이 과제

---

57 PL cxcviii. 1138. B. Smalley의 "The School of Andrew of St. Victor", *Rech. Théol. anc. méd.* xi (1939), 147-8, 157.

58 PL clxx. 29-32. 이는 일반적으로 그 원고에서 그의 *Notulae*을 앞선다. 사도 바울에 관한 한 주석은 라온 학파에서 유래한, 아마도 라온의 랄프(Ralph)의 것을 Gloss를 사용하는 것이 성 제롬의 서문에 있는 주석을 포함하지 않는 것을 아는 것은 흥미롭다. MS. Trinity College Cambridge B. I. 29 (27), ff. 48r-103r. "La Glossa Ordinaria", op. cit. (p. 62, n. 1), 367, n. 5 참조.

59 H. Kantorowicz. op. cit. (p. 75. n. 1), 69.

를 부여하고 놀랍게도 성공했다:

> 그러나 "살렘 왕 멜기세덱이 빵과 포도주를 가져왔다"[창 14:18], 올리브 가지가 과거에 그랬던 것처럼 그것은 이방인들 사이에서는 평화의 상징이었다. 이 명령에 주의하라: 이러한 것들을 가져오면서, "지극히 높으신 하나님의 이름으로 그는 축복했다": "그는 지극히 높으신 하나님의 제사장이었기 때문에", 축복은 그에게 미친다. 또한 "가져온 빵과 포도주"는 단순한 음식이 아니라, 희생 제물이다. "왜냐하면 그가 제사장이기 때문이다." 등.[60]

휴의 동시대인 중 어떤 사람이 그것을 멜기세덱 이야기episode를 성찬의 한 '유형'으로 설명하지 않고 주석할 수 있었을까?

그가 실제로 설교한 자료를 쓰고 있었기 때문에 전도서에 대한 그의 프롤로그는 더욱 인상적이고 설교자는 그의 글이 설교자에게 줄 수 있는 어떠한 수단이라도 자유롭게 선택할 수 있었다.

> 만약 모든 성경이 그것의 적절한 의미[문자 그대로]에 따라 자세히 설명되었다면, 명확하게 되고, 독자들이 이해할 수 있도록 보다 쉽게 전달할 수 있을 것이다. 성경의 이런 효능virtue을 이해하지 못하는 많은 주석가들은 부적절한 의견으로 이것의 아름다움을 흐리게 한다. 그들이 숨겨진 것을 드러내야 할 때, 그들은 심지어 명료한 것을 숨긴다. 거기에 그것이 있음에도 그것을 완고하게 부인하는 사람들만큼이나 아무도 없는 곳에서 신비로운 감각과 깊이 있는 알레고리를 찾으려고 미신적으로 노력하는 사람을 나는 개인적으로 비난한다.
>
> 그러므로 이 연구에서 특별히 저자 자신이 분명히 진실한 이유와 명백한 설

60 인쇄본은 "그것은 이방인들 사이의 평화의 상징이다."(quod signum est pacis inter gentiles)이다. 그러나 나는 앤드류가 … 였다(*erat*)를 선호한다.

> 득으로 세상적인 것을 경멸하도록 인간의 마음을 움직이는 것보다 자신을 향상시키는 것 또는 신비를 연관시키는 것을 적게less 목표로 할 때, 나는 논증의 모든 과정을 통해 비유적 해석이나 신비적인 알레고리적 의미를 위해 노력해야 한다고 생각하지 않는다. 나는 많은 신비가 그 논쟁에, 특별히 후반부에 포함되어 있다는 것을 부인하지 않는다. 그것이 진행함에 따라 저자는 관상이 증가함에 따라, 눈에 보이는 것보다 더 많이 올라간다. 그러나 저자의 의도와 그의 주장을 전체적으로 고려하는 것이 한 가지이고, 생각해야 할 다른 하나는 신비한 의미를 갖고 영적으로 이해되어야 하는 확실한 그의 부수적인 것들*obiter dicta*로 넘어가서는 안 된다.
>
> 그래서 우리는 그의 주장에 대한 외적[문자적]인 의미를 설명하기 위해 착수했다. 매우 설득력있고 아름다워서 당신은 당신을 위해 써진 것을 이해하는 것을 기뻐할 수 있다.[61]

따라서 휴는 그 설교자의 주장과 그 적용에 전념한다. 그는 문자 그대로의 의미에서 도덕적인 면을 찾을 수 있는 능력에서 성 요한 크리소스토무스St. John Chrysostom를 닮았다. 시편에 대한 그의 노트는 같은 종류에 속한다. 문자적, 역사적 설명을 위한 자료가 부족한 그는 시편 기자의 정취를 느끼고 그의 말이 함축하고 있는 것을 찾아낸다.

예레미아애가, 요엘 그리고 오바댜에 관한 주석은 우리에게 그의 방식이 논리적으로 작용하는 것을 보여준다. 왜냐하면 그 설명은 여기서 삼중적이기 때문이다. 그는 의미들 사이를 특별한 관심으로 구별하고 문자적 의미에 대한 그의 처리법에서 은유와 예언적인 표현 양식에 대한 자신의 가르침을 수행한다. 또한 이것으로 인해 생기는 어려운 문제를 꺼내는 것을 두려워하지도 않는다: 가까운 구약의 역사적 사건이나 먼 그리스도의 오심에 대해 가리키는 예언을 우리가 어떻게 설명할 수 있을까?

---

61 113-15.

"주의 말씀이 요엘에게 임하였다"고 말해지는 것은 예언의 성취 뒤에 따라오는 그 영적 의미에서 주로 성육신에 속한다는 것을 의미한다. [요엘과 파투엘의 신비한 의미 때문에]. 그러나 요엘의 도시와 지역의 포위 공격과 인구 감소를 가리키는 것으로 보다 더 정확하게 이해할 수 있다. 산헤립 통치 하의 앗수르인들에 의해 포위될 때, 국민과 국가의 측면에서 그 땅은 엄청난 재난에 의해 전적으로 바뀌었다.[62]

휴는 사도행전에 인용된 요엘 2장 28절에 이를 때까지 구약 역사에 대한 예언을 문자 그대로의 의미에서 지속적으로 언급한다:

"그리고 그 후에 내가 모든 육체에 나의 영을 부어 주리라." 이 글은 그리스도의 오심을 의미하는 것으로 적절히 이해되어야 한다. 이 예언적인 수수께끼는 만일 우리가 그것이 성령의 보냄을 의미하는 것으로 이해하면 확실하게 해결된다.

그는 유대인들에 반대하여 예언의 일차적이고 문자적인 의미로 이것을 방어한다.[63]

성 토마스보다 한 세기가 넘는 시간 이전에 살아온 휴는 예언과 은유에 대한 단서는 저자의 의도라는 토마스주의Thomist의 원칙을 파악한 것으로 보인다. 문자적 의미는 거룩한 저자가 말하고자 하는 모든 것을 포함한다. 그러나 휴는 가끔씩 자신의 기준에서 벗어난다. 한 구절에서 그는 알레고리에 대한 더 나은 토대를 만들기 때문에 문자를 설명할 때 가능성이 적은 대안을 선호한다. "모든 지나가는 자들이 다 너를 향하여 박수치며 딸 예루살렘을 향하여 비웃고 머리를 흔들며"[애 2:15]. 그 문자적 의미는 적대적인 이웃들이

62 본문은 요엘서의 서문으로 PL lxxv. 321의 주석에는 포함되어 있지 않다. 이는 A. Wilmart, "Le Commentaire, etc., op. cit. (p. 97, n. 2), 266-8.

63 353-4.

유대인의 고통을 조롱했음이 분명하다. 휴는 박수와 비웃는 것이 꼭 적대감을 나타낼 필요는 없다는 것을 분명한 확신 없이 유지한다. '지나가는 자들'은 동정심 많은 친구였다. 비록 다음 절에서 경멸과 비웃음의 반대적 감정에서 나오는 것이지만 우리는 "박수는 경이를, 비웃는 것은 절망을, 머리를 흔드는 것은 동정심을 나타내는 것으로 받아들일 것이다." 그는 그의 작은 조작manipulaiton이 더 나은 영적 설명을 제공할 것이라고 설명한다. '지나가는 자들'은 알레고리적으로는 교부들을 비유적 해석으로는 교회의 성자들을 의미하며 이들은 이교도들이나 동료 크리스천들의 죄를 한탄한다![64]

휴의 철학은 그에게 문자를 소중히 여기는 것을 가르쳐준다. 그 문자를 그 자체로 좋은 것으로 간주하도록 가르치지는 않는다. 해석에 대한 그의 위대한 봉사는 영적인 해석보다 상대적으로 문자적 해석에 더 많은 강조를 두고 그것을 위한 근거들을 개발하는 것이었다. 그의 태도는 이미 알려지고 사용되는 근거에 대해서 비교적 독립적이다. 에레미야애가에 대한 파스카시우스Paschasius의 표준 저술에 휴는 같은 방식이지만 그 문자를 자유롭게 해석한다. 요엘과 오바다에 대해서도 마찬가지로 그는 표준 자료인 성 제롬에서 문제가 매우 기술적인 경우를 제외하고는 축어적verbal 복사에 의지하지 않는다. *Octateuch*에서 그는 아우구스티누스가 가졌던 관심과 같은 종류의 문제에 관해 논의하지만 결코 똑같은 것은 아니다.

그러나 그는 관습적인 근거를 뛰어 넘었다. 제롬과 아우구스티누스의 조언을 따라 그가 할 수 있는 한 원본 그대로 성경을 연구했다. 앤드류는 그의 스승이 "유대인들로부터 오경의 의미를 배웠다"고 말하는데, 이것은 『강의록』에 의해 확인된다. 글에서 그는 변형vatiations과 추가additions를 언급하면서 히브리어의 글자 그대로의 라틴 번역본과 벌게이트를 비교한다. 그는

64 296-7: "…Quia tamen secundum spiritualem intelligentiam convenientius haec ad compassionem referuntur, dicere convenienter possumus quod per plausum non insultatio, sed simpliciter manuum collisio exprimatur…" 휴는 전체적인 논의를 파시카시우스(PL cxx,1132)로부터 넘겨받아 확장했다.

때때로 벌게이트보다 히브리성경을 선호한다. 존 스코투스John the Scot에게 복음서의 원 그리스어처럼, 이것은 휴에게 더 잘 표현되고expressius, 분명한 evidentius 것이다. 그는 이 과정을 사사기와 열왕기에 대한 『강의록』에서 계속한다.

이 점에서 휴는 성 스테판 하딩의 예를 따랐을 뿐이다. 그러나 그는 더 나아갔다. 그는 자신의 유대인 교사들과 프랑스어로의 대화에 전적으로 의존하는 대신에 스스로 히브리어를 배우려는 노력을 했으며 히브리 본문의 몇몇 단어를 라틴어로 번역했다.[65]

그는 유대인들의 해석학적 전통뿐만 아니라 그들의 본문에 관해서도 유대인들과 상의했다. 여기에서 그는 지게베르트Sigebert of Gembloux의 선례를 따르고 있었고, 지게베르트와는 달리 그는 그것들을 기록했다. 요엘 1장 15절의 "아! 아! 아! 그날"에 대하여 그는 가말리엘의 우화에서 유창하고 유능한 어떤 유대인으로부터 들은 것을 침묵으로 넘어가려 하지 않는다고 말한다. 예언자는 그의 백성에 대한 세 가지 핍박을 회상하며, 하나님의 진노를 피하려고 시도한다; 이집트인들을 위한 아! 앗수르인들을 위한 아! 그리고 바빌론인들을 위한 아![66] 이것은 까다로운 구절이다. 휴가 예언서에는 사용하지 않고 *Octateuch*에는 사용한 히브리어 본문은 단지 *'Ahăh*만 가지고 있다. 그러나 그 설명은 일반적으로 미드라쉬적Midrashic이며 알려진 기독교 자료에서 인용되지 않는 것 같다. '유창하고 전문적인 유태인'이 그의 질문자가 인용한 버전에 대한 특별한 설명을 발명했을 가능성이 있습니까?

휴는 또한 메시아적 예언인 요엘 2장 32절에 대한 유대인의 견해를 인용하고 이것은 그의 주요한 기독교적 출처인 성 제롬에게서는 다시 추적할 수 없다:

---

65 *Notulae*의 인쇄본에 있는 히브리어의 특징은 경건한 편집자에 의해 덧붙여졌다; 그러나 원고는 인쇄된 편집 본에서의 라틴어 번역이 진본임을 보여준다.

66 333.

> 우리가 그리스도의 오심과 성령의 보냄에 대해 자세히 설명한 모든 것은 유대인들이 메시아 안에서 율법의 예배가 완전히 회복되어야 한다고 말할 때 메시아를 언급하는 것이다. 유대 민족만이 그를 영접할 것이다. 그들만이 그를 부를 것이고 그는 들을 것이다.[67]

『강의록』에서 유대인들에 대한 언급은 더욱 자주 나오고 흥미롭다. 그는 이 단계에서 그들과 더 가까이 접촉했다. 요엘에서 인용된 두 의견은 소문이나 라틴어로 알려지지 않은 일부 저술에서 온 것일 수 있다. 『강의록』에서 인용된 사람들은 휴의 선생들이 라시Rashi(d. 1105)에 의해 설립된 당시 북부 프랑스 합리적 주석가들의 학교에 속해 있다는 것을 증명한다.[68] 그는 라시에게서 발견할 수 있는 적어도 하나의 설명을 주었는데,[69] 이것은 휴와 한 유대인 주석가에 의해 정확히 동시대의 조셉 카라Joseph Kara[70]의 것으로 명시된 것이며, 셋은 모두 출애굽기에 관한 것으로 동시대 인물 중 한 명이고 합리주의 학교의 지도자인 라시의 손자 라쉬밤Rashbam에게서 찾을 수 있다.[71] 비록 역사적으로 가능한 많은 유명한 '회의'와는 다르지만 기독교 신비주의자들과 라시의 손자 사이의 생 빅터에서의 대화의 이상은 당황스러운 요소를 지닌다. 휴는 자신의 선생들을 히브리인들Hebarei이라고 언급한다. 아마도 그는 단지 한 특별한 유대인이 다양한 의견을 제시하고 있음을 의미했으며, 일부

---

67 358.

68 아래를 p. 145-55 참조.

69 창세기 xlix. 12; 59. Dr. H. Hailperin은 Rachi와 관련 하에 이 단락을 옮겨 적고 설명하였다. 그리고 그는 나의 첫 번째 책에 대한 자신의 서평에서 유대인 자료로부터의 휴의 인용에 대한 다른 유용한 설명을 하였다. *Historia Judaica* iv (1942), 167-8.

70 창세기 iv. 23; '옛 의견'(*opino antiqua*)는 라시(Rashi)로 부터 왔고 '어떤 사람'(*quidam*) Joseph Kara와 일치한다. 전자는 라멕(Lamech)는 소경이었고 사냥하는 도중 우연히 가인(Cain)을 죽였다. *Gloss*의 같은 자리에서 이는 라바누스(Raban)의 것이라고 하지만 그 설명은 부정확하며 나는 그 자료를 발견할 수 없었다. Hugh에 의해 말해지는 이야기와 *Gloss*에서의 그 단락의 비교는 휴의 단어 사용이 꽤 차이가 나며 그가 상세한 설명을 제시하는 것은 *Gloss*에서 발견되지 않는다. 그러므로 아마도 그는 독립적인 유대 자료로부터 얻은 것 같다.

71 출애굽기 i. 15; 61. iii. 22; 62. iv. 10; 62.

경우에는 전통적이었고, 다른 경우에는 당대 학자들에 의해 가르쳐지는 것이었다: "내 사람들이 말한다…" 그 히브리인들Hebraei의 정체성과 수(위치)는 모호하게 남아 있어야 한다.

그는 그들의 견해를 학문적인 관심과 객관성을 가지고 기록한다. 유다와 요셉의 축복[창 49:10, 26]을 예를 들며, 그는 이렇게 말한다:[72]

> "규가 유다를 떠나지 아니하며"; 즉, 유다가 홍해에 처음 들어갔을 때, 또는 사막에 세워진 성막에서 첫 번째 봉헌을 하거나, 이런 종류의 사소한 우선권을 가졌기 때문에, 유다가 가지고 있었던 어떤 군주권dominium. "보냄을 받은 그가 올 때까지" 히브리는 다음과 같이 읽는다. "그가 실로Silo에 올 때까지"; 그곳에서 사무엘은 사울을 왕으로 기름을 부었다. 그리고 그 의미는 "사울에게 달려 있으며, 그 후 유다는 지도력을 갖게 될 것이다."그는 요셉을 그의 형제들로부터 구해주었기 때문이다. 다음에 관해서는: "그리고 그는 열방nations의 기대가 될 것이다." 유대인들은 이것 또한 유다에 관한 것으로 말한다,[73] 왜냐하면 여호와께서 그의 백성들에게 대답하셨다; "유다는 너희 앞서 진쟁을 하러 올라가리라"[Jud. 1-2]; 열방은 그가 여러 부족이라고 부르는 것이다. "네 아버지의 축복이 네 선조의 축복보다 나으니: 영원한 선이 한없음같이 이 축복이 돌아오며"; 그것은 모든 나라의 소망인 그리스도가 올 때까지이다. 또는"영원한 언덕들이 하늘에 합류할 때까지" 히브리어가 말하는 것은: '땅과 하늘이 만나는 곳', 즉 '전 세계'의 "모든 곳에서 요셉이 복되리라"이다.

휴는 토론 없이 단순하게 유대교와 기독교의 설명을 대조했다. 이집트인들의 밭을 망쳐놓을 때, 그는 기독교의 견해를 선호한다. 분명히 그는 그것이

---

72 59-60.

73 인쇄본은 Judam을 생각한다: "히브리인들은 이 전체를 자신에게 언급한다, 그것에 관하여 여호와가 응답하신다."(*Hebraei hoc totum ad ipsum referunt, de qua Dominus respondit:* …), 그 원고들은 일반적으로 이를 가지고 있고, 또한 앤드류도 그렇다.

본질적으로 더 가능성이 있는 것처럼 생각하기 때문이다. 갚지 않고 빌린 혐의에 대하여 유대인들을 변호하기를 원하는 라쉬밤은 이스라엘 사람들은 이집트인들로부터 은전을 '완전하고 무조건적인 선물로 받았다고 말한다 [이전 구절에서 말하기를]: "나는 애굽 사람들 앞에서 이 백성들에게 은혜를 베풀 것이다." 이것이 진정한 의미이고 분파주의 기독교인들에 대한 반박이다. 휴는 이 견해를 인용하면서 다음과 같이 덧붙인다: "그러나 우리의 주석가들은 그들이 빌려왔을 개연성이 더 높다고 말한다."[74] 이것은 그가 열어가는 새로운 근거에 대한 신중한 태도를 대표한다.

히브리어 연구는 휴의 다양한 활동의 작은 일부분을 나타낸다. 그것들은 성과보다 장래성이 더 중요하다. 그것들은 그의 두 제자인 리차드와 앤드류 그리고 아마 이름이 잊힌 다른 사람들이 그 일을 계속하도록 자극했다. 우리는 그의 가르침에서 우리에게 전해 내려온 몇 가지 노트보다 그들의 글에서 더 자세하게 그의 주석의 원리를 연구할 수 있다.

이것은 사실 생 빅터주의 프로그램의 진정한 중요성이다. 전체적으로 볼 때, 우리는 그것이 실패로 끝날 운명이라는 것을 알고 있다. 휴는 성경연구 sacra pagina에 성스러운 학문 전체를 포함시키려는 시도에서 자신보다 강한 힘과 싸우고 있었다. 그는 인내를 넘어서는 학문의 성경적 기본 틀을 확장하고 있었다. 인문 과학은 성경 연구의 입문서로 사용되었고, 신학 또는 교리는 알레고리적인 해설의 서론으로 역할을 했다. 이러한 연구의 결과는 차례로 수도원적 관상에 대한 예비로 스콜라적 강의*scholastic lectio*에 나타난다. 이 모든 것에 그는 성경학의 새로운 이상을 더했다.

그 프로그램은 너무 보수적이고 동시에 너무 현대적이었다. 이것은 어떤 종류의 학문적 특성화도 불가능하게 만들었지만, 전문화는 단지 그것이 요구한 것이었다. 또한 그것은 학문과 신앙적 생활 사이의 팽팽한 긴장감을 내포하고 있다. 휴의 이상적인 주석은 예외적인 상황만이 가져올 수 있는 파리

---

74 62.

의 교사와 명상적 종교의 결합이었다. 학교에서 신학이 주석에서 벗어나는 동안 우리는 세기 말 무렵 생 빅터에서의 신비한 반학문적 흐름이 휴가 표현한 더 많은 지적 흐름을 정복했다는 것을 알 수 있다. 휴는 낡은 병에 새 포도주를 붓고 있었다. 병이 파열될 때에도 그의 제자들 덕분에 와인의 일부는 구해졌다.

3. 생 빅터의 리차드

두 제자는 그들 스승의 주석을 한 측면에서 각각 집중했다: 주로 신비주의적인 리차드는 영적으로, 전적으로 성경학자인 앤드류는 문자적으로. 휴가 그들에게 그 문자를 필수적인 것으로 간주하도록 가르쳐준 이후로 리차드는 비록 그의 주된 관심사는 아니었지만 학문에 어느 정도 기여했다. 그는 성경을 공부하는 학생들을 돕기 위해 『교훈』에 표시된 줄line에 대한 거대한 백과사전을 계획했다. 그것은 인문 과목의 한 부분, 지리학의 한 부분, 그리고 세계사를 설교, 알레고리 및 도덕에 관한 부분들을 포함하는 것이었다. 그 자료는 흩어져 있다. 일부는 여전히 인쇄되지 않았고 일부는 잘못된 이름으로 인쇄되었다. 샤티용Fr. Chatillon은 독창적이고 설득력있는 연구에서, [리차드의] 원래의 계획을 복구했고 조각들을 한데 묶었다. 그는 그 조각들이 계획과 완전히 일치하지 않는다고 지적하지만 리차드는 아마도 그의 마음을 바꿨거나 원고가 전달되는 과정이 그를 잘못 나타낼 수 있다. 어떤 경우이든 휴의 프로그램에 대한 그의 믿음과 그 자신의 다양성에 대한 인상적인 증인이다. 그 편집은 아마도 그의 가르침 기간인 1153-60년에 속한다.[75] 그는 또한 시편의

75 J. Chatillon, "Le contenu, l'autenticite et la date du Liber exceptionum et des Sermones centum de Richard de Saint-Victor", *Reuve du Moyen Âge Latin*, iv (1948), 23-51, 342-64. *Allegoriae super Vetus et Novum Testamentum*, (PL clxxv, 638-828)의 저작권에 관하여는 이미 P. S. Moore, "The authorship of the *Allegoriae*, etc.", *The New Scholasticism*,

특정 부분에 노트, 아가서에 대한 주석, 다니엘이 해석한 꿈에 대한 논문, 그리고 『소 베냐민서』*Benjamin Minor*와 『대 베냐민서』*Benjamin Major*를 남겼고, 이 베냐민서에서 야곱의 가족과 성막은 묵상에 대한 그의 가르침을 위한 기본 뼈대 역할을 한다. 이 모든 것들은 영적인 것이다. 요한계시록에 대한 그의 주석과 사도 바울의 특정 본문의 주석은 주로 교리적이다.[76] 하지만 임마누엘Emanuel 예언에 관한 그의 논문은 문자적 그리고 영적 해석 둘 다를 포함하고 있다. (소 베냐민서의 기초로 의도된) 성막과 성전, 에스겔의 환상, 그리고 이스라엘 왕들과 유다 왕들의 연대기에 관한 그의 소책자는 순전히 문자적이다.[77] 이 마지막 두 그룹은 휴의 가르침에 대해 그들이 조망하는 것에서도, 그리고 그 스승을 다른 방법으로 해석한 앤드류와 비교할 때에도 흥미롭다.

리차드는 스코틀랜드 사람이었다. 그는 질두엥Gilduin의 대수도원장 임기(1113-55) 동안 생 빅터에 왔고, 1173년에 거기에서 생을 마쳤다. 휴가 여전히 행정상의 직무를 맡고 있는지는 정확하지 않다.[78] 앤드류는 그가 맡은 직무에서 성공과는 거리가 멀었다. 반면에 리차드는 1159년경에는 부수도원장을, 1162년에는 수도원장이 되었다. 대수도원의 편지 목록letter-books은 사람들이 그에게 얼마나 끊임없이 자신들의 일에 도움을 청했는지를 보여준다. 그는 자주 신비주의들과 구별되는 실용적인 상식과 조직력을 가지고 있었음에 틀림 없다. 그는 앤드류보다 덜 학구적이었고 휴보다 덜 지적이었다. 성경의 문자에서 그를 끌리게 한 것은 인류 역사의 움직임이 아니라 보석, 노래 그리고 꽃이었다. 아가서에서 비록 문자적 의미는 그에게 매우 무의미했지만. 풍성한 동양적인 은유의 소리가 그를 매혹시켰다. 휴에게 비난받은 영

---

ix (1935), 209-25에서 정리되었다. 또한 Richard de SAint-Victor, Sermons et opuscules spirituels inédits. i. L'Edit d'Alexandre etc., ed. J. Chatillon and W-J. Tulloch (Bibliothèque de spiritualitè médiévale, Paris, 1951).

76 리차드의 신학적 주석에 관하여는 L. Ott,, op. cit. (p. 85, n.2).

77 PL cxcvi.

78 그는 아마도 1133년에 수도원장이 되었을 것이다; J. de Ghellinck, *Le Mouvement théologique du XII siècle* (Bruges, 1948), 187, n. 2.

성주의자들spiritualists은 '육제적 감각'을 '먼지'처럼 간주했고 리차드는 이것을 바람직하다고 생각했다. 만일 면밀하게 연구하면 청교도들은 그것[육체적 감각]은 죄로 인도하는 열정을 일으킬 수 있다고 주장했고, 리차드는 감사의 마음으로 그 쾌락pleasures을 인정했다. 성경은 사람의 이중적 본성을 제공한다. 그것은 감각을 만족시킴으로 영을 고양시킨다.[79]

우리는 건축에 대한 깊은 관심을 갖는 그의 아름다움에 대한 감성을 더해야만 한다. 그러면 우리는 그의 개인적인 유형의 주석을 이해할 것이다. 이것은 노아의 방주에 관한 휴를 거의 풍자한parody 것이다. 리차드는 장막과 솔로몬의 성전에 대한 길고 세밀한 묘사를 하였는데, 그곳에서 그는 '유쾌하고 익살맞은 조각품'을 발견했다.[80] 그는 에스겔의 환상에 나오는 짐승들을 매우 생생하게 묘사했는데, 그 그룹을 지배하는 독수리는 '다른 동물들보다 긴 목을 가진' 것을 볼 수 있다. 그는 정교한 공식, 도표 그리고 스케치를 통해 후기 로마네스크의 모든 특징을 보여주는 에스겔의 건물 도해를 풀어내었다.

에스겔의 환상을 자세히 설명하면서 리차드는 그레고리우스가 그것은 문자적으로 의미가 없다는 것을 근거로 거부하였던 것을 수행하고 있다. 그는 일반적인 경우에 그레고리우스적 방법에 대한 그의 스승의 비판을 적용하고 있었다. 따라서 그는 매우 흥미로운 서문에서[81] 그레고리우스와 모순되는 것에서 자신을 정당화한다: 시대가 바뀌었다; 요즘 문자에 대한 우리의 태도는 다르다:

> 많은 사람들은 적절한 문자적 의미를 인식할 수 있을 때 성경에서 훨씬 더 많은 즐거움을 얻는다. 영적 해석의 구축은 견고한 역사적 의미에서 적절히 뒷받침될 때 더 확고하게 수립된다고 그들은 생각한다. 형체 없는 허공에 누가 견고한 기초를 놓거나 단단히 세울 수 있겠는가? 신비적인 의미는 문자에서

---

79 *Benjamin Minor*, xv, xxiv, 10, 11, 17.

80 De Templo Salomonis, 236: "delectabiles quasdam et jocosas caelaturas habebat".

81 *Prologus in visionem Ezechielis*, 527-8.

포함된 것들의 적절한 비유로부터 추출되고 형성된다. 그렇다면, 그들이 묻기를, 이 문자가 어떻게 모순되는 또는 단순히 말도 안 되는 곳에서 우리를 영적 의미로 이끌 수 있겠는가? 이런 종류의 사람들은 종종 성경의 그러한 구절을 접할 때 분노하게 한다.

반면에 고대 교부들은 문자에 의하면 참을 수 없는 구절들을 발견한 것을 기뻐했다. 그 문자가 아무리 보잘 것 없이 들려도 그들은 감히 성령이 무의미한 것을 아무것도 쓰지 않았다는 것을 부인하지 않았기 때문에 문자의 이러한 "부조리"는 성경은 받아들이고 알레고리적 해석을 무시하는 그런 특정 인물에게 영적 의미에 의지하도록 강요했다. 내 생각에 이것은 인내로 그들은 의심할 여지없이 현대의 어떤 것보다도 훨씬 더 만족스러운 설명을 발견할 수 있었을 때에도 왜 고대 교부들이 어떤 더 어려운 구절에서 문자적 설명을 침묵으로 전달했거나 오히려 부주의하게 취급한 이유다.

그러나 여기서 나는 어떤 사람들은 마치 교부들에 대한 경외심에서 그들이 추정하는 것처럼 보이지 않도록 하기 위해 그들이 생략한 것을 채우려 시도하지 않을 것이라고 말해야 한다. 게으름에 대한 이런 변명을 가지고 그들은 한가하게 빈둥거리며 보낸다. 그들은 진실을 추구하고 찾는 다른 사람들의 노력을 놀리고, 조롱하고, 비웃는다. … 그러나 우리는 교부들이 토론한 것에 대해 진지한 욕심greediness으로 생각해보자. 그들이 손대지 않은 것을 열심히 조사해보자. 우리가 연구에 대한 결실을 모든 관대함을 가지고 제공하여 기록된 바를 성취하게 하자: "많은 사람이 빨리 왕래하며 지식이 더하리라"[단 12:4]. 보라! 복된 그레고리우스는 선지자 에스겔이 신비적인 의미에 따라 본 천상의 피조물에 대한 놀라운 환상을 상세히 설명한다. 그러나 그것이 문자적으로 무슨 의미인지 그는 말하지 않는다. 두 번째 환상에서 그는 문자적으로 아무것도 의미할 수 없다고 말한다. 이것은 사실이지만 그가 여기서 취하는 방식에 따라서 그러하다. 우리가 다른 방법으로 같은 구절을 고려하기로 결정했다면 아마도 우리는 적절한 문자적 의미를 추출할 수 있을 것이다…

두 번째 환상에 접근할 때, 리차드는 다시 자신을 변명한다:[82]

> 나는 교부들이 쉽게 파악할 수 있는 어떤 성경의 구절들을 부주의하게 지나쳤다는 것을 안다. 그들은 문자에 따르지 않는 구절들을 찾고 기뻐하기를 원했다. 그들의 의도는 적어도 비유를 받아들여야 한다는 것을 이러한 방법으로 설득하는 것이었으며, 그 당시에는 아주 소수만이 기꺼이 인정했다. 만일 내가 어떤 사람의 해설과 다르게 무슨 말을 하거나 다른 식으로 말한다고 아무도 비방하지 말라. 아무도 하나씩 찾아내기를 원하는 나를 조롱하지 말라. 무언가가 교부들에게서 벗어나지 못했거나 오히려 성경의 추수 때 곡식으로 많은 양을 채우기 위해 거룩한 계명과 신의 은혜를 입은 사람들이 가난한 사람들에게 의도적으로 무언가를 남겼다고 놀라지 말라.
> 당신은 교부들의 권위를 존중하고 보호하기를 원하는가? 우리가 진리를 추구하고, 찾고, 가르치고, 보호하고 사랑하는 것보다 진리의 애호가들을 더욱 진정으로 존중할 수 없다. 내가 말하는 것이 새로운 것인지 묻지 마라, 그러나 그것이 사실인지 물어보라.

성 그레고리우스는 에스겔 환상에서의 전체 건물을 언급하기 위해 일정한 측량을 했다. 그리고 그는 문이 벽보다 더 크다고 결론을 지었다. 그러므로 그 문자는 넌센스nonsense다. 리처드는 측량은 전체가 아니라 나머지 환상에 적합할 수 있는 한 부분에만 해당한다고 주장한다.[83] 이 설명의 세밀한 부분이 에스겔의 마음에 그 건물이 얼마나 현실적이었는지, 그리고 얼마나 조심스럽게 우리가 세부 사항을 재구성해야 하는지 가르쳐 준다.[84]

우리는 그의 장황한 주장에 조급해 하지 말아야한다. 리처드와 동시대인으로서 그레고리우스적 견해를 강하게 지지한 로버트Robert of Cricklade에 의

82 562.
83 540-1
84 539.

해 에스겔의 영적 의미에 관한 일련의 설교가 있다.

> 예언자가 여기서는 그 건물을 때로는 회당, 때로는 성막, 때로는 집, 종종 성소로, 저기서는 도시로 불렀는지 조심스럽게 주목하고 관찰하라. 따라서 건물이 건물일 뿐 아니라 도시일 때, 건물을 함께 연결하거나 또는 물리적으로 묘사할 수 있다고 생각하는 사람들의 어리석은 열정을 공개적으로 논박한다.[85]

문자를 신중하게 검토하기 위한 생 빅터주의 캠페인은 오래된 스타일을 선호했던 주석가들의 반대를 분명히 마주했다.

리처드는 또한 유대인에게 자문을 구했던 그의 스승의 예를 따랐다. 그는 연대표를 작성하기 전에 그들에게 질문했고 그들의 의견을 기독교인들의 의견과 결합시켰다.[86] 이것은 유대주의화judaizing로 비난한 앤드류와의 논쟁에서 그의 관점에 매우 중요하다. 그는 앤드류의 근거들을 부인하지 않았지만 무비판적인 방법으로 사용되었다고 생각했다. 연대기의 문제에 대한 토론에서 그는 유대인들이 많은 점에서 자신보다 더 현명하지 않다는 것을 확신했다.[87] 성막에 관한 소책자에서 그는 요세푸스가 단지 유대인이었기 때문에 그를 권위 있는 사람으로 받아들이는 특정 인물(앤드류)에 항의한다.[88]

---

85 MS. Pembroke College Cambridge 30, fo. 145a: "Hic notandum et sollerter intuendum quoniam edificium aliquando vocabat templum, quandoque tabernaculum, interdum domum, plerumque sanctuarium, nunc civitatem nominat. Hinc stultitia delirantium apere deprehenditur qui edificium illud putant materialiter posse componi sive depingi, quod non solum edificium est, sed etiam civitas." Gerald of Wales는 Robert of Cricklade가 히브리어를 알았다고 말한다; De Principis Inst., ed. Brewer (Rolls Series), viii. 65. 이 설교에서는 그 흔적이 없다.

86 *De Concordia Temporum*, 241: "Unde et antequam de his juxta petitionem tuam aliquid scriberem, per Iudaeos Iudaeorum scripta consului, et tam eorum scripta quam nostra in unam sententiam concurrere didici."

87 ibid.: "… quamvis et ipsis hucusque veritas ipsa latuerit."

88 *De Tabernaculo*, 214.

그들은 유대인인 그가 성막을 보았고 자신이 진실이라고 알고 있는 것을 기록했다고 생각한다. 성경의 증거에서 그가 그것을 본 적이 없다는 것은 분명해 보인다… 요세푸스가 경험으로 알았던 것들 또는 권위 있는 성경에서 가져온 것들을 기꺼이 받아들이도록 하자. 그가 달리 판단하는 곳에서, 나는 출애굽기 또는 내가 정경canon에서 찾은 모든 다른 책들을 분명히 선호한다.

리처드는 두 권의 책에서 앤드류의 유대교적인 임마누엘Emanuel 예언[사 7:14][89]의 해석에 대해 길게 논박했다. 앤드류는 그 설명은 예언의 문자적 의미로서 유대인들이 전해주었다고 말한다. 리처드는 문자적인 것으로서 기독교인들의 해석을 변호하며 예언에 대한 그들의 스승의 가르침에 앤드류보다 더 많은 이해를 보여 주었다. 앤드류가 유대인에게 자문을 구하는 것이 그에게 충격을 주는 것이 아니라, 그들의 견해를 받아들일 때 그것은 성경의 기독교 전체의 해석을 훼손하고 평범한 사람들의 신앙을 위험에 빠뜨리는 것이 된다. 만일 앤드류가 예언을 이해하지 못했다면 그는 적어도 다른 사람들의 생각에 의문을 제기하는 것을 자제해야 했다. 여기서도 리처드는 과장해서 말하는 앤드류를 비난했을 성 빅터의 휴의 전통을 유지한다.

그러나 우리는 리처드의 주석에서 휴의 무언가를 놓친다. 모험심enterprise이 사라졌다. 그는 학문에 깊은 관심이 없다. 그는 히브리 본문을 언급하지 않는다. 만약 그의 문자적 작품이 휴의 가르침의 유일한 결실이었다면 빅터주의 운동은 조사할 가치가 거의 없을 것이다. 특정 대상이나 신성한 역사의 모습을 뚜렷한 문장 구성, 정확한 연대기 그리고 정확한 묘사에 대한 시도에 불과하다. 만일 이것이 문자적 해석에 의한 것이었다면 주석가들은 그들의 알레고리와 비유를 계속 지켰을지도 모른다는 우울한 결론을 내리게 할 것이다.

휴의 약속은 단지 학자이며, 교과서에 알려지지 않고 현대 참고 문헌에 거의 알려지지 않은 앤드류에게서 이루어진다.

---

89 *De Emanuele*, 601-66.

4장

생 빅터의 앤드류

1. 앤드류의 삶과 성격[1]

우리는 휴나 리처드보다 앤드류의 삶에 대한 기록들을 더 많이 가지고 있다. 이 기록들은 그의 주석들의 날짜를 아는데 도움을 주고 또한 그의 성격을 조망하는데 중요하다. 앤드류가 독특한 사람unusual person이었기 때문에 우리가 얻을 수 있는 모든 세부 사항을 필요로 한다. 그는 빅터주의자들의 진영 내에서만 성공할 수 있었다. 심지어 여기에서도 그를 믿는 것은 조금 어려웠다.

1190년 직후에 제작된 한 빅터주의자의 연대기는 교사인 앤드류를 위그모어Wigmore처럼 수도원 외부에서 특별한 위치를 차지하는 수도원의 구성원들의 하나이자, 수도원장 질두엥Gilduin의 제자들 가운데 하나로 기록한다.[2]

1 특별한 언급이 없으면, 이 장(chapter)의 자료는 B. Smalley, "Andrew of St. Victor, Abbot of Wigmore: a twelfth-century Hebraist", *Rech. Théol. anc. méd.* x (1938), 358-73에서 가져왔다. 주요 자료는 앵글로-노르만 History of the Foundation of Wigmore는 Dugdale, Mon. Ang. vi. 444-8과 T. Wright, History of Ludlow (Ludlow, 1852), 102-32에 의해서 인쇄되었다. 내가 사진으로 본 그들의 원본은 현재 MS. 224 of the University Library, Chicago, ff. 1-5이다. 이는 14세기의 사본이다. 『역사』(*History*)는 13세기의 어느 시기에 Wigmore의 교회법학자에 의해 쓰여졌다. 그는 스테판의 치하에서 수도원의 원래의 설립을 목격했던 사람들로부터 자신의 자료들을 모았다.

2 "…Guiguemora의 성 야곱 교회의 교사 앤드류, … 이 모든 파리의 성 빅터의 교회법학자들과 Guildun 수도원의 주의 제자들…" (…et magister Andreas in ecclesia sancti Jacobi de Guiguemora, … hii omnes cononici sancti Victoris Parisius et discipuli domini Gilduini abbatis …) J. C. Dickinson, *The Origins of the Augstin Canons* (London, 1950), 284-5, from MS. Paris Bibl. Nat. Lat. 15, 009, fo. 77r, v.

질두엥이 수도원장으로 재직하는 기간이 1113년에서 1155년으로 늘어남에 따라 이 기록은 앤드류가 수도회에 들어간 시기를 정확히 알려주는데 도움을 주지 못한다. 우리는 그가 Octateuch에 관한 주석을 약 1147년에 만들었다는 것을 안다. 그러므로 그는 휴의 밑에서 공부를 시작한 것은 확실해 보인다. 후대의 학자들은 그들을 서로 연결했다: 랭톤Stephen Langton은 "스승인 휴를 잇는 생 빅터의 앤드류"라고 인용했다.[3]

그 다음 히어포드셔Herefordshire에 있는 생 빅터의 자매 수도원daughter-house의 성직자 수도사들/참사수도사들은 앤드류를 그들의 첫 수도원장으로 뽑았다. 위그모어 설립의 역사는 성직자 수도사들이 어떻게 "그 당시 파리에서 생 빅터의 부원장이었고 신학의 교사이며 진지하고 고귀한 덕성을 가진 교사 앤드류의 이야기를 들었는가"에 대해 말해주고 있다. 그들은 그에게 자신들에게 와서 수도원장 자리를 받아들이고 그들의 업무들을 지시하는 관리자governor와 고위 성직자가 되는 것을 허락하도록 간청을 보냈다. 생 빅터의 역사가들은 수도원의 소수도원장 중에 그를 언급하지 않았지만 위그모어 문서의 증언을 강화하기 위해 수도원장으로서의 그에 대한 다른 한 가지 가능한 참고가 있다. 현재 그라츠Graz의 대학도서관에 있는 MS. 1515에 있는 문체Dictamen에 대한 논문은 공식 서한을 시작하는 모범이 되는 인사말을 지니고 있다. 이는 "A. 생 빅터 수도원장"(fo.57)으로 말해진다.[4] 이 논문의 편집자는 교황 루시우스Lucius가 황제 콘라드Conrad에게 보낸 1144-45년의 인사말을 포함시켰다. 적어도 언급된 다른 고위 인사의 첫 글자initials의 일부는 실제 인물이다; 반대로, 일부는 가짜이다. 루시우스 2세 교황과 동시대의 파리 주

---

3 B. Smalley, "The School of Andrew of St. Victor", *Rech. Théol. anc. méd.* xi (1939), 157.

4 이 논문은 C. H. Haskins, "An Italian Master Bernard", *Essays Presented to R. L. Poole* (Oxford, 1927), 215-16에서 설명하고 있다. 그는 인사말의 목록을 제시한다. 나는 그라츠(Graz)에 있는 대학도서관의 디렉터에게 크게 감사한다. 그는 나에게 사진을 보내주었다. 원고의 단어들은: "A., Dei gratia Parisiensis episcopus, licet indignus, reveredo in Christo, plurimum dilecto fratri A., sancti Victoris priori, vel P., cluniacensi abbati, salutem." 등. 불행하게도 단지 인사말 외에 어떠한 편지도 논문에서 제시되지 않는다. 이는 12세기의 손에 쓰였다.

교나 마인츠 대주교가 A로 시작했을 것으로 예상되는 이름을 가진 사람은 없다. 우리에게 관심 있는 인사말은 'P. 클루니 수도원장'P., Abbot of Cluny 대신에 쓰였다. 1122-56년 클루니 수도원장 가경자 피터Peter the Venerable의 분명한 실존은 'A. 생 빅터의 수도원장'A., Prior of St Victor의 실제성을 제공한다. 그러므로 위그모어의 성직자 수도사들은 수도원장 선출을 위한 수도원장의 직무를 주장하는데 있어서 정당했다. 이 경우 앤드류는 수도원장 난테루스Prior Nanterus와 수도원장 오도Prior Odo사이에 해당된다. 위그모어에서 당선된 것은 1147년이나 그 후였다. 성직자 수도사들은 '커다란 영광'으로 그를 받아들이고 히어포드Hereford의 주교에 의해 임직되었다.

생 빅터에서 멀리 떨어진 이 거주지colony는 몇 년 동안 존재해온 거대한 baronial 재단이었다. 스테판Stephen의 통치 하에서 웨일즈 마르세Marches 지역의 혼란한 상태와 이리 저리 옮겨 다니던 그들의 후원자 휴Hugh de Mortimer의 경솔함은 참사수도사들을 계속적인 어려움에 처하게 하고, 대수도원장 밑에서의 그들의 정착을 막았다. 앤드류가 도착하자마자 그들은 위그모어 근처의 한 장소로 옮겨졌다. 그곳은 너무 불편해서 다른 곳을 선택하도록 요구했고, 승인을 받았다. 그래서 그들은 지역사회를 위한 영구적인 집을 결정할 책임 있는 임무를 가졌다. 이 시점에서 앤드류와 참사수도사들 사이에 '거리'가 생겼다. 그는 "그들이 원하는 데로 남겨두고 생 빅터 자신의 수도원으로 돌아갔다." 그 원인은 위그모어 역사에 언급되어 있지 않지만 우리는 행간을 읽을 수 있다. 참사수도사들은 '수도회에는 초보이지만 임시적인 것을 관리하는데 신중한' 로저Roger로 그를 대신하도록 했다.

앤드류는 그에게는 오랜 시간이 지난 후처럼, 다시 생 빅터에서 자신의 작업을 하였다: 그는 첫 번째 설명에서 "옛날처럼 … 지금도"라고 언급한다.[5] 그는 1154-55년 사이 적어도 몇 년 동안 멀리 있었다. 그는 예언서를 자세히 설명했고 "친구들의 많은 긴급 요청에 강요당했다." 솔로몬의 책을 시작하고

5 아래 p. 123 참조.

잠언과 전도서를 끝냈다.

아마도 이 일이 진행되는 언젠가 그는 로마를 방문했고 유물들에 깊은 감명을 받았다. 그의 작품에서 유일한 지리적인 참고 문헌은 다니엘서의 설명에서 나타나는 흥미로운 사실을 가장 잘 설명하고, 둘 다 로마에 있는 것 같다. 그는 부족들[단 3:7]을 고대 로마의 가족과 '오늘날의' 피에로니Pierreoni와 프랜지패니Frangipani의 가족들과 비교한다.[6] 울레Ulai(강변)의 문[단 8:2]에서 그는 이렇게 말한다: "로마에는 티베르티나Tiburtine라 불리는 문이 있다"[7] 적 그리스도에 의한 최종적 파괴 이전에 로마제국을 분열시키는 '열 왕' 으로서의 다니엘의 환상에 대한 열 뿔에 대한 전통적 해석에 대하여 그는 강하게 반대했다. 그는 로마가 결코 분열되지 않을 것이라고 주장한다.[8] 그런 다음 전도서에 대한 그의 설명에서 과원pomaria(2장 5절)이라는 단어를 자신에게 주어진 기회로 포착하여 비록 여기서는 '과수원'을 의미하지만 로마 포메슘Roman pomerium은 도시의 고대 경계라고 설명했다.[9]

한편 위그모어의 참사수도사들은 후원자가 준 훌륭한 장소를 선택했으며 수도원을 그가 세웠던 것보다 훨씬 더 강한 위치에 올려놓은 유능한 로저Roger가 사망하였다. 관리자와 학자 사이에 양 측면에서 수도원에 알려진 경향을 따라 그들은 앤드류를 다시 부르기로 결정했다. 히어포드Hereford의 주교는 그들을 대신해 생 빅터의 대수도원장에게 재치 있는 비난조의 편지를 썼다: 목자를 잃은 위그모어의 참사수도사들은 그들의 처음 목자가 왔던 목초지로 돌아가는 것과 순종의 멍에 아래 있게 되기를 원했다. 그들은 또한 교사 앤드류에게 와서 그들의 대수도원장이 되어 달라고 간청하기 위해 '세

---

6 MS. Pembroke College Cambridge 45, fo. 117d. "Andrew of St. Victor"를 참조.

7 ibid. fo. 125a: Sicut Rome quedam porta est que dicitur Tibertina

8 아래 p. 128-9 참조.

9 Calandra 16.: "pomerium locus erat Rome intra agrum, p.(er) R(ome) totius urbis circuitum, pone muros regionibus certis determina(tu)s, qui faciebat finem urbani auspici. Hoc autem in loco pomeria voca pomifere arbores cuncti generis erant constite." From A. Gellius, *Noctes Acticae*, lib. 13. c. 14.

명의 가장 신중한 형제'를 생 빅터에게 보냈다. 그들은 '큰 어려움' 끝에 그를 설득했다. '그는 그들과 함께 왔고, 큰 기쁨으로 영접을 받았으며, 이전처럼 대수도원장으로 남았다.' 이것은 1161년과 1163년의 봄, 또는 바로 직후에 일어난 일이다.

이번에 앤드류는 위그모어에 머물렀고 [생 빅터의] 학교와 연락이 끊긴 것 같다. 1173년에 생을 마감한 리처드Richard of St. Victor는 앤드류가 오랫동안 잊힌 것처럼 알려지지 않는 시기에, 이사야에 대한 앤드류의 주석에 대하여 공격하였다. 그는 '교사 앤드류'가 아닌 '아직 존재'하며, 그들의 스승의 가르침을 유지하는 제자들과 논쟁한다. 그들의 스승은 그 당시에 아직 살아 있었다. 그는 새로운 수도원 설립 후 약 3년경 1175년 10월 19일에 세상을 떠났다. 성직자 수도사들은 '큰 존경심으로' 그의 장례를 치렀다.

위그모어 『역사』*History*를 쓴 참사수도사는 앤드류 자신이 확인한 성격을 몇 줄로 묘사했다. 그는 도덕적인 반영을 위한 구실을 마련하기 위해 텍스트의 의미에 너무 매료되어 있는 작가로서 포괄적이지 않다. 그런 이유 때문에 어떤 사람은 그가 말할 때 열심히 듣는다. 그의 본문 중 세 가지는 그가 침묵을 깨도록 유도하고 우리가 잠시 동안 빅터주의자들에게 귀를 기울일 수 있도록 허용한다. "신학 교사mestre de divinite, 고귀하고 더 고귀한 미덕de nobles vertues et plusurs, 그리고 냉정함et sobre"으로 그의 명성이 웨일즈 마르쉐Welsh March로 전해졌다.

열왕기상 1장 3절에[10] "경배하며 희생 제사를 드리기 위해"에 대하여 그는 갑자기 기도에 대한 약간의 권고를 한다:

> 훌륭한 수도회여! 우리는 먼저 하나님을 경외해야 하고 그 후에 그에게 희생 제물을 바친다. 머리를 숙이고 무릎을 굽히는 것뿐만 아니라 마음의 진실한

---

10 * 스몰리의 원저에서는 벌게이트에 따라 왕상 1:3절로 되어 있으나 개역성경은 사무엘상 1:3절이다.

> 겸손과 마음의 완전한 복종과 육체적인 몸으로 그를 경외하라. 만일 당신의 마음을 그에게서 물러나게 한다면 그는 당신의 예물을 중요하게 여기지 않는다. 먼저 경건과 마음에서 우러나는 기도로 하나님께 간청하라. 그 후에 당신은 희생과 예물로 그를 기쁘게 할 것이다.[11]

똑같은 예상치 못했던 일로 그는 다니엘서 7장 16절에 대해 갑자기 말한다: "내가 그 곁에 모셔선 자들 중 하나에게 나아가서 이 모든 일의 진상을 물으매."

> 다니엘이 말하기를: 당신은 다니엘보다 더 현명한가? 다니엘은 그가 알지 못하는 것을 아는 사람에게 물어본다. 그렇다면 왜 확실히 다니엘보다 적은 당신은 학식을 지니고 현명한 사람에게 알지 못하는 것을 묻는 것이 아니라 부끄러운 무지에 남아있기를 선호하는가?
> 그가 "봉사에minister" 서두르는 사람들에게서가 아니라 "가만히 있는 사람들"로부터 "진실을 묻는다는" 것을 신중하게 생각하라. 지혜는 방해를 받는 시간에 급한 자들에게서가 아니라 한가한 시간에 여유가 많은 사람들에게서 배운다.[12]

---

11 MS. C.C.C. 30, fo. 51c.: "Bonus ordo! Primum est Deum adorandum, deinde illi sacrificandum. Adora eum non sola incurvatione capitis et poplitis curvatione sed vera cordis humiliatione et omnimoda tam corporis quam mentis subiectione. Non respicit ad munus tuum si subtraxeris illi cor tuum. Roga Deum prius piis et devotis precibus, postea placabis eum hostiis et muneribus."

12 MS. Pembroke 45, fo. 124d.: *et accessi ad unum de assistentibus et veritatem querebam ab eo*. Si Daniel, de quo dictum est: "numquid (MS. unquam) to Daniele sapientior es?', a sciente querit quod ignorat, cur tu nescire pudens potius (MS. prave) quam querere malens, illo satis inferior, a doctis et sapientibus viris querere (MS. querente re) quod ignoras pigritaris? Diligenter adverte quod ab assistentibus et non administrantibus et discurrentibus veritatem querit. Ab otiosis enim et in tempore otii et non a discurrentibus et perturbationis tempore sapientia discitur."

잠언 31장 3절의 "말지어다 … 네 부를 왕을 멸망시키는 데"는 그를 소리치게 하였다:

> 고백하는 종교인들은 매우 많고 그렇게 불필요한 것들을 요구하는 것을 부끄러워해야 한다; 그렇다. 그리고 자신들을 그들의 처분자들에게 강요하지 마라![13]

아마도 마지막 두 의견은 앤드류와 위그모어의 성직자 수도사들 사이의 '거리'에서 영감을 받았을 것이다. 아마도 그들은 서둘러서 의무를 감당해야만 하는 방관자의 아쉬워하는 성급함을 보여줄 것이다. 연구에서 진리를 찾는 것은 앤드류의 열정이었고, 그는 방해받기를 싫어했음이 틀림없다. 전도서에 대한 그의 마지막 저서에는, 만일 우리가 그것의 배경을 검토한다면 매우 개인적인 구절이 있다. "하나님이 인생들에게 주사 수고하게 하신 것이라"(*Hanc occupationem pessimam dedit Deus filiis hominum* [전 1:13])는 헛된 호기심과 불필요한 질문을 하는 자들에 대한 많은 설교의 본문의 역할을 한다. 앤드류는 그의 스승인 휴의 설교에만 의지해야 했다. 그러나 그는 차마 그런 방식으로 본문을 읽을 수 없었다. 그는 그 설교자를 비난하는 대신에 호기심이 많은 것을 정당화시킨다.

> 그는 질문과 연구를 "최악의 직업"이라고 부른다. 왜냐하면 많은 노동labour은 거의 진전이 없기 때문이다. 하나님의 선물 즉, 모든 것에 관하여 추구하고 찾는 자연적 본능의 영혼 때문에 하나님께서 사람의 자녀들에게 그것을 주셨고 그 안에서 활동하도록 하셨다고 말한다. 영혼은 말하자면 숨겨진 도망자, 진리를 빠른 속도로 추적하고 붙잡을 수 있다. 모든 진리가 숨겨져 있

13 MS. C.C.C. 30, fo. 106a.: "... pudeat ergo religionem professos tot et tanta superflua querentes, immo a dispensatoribus suis extorquentes."

기 때문이다.[14]

자연적인 본능인 "이 최악의 직업"에서 벗어나서, 거친 웨일스 국경 지대로 보내진 그의 감정은 아마 그에 의해 수집된 빅터주의 수집본의 한 편지에 나타나 있을 것이다. 그것은 학자의 문학적 훈련으로 읽혀지며, 결코 결정되지 않은 어떤 운명의 전환을 암시한다. 그 시대에 대한 우리의 유일한 단서는 그가 자신을 수도원장 앤드류가 아닌, 형제라고 부르는 것이다.

> 그의 사랑하는 형제 토마스에게 그의 형제 앤드류가 가장 많이 버림받고 모든 사람 중에서 가장 비참한 그의 형제가 안부와 그가 가지고 있는 좋은 소망을 전한다.
> 가장 사랑하는 형제에게,
> 나를 위한 운명의 수레바퀴는 빠르게 돌고 봄의 돌풍처럼 불안정하다. 그것은 최근 나를 더 좋은 상태로 일으켜 세웠지만 역경의 가장 깊은 곳까지 나를 밀어 붙였다. 조금 전 내게 명랑한 표정으로 미소를 지었으나 지금은 내가 살고 싶은 소원까지도 없애는 찌푸린 얼굴로 나를 공격한다. 아아! 우리에게 분노하는 그런 힘, 그런 난폭한 규칙이 허용되는 이런 짐승 같은 자에게 화가 미칠 진저! 운명이 나를 너무 압도했던 때보다 오히려 나의 마지막 시간이 왔으면 좋았겠다.[15]

---

14 Calandra, 12.: "Inquisitionem et investigationem de omnibus, *pessimam* appellat *occupationem*, quia multum in ea laboratur et parum proficitur. *Dedit Deus filiis hominum*. Divinitus data hominibus hec occpuatio esse dicitur *ut occupentur in ea* propter animam a Deo datam, cui insitum et naturale est inquirere et investigare de omnibus, ut quasi fugientem et latentem veritatem-latet einim omne verum-quibus potest pedibus consequatur et comprehendat."

15 MS. Vat Regin. Lat. 179, fo. 203.: "Fratri suo dilectissimo Tome frater suus desolatissimus et hominum quorumvis miserrimus Andreas salutem, et quicquid sibi prosperitatis optat accidere.

Frater Karissime michi valde volubilis omnique incertior verni flamine facta est rota

우리는 이제 일반적으로 전기적biographical 소개의 시작 부분에 오는 질문을 할 수 있다. 우리는 그 해결에 대한 직접적인 증거가 없기 때문에 그것은 마지막으로 남아 있다. 서지 편집자들이 우리에게 말하는 것처럼 앤드류는 영국인이었는가? 그 주장은 생 빅터의 앤드류가 '영국인'Englus natione이라고 말한 존 베일로 돌아간다. 베일은 보스톤의 베리Bury에게서 나머지 모든 소식notice을 받았다. 이것은 그에게 알려지지 않았기 때문에 그는 위그모어에서 앤드류의 대수도원장 임기에서 추론할 수 없었다. 따라서 베일은 현재는 잃어 버렸거나 그가 추측한 정보의 출처를 갖고 있었다. 베일에게서 필사한 것에서 피츠Pits는 '영국인'에서 '영국인 부모로부터 영국에서 났다'in Anglia parentibus Anglis natus로 강조하고, 리처드의 앤드류에 대한 공격은 영국인에 대한 스코틀랜드 사람의 편견 때문이라고 제안했을 때 우리는 전기적인 전설legend이 눈덩이 같이 커질 것임을 깨달았다.

『위그모어 설립의 역사』*History of the Foundation of Wigmore*는 도움이 되는 것처럼 보인 다음, 우리를 실망시킨다. 생 빅터에서 마르세March로 온 첫 번째 참사수도사는 그들의 이웃들이 매우 무례하고 적대적이어서 원주민의 언어와 예의를 알고 있는 다른 빅터주의자들Victorines로 자신들을 대체할 것을 요청했다고 말해준다. 그래서 영국에서 태어나고 자란 세 명의 참사수도사들이 새 수도원의 중심으로 보내졌다. 우리는 영국인을 그들의 처음 대수도원장으로 선출함으로써 그들이 '토착화' 정책을 따랐다는 것을 가정할 수 있다. 그러나 이 『역사』는 이것에 대해 아무것도 말하지 않는다.

그 다음에 우리는 프랑스어에 대한 앤드류의 태도에 대한 증거가 있다. 그것 역시 다시 부정적이다. 12세기에 영국인이 영어, 불어, 그리고 라틴어 3

---

fortune que me nunc ad statum meliorem eductum in infimas summe calamitatis partes detrusit. Hec paulo ante michi faie arridebat sereniori, nunc vultu lugubri in me invecta etiam spem vivendi michi subtraxit. Vh'e vh'e huiusmo야 belve cui tam violentum dominium, cui tanta in nos seviendi facultas permittitur! Mallem quidem michi supremos dies imminere quam hanc tam graviter in me corruisse."
나는 이 번역본에 대해 사망한 Dom Wilmant의 친절에 감사드린다.

개 국어로 말하는 것이 일반적이었음이 틀림없다. 그리고 그는 파리에 살고 있었다. 우리는 다음과 같은 표현을 통해 그가 프랑스어 단어를 그의 주석에 도입한다는 사실로부터는 확실한 아무것도 추론할 수 없다: "로마 용법에 따르면, '말하다'*dicere*는 일반적인 용법에서는 '말하다'*loquendi*로 다른 사람들은 '말하다'dicunt로 표현하는 습관이 있다. 그는 프랑스어를 학자와 일반 사람들을 위한 현대어로 여겼다는 것을 보여준다. 그러나 그의 평소 표현은 '프랑스어로'*in lingua Francorum* 또는 '프랑스인들이 …라고 말하는 것처럼'*quod Franci vocant* …이다; 여기서 자신과 프랑스인 사이에 그의 마음속에 약간의 차이가 있는 것을 보는 것은 유혹적이지만 오히려 비현실적이다. 우리에게 스테판 랭튼의 영어의 외침 '건배'Wassail는 *'esto hilaris!'* 보다 100배나 더 쾌활하다고 생각한 영국인에 대한 보고서만큼 결정적인 것은 없다.[16]

우리는 질문을 미결 상태로 두거나, 국가적 특성의 위험한 전제에서 논쟁해야만 한다. 그러나 이것은 몇 년 전보다 오늘날은 더 인정할 만한 증거다. 포위케Powicke 교수는 스테판 랭톤의 본질적인 영국다움을 설득력 있게 말했다. 웨스트C. B. West는 앵글로-노먼Anglo-Norman 문학에 있는 예법Courtoisie에 대한 신중한 연구에서 확실한 결론에 도달했다:

> 예법이 그 자체로 제시되는 규정된 형태는 이미 12세기와 13세기의 영국에서, 이상하게 혼합된 인구와 함께, 현대 영국에서 전형적으로 나타나는 어떤 구체적인 현실감각을 그대로 보여주기 시작했음을 지적하는 것처럼 보인다.[17]

정복 전야의 그 앵글로 색슨인[스테판 랭톤]은 훌륭한 예술가이자 시인이었으나, 그는 지적이지 않았다.[18] 위대한 잉글랜드 성인 워체스터의 울프스탄

---

16 "Studies on the Commentaries", 7, n. 2.
17 C. B. West, *Courtoisie in Anglo-Norman Literature* (Oxfore, 1938), 168.
18 정복 직전의 영국 문화에 대한 설명은 R. W. Chambers, *The Continuity of English Prose* (London, 1932).

Wulfstan of Worcester은 소년시절에 그의 마을 운동회에서 우승을 했고 책을 읽는 것이 그를 잠들게 했기 때문에 독서를 즐겼다.[19] 이 앵글로-노먼[앤드류]은 더 많은 지적 에너지를 가지고 있었다: 그러나 그는 일반적으로 추상적인 사색, 연구와 논리적 관찰보다는 역사 저술 또는 성경 주석을 선호했다. 일반적으로 블로아의 피터Peter of Blois는 학교에서 보편적으로 받아들여지는 '하나의 미덕을 가진 사람은 모두 가지고 있다'는 것과 그것을 뒷받침하는데 사용된 미묘한 차이가 있다는 의견에 동의하지 않는다. 왜냐하면 그는 흔히 겪는 경험으로 그것이 사실이 아님을 발견했기 때문이다.[20]

앤드류에게 이러한 최근의 연구를 적용하지 않는 것은 어렵다. 여기에는 우리의 관심사임을 부정하는 비난이 아니라 그 주위에서 계속되고 있는 신학적 추론과 종합의 작업에 대한 관심이 완전히 결여되어 있다는 것을 보여주는 파리의 학자도 있다. 그는 이 불길한 환경에서 자신의 독창적인 아이디어가 아니라 그의 스승의 것이었음을 알 수 있는 연구에서 잘 알려지지 않고 소홀한 분야에 헌신할 만큼 충분히 독립적이다. 그는 신비적이지 않고 경건하며 보수적인 방법을 따랐다. 그는 고고학에 취미가 있는 인문학자다. 그는 세부적인 것을 드러내고 구별과 정의에 대한 필요성에 직면했을 때 생각의 혼란을 보여준다. 논쟁에서 자신이 유대인과 맞설 수 없다는 것을 쾌활한 무관심으로 인정한다.

나의 느낌은 피츠Pits가 자신의 방법에서 비과학적이었지만 아주 옳았다는 것과 앤드류가 영국인 또는 앵글로-노먼인이었다는 것이다. 그의 저서를 연구하면서 천천히 좋아하게 되었고, 그것은 스스로를 대변할 수 있도록 허용되어야 한다.

---

19 R. R. Darlington, ed. *Vita Wulfstani of William of Malmesbury* (Camden Soc., London, 1928), 6; 49.

20 R. W. Southern, "Some New Letters of Peter of Blois", *English Historical Review*, liv (1937), 416-19.

2. 주석가로서의 앤드류

우리는 가능하다면 앤드류 스스로 자신이 정확히 무엇을 하려고 했는지에 대해 질문함으로 시작해야 한다. 그의 작업의 목표에 대한 중요한 단서는 그 형태일 것이다. 대략적으로 말하자면 12세기의 주석가는 세 가지 가능성을 가지고 있었다. 그는 자신의 본문을 연속적으로 논평comment하거나 주석gloss을 달았다. 꽁세의 윌리엄William of Conches에 따르면,[21] 논평가commentator는 의미를 자세히 설명하고 주석가glossator는 단어와 의미 모두를 설명한다. 주석들glosses은 학생들에게 설정된 본문과 그에 대한 표준 작업의 충분한 지식을 제공한다는 의미에서 논평들commentaries과 다르다. 논평commentary은 수도원 생활이나 연구의 결과물이며 주석는 교실의 산물이다; 그것[주석]은 종종 학생이 그의 스승의 강의에서 노트를 작성한 필기록*reportatio*으로 우리 사이에 전해지고 있다. 세 번째 가능성은 본문 전체가 아닌 특별한 관심이나 어려움을 나타내는 문구만을 골라 그것을 선택해 설명하는 것이다. 마지막은 잘 확립된 전통으로, 교부들의 스콜리아scholia[22]로 돌아가는 것이었다.

앤드류는 이중에서 세 번째 범주를 선택했다. 원고에서 그의 작품은 노트*notule*, 자료수집*compilations*, 역사적 해석*expositio historica*이라고 불린다. 단 하나의 필사본만이 따로 분류되었고, 그것은 나중에 주석으로 표기된다. 앤드류는 스스로 자신의 작은 해석expositiuncula, 작은 설명*explanatiuncula*, 또는 설명서*libri explanationum*로 이야기한다. Octateuch에 대한 그의 해설은 휴의 『강의록』의 발전이다. 그는 예언서와 잠언을 더 자세하게 다루고 프롤로그를 제공하지만 여기에서도 모든 구절을 설명하려고 시도하지 않는다. 꽁세의 윌

21 Dr. R. Klibansky는 친절하게도 곧 출판될 책을 나로 하여금 인용하도록 허용했다. 최근 그는 윌리엄의 마크로비우스(Macrobius)에 관한 주석에서, "*commentum*"과 "*glosa*"는 저자가 의미하는 것과 사상에 관심을 갖는다. "glosa"는 추가적으로 텍스트를 따라서, 그 구조나 구문을 더 세밀하게 설명한다. 다르게 말하면, "glosa"는 문자적 연속성(*continuatio litterae*)에 따라서 단어(words)와 그 의미(sense)를; *commentum*은 그 의미(sense)만을 설명한다.

22 * 특별한 어려움을 지닌 개별 단락들을 짧게 설명하는 것

리엄은 단어가 모호한 본문의 일부에 '주석을 달다'라고 하고, 다른 것에 대해서는 '의견을 말하다'comment라고 말할 것이다. 그는 확신한 토대를 다루도록 강요하는 일련의 강의를 제공하지 않는다; 그는 우리에게 말하는 대로 '자신을 위해' 글을 쓰고 그의 관심사에 집중할 자유가 있다. 반면에 그의 '작은 설명'little explanations은 앤드류가 성 제롬의 광대한 작품에 적용하는 단어인 '주석'commentaries보다 그 범위 안에서 더욱 타당하다. 사실, 그는 해설을 스콜리아*scholia* 형식을 취하고 그의 목적에 맞게 확장했다.

그것은 전문가의 목표이다. 앤드류는 역사적인 의미를 설명하고 있다고 주장한다. 그는 한편으로는 영적 해석을 배제하고 다른 한편으로는 신학적 질문을 배제한다. 그는 설교법이나 교리적 토론을 할 시간이 없다. 전통이 성경의 첫 번째 구절에 붙였던 천사학angelology은 한쪽으로 밀려났다. 앤드류가 믿은 것처럼 의도적으로 모세는 '천사의 창조와 천사에 대한 확신이나 타락을 완전히 지나갔다.' 그는 똑같이 할 것이다:

> 확고한 목적이 있는 우리 역시 이 구절에 있는 천사에 관해 다른 사람들이 언급해야한다고 생각하는 것을 생략할 것이다. 심지어 우리는 관점을 가지고 있어야 한다.[23]

그는 천사의 본질에 대한 자신의 견해를 다른 곳에서 언급하고, 다소의 후회가 있다면 즉시 떨쳐 버린다: 그것은 이 시간에 해당하는 것도 아니고, 담론의 주제도 아니다.*non est huius temporis nec negotii*[24] 그는 문자의 이해를 위해

23 MS. Bibl. Nat. Lat. 356, fo. 1d: "Sed quoniam creationem angelorum consulto eum pretermisisse et his solis que ad hominum utilitatem spectant intendisse diximus, nos quoque quid alii in hac operis parte de angelis dicendum esse senserint, quid etiam ipsi nos, si quid inde sentiamus, ex industria pretermisimus." Fo. 21b.: "Sed ut iam diximus de diximus de angelis et de hoc eorum celo sive sit, sive non sit, penitus omittimus." 아래 p. 388 참조.

24 MS. Pembroke 45, fo. 129c.

그가 필요하다고 생각하는 것만 고려할 것이다.

이렇게 엄격히 제한된 목표 속에 그는 '모든 에너지'를 쏟아 붓고 개척자의 정신으로 문자에 접근한다. 그는 교부들의 설명에 무언가를 추가할 것이다. 생 빅터의 리처드와 마찬가지로 앤드류도 자신의 독창성으로 자신을 정당화해야 한다. 리처드보다 더 독창적인 그는 더 도전적이고 더 반항적이며, 모험심이 강하고 더 변증적apologetic이다. 예언서에 대한 그의 프롤로그에서 그는 스스로 허용한다. 현대 영어로는 거의 재현될 수 없는 웅변의 홍수는 자신이 설정하는 과제 앞에서 자신의 희망과 두려움을 말해준다. 그것의 어려움은 소름끼치지만 그를 매혹시킨다:[25]

> 물의 흑암과 공중의 빽빽한 구름으로[시 18:11]

앤드류의 독자들은 즉시 표준주석*Gloss*을 제공할 것이다: "숨겨진 가르침은 예언자들에게 있다." 그는 계속해서 다음과 같이 말한다:

> 우리의 정신력은 너무 억제되어 있고 흐려져 있어 예언자의 말의 어둠을 통해 건전한 지혜의 단비를 감지하지 못할 수도 있다. 그러나 하나님은 "어두운 데에 빛이 비치라"[고후 4:6] 명령하셨다. 그의 손은 강하다. 그가 선택한 도구와 그의 기쁨에 의해 그는 우리의 정신적인 어두움을 약간의 빛으로 꿰뚫어 볼 수 있으며, 즉 이해의 광선의 조명을 통해 어두운 마음에 빛을 회복시킨다. 강대한 그러나 가장 너그러운 분은 그의 영원한 다정함 때문에 하나님이시다. 누구든지 구하고 받기를 원하는 자에게는 그들의 소망의 영리한 지혜를 바다 물처럼 풍부하게 부어 줄 것이다.
>
> 지혜 역시 그를 사랑하는 사람에게 주어지고, 열심을 지닌 자를 만나러 간다.

---

25 이 장(chapter)에서 인용된 긴 단락의 라틴어 본문의 정보는 부록에서 제시된다.

나아가: 그녀는 문을 일찍 노크하는 사람들에게 축복의 보상을, 그녀를 선포하는 사람들에게 영원한 삶의 기쁨을 충실히 약속한다. 기쁨으로 지혜는 약속의 희망으로 우리 마음을 사로잡고 부드럽게 끌어들인다. 모든 다른 사람들을 배제해야 할지라도 의righteousness는 그 자체가 보상이며, 진리를 조사하는 것보다 이성적인 피조물에게 더 의로운 것은 무엇일까? 우리는 그렇게 생각한다. 우리는 전적으로 지혜에 대한 힘들지만 즐겁고, 유익하고, 열매를 맺는 고된 탐구에 전념했다. 이것에 대해 나는 이 즐거운 수고와 고된 즐거움을 말한다.

우리의 가난은 우리가 하늘의 영광을 그 숙련자에게 가져오고 후세에게 도움이 되는 지혜를 선포하는 그 열심에 도달하는 것을 허락하지 않기 때문에, 적어도 우리의 모든 노력으로 거리에서 목소리를 내지 말고 많은 군중 앞에서 외치지 않는(잠 1:20-21) 지혜의 힘을 믿지 않는 더 겸손한 태도를 찾아 노력하자:

"도덕적 진보의 어떤 점이 이득을 얻을 수 있다.
비록 그것을 넘어서 갈망하는 것이 헛된 것으로 입증되기는 하지만."[26]

어리석은 사람! 만일 당신이 할 수 있는 것을 하지 않는다면 당신은 할 수 있는 것을 할 수 없다. 자기 자신에게 유익하지 않는 사람은 전혀 쓸모가 없다. 그러나 만일 경미하게 거의 아무것도 아닌 우리 자신의 힘이 아니라, 하나님의 은총의 도움을 의지한다면, 우리가 언급했던 첫 번째 열심을 시도해야한다. 그것은 보다 뛰어나고 탁월하다: 아무도 우리가 저자 또는 교사로서 스스로를 세우는 것처럼 허영심에 빠져있다고 결론을 내리지 않게 하라. 절대 우리의 한계를 넘어서 우리가 도달할 수 없는 것에 대해 자신 있게 뻗어나가는 자처럼 너무 어리석지 않기를 그 위에서 헛되이 있는 것보다 자신의 수준에서 안전하게 있는 것이 낫다. 우리가 배운 것을 철저하게 받아들인다면 우리와 그리고 우리와 같은 사람들에게는 충분하다.

---

26 Horace, *Ep.* v. 1-32, trans. J. Conington (London, 1880), 98.

당신은 위험을 두려워하고 꺼리는가? 가르치려고 하지 마라. 배우는 것이 더 안전하다. 당신은 연약하고 활발하지 못하고 수고를 참지 못하는가? 펜과 노트를 한쪽으로 치워라: 책을 읽는 것에 만족하라. 그러나 불굴의 기사는 모든 위험을 피하지 않아야하고 용감한 사람이 수고를 두려워하지 않는다는 것을 알아야한다. 그의 몸과 두뇌를 수고에서 배제하려는 사람은 이익 없이 지내야한다. 가치, 명예, 영광, 훈련, 증거, 인내, 셀 수 없는 그런 것들은 수고의 이익이며, 그것을 거절하는 사람은 이 모든 것을 바로 빼앗길 것이다. 두려움이 이익을 가져오는 수고로부터 우리를 단념시키지 못한다. 우리의 기술 부족과 자신이 없음이 그렇게 하지 않았겠는가!

나는 과거에 모세 오경, 여호수아, 사사기, 말라기에서 했던 것처럼 내 자신의 힘보다 신의 도움에 의지하여 모호한 예언적 작품에 약간의 설명을 지어내기concoct로 결정했다. 그들의 심오한 깊이, 난해한 복잡함, 사람과 사물의 놀라운 다양성은 일을 시작하기를 두려워하는 나의 목적으로부터 어느 정도 나의 마음을 돌려놓았다.

"뭐라구! 속삭임, 험담, 불쾌한 야유, 콧방귀, 못마땅해 하는 얼굴, 삐죽거리는 입을 기대하지 않는가?"라고 말할 것이다.

그렇다. 나는 기대하고 두려워해야 하는 질투심envy을 극복해야 한다. 내가 새롭고, 중요하고 부러워할만한 것을 쓰고 있었더라면, 나는 이 힘든 날들에 당신이 말한 것을 두려워할 이유가 있어야한다. 그러나 나는 내 일로 귀를 거슬리게 하려고 애쓰지 않는다. 거의 모든 것에 귀머거리가 되는 것이 과거를 구한다.

아무도 내 예물을 가져가서는 안 된다.[27]

나는 내 자신을 경계하고, 나 자신을 위해 일한다. 논평과 주석을 쉽게 손닿

27 Ovid, ex. *P.* iii. 6. 58.

는 곳에 항상 가지고 있을 수 없는 빈곤에 자문을 구하면서, 나는 말하자면 하나의 몸체*corpus*에 속한 것처럼, 역사적 의미에 속한 것들을 통해 흐트러지고 넓게 흩어진 것을 함께 수집했다. 마지막으로, 만일 내가 그들의 애매함 때문에 특별한 주의를 기울여 연구하기로 결심한 예언서에 관해 또는 유대인이나 특정한 다른 사람들처럼 구약의 다른 책들과 내 자신의 연구에서 나에게 보여 주듯이 또는 하나님이 계시한 것처럼 (때때로 이것을 심지어 그의 종들에게 허락하셨다) 무언가를 발견할 수 있다면, 나는 그것을 삽입하는 것이 좋다고 생각했다. 유용하게 배운 것이 잊히지 않도록 해야 한다.

우리는 그것의 형식적인 겸손과 그것의 경구적 문구가 있다면 이러한 변명을 지워버려야 한다. 앤드류는 그가 새로운 것을 하고 있다고 느꼈다. 그래서 그는 순전히 자기 자신이 사용하기 위해 그것을 한다는데 항의함으로써 비판을 무력하게 하려고 시도한다. 그는 그것을 좋아하기 때문에 일한다.

그의 일반적인 프롤로그에서 울분을 내뱉고, 그는 이사야의 예언에 더욱 침착하게 접근한다. 그의 변론은 더 합리적이고 더 철저하다. 여기서 그는 도서관의 부족함이 아니라 자신의 자료의 부족함에 대해 변명한다. 교부들은 모든 것을 설명하지 않았다. 앤드류는 흥미로워한다. 그는 리처드처럼 교부들의 침묵을 기회의 부족이라고 하거나 주어진 시간에 그들이 당대인들보다 잘 했을 것이라고 제안하지 않는다. 그는 또한 사르트르의 베르나르두스Bernard of Chartes와 연결되는 "진보 이론", 즉 "거인들의 어깨 위에 있는 난장이들"을 반복하지 않는다.[28] 앤드류가 프리스키안Priscian으로부터 유명한 문구를 인용한 것은 사실이다; 그러나 그는 그것을 '답을 기대하지 않는 질문'으로 남겨둔다: "우리가 젊기 때문에 연장자들보다 더 멀리 볼 수 있는가?" 앤드류는 진리의 본질로 자신을 정당화하는 것을 선호한다. 진리는 헤아릴 수 없다. 항상 새롭게 발견되는 무언가가 있다. 그는 성 제롬의 예를 들고 있

28 R. Klibansky, "Standing on the shoulders of giants", *Isis*, xxvi (1936), 147-9.

는데 제롬은 그리스 주석가들 누구보다도 오리게누스에 대한 칭찬에도 불구하고 선지자들을 자세히 설명하는 것이 불필요한 것이라고 생각하지 않았다. 성 제롬의 선구자들은 그들의 주제를 다 써버리지 않았다. 이 라틴 교부는 '마치 선조들의 말로 맹세한 것처럼' 항상 그들의 발자취를 가까이 벗어나지 않는다:

그는 성경을 설명하기 위해 그에 앞서 애를 쓴 교부들과 같은 연구에 자신을 헌신하기 위해 그것을 게으르거나, 무분별하거나, 또는 건방지게 판단하지 않았고, 또한 현명하고, 선하고, 근면하게 다음과 같은 속담을 염두에 두지 않았다: "시간을 아껴라"는 열심히 수고했고 인생의 일을 해냈다는 것이다. 아 그렇다! 그는 알고 있었다, 학자인 그는 매우 잘 알고 있었다, 진실은 얼마나 숨겨져 있고, 얼마나 깊숙이 거하고 있는지, 인간의 시야에서 얼마나 멀리 자신을 감출 수 있는지, 얼마나 적게 받게 되는지, 그들이 얼마나 힘들게 찾았는지, 얼마나 적게 (거의 아무도 없다) 이르고, 얼마나 부분적이고 조금씩 그들이 끌어당기는지. 진리는 감추어지지만 전적으로 감추어지지는 않는다. 신중한 탐구자는 신중하게 찾으면 다시 발견될 수 있는 것처럼 진리를 찾는다. 아무도 진리를 완전히 이끌어 낼 수는 없지만, 어느 정도로는 이끌어 낼 수 있다. 교부들과 선조들이 진리를 발견했고, 아들들과 후손들이 찾을 수 있는 무언가가 남아있다. 그래서 항상: 진리를 찾고 있다. 여전히 찾고 있는 무언가가 있다. 찾았고, 아직 찾을 수 있는 것이 있다.

성 제롬이 그 그리스인[오리게누스]을 따랐던 것처럼 앤드류도 성 제롬을 따를 것이다:

우리 연장자들이 앞서 그렇게 했기 때문에, 우리 더 젊은 사람들이 성경을 설명하는 데 무례하거나, 주제넘거나, 쓸모없거나, 불필요하거나, 게으르지 않다. 그래서 우리는 존경하는 제롬과 같지 않은 수준이지만 우리 앞서 그의 설명을 바르게 제시하면 그의 진리와 동일한 진리에서는 따르고, 우리가 모든 힘을 쏟은 곳에서, 우리는 노력에 의해 진전된 것이 없는지 독자의 판단에 맡겨라.

이 프롤로그는 앤드류가 결코 능가할 수 없는 그의 역작이다. 그러나 에스겔에 대한 그의 프롤로그는 좋은 은유를 제공한다. 만약 우리가 동일한 예언서에 관해서 리처드와 비교하면 우리는 그들 사이의 차이에 대한 약간의 개념을 얻는다. 리처드는 자신을 교부들의 추수 현장에서 이삭 줍는 사람으로 간주한다. 앤드류는 스스로를 탐험가로 여긴다.

바다에서 길을 만들고 폭풍우가 몰아치는 물속에서 통로를 만드는 인도자로서의 하나님과 함께 우리는 알려지지 않고 길이 없는 끝이 보이지 않는 곳을 통해 우리의 길을 겁내지 않고 간다.[29]

아마도 여기서 앤드류는 하나님만을 유일한 스승으로 여겼던 루퍼트 Rupert of Deutz라는 12세기 초 주석가를 생각나게 한다. 하지만 앤드류는 루퍼트보다 훨씬 더 겸손하다. 거룩한 계시는 단지 그의 연구를 보완한다. 그는 광야로 도구들을 가져간다. 생 빅터의 휴는 자신의 학생들에게 '모든 것을 배우라'고 조언했으며, 문법과 수사학이 관련된 곳에서 앤드류는 그 조언을 따르려고 노력했다. 키케로Cicero, 세네카Seneca, 살루스트Sallust, 베지티우스Vegetius로부터 인용과 암시를, 버질Virgil, 오비드Ovid, 호라스Horace, 유베날Juvenal, 루칸Lucan으로부터의 시구는 그의 펜에서 적당하게 적용된다. 그가 주제별『모음집』*florilegia*과 별개로 원본에서 가져왔는지에 대한 질문은 빅터주의의 도서관의 자료를 포함해야하는 오랜 연구가 필요하다. 그러나 그의 적절한 인용문은 적어도 12세기 후반의 교사들이 강의의 활기를 띠게 하

---

29 부록 참조.

기 위해 사용한 명백한 상투적인 표현tag과 비교하면 더 호의적이다. 그는 문법에 관심이 있고 고전 문법 학자의 규칙에 의해 판단될 때 벌게이트의 틀린 점을 언급한다.[30] 그 자신의 스타일은 리차드를 상기시키는 삽입 어구에 대한 선호와 함께 신중하고, 설득력이 있으며 다양하다. 그는 그의 일반적인 논평comments을 쉬운 라틴어로 쓰면서, 그의 프롤로그와 특정한 문장을 위해 '화려하고, 높고, 비유적인 방식'을 유지한다. 그는 기대되는 구절의 문장 끝에서 리드미컬한 종지를 위해 일반적으로 문체*Dictamen*의 규칙을 따른다. 창세기에 대한 그의 프롤로그의 각 문장은 인정받는 결말 중 하나를 갖고 있다:[31] 전해진다*incutiatur*; 비교할 것을 약속하였다.*conferenda promittit*; 동의하는 자들에게 이의를 제기한다.*obsecuturis prescribit*; 성실히 뒤쫓는다.*diligenter prosequitur*; 온전히 옆으로 지나간다*penitus pretermittit; manifeste inseruit; insinuare curavit.* 그러나 그는 흥분하면 그것들을 잊기 쉽다.

반면에 그는 자연과학에 관심이 없다. 교리적 신학에도 관심이 없다. 그러므로 그의 교부들로부터의 인용은 거의 언제나 성경에 대한 주석에서부터 비롯된 것이다.

그의 주석적 자료들은 예언서에 대한 프롤로그에서 앤드류 자신에 의해 대충 분류되었다. 그는 '논평과 주석이 있는 책'을 사용했다. 그는 '유대인들과 특정한 다른 사람들'에 의해 가르침을 받았다. 유대적 자료들에 대해서는 다음 장에서 논의할 것이다. 여기서는 앤드류 역시 모세 오경의 문자적인 의미에 관해서 유대인들의 가르침을 받았다고 주장하는 것으로 충분하다. 우리가 소유하고 있는 구약 성경의 처음 7권에 대한 앤드류의 초기 원고는 아마 보베Beauvais 근처 보프레Beaupre 수도원에서 12세기 중반 직후에 쓰였으

---

30 MS. C.C.C. 30, fo. 89c. on Parab. i. 22: "Odibunt secundum novos translator posuit grammaticos cum secundum artem 'oderint' posuisse debuisset." Dr. Hunt는 자신이 '새로운 자들' 즉, 중세의 문법학자들에서 '그들이 경멸했다'(odibunt)를 지지할 수 있는 어떤 것도 발견하지 못했다고 말한다.

31 N. Denholm-Young, "The Cursus in England", *Oxford Essays in Medieval History Presented to H. E. Salter* (Oxford, 1934), 70-2는 명령의 규칙들을 설명한다.

며 다음과 같은 명백한 것을 가지고 있다:

> 성 아우구스티누스, 성 제롬, 요세푸스, 오리게누스, 그리고 다른 많은 사람들과 유대적 전통의 책들로부터 발췌한 성 마리 도 프라토의 책"(Liber sancte Marie do Prato extractus ex libris sancti Augustini sanctique Iheronimi, Iosephi, atque Origenis, aliorumque plurimorum, traditionibusque Hebreorum.)

그는 확실히 이름을 쓰며 인용한 요세푸스를 계속 사용하고 그의 페이지는 그 유대인이 주장했다*asserit Hebreus*, 나의 유대인이 말했다*Hebreus meus dicit*, 유대인들에게 전해진다*tradunt Hebrei*, 유대인들에게서*apud Hebreos*, 유대인들이 말했다*Hebrei dicunt*, 만일 그것에 관해서 우리가 유대인을 믿는다면*si Iudeis de se credimus*과 같은 표현이 많다. 그는 다니엘서 9장 24절의 설명을 가장 박식한 유대인*eruditissimis Hebreourm*으로부터 배웠다. 예언서에 대한 그의 작품의 일부 구절은 분명히 양측에서 질문을 하고 대답하거나 대답하지 않는 일련의 토론을 기록한다. 유대교 '전통'을 반복하는 것뿐만 아니라 앤드류는 벌게이트를 히브리어 본문과 대조한다.

'논평과 주석이 달린 책'은 초기 교부들의 논평과 표준주석을 의미한다. 그들의 관점은 성경의 여러 책들에 따라 다양했다. 따라서 그룹으로 나누는 것이 좋다; 앤드류에게 예언서와 '솔로몬'보다 Octateuch이 더 광범위한 권위를 가지고 있었다. Octateuch에 대한 표준주석은 오리게누스로부터 종종 그가 인용을 사용하는 것을 설명한다. 그는 아우구스티누스와 제롬에게서도 그렇게 했다; 그는 제롬의 『창세기 주석』*Quaestiones in Genesim*, 제롬의 것으로 잘못 알려졌던 9세기의 저서 『열왕기와 역대기 주석』*Quaestiones in Regum et Paralipomenon*을 알았으며, 아우구스티누스의 『오경 주석』*Quaestiones in Pentateuchum*과 라바누스 마우루스의 열왕기 주석을 원본으로 알았다. 성막에 대해서도 그는 비드Bede의 원본에서 옮겨 쓴다.

그의 주된 지지자는 예상한 대로 그의 스승인 생 빅터의 휴이다. 12세기의 어구 주석, 명제집, 전집에 대한 최근의 연구는 교사들의 작품이 그들의 제자들에 의해 어떻게 체계적으로 복제되고 발전되었는지 보여준다. 앤드류가 전통에 따라 휴의 제자가 될 것이라는 것을 알고 휴의 『강의록』*Notulae*은 앤드류의 『모세 오경』*Pentateuch* 뒤에 숨어있는 것이 예상된다. 사실, 그는 창세기와 출애굽기에 대한 설명에서 거의 정확히 문자적으로 그것들을 포함시켰다. 레위기에 관하여 그는 자신이 빚지고 있는 것을 분명하게 인정한다. 여기서 『강의록』은 별개의 본문에 대한 노트 대신에 희생제사에 관한 작은 논문의 형태를 취한다. 그래서 앤드류는 그것을 모두 복사한다:

> 다른 사람들 즉, 유대인들에게 모세 오경의 문자적 의미에 관해 가르침을 받은 우리 자신과 같은 다른 사람에 의하면 그 요점에 관해서는 우리는 이 책[레위기]에 대한 설명 이상의 것을 내놓았다. 이제 그들이 논의하지 않고 남겨놓은 문자를 다루자.[32]

그런 다음 자신의 설명을 추가한다.

민수기, 신명기, 그리고 여호수아에 대한 신뢰할만한 『강의록』을 가지고 있지 않다. 17세기 편집자들에 의해 인쇄된 몇 단락은 앤드류의 작품에 나타나지 않으며, 이는 그들에 대한 또 다른 논쟁이다. 그는 우리가 가지고 있는 형식으로 사사기와 열왕기 상하에서 그것들을 사용한다.

자연스럽게 그는 그의 스승의 위대한 업적인 『성례론』*De Sacramentis*을 연구했다. 그는 천지 창조에 관한 부분에서 이름을 언급하지 않았지만 이것을 명백하게 언급한다. 그의 주석에 나오는 몇 가지 막연한 신학적 사상에 책임

---

32 MS.C.C.C. 30, fo. 37a: "Et quoniam mana ex parte huius libri explanationem, quantum ad sententiarum summam spectat, secundum alios qui ab Hebreis sicut et nos litteralem sensum pentateci edocti sunt nullis penitus mutatis supra posuimus, nunc littere quam illi indiscussam reliquerunt insistamus."

이 있는 것으로 보인다.[33]

예언서와 솔로몬은 빌려올 기회를 조금밖에 주지 않았다. 앤드류는 예언서와 전도서에 관하여는 휴의 출간된 저작을 사용하지 않는다. 그러나 우리는 구두 교수법oral teaching의 가능성을 배제할 수 없다. 그가 '유대인들과 어떤 다른 사람들'을 말할 때, 그는 아마도 휴를 언급하는 것일 것이다. 예레미야의 본문을 토론하면서 그는 "어떤 사람들은 문자가 이런 방식으로 설명되어야 한다고 생각한다."라고 말한다.[34] 그는 그들의 견해를 인정한다. 그것은 자신의 스승에게서 가져온 것일지 모른다.

그렇지 않으면 앤드류는 성 제롬의 것을 거의 갖지 못했다. 그에게 접근할 수 있는 다른 어떤 교부도 예언서의 문자적 의미를 설명하지 않았다. 그는 성 제롬이 남긴 학문적 작품을 사용하고 있음을 깨달았다. 따라서 그가 Octateuch에 휴를 사용했던 것처럼 그는 예언서에 성 제롬을 사용했다. 그 자신의 설명은 보충적이다. 때때로 그는 성 제롬의 주석을 옮겨 적는 것에 만족한다. 그의 소선지서는 사실상 성 제롬의 요약본이다. 이들 책에서도 그는 표준주석에 포함된 불충분한 문자 그대로의 설명을 사용했다.

그의 권위자들의 목록을 고려해 볼 때 그가 그들에게 어떤 가치를 부여하는지 그가 얼마나 존경하는지 물어봐야만 한다. 12세기의 법과 신학은 권위의 일치와 해석에 기초하여 세워졌다. 파리 학교들에서 그를 둘러싼 모든 '질문'은 권위를 기초로 했다. 분명히 앤드류 자신의 질문은 특별한 성격을 지니고 있었다. 구약 성경의 역사는 학자가 자신을 이단에 관련시키지 않고, 기꺼이 자신의 자료를 자유롭게 선택하고 거부할 수 있다는 점에서 신학과 달랐다. 그러나 권위에 대한 존중의 습관은 여기서도 매우 강했다. 신앙에 관해서는 필수적이지만, '예 와 아니오'를 결정할 역사적 사실에 관해서 긴급한 필요가 없었기 때문에, 주석가는 '어느 한 쪽, 또는'의 체계를 발전시켰

33 아래 p. 148 참조
34 아래 p. 142 참조

다. vel(또는)이나 aliter(달리는)로 연결된 대안적 설명의 목록을 함께 결합시킬 것이다. 이런 식으로 그들은 호기심을 만족시키고 선택의 책임을 독자들에게 전가시켰다. 독자는 본문의 문자적 의미에 관한 다른 의견은 교훈이 되지 않는 한 사실로 여겨질 수 있다는 성 아우구스티누스의 가르침을 기억할 것이다. 그는 서둘러서 이쪽이나 저쪽을 결정하지 않으려 할 것이다. 만일 주석가가 실제로 교부의 해석과 의견이 다르다면, 그는 자신을 능숙한 솜씨로 표현했다.

앤드류는 그렇지 않다. "나는 제롬이 어떻게 … 말할 수 있는지 궁금하다!" "축복받은 아우구스티누스는 유지해야 하는 것으로 보이고, …" "우리는 비드Bede보다는 유대인과 요세푸스를 따른다." "위대한 권위의 사람들은 이 의견을 제시한다. … 그들은 잘못 인도된다." "나는 이 구절에 대한 적당한 설명을 발견했다는 것을 기억하지 못한다." 앤드류는 겸손한 척하지 않는다. 그는 자신의 비판적인 능력에 자부심을 갖는다.

> 전체 맥락은 우리가 다른 사람의 오류를 반박하거나 그것이 더 부주의하게 행함으로 스스로가 반박되지 않도록 조심스럽게 고려하고 설명해야 한다.[35]

다니엘의 꿈(단 7:7-8)에 관하여 그는 가상의 상대와 긴 논쟁을 한다. 그들은 짐승의 열 개 뿔의 의미에 대해 서로 달랐다. 열 개의 뿔은 열 명의 왕이 '로마의 왕국'을 그들끼리 서로 나누어 갖는 것을 의미하는가? 이것은 상대방의 견해다. 아마도 로마에 대한 기억에 의해 자극 받았을 앤드류는 다니엘에게 나타난 뿔들은 모두 동시가 아닌 연속적으로 나타났다고 생각한다. 그것들은 로마의 연이은 왕 10명을 상징한다. 그는 로마는 언젠가 분열될 것

---

35 MS. C.C.C. 30, fo. 61b: "부지런히 전체의 문자적 시리즈를 주의하고 설명하지 않으면, 만일 부주의한 행위가 장점에 의해 반박되지 않는다면, 우리는 다른 사람의 실수를 비난하게 된다."(Diligenter attendenda et exponenda [est] totius littere series ne et nos qui aliorum errores redaarguimus si negligentius actum fuerit merito redarguamur.)

이 사실이라고 주장하지 않는다. 상대방은 선한 싸움을 하고 인문주의 학문의 가장 우수한 전통에서 서로를 남용한다.

> 반대자: 이제 당신이 도망치려고 생각하지만, 당신의 불쌍한 머리를 숙이고 열 번째 (그리고 가장 큰) 파도는 당신을 물속에 가라앉게 할 것입니다…[그의 주장은 계속된다]. 이제 어떤 기회가 위험으로부터 당신을 붙잡는다면, 당신이 여전히 완전히 파괴되지 않았다면, 논쟁이 남아 있다면, 그것을 보여주세요.
> 앤드류: 나는 어떤 위험에도 붙잡혀있지 않습니다. 나는 한 번도 그런 상황에 빠진 적이 없습니다. 당신의 강한 오른손이 내게 던졌다고 생각한 화살은 나를 찌르거나 나를 뚫지 않았습니다. 당신이 알고 있을지 모르지만 내가 이 문제에 대한 나의 견해를 확실히 설명하는 동안 참을성 있게 들어주세요… 자! 당신은 이처럼 나의 의견을 가지고 있습니다. 만약 당신이 그것을 우습게 생각한다면 나는 반박할 준비가 되어있는 당신에게 인내심을 보여주기를 간청합니다.

그러나 여기서 그의 상대는 굴복한다:

> 이 논쟁에서 승리는 미래에 달려있다는 것을 기억하십시오. 미래가 그것을 선언할 때까지, 그것이 우리에게 가져다줄 영광이나 부끄러움은 알 수 없습니다. 결론sequel이나 표준적인 성경의 일부 구절이 금지하지 않는다면, 우리 자신의 의미로 풍부해 질 수 있게 허락해 주십시오.

승리로 의기양양해진 앤드류는 관대할 수 있다.

> 나는 당신이 간청하는 기도가 내 손에 의해 좌절로 끝난 논쟁을 위해 무기를 들었습니다. 무력으로 이기는 것은 승리가 아닙니다. 당신의 겸손으로 우리를

이길 수 있습니다. 그러므로 당신이 원하는 대로 계속 진행하십시오.

당황한 상대는 성 제롬이며, 그는 가톨릭 전통에 의지하고 있다:

> 우리는 모든 교회의 저자들이 무엇을 계승했는지 말한다: 세상 끝 날에 로마 왕국이 멸망될 때, 열 왕들은 로마 제국을 그들 사이에서 나누어야 한다…

앤드류는 그를 더 잘 공격하기 위해 그를 어떤 사람*aliquis*으로 살짝 위장하고 논쟁을 소개했다. 성 제롬에 대한 그의 존경에도 불구하고, 그는 그들이 둘 다 모두 학자라고 느낀다. 우호적인 의견 불일치에는 아무런 해가 없다.

그의 스승은 권위자와 동일한 비판적 대우를 받는다. 비록 일반적으로 앤드류는 『강의록』을 모방하지만, 항상 받아들이지는 않는다. 때때로 그는 생략하거나 대안적 설명을 추가할 것이다. 세 군데에서 그는 공개적으로 거부한다. 한 번은 즉각적으로 :

> 만약 그렇게 시시한 것들이 설명이라고 불린다면, 어떤 사람들은 이런 방법으로 본문을 설명한다. … 그런 다음 그는 또 다른 시도를 하게 되는데 이것은 단지 헛된 것이다.[36]

이후에 우리는 앤드류가 그의 객관성을 정당화할 것으로 기대한다. 그가 그렇게 할 것을 확신하기 위해서는 모세 오경에 대한 그의 작품의 시작만 들으면 된다. 그것과 함께 따르는 시작incipit처럼 중세주석을 통틀어 인상적인

---

36 MS. C.C.C. 30. fo. 14a-b: "어느 정도로 이 문자를 설명하려고 하는 자는 만일 설명하는 것이 점잖은 웃음으로 말하는 것이라며, … 마찬가지로 달리 설명하는 것은 더 적게 경멸하는 것이 아니다."(Quidam hanc litteram sic exponunt, si tamen exponere est risu digna dicere.... Item aliter exponere temptans non minus desipit...). 그는 여기서 창세기 20:16절에 대한 휴의 설명을 비판한다. *Notulae*, PL clxxv. 52.

문구를 발견해 읽는 것은 매우 드물다. 네 번째 복음서에 관한 요한 스코투스의 생생한 단편을 올바로 이해하기 위해 그들의 프롤로그에서 그들이 교부들에게 아무것도 추가하지 않았다는 것을 자랑하는 9세기 인내심이 강한 편집자들과 조용히 능숙하고 장황한 파스카시우스Paschasius를 알아야한다:

> 영적인 독수리의 음성이 교회의 귀를 울린다.
> *Vox spiritalis aquilae pulsat aurem ecclesiae.*

12세기에 프롤로그는 판에 받은 것처럼 되어 있다. 주석가는 본문으로 시작한다. 그 다음에 그는 다루는 작품에 대한 적용을 보여주고 동시에 관계없는 것들 사이의 관계를 찾는 정교함을 보여준다. 위대한 피터 롬바르두스Peter Lombard가 쓴 것으로 보이는 전형적인 프롤로그는 다음과 같다:

> "그가 또 조각목으로 띠bar를 만들었으니 곧 성막 이쪽 널판을 위하여 다섯 개요, 성막 저쪽 널판을 위해서 다섯 개며. … 그 널판들은 금으로 싸고 …"(출 36: 1-4). 성막의 한 편에 있는 판자들을 묶어놓은 다섯 개의 띠는 율법의 다섯 권의 책으로, 모든 충격에 대비해 교회를 유지하고 있다. 이 세상의 순례에서 수고하고 전투하는 동안 성막이라고 바르게 불린다. 서쪽에 있는 다섯 개의 다른 막대는 다섯 예언의 책들이다: 이사야, 예레미야, 에스겔, 다니엘 그리고 12예언서. 그들은 성막 반대편에 있는 판자들을 하나로 합한다. 그들은 교회의 설교자의 교리를 확고하게 세우고 그들을 천상적 지혜의 금으로 덮어씌운다.…[37]

주석가는 은 받침, 금 고리와 금 접시를 통해 끊임없이 계속한다. 저자의

---

37 B. Smalley and G. Lacombe, "The Lombard's Commentary on Isaias and Other Fragments", *The New Scholasticism*, v (1931), 124-137. 156.

사안과 목적을 다루는 자신의 프롤로그의 두 번째 부분으로 데려가기 위해 서론에서의 예비적 행동caper이 필요하다. 하지만 앤드류는 출발점에서 곧장 내린다:

> 조악하고 심각하며 거친 곤란함이 발견된다. 만일 준수되어야 하는 어떤 우선적인 것이 제시되지 않거나 태만에 의해서도 거의 두려움을 느끼지 않는다면 모세는 그것에 대하여 잘 알고…*Difficile quod durum quod grave guod asperum est observatur, si nullum custodiendi premium proponatur, aut negligenti nullus pene timor incutiatur. Quod bene intelligens Moyses…*

그의 이 시작incipit은 요한 스코투스의 것보다 당대의 것 중에서는 두드러진다. 모세 오경의 저자와 그의 목적은 즉각적으로 우리에게 요구한다. 그 내용 자체가 단일성을 제공하기 때문에 5번[장]에서는 다루지 않는다.

더욱 놀랍게도 이것은 저자의 직접적인 목적이다. 앤드류는 모세와 그의 유대인 청중에게 집중한다. 창조에 관한 이야기는 무지한 사람들에게 교훈을 의미한다. 삼위일체와 천사들은 그들을 다신론으로 산만하게 하고 잘못 인도하는 책임이 있는 것처럼 끝난다. 앤드류는 그의 주제를 성 아우구스티누스에게서 가지고 왔을 수 있다. 그리고 비드Bede는 '태초에'*in principio*를 '아들 안에서'*in Filio*로 해석하는 것을 신뢰하지 않는다. 그러나 강조는 새로운 것이고 우리는 완전히 독창적인 생각처럼 보이는 것으로 넘어간다. 육일 동안의 창조Hexaemeron는 항상 예언의 한 형태로 취급되었다. 앤드류는 자신의 표준주석을 읽었다:

> 바울이 계시로 복음을 배웠던 것처럼 모세는 성령에 의해 천지 창조에 관해 가르침을 받았다.

잠정적으로, 앤드류는 계시를 연구로 대신하는 것을 제안한다. 그는 어떤 초기 자료는 짜깁기한 설명Mosaic account의 뒤에 남겨져 있다고 제안한다.

모세가 잘 이해한 것처럼 아무런 보상이 없고 나태한 것에 대한 처벌의 두려움이 없다면 가혹하고, 무겁고, 힘든 계명은 지키기가 어렵다. 그는 이집트에서의 부드러운 삶과 많은 즐거움으로부터 해이해지고 교육을 받지 않은 사람들에게 힘들고 무거운 율법의 교훈, 즉 하나님의 가혹하고 거의 참을 수없는 심판을 주기 전에, 그는 하나님의 축복과 많은 은혜를 그들과 그들의 조상들과 관련시킨다. 그는 그들에게 더 좋은 것을 주겠다고 약속한다. 그는 하나님께서 가져오신 악들evils을 회상하고 불순종하는 사람에게 그가 무엇을 가져올지를 예언한다. 그의 목적은 청중들이 하늘의 은혜의 많은 풍성한 재물을 세면서 그가 그들에게 주는 율법을 더 신중하게 지키도록 교육하는 것이다. 그래서 신중하게 처음부터 차례로, 그는 하나님께서 모든 인류에게 주신 축복에 대해 말하지만, 특히 이 백성과 그들의 조상들에게 주어졌다.

이 축복 중 하나에 대하여 말하자면 그는 자부심을 갖고 있다: 하나님이 하늘과 땅과 다른 요소들과 그 장식품은 인간을 위해, 그리고 인간의 사용과 유익을 위해 창조하셨다. 그러므로 세상의 창조를 묘사할 때, 그는 [하나님이] 인간과 인간의 사용을 위해 무엇을 했는지를 강조한다는 것을 의미하기 때문에, 그는 천사의 창조와 그들의 확인과 타락에 대하여는 전적으로 무시했다. 그는 이집트에서 배웠던 많은 신들을 숭배하는 경향이 있는, 교육을 받지 않은 사람들에게 이전의 행실로 되돌아가는 기회가 되지 않도록, 그는 삼위일체에 대해 공개적으로 언급했다. 그는 모든 하나님의 작품에서 세 위격의 사역을 제안하는 것을 조심스러워 했다: 무로부터 창조하는 힘power, 그들을 배치하고 인도하는 지혜wisdom, 유지하고 소중히 하는 선하심goodness.

모세가 오랜 후에 어떻게 세상이 시작되었는지 알 수 있었는지를 질문을 하는 것은 흔한 일이다. 미래에도 그에게 계시할 수 있는 성령의 은혜가, 또한 과거를 드러낼 수 있다면 놀랄 일도 아니다. 아무것도 과거와 마찬가지로 우리의 지식에 그렇게 적절하지 않기 때문이다. 그럼에도 불구하고 우리는 옛날의 거룩한 조상들, 즉 아담과 그의 후손들은 천지 창조를 잦은 낭독이나 서면으로 조심스럽게 기억하도록 위임할 것이라는 사실을 모순 없이 믿을 수 있다. 이는 특히 우리로 하여금 하나님을 찬양하고 사랑하게 한다. 그래서 그것은 신중한 연구를 통해 이를 찾아낸 모세의 지식에 관한 것일 수 있다.

앤드류는 성 아우구스티누스 이후로 주석가들을 당혹스럽게 했던 아주 힘든 문제를 (창세기 1장과 2장에 있는 창조에 대한 두 가지 설명) 해결한다. 창세기 1장의 6일을 창세기 2장 4절의 '하루'와, 그리고 집회서의 본문: "영원히 사시는 그분은 모든 것을 함께 창조하셨다"[18:1]와 어떻게 조화시켜야 하는가? 아우구스티누스는 천지 창조는 동시로*simul*선언했고 그것을 설명하기 위해 복잡한 이론을 생각해 냈다. 그에게 따르면 '6일'은 비유적이며 시간 순서를 가리키지 않는다. 비드는 6일을 문자적으로 이해하는 것을 더 좋아했다. 그는 창세기 2장의 '하루'가 여기서 가리키는 것은 성경의 다른 구절들과 마찬가지로 24시간이 아닌 창세기 1장에서 언급된 전체 기간이라고 말한다. 창세기 2장에서 이 거룩한 저자는 그의 이야기를 검토하고 차이를 채우고 있다. 비드가 대단히 인기가 있었기 때문에 주석가들이 만일 용기가 있었다면 그의 견해와 아우구스티누스의 견해 사이에서 선택할 수 있었다. 천지 창조의 동시에 관한 찬반 논쟁은 12세기 명제집의 일상적인 부분이다.

앤드류는 그의 스승이 전형적인 타협안 (하나님이 만물을 한 번에 그리고 함께 물질을 창조 하셨고, 그는 나중 6일 동안 그것들을 형태로 구별했다)에 도달했던 『성례론』*De Sacramentis*에서 그것이 충분히 논의된 것을 발견했다. 그는 선조들의 상충된 관점을 재치와 솔직함의 독특한 혼합으로 다룬다. 휴는 물질과 형태로의 창조는 동시에 대한 교부들의 논쟁을 요약함으로 시작한다. 시간의 단계에서 일하는 것에서 전능한 창조주와 인간의 약점을 암시하는 것은 가치가 없을 것이다. 이 견해는 집회서*Ecclesiasticus*에 의해 지지된다. 우리가 창조에 대한 첫 지식을 얻게 되는 창세기 그 자체는 6일을 매우 애매하게 말하면서 오히려 어떤 곳에서는 그것을 하나로 증명한다. 따라서 교부들은 6

일간의 구별은 신비롭다고 말한다. 문자 그대로의 진실에서 각 창조물은 지금 있는 형태로 존재하게 되었다.

휴는 반대로 단계로 일하는 것은 창조주의 전능함에 결코 손상을 가져오지 않는다고 믿는다. 의심할 여지없이 하나님은 다르게 일하실 수 있었다. 그러나 그는 이성적인 존재의 이익을 위해 만물을 만드셨다; 그래서 심지어 만드는 것은 그것들을 본보기로 삼으려 하셨다. 사람은 6일로부터 자신의 도덕적 완벽함이 단계적으로 이루어져야 한다는 것을 배운다. 존재하고 존재하지 않는 것은 세계의 창조와 장식품처럼 시간에서 분리된다. 그 교훈을 통해 아무도 이익을 얻을 수 없다는 것을 반대한다면, 휴는 첫째 날에 창조된 천사들이 거기 있었고 시대를 거쳐 사람들은 계보를 가지고 있었을 것이라고 대답한다.

그런 다음 휴는 창조의 동시에 관한 철학적 이의를 물질에 대해서만 진술하고 답변한다. 물질은 형태와 별개로 존재할 수 없다. 따라서 우리는 형태가 없는 물질(나중에 '구별'된)로 창조에 대해 말할 수 없다. 휴는 첫 번째 요점을 인정한다. 세상은 전적으로 형태를 지니지 않았다는 의미에서 결코 형태가 없지 않았다. 그러나 이 문맥에서 '형체 없는'의 의미는 오히려 '혼란스럽고 질서 정연한 성질이 부족한' 것을 의미한다. 그는 동시는 또한 천사의 창조를 가리킨다고 덧붙인다. 보이는 것과 보이지 않는 세상이 같은 순간에 함께 창조되었다는 것을 의미한다.

앤드류는 『성례론』에서 이 장들을 연구했다. 그는 자신의 스승의 결론에 동의하지 않는다. 그것뿐만이 아니다. 전체 논쟁은 그에게 완전히 부적절해 보인다. 모두 찬반양론으로 싸울 때, 휴는 단지 괄호 안에 남겨둔 한 가지 제안에 몰두하고 그의 견해에 따르면 창조에 대한 '우리가 처음으로 지식을 얻는 창세기' 전체 단서를 제공한다. 창세기는 우리의 일차적인 자료이다. 창세기가 세상이 6일 만에 창조되었다고 말하는가? 그것이 문제이다. 왜 후대의 권위를 고려하는가? 건망증인지 의도적인지 앤드류는 두 가지 '지혜의 책'을 혼동하고 동시에 텍스트를 집회서 대신에 지혜서*Wisdom*로 돌린다. 성 제롬에 따르면 지혜서는 유대인 필로Philo Judaeus에 의해 쓰였고, 아마도 집회서의 익명의 저자보다 필로를 창조의 권위자로서 불신하는 것이 더 쉬웠다. 그러나 심지어 이는 속임수로도 중요할 것이다. 그것은 자료의 상대적인 가치에 대한 느낌을 보여줄 것이다.

같은 방법으로 비드에게서 확장된 창세기 1장과 2장의 창조에 대한 두 설명의 조화를 우리는 본래의 것처럼 생각할지도 모른다. 그러나 중요한 것은 접근 방식이다. 그와 동시대의 사람들은 도덕적이고 철학적인 주장에 의해 주관적으로 문제를 풀려고 노력한다. 앤드류는 그것을 텍스트로부터 객관적으로 풀어낸다. 이에 의지해서 그는 그것을 단일성으로 다루고 저자의 의미를 추론하려고 노력한다. 모세가 이전의 자료에 의지했었다는 그의 제안을 기억한다. 우리는 『성례론』과 멀리 떨어져있다. 이것은 잠재적potentia인 성경학이다.

> "그리고 들판 앞에 각종 식물이 땅에 자라났다." 진정한 히브리어 버전에 따르면 이 구절은 전에 있던 것에서 분리되어있고 새로운 부분을 시작한다. 그는 [모세는] 그가 위에서 말한 것을 단지 요약했다. 이제 이 구절 이후에, 그는 전에 간단히 살펴보았던 것을 어떤 날에 무슨 일이 있었는지 보여주기 위해서 충분하고 명확하게 설명한다. 그는 인간의 일반적인 사용과 관련된 것과 배우지도 못하고 이해력이 부족한 사람들이 이해할 수 있는 것에 각별한 주의를 기울여 머무른다. 사흘째 되는 날의 일을 묘사하면서, 그는 우리에게 하나님께서 이렇게 말씀하셨다고 했다: "땅은 풀과 씨 맺는 채소와 각기 종류대로 씨 가진 열매 맺는 나무를 내니"[창 1:11], 그리고 그것이 어떻게 되었는지 보여주지 않고, "그대로 되니라"를 덧붙인다. 그러므로 여기서, 지금처럼 익숙한 방법으로 행해지지 않도록 그는 그것이 어떻게 말해졌는지를 보여 준다: 들판의 모든 식물, 등등. 이것은 부정적 의미이다: "들판의 어떤 식물"도 아직 땅에서 나오지 않았다. "지면의 풀"은 아직 자라지 못했다. 즉, 그것이 나중에 자랐던 것처럼, 그러나 그가 속편에서 보여주듯이 신의 섭리에 의한 것이다.

요즘에는 식물이 생겨나는 것과 풀이 자라는데 두 가지 방법이 있는데 그것은 자연과 인간의 노동에 의해서다. 그는 태초에 이 두 방법 중 어느 것도 일어나지 않았다는 것을 보여준다. 첫째, 그는 자연의 섭리를 제거하고 말하기를: "여호와 하나님이 땅에 비를 내리지 아니하셨고 땅을 갈 사람도 없었으므로." 이 순서대로 읽어라: 들판의 식물은 싹이 나지 않았고 허브도 평범한 방법으로 씨를 뿌리지도 않았다. 왜냐하면 아직 식물과 허브를 자라게 하는 것이 보통인 두 가지 비도 없고 인간의 노동이 없었기 때문이다.

텍스트에서 무언가를 빼면 그 반대로 된다: "부분을 빼면 그 전체를 빼는 것이다." 번역에 의해 잘못 인도된 사람들은 이 구절을 읽는다: "들판의 모든 식물", 등등에서부터 "주 하나님은 비를 내리지 않으셨다"까지 위의 구절의 끝에 되풀이 한다. 따라서 그들이 6일 동안 더 복잡하게 만든 것이 무엇이든 한 순간에 풀어야 한다. 그리고 그들이 많은 구절들에서 모은 것들은 하나의 작은 구절의 맨 끝에 다시 흩어져야 한다. 그들은 하나님은 일하셨고 6일 만에 일을 끝내셨고 7일째 쉬셨다고 말씀하신 성경의 첫 번째 책에 대해 출처가 불분명한 소책자의 증거인 솔로몬의 지혜에 의존한다. 그러므로 그들은 하나님이 모든 것을 동시에 만드셨다고 주장한다.

이 입장은 그들을 많은 어려움에 빠지게 한다. 하나님이 모든 것을 함께 창조하셨고 6일 동안 다른 것을 하셨다는 것은 [그들이 말하기를] 이런 이유 때문일 수도 있다: 그는 모든 것을 "함께" 형태가 없는 물질로 창조하셨다. 후에 6일 연속으로 그는 각각의 것을 각기 고유의 형태로 바꿨다. 실제로, 대단한 권위자들은 이 견해를 제시한다.

정확한 번역에 대한 태만은 불행하게도 그들과 앞서 말한 책자의 권위를 잘못 인도하고 있다. 그것의 저자인 필로Philo가 그렇게 생각했다고 인정하면, 우리의 책 [창세기]의 저자인 모세가 그와 같이 생각했다는 것을 발견할 수 없다. 모세는 나중에 저자가 생각하는 것이 아니라, 자신이 생각하고 전에 말했던 것의 요점을 되풀이한다. 요점을 되풀이 한다는 것은 처음부터 위에서 말한 것을 간단하게 반복하는 것이다. 요약에서 무언가 종종 더해지지만 이전

> 의 것을 파괴하는 만큼은 아니다. 하나님께서 모든 것을 여섯의 각기 날에 만드셨다고 위에서 말한바 있다. 따라서 그가 모든 것을 함께 만드셨다는 것을 요점의 반복에서 말하는 것은 위에서 말한 것에 무언가를 더하는 것이 아니라 완전히 파괴하는 것이다. 마지막으로, 만일 모세가 이것을 자신의 요점의 반복에서 표현하려고 시도한다면, 왜 그는 3일째의 일을 첫 번째 일에만 더하는가? 왜 그는 모든 다른 날들의 일을 더하지 않고 "이것이 천지가 창조될 때에 하늘과 땅의 내력이니 여호와 하나님이 땅과 하늘을 만드시던 날에" 라고 말하셨는가? 그리고 빛과 창공과 나머지는?

앤드류는 예언서에 대한 그의 접근에서 이와 같은 역사적 의미를 보여준다. 이사야와 다니엘에 대한 그의 프롤로그는 그가 말한 것 같이 우리에게 그들의 연구를 추천하는 매우 중요한 인물의 연구와 삶을 각각 포함한다. 그들은 12세기 조각상들을 일렬로 세워 놓은 인물처럼 양식화된 초상화들이다. 각각은 성경과 성 제롬에서 비롯된 예언자의 미덕에 대한 작은 찬사다. 그러나 그것들은 생명력을 가지고 있다. 앤드류가 다룬 몇 가지 세부사항은 감정을 넣어 '작성' 되었다.

> 고귀한 민족, 세련된 웅변, 위엄 있는 직분, 왕가와의 관계, 성품의 가치, 확고하고 지속적인 일관성, 마지막으로 그의 칭찬할 만한 삶의 거룩함 등 일곱 가지는 특별히 이 연구의 저자 [이사야]를 고귀하게 한다.
> 만일 유대인의 전통이 사실이라면 유다의 왕 히스기야의 아들 므낫세와 그의 딸과의 결혼으로 그는 고귀하고 왕족의 혈통인 것이 분명히 증명되었다. 그의 위엄 있는 직분은 선지자라는 사실에 있다. 그리고 예언 그 자체의 시작 부분에 그의 이름에서 나타난 것처럼 그의 아버지 역시 선지자였다. 그가 어떻게 왕실과 인척관계로 관련되어 있는지는 그의 딸이 왕과 결혼했다는 것을 보여주는 곳으로 위에서 말한바 있다. 그의 가치와 거룩함에 대한 명백한 증거는 그 자신이 쓴 것처럼 여호와 보기에 합당하다는 것이다. 그의 입술은 불타고

있는 석탄에 의해 깨끗해졌고 천사의 손에 의해 제단으로 데려와졌다. 그리고 주로 하나님께서 이사야에게 자신의 종인 것을 증언한다, 그는 말하기를: "내 종은 벗은 몸과 벗은 발로 다녔다." [사 20:3].

그의 확고하고 지속적인 일관성, 진실을 선포하겠다는 그의 의도, 군주와 사람들, 왕들과 제사장들, 땅들과 나라들, 도시, 마을, 소도시와 진영에 대한 재앙을 예언하는 그의 용기는 선지자의 죽음에서 분명하게 빛나고 고통은 그가 겪었던 죽음보다 더 심했다. 예루살렘을 이 끝에서 저 끝까지 선지자의 피로 가득 채운 사악한 므낫세가 나무 톱으로 그를 잘랐다는 것은 그가 신의 계시에 의해 배운 유다에 오는 불행을 자신 있게 예언했기 때문이라고 말해진다. 현명한 사람의 교훈에 따르면 그는 정의로 인해 죽음에 이르렀고 피 흘리기까지 사악한 것을 대항해 대담하게 분투했다. 그는 부끄러워서 참기 힘들고, 거짓으로 고백하고, 하나님이 주신 임무를 내려놓고, 잠깐의 죽음에 대한 두려움 때문에 진리를 억누르는 것보다는, 오히려 격렬한 고문, 전례가 없는 죽음의 방법으로 명예롭게 목숨을 잃고 싶어 했다.

다니엘은 그와 반대로 그의 재능gift을 잘 이용했다. 앤드류는 포로된 땅에서 위대하게 될 수 있는 억류된 자의 지혜를 찬양한다:

모든 일들과 우리가 간략하게 지나치는 많은 다른 것들에서 그의 신중함을 생각하라. 당신은 놀랄 것이다. 나는 말할 수 없는 경이로움으로 입을 벌릴 것이다. 이 은사들과 그를 구별하는 다른 많은 것들은 그가 전에도 계속됐던 하나님의 은총으로, 집 없는 포로의 땅에서 재물, 권력, 부, 재산, 자주색 의복, 금목걸이, 왕의 우정, 최고의 영광, 위엄 있는 지위, 불멸의 영광, 마지막으로 명예와 안전을 얻게 했다.

같은 마음으로 앤드류는 전도서에 있는 여는 말opening words의 중요성을 지적한다. 그것은 귀족적인 책이다:

> 이것은 또한 우리에게 전체 저작이 즉, 그것의 저자는 현명하고 선한 다윗의 아들이라고 불린다는 것을 소개한다. 평범하고 지위가 낮은 사람들의 아들들은 바보 같지 않더라도, 보통 어리석고 적어도 평범하고 재능이 부족한 것처럼, 위대한 사람들의 아들들은 그들의 조상의 지혜를 물려받는 것처럼 보인다. 그러므로 우리는 우리 구세주가 질문과 대답에서 그의 지혜로 그의 미천한 출생만을 생각한 사람들을 놀라게 했다는 것을 복음서에서 읽는다. 그들은 궁금해 했다. 목수의 아들이 아닌가? 그의 모친은 마리아이고 그의 형제는 야고보, 요셉, 시몬, 유다라고 불리지 않는가? 그의 형제와 자매들이 여기 우리와 함께 있지 않는가? 그리고 "그들은 예수를 배척한지라"[막 6:3]; 마치 이성과 부자연스러운 것에 반대하는 것처럼, 이 같은 지혜와 신중함은 단순하고 교육받지 못한 부모 중 한 사람에게서는 발견되어야 한다. 우리가 말했듯이 그의 작품을 칭찬하기 위해, 저자는 지혜와 신중함을 그의 유산으로 가지고 있는 다윗의 아들이라고 주의 깊게 덧붙인다. 현명한 사람에게 지혜롭고 신중한 아들이 있는 것이 종종 나타난다. 그들의 연구는 자연을 돕고 자연은 그들의 연구를 돕는다.

그는 자본과 종교의 중심지로서의 도시인의 입장에서 저자의 영광과 권위를 칭찬하면서 예루살렘의 왕*King of Jerusalem*이라는 제목의 중요성을 계속 설명한다. 전도서는 귀족적이기 때문에 단순한 시골 사람들이 아니라 아직 완벽하지는 않지만 지혜가 뛰어난 훌륭한 도시민들을 위한 정교한 책이다.[38]

---

38 Calandra, 5-6: "Et licet totius terre XII tribuum rex esset Salomon, spectialiter tamen rex Ierusalem exxe dicitur, cum propter ipsius civitatis dignitatem, que regia sedes et caput regni erat, tum propter templi prerogativam, et sacerdotum mansionem, et creberrimam divine legis in auribus populi recitationem in ea, et divini cultus in sacrificiis et ceremoniis et solemnitatibus et ceteris multiplicibus religionis ritibus multam frequentationem, et lectionis legis et prophetarum exercitationem.

Vel ideo hec verba regis Ierusamlem esse dicit, ut quod ea que in his verbis traditur doctrina non rura et pagos incolentibus et qui in urbem pergere nesciunt, sed tante civitatis civibus, proficientibus scilicet et perfectioribus, etsi non perfectissimis, conveniat vel sic

프롤로그에서 설명한 것 같이 우리는 각 저자의 독특한 성격이 설명 자체에서 개발되어야 한다는 것을 거의 기대할 수 없다. 그것은 앤드류에게 너무 많은 것을 요구할 것이다. 그는 자발적으로 전체 주석보다는 메모 작성에 자신을 제한했다. 그는 창세기에 대한 그의 도입 부분의 주제인 고대인들 primitive people의 교육을 드러내지 못한다. 예언서에서 성 제롬을 따르고 싶다는 소망에도 불구하고 그는 이 위대한 선조의 학식이나 천재성을 갖고 있지 않다. 그는 어떻게 그들이 서로 다른지 설명할 수 없다. 그는 본문 뒤에 숨겨진 인물에 가까이 갈 수 없었다.

자신이 동시대인들과 구별되는 무엇이 그곳에 있다는 것을 그는 인식하고 있다. 그는 예언서에서 예언자를 잊어버리지 않는다. 다른 주석가들을 즉시 복음으로 넘겨주었던 그 약속, "이새의 뿌리에서 한 가지가 나서"[사 11:1]는 앤드류에게 유다와 이스라엘에 대한 예언자의 확신을 먼저 생각하게 한다. 이사야는 두 지파와 열 지파 양쪽 모두를 위로하고 있다:

> 그는 두 지파의 나신한 마음을 좋은 소망으로 용인했고 위험으로부터 탈출을 약속하면서 절망의 깊은 잠에서 그들을 깨우고 그들을 위협하는 적의 패배를 말했다. 지금 이 구절에서 그는 아직 회복에 관해서 아무 말도 하지 않은 열 지파에게 조금도 위안을 주지 않는다. 그는 가지와 꽃이 뿌리에서 나오듯이 일곱 영으로 충만하고 정의와 공평을 통해 그의 종들을 심판하고 책망할 이새의 혈통에서 한 아들이 나올 것이라고, 열 지파뿐 아니라 두 지파에게도 약속한다. …

---

insinuet."

나는 '영적으로'(spiritualiter)를 '특별히'(specialiter)로 고쳤다. 이것의 의미를 분명히 하기 위해서다. 'proficientes'와 'perfectissimi'에 대한 언급은 잠언은 초심자(beginner)를 위해서, 전도서는 성숙한자들(the advanced)을 위해, 아가서는 완전한 자들(the perfect)을 위해 쓰였다는 전통적인 견해로부터 기인한다. 이를 앤드류가 얼마나 자신의 문자적 해석을 위해 적용하였는지 살펴보는 것은 흥미 있다. 그에 따르면, 전도서의 회중은 지혜에서 성숙한 자들일뿐만 아니라, '문명화된'(civilized) 자들이었다.

> 여호와께서 위에서 말씀하신 대로 위험과 근심으로부터 두 지파를 자유롭게 하실 것이다. 그들의 땅으로 회복시키시고 열 지파와 두 지파를 모두 화해시키고 한 민족으로 만들 것이다, 이새의 뿌리에서 한 가지가 나며 그 위에 여호와의 영이 강림하시리니.

환상을 설명하는데 더 주목할 만한 것은 그는 선견자the seer를 기억한다는 것이다. 리처드가 에스겔의 환상을 설명할 때, 그의 염려는 그것이 어떻게 생겼는지를 아는 것이다. 그는 네 생물에 대해서는 자신이 성전을 그렸던 것처럼, 자신이 그릴 수 있는 무언가로 정확하게 묘사하려고 한다. 스테판 랭튼과 휴는 그들이 보았던 스랍cherubim에 관해 이야기하고 환상과 비교한다. 앤드류는 주로 외적인 것이 에스겔에게 어떤 의미인지를 알기 원한다. 그가 글을 쓴 사람들을 가르치기 위해 의도된 바는 무엇인가? 앤드류는 '살아있는 생물'에서 한 '사람의 모습'은 사람들의 주의를 끌기 위한 것이며 환상과 그들의 사건의 관련성을 보여주는 것이라고 생각한다.

> 예언자는 환상의 생물을 "짐승"이라고 불렀다. 그래서 그것들은 단지 야생동물로 생각될 수 있고 따라서 인간에게 염려가 없었다. 그 다음에 이 환상이 기록된 사람들은 그것과 관련된 것이 없으므로 적게 귀를 기울일 것이다. 따라서 예언자는 다음과 같이 덧붙혔다: "그들의 모양은 이러하니, 그들에게 사람의 형상이 있더라."[겔 1:5].[39]

전도서에 대한 그의 주석은 그 과묵함 때문에 독특하다. 앤드류는 그의 저자들에 무언가를 더하는 것을 두려워하는, 내가 알고 있는 유일한 중세 주

---

39 MS. Bodl. e Mus. 62, fo. 113a: "Quia bestias nominaverat, ne bruta et inmitia tantum putarentur animantia et ita ad homines minus pertinere, minusque homines quibus hec visio scribebatur attenderent, cum nichil in ea contineretur quod ad eos spectaret, annectit quod tais erat aspectus eorum."

석가이다. 그들의 본문이 의미의 충만함을 숨기고 있다는 확신을 가진 다른 사람들은, 해설과 부연된 글을 거의 구분하지 못한다. 전도서 1장 7절에 대한 앤드류의 솔직한 논평을 비교하라: "모든 강물은 다 바다로 흐르되 바다를 채우지 못하며."

> 그가 말하는 "바다를 채우지 못하며"는 현재의 문제와 관련이 없지만, 바다에 대해서 말하면서 그는 침묵 속에서 이 특성을 간과하는 것을 좋아하지 않았다.[40]

전도서 3장 1-8절에서, "범사에는 기한이 있고"로 시작하는 구절에서 그는 다양한 직업을 때에 따라 적절하게 만드는 경우를 예로 든다. '이유와 정당한 원인이 그것을 요구할 때' 전쟁이 일어날 때가 있다, 등등. 그런 다음 그는 이 모든 것이 그 자신의 과장임embroidery을 우리에게 경고한다.

> 우리가 때를 지정했더라도, 다시 말해서, 앞서 말한 것들 가가에 대한 저절한 기회가 주어졌지만 그럼에도 불구하고 저자는 시한이 있다고 말했던 각각의 몇 가지는 자체의 시한을 가지고 있다는, 즉 시간과 범위 변화와 경과를 가지고 있다는 것을 빼고는 다른 아무것도 나타내고 싶지 않은 것처럼 보인다.[41]

다른 주석가들은 전도서의 회의론과 비관론을 완화시켜야 한다고 생각하는 반면,[42] 앤드류는 그의 말의 전적인 힘을 허용한다.

---

40 Calandra, 10: "Quod vero ait 'mare non redundat' ad presens negotium nil pertinet, sed de mari loquens, hanc eius proprietatem tacitus preterire noluit."

41 ibid. 25: "Quamquam uniuscuiusque eorum que premissa sunt tempus i.e. temporis opportunitatem assignaverimus, auctor tamen nihil aliud significare velle videtur, nisi quod singulum eorum quorum tempus esse dixit, suum tempus i.e. suam moram et spatium et mutanilitatem et transitum habeat."

42 B. Smalley, "The Sapiential Books I", 여러 곳에서(*passim*).

구약 성경의 연대기와 지리에 대한 앤드류의 관심을 설명하기에는 너무 오래 걸릴 것이다. 그는 학자의 기쁨을 잘 드러내고 대중적 오해에 대하여 학자의 조급함을 지닌 학자다. 그는 에스겔Ezechiel을 '예스기엘'Iezechiel이라고 부르는 것을 고집하고,[43] 사드락, 메삭 그리고 아벳느고의 찬송가는 '세 어린이의 찬송가'로 알려져야 한다는 것이 그를 괴롭게 한다. 그는 '어린이들'이 풀무 불에 던져졌을 때 40세에 가깝다고 계산한다. 아마도 이 잘못된 생각은 그들의 수염을 언급하지 않는 이어지는 본문으로부터 생겼을 것이다: "그들의 머리의 머리카락 하나도 그을리지 않았다"[단 3:27]. 앤드류는 다니엘서 1장 3절 본문을 상기시키며 (주석과 대조적으로) 그들은 환관이었고 따라서 수염이 없었다는 것을 의미한다고 해석한다.[44]

아마도 그의 설명의 가장 고유한 특성은 질문을 다루는 것에 있다. 비록 그가 무관한 토론으로 이끌리지는 않더라도, 문자적 의미에 대한 명백한 모순을 피할 수는 없다. 우리는 이전의 권위를 결정하는 간단한 과정에 의해 그가 동시에의 문제를 해결하는 것을 지켜보았다. 어떤 어려움은 그런 허점을 보여주지 않았다. 두 구절에서 앤드류는 도전을 받아들이고 진정한 질문에 착수한다. 각각의 경우에 그 방법은 비교적이다. 그는 문맥을 조사하는 것과 그것이 의심스러운 표현을 낳는 그 정확한 의미를 구별한다. 그리고 각각의 경우에 해결책은 우리가 전에 알았던 앤드류의 자연주의적인 경향을 보

---

43 MS. Bodl. e. Mus. 62, fo. 111c.: "Quod iccirico dicimus quia quidam tam in scriptura quam in pronuntiatione huius nominis errant." 앤드류는 아마도 제롬으로부터 정확한 철자를 받아들인 것 같다.

44 MS. Pembroke 45, fo. 118a: "Quidam nostrorum istos qui in fornacem missi fuerunt pueros et ymnum quidem eorum ymnum trim puerorum appellant. Canonica autem hec scriptura, postquam de sompnio regis agere cepit, ubique viros et nusquam pueros illos vocat. Sive cum Ioachim filio Iosie sive um Ieconia filio eius capti ductique sunt in Babilonia, quomodo post secundum vel in ipso secundo Egyptie captivitatia anno pueri erant? ..." Fo. 118d: "Hinc forsitan originem illa traxit opinio quia de barbe pilis nichil dictum est cum de capillis premissum sit, quod si viri fuissent scriptura nequaquam tacuisset. Hoc opinantes parum videntur attendere quod illi in domum pricipis eunochorum introducti spadones fuerunt et quod illi qui in pueritia castratur barba crescere non potest."

여준다.

첫 번째 어려움은 예레미야 1장 5절에 대한 제롬에서 기인한다. "내가 너를 모태에서 짓기 전에 너를 알았고, 네가 배에서 나오기 전에 너를 성별하였고, 너를 여러 나라의 선지자로 세웠노라" 제롬은 예레미야는 육체적 잉태 이전에 존재했던 영혼이었다라고 하는 영지주의 이단을 논박한다. 그는 본문의 전반부는 하나님의 예지를 언급한다고 말한다.

> 그 사도에 따르면 다음과 같이 이해된다: "그러나 내 어머니의 태로부터 나를 택정하시고 그의 은혜로 나를 부르신 이가, 그 아들을 이방에 전하기 위하여 그를 내 속에 나타내시기를 기뻐하셨을 때에" [갈 1: 15-16]. 세례 요한 역시 태에서 거룩하게 되었고, 성령을 받았고, 그의 어머니의 입을 통해서 예언했다.

12세기의 신학자에게 본문은 또 다른 문제를 제시했다. 예레미야와 세례 요한은 원죄로부터 깨끗하게 되었는가?

앤드류는 자신을 예레미야의 경우로 제한한다. 그는 제롬의 의견이 다소 관심을 다른 곳으로 돌리는 것이라고 느끼고, 제롬을 해결하는 것으로 시작한다. 만일 제롬이 말했듯이 "내가 너를 모태에서 짓기 전에 너를 알았고"가 단순히 하나님이 예언자의 존재를 미리 아셨다는 것을 의미한다면, 그 요점은 무엇인가? 하나님은 선인과 악인 똑같이 모든 사람의 존재를 미리 아셨다. 예레미야에게 특별히 말한 이유는 무엇일까? 그리고 '태에서 거룩하게 함'에 관한 사도 바울의 사례는 무슨 관련이 있는가? 사도는 그의 성화가 아닌 그의 구분함에 관해 말하고 있다. 그리고 만일 우리가 '성화됨'을 '구분함'으로 읽지 않는다면 이 후자의 단어에서 '전체 질문이 바뀐다'. 모두가 동의해야만 하는 격렬한 왜곡.

> 나는 사도가 태에서 "거룩하게 되었다"라는 것을 읽었던 기억이 없다. 그는

자신에 대해 다음과 같이 증언한다: 우리는 또한 … 다른 이들과 같이 본질상 진노의 자녀이었더니[엡 2:3].

세례 요한의 경우는 완전히 다르다.

우리는 그가 태에서 거룩하게 되었다는 것을 대천사가 약속한 것처럼 성령의 충만함으로 주님의 부모가 오실 때 그가 그의 어머니의 태에서 기쁨으로 뛰었고 그의 어머니의 입을 통해 예언했다는 것을 믿는다. 그러나 우리는 거룩한 예레미야에 관해서는 출생 전이나 출생과 관련하여 어떤 것도 읽지 않았다.

문제를 언급 한 후 앤드류는 현재의 해결책을 제시한 다음 비판으로 나아간다.

어떤 이들은 세례 요한과 예레미야가 모두 원죄, 즉 태에서 또는 그 안에서 거룩하게 되었다는 것을 인정한다. 그들은 세례의 성례 또는 할례가 다른 사람들에게 주었던 무엇을 이 두 사람은 아직 태에 있을 때 신성한 은혜로 받았다는 것을 말하고 있다. 이 견해에 의하면 다음 본문은 분명하다: "네가 모태에서 나기 전에 너를 알았고 너를 거룩하게 하였다*sanctified*." 그것은 "나는 원죄의 얼룩에서 너를 깨끗하게 했다"이다. 그러나 우리의 첫 번째 질문에 대한 매듭은 아직 풀리지 않은 채 남아 있다. 할례와 같은 다른 방법에 의해 회당에서 그를 조성하기 전에 말해지지 않았다면 하나님이 앞서 말한 거룩하게 함으로 그를 그녀의 아들로 아셨다는 것을 말하지 않았다면, 하나님이 그 예언자를 모태에서 형성하기 전에 어떻게 "알았"겠는가?

이 해법은 알레고리적인 해석을 가정한다. "복중에 짓기 전에"는 "회당에서"로 읽어야한다. 앤드류는 문자적으로 읽는 것을 선호한다.

그들의 관습에 따라 일부는 자신들을 오히려 문자적 의미에 적용하고, 그들은 본문이 이렇게 설명되어야 한다고 생각한다: 예언자가 아직 어린아이였을 때, 하나님은 그를 예언자로 임명하고 야만적인 나라들에 예언하고 그 백성에게 주셨다. 그러므로 하나님께서는 그에게 믿음과 확신을 주신다. 이미 자비로 허락된 축복은 미래의 모든 시간에 대한 서약이다. 그가 다음과 같이 말했듯이: "예레미야, 지금 내가 너에게 실패하게 할까 두려워 마라. 심지어 나는 네가 태어나기 전에 너를 아꼈고, 거룩함으로 너를 축복하였고 장차 올 일들을 깨닫도록 예정하였다." 예레미야는 하나님의 약속에 의지한다. 후편에서 읽은 것처럼 그가 나라들에 예언자로 주어졌을 때, 그는 단지 아이라는 이유로 자신의 부족한 능변을 변명한다.

이 해결은 구분에 의해 정당화될 수 있다: 즉 아는 것to know은 몇 가지 의미를 지닌다:

하나님은 두 가지 방법으로 사물을 알고 있다고 말한다. 그것에 대한 지식이 있거나, 그것을 인정하고, 사랑하고, 소중히 여긴다. 첫 번째 의미에 따르면 그것은 "속은 자와 속이는 자가 다 그에게 속하였으므로"[… 다 그가 아시며, 욥 12:16]라고 한다. 두 번째 의미에 따르면 하나님은 모세에게 말씀하신다: "나는 이름으로도 너를 알고"[출 33:12] 그리고 어리석은 처녀에게는: "내가 너희를 알지 못하노라"[마 25:12] 즉, 나는 인정하지도 사랑하지도 않고 소중히 여기지도 않는다. 우리가 경멸하거나 인정하지 않는 사람에게 화가 났을 때, 우리 역시 이렇게 말하는 습관이 있다: "너는 어디로부터며, 또한 누구인가?" 본문은 이렇게 읽는다: "내가 너를 모태에서 짓기 전에 너를 알았고": 내가 모태에서 인간의 형상을 주기 전에 너를 만든 나 여호와는 너를 인정하였고, 너를 알고 소중한 사람으로 사랑했고, 미래가 과거인 나에게 이미 존재하는 것으로 알고 있었다. 그리고 이것은 너의 출생 또는 잉태 이전이다. 마찬가지로 사도는: "그 자식들이 아직 나지도 아니하고 무슨 선이나 악을 행하지 아니한 때에 … 내가 야곱은 사랑하고 에서는 미워하였다"[롬 9:11, 13].

"그리고 네가 모태에서 나기 전에, 너를 거룩하게 하였다": 나의 사랑과 인정의 표시로 네가 아직 어머니의 태에 있을 때조차 나는 너에게 출생한 후에 거룩함과 순수함 외엔 너를 기쁘게 할 수 없는 그런 거룩함을 주었다. 거룩함이 그를 허락해 주는 것을 통해, 예레미야는 영원한 순결을 유지했다고 믿어진다. "너를 열방의 선지자로 세웠노라" 확실히, 그것을 받을 자격이 없어도, 나는 너를 예언의 은혜로 영감을 불어 넣었고, 너를 내가 선택한 국가에 예언하도록 보냈다.

앤드류는 문자적 의미로 선언했다. 그는 '성화'를 '준비와 맹세'로 해석했다. 그는 기적적인 요소가 들어오는 것을 허락하지 않는다.

두 번째 어려움은 에스겔 1장 1절에 관한 주석의 모순에서 비롯된다: "하늘이 열리며 하나님의 모습이 내게 보이니." 난외의 주석은 다음과 같다: "창공의 분할이 아니라 믿는 자의 신앙으로 하늘의 비밀이 드러난다." 행간 주석은: "오리게누스에 따르면 그는 육신의 시각으로 보았다."

그러므로 앤드류는 에스겔의 환상의 본질을 고려해야만 한다: 어떤 의미에서 '하늘이 열렸는가?' 우리는 그가 난외 주석을 보다 합리적인 것으로 선호할 것이라고 추측할 수 있다. 그러나 그는 도발적인 방법으로 문제를 언급하기 시작한다:

그것은 결과적으로 하늘이 열리는 사람에게는 천국 위에 있는 "하나님의 모습"이 보여야 한다는 것이다. 비록 모든 것이 신적 위엄으로 볼 수 있고 모든 것을 보시는 하나님으로부터 숨겨져 있는 것은 없지만, 그는 특히 하늘에 계신 것과 마찬가지로 하늘 위에 무엇이 있는지 볼 수 있다, 비록 그가 어디에나 있을지라도. 그래서 선지자는 "하늘이 열리며 하나님의 모습을 보았다"고 말한다. 왜냐하면 그는 하늘 너머에서 사람의 것이 아니라 하나님의 것으로 형태와 본성을 지닌 것으로 보이는 천사 같은 존재를 보았다.

선지자는 어떤 방식으로 그것을 보았는가? 앤드류는 환상이 육체적이 아닌 영적인, 즉 마음의 눈으로 본 지적인 것임을 증명하기 위해 성 아우구스티누스를 인용한다. 그는 문제의 환상에 인용문을 적용한다. 에스겔은 "하늘이 열리며"의 의미는 하늘이 그에게 낮추어졌다고 말한다. 천상적 은혜로 천국의 형상이 그의 마음에 감동을 주었다. 그의 구절의 명확함은 우리의 연약한 이해에 대한 양보이다.

> 신성한 작가는 종종 사람의 지식의 범위 내에 있는 것의 관점에서 무엇이 위에 있는지 묘사한다. 우리는 그것이 먼저 용해되거나 제거되지 않는 한 단단한 물체 그 이상을 볼 수 없다. 그래서 선지자는 하늘이 열렸다고 우리에게 조심스럽게 이야기한다. 이사야는 또한 하나님이 이 땅에 오시고 하늘이 깨트려지지 않게 남겨 두실 수 있음을 알았지만, 그는 인간의 이성과 관습에 대해 겸손하며 하나님의 출현을 갈망할 때 그는 이렇게 말한다: "주는 하늘을 가르고 강림하시고"[사 64:1]. 모세는 하나님이 다음과 같이 말씀하셨다고 기록한다: 소돔의 부르짖음이 내게 인했다; "내가 이제 내려가서 보게 될 것이다."[창 18:21] … 이런 종류의 많은 표현은 성경에 의해 우리에게 주어진다.

또 다른 합리적인 설명은 환상은 첫 번째 장에서 묘사된 환상뿐만 아니라 전체 책에 담긴 예언을 가리킨다는 것이다. 그는 이것이 다음 히브리어 본문과 일치한다고 말한다: "하나님의 모습이 내게 보이니":

> 그 의미는: 내가 환상을 본 사실, 너와 나머지 사람들 그리고 도시에서 장차 일어날 일을 이해하는 것은 내게서가 아니라 하나님에게서 온 것이다. 이 말에서 선지자는 겸손함을 보여 주며 그들이 신성한 영감으로 말한 것에 동의해야 한다는 것을 독자들에게 분명하게 가르친다. 이 견해에 따르면 "하늘이 열리고"는 하늘의 선물이 그에게 허락한 것 외에 또 무엇을 의미하는가?
> 누구든지 하늘이 예언자의 시선이 그것을 통과하도록 열렸고, 그가 하나님과

그 위의 것들을 볼 수 있다고 주장하고 싶다면, 우리는 결코 그를 방해하지 않는다. 그 자신의 의미로 풍부하게 하라. 그러나 사물의 이성이나 본질이 논쟁하고자 하는 것을 허용하는지 여부를 물어보라. 만일 신의 전능이 자연이 할 수 없는 일을 할 수 있다고 주장하는 것에 의지한다면, 인간이 하늘과 그 너머를 응시할 수 있게 허락한다면, 우리는 하나님이 함께 하면 불가능한 것이 없음과 결코 이것을 부정하는 것이 아니라는 것을 안다. 그러나 이것을 깨달아야한다: 성경의 설명에서, 묘사된 사건이 자연스러운 설명을 인정하지 않을 때, 그리고 나서야 비로소 우리는 기적에 의지해야한다.[45]

스승에 도전하는 라온Laon에서 주어진 에스겔에 대한 아벨라르두스의 강의에 대한 기록이 있다면! 우리가 그것에 대해 알고 있는 것은 아벨라르두스 자신이 우리에게 말하는 것이다. 그의 모든 행동처럼 그것은 큰 혼란을 일으켰다. 예언자들 중에서 가장 애매한 것에 대해 그[아벨라르두스]를 앤드류와 비교하는 것은 흥미로울 것이다. 어떤 사람은 앤드류가 확실히 『육일 동안의 창조』에서처럼 여기서도 더 독창적인 존재임을 증명할 것이라고 생각한다.

만일 우리가 아벨라르두스를 '합리주의자'라고 부른다면 그것의 12세기의 의미로 말해야한다. 즉, 단순히 그는 자신의 신앙을 방어하고 이해하기 위해, 자신의 이성을 사용하기를 원했다는 의미이다. '이성'에 의한 논리의 통달을 의미한다. 우리는 앤드류를 이런 의미에서 합리주의자라고 부를 수는 없다. 그는 논리학이나 신학을 서로에게 적용하는 것에 충분히 관심이 없다. 예를 들면, 지복의 환상은 인간이 신성한 본질에 대한 직접적인 환상에 도달할 수 있는지의 여부와 같은 문제는 9세기에 있었던 담론이었다.[46] 이는 12

---

45 앤드류는 아우구스티누스에게서 이 일반 원칙을 발견했다. P. de Vooght, "La notion philosophique du miracle chez St. Augustin. Dans le 'De Trinitate' et le 'Genesi ad litteram'", *Rech. Théol. anc. méd.* 10 (1938). 317-43. 그러나 그의 대담하고 도전적인 진술은 놀랍고, 자신의 위치와 날짜를 제시한다.

46 M. Cappuyns, "Note sur le probleme de la vision béatifique au IXe siècle", *Rech. Théol. anc. méd.* i (1928), 100.

세기에 관심이 다시 생겼고[47] 출발점인 성 아우구스티누스의 『하나님을 봄에 관하여』*De Videndo Deo*는 바로 사용할 수 있도록 준비되어 있었다. 에스겔의 환상에 대한 앤드류의 토론은 실제로 매우 관련성이 있었을 것이다. 그러나 그는 이것을 무시한다. 앤드류의 묘사처럼 '합리주의'는 다르고 거의 18세기의 풍미를 가지고 있다. 그것은 그의 결론보다는 방법에 적게 적용된다. 그것은 '상식'의 숭배와 자연적인 것을 초자연적인 설명보다 확실한 선호함을 표현한다. 이 '자연주의'는 아벨라르두스의 합리주의보다 12세기에 훨씬 더 드물었다.

우리는 아벨라르두스가 선생으로써 천재성 덕분에 그의 명성의 일부를 얻은 것을 알고 있다. 그는 분명히 자신이 말한 어떤 것들만큼 그가 말하는 방식에서도 자신의 학생들을 흥분시켰다. 앤드류는 자신을 외롭고 다소 시무룩한 학자로 묘사한다. 그는 자신의 만족을 위해 일한다. 그는 다른 사람들의 스승으로 서려는 소망이 없다. 마찬가지로 우리는 앤드류에게도 역시 헌신적인 제자들이 있었다는 것을 알고 실제로 그가 아벨라르두스의 가르침에 대한 재능을 공유했는지 궁금해 한다. 그의 글은 그가 그러했다는 것을 암시한다. 우리는 그가 논쟁을 준비함에 있어 어떻게 흥분하고 화내는지 보았다. 그는 또한 분명히 좋은 선생의 열망을 가지고 있다. 그는 발견할 뿐만 아니라 설명도 할 수 있다. 그는 익숙한 것에서 익숙하지 않은 것들을 찾아 이르게 하는 유사점을 찾는 적성을 가지고 있다. 그는 구약 성경에 나오는 현대 또는 고대의 사회적 그리고 법적 관습을 지켜본다. 그는 예를 들어, "너를 … 크게 자라고 심히 아름다우며"*...advancest and camest to woman's ornament*[겔 16:7]를 젊은 여성들이 "나아오며"로 관찰한다.

> 혼기에 달하기 전에 심지어 귀족 가문의 소녀들조차 소박한 옷차림을 했지만 그들이 "나이가 들면" 미래의 남편을 기쁘게 하기 위해 "여자의 장식"을 받아

---

47 *De Sacramentis*, II. xiii, c. 18. PL clxxvi. 616.

야 한다는 어떤 인종races들 사이에는 여전히 존재하는 고대의 풍습이었다.[48]

그는 "… 기름 부음을 받고 거룩하게 구별되어 … 제사장들이라"[민 3:3]의 본문을 임명과 점유seisin에 대한 참조로 설명한다.

> 어떤 사람이 일을 시작할 때 주어진 사무실에 나무 조각이나 돌 또는 그런 종류의 것이 선물로 수여되었던 것은 고대의 풍습이었다. 그것은 일반적으로 그에게 주어진 사무실의 점유 또는 임명으로 불렸다.[49]

주교에게 반지와 지팡이[홀]을 부여할 수 있는 세속 통치자의 권리를 포함하고 있는 평신도 서임권에 관한 문제는 앤드류의 독자들에게 매우 화제거리로 만들 것이다.

이사야의 본문 "여호와여 내가 압제를 받사오니 나의 중보가 되옵소서"[38:14]는 12세기 중반에 기부행위에서 공식의 일부가 된 '보증 조항'을 제안한다.[50] 앤드류는 그의 히브리어 버전에 대해 다음과 같이 언급하고 있다: 주가 나를 판단하신다. 그는 먼저 보증 조항을 실행에 옮기는 이전의 소유권에 대한 주장을 설명하고; 둘째로, 보증 조항 그 자체; 마지막으로 그들이 그의 본문을 어떻게 설명하는지를 보여준다.

> 여호와여 나를 판단하시고 보호하소서. 이 히브리어 용어는 그 의미가 프랑

---

48 MS. Bibl. Nat. Lat. 14432, fo. 51: "Mos erat antiguitus, sed adhuc quibusdam gentibus est, ut ante nubiles annos puelle etiam nobiles incultius incederent, illis vero adventantibus mundum mulierbrem quo melius futuris pracerent martis acciperent."

49 MS. C.C.C. 30, fo. 39d: "Mos erat antiquitus, cum in aliquod ministerium aliquis assumebatur, iniunctum ministerium per lignum vel lapidem vel aliquid huiusmodi in manus illi tradebatur, et erat ut vulgariter loquitur saisina quedam et investitura iniuncti officii."

50 F. M. Stenton, *Transcripts of Charters Relating to Gilbertine Houses* (Publications of Lincoln Record Soc. 18, 1922), xxviii-xxix.

크Franks 말로 주어질 때 더 분명하게 이해될 것이다. "여호와여 나를 되찾아 주시고 정당화하소서." 우리의 소지품이 어떤 식으로든 도난당하거나 분실되고 다른 사람들이 소유하고 있는 것을 발견하면, 우리는 우리 스스로 그것들을 "옹호해야" 한다, 말하자면 "되찾아야" 한다. 그러나 만일 우리가 소지품을 되찾은 사람들이 그것을 사거나 다른 사람으로부터 어떤 식으로든 얻었다면, 후자는 전자를 지지해야하며, 팔거나 허락한 것을 [무효화한다] "보증해야" 한다.

여호와여 이제 당신을 위하여 "옹호하고" 당신의 종인 나를 "되찾아 주소서", 나를 거의 사로잡는 병과 죽음으로부터. 나를 당신의 소유처럼 지키시고 보호하소서.[51]

앤드류는 앨프릭Aelfric이 마태복음에 대한 주석에서 토착어 강론과 스타벨롯Stavelot(벨기에 리에주의 작은 도시)의 기독교인들 사이에서 한 것처럼 많은 것을 하고 있다. 그는 성경을 일상생활의 관점에서 설명하고 있다. 그러나 앨프릭은 교구 사제와 평신도, 그의 수도원의 '평신도' 형제들을 위해 썼다. 앤드류는 지식인들을 위해 글을 쓴다. 이것은 신기한 것이다. 일반적인 과정을 반대로 하면서 그는 초등 교육의 방법을 학자에게 적용한다. 그는 성직자 청중에게 적절하다고 여겨지는 미묘하고 독창적인 것을 직접적인 비교로 대체한다. 배운 저서들에서 시사 문제와 고전적인 암시가 드물었던 것이 아니지만 이들은 주로 논쟁이나 장식 또는 가벼운 강조를 위해 사용되었다. 때때

51 MS. Pembroke 45, fo 62b: "'Dominie vindica me;' protege me. Hebraicarum dictionum que hoc in loco ponuntur apertioris intelligentie causa secundum vulgatam acceptionem in lingua Francorum significatio est ponenda: 'Domine calumpniare me, garantiza me.' Res nostras furto ablatas, vel quomodocumque perditas cum ab aliis eas possideri invenimus, bobis eas vindicamus et ut ita loquitur calumpniamur. Si vero illi quibus nos res nostras calumpniamur ab aliis illas emerint, vel quolibet modo acceperint, debent illi pro illis stare et que vendiderunt, vel aliquo modo contulerunt, grantizare. Domine iam me servum tuum quem morbus et moris iam sibi pene rapuit tibi pane rapuit tibi vindica et calumpniare et quasi tuum protege et tuere."

로 이들은 지나가는 말로 무심코 내뱉어졌다. 앤드류는 이들을 특별하게 사용한다. 그는 독자를 재미있게 하거나 산만하게 하는 대신 자신의 주의를 본문에 더 가깝게 기울일 것을 의도한다. 이들은 그가 그 의미를 파악하게 확실히 도와줄 것이다.

이사야서 1장 16-18절의 설명은 자신이 선택하고 좋은 결론을 내릴 수 있는 그의 방법을 위한 가장 만족스러운 예이다. 그는 이교도의 풍습과 유대교의 법과 전통의 도움으로 그 본문을 설명한다.

> 너희는 스스로 씻으며, 스스로 깨끗하게 하여 내 목전에서 너희 악한 행실을 버리며. 자신을 씻어라: 깨끗이 하라.

앤드류는 이 도덕적 정결을 율법에 의해 규정된 의식 정화와 그가 오비드Ovid에서 읽은 이교도 의식과 대조한다:

> 우리의 조상들은 모든 죄와 모든 병의 원인이 정결 의식에 의해 사라질 수 있다고 믿었다 … 슬프도다 분별없는 바보들아! 강물에 의해 끔찍한 살인의 얼룩이 씻겨 나갈 수 있다고 상상한다. [F. ii. 35-6, 45-6]
> 악한 행실을 그치라. 예언자는 그들에게 "스스로 씻으라"고 명령했다. 어떤 사람은 이 물로 씻어 깨끗하게 하는 것을 페로이스Peleus가 아카스투스Acastus에게 말한 것처럼 유대인과 이방인들에게 존재했던 물을 사용한 다양한 정결의식*baptismatibus*으로 오해할 수 있다.
> "내 죄를 사하여 주시고", 다른 사람은 그의 죄를 없애 주었다. [F. 43-4][52]
> 따라서 씻는 방법을 구체적으로 설명하기 위해 다음과 같이 덧붙인다: 악을 제하라. 생각조차도 하나님의 위엄의 눈으로부터 감추어질 수 없기 때문에,

---

52 J. G. Frazer, *The Fasti of Ovid*, i (London, 1929). 앤드류는 이 구절을 자세히 들여다보고, 펠로이스(Peleus)와 알카매온(Alcmaeon)에 대한 언급으로 나아간다.

그들은 그들의 생각에서도 악을 없애야 한다. 행악을 그치라. 악한 생각들이 "없어져 버리면", 그들은 분명히 "악한 행동을 그만 두어야" 한다는 것은 적절하게 명령되어 있다. 생각이 먼저 오고, 행위가 뒤 따른다. …

만일 당신의 죄가 주홍 같더라도, 그 의미는: 당신의 부정과 죄가 아무리 혐오스럽다 해도, 자신을 완전히 깨끗케 될 것이다. 위에서 그는 얼룩과 먼지를 가리키는 스스로를 씻으라고 말했다. 이제 그는 선홍색과 진홍색으로 죄의 더러움을, 눈과 양털로 순결을 표현한다. 그릇이나 옷 위에 피의 붉은 얼룩보다 더 더러운 것은 없다. 이것은 다른 어떤 것보다 더 많이 드러난다. 그리고 우리는 그것이 하얗게 변함으로써 깨끗해졌는지 안다.

하나님이 창조하신 영혼은 흠이 없고 깨끗하다. 그것은 얼룩이 없는 흰옷과 같다. 그러나 보이지 않는 원수, 마귀와 보이는 사람, 그 비뚤어진 자신의 의지는 유혹을 받아 타락하기 쉬운 몸에 거하면서 얼룩으로 물들인 것처럼 죄의 더러움으로 더러워진다. 괴롭게 하는 죄가 영혼을 변형시킨다면, 붉은 핏자국은 옷의 순백을 선홍색과 진홍색으로 변색시킨다. 율법은 영혼의 의복으로부터 핏자국을 씻어내는 것이 얼마나 어려운지 명백히 가르쳐준다. 율법은 의복의 얼룩진 부분을 찢어내고 태우라고 명령한다[레 13:56]. 다시: "모든 .…피 묻은 겉옷이 불에 섶같이 살라지리니"[사 9:5]. 그러나 예언자가 말한 것을 행하는 자는 이 얼룩에서 완전히 깨끗해질 것이다. 그는 피의 붉음을 선홍색과 진홍색으로 비교하기로 결정했다 왜냐하면 그 색들은 그런 강도로 붉음을 표현하기 때문이다.

다른 설명: 유대인 전통에 의하면, 모든 사람들의 죄는 빛나는 하얀 물질로 쓰여 보존되며, 그들은 심판자의 눈에 더 쉽게 나타날 수 있다. 그러므로 책들은 펴 놓였고 그의 보좌에 앉으신 옛적부터 항상 계신 이에게 읽혔다[단 7:9-10]. 그리고 우리가 읽은 유다의 죄는 금강석 못으로 철 위에 쓰여 있다. 비통한 죄는 붉은 색과 양피지에 더 정확하게 달라붙는 다른 색깔들로 쓰여 있고 더 쉽게 독자의 눈에 띈다. 그러므로 이 말씀에서 주님은 그들의 죄가 주홍색 또는 진홍색으로 쓰여질만큼 크다 할지라도 그것을 지우겠다고 약속하

신다. 그들의 죄가 기록되었던 곳에는 그들의 흔적이 있는 빛나는 하얀 물질 외엔 아무것도 남지 않을 것이다. 그래서 전에는 진홍색으로 붉었던 그들의 죄가 눈처럼 희게 될 것이다.
양털, 실, 천 및 이런 종류의 부드러운 것들은 주홍색으로 염색되어 있다. 양피지, 나무, 돌 및 도자기는 일반적으로 진홍색으로 칠해져 있다.

나중에 그는 덧붙인다.

죄가 책에 기록되어 있다고 말하면 하나님은 그것들이 써진 것처럼 기억한다는 것 외에 다른 어떤 의미가 있을까?

앤드류가 그의 본문의 설명에서 인용한 유대인 전통은 주석가로서 우리가 그를 최고로 중요하게 여기도록 이끌었다. 앤드류가 자신의 어머니의 지혜와 고대에 대한 지식에 단순히 의존했다면, 그는 사람의 이목을 끄는, 그러나 매우 중요하지는 않은, 인물이었을 것이다. 그의 목적을 위해서, 이것은 충분하지 않았다. 그가 생각한 '문자적 설명'은 진정한 학문이었다. 학문적 연구는 빠르게 낡은 것이 되기 마련이다. 그것은 그 자체로 가치가 없어진다. 그것은 나중에 학자들이 뒤를 따라 새로운 질문 사항과 새로운 자료를 열었기 때문에 기억된다. 아마 성공하면 할수록 더 빨리 구식이 될 것이다. 따라서 앤드류 자신이 바친 문자적 설명은 연구 작업을 요구하고 그것 없이는 무의미할 것이다. 그는 문이 없는 곳에서 활기차게 움직이는 사람과 같을 것이다.

사실, 그는 그의 스승인 성 제롬과 성 빅터의 휴가 제공한 열쇠를 가지고 있었고 그는 그것을 바꿀 용기가 있었다. 그는 히브리어 학습의 거대한 카탈로그화되지 않은 저장실에 들어갔는데, 그의 내용은 매우 조심스럽고 드물게 지난 700년 동안 간신히 다루어지고 있었다.

은유는 그의 모험에 대한 좋지 않은 생각을 준다. 그의 기록 보관서는 살아있는 학자였다. 그가 그들에게 물어본 배움은 죽은 전통이 아니라 무언가 성장하는 것이었다. 기독교에서처럼 유대인 학교에서도 운동이 진행 중이었다. 유대인들은 그들의 신성한 책을 연구하기 위해 새로운 아이디어와 새로운 기술을 개발하고 있었다. 그들은 보수주의와 독창성을 그리스도인들과 거의 같은 방식으로 결합했다. 앤드류는 당시의 프랑스 랍비들이 그에게 제시한 것처럼 히브리어 지식을 받아들여야만 했다. 그는 일종의 지적 접촉을 하지 않고서는 자신의 자료를 수집할 수 없었다.

3. 유대 자료들[53]

12세기에 프랑스 북부의 유대인들은 기독교인 이웃들과 일반적으로 우호적인 관계로 살았다. 그들을 빈민가에 갇혀있지도 않았고 가게를 운영하거나 돈을 빌려주는 데 제한받지 않았을 뿐만 아니라 소규모 공동체의 도시와 마을의 교외에서 흩어져 포도 재배와 말들을 돌보는데 종사했다. 프랑스 북부 랍비의 언어는 부유한 식사를 하고 그들의 결혼의 풍부한 의식에도 불구하고 가족들에게 신중한 한계를 설정하고 존경할 만한 삶을 살며 종교 생활을 하고 편협하지 않고 드물게 성스러운 부유한 중류 계급의 전형적인 프랑스 사람임을 우리에게 보여준다.[54]

라시Rashi에서 유래된 주석가들의 학파는 전형적인 프랑스의 상식과 명료성의 특성과 북부 프랑스의 박해로부터 벗어나 번영과 자유를 반영하는 것으로 보인다. 이는 학문적 방법으로 그들 자신의 제도와 전통을 비판할 수 있게 했다.

라시(1040-1105)의 시대 이전에는 유대인 학파에서는 두 체계의 성경 해

53 이 단락을 위한 자료들은 Dr. L. Rabinowitz에 의해 나에게 주어졌다. 지면의 부족으로 유대인의 성경해석에 대한 그의 서술을 요약하고 그의 서지 목록을 제시하는 것에 그친다.

54 L. Rabinowitz, *The Social Life of the Jews of Northern France in the XII-XIV Centuries as Reflected in the Rabbinical Literature of the Period* (London, 1938).

석이 사용되었다: 할라카halachic와 아가닥aggadic. 할라카 해석은 생활의 규칙*halacha*을 추론하기 위해 구약의 권위 있는 설명으로 이루어져있다. 서기 500년경 탈무드의 종결과 동시에 주석의 이런 부분에서 모든 창조적인 활동은 끝이 났다. 아무도 새로운 할라카를 추론하거나 할라카적 해석의 원리에 의해 얻어진 규칙의 정확성에 의문을 가질 권한이 없었다. 성경 본문을 도덕적 교리와 교훈적인 이야기를 주는 버팀목으로 간주하기 때문에, 아가다적*aggadic*, 미드라쉬적*midrashic*, 또는 설교학적*homiletic* 방법은 상상력에 더 많은 활용을 허용했다. 대담한 이미지, 알레고리, 도덕적인 이야기, 조잡한 역사, 기발한 추측, 여기저기서 문자적 해석의 길 잃은 조각들이 모두 미드라쉬에서 발견된다. 미드라쉬는 권위 있는 신학이나 교리가 아니기 때문에 라시 시대까지는 계속적인 미드라쉬적 설명이 있었다.

라시는 세 번째 설명 방법을 추가했다: 문자적 또는 합리적 설명. 히브리어로 쓰였고 따라서 그에게 접근할 수 있는 스페인의 한 유대인의 두 가지 중요한 저작인 문법과 사전에 의해 자극 받은 그는 구약 성경 전체에 대한 문자적 설명에 전념했다. 그의 주석의 대부분은 엄격히 학문적이고 합리적이며 민감하고 예민한 히브리 언어의 정신에 따른 것이다. 그는 문법과 구문론에 충분한 주의를 기울이고 비교 언어학적 원리의 가장 기본적인 측면에서 매력적인 평가를 보여준다. 성경적 연대기와 지리학은 그에게 흥미로운 관심을 갖게 했다. 라시가 전통을 깨뜨리는 것은 아니다. 그의 문자적 설명은 할라카적인 것과 충돌할 수도 있지만 그것을 결코 배제하지 않는다. 그는 또한 아가다적 방법을 이용한다. 그의 독창성은 대안으로서 문자적인 것에 대한 자신의 선호에 달려있다. 그는 문자적 설명과 아가다를 서로 다른 방향으로 전개하고 각각은 다른 것과 마찬가지로 중요한 두 개의 불꽃에 비유한다.

라시의 학파는 더욱 혁명적이었다. 요셉 카라Joseph Kara(d. 1130-40)는 미드라쉬적 주석에 대한 확실한 적대감을 보여준다.

> … 누구든지 성경의 문자적 의미를 무시하고 구절의 미드라쉬를 따르는 것은

> 자신을 구원하기 위해 지푸라기를 잡고 물에 빠져가는 사람과 같으며 만일 하나님의 말씀에 자신의 마음을 빠뜨리는 것은 그 구절의 진정한 의미와 그 문자적 목적을 찾아 낼 것이다 …
> 나는 우리의 랍비들의 해석에서 벗어나지 않는 아가다Aggada와 탈무드Talmud의 모든 스승들이 나를 조롱하리라는 것을 안다. 깨달은 사람들은 문제의 진실을 밝히기 위해 성경의 길을 고려할 것이다.

이 신앙 고백에도 불구하고 요셉 카라의 주석은 미드라쉬적 해석이 풍성하다. 순전히 문자적 해석을 도입한 것에 대한 기여는 라시의 첫째 손자인 사무엘 벤 마이어Samuel Ben Meir 또는 라쉬밤Rashbam과 두 명의 라쉬밤의 동료 제자인 엘리에셀Eliezer of Beeugency과 오를레앙의 요셉 벡호르 쇼어Joseph Bekhor Shor와 같은 세 명의 동시대 사람에게 속한다. 그들의 연대는 불확실하다. 제일 어린 요셉은 약 1160년경에 살고 있었다. 라쉬밤은 요셉 카라의 방법을 뒤바꾼다. 그는 이론적으로 권위에 존중을 표하지만 실제로는 독립적이다. 잘 알려진 구절에서 그는 라시와의 대화를 보고한다:

> 또한 나의 외할아버지이고 추방된 자Exile의 눈을 밝히고 모세오경, 예언서들, 그리고 거룩한 문서들Hagiographa에 대해 주석한 랍비 솔로몬은 성경의 문자적 의미를 설명하기로 마음먹었다. 또한 그의 사위 마이어Meir의 아들 사무엘인 나 역시 그와 함께 그리고 그보다 앞서 논쟁했고 그는 기회가 있었다면 새로운 예들이 매일 등장하는 문자적 설명에 따라 다른 주석을 쓸 필요가 있음을 알았을 것이라고 나에게 고백했다.

마지막 단어는 문자적 해석에서 열광적인 활동을 반영하며, 그 중 이 세 명의 학자들의 작품이 가장 중요한 현존하는 사례들이다. 몇 가지 예외를 제외하고는 두 가지 오래된 해석 방법을 버리고 심지어 그것이 할라카에 직접적인 반대에 있을 때도 순전히 합리적인 설명을 목표로 한다. 이런 이유로, 이 활동은 엄격한 정통에 호의적으로 12세기 후반에 끝났다.

그들의 가장 흥미로운 특징은 첫 번째로 그들이 살았던 나라의 관습을 참고로 하여 성경을 설명하는 것을 좋아하는 것이다. 라쉬밤은 야곱이 자신의 장자권을 에서에게 판 그 식사를 장자권의 가격이 아닌 북부프랑스에서 거래를 확정하고 축하하는 관습이었던 베베리아beveria로 설명한다. 요셉 벡호르 쇼어Joseph Bekhor Shor는 그의 스승의 이런 설명을 언급하며 그것을 '넌센스'nonsense라고 부른다. 이것은 학파의 두 번째 특징을 보여준다: 전임자들과 동시대인들을 비판하고 반대하는 자유와 솔직함이다. 라쉬밤은 라시의 설명을 '허영심'이라고 부르지만 기독교인들처럼 그들은 상대방을 익명으로 언급함으로써 싫은 것을 덮는다. 또 다른 특징은 단어와 문장을 설명할 때 자국어를 사용한다는 점이다. 라시는 자신을 한 마디로 제한했지만 요셉 벡호르 쇼어는 때때로 전체 문장을 프랑스어로 번역한다.

아마도 현재의 관점에서 볼 때 가장 중요한 것은 합리주의 또는 자연주의다. 가능한 한 그들은 성경적 기적을 정상적인 자연 현상으로 줄이고 후대의 학문을 예상하는 중요한 통찰력을 보여준다. 요셉 벡호르 쇼어는 창세기에서 이중 이야기의 가능성을 제시한다. 창세기에서 '책의 저자'라는 단어를 사용함은 그가 모세 이전의 네러티브를 위하여 비모세적non-mosaic 저작권을 제안하고 있는지 의문을 품게 한다. 이 학파에 속한 전도서에 대한 주석의 저자는 전도서의 처음 두 구절은 후기 편집자가 추가한 것이라고 분명히 말한다.

특히 요셉 벡호르 쇼어는 의식적으로 설명에서 독창적이 되려고 노력한다. 그는 '폭로' 하는 것을 좋아한다. 다음 예시는 그가 어떻게 설명할 것인가를 보여 주거나 그것이 불가능할 때는 성경의 기적을 어떻게 최소화하는지 보여 줄 것이다:[55]

---

55 창세기와 출애굽기에 대한 Joseph의 주석은 A. Jellinck에 의해 편집되었다(Leipzig, 1856).

창 19:26 소금 기둥으로 변한 롯의 아내. '그녀는 지체했고 불시에 용암의 흐름을 만났다. 그러나 일반적인 견해는 그녀가 소금으로 변했다는 것이다.'

출 4:24 '여호와께서 그를 만나사 그를 죽이려 하신지라; 그는 중병에 걸렸다. 그래서 그는 그를 놓아주었다. 그는 병에서 회복했다.

출 7:20 '강에 있던 그 물이 다 피로 변하고. 물고기가 죽은 잠시 동안만, 그리고는 즉시 물로 되돌아갔다.'

출 9:8 독종 재앙: 요셉은 하늘에 떨어지는 뜨거운 재가 물집을 생기게 하는 것이기 때문에 본질적으로 기적은 자연스러운 것이라고 설명한다; 그것의 유일한 초자연적 요소는 모든 사람에게 영향을 미쳤다는 것이다. '하나님은 자연 법칙을 바꾸지 않으므로 자연 법칙에 따라 부분적으로 기적에 영향을 주셨다. 이런 이유로 그는 모세에게 재를 던지라고 명했다. 그래서 당신은 하나님께서 자연의 법칙을 바꾸지 않으신다는 기적의 대부분을 발견하게 될 것이다.'

출 15:25 쓴 음식에 집어넣은 조미료에 의해 그것이 달게 되는 것처럼, 물이 달아 지는 것은 자연적 방법에서 이루어졌다.

출 20:12 네 생명이 길리라; 만일 네 부모를 공경하면 네 자녀들이 너를 공경할 것이며, 네 노년에 너를 부양하므로 네가 요절하지 않게 될 것이다.

출 23:19 너는 염소 새끼를 그 어미의 젖으로 삶지 말지니라.

이 구절에 대한 할라카적 해석은: 너는 어떤 고기를 그 젖으로 삼지 말아야 한다; 모세오경에서 이 구절의 세 번의 반복은 삼중적인 금지를 규정한다. 하나는 끓이는 것 (따르는 식사 없이), 다른 하나는 먹지 않는 것, 마지막 하나는 금지된 물건으로부터 어떤 종류의 혜택을 얻는 것에 반대하는 것이다. 따라서 구속하는 법은 고기를 재료로 한 요리와 우유를 가진 요리를 엄격하게 분리했다. 그러나 요셉은 창세기 40장 10절에서와 같이 히브리어 단어가 싹이 나고, 꽃이 피고, [열매가] 익는 것으로 간주한다. 따라서 전체 구절을 다음과 같이 제시한다: "네 땅의 첫 열매의 처음을 여호와의 전으로 가져오며: 너는 그 새끼를 어미의 젖으로 자라게 말지니, 그러나 레위기 22장 27절과 일치하

> 여 칠일 후에는 하나님께 예물로 드리며. 이러한 행위는 육류와 우유의 분리를 규정하는 음식 법에 대한 권위에 따라서는 근거가 없다.

요셉은 심지어 파라오와 그의 술 관원과 빵 굽는 관원과 그리고 족장인[창세기의] 요셉의 꿈의 초자연적인 요소를 부인하기까지 했다. 그는 요셉의 그러한 생각이 낮 동안 그의 마음에 있었기 때문에 미래의 위대함을 꿈꾸었다고 말한다. 그는 그들의 해석함에 신적인 통찰력이 필요하지 않았다. 영리한 사람이라면 누구나 올바르게 해석할 수 있었다. 파라오 자신도 그것을 이해해야했다. 율법을 주실 때, 그는 모세가 그것을 던졌을 때 나중에 어떻게 깨졌는지 쉽게 설명하기 위해 어떻게 돌 판에 쓰였는지를 들었다. 다시 말해, 출애굽기 32장 15절은 돌 판이 깨어지기 쉬웠다는 것을 의미한다.

이 모든 것은 악마, 마법, 그리고 사악한 눈에 대한 확고한 믿음과 진행된다. 그러나 그것은 12세기 문화의 신선하고 거의 알려지지 않은 측면을 보여준다.

그러면 이것은 우리는 앤드류가 조언을 구했던 익명의 히브리인의 배경이다. 그 조언이 구두였음을 그 자신의 말들로부터 모아야 한다; 그는 말하기를, '그들은 … 말한다'*dicunt*; '…라고 전해진다'*tradunt*; '…라고 주장한다'*asserit*. 그는 당대 유대인의 의식들에 대해서도 역시 관심이 있었고, 그는 그것을 구약성경의 의식과 비교하고 대치시켰다. 그는 사무엘상 9장 13절에 주석에서, "그가 오기 전에는 백성들이 먹지 아니하나니";

> 유대인의 관습은 그들이 하나님 앞에 식사하기 이전에 하나님에 대하여 찬양들 드려야 한다.[56]

---

56 MS. C.C.C. 30, fo. 58b. "히브리인의 관습에는 식사하기 전에 하나님께 찬송을 돌리려 노력했다."(Consuetudo Hebreorum est antequam cibum sumant laudes quasdam Deo dicere.)

당시 유대인의 할례의 관습은 현대적 언어의 예처럼, 사무엘상 3장 17절에 내포된 위협을 설명하기 위해 앞세운다: "하나님이 … 그렇게 하시고, 그렇게 하시기를 원하노리…"

> 유대인들은 신성 모독과 반역의 말을 두려워하고 조심스럽게 피한다. 그들은 그러한 단어 자체를 발언하는 것뿐만 아니라, 다른 사람이 말하는 것도 기록하지 않는다. 그러므로 그들은 종종 다음과 같은 단어를 정반대의 단어로 바꾼다, 사무엘상 21장 10절에서처럼, "그는 왕과 하나님을 축복하였다." 열병이나 나병의 일컫는 것을 두려워하는 일반적인 언어의 사용에서, 그들은 열병fever을 *putmal*로 나병을 *grosmal*로 다른 질명을 *bon*으로 말하면서 그들의 묘사하는 말이나 반대의 말로 그것들을 부른다.[57]

그는 어떻게 그들이 우유를 끓임에 반대하여[58] 식사 규례를 여전히 엄격하게 준수하고 있는지 알았다; 그러나 그들은 회당에서 율법에 규정된 술이 달린 옷을 여전히 입고 있다고 말한다.[59] 그러므로 그는 당대의 랍비 자료들에서 술이 달린 옷을 입는 것이 무시되고 있다는 증거를 기독교인들로부터 확인하고 흥미로워한다.[60] 앤드류와 랍비들은 함께 프랑스 북부의 유대인들

---

57 MS. Trinity College Cambridge, B.I. 29, fo. 107v: "Abhorrent et diligenter cavent Hebrei blasfemie vel gravis adversitatis verba, non slomum a se proferre, sed etiam ab aliis prolata representare. Unde etiam sepe in contrarium commutant verba, sicut ibi: Benedixit Deo et regi. In vulgari quoque usu loquendi ferbem vel lepram abhorrentes nominare per descriptiones vel per contrarium verbum eas proferunt, febrem *putmal*, lepram *grosmal*, et quandam aliam infirmitatem bon appellantes." *put*는 더럽고(sale), 역겨운(infect), 나쁜(mauvais), 악한(méchant)의 의미이다. F. Godefroy, Dict. *de l'ancienne langue fransaise*, fasc. lvi. (Paris, 1889), 471.

58 아래 참조 p. 304.

59 MS. C.C.C. 30, fo. 41b: "… 오늘날까지 유대의 회당에서는 파란색 치마를 가지고 의식법의 정당성을 준다 …"(…usque hodie in synagogis suis habent Iudai fimbrias hyacinthinas ob recordationem legis celitus date …)

60 L. Rabinowitz, op. cit. (p. 150, n. 1), 177.

이 종교적인 경우에만 술이 달린 옷을 입고 있는 경향이 있고 이는 그들의 준수가 놀랍도록 느슨해 졌음을 시사한다.

앤드류는 자신이 책을 통해서 유대인을 배울 수 있는 것보다 유대인들에 대하여 더 많이 알고 있었다. 언어적 이유로 보아 또한 그 접촉은 구두였음이 틀림없다. 그는 히브리어 알파벳과 약간의 문법과 구문론을 알았던 것 같다; 그러나 심지어 성경 히브리어를 통해서 자신의 그 방법을 고찰할 수 있는 기독교인이라도 북부 프랑스의 유대인 학자들이 주석을 쓰는 랍비 히브리어를 읽는 것을 매우 어려웠을 것이다. 우리는 그 랍비들과 휴 그리고 앤드류의 인용 사이에 정확한 말의 유사성을 기대할 수 없다. 어느 쪽도 다른 사람의 학습된 언어를 말할 수 없었다. 그들은 프랑스어로 대화했다. 휴와 앤드류는 그 들 유대인들이 자신들을 위해 히브리어에서 프랑스어로 번역한 것을 라틴어로 번역하였다. 우리가 유대인들의 중세 주석을 단편적으로만 소유하고 있기 때문에 현재 우리는 인쇄되어 사용가능한 그러한 단편들에 제한된다. 빅터주의자들의 출처를 추적하는 문제는 매우 단순하다. 우리는 스스로 질문할 수 있을 뿐이다: 휴와 앤드류에 자문을 하였던 랍비들이 주어진 텍스트에 대하여 무엇을 '유대인들은 말했는지' 질문을 받았을 때, 그들에게 어떤 형태의 정보를 주었는가? 우리는 휴의 모세오경에 대한 『강의록』과 앤드류의 발췌한 본문에서 인용된 히브리인들의 인용구를 임시적인rough-and-ready 방법에서 연구했고 그것은 어떤 알려진 기독교의 자료들에도 그리고 우리에게 가능한 몇 유대인 자료들에서도 흔적을 발견할 수 없다.[61]

그것이 어떠한 가치를 가졌는지는 다음과 같이 요약할 수 있다. 조사된 자료의 대부분에서 그 유대인은 오래되고, 전통적이며, 탈무드적 해석을 제공한다. 몇 구절에서의 해석은, 비록 그것이 전형적인 미드라쉬적 이지만, 분명한 자료에서는 발견되지 않으며 아마도 유대의 구전 전통으로부터 비롯된 것 같다. 휴처럼 앤드류의 히브리인들은 요셉 카라와 라쉬밤의 관련된 가르

61 시간의 부족 때문에 매우 가능성이 높은 Ibn Ezra의 자료들로 넘어가야만 했다.

침에서 광범위하게 인용하였다, 앤드류는 자신과 같은 시대의 젊은 학자, 요셉 벡호르 쇼어와 매우 유사하다.[62] 요셉 카라, 라쉬밤, 그리고 요셉 벡호르 쇼어는 기독교인들의 주석에 대한 지식이 증가하고, 또한 이를 반박하려는 욕구도 증가하고 있음을 발견하는 것은 유대인들의 측면에서도 역시 흥미로웠다. 반면에 엘리에셀Eliezer of Beaugency은 휴나 앤드류와 유사점을 지니지 않으며, 기독교인의 해석에 대하여 언급하지 않는다. 이것은 생 빅터주의자들과 요셉 카라, 라쉬밤 그리고 요셉 벡호르 쇼어의 학파와 어떤 연관성을 추적할 수 없는지 궁금하게 만든다.

앤드류에 대한 유대인의 영향의 실제 정도와 질은 여전히 계산할 수 없는 상태로 남아있다. 아마도 언제나 그렇게 남아 있을 것이다. 그가 히브리 인용문을 추적하는 것은 평가될 수 없다. 요셉 벡호르 쇼어와의 어떠한 유사점도 요셉의 사상의 매우 합리적인 성향이나 당대 주석에 대한 그의 언급은 조금도 반영하지 않는다. 앤드류의 가장 흥미 있고, 주석에 대한 독장적인 공헌은 지난 장에서 언급한 것처럼, 그의 히브리어에 있지 않으며, 그 자신의 고안인 것 같다. 그의 참된 독창성, 전투력, 문자적 해석에 대한 선호, 당시의 일상과의 유사성, 그리고 그의 주석에서의 흥미 있는 프랑스 단어(12세기 후반에 매우 일상적이 되었으나, 앤드류가 글을 쓸 당시에는 기독교인들 가운데 매우 드물었던 것 같다.), 합리주의적 감각 그리고 어느 정도까지 랍비들과의 대화에서 비롯된 것인가? 비록 우리는 그의 스승의 가르침과 성 제롬에 대한 그의 연구에서 부분적으로 그것들을 설명할 수 있지만 만일 우리가 그를 당대 유대적 배경에 대치시킨다면 이는 다소 놀랍고 고립된 현상이 된다. 다행스럽게는 그는 최소한 사람들이 이 질문에 대해 연구할 수 있도록 충분한 자료를 남겼다: 그는 유대인과 그들의 다양한 주석 방법에 대해 어떻게 생각했습니까?

---

62 앞의 p. 153에서 요셉의 관점을 언급하며 이는 할라카적 관점과 대비된다.

4. 앤드류와 유대인들

유대인들과 함께 학교에 다니면서 앤드류는 자신에게 어려운 문제를 제기했다. 그는 그들이 자신에게 주는 배움에 대해 자랑스러워하며 가능한 한 많이 원한다. 그는 그들에게 질문공세를 퍼붓는다. 동시에 그는 자신의 신앙을 포기하지 않고는 중요한 구절에 대한 그들의 해석을 받아들일 수 없었다. 그의 유대인들은 '말하는 것'뿐 아니라 '만들어 내거나' 심지어 '그들의 익숙한 뻔뻔스러움과 함께 비꼬기도 한다.' 그들 편에서 유대인들은 정보를 제공하는데 관대했고 그것을 방어할 수 있었다. 그들의 주장 중 일부는 그를 매우 감동시켜 리차드는 그를 유대화judaizing로 비난했다:

> 나는 많은 것들이 무분별하게 언급되었고 비-가톨릭적인 의미에서 논의된 것을 발견했다. 많은 곳에서 유대인의 의견은 마치 유대인들 자신의 의견이 아니고 사실인 것처럼 주어지고 있다. "보라 처녀가 잉태하여 아들을 낳으리니" 라는 구절에서 그는 유대인들에게 대답하지 않고 그들의 반대나 질문을 제시한다. 그는 그들이 대답할 수 없는 것처럼 그들을 남겨 두기 때문에 그들에게 상을 주는 것처럼 보인다.'

그의 랍비들과 앤드류의 대화는 개인지도나 토론*disputatio*의 활발한 혼합이었음에 틀림없다.

앤드류는 우리 역사학자들이 거의 참여하도록 허락되지 않는 역할을 하도록 인정하기 때문에 우리는 이러한 다양한 요소들을 풀려고 노력해야 한다. 유대인과 기독교인 사이의 공적인 토론은 우리가 전세의 변화를 지켜볼 수 있는 단일한 전투로 일종의 신학적 전쟁이다. 이것은 다소 비공식적이고 친밀한 것이다. 이것은 한 측면이 다른 측면에 대하여 주는 인상을 거의 말해주지 않는다. 유대인으로 기독교로 개종한 퀼른의 헤르만Herman of Cologne은 기독교 설교에 대한 그의 첫 번째 인상을 생생하게 서술한다. 어떻게 그가 예언에 대한 알레고리적 해석에 매료되어 경청했는지 어떻게 그가 의심의 고뇌에 빠지게 되었으며 때로 자신이 유대인도 아니고 기독교인도 아닌 것처럼 느꼈는지를 묘사한다.[63] 우리는 반대의 경우도 알고 있다: 기독교인도 종종 유대교로 개종하거나 유대 주석을 배운다;[64] 그러나 실상은 우리는 그들에 대한 금지와 소송에서 주로 그들에 대한 공감에 관해 듣는다. 앤드류는 아마도 연구에서 매력을 드러낸다는 점에서 독특하다.

그의 주석을 읽을 때 놀라운 첫 번째 요점은 앤드류가 자신의 비판적 능력을 그가 기독교인들에게 행사하는 것처럼 유대의 자료들에게도 향하도록 한다는 것이다. 그는 인정하기도 하고 부정하기도 한다. 그는 이성이나 믿음의 관점에서 비판하고, 이성적인 측면에서 더 예리하다.

그는 자신이 들은 탈무드적 전설들을 구별할 것이다.

> 유대인들은 자신들이 이방인의 손에 포로가 되었을 때, 그리고 하나님이 자신의 땅으로 돌아오기를 원하신다는 한 음성이 들렸고, 그것을 스스로 보지 못한 자도 그들의 돌아옴에 대하여 알렸다고 기록했다; 그리고 그들은 이것이 사람으로부터가 아니라, 하나님으로부터 나왔음을 확실히 알았을 것이다. 이는 남성들의 목소리가 들리지 않는 도시의 거리에서는 종종 여성들은 시끄럽고 남성적이지 않는 곳에서, 숲속에서의 가볍고 여성스러운 소리처럼 들렸다.[65]

---

63 *De sua Conversione Opusculum*. PL. clxx. 808, 825.

64 양 진영과의 대화는 종종 개인적이거나 경제적 동기에서다; 그러나 유대의 법에 대한 배움을 갖는 기독교인의 경우는 알려진다. L. Rabinowitz, op. cit. 108-9.

65 MS. Pembroke, 45, fo. 63a.: "Tradunt Hebrei, cum captivi tenerentur in aliqua terra et voluntas Domini erat ut in suam redirent, vox quedam audiebatur nec cuius esset videbatur que de reditu illos admonebat; et ut certissime Domini illam et non hominis vocem esse pateret, in saltibus et lucis que loca femine frequentare non solent gracilis et quasi feminea, in vicis vero et in urbibus ubi viri minus audiri solebant grossior et virilis ea vox audiabatur."

아마도 이 그림 같은 이야기는 모든 종류의 징조에 익숙한 유럽의 십자군이 파견된 것처럼 아무에게도 감동을 주지 못하였을 것이다. 앤드류는 어떤 설명 없이 이를 반복한다. 그러나 그는 에스겔의 스랍[겔 1:5]에 대한 유대인의 해석에 관해서는 회의적이다.

> 불 아래에서는 그들이 하늘hasmal이라고 불리는 어떤 천상적 피조물의 모습이 그대로 나타난다. 그들이 천상의 사물이나 그 모양 또는 색깔의 사용이 무엇인지 그것이 그곳에 살 수 있다고 이성이 인정할 것인지 또는 그것이 지상의 어느 곳에서 보여지는지 질문 받았을 때 그들은 대답해야 할 바를 모른다.[66]

천사에 대한 미신에 관하여는 책망하는 비난을 받는다:

> "불이 강처럼 흘러 그의 앞에 나오며"[단 7:10]. 유대의 설화에 따르면 이 강은 하나님의 존전에 있는 하늘에 있다. 이는 자신에게 할당된 과제를 무시하는 수천의 천사들이 매일 이곳에 죽음을 당하고, 멸망하는 사람들 대신 매일 새로운 천사가 창조되기 때문이다. 하늘은 하나님과의 영원한 축복 가운데 살아가는 거룩한 천사들을 믿어야 한다는 것을 금했다. 거룩하고 축복받은 영들에게 고통을 주는 헛소리를 금지하라! 선지자에게 보였던 주님으로부터 나오는 불의 강은 앞서 언급한 왕국을 위해 준비한 지옥의 고통을 견디는 것 이상을 의미합니까?[67]

---

66 MS. Bodl. e. Mus. 62, fo. 113a: "Infra ignem celesits cuiusdam animalis quod 'hasmal' appellant quasi species apparebat. Huius animalis usum in celestibus vel formam vel colorem, vel si ratio admittit ut ibi subsistat, vel sicubi in terris sit vel visum fuerit cum ab illis queritur, non satis quid respondeant inveniunt."

67 MS. Pembroke 45, fo. 124a: "Hic in celis in conspectu Dei fabulantur esse Iudei in eo quod multa milia angelorum in ministeriis sibi deputatis negligentius agentium singulis diebus demergi, in quo loco pereuntium novos cotidie angelos creari. Absit ut quicquam tale de sanctis angelis in perfecta beatitudine beatis spiritibus etiam assignant tromenta." L. Ginsberg, *Legends of the Jews*, v (Philiadelphia, 1925), 21.

그는 에스겔 9장 6절에 천사에 대한 명령에서 어떤 유대인의 관점에 충격을 받았다: "늙은 자나 젊은 자나 다 죽이되,… 이마에 표 있는 자는 가까이하지 말라[죽이지 말지니라] 그리고 내 성소에서 시작할지니라 …"[68]

여기서 어떤 유대인들은 문제를 해결하려고 노력하는 것이 더 긴밀하고 더 복잡해지도록 한다. 그들은 그것에 엄격한 정의를 기뻐하는 것이 천상적 영의 본성이며, 하나님이 언제나 그리고 모든 것에서 어떤 자비도 고려하지 않고 정의의 심판에 따른 엄격함에서 행동하기를 원한다고 말한다. 그들의 소원을 만족시키는 것, 모든 인간이 그들의 합당한 가치에 따라 완전히 소멸되어서는 안 되며, 주님께서 [천사에게] 적어도 다른 사람의 죄에 대하여 애통해 하는 사람은 살리도록 명하셨다.[4절] 첫 번째 영이 그에게 다른 사람들을 악에서 개종시키려고 하지 않는 이 사람들을 살리는 것이 불가능하다는 것을 상기시켜 주었을 때, 그는 [천사에게] 이전에 결정한 바에 따라 구원받는 사람들로 시작하도록 명하셨다.

이것은 유대인들의 설명이다: "내 성소에서 시작하라."

지저분하게 변화하는 오류와 어리석은 사악함이 변함없는 진리와 지혜 그리고 공평함의 심판을 통과하는지 보라!

앤드류는 두 가지 논거로 이 의견을 반박한다. 분명히 유대인들은 그들의 생각을 지닌다:

그들이 신의 뜻을 바꾸고 필요시에는 신적인 기억을 변화시키는 것을 반대할 때 그들은 무언가에 대답을 하는 것 같다.

68 부록 참조.

그러나 그는 이 맥락에서 그들을 침묵시킨다. 만일 그들의 이야기가 사실이라면, 그러면 어떠한 예외도 없었을 것이고 어느 누구도 그의 것으로 인침을 받지 못하였을 것이고 우리는 그것이 사실임을 알고 있다고 지적한다; 그렇지 않으면 "린네linen로 옷을 입고 그의 등에 잉크로 기록된 사람이라고 말해지지 않았을 것이다." "나는 당신이 내게 명한 것처럼 행하였다"; 왜냐하면 이 명령만이 그와 결합하게 하였다. 여기서 유대인은

> 그들이 침묵을 유지하지만 뻔뻔하다. 특별히 성경에서 이처럼 사소하고 속임수의 비열한 것들에 주의하고, 예언적 수수께끼의 해결을 우화로 이끌어가려면 무엇이 필요하겠는가?

성숙한 유대 주석가들도 스스로 이러한 우화를 거절함에 아마도 앤드류가 알았던 것처럼 동의했을 것이다. 그가 전설적이거나 우화적인 것에 해당하지 않는 주석을 다루어야만 했을 때, 그의 태도는 꽤 차이가 난다. 그는 엄격하지 않게 이를 기록한다. 예를 들면, 타락의 문제에 있어서 그는 무죄 상태에 관한 어떠한 기독교인의 관점도 언급하지 않는다. 단지 그는 유대인의 관점을 보고한다:

> 유대인들은, 만일 사람들이 그 나무의 열매를 먹지 않았더라면 더 무례하고 동물과 비슷하지만 더 단순하고 무죄했을 것이라고 말한다; 이는 선과 악을 알게 하는 나무라 불렸는데 이는 그것을 먹는 자는 선이 무엇이고 악을 고안하는 데는 어리석게 되었기 때문이다. … 유대인들은 어린아이처럼 그들은 자신의 벌거벗음을 알지 못했고 또한 부끄러움도 알지 못했다고 주장한다.[69]

---

69 MS. Laud Lat. 105, fo. 94c: "Hebreus dicit quamvis rudiores et brutiores, simpliciores tamen et innocentiores homines esse futuros, si de hoc ligno non gustassent; ideoque lignum scientie boni et mali appellatum, quod qui illud gustassent ad cognoscendum quidem quid bonum esset futuri essent acutiores, sed ad machinandum malum astutiores."

다시 그가 발람의 예언에 대하여 "한 별이 야곱에게서 나오며"[민 24:17]를 간단하게 언급한다:

> 유대인들은 그들이 생각하는 대로 따르는 놀라운 일들을 행할 메시아에 대해 설명한다.[70]

유대인들의 설명은 때로 보다 합리적이라고 기독교인들에게 호감을 받는다; 앤드류의 일반 상식은 이를 인정한다. 방주에 들어간 동물에 관한 문제에서, 표준주석은 "암수 일곱씩 데려와"[창 7:2]는 열넷 또는 일곱 쌍이 아니라 각 종류의 일곱을 의미한다고 말한다. 이는 신비적인 의미를 지닌다. 정결한 짐승은 홀수로, 부정한 짐승은 그 '약점' 때문에 짝수(각 종류로 둘씩)로 취해졌다. 노아는 자신이 방주를 떠날 때 그것을 가지고 번제를 드리기 위해 부정한 짐승보다 정결한 짐승을 더 많이 취했다. 중요한 점은 열 넷이 아니라 각 종에서 일곱은 생 빅터의 휴에 의해 받아들여졌다. 앤드류는 '열 넷'을 선호했다:

> 그러나 문자를 설명하거나 그것을 비틀거나 파괴하지 않으려는 우리는 그 내용을 다음과 같이 설명한다. 모든 정결한 짐승은 암수 일곱씩, 즉 수컷 일곱, 암컷 일곱이 취해졌다. … 유대인들 역시 열넷의 정결한 짐승이 방주에 들여졌다고 말한다.[71]

---

fo. 95a.: "Asserit eos Hebreus instapuerorum nuditatem suam non advertisse et ideo non erubuisse."

70 MS. C.C.C. 30, fo. 42b: "Hebrei exponunt hoc de messia suo qui facturus est, ut arbitrantur, magnalia que sequuntur."

71 MS. Laud Lat. 105, fo. 96d: "Nos vero qui litteram exponere non distorquere vel destruere studemus, hanc litteram sic exponimus: ex omnibus animantibus mundis tolles VII et Vll masculos et femina; i.e. tolles VII masculos et tolles VII feminas ... Sed et Hebrei dicunt de omnibus mundis animantibus XIV in archam introducta fuisse."

대체로 *Octateuch*(성경 처음의 여덟 권)에 대한 그의 설명에서, 앤드류의 유대인 자료들에 대한 태도는 편견이 없는 흥미와 호기심의 하나이다. 이 초기 저술에서 그 자료들은 아직 소화되지 않았다. 그는 정신적으로도 유대교와 기독교 자료의 비교를 위해 평행한 단락columns에 넣지 않았다. 그는 큰 스크랩북을 만들어 자신이 얻을 수 있는 정보를 무차별적으로 붙여 넣었다. 그 가치에 관해서는 판단을 유보하였다. 여기저기서 그의 비판적 능력들이 제기되었다. 그는 자신이 텍스트를 이해하고 자신에 동의하지 않는 유대인이나 그리스도인에 관심을 두지 않는다고 확신한다. 때로는 둘 다이다: "나는 이 구절에 대한 적절한 설명을 찾은 것을 기억하지 못한다. …" 그러나 이는 신학적 관심이 없는 적은 부분에 관해서다. 그는 *Octateuch*의 많은 부분을 구성하는 법과 역사에 헌신하지 않는 것은 쉬운 일이었다. 그가 '예언의 수수께끼'를 시도했을 때는 거의 불가능했을 것입니다. 앤드류가 "이 과제를 수행하기를 두려워했다"는 것은 놀라운 일이 아니다. 그는 이들 평행 단락들이 자신을 강요하는 것을 보았음에 틀림없다: 유대인들과 우리들*Judaei et Nostri*. 이때까지 그는 철저히 길려들었다. 히브리어 연구는 그의 머리에서 더 진행되었다. 요한 스코투스가 새로 얻은 지식으로 그리스인들을 라틴 교부들보다 선호했던 것처럼 앤드류는 유대인 교사들에게 매료되었다.

그는 자신의 계획이 무엇인지 말해주지 않는다. 예언의 본질에 대한 논의는 없으며, 단지 예언적 영감에 대한 유대인의 정의만이 있다. 그는 에스겔의 본문에서 이렇게 말한다: "여호와의 권능이 내 위에 있으니라"[겔 1:3].

> 우리가 유대인을 믿는다면, 이것은 인간의 마음에 쏟아 부으시는 신적 영감의 권능이 사람을 변화시키며, 그 마음을 사로잡는다는 것을 의미한다. 만일 그가 원하더라도 그가 비밀리에 영감에 의해 배운 것을 침묵할 수는 없다.[72]

---

74 MS. Bodl. e Mus. 62, fo. 112a: "Si credimus Hebreis hoc significatur; quod divine vis inspirationis humane sese ingerens menti sic homine toto discedere iusso totum sibi pectus vindicat, ut etiam si velit omne quod ex inspiratione secretum hausit silentio supprimere

그러나 우리는 곧 그의 방법을 파악하게 된다. 그는 논쟁의 여지가 있는 구절에는 두 형태의 주석이 필요하다고 결정했다. 그는 [두 가지를] 제시할 것이다:

(a) 벌게이트와 그에 대한 기독교인의 설명.

(b) 히브리어 본문과 그에 대한 유대인의 설명.

기독교인들은 그의 독자들에게 잘 알려졌기 때문에 그는 이에 대하여는 간략하게 언급하고 유대인들의 설명을 제시하기 위해 특별한 수고를 할 것이다.

이사야 2장 22절에 대한 그의 견해는 다음에 같은 규칙을 설정한다. 앤드류의 태도는 매우 중요하다. 왜냐하면, 여기에서 그는 적어도 성 제롬의 명확한 지도력을 지녔기 때문이다. 벌게이트는 다음과 같이 말한다: "그러므로 너희는 인생을 의지하지 말라. 그의 호흡은 코에 있나니." 앤드류는 먼저 성 제롬을 요약하며, 전통적인 기독교 해석을 제공한다.

그러므로 사람을 박해하지 말고 사람을 의지하지 말라cease; 내가 말하노니, 그를 보내신 하나님과 그를 믿는 자들에 의해 높이 평가 받았기 때문에, [의지하지] 말라. 그들이 왜 그에게서 그만 두어야하는지 원인을 말하기 전에 선지자는 자신의 콧구멍에 숨을 들이 쉬고 자신이 진정한 사람임을 증명한다. 이것은 그리스도에 대한 명백한 예언이다.

제롬은 '높음'과 '무엇을 의미합니까?'는 히브리어로 같은 단어라고 설명한다. 유대인들은 이 책을 '무엇입니까?'로 읽었으므로, 예언은 그리스도를

---

non possit."

가리킬 수 없다. '그가 평판이 좋은 이유는 무엇입니까?'는 즉, '아무것도 인정하지 않습니다'이다. 성 제롬은 이것은 전체본문을 말도 안 되게 줄인다고 주장한다. 그것은 인과 관계를 파괴한다. 그러므로 사람에게서 [의지하지] 말라…, 왜냐하면, 그는 아무것도 인정받지 않기 때문이다. 오직 그리스도인의 독서만으로도 의미가 있게 만든다.[73] 그러나 앤드류는 자신이 완벽한 대안을 제공할 수 있다고 생각했다. 선지자는 정치 상황을 언급하고 있는 것이다:

> 그러나 '높음'을 "무엇을 의미하는가?" (왜냐하면 히브리어 단어가 "높음"이나 "무엇을 의미하는가?" 까닭에)로 읽는 유대인에 따르면, 다음과 같이 읽을 수 있다. 너희가 바벨론 왕 느브갓네살이 우리를 대항하여 싸우려 할 때, 주가 갚으시는 날에 너희의 신뢰를 왕 파라오Pharaoh에게 주는 자는 너희 육신의 무기, 즉 사람이고 하나님이 아닌 이집트를 신뢰하는 자는 그를 의지하지 '말라'cease: 너는 헛된 소망을 그에게 두지 말라, 왜냐하면 그가 사람이나 또는 하나님에 의해 무슨 의미가 있겠는가? "그는 아무것도 아니며, 중요하지도 않으며, 심지어 스스로에게도 충분하지 않다. 파라오는 그에게 소망하는 자들에게 부러진 갈대이다."[74]

이사야 7장 14-16절, "보라 처녀가 잉태할 것이요, 등"에 대한 주석은 생

---

73 PL xxiv 56.

74 MS. Pembroke 45, fo. 7b: "Cessate ab homine i.e. desistite persequi hominem; ideo, inquam, cessate quia ipse reputatus est a Deo qui misit illum et a credentibus in eum excelsus. Ante suppositionem vero cause quare debeant ab eo cessare probat quod verus homo sit, halitum in naribus habens. Aperta est de Christo prophetia. Potest etiam secundum hebreos qui pro excelso 'in quo' legunt (verbum enim Hebraicum equivoce et excelsum et in quo significat) sic legi: Vos qui in die ultionis domini preliante contra nos rege Babylonis Nabugodonosor fiduciam in Pharaonem regem et brachium vestram carnalem i.e. Egyptum qui est homo non Deus posituri estis, quiescite ab illo ie. e\cessate frustra spem in illo ponere, quia in quo reputatus est ipse vel a Deo vel ab hominibus? Quasi diceret: nichil est et nullius momenti, etiam se ipsi adesse insufficiens. Baculus enim arundineus est Pharao omnibus in ipsum sperantibus."

빅터의 리처드에게 특별히 걸림이 되었다: 그러나 그것은 동일한 선상에 있다. 앤드류는 자신을 가르치는 랍비들과 논쟁을 했다.

> 우리가 구주에 대한 잉태와 탄생, 그리고 그분의 어머니의 완전한 동정virginity에 대한 그의 명백한 예언을 설명할 때, 똑같이 한 처녀가 옳은 것처럼, 진리의 원수인 유대인들은 우리와 맞서 싸우고 우리의 믿음의 강건함을 무너뜨리기 위해 그들은 숫양처럼 조롱하려 노력한다.

그들은 그에게 라시의 해석을 주었다; 예언은 먼 것이 아니라 가까운 미래에 관한 것이다: 간단히 말해 이사야의 신부는 아들을 임신하게 되며 이것은 시리아 왕 르신Rasin과 르말리아Romelia의 아들의 분노에서 이스라엘을 구출할 징조가 될 것이다. 그들은 예언이 그리스도의 탄생을 언급했다는 그리스도인들의 해석에 반대하며 이 표징이 논리적으로 두 왕으로부터 이스라엘의 구원이 성취 이후에 오게 되는 것이라고 주장하였다. 앤드류가 구두로 전하는 바에 따르면 그들은 매우 웅변적이었다. 그들에게 대답할 수 있습니까? 앤드류는 망설인다. 솔직히 그는 그렇게 생각하지 않았다:

> 이는 유대인들이 우리에게 던지는 다트이며, 우리를 성스러운 지혜의 왜곡과 폭력적인 왜곡자라고 부른다. 다른 사람들이 우리보다 먼저 했기 때문에 응답할 필요가 없다; 그러나 그들의 대답이 충분한지 여부는 대답한 사람들이 판단하도록 하자. [우리가 대답하는 것은] 유용하지도 않다. 우리는 의심스러운 논쟁에 동등하지 않는 힘을 가진 명단lists에 든다면, 우리는 아마도 항복해야 할 것이다. 그리고 승리한 유대인들은 우리를 모욕했을 것이나 날카롭고 생생한 솜씨를 지니고 그들을 쉽게 물리칠 수 있었을 자들은 맞서왔고 모든 힘을 다했다. 이제 용감한 사람들에게 용감한 행동을 남겨둔다. 우리가 시작한

문자적 의미에 대한 설명을 계속합시다.[75]

왜냐하면 앤드류에게 '문자적 의미'는 유대인의 설명이다.

마찬가지로 이새의 뿌리에서 나온 싹[사 11:1]은 그리스도인들과 "여전히 기다리고 있는" 유대인 모두에게 메시아에 대한 설명이다. 앤드류는 메시아의 전설 중 하나를 반복한다: 메시아는 느부사라단이 성전을 불태운 날에 태어났으며, 자비의 날까지 하나님께서 자신에게 맡기신 장소에 머무른다. 앤드류는 자신의 유대인과 그리스도인의 자료 모두에 대해 동일한 설명을 사용할 수 있다:

> 선지자는 위에서 메시아가 가지와 꽃처럼 이새의 뿌리에서 나올 것이라고 말했을 때, 그는 왜 새로이 메시아를 이새의 가지[사 11:10]로서 말하는가? 이것은 선지자가 말하는 자가 메시아나 나아가 우리 주 예수 그리스도를 말하는 것이 아니지 않는가? 다윗의 아버지인 이새가 이미 죽었다고 말해질 수 없다… [유대의] 메시아나 또는 우리의 그리스도는 이새의 뿌리라고 말할 수 있다, 왜냐하면…

그는 표현의 변화를 위한 다양한 근거를 계속해서 제시한다.

> "내 공의가 가깝고"[사 51:5]는: 고레스Cyrus나 우리 주와 구세주에 따라서 혹은 유대인들의 메시아로 이해된다고 설명한다.

그러나 그가 슬픔의 사람에게 이를 때, 앤드류의 상상력은 유대인의 주석에 의해 너무 불타오르기 때문에 그리스도인을 언급조차 하지 않았다. 이 슬픔의 사람은 민족 전체의 죄의 고통으로 죄를 속하는 포로된 유대인들을 통

---

75 PL cxcv. 601. 리처드의 텍스트는 MS. Pembroke 45의 텍스트와 매우 일치한다.

칭한다. 또 다른 유대인의 견해에 따르면 그는 자신을 그 백성을 상징화하고 그들을 위해 희생하는 선지자 이사야 자신이다. 아마도 이 개념은 앤드류에게 특별한 호소력이 있었을 것이다. 아마도 그는 자신이 친숙하고 선택된 구약 역사 분야에서 자신을 제한하고 신약을 기대하지 않는 설명에 만족했다고 생각했을 것이다. 그는 마음에 드는 본문의 단어를 조작할 준비가 될 정도로 열심히 그 정신에 들어갔다:

> 선지자는 이 동일한 사람들이 바빌론 포로 생활에서 몹시 억눌렸던 때로 되돌아갔으며, 실제로 아름다움이나 예의가 없었던 때로 되돌아갔다. 그리고 우리는 그를 보았고, 나와 다른 선지자들 또는 그 선지자는 복수형으로 자신에 대해 말하고 있다 … 그리고 우리는 그를 소망하는데 그는 사람들로부터 멸시당하고 가장 거부되는 사람이다; 그가 멸시를 당하고 거부를 당해야 함에 우리는 한숨을 쉬고 애통해 한다. 욕망이 한숨을 불러일으키기 때문에 우리는 한숨을 쉬지 않고 모순됨이 없이 읽을 수 있기를 바랐다.

앤드류가 '모순됨이 없이'라고 말할 때, 이는 그가 위험한 토대 위에 서 있음을 깨닫고 있다는 신호이다. 한 사본은 난외에 부정하는disapprove 메모를 지니고 있다:

> 네가 지나치게 많이 유대화함으로 충분한 폭력으로 텍스트를 괴롭히고 있다.[76]

그는 계속한다:

> "슬픔의 사람": 그 선지자는 사람들을 마치 슬픔의 사람이라고 부르는 사람

76 MS. Bibl. Nat. Lat. 574, fo. 70v: "Satis violenter hunc textum exsequeris dum nimis iudaizare tu niteris."

처럼 말하고 있다 … 그의 모습은 너무도 "숨겨져 멸시되어", 우리 자신도 거의 그에게 낙심했다; 우리는 그에게 사람의 수가 많지 않은 것으로 생각했다. 그것은 사람들이 너무나 경멸하는 사람의 수만큼 자신을 거의 존중하지 않았다는 것이다. 이 선지자는 바빌론 포로 생활을 겪는 사람들이 자신의 죄뿐만 아니라 불의한 죄도 없애야한다는 것을 분명히 의미한다: "슬픔의 사람은 우리가 죄를 지어 감당해야할 연약함과 슬픔을 감당할 것이다." 그리고 우리는 그를 나병 환자라고 생각했다. 여기에서 선지자는 포로 생활을 하는 사람들이 자신들의 죄로 사로잡혔다고 생각하고, 자신의 죄로 인해 나병환자처럼 하나님의 백성으로부터 분리되어야 하고 하나님에 의해 저주 받고 낮아져야 한다고 생각한 사람들 가운데서 자신을 세고 있다. "그래서 [선지자는 말한다] 우리는 바로 이 백성들이 우리의 연약함을 위해 상처를 입었고, 우리의 죄로 인해 징계를 받았다고 여긴다; 채찍을 맞고 징계를 받았기 때문에 우리는 평화와 치유를 받을 수 있다." 여기에서 선지자는 이 백성의 고난이 평화를 가져온 후손 가운데 하나로 자신을 계수한다. … 마침내 하나님의 자비로 고레스Cyrus의 치하에서 심판인 고통과 … 정죄에서 벗어날 것이다. … "그는 불경건한 자들에게 그의 매장을, 부자들에게 그의 죽음을 넘겨줄 것이다"; 타락한 사람들은 멸망하지 않을 것이며, 불경건한 자와 부자, 즉 바벨론 사람들은 믿지 않고 부에 흡수된 자들이 대신에 매장과 죽음에 처해질 것이다. "그는 죄악을 범하지 않았기 때문이다.": 그것은 의인을 가리킨다. 이러한 것들은 선택된 사람들에게만 적용될 수 있으며, 그들에게 말해진다. … [그의 영혼은 수고했기 때문에] "그는 보게 될 것이다."; 그가 보기를 소망하던 것을 보게 될 것이라고 이해된다. 감옥과 환난의 어두움으로부터 이끌어 내어진 자는 보게 될 것이다라는, 그가 이해의 은사를 부여받을 것이라고 이해된다. "왜냐하면 그는 자신의 영혼을 구원하였기 때문이다": 이는 선지자의 조언에 따라서 여고니아Jechonias와 바벨론에 항복했던 자들처럼 기꺼이 포로로 사로잡혀 갔던 사람들에 대하여 말해질 수 있다. "죽음에 이르기까지": 죽음만큼이나 심한 고난에 시달렸다. "그는 행악자들을 위해 기도했다": 더 많은 사람들이 그의 법을 위반하는 사람들을 위해 하나님께 더 많이 기도하여 더 나은 자가 되도록 바뀔 수 있도록 했다.

그러나 유대인들 중의 일부는 이 전체 구절이 이사야에 대한 언급으로 해석하였다.

앤드류를 읽으면 때때로 눈을 비벼야 한다! 이것이 휴의 한 학생으로서 성 빅터주의자로 쓰여졌다고 생각하는 것은 비정상적이다. 그는 그의 연구를 계속하도록 간청을 받았고, 그의 대수원장의 직분을 감당하도록 간청을 받았으며, 마침내 "커다란 존경"으로 장사되었다. 12세기는 놀라움으로 가득하다.

다니엘의 예언[단 9:24-27]에 대한 그의 취급은 흥미롭고 놀라운 것이다. 앤드류는 선지서의 마지막 구절에서 최고의 노력을 기울인다. 그는 기독교와 유대인의 주석 사이에서 일종의 '중도의 길'*via media*을 찾으려고 노력한다. 문제는 '네 백성에게 단축 된' '칠년씩 칠십 번'이 다니엘의 예언과 그리스도의 오심 사이의 시기에 언급될 수 있는지의 여부이다. 유대인들은 그것이 바빌론 포로와 두 번째 성전 건축 사이의 기간을 의미한다고 말한다. 이 두 해석에는 각각 어려움이 있다. 세 개의 밀접하게 작성된 책Folio을 차지하는 복잡한 연대기적 논쟁이다; 그래서 우리는 그 파급 효과를 따르려고 시도하지 않을 것이다. 앤드류는 벌게이트와 유대인들의 해석 대신에 히브리어 버전의 텍스트로 시작한다.

우리는 이번 연구에서 유대인들로부터 가장 많이 배운 설명을 제시하기로 결심했기 때문에 이는 그들이 여기에 있다고 말하는 텍스트도 제시하는 것이 옳은 것 같다.

그가 수용할 수 없는 그들의 설명이 한 가지 있다:

> 우리가 바라진 않지만 이 성경의 깊은 구절에 대한 유대인 설명에서 다른 모든 것을 승인해야 한다면, 우리 학자들이 많은 노력을 기울이지 않았는지 설명할 수는 있지만 어떻게 승인할 수 있을지 모르겠다. …

일반적으로 '이것'은 역사적인 요점이다. 유대인의 계산은 바빌론이 전복된 후 30년 동안 "역사와 철학자들"이 바빌론의 고레스에게 할당한 30년, 그리고 그리스도인들이 그의 두 후계인 캄비새스Cambyses와 이블메로독Evilmerdoch에게 할당한 10년은 계수하는 것을 허용하지 않을 것이다.

항상 논쟁의 여지가 가장 많은 그리스도인 변증가인 어떤 사람은 현장에서 번잡하지 않다:

> "유대인이 논쟁할 수 없고 해서는 안 되는 정경적 성경의 권위는 고레스에게 다른 후임자가 있다는 것을 인정하도록 강요한다. …" 아니다, 앤드류는 유대인들을 변호하며 응답한다: 이것은 성경으로부터 증명될 수 없으며, 우리는 그들이 본 적이 없는 글을 받아들이는 것을 기대할 수 없다; 특히 성경의 글이 그들의 이야기와 함께 동시대적이었기 때문이다. (유대인과의 토론은 성경의 증거로 제한되어야 한다는 것을 그는 분명히 알았다.)
>
> 우리는 그들에게 특별히 자신들의 정경과 모순되도록 요구하지 않는다. 우리 역시 결코 모순되기를 바라지 않으며, 그들이 읽은 적이 없는 작가를 기억하기를 바라지 않는다. 그러나 가능하다면 권위를 구하면 그들이 자신들의 전통으로 우리의 전통을 침해하지 않도록 요청하자. 승리를 위해서가 아니라 진실을 확립하기 위해 논쟁하는 것처럼 보일 수도 있는 이 의심스러운 논쟁에서 전통이 편견을 지닌 전통이 되지 않도록 함에서 경쟁하자. 정경적 성경은 양측 모두를 위해 있으므로 그들이 다른 쪽보다 관점에서 보다 합당한 지지를 제공하는지 여부를 보도록 하자. 먼저 질문의 뿌리가 여기 있기 때문에 70년 동안 예루살렘이 황폐된 것을 다뤄보자[단 9:2].

그는 '70년 동안의 황폐함'에 대한 기독교인의 관점을 길게 찬성했다. 그는 성경의 저자인 다니엘과 에스라가 이것을 확증한다고 믿는다.

> 우리는 [다니엘과 에스라와] 같은 말을 한다. 이것이 올바른 길에서 벗어나면, 위대한 권위와 동반함에서 잘못되고 있다. 나는 유대인들이 다니엘과 에스라, 그리고 우리의 장로들 그리고 그들을 따랐던 위대한 부지런함과 숙련된 사람들이 부르는 것처럼, 우리가 믿기에 올바른 길이라고 여기는 오늘날의 유대인들과 함께 걷기보다는 잘못을 저지르는 것이 더 현명하고 안전하지 않은지 잘 모른다. 우리가 그들을 믿는다면 빛의 길은 무엇입니까? 오늘날의 유대인들에게는 주의 깊은 주석보다는 돈을 버는 것이 훨씬 더 중요하다.

앤드류가 자신의 매너를 잊어버린 것은 이 때뿐이다: 그는 상한 감정을 표한다. '유대인 중에 가장 많이 배운 사람'은 다른 곳에서의 긴급한 사업적 요청에 의해 명백한 논쟁에서 벗어나야만 했다.

이 논의는 앤드류가 '칠년씩 칠십 번'에 대한 자신의 견해로 마무리된다. 이 본문은 유대교 텍스트를 기반으로 하지만 기독교적 해석과 유대적 해석과는 다르다. 앤드류는 선택하고 자신의 선택을 발전시켰다; 그러나 그는 그것이 기독교의 예언이 되도록 허용하지는 않았다. 그는 승리로 마친다:

> 칠십 이레[주]에 관한 이 문제들을 간략히 살펴보면서, 계속 진행할 것이다. 우리의 번역의 칠년씩 칠십 번은 우리의 학자들에 의해 설명되고 충분한 주의를 기울여 사용되었다. 그래서 우리는 사람들이 사용하는 번역에 따라 그것들을 그대로 둔다. 우리는 그들이 유대인들 사이에서 읽을 때 최선을 다해 설명했다. 다양한 의견을 제시하며 유대인을 따르는 어떤 장소에서 몇 년을 더하거나 덜했다고 하더라도 아무도 놀라지 마십시오.

앤드류는 '유대인들 사이에서 읽는' 텍스트에 대하여 감탄스런 애정을 가지고 있다. 벌게이트와 비교할 때 그의 꾸준한 반복은 '히브리어에서 더 분명하다.'이다. 그는 텍스트 비평의 문제에 대한 단순한 태도를 가지고 있으며 이는 벌게이트의 민수기 24장 15절에 대한 그의 주석에서 유쾌하게 표현되었다: "브올의 아들 발람이 말하며, 눈을 감았던 자가 말하며…"

> 히브리어와 오리게누스의 번역판이 "[그의] 눈이 열리리라"로 되어 있다. 이 같은 맥락과는 정반대로 우리가 사용하는 번역은 그 읽기는 문맥에 어울린다. 그러나 오독과 씨름하는 것은 단순히 게으름이 아니며; 미친 짓이다. 왜냐하면 발람의 연설의 나머지 부분은 모두 자신을 칭찬하고 있기 때문에, 그는 왜 이것에서만 자신을 비난해야합니까? 나아가 잠시 후에 그는 그의 눈이 열려있다고 말한다[16절]. 왜 그는 그러한 모순이 있는 곳에서 저들이 멈추어야 하냐고 말한다?[77]

앤드류는 자신의 텍스트가 분명한 의미를 갖도록 요구하며, 히브리어는 벌게이트보다 이 요구 사항을 더 잘 충족시키는 것으로 보였다. 실제로 문제는 그의 생각보다 복잡했다. 히브리어 사본은 다양하다. 라시의 텍스트는 벌게이트와 같이 "눈이 닫혔던 자가 열리고"이며, 라시는 발람이 한쪽 눈이 실명이라고 생각함으로 그 모순됨을 설명할 수 있었다. 앤드류는 때로 벌게이트 사본에서 오류를 드러내기도 했다. 히브리어에 대한 존경심이 너무 커서 여기에서는 변형이 발견되지 않는지 묻지 않았다.

우리는 유대인과 유대교에 대한 앤드류의 태도에 대해 무엇을 결론 내려야 합니까? 지금까지 그와 인내심을 보인 독자들은 내가 확신하건대, 그를

MS. C.C.C. 30, fo. 42b: "In Hebreo et in translatione Origenis habet: cuius revelatus est oculus, que littera convenientiam habet cum circumstantia, cum nostra translatio qua utimur multum adversari eidem circumstantie inveniatur; sed in exponenda falsa littera laborare non modo est otiosi sed etiam furiosi. Cum cetera omnia in commendatione sui dicat quomodo in hoc solo se culparet? Preterea cum statim post dicat quod apertos habet oculos quomodo hic dicit se habere obscuratos cum hec tam contraria sint?"77

'표면적'이라고 분류했을 것이다. 그는 결정을 내리는 것을 거부한다. 그가 근본적인 교리에 도달하자마자 그의 '피난자들의 진리'fugitive truth에 대한 추구는 갑자기 중단된다. 벼랑 끝에서 회의적인 어깨를 으쓱이는 것인가? 그는 자신에게 깊은 인상을 남겼던 합리적 유대교인 중에서 진실이 유대 측에서 피난처를 지니는 진리를 믿는가? 아니면 그는 어느 쪽에서든 진리를 찾는 것에 낙심 했을까? 성 에메란의 오틀로Otloh of St. Emeran나 행복한 절충주의자 인문주의 학자들처럼 그는 의심하고 괴로워합니까?

앤드류는 가장 격렬한 순간에도 생 빅터주의자들의 냉정한 평온을 결코 잃지 않는다. 그의 무장을 해제하는 솔직함과 유대 논쟁이 공정하게 행해져야 한다는 그의 소망이 그 증거이다. 논쟁의 여지가 사라지지 않는 '솔로몬'에 대한 그의 주석은 어떤 반응도 보이지 않는다. 그는 자신의 연구를 그 어느 때보다 확고하게 믿고 있다. 우리가 주석에 대한 그의 전체적 견해를 고려한다면 그의 유대인 교사에 대한 그의 태도만을 이해할 수 있다. 그의 마음속에 있는 두 가지는 분리할 수 없다. 그는 '유대인과 문자'를 함께 생각한다.

'표면적'은 앤드류가 정한 것이다. 그는 '표면적 문자에 따라'*iuxta superficiem littere* 설명한다. 그의 이 표어catch-phrase의 사용은 중요하다. 그가 '문자'에 집중하기로 한다고 해서 '영적 설명'을 원칙적으로 거부한다는 의미는 아니다. 오히려 그는 그것을 당연한 것으로 받아들인다. 솔로몬의 유명한 본문[잠 22:20]에 대하여 그는 말한다:

> 보라 나는 그것을 세 가지 방법으로 설명했다: 역사적historically, 교훈적으로tropologically, 그리고 신비적으로anagogically.[78]

그는 새로운 원칙을 세울 생각이 없다. 그는 그런 것을 피할 것이다; 세부사항에 대해 명확하고 지적인 앤드류에게 이론에 대한 긍정적인 결론을 제

---

78 MS. C.C.C. 30, fo. 102c.

시하는 것이 중요하다. 그러나 그가 스스로 정한 일은 명석한 두뇌를 요구했다. 그 이전의 어떤 서방의 주석가도 구약에 대한 순전히 문자적 해석을 제시하지 않았으며 많은 사람들이 순전히 영적인 해석을 시도했다. 문자의 내용에 대한 일반적인 불확실성이 있었다. 텍스트를 설정하는 규칙이 없는 것처럼 그것을 정의하는 규칙은 없었다. 앤드류는 자신에게 문자적 해석이 얼마나 포함되어야 하는지 정의하려 하였을 것이다. 그 정의를 꺼리는 사람에게는 가혹한 문제였다.

그가 얻을 수 있는 그러한 지침은 성 제롬과 생 빅터의 휴로부터 나왔다. 휴는 문자적인 의미가 영적 의미의 기초이기 때문에 중요한 것으로 간주했다; 그것은 벌집의 꿀이었다. 그는 문자적 의미를 문법, 역사와, 알레고리적 의미를 신학과, 교훈적 의미를 설교와 연관시켰다. 반대로, 그의 학생들은 신학과 설교를 문자적인 의미에서 분리하는 경향이 있었다. 그런 다음 앤드류는 '문자와 영'letter and spirit에 대한 스승의 가르침을 그의 다른 구별과 대조하려 하였다. 휴는 '문자'letter, '의미'sense, '명제'sentence나 의견opinion에 대해서도 말했다. 처음의 둘은, 문자와 의미, 하나의 텍스트를 구성하는 의미를 지니며, 은유metaphor와 직유simile를 포함한 간단한 표면적 의미에 대한 설명을 의미한다. 분명히 두 가지 모두 문자적 의미에 있으며 앤드류의 분야도 마찬가지이다. '문자와 의미'에서 이끌어내는 깊은 의미 또는 결론인 '명제'는 무엇입니까? 이것은 알레고리나 교훈trope일 필요는 없다. 이는 신학적 또는 도덕적 추론일 수 있다; 그리고 구분되는 부분이 있다; 알레고리는 단지 신학을 보여준다. '명제'는 교리 자체를 정의하고 확립한다. "역사적 설명에 '명제'가 포함되어야 합니까?" 앤드류는 결정하지 않았다. 그렇지 않으면 아마도 그는 딜레마가 결코 발생하지 않도록 알레고리와 신학을 동일시하였을 것이다.

이것이 그가 예언을 다루는 열쇠이다. 그리스도에 대한 명백한 예언은 '명제'이다. 따라서 그것은 언급되고 안전하게 신학자들에게 맡겨 질 수 있다. 위조자cobbler는 그의 마지막에 붙이자. 앤드류는 문자적 의미를 설명할 책임이 있다. 그는 신비에 대해 걱정할 필요가 없다. 마치 문자적 의미가 언제나 영적인 의미와 비교하여 말해져야 하는 것처럼, 유대인의 설명은 그에게 그리스도인들보다 더 명료하고 단순하며 이해하기 쉬운 것으로 생각된다. 그것이 그리스도인들에게 불순종한다면, 문자적인 의미는 종종 불완전한 것으로 인정되었다. 앤드류의 '문자적 기초'에 대해 알레고리와 도덕성을 세우려는 사람들은 반드시 지식과 신학적 진리를 제공해야 한다.

또한 성 제롬은 그에게 문자적 의미를 유대인들과 연관시키라고 가르쳤다. 성 제롬에는 두 가지가 있었다: 하나는 알렉산드리아의 알레고리에 매료되어 문자적 또는 '육적' 의미에 대해 가볍게 이야기했다. 다른 하나는 문자에 매료된 학자와 인문주의자이다. 두 번째는 앤드류가 '비할 바 없는 발걸음으로 따라 가려고' 했던 '존경스러운 제롬'이었다. 그러나 자신의 장점과 결함은 성 제롬과 너무 비슷하여 구별할 수 없었다. 앤드류와 성 제롬은 구분할 재주가 없었다.

성자[제롬]는 유대인들이 문자적으로나 육신적으로 설명하는 것과 그리스도인들에게 영적인 의미로 설명하는 것을 그에게 가르쳤다. 이것은 여전히 그들 사이의 주요 차이점으로 간주되었다. 앤드류의 동시대인인 엑서터 주교 바르톨로뮤Bartholomew, bishop of Exeter(d. 1184)는 『유대인에 대한 반대』 *Dialogue against the Jews*에서 다음과 같이 썼다.

> 자신과 유대인들 사이의 불일치의 주된 원인은 나에게 이것으로 여겨진다: 구약 성경이 그리스도에게 명백한 증거를 주지 않는 한 그들은 문자적 의미를 찾을 수 있는 곳에서는 모든 구약을 문자 그대로 받아들인다. 그런 다음 그들은 그것을 히브리어 진리에 있지 않거나 그들의 책에 없다고 말하면서 반박하거나, 또는 여전히 그들의 성취를 기다리고 있거나, 그들이 자신들이 매우 핍박을 받고 있다고 느낄 때는 어떤 다른 비틀거린 시간으로부터 탈출하는 것으로서 어떤 우화fable를 언급하는 것으로 주장하며 그것을 부인한다. 그들은 다른 방법이 없을 때를 제외하고는 알레고리를 절대 받아들이지 않을 것이다. 우리는 성경의 말씀뿐만 아니라 행한 일과 행동 자체를 신비적 의미로

해석하지만, 알레고리의 자유가 성경의 말씀에 대한 사건의 역사나 적절한 이해를 어떤 방법으로도 무효화하지 않는 방식으로 해석한다.[79]

바르톨로뮤의 마지막 조항은 어려움을 지적한다. 역사는 알레고리로 대체되어서는 안 된다. 앤드류는 성 아우구스티누스로부터 각 텍스트가 문자적 의미를 가졌다는 것을 배웠다. 그는 텍스트의 문자적 의미가 유대인들이 그것에 대해 말한 것이 부정확하지만, 변명할 수 있다고 추론한다. 문자적 의미를 알고 싶다면 유대인에게 가십시오.

앤드류는 갔다. 그에게 열려진 유일한 형태의 성경 연구였다; 그는 두 번째 학자인 제롬에게서 구약에는 적어도 유대인들이 살아있는 전통을 가지고 있으며 유용한 정보의 원천이라는 것을 알았다. 백 년 전으로 갔다면 그는 '문자주의'와 유대인의 주석 사이에는 아무런 관련을 갖지 못했을 것이다. 그는 유대인들이 그리스도인처럼 알레고리와 상상에 열중한 것을 발견했을 것이다. 그렇다면 어딘가에 실수가 있다는 것을 깨달았을 것이다.

그는 자신의 전제를 재고하고 잘못된 단어를 '문자적'으로 분석해야 할 수도 있었다. 그러나 라시는 유대인의 주석을 새로운 통로channels로 인도했다; 그는 텍스트와 밀접한 관계를 유지하고 알레고리적인 설명보다 민족을 선호한다는 의미에서 '문자적'으로 만들었다. 유대인들 사이에서도 문자적 의미와 알레고리적 의미 사이의 관계는 다소 다르게 생각되었다. 그것은 하나를 서로에게 부과하는 기독교적 방법보다 오히려 그들 사이에서 선택하는 문제였다. 앤드류는 '문자적'이 '비신화적' 또는 '이성적'과 같은 것을 의미한다고 생각하는 경향이, 그의 유대인들에 의해 확인되었을 것이다.

문자적 의미가 단순히 거룩한 저자가 의도한 전체 의미로 정의된다면 문자와 합리주의 사이에는 실제적 연관성이 없다. 성경의 기적적이고 상징적

---

79 MS. Bodl. 482, fo. 1d. 이 논문은 Barhtolomew의 노년에 쓰여졌다. A. Morey, *Bartholomew of Exeter* (Cambridge, 19370), 109, 164.

인 요소는 문자적 의미의 정도에 의해 완벽하게 강조될 수 있다. 그러나 주석가들은 이러한 용어로 생각하는 것을 시작하지 않았다. 그들은 몸과 마음을 생각할 때처럼 대립적으로 여전히 영과 문자를 생각했다. 우리는 앤드류가 문자적인 의미를 조사하는 열심에서 문자Letter, 유대인Jews 그리고 이성Reason을 어떻게 결합하기를 원하는지 쉽게 이해할 수 있다. 보다 현대적인 유대교 주석가들은 그에게 그가 필요로 하는 합리적이고 문자적인 전망을 주었음에 틀림없다.

그는 자신의 주석이 위험하다고 느끼지 않는다. 그는 자신의 임무를 너무 겸손하게 생각한다. 그의 선택된 분야는 문자이다. 신학과 변증론의 신비가 그에게 아니었다. 사람들은 그가 자신의 입장이 '숙련자들에게 걸림이 되고scandalized, 그를 덜 능숙한 사람으로 나쁜 평판이 생겼을 때, 그가 어떻게 반박하는지' 알고 싶어 한다. 『임마누엘』*De Emmanuele*에서 그의 대답이 많은 것을 제시할 것이다. 그러나 그것이 쓰였을 때 그는 위그모어에 돌아와 휴와 함께 수도원 교회를 세웠다.

우리에게 무순처럼 보이는 것이 남아 있다. 앤드류는 모든 제한과 함께 문자적 표현에 대한 당시의 견해를 받아 들였다; 즉, 그는 다른 사람들이 건물을 짓는 동안 '문자적 기초' 사이에서 자신의 삶을 보냈다고 글로써 자신을 비난했다. 이것이 진실을 찾는 그의 생각idea이었다! 그는 그의 동시대인들에게는 다소 해로운 괴짜였던 것 같다. 자격을 갖춘 문자에 대한 휴의 상대적 열정은 그의 눈동자에 열렬한 열정이 되었다. 그리고 그 학생은 그러한 신선함과 에너지, 판단의 예리함과 독립성을 가져, 그의 임무에서 승리를 거두었다. 그는 성경학의 갱신에 성공했다.

아마도 앤드류는 자신을 설명할 수 없었을 것이다. 그는 본능적으로 터무니없는 합리주의자였다. 12세기의 서정적 충동은 그에게 독특한 형태를 취하고 있었다. 신학자들은 바울 서신에 근거하여 그들의 논쟁의 복잡한 구조를 구축하고 있었다. 리차드처럼 신비주의자들은 영적 설명의 날개에서 위로 솟아오르고 있었다. 앤드류는 그의 텍스트와 그 의미에 더 가까이 파고들며 눌렀다.

높은 것은 낮은 곳으로 흐르고alta petunt levia
중심은 무거운 것을 포함하며centrum tenent gravia
모든 것이 갱신된다renovantur omnia

이는 생 빅터의 아담Adam of St. Victor이 축하하는 원동력이다.

5. 앤드류의 영향

앤드류는 성 베르나르두스St. Bernard의 감탄에 대하여 내용을 제시한다. 그렇지 않았다면 우리는 선지자의 '아름다운 외침'beaux cris[80]의 하나로써 간과했을 것이다. 베르나르두스는 교사인 헨리 머닥Master Henry Murdac에게 편지하여 그가 연구를 그만두고 클레르보Clairvaux의 '경건의 학교'school of piety에 들어가라고 주장하였다. 교사인 헨리는 선지서를 읽고 있다: 왜 그가 육신으로 우리에게 왔을 때, 책에서 그 말씀the Word을 구합니까? 그는 오랫동안 선지자들의 불명료함을 떠나 죄인들에게 자신을 드러내고자 하였다: 그는 율법의 희미한 높은 산에서 복음의 평지로 내려오셨다:

> 아 여러분은 예루살렘을 가득 채운 곡식의 지방을 조금 맛보았던 자들이 문자로 쓴 유대인들이 빵 껍질을 먹는 것에 얼마나 기뻐하겠습니까![81]

이것은 앤드류가 선지자들을 설명하기 얼마 전에 기록된 것이다. 베르나

---

80 Dom Wilmart로부터 인용하였다. "… Prophète inspiré qui jette de beaux cris", Auteurs Apirituels et Textes Dévots du Moyen Âge Latin (Paris, 1932), 252.
81 *Ep*. cvi.

르두스는 자신의 방법을 지녔고, 헨리 머닥은 1135년 이전에 클레르보에 들어갔다.[82] 베르나르두스가 그에게 주었던 '마스터'master라는 호칭을 어디서 그가 얻었는지 알 수 없다.

우리는 그가 생 빅터주의자들과 연결시킬 증거가 없다. 그러나 그는 앤드류와 같은 종류의 일을 하고 있었을 것이다. 이 편지는 베르나르두스가 앤드류의 연구에 대해 무엇을 생각했을지를 놀라운 방법으로 표현한다. 그는 복음 대신에 선지서를 읽고 있었다.

그는 '문자적인' (즉, 문자적으로 생각하는) 유대인과의 교제에서 성경의 마른 외피를 갉아먹고 있었다; 클레르보의 수도사들은 대수도원장 설교를 들었을 때 내면의 영적인 의미의 기름으로 가득 채워졌다.[83] 앤드류의 활동은 그가 아벨라르두스를 정죄한 부적절한 질문과 '삼위일체를 없애는 것'보다 덜 위험했을 것이다. 우리는 얼마나 많은 신앙인들이 그의 의견을 공유했는지 궁금해 할 것이다. 문자적인 의미는 오도될 수 있는 것으로 잘 알려져 있다. 이제 앤드류의 문자에 대한 열정적인 포용은 예상했던 대로 유대화된 주석을 만들어 냈다. 성경학과 성 빅터 학교에 대해 강한 반감을 일으키는 것으로 충분하다고 여겨졌다.

사실, 우리는 그 반대를 발견한다. 앤드류의 후계자들에 의해서 더 정통적인 정신으로 성경 연구가 계속되었고, 아벨라르두스가 정죄된 후에도 신학적 사유는 계속되었다. 시토 수도회원들 자신들도 앤드류를 읽었을 것이다; 그들의 도서관 중 4개는 그의 작품을 소유한 것으로 알려져 있다. 그의 영향의 정도를 측정하기 위해 우리는 세 가지 다른 증거를 따를 수 있다. 그들은 서로를 보완하고 서로가 거의 같은 결론을 가리킨다.

우선 앤드류 자신과, 성 빅터의 리차드, 그리고 로저 베이컨Roger Bacon의

---

82 *Dict. Nat. Biogr.* xxxix. 321-3. 헨리 머닥은 1153년 요크의 대주교로서 사망했다.

83 빵은 성경을 의미하고, 부스러기는 문자를 의미한다. 이러한 언급은 성 베르나르두스의 편지에서 제시된다. 시토 수도원적 의미에서 렉치오 디비나는 성경을 생생하게 경험하는 것이며 읽는 것은 학교에서의 성경에 대한 지적인 탐구와 대조된다.

증거가 있다. 앤드류는 '친구들의 많은 긴급한 요청에 의해 촉발된' 솔로몬에 대한 마지막 작업을 수행했다고 말한다. 전통적인 문구는 그의 초기 작품에서 나타나지 않기 때문에 의미가 있을 수 있다. 첫 번째 저서인 『임마누엘』*De Emmanuele*에서 리처드는 앤드류에게는 이사야의 예언에 대한 자신의 견해를 지지한 제자들이 있었음을 알려준다. 리처드는 제자였던 사람들 혹은 장차 제자가 될 사람들의 이익이 상실되지 않도록 그것을 반박할 것이다.[84] 그런 다음 두 번째 책의 프롤로그에서 그의 반박의 첫 번째 책은 여전히 오류 가운데 있는 앤드류의 특정 제자를 화나게 했다고 말한다. 그러므로 두 번째 책은 리처드와 앤드류의 제자 간의 논쟁으로 구성되어 있다.[85] 후자는 그의 스승에게 감동적인 충성을 보여준다. 리차드가 그에게 유대인의 해석을 거부하게 했을 때 그는 앤드류가 그것에 대한 책임을 지는 것을 부인하려고 한다.

> 내 스승의 의견이라고 부르지 말고 유대인의 의견이라고 부르라. 물론 그는 그들의 것이 아니라 자신의 것으로 발전시켰다.

리차드는 앤드류가 그 구절을 문자적 의미로서 제시했다는 것을 보여줄 수 있다. 이는 그 제자가 고백해야만 하는 불행한 일이었다. 그는 앤드류의 일반적인 태도에 근거하여 그것을 설명하려고 노력한다; 앤드류는 독자들에게 여러 곳에서 자신의 것이 아니라 유대인의 견해를 설명하고 있다고 경고했다. '자신의, 진실, 의견 또는 거짓 유대인의 것인지에 대해 바로 그가 분명히 하는 것이 리처드의 끊임없는 대답이다. 최후의 수단으로 제자는 앤드류가 아이러니로 말하고 있다는 주장을 시도한다.'[86] 그는 유순한 질문자로 끝났지만 너무 많은 말로 스승을 부인하지는 않았다.

로저 베이컨은 약 100년 후인 1271년 또는 1272년에 글을 쓰고 있었다.

---

84 PL cxcvi. 601.
85 633.
86 638-41.

『철학개론』*Compendium Studii Philosophiae*에서는 많은 주석가들이 성경을 문자적으로 설명하는 앤드류에게 어떤 '권위'를 부여하고 있다고 불평한다. 권위[87]는 교부들을 위하여 준비되어야만 한다. 다른 곳에서 베이컨은 성 알베르트 대왕St. Albert the Great에 대한 당시의 태도에 대해 동일한 불만을 표명한 것은 중요하다. 그는 앤드류가 '학식 있는 사람이며 아마 히브리어를 알았다'고 생각하지만 베이컨은 그의 주석이 비판에 열려 있다고 생각한다. 그럼에도 불구하고 그는 드문 승인의 메모로 끝낸다. 주석가를 원래의 자료에 보내는 신뢰는 앤드류에게 해당된다:

> 그러나 그는 매우 칭찬할 만하다. 그는 항상 그렇지는 않지만 많은 경우에 번역의 의심스러운 구절에 대해 우리를 격려하고 우리를 히브리어로 보내 우리의 설명을 더 확실하게 찾을 수 있게 한다. 앤드류가 그것을 어떻게 다루는지 보지 않았다면 이 구절과 다른 많은 사람들에 대한 참된 설명에 대해서는 거의 취할 것이 없었을 것이다.[88]

둘째로, 우리는 앤드류의 주석의 사본을 가지고 있다. 이것들은 로저 베이컨의 진술을 확인시켜준다. 15개가 현존하는 것으로 알려져 있다. 다른 것들은 우리 도서관의 부적절하게 분류된 주석들에 숨겨져 있을 수 있다. 앤드류의 대중이 엄격하고 제한적이었음을 깨달았을 때 15개는 존경할만한 총계로 보인다. 그것은 현재 「신학 저널」*Journal of Theological Studies*과 「성경 리뷰」*Revue Biblique*를 취하는 것과 일치했다.

가장 초기의 필사본은 12세기 중반 직후 보프레에서 쓴 Heptateuch[성경 앞부분 여섯 권]에 대한 그의 작품의 아름다운 사본이다(MS. Bibl. Nat. Lat. 356). 이 책은 이미 인용된 바 있으며, 교부들, 요세푸스, '유대인의 전통'에

---

87 M. D. Chenu, "'Authentica' et 'Magistralia'", *Divus Thomas* (Placentia, 1925), xxviii, 3-31. 이 표현은 성경과 교부들을 '현대'에 대한 대립적인 것으로 사용하였다.

88 *Compendium*, viii, ed. Brewer (Rolls Series), 482-3.

서 발췌한 책을 자랑스럽게 소환한다. 그리고 파리에는 12세기 말경에 쓰여진 세 개의 생 빅터주의의 원고가 있다: Heptateuch의 앤드류(MS. Lat. 14798); 선지서들에 대한 일반적인 프롤로그를 지닌 이사야Isaias서 주석(MS. Mazarine 175); 에스겔서 주석(MS. Lat. 14432). 마지막 두 개는 크기와 필체가 너무 비슷하여 원래 함께 진행되었다고 추론한다; 아마 그들은 선지서들에 대한 앤드류의 완전한 세트의 구성을 형성했을 것이다. 둘 다 15세기의 기타 자료에 묶여 있었다. 13세기의 빅터주의의 원고(Bible. Nat. Lat. 14803)는 열왕기와 역대기에 대한 앤드류를 지니고 있다. 바티칸 도서관은 Barberini lat. 693에서 출처 불명의 『구약 시편에 대한 앤드류의 편찬』*Compilationes Andree super vetus testamentum*이라고 불리는 Hepateuch에 대한 그의 저술의 13세기 초기 사본을 지니고 있다.

앤드류의 작품 모음집은 아마도 13세기 말 파리에서 여전히 이용 가능했을 것이다. MS. Vat. Lat. 1053에는 13세기 말이나 14세기 초 파리에서 손으로 쓰여진 다른 성경의 문자적 주석과 묶여 있는 예레미아 주석을 제외하고는 모든 작품이 포함되어 있다. 1313년에 사망 한 존 드 머로John de Murro 추기경이 소유하였고, 안코나에 있는 파브리아노 프란체스코 회Francancans of Fabriano가 그에게서 물려받았다. 로마에 있는 미네르바 수녀원의 탁발 수도회의 설교자는 선지서들, 열왕기서, 잠언, 그리고 전도서에 대한 앤드류의 불완전한 일부라고 이야기 했다.[89] 앤드류의 작품들도 라인란드Rhineland와 오스트리아로 퍼졌다. 에버바하Eberbach 시토수도사들은 13세기 중반에 쓰인 앤드류의 Octateuch, 역대기 및 소선지서들을 지니고 있었다[현재: MS. Bodl. Laud Lat. 105]. 멜크Melk의 베네딕트 수도회는 15세기 카탈로그에서 볼 수 있듯이 '이사야 주석에서의 교사 앤드류의 프롤로그'를 소유했다.

또 다른 중요한 그룹은 영국의 수도원 도서관에서 온 것이다. 보프레

89 G. Meersseman, "La bibliothèque des Frères Prêcheurs de la Minerve à la fin du XVe siècle", *Melanges Auguste Pelzer* (Louvain, 1947), 611.

Beaupre의 초기 판본을 제외하고, 주로 대륙의 원고보다 고급스럽고, 더 크고, 더 장식적이고, 더 나은 판본이다. 가장 초기의 영어 사본은 스롭쇼어 Shropshire의 빌드워스Buildwas 시토수도원의 12세기 후반에 열왕기에 대한 앤드류의 익명 사본으로, 현재는 캠브리지의 티리니티 칼리지에 소장되어 있다 [Cambridge B.I. 29(27)]. 캐임브리지 대학의 기독교 전집Corpus Christi College Cambride 30에는 Octateuch, 역대기, 소선지서, 잠언 그리고 전도서에서 '수도원장 앤드류'가 있다. M. R. 제임스는 제목 페이지의 빨간 이니셜이 에섹스Essex에 있는 코게스홀Coggeshall 시토 대 수도원을 가리킨다고 생각했지만;[90] 버리Bury의 보스톤은 요크셔의 귀스보로Guisborough 소수도원에서 정확히 앤드류의 작품에서 똑같이 선택된 원고를 보았다. 어디에서 왔든, 앤드류는 감사하는 독자들을 발견했고, 그들은 난외에 중요한 내용들을 기록했다: 전도서의 시작 옆에다 "주석은 좋고, 사용하기에 건전하다"bona est expositio et utilis vale. 우스터Worcester의 수도사들은 Octateuch와 역대기(같은 대학, MS. 217)에서 앤드류를 소유했다. 보스턴은 성 애드문트베리St. Edmundsbury에서 이사야, 예레미야, 그리고 다니엘에 대한 앤드류를 보았고, 현 캠브리지 대학의 MS. Pembroke 45는 우리가 소유한 예레미야에 관한 앤드류의 유일한 사본을 담고 있기 때문에 이 원고에 대해 감사한다. 킹스우드의 시토수도회는 에스겔에 대한 그의 주석으로부터 발췌한 에스겔의 두 환상에 대하여 앤드루를 지녔다.[MS. Bodl. e Mus. 62]. 발췌문을 취하는 것이 중세 작가의 인기를 잘 드러내기 때문에 킹스우드의 논문은 흥미롭다. 이 4개의 나중 사본은 13세기 이십년 대, 삼십년 대, 사십년 대, 손에 넣었다. 또한 보스턴은 노섬버랜드의 뉴민스터에서 출애굽기, 레위기, 민수기에서 앤드류 사본을 보았고, 글로체스터의 성 베드로에서 출애굽기에서 역대기에 이르는 앤드류의 사본을 보았다.

90 N. R. Ker는 그러한 제안에는 어떤 증거가 없다고 생각한다. *Medieval Libraries of Great Britain* (London, 1941), 128.

영어 사본의 전통은 대륙보다 앤드류의 정체성에 대한 기억을 더 충실하게 보존했다. 대륙에서 그의 작품은 익명이거나 간단하게 '수도원장 앤드류'로 설명한다. 영국에서는 15세기에 MS. Pembroke College 45의 여백에 '생 빅터의 성직자 수도사 앤드류의 주석'*Postille Andree canonici S. Victoris*이라는 제목을 지녔고, 현대 MS. Corpus Christi College 30에서는 '수도원장 앤드류', 그리고 MS. Bodl. e Mus. 62에서는 모든 '위그모어의 앤드류'Andreas de Wiggemor 가운데 최고라고 한다.

현재 Corpus Christi College Cambridge 315인 다른 유형의 원고는 옥스퍼드의 프란체스코회에 속했다; 여기에는 앤드류의 열왕기와 역대기가 포함되어 있으며, 소박하고 작은 책에 사용되어 있다. 일부 수사는 베이컨이 권장하는 비판적 정신으로 그를 읽었다. 사무엘상 1장 28절에 대한 앤드류의 의견: "나도 그를 여호와께 드리되, … 나는 그를 유보하거나 나와 함께 그를 보유하지 않을 것이다"*... non accepi eum tanquam mihi reservaturum et apud me retenturum ...*라는 도발적인 메모가 나왔다.

> 앤드류는 여기서 잘못된 라틴어를 사용하였다; 그러므로 당신은 그가 종종 잘못된 히브리어를 말한다고 생각할 수 있다; 왜냐하면 그는 '유보해야 한다'reservandum와 그리고 "유지해야 한다"retinendum를 "유보할 것이다"reservanturum와 "유지할 것이다"retenturum로 말하기 때문이다.

2장 1절의 "내 입이 내 원수들을 향하여 크게 열렸으니, 내가 기뻐함이니이다. …"*dilatatum est os meum super inimicos meos, quia laetata sum. etc.* 앤드류는 "때문에"quia는 히브리어에서 발견되지 않는다고 말하지만, 동일한 13세기의 손은 "틀렸다!"고 적는다.

무엇보다도 최신의, 아마도 가장 중요한 이유는 베니스의 도미니코회에 속한 원고는, 현재 MS. Bibl. Nat. Lat 574이다. 이는 15세기 두 이탈리아인의 손으로 작성되었으며 1461년 '무고한 어린이들의 죽음을 기념하는

날'Innocents 'Day(마 2:16-18. 참조)로 기록되어 있다. 여기서 우리는 15세기 이탈리아의 다양한 관심사를 반영하는 컬렉션에 묶여있는 이사야와 다니엘에 대한 앤드류의 주석이 마치 15세기 이탈리아처럼 다양한 흥미를 반영하는 수집본에 포함되어 있다. 무어인들의 손에 1460년 순교한 수도사 안토니 데 리폴리Anthony de Ripoli, O.P.에 대한 카프리의 콘스탄트Constant of Capri의 논문이 처음으로 나온다.[91] 이어서 로마 황제와 장군들의 일련의 운이 있은 비문들epitaphs; 설교자들을 위한 메모; 그 다음에 앤드류의 이사야서 주석, 이어서 부르고스의 바울Paul of Burgos의 『성경 연구』*Scrutinium Scripturarum*가 나온다. 이는 그가 리라의 니콜라우스Nicholas of Lyre의 서문에 첨가하여 작곡한 것으로, 나이 80세 때인 1434년에 작곡했다; 마지막으로 앤드류의 다니엘서 주석이 나온다. '유대화'된 기독교인 앤드류와 기독교로 개종한 유대인 부르고스의 바울의 병치가 우연이 아니었다. 난외의 노트들은 앤드류의 작품 측면에 대한 그의 관심을 보인다. 그 서기관은 '유대화'judaizing에 주목하여, 주석 끝에 '히브리어의 어리석음''Hebreourm fatuitate이라는 제목의 메모를 추가했다.[92]

앤드류의 "보라 처녀가 잉태하여"의 설명은 그 자체의 역사를 지닌다. 이것이 『임마누엘』에 인용되어 있기 때문에, 이사야에 대한 그의 주석과는 별개의 역사를 지닌다. 이 논문은 리처드의 작품 중 가장 인기 있는 것의 하나였으며 많은 사본에서 살아남았다. 첫 번째 책은 프롤로그 없이 '유대인들이 우리에게 임마누엘에 반대하는 것에 따라 앤드류에 대한 반대 의견'이라는 제목으로 별도로 유포되었다. 앤드류의 주석을 반박하려는 그의 염려에서 리처드는 이것이 이르렀을 것보다 훨씬 넓은 범위에 소개했다; 그는 앤드류가 제기한 유대인의 논쟁에 관심을 불러 일으켰다.

---

91 Quetif Echard, *Scrip. Ord.* Praed. (1719), i. 907.의 설명을 참조하라.

92 Guf는 corpus를 의미한다. 이것은 유대 이단에 따르면 세상의 창조 시에 모든 영혼이 저장되어 있는 장소이다. 그러므로 영혼들은 육체에 넣어질 때, 취하여진다. 그러므로 탈무드의 많은 장소에서 메시아는 이 장소에 있는 영혼들이 소진될 때까지 오지 않을 것이라고 말한다; 그에 따른 결론은 메시아가 그들 가운데 임신한 여성이 존재하는 한 오시지 않는다는 것이 된다(fo. 71r).

우리의 세 번째이자 가장 확실한 증거는 후대의 작가들이 앤드류를 인용한 것이다. 우리의 연구를 시작하기 위한 분명한 장소는 1169년에 법률고문chancellor이 되어 10년 후 사망한 파리의 교사인 피터 코메스터Peter Comestor가 성경의 역사를 요약한 대작 『역사』*Historia Scholastica*이다. 피터는 중세에서 가장 인기 있는 책 중 하나를 썼다. 학교에서 갖춰야 할 책이 되었고, 표준주석처럼 강의 과정의 주제가 되었다. 그러므로 그것은 『역사』라는 이름을 얻었다. 그러나 12세기의 교사들은 그것을 단순히 『역사』*Histories*로 알고 있었다. 그들은 롬바르두스를 '명제의 교사'the Master of the Sentences라고 부르면서 코메스터를 '역사의 교사'the Master of the Histories라고 부른다. 학교 밖에서는 성직자와 평신도들에게 고전이 되었다. 그것은 통속적인 언어로 번역되고 개정되었다.[93] 종종 중세 유언장에 나타난다. 저자가 영감을 얻은 존경과 칭찬은 그의 별명인 '코메스터' 또는 "탐식가"Manducator로 표현되었다. 그는 성경을 먹고 소화했다.

자신의 서문에서 코메스터는 저술의 동기가 그의 동료들의 간청 때문이라고 말한다. 그들은 성경과 주석들에 흩어져 있고, 퍼져 있는 것들의 개요를 필요로 했다.[94] 지적한 것처럼 『역사』는 『교훈』*Didascalion*의 계획을 실제로 채우고 있다. 거기서 생 빅터의 휴는 신학은 성경 역사의 철저한 근거를 가지고 시작해야 한다고 가르쳤다. 피터는 그러한 기초 서적을 제공하였다. 그는 학생들을 위한 교과서를 썼고 그들을 교사들에게도 참고를 위해 무한한 가치를 지닌 저술을 했다.

우리는 코메스터가 생 빅터와 개인적인 관계를 맺고 있음을 알고 있다. 그는 법률고문직을 사임하고, 그의 마지막 시간들을 그곳으로 은퇴했다고 말해진다. 그가 생 빅터의 휴에게서 『역사』의 영감을 발견한 것이 자연스럽다면, 역시 앤드류에게서도 무언가를 빚지고 있다고 추측하는 것이 자연스럽

---

93 R. Martin, "Notes sur l'oeuvre litteraire de Pierre le Mangeur", *Rech. Théol. anc. méd.* iii (1931), 54-5.

94 PL cxcviii. 1053.

다. 코메스터의 17세기 편집자들은 약간의 비난과 더불어 그가 유대와 다른 권위가 없는 자료들을 사용하였다는 것을 알았다. 그들은 그를 언급하는 대신에 단순히 보고한다는 점에서 그를 변명하고 있다: 그는 말한다: 전해져 온다*tradunt*, 히브리인들은 이야기한다*narrant Hebraei*, 어떤 이들은 말한다*alii dicunt*.[95] 물론 『역사』에서 히브리인들Hebraei 그리고 어떤 이들alii은 매우 자주 앤드류임을 발견하는 것은 놀라운 일이 아니다.[96] 그들은 그의 주석에서 직접 가져온 구절들을 소개한다. 피터 코메스터는 『역사』의 주요한 자료로 앤드류의 Octateuch를 사용하였다. 그가 앤드류를 이름으로 언급하지 않았기 때문에 이는 지금까지 간과되어 왔다. 피터는 알리지 않고 주석가들로부터 빌려오는 중세적 관행을 따랐고 필요한 경우에는 어떤 사람quidam 또는 다른 이들alii로 그들을 거론했다. 그는 앤드류의 살아 있는 동안 저술을 하였음에 틀림없다. 왜냐하면, 그가 『역사』를 헌정하였던 생의 대주교 윌리엄William of Sens(1169-75)이 앤드류와 같은 해에 사망하였기 때문이다. 반면에 생 빅터의 휴는 이름으로 인용될 만큼 오래전에 사망했다. 피터는 앤드류의 주석으로부터 '교사 생 빅터의 휴'의 견해를 언급한다; 앤드류는 그의 스승의 생애 동안 저술에서 그의 죽음 직후에도 그를 '어떤 사람'quidam으로 언급했다. 휴의 권위만큼이나 피터는 이 경우에 그의 의견을 거절하는 데 앤드류에 동의했다, 그리고 그는 앤드류를 선호했다.

인용문을 구할 수 있는 또 다른 근거는 성 베드로가 노트르담Notre-Dame에서 이 직책을 맡았기 때문에 성가대원the Chanter이라고 불리던 다른 피터Pater에 의해 구약에 대한 일련의 주석이다; 그는 1197년에 사망하였다. 우리는 그의 위대한 '도덕적 대전'인 『개요』*Verbum Abbreviatum*(인쇄된 유일한 작품)로 가장 잘 알고 있다. 그러나 그는 또한 주석가로서 중요하다. 우리가 아

95 ibid. 1052.

96 이 장(chapter)의 끝 부분에서 나의 논문 "The School of Andrew of St. Victor", in *Rech. Théol. anc. méd.* xi (1919), 145-67을 약간의 첨가를 통해 요약한다. 주어지지 않는 참고문헌들은 그곳에서 제시되었다.

는 한 이 피터는 파리의 교사들 중 성경의 큰 부분에 대한 문자적이고 영적인 의미에 대해 강의한 최초의 인물이다. 나는 이 주석들과 『역사』 사이에 명확한 연관성을 발견했다.

코메스터와 마찬가지로, 피터는 앤드류가 아직 살아 있거나 사망한 직후에 글을 썼음이 분명하며 앤드류의 이름은 주석에서 조금도 언급되지 않았다. 그러나 그들은 역사보다 더 많은 앤드류의 인용문을 포함한다. 피터는 창세기 1장 1절에 대한 그의 설명을 전적으로 앤드류의 프롤로그를 인용하여 자신의 작품의 분위기를 설정한다. 그 다음 그는 자신의 중요한 자료로서 앤드류를 사용하며, 문자적 설명을 위해 표준주석 다음으로 Octatauch로 나아간다.

내가 아는 한 앤드류를 이름으로 인용한 첫 번째 사람은 육체적으로나 정신적으로나 그 학교에서 멀리 떨어져 있었다. 그는 버윅셔Berwickshire에 있는 드라이버그Dryburgh의 프레몽트레 수도원Premonstratesian abbey의 수도사 '교사 아담'Master Adam이었다. 그는 1184 년경부터 1188년까지 대수도원장이었다. 그 다음 그는 위트햄에 있는 카르투지오 수도회에 들어와 1212년쯤 그곳에서 죽었다. '중간쯤의 키, 비교적 뚱뚱하고, 활기차고, 대머리이며, 성격에서 존경을 받았다.' 아담은 참으로 명상적이며, 배움과 옛날 방식으로 공부했다.[97] 1179년 또는 1180년 드라이버그에서 쓰여진 성막의 삼중적 의미에 대한 그의 논문은 '거룩한 독서'holy reading의 전형적인 산물이며 그는 '무한한 열심과 놀라운 열정'에 자신을 주었다. 그는 나중에 영적 설명에서 사용하기 위해 가능한 한 많은 세부 정보를 수집하기 위해 성막과 그 장식품의 모양에 전체 책을 할당하였다. 이러한 세부 사항을 정립하기 위해 앤드류의 작품과 『역사』*Historia Scholastica*를 참고했다. '교사 앤드류'는 성 아우구스티누스

---

97 A. Wilmart, "Magister Adam Cartusiensis", *Mélages Mandonnet*, ii (Paris, 1930), 145-61; "Maitre Adam chanoine prémontré devenu chartreux à Witham", *Analecta Praemonstratensia*, ix (193), 207-32; F. Petit, *Ad Viros Religiosos, Quatorze Sermons d'Adam Scot* (Tongerloo, 1934).

와 가경자 비드Bede 다음에 온다. 아담은 첫 번째 장에서 그의 이름을 인용하며,[98] 나중에는 '다른 사람보다 더 전문적인 교사', '그 감동적인 사람', '신앙인처럼 뛰어난 어떤 사람'으로 인용한다.

아담의 앤드류 사본이 드라이버그Dryburgh에 어떻게 왔는지 아는 것이 흥미로울 것이다. 아담은 신앙에 귀의하기 전에[99] 신학이 아닌 인문학을 연구했기 때문에 그와 함께 가져 오지는 않았을 것이다. 앤드류의 작품 사본이 적어도 1180년까지 영국 수도원 도서관을 돌아다니기 시작한 것 같다.

다음 인용문은 파리로 돌아간다. 12세기 후반의 가장 위대한 성경학자인 스테판 랭튼은 Octateuch를 주석할 때 그를 사용한다. 다행히도 우리는 랭튼이 1187년 말 또는 그 직후에 열왕기의 첫 번째 책에 이르렀다는 것을 알고 있다. 그러므로 앤드류는 랭튼이 창세기에 관한 주석을 시작했을 때는 약 10년 전에 죽었을 것이다. 이제 앤드류를 이름으로 인용하는 것이 괜찮았으며, 그는 랭튼의 Octateuch에 관한 작품에서 구체적으로 17번 언급되었다. 표준주석 및 '역사의 교사' 외에 다른 이름은 자주 나타나지 않는다. 성 빅터의 휴조차도 네 곳에서만 나타나며, 그중 두 곳에서 그는 학생과 연결되어 있다. "성 빅터의 교사 휴는 말하곤 했다. … 그리고 문자적으로 오경을 설명하는 앤드류는 생각했다."; "교사 휴에 이어 생 빅터의 앤드류는 스승인 휴를 따라 말합니다 …" 랭튼의 주석에는 앤드류가 인정하지 않은 인용문이 많이 있다. 수집본에 따르면 이 중 일부는 『역사』나 챈터의 주석들이 아닌 원본에서 직접 가져 왔다. 사람들이 중세의 주석에서 기대하는 대로, 언급된 인용은 다른 사람들에게 하나의 풋말이다. 랭튼의 주석은 언급하지 않은 채 앤드류로부터의 많은 인용을 담고 있다. 수집본은 그들의 얼마는 『역사』나 피터의 주석으로부터가 아니라 원본에서 직접 인용하였다.

랭튼과 피터는 파리의 학교에서 강의로 자신의 주석을 읽은 후 나중에 그

98 *De Tripartito Tabernaculo*, PL cxcviii. 635.

99 이는 Wilmart가 출판한 Withham의 연대기를 발취로부터 모을 수 있다. "Maître Adam," etc., 7.

것을 유포했다. 피터는 높이 평가되었다. 랭튼 작품은 중세의 '베스트셀러'로 묘사 될 수 있다. 폭군인 왕에 대항하여 대주교이자 교회 자유의 대가로 그의 유명세는 학자로서의 명성을 부풀리게 하였다. 앤드류 자신도 잊혔더라도 그의 작품 중 일부는 살아남았을 것이다. 그것은 『역사』를 쓰는 것으로 나아갔다. 그것은 피터와 랭튼의 강의에 온 학생들의 놀라운 중세의 기억에 깊은 인상을 주었다. 그것은 그들의 주석으로 유포되었다.

도미니코회 주석가인 세인트 체어의 휴는 앤드류를 『역사』와 피터 챈터 그리고 랭튼을 통해 인용한다. 그러나 이 세 명의 중요한 학자들에 의한 그의 사용은 독자들의 관심을 불러 일으켜 그들을 '앤드류의 원문'으로 데려갔다. 우리는 1248년과 1285년 이전에 쓰여진 윌리엄 브리토William Brito에 의한 『성경의 용어들』*Vocabularium Biblicae* 또는 성경 용어 사전을 연구하기 위해 매우 인기 있는 도움에서 이 표현을 발견한다. 그는 앤드류를 *Mello*와 *Ramathaim*에 인용했다: "앤드류라는 어떤 주석가는 …" 그리고 "열왕기상에 대한 원본에서 앤드류는 말했다…" '원본에서'는 일반적으로 교부 저자들에게 적용된다; 그것은 표준주석이나 같은 추출물이나 후기 작가의 인용과는 다른 독창적인 작품이라는 것을 의미한다.[100] 앤드류가 자신이 '권위'로 언급된 것을 발견한 것은 인상적이다. 그것은 그에게 부여된 '권위'에 대한 로저 베이컨Roger Bacons의 불만에 대한 우리의 믿음을 강화시킨다.

그는 잊히지 않았지만, 12세기보다 13세기에 더 잘 알려졌다. 코메스터, 피터 그리고 랭튼도 예언서나 솔로몬에 대한 앤드류의 주석에 대하여는 조금도 알고 있지 않았다. 피터와 랭튼은 『임마누엘』에서 리처드에 의해 발췌되어 인쇄된 것을 알았던 것 같다. 그렇지 않았다면 그들이 *Octatauch*에 대한 그의 작품에 제한되었을 것이다. 13세기 성경 본문에 대한 개정 목록인, 『수정』*correctorium*의 익명의 저자는 찬사와 더불어 잠언에 대한 앤드류의 주석으로부터 구절들을 인용하고 있다. '문자적 의미의 탁월한 설명자인 앤드

---

100 용어 *originalia*에 관하여는 G. Paré, & c., op. cit. (p. 76, n. 1), 151-2.

류'. 13세기에 알려진 가장 과학적인 종류의 텍스트 비평을 대표하는 『수정들』*correctoria*에서 앤드류는 '자주 인용되는' 것은 중요하다.[101] 또 다른 수정자corrector는 창세기와 이사야서에 관해서 그를 언급했다.[102] 세인트 체어의 휴는 선지서와 잠언에 대하여 이름으로도 그리고 익명으로도 그를 인용하였다.[103] 성 쿠엔틴의 게릭Guerric of St. Quentin O.P.은 세인트 체어의 휴를 통해서나 혹은 독립적으로 이사야서에 관해서 그를 자주 인용한다.[104] 13세기 말경 니콜라스 고란Nicholas Gorran을 포함하여 일련의 파리의 주석가들은 잠언에서 그를 인용한다. 미들턴의 윌리엄William of Middleton O.F.M.은 상당한 인기를 얻었던 모세오경에 관한 한 주석에서 그를 인용한다. 고란은 같은 책에 대하여 훨씬 더 대중적인 주석에서 그를 인용한다.[105] 영성파 프란체스코회원 피터 올리비Peter John Olivi는 열왕기, 이사야, 에스겔 그리고 전도서에서 그를 인용한다.[106] 올리비의 전도서에 대한 앤드류의 사용은 특별히 흥미있는데 이는 다른 13세기의 주석가들이 잠언에 대하여 앤드류를 사용함에도 불구하고 그들은 그가 솔로몬의 제 2권을 설명한 것을 알지 못한 것 같기 때문이다. 그들이 그의 설명을 이용할 수 있었을 것인데 그것이 가능했던 것은 이 두 번째 책에 대하여 13세기의 주석에 필사된 전도서의 구절을 논하면서 잠언에 대하여 앤드류로부터 인용하는 것처럼 나타난다.[107] 올리비는 1298년에 사망했다. 전도서가 아니라, 잠언에 대하여 앤드류를 인용한 주석가는 1230-75년에 해당된다; 그들의 대부분은 1260년 전에 작업하고 있었다.[108] 연대기적으

---

101 H. Denifle, "Die Handschr. der Bibelcorrectorien des 13. Jahrh.", In *Archiv f. Lit.- und Kirchengesch. des M.As.* iv (1988), 565 and n. 1.

102 칼란드라는 이 앤드류의 수정본을 바티칸 도서관의 M. Ms. Ottob. Vat. lat. 293에서 발견했다.; Calandra, lxxxvi

103 Calandra. lxxxiii-v; "Sapiential Books I", ii. 341-2.

104 B. Smalley, "A Commentary on Isaias by Guerric of St. Quentin O.P.", *Studi e Testi*, cxxii (1946), 383-97.

105 "Sapiential Books I", iii. 59-60, 75, 247-8; Sapiential Books II".

106 Calandra, lxxviii-lxxxii.

107 "Sapiential Books I", iii. 245.

108 Nicholas Gorran의 전도서에 관한 현존하는 작품이 남아있지 않다.

로 마지막인 올리비는 그의 선임자들이 원했던 책을 접했던 것 같다.

앤드류는 대륙 자료의 공식 인용문에 등장할 뿐만 아니라, 13세기 영어 원고에 대한 난외주와 주석들에서 나타나고 있다. 모세오경에 대한 랭튼의 사본Corpus Christi College Cambridge 55에는 랭튼이 앤드류와 다른 창세기 1장 2절의 주석 옆에 '앤드류에 반대'Andreas contra라고 쓰여 있다. 13세기 초의 주석에서 창세기에 대한 그의 작품과 『역사』에서의 두 발췌본이 캔터베리의 그리스도 교회로부터 있다.[109] [MS. Trinity Collage Cambridge 342 (B. 15. 5)].

비벌리Beverley(1230년 이전에 설립)의 도미니코 수도회에 속하였고, 현재는 옥스퍼드 대학에 소장된[MS. University College Oxford Auct. II (190)] 『역사』의 다른 사본은 다양한 13세기의 손에 의해 노트와 주석으로 그 여백이 두껍게 덮혀있다. Octateuch에 관한 섹션에서 큰 책folio은 거의 앤드류에서 발췌한 내용이 없으며 그의 글에서 구두로 취한 것이다. 그리고 그 손 중 하나는 코메스터가 앤드류를 그의 출처로 사용한 『역사』의 구절들을 주의 깊게 표시했다. 앤드류의 이사야서 주석은 두 번 언급되었다. 복음에 관한 부분인데 '구주의 나심'*De ortu salvatoris*조차도 출애굽기에 대한 앤드류를 가리킨다. 만일 그들이 그들의 원고에 노트를 했다면, 비벌리의 도미니칸은 Octateuch와 선지서들에 관하여 앤드류를 집중적으로 연구하였음에 틀림없다. 그는 출애굽기에 대한 익명의 주석에서 9번 인용되었으며, 표준주석의 여백에 13세기 후반에 손으로 필사되었다.[MS. Kk. IV. 10 University Library Cambridge, fo. 126r.] 원본은 1226년 이후에 쓰여진 것으로 보인다.[110] 그는 때때로 다음과 같이 언급할 것입니다: "앤드류가 나중 택스트에서 말한 것에 대한 논쟁…"[111]

이 마지막 몇 가지 메모는 나에게 오랫동안 체계적으로 검색한 것이 아니

---

109 한 chapter가 여기 포함되었을 때, 비벌리 수도원의 첫 언급은 이번 해(this year)이다. *Calendar of Liberale Rolls*, 1226-40, 369. 나는 이 참고문헌에 대해 Fr. Aquinas Hnnebusch에 빚지고 있다.

110 아래 p. 278 참조.

111 Fo. 152v. on Exodus. xii. 41. 이 참고는 동일한 본문에 대한 앤드류로부터 증명될 수 있다.

라 우연과 추측의 결과이다. 앤드류의 인용문은 특정 종류의 원고에서 전형적으로 보인다. 원본을 쓴 후 약 100년 후에 살아남은(단 하나의 예외를 제외하고) 앤드류의 작품을 왜 모든 영국이 필사하기 시작했는지 이해할 수 있다. 처음에 그는 비교적 작은 그룹들에 알려졌으며 시간이 지남에 따라 더 넓게 인정받았다. 그 사본과 로저 베이컨이 목격한 영국에서 그의 작품에 대한 진지한 연구는 로버트 그로스테스테Robert Grosseteste와 탁발수도사들Friars의 성경 연구의 배경을 형성한다.

영국과 대륙의 모든 증거를 정리하면, 13세기 말에 '후대에 끼친 앤드류의 영향'은 상승 곡선을 얻게 된다. 앤드류의 Octateuch는 즉각적이고 지속적으로 사용되었다; 1230년 이후까지 우리가 아는 한 앤드류의 선지서와 잠언은 사용되지 않았다. 그런 다음 주석가들은 그들의 소홀함을 보충했다. 마지막으로, 앤드류의 전도서는 세기 말 경에 인용되었다. 그를 인용하는 모든 작가들은 그의 학식에 대한 존경심을 나타낸다. 그들은 특정 예언에 대한 그의 해석에 동의하지 않거나 세부 사항이 다를 수 있다; 그들은 그에게서 참조할 가치가 없는 것도 발견한 것 같다.

중세 후대는 성경 연구의 관점에서 크게 발전되지 않는 영토이다. 앤드류의 영향에 대한 증거는 미미하지만 그것을 반대하는 증거들은 그러하다. 도미니코회 학자인 니콜라스 트레벳Nicholas Trevet과 프란체스코회인 리라의 니콜라스Nicholas of Lyre는 14세기 초에 그를 모세오경과 Octateuch에 각각 인용하고 있다.[112] 베니스의 원고는 그가 15세기 후반에도 여전히 읽혀지고 있음을 보여준다. 심지어 트리엔트 이후의 학자들도 때때로 그를 고맙게 여겼다. 다른 저명한 빅터주의 학자들과의 그의 '초상화'는 17세기 수도원 도서관에 걸려 있었다.[113]

18세기의 서지학자들은 중세 주석의 일반적인 결점에서 그가 자유로워

---

112 Calandra, lxxxiii-v는 리라의 주석에서 발견되는 앤드류에 대한 모든 참고를 수집했다.

113 A. Franklin, *Historie de la bibliothèque de St. Victor* (Paris, 1865), 50.

졌다고 언급했다. "이는 유치하고 모호한 일에 빠지지 않는 세련되고 무게가 많은 작가이다"는 쿠댕Qudin의 논평이다.[114] 그는 돔 브리엘Dom Brial에게 그의 시대에서 돋보이는 인상을 주었다.

> 그와 같이 명확성과 정확성을 겸비한 사람들은 거의 없으며 이들은 거의 목적에서 벗어나지 않으며 학문을 보다 적절하게 배치하는 방법을 알고 있다. 그는 그리스어에 대한 지식을 가지고 있었다. 그리고 히브리어는 그의 세기에 특별한 이점이 있었다.(Il en est effectivement peu qui réunissent comme lui la clarté et la précision, qui s'écartent plus rarement de leur object, et sachent placer plus à propos l'érudition. Il avait la connaissance des langues grecque [?] et hébraïque, avantage peu commun dans son siècle.)[115]

선택한 주제의 한계 내에서 앤드류의 영향은 전체적으로 신학에 대한 그의 스승의 영향과 일치했다. 생 빅터의 휴는 동시대인들에게 '제2의 아우구스티누스'처럼 보였다. 앤드류는 두 번째 제롬이었다. 그는 빅터주의의 전통을 형성하는 데 중요한 역할을 했다. 앤드류를 배제함으로써 역사가들은 그 풍성함을 놓쳤다.

6. 한 학생: 보스함의 허버트

시편에 대한 허버트의 주석은 새로운 발견이다.[116] 커N. R. Ker는 런던의

---

114 *Com. de Scrip. Eccles*, ii (Leipzig, 1722), 1268.

115 *Histoire litteraire de la France*, xiii (1814), 409.

116 이 섹션은 나의 논문 "A commentary on the Hebraica by Herbert of Bosham", Rech. Théol. anc. méd. xviii (1951), 29-65. 내가 인용하는 라틴어 텍스트는 그곳에 제시되었고 또

성 베드로 성당의 도서관에서 수집된 중세 서적을 조사하는 동안 한 사본을 발견했다. 원고는 19세기에 작성된 목록에서 '14세기의 시편'이라는 설명 아래 숨겨져 있었다. 실제 날짜는 13세기 초 또는 12세기 말이다. 기증자는 1254년 참사수도회에서 여러 해 동안 봉사한 후 성 베드로의 학장으로 사망한 콘힐의 교사 헨리Henry of Cornhill였다. 원고의 내용은 알려지지 않았을 뿐만 아니라 전혀 의심되지 않았다. 보스함의 허버트는 참고 문헌에서 그의 후원자인 베켓Becket 대주교의 비서 겸 전기 작가로, 그의 스승 피터 롬바르두스Peter Lombard의 『대주석』*Magna Glosatura*의 편집인으로 등장했다.[117] 그는 성경에 대한 독립적인 연구로 인정을 받지 못하였으며 또한 히브리어 연구에서도 그렇게 진보하지 못했다. 성 베드로의 필사본에서 제롬의 헤브라이카Hebraica에 대한 그의 설명은 중세주의자들이 꿈꾸지만 거의 얻지 못하는 일종의 발견이었다.

허버트는 나의 연구에서 중요한 자리를 차지할 자격이 있지만 기존 순서에 맞추기가 어렵다. 그는 수도원 및 성당 학교에 관한 장으로 포함되지 않을 것이다. 파리에서 롬바르두스의 학생이었지만 그곳에서 가르친 것으로는 알려지지 않았다. 그의 교수직은 베켓의 가정에서 있었다. 그는 수도사도 아니었다. 그는 주석의 서문을 쓴 헌정 서한을 통해 우리에게 말하는데, 이는 아우어스캄프Ourscamp의 시토 수도원으로 은퇴한 시기에 썼다. 허버트가 그의 영적 지도자로 간주하고 자신의 작품을 헌정한 전직 시토 대수도원장인 아라스의 피터Peter of Arras(1184-1203) 주교는[118] 수도원에 들어가거나 가르치거나 또는 글을 쓰는 것 사이에 선택하도록 하였다. 그는 세 번째 대안을 선택했고, 그러므로 그는 여전히 세속서기secular clerk이거나 성직자priest였다. 그는 법정에서 대부분의 시간을 보냈다. 먼저 베켓을 섬기고, 다른 왕자나 성직자들을 섬겼다. 그는 마침내 수도원으로 은퇴하여 하숙인으로 살았다. 그는

한 헌정사의 원고도 제시되었다.

117 앞서 p. 64 참조.

118 J. Lestocquoy, Les évêques d'Arras (Arras, 1942), 13.

느끼기에 "수도원 생활의 부담"은 그의 인내를 넘어서는 것이었다.

그를 빅터주의의 날개 아래에 두는 것은 이미 부풀어 오른 장chapter을 확대하는 것을 의미한다. 그러나 그가 속한 곳이다. 허버트는 거의 확실히 앤드류의 학생이었다. 앤드류는 허버트가 인용할 만한 시편에 대하여 글로 주석을 남기지 않았기 때문에, 일반적인 텍스트 비교 방법으로 관계를 설정할 수 없다. 그러나 허버트는 앤드류의 선지서에 대한 프롤로그를 아라스의 피터Peter of Arras에게 보내는 헌정 서한의 기초로 삼아 도움을 주기 위해 최선을 다했다. 그는 앤드류의 모든 구절을 인용한다. 그럼으로써 그는 자신 앞에 텍스트를 가지고 있거나 끊임없는 명상으로 자신의 텍스트를 만들었음을 제시한다. 또한 그는 초기 젊은 시절로부터 시편의 문자적 의미를 연구하고 있으며 '히브리어, 그리스어 및 라틴어의 교사'에게서 배운 것을 적고 있다고 말한다. 라틴 교사들은 '축복된 자'라고 불린다. 다른 곳에서 허버트는 피터 롬바르두스를 성경의 '주임 교사'chief teacher라고 부르며, 피터 외에 다른 사람들이 있음을 암시한다. 사물에 직면했을 때, 허버트는 주로 신학자이자 주석의 편집자였던 교사로부터는 성경학에 대한 관심을 이끌어 낼 수 없었다.

텍스트와 권위에 대한 그의 태도는 앤드류를 상기시킨다. 그는 동일한 모험심을 가지고 있다. 앤드류는 제롬 다음으로 선지서들의 문자적 의미를 설명한 최초의 인물이었다; 허버트는 헤브라이카*Hebraica*를 최초로 설명했다고 주장했다. 둘 다 제롬을 전임자로서 존경한다. 허버트에게 그는 '모든 학습의 기반이 되는 회당의 현대의 학생, 교부 제롬'이다. 두 사람 모두 히브리어 본문과 유대 전통과 관습을 그들의 주요한 지식 자료로 생각한다. 비록 허버트가 『대주석』*Magna Glosatura*의 서문에서 했던 것처럼 앤드류보다 그리스어에 더 많은 관심을 보였지만, 그의 그리스어 교사들은 그들의 가르침에 그리 멀지 않았다. 강조점은 모두 히브리어에 있었다. 문자적인 성경의 의미에 대한 개념에는 밀접한 유사점이 있다. 허버트는 영적인 설명을 앤드류처럼 거리낌없이 받아 들였다. 따라서 문자에 대한 접근 방식에서 똑같은 애매함이 발견된다. 허버트에서 더 두드러진다. 앤드류는 모호한 겸손함을 제외하고 문자적 의미에 집중할 특별한 이유를 제시하지 않고, 그것에 대한 학문적 성향으로 여기도록 남겨둔 반면, 허버트는 분명히 자신의 무가치함을 내세운다. 그는 앤드류에 대해 말할 때, 발생하는 지상[세상적인 것]을 격리시키는 신비를 설명하기에 충분하지 않다.

> 어려운 영적인 의미를 이해하기 위해 노력하지 않고 지상을 걷는 동물들과 함께, 나는 단지 시편의 문자의 낮은 의미를 주목하며 지상에 붙어 있다.[119]

그는 문자적 의미를 도덕 교육과 호환하지만 가장 낮은 수준으로 간주한다. 이것은 그가 엄격하게 문법적이고 역사적인 주석에서 떠나는 두 곳에서 나타난다. 한번은 설교를 하는 사람들이 수사학적 쾌락을 위해 나아가는 것을 책망한다; 다른 때에는 그는 사함을 받은 죄인에게 위로가 되는 자비의 약속에 관한 구절을 권면한다. 두 단편, 모두 영적 삶의 진보된 사람보다는 초심자에게 분명히 언급되어 있다. 두 번째는 특히 허버트가 다른 사람들과 마찬가지로 자신을 위해 말한 것처럼 개인적인 소리를 가지고 있다:

> 이 구절의 말씀은 주의 깊게 듣고 기억해야 한다. 유혹을 받을 때 종종 큰 죄에 빠지는 습관을 겪었다면 곧 이 구절과 그 안에서 가르치는 기도의 약medicine에 의지하라. 죽음의 시간이 되기 전에 자비를 얻을 것이며, 주께 끊임없이 기도하며, 당신이 계속해서 넘어지고 지은 죄에 대한 속박에서 해방될 것임을 확신하라. 그리고 그것이 지연되어야 할 때에도, 그를 불신하지 말라. 이 구절에서 가르치는 것처럼, 당신의 끊임없는 기도와 그의 자비를 준비하면 그 도움이 보류되지 않을 것이다.

---

119 "··· non ad arduam spiritualem sensum intelligentiam nitor, sed velud cum animalibus gressibilibus super terram, terre hereo, solum littere psalmorum sensum infimum prosequens" (fo. 1).

허버트의 생각에 성경의 '더 높은' 의미와 그가 이끈 세속적인 삶을 이해하기 위해 부적절하고 여러 번 반복되는 것 사이에 실제로 관련이 있는 것 같다. 그와 동시대인이며 동료인 윌리엄 피츠 스티븐William Fitz Stephen에 의해 펜으로 그려진 사진을 기억한다. 그 서기clerk는 그의 후원자인 대주교를 대신하여 헨리 2세 왕을 면담하고 무시하고 있다. 교사인 보스함의 허버트는 키가 크고 잘 생겼으며 옥세르Auxerre의 녹색 천으로 화려한 옷을 입고 독일식으로 발뒤꿈치를 늘어뜨리고 왕에게 대답했다. 허버트와 같은 아들을 갖기 위해 남작 중 하나는 봉토의 절반을 줄 것이라고 했다. 남작이 그의 아들에게서 보고 싶어 했던 자질은 성직자에게는 거의 없었다. 그러므로 허버트는 시편의 문자를 설명하려고 할 때, 학문적인 면에서 평범함과 세상으로부터 고전적인 개종자의 겸손을 보여주고 있다; 그는 지역 사회의 소소한 업무를 수행한다.

그러나 허버트는 겸손한 마음의 간단한 연습으로는 생기지 않는 기쁨으로 자신의 '허드렛일'을 하게 된다. 실천은 이론과 모순된다. 그는 앤드류가 한 것처럼 자신의 일을 좋아한다. 또한 겸손은 자신의 권위에 대한 대우를 특징하지 않는다. 그는 히브리어 텍스트의 의미와 충돌하는 의견을 앤드류처럼 무자비하게 비판한다. 다른 한편으로 그는 앤드류를 따라 성경적 근거를 찾을 수 없는 유대인의 전설도 비판했다.

이 모든 근거는 허버트가 앤드류의 학생이었다는 결론을 정당화한다. 앤드류는 어린 시절부터 그를 가르친 '축복받은 자들'blessed ones 중 한 사람이었을 것이다. 연대기적으로 피터 롬바르두스 아래에서의 그의 연구는 생 빅터에서의 앤드류의 체류와 일치함이 틀림없다: 파리에 있는 학자들의 세계의 협소함을 고려할 때, 그들이 만나지 못했다고 하는 것은 불가능하다. 만일 그들이 그렇지 않은 경우 허버트는 앤드류의 글을 읽고 숙고했다. 성경 연구에 있어서 허버트의 관심은 그가 헤브라이카를 설명했을 때보다는 오래 전부터 있었다.

그의 『대주석』 판과 그의 출간된 서한을 면밀히 조사한 결과 그 관심은 적어도 베켓의 유배시기인 1164-70년으로 돌아간다. 허버트는 이 시기를 프랑스에서 보냈다. 베켓의 그룹은 생 빅터와 밀접한 관계를 맺었다. 생 빅터의 연대기 기록은 베켓이 1169년 9월 그곳에서 설교했다고 기록하고 있다.[120] 그때까지 앤드류는 위그모어로 돌아갔다. 그러나 허버트는 그에 대한 이야기를 듣고 그의 주석을 읽을 수 있었다. 아라스의 피터Peter of Arras에 대한 허버트의 헌정 서한을 예고하는 선지서의 프롤로그는 앤드류의 글 중 가장 잘 알려진 것 중 하나이다. 허버트의 이것을 사용한다는 것은 책 전체*corpus*에 친숙함을 나타낸다.

허버트는 앤드류의 새롭고 보이지 않는 유형의 영향력의 예를 제시한다. 그는 단지 스승을 인용하거나 읽지 않는다. 그는 같은 노선에서 독립적인 작업을 수행하는 교사의 모범을 따른다. 그리고 그는 좋은 학생처럼 학문에서 스승을 능가한다. 여기 허버트에 관한 두 번째 어려움이 있다. 그는 조금 뛰어나다. 그는 앤드류와 그의 전임자들로부터 리라의 니콜라스로 전해지는 히브리어와 랍비학에 대한 지식의 완만한 진보로 여겼던 나의 개념을 폭발시킨다. 라파엘 뢰브는 허버트의 언어 기술과 유대인 자료를 연구하여 시편에 대한 그의 서문과 두 시편의 주석을 보여주었다. 내가 이 책을 저술하는 동안 그 연구가 완료되었고[121] 나는 뢰브의 결론을 인용하였다.

> 허버트는 아마도 아람어를 포함하여 적어도 자기 자신의 랍비 텍스트를 읽을 수 있는 것으로 보인다.
> 나의 현재 인상은 허버트에서 13세기의 마틴 라이문트Raymund Martini를 예외로, 15세기 후반에 서방 교회가 제롬 자신과 피코 델라 미란돌라Pico della Mirandola 그리고 로이힐린Reuchlin사이에서 가장 유력한 히브리어 학자Hebraist를 지니고 있다는 것이다. 즉, 기독교로 개종한 유대인을 제외한다면…

120 J. C. Dickinson, op. cit (p. 112, n. 2), 285.
121 이는 *Biblica*, 1953에 발표되었다.

허버트는 마지막 범주에 속할 수 없다. 그의 아버지는 사제였고(홀아비로서 서임을 받았다고 그는 말한다) 긍정적이고 부정적인 모든 증거는 그가 서섹스 출신의 영국인임을 지적한다.

논쟁은 너무 기술적이어서 여기에 요약하기조차 어렵다. 그러나 세인트 폴St. Paul 사본의 페이지를 넘기는 사람의 눈에 맞닿아 있다. 우리는 니콜라스 만자코리아Nicholas Manjacoria와 세 명의 빅터주의자들이 모두 그들의 히브리어 출처를 익명으로 언급하는 것을 보았다. 리라의 니콜라스는 이름으로 '랍비 살로몬'을 인용한 최초의 라틴 학자였다. 나의 저서 제 1판에서 나는 모험적으로 다음과 같이 썼습니다. "13세기 후반의 연구되지 않은 주석에서 '랍비 살로몬'을 언급하는 것을 발견하는 것은 전혀 놀라운 일이 아니다." 나는 한 세기가 잘못되었다고 보았다. 허버트는 일반적으로 라시를 지칭하는 '히브리 문헌가'*litterator hebreus*을 인용한다. 라시가 인용된 두 구절에 반대해서 그 텍스트와 동일한 손으로 여백에서는 'Solomon'으로 메모 한다. 세 번째 구절에 대해 우리는 라시에 의해 인용된 출처의 이름을 가지고 있다: "Dunas filius Leward"[레바드의 아들 둔나스]는 "Dunash ibn Labrat"를 의미하고 'w'는'bb'의 손상일 수 있다. 그 주석은 허버트가 당대 유대인의 자료인 라시와 '고대 회당의 대가들'을 구별하고 대조할 수 있음을 보여준다. 그는 앤드류가 그들을 '유대인'으로 모으는 것과 같은 실수를 저지르지 않았다.

만일 앤드류가 히브리어 사전을 사용했다면, 그렇게 말하지 않았다. 허버트는 시편 86편을 마지막 단어에 대한 주석을 위해 자료를 제시할 때 언급한다:

> 이것은 '추가'addition를 의미하는 마베레즈*Maberez*라고 부르는 유대인의 특정 책에서 발췌한 것이다. 단어의 다양한 의미를 구별하고 의미에 의미를 추가하기 때문이다.

그리고 '마베레즈'Mahbereth는 10세기 므나헴의 이븐 사루크Menahem ibn

Sark가 히브리어로 쓴 어휘집으로 당대 유대인 학자들의 연구를 위한 주요 도움 중 하나였다. '부록'addition이라는 이름의 형식을 허버트가 도출한 것은 언어적 측면에서 '정통적인' 것으로 묘사된다. 그는 라시와 독립적으로 인용한다. 히브리어로 쓰여 지고 유대인을 대상으로 한 책의 참조는 그저 초보자에게만 적합할 것이다. 그는 또한 '때로는 거룩한 문서를 아람어로 알기 쉽게 바꾸어 쓴 공식 번역본이며, 전통적으로 요나단에게 돌려지는' 탈굼*Targum*을 사용했을 수도 있다.

허버트는 히브리어 문법에 대한 상당한 지식과 감수성을 얻었다. 그의 주석은 음역 히브리어 단어를 표시한다. 그는 히브리어 문자를 사용하지 않았다. 적어도 세인트 폴 사본에는 없다. 그러나 그는 이해하지 못하는 독자와 서기관을 위해 글을 쓰고 있었다.

라시 주석의 자료는 거의 모든 페이지에 나타난다. 한 곳에서 허버트는 유대인의 주석에 비추어 헤브라이카에 대한 그의 텍스트를 수정한다. 라시와의 유사점은 그가 직접 읽을 것을 제안하였다고 하기에는 너무 가깝다. 그는 한 구절에서 그의 문헌가의 실제 말을 한다고 주장한다. 라시에서 파생되지 않은 유대인 자료는 주로 전통적이며 아마도 당대의 라시가 제공하는 것보다 더 완전한 텍스트를 가지고 설명될 수 있다. 라쉬밤 또는 요셉 벡호르 쇼어Joseph Bekhor Shor와 비슷한 점은 발견되지 않았다. 그러나 그가 아랍인 정보원을 통해 유대 스페인 문학에 대한 지식을 가지고 있다는 증거가 있다. 그는 또한 유대인 기도서를 보았거나 선생들에게 절기에 대해 질문했다.[122]

그 문자적 의미를 결정할 만큼 충분히 대담한 주석가들에 대하여 예언서들처럼 시편 역시 커다란 문제로 제시된다. 허버트는 보통 어려움을 회피하지 않았다. 그는 추론하는 것을 좋아했다. 시편 66편 18절의 본문을 논의하면서: "내가 나의 마음에 죄악을 품었더라면 주께서 듣지 아니하시리라", 그는 참회의 문제를 제기했다. 참회의 교리는 이 시기에 막 구체화되었다. 그러

122 이 두 단락은 Loewe의 곧 발표될 글에서 가져왔다.

나 제사장에게 모든 필멸의 죄를 고백하는 것은 참회자에게 의무적인 것으로 여겨지기 시작했다.[123] 하지만 허버트는 본문으로부터 자신의 이해를 통해 행위의 죄와 구분되는 생각의 죄는 하나님 외에는 고백될 필요가 없다고 생각했다. 베켓Becket에 대한 그의 전기*Life*는 대주교의 가정에 있을 때 분명히 위험한 생각에 빠져 있는 저자를 묘사한다. 그는 메시아가 오셨고 그리스도인의 믿음이 근거가 없으며 유대인들이 말한 것처럼 하나님이 그리스도 안에서 믿음을 전가시키도록 여전히 그의 오심을 여전히 기다려야 하는지 궁금해 했다. 그는 비록 역사적으로 확립된 것은 아니지만 믿음은 그 자체로 가치가 있으며 미사Mass에서의 그리스도인의 희생은 기적적이지는 않더라도 순결한 반구나 무고한 비둘기를 아끼지 않는 회당에서의 피의 희생보다 적어도 더 순수하고 더 자연스러워야한다sincerior고 결론짓는다. 그는 베켓은 '불안한 상상력'을 언급하는 것을 해석하는 꿈을 꾸었다. 허버트는 자신의 마음에서 그것들을 꺼내는 데 성공했다.[124] 분명히 다윗의 예언에 대한 문자적 의미에 대한 그의 공격은 흥미로울 것이다.

허버트는 이 문제를 앤드류보다 한 단계 더 발전시켰다. 아마도 그는 『임마누엘』의 교훈을 소화했을 것이다. 그는 각 시편에 대한 전통적, 기독론적 해석을 '교회의 해석'*expositio ecclesiastica*이라고 부르며 앞으로 내세운다. 이 표현은 아마도 『대주석』*Magna glosatura*을 의미하고, 그가 이것에 일종의 '문자적' 보충을 하려 했을 수도 있다. 따라서 그는 스스로 선택하기로 결심했다. 그는 어떤 시편이 문자적인 의미에서 메시아적인지를 결정해야 할 것이다. 또는 그렇게 생각할 수도 있다: 항상 그렇게 단순하지는 않다. 그는 결정하지 않고 먼저 그리스도인의, 그 다음 유대인 해석을 줄 수 있다: "그러나 나는 그 문헌가가 이것에 대해 어떻게 생각하는지 생략하지 않을 것이다." 그는 그리스도인을 택한 다음 얼마나 잘못되었는지를 보여주는 구실로 유대교로 진행

123 P. Anciaux, *La Théologie du Sacrement de Pénitence au XIIe siècle* (Louvain, 1949).
124 *Materials for the History of Archbishop Becket* (ed. Robertson, Rolls Series), iii. 213-115/

할 수 있다. 그는 시편 52편에서 스스로 모순되는 것처럼, 먼저 교회의 설명에 따르면 시편은 고난Passion과 부활Resurrection에 대한 예언이라고 말한다. 둘째, 문자적 의미에 따르면, 그것은 다윗이 아히도벨Achitophel과 도엑Doeg에 대항하여 기도한 것이다. 셋째, 문헌가가 행하는 것이 무엇이든, 시편은 분명히 우리의 왕과 메시아와 유다에 의한 배신을 예언한다. 이 경우에 그는 '문자적 의미'를 애매하게 사용하고 있으며, 이는 진정한 의미를 찾기 위해 취하는 것과 대조된다. 그는 혼란스러운 용어를 물려받는 데서 자유로울 수 없었다. 유대교와 그리스도인 해석 사이의 우연의 일치는 항상 그를 기쁘게 한다.

그러나 일부 본문에서는 유대인을 반대한다. 그의 주요한 설명은 전통과 당대 주석 사이의 차이이다. 전통적 유대인의 해석은 메시아적이었다. 라시는 '이 시편을 잘못 본 이단자들에게 대답하여' 종종 메시아적 해석을 피하고, 그 구절에서 명백한 것이라고 말하면서, 다윗의 본문을 설명하는 것을 선호한다. 허버트는 그에게 기독교인에 대한 증오에서 자신의 주석을 바꾸었다고 비난한다. 활발한 역사적 재구성에서 그는 그리스도와 당대 유대 민족이 메시아 예언으로 해석되는 시편을 듣는 데 익숙해져 있다고 주장한다. 그렇지 않다면, 사도들은 설교에서 이 예언들을 그리스도에게 적용했을 때 결코 청중을 얻지 못했을 것이다. 일반적인 원칙 외에 허버트는 기독교 해석이 상황에 더 잘 동의한다는 근거로 논쟁에 참여할 수 있다. 처음 25개의 시편(숫자는 헤브라이카의 역본에 따름)에 대한 그의 주석을 분석하면, 허버트는 그중 10편의 부분 혹은 전체에서 기독론적인 해석을 받아들였다. 그들은 시편 1-4편, 7-8편, 12-13편, 16편, 22편이다. 시편 9편과 24편에 대해서 그는 확신을 하지 못한다. 나머지는 전적으로 구약 성경 배경에서 설명한다. 이것은 명확성을 향한 주목할 만한 발전을 나타낸다.

불행하게도, 허버트는 앤드류의 방법론에 대한 무관심을 공유한다. 그는 메시아 시편과 다윗이나 솔로몬을 가리키는 시편을 구별할 때 어떤 원리를 따르고 있는지 말하지 않는다. 그러나 그는 신약 저자의 인용이 원래 메시아 예언으로 의도되었다는 증거가 될 필요는 없다는 안디옥인들의 입장 때문에 혼란스러워하고 있는 것 같다. 시편 68편 18절 "주께서 높은 곳으로 오르시며 사로잡은 자들을 취하시고; 선물들을 사람들에게서 받으시며"는 에베소서 4장 8절에 다음과 같이 인용되었다: "그가 위로 올라가실 때에 사로잡혔던 자들을 사로잡으시고: 사람들에게 선물을 주셨다 하였도다." 허버트는 사도 바울이 그 구절을 사용했음에도 불구하고, 시편 저자가 그리스도가 아니라 모세를 언급하고 있다고 생각하는 경향이 있다. "스승"The Master은 -그는 언제나 사도 바울을 이렇게 부른다.- 이를 증명하기 위해 자신의 사도적 권위로서 받았다*received* 대신에 주었다*gave*로 히브리어 단어들의 의미를 변화시켰다. 허버트는 문자적 의미에 대해 배운 것과 하나님이 그에게 보여준 것을 반복하고 있다는 항의로 자신을 보호한다. 그의 항의는 실제로 대담한 주장이 무엇인지에 대한 그의 불안을 드러낸다:

> 문헌가litterator에 따르면 시편은 모세와 관련하여 하나님께 말씀하는 것처럼 모세에게 말한다. 그는 기록된 것처럼 하나님께 산으로 올라갔다고 말해진다. "모세가 하나님께로 올랐다" 시편은 이어서 다음과 같이 말한다. "주는 사로잡힌 자를 사로잡고; 선물을 받았다. 등"은 또한 모세로 이해되어야 한다. 이것은 자신이 한 것이 아니라 위에서 설명한 것처럼 하나님께서 그를 통하여 행하신다는 것이다.
>
> 그러나 이 시편의 구절이 교회 사람들에 의해 우리의 왕이며 메시아의 승천으로 언급되는 것은 결코 지나쳐서는 안 된다. 그러므로 그 스승[바울]은 이렇게 말합니다. "그가 말하기를: 높이 올라가시며, 포로된 자들을 취하시고, 사람들에게 선물들을 주셨도다." 그러나 스승은 히브리어의 말을 바꾸어 앞서 언급한대로 사도적 권위에 의해 그가 의도한 것을 증명한다. 특히 그가 "주었다"gave로 말할 때 만일 위에 나타난 바와 같이 어느 한 단어의 의미가 같을 수 없다면 히브리의 진리에 따라 "받았다"received로 읽혀져야 한다,
>
> 여기 다른 곳에서 교회의 해석을 보존하십시오. 시편의 문자적 의미와 관련하여 내가 해석할 때 편견 없이 다른 사람에게 전할 수 있는 유대 학자와 다

른 사람들, 축복받은 사람들, 그리고 주님께서 때때로 나에게 계시하신 것을 나는 교회의 해석에 편애함이 없이 다른 자들에게 전한다.

여기, 아마도 우리는 허버트의 주석에서 비판적 시각에 대해 자기 보호를 촉발한 앤드류의 구두 가르침에 대한 반향을 들을 수 있다. 그렇다면 신약에 대한 앤드류의 견해에 대한 유일한 단서로서 가치가 있다. 그가 바울 서신을 헤브라이카 진리*Hebraica veritas*와 비교하는 것을 볼 수 있다.

우리는 유대인들에게 아무것도 빚지지 않은 시편 19편 6절에 대한 주석으로 끝낼 것이다. 왜냐하면 그것은 빅터주의자들을 회상하는 문자적 호감을 지니고 있기 때문이다. 이것은 마지막으로 발견된 글쓰기의 실례다. 이제부터 우리는 구어체 라틴어와 교실의 전문 용어만을 듣게 될 것이다. 이 의견은 또한 『자연학』*Libri Naturales*의 수용을 지적한다. 우리는 그의 다른 작품에서 허버트가 새로운 아리스토텔레스를 연구했다는 것을 알고 있다.[125] 여기에서 그는 오래된 것과 새로운 것을 함께 가져온다. 시편의 시를 감상하고 히브리어 관용구에 주목하면서 그는 다윗이 시인보다 자연 철학자로서 더 많이 말하고 있다고 말한다. 본문은 하늘을 통한 태양의 행로를 묘사하고 있다: "하늘 이 끝에서 나와서 하늘 저 끝까지 운행함이여, 그의 열기에서 피할 자가 없도다."

매일 아침 하늘에서 우리에게 새롭게 될 때, 그는 맑고 붉게 나오며, 그에게 잘 알려진 길을 따라 동쪽에서 서쪽으로 민첩하고 신속하게 달리고 있다. 이는 태양이 매일 솟음에 속한다. 그래서 그는 기뻐했다. 여기에 우리는 영혼을 지닌 사물의 속성들을 무생물에 돌리는 유대인의 언어적 습관의 모습을 지니고 있다: "들으라, 오 하늘이여, 귀를 기울이라 오 땅이여," 그리고 "나는 오늘 하늘과 땅을 증거하여," "시온의 슬픔의 길"과 여러 가지 표현들이 있다.

---

125 L. Minio-Paluello, "Jacobus Veneticus Graecus", Traditio viii (1952), 265-304.

그는 태양의 행로에 관하여 계속해서 다음과 같이 덧붙인다: "그의 나오심은 하늘 끝에서부터, 등." 말하는 것처럼: 만일 태양이 하늘 높이에서 뛰지 않으면, 그는 모든 사람을 태울 것이며, 아무도 열에서 자신을 숨길 수 없을 것이다. 또는 그것은 명확하고 암시하지 않고 읽을 수 있다. 따라서 "아무도 없다, 등" 여기에서 그는 모든 것이 태양열에 의해 소생한다고 지적한다. 여기서 다윗은 시편 저자보다는 철학자이다.

그리고 마지막으로 허버트의 주석의 운명에 대한 무지의 고백. 나는 그것이 인용되고 연구되었는지 여부를 모른다. 지금까지의 증거는 모두 부정적이다. 하나의 사본만이 살아남은 것 같다. 다른 것이 있으면, 카탈로그화되지 않은 수집본에 있어야 한다; 헌정 서한은 텍스트의 두 번째 줄에 저자를 발표하여 가장 효율적인 카탈로그 작성자조차도 그것을 놓칠 수 없었다. 사실, 프롤로그는 종종 생략되었다. 그러나 이것은 빈번한 필사의 결과로 발생한다. 허버트의 이름에 대한 인용문은 밝혀지지 않았지만 알려지지 않은 차용 borrowing은 연구되어야 한다.

너무 많은 학습이 낭비되었다는 것은 비극적일 것이다. 앤드류의 대중은 허버트를 소중히 여겼을 것이다. 우리는 13세기가 진행됨에 따라 앤드류가 더 인기를 얻은 것을 보았다. 그러나 이것은 잘 알려진 교사였기 때문에, 중심지에서 일하며, 필요할 때 학생과 필사자들에게 그의 주석이 요청될 수 있었다. 허버트는 그를 지지해줄 기관이 없었기 때문에 홍보를 하지 않았다. 그는 시토 수도원에서 고립된 상태로 일하고 있었다. 그를 매료시키는 특성 뒤로 미루는 것을 거부하며 독립성과 많은 편협함이 고전이 될 수 있는 기회에 편견을 가져 왔을 것이다. 우리는 그를 그의 장소에 남겨두고 파리 학교로 돌아가야 한다.

5장

성경 교사들: 코메스터, 챈터, 스테판 랭튼

1. 강의(Lectio), 토론(disputatio), 설교(praedicatio)

생 빅터주의자들은 "렉치오 디비나"*lectio divina*의 수도원적 개념을 바꾸지 않았다; 그들은 그것을 바꾸어 말하고 그렇게 하면서 강조점을 바꿨다. 주석의 '건물'building은 무거워지고 있었다. 수도사들은 '위[천상]의 이야기'와 그 '그림'에 집중했다; 학자들은 신학적 질문에 집중했다. 생 빅터주의자들은 기초를 강화하여 전체 구조를 구원했다. 보수적으로 그들은 성 그레고리우스와 카시안 이전의 성 제롬의 역사적 전통으로 돌아갔다. 그들은 자신의 세기에 속하면서 강력한 성사적 의미를 지니고 있었으며, 그들은 성경의 '문자'에 새로운 헌신을 주었다. 그들은 여전히 문자적인 의미를 영적인 것에 종속시키는 은유metaphor에서 생각했다. 그러나 그들은 이것을 본질적으로 힘들고 창조적인 것으로 생각했다; 그것은 '감옥을 깨트리거나', '베일을 벗기는' 것이 아니라 '기초를 파는 것'이었다. 앤드류는 유쾌한 직업적 기초파기가 무엇인지 깨달았다.

휴가 그의 『교훈』*Didascalion*에서 발표하고 앤드류와 리차드가 가르칠 때 깨달았던 생 빅터의 프로그램은 "렉치오 디비나"를 파리 학자에게 받아들일 수 있게 만들었다. 수도사들claustrales이며 학자scholares인 빅터주의자들은 오랜 신앙적 훈련의 장을 수도원에서 학교로 전환시킬 수 있었다. 그들은 파리에서 많은 호기심을 불러일으키는 에너지로 비록 적은 비율이더라도 성경학을 확보할 수 있었다. 이것이 본 장의 주제이다. 우리는 렉치오 디비나가 학문적인 강의 과정으로 어떻게 바뀌는지 확인하기 위해 파리 교사들의 손에 있는 생 빅터주의의 전통을 따라야 한다.

생 빅터주의 전통을 이어가는 교사들은 지난 장에서 만난 세 사람이다. 피터 코메스터, 피터 챈터, 스테판 랭튼. 마틴 그랍만은 이들을 '성경적 도덕 학파'biblical moral school로 분류했다.[1] 그들은 성경 연구와 실제 도덕 문제에 공통적으로 관심을 가지고 있다. 이것은 주로 신학자이며 논리학자인 피터 롬바르두스Peter Lombardus, 푸아티에의 피터Peter of Poitiers, 쁘띠 퐁의 아담Adam of the Petit Pont과 구별된다.

'학파'school라는 단어는 우리를 위험한 곳으로 이끈다. 우리의 세 교사들은 겹치는 세 세대generation를 대표한다. 코메스터는 약 1169년에 사망했고, 챈터는 1197년에 사망했다. 1228년에 사망한 랭튼은 추기경이 되어 1206년에 학교를 떠났다. 그들을 교사와 학생으로 깔끔하게 정리하는 것이 흥미롭지만 이것은 불가능하다. 최근의 증거에 따르면, 랭튼은 코메스터를 들었지만 챈터에게는 듣지 못한 것 같다.[2] 코메스터는 피터 롬바르두스의 학생인 것 같다.[3] 챈터의 학문적 형성과정은 알려지지 않는다. 반면에 만일 우리가 '학파'를 단순히 공통적 관심사를 의미한다면 우리는 푸아티에의 피터의 어려운 경계선을 마주하게 된다. 그는 매우 미묘한 논리학자인 롬바르두스의 학생이었지만 『역사』*Historia Scholastica*에 매우 중요한 내용을 추가했다. 우리는 서로 또는 다른 교사들과 개인적인 관계에 대하여 명확한 것을 말할 수 있기 전에, 『역사』의 비판본, 코메스터의 복음서 주석의 철저한 검토 그리고 더욱 긴급하게도 중심인물인 피터 챈터에 대한 연구가 필요하다.

'성경적 도덕 학교'라는 용어 뒤에 확실한 실재가 있는 것 같다: 다른 파리의 교사들은 시편과 바울 서신에 대해 글로 남겼지만 이 세 사람은 성경 연

---

1 *Die Gesch. der scholastischen Methode*, ii (Freiburg, i. Br., 1911), 467 ff.

2 "Studies on the Commentaries", 8.

3 R. M. Martin, "Pierre le Mangeur De Sacramentis", in *Spic, Sac. Lov*, xvii (1937), xxv-xxvi.

구 전체에 독창적인 기여를 했다. 코메스터는 그의 『역사』와 복음서 주석에서, 챈터와 랭튼은 신·구약을 망라하는 방대한 일련의 주석에서 그러했다.[4] 아마도 이 분야의 다른 교사들의 연구들이 여전히 발견될 것이다. 최소한 이 세 가지는 가장 널리 읽히고 복사되었다. 그리고 그들의 영감은 같은 기원인, 생 빅터에서 나왔다. 피터 코메스터의 『역사』는 『교훈』의 간절한 소원을 충족시키고 빅터주의의 영향을 보여준다. 이것은 또한 챈터와 랭튼의 잘 알려지지 않은 주석에도 적용된다. 랭튼은 휴가 학생들에게 추천한 책의 순서에 따라 실제로 성경을 주석했다. 휴는 학생이 역사적 배경을 습득함으로 시작해야한다고 가르쳤다. 랭튼은 그의 강의 초기에 『역사』를 주석했다. 휴는 학생들에게 알레고리적인 설명을 배우기 위해 신앙이 분명하게 드러나 있는 복음서와 서신서를 읽도록 권고했다. 그러면 그들은 구약의 인물을 식별하는 방법을 알 것이다. 랭튼은 구약 성경과 선지자들의 역사적인 책들을 주석하기 전에 복음서를 주석했다. 또한 그는 학생이 읽을 수 있는 순서에 대한 휴의 가르침을 알레고리에서 도덕론tropology으로 확대했다. 그는 솔로몬의 저서의 도덕적 가르침은 분명하고 쉽게 파악할 수 있다고 말하지만 선지서들은 그것을 제시하기 전에 여러 번 설명해야 한다고 말했다.[5] 따라서 그는 선

4 코메스터와 챈터의 주석에 대한 원고에 대하여는 제대로 된 연구가 없다. F. S. Gutjahr, *Petrus Cantor, sein Leben und seine Schriften* (Graz, 1899), 54는 원고에 대한 언급 없이 챈터의 주석의 머리글자(initia)를 제시한다. 이에 나는 코메스터와 챈터에 관한 원고는 호로우(B. Hauréau)에 의해 제시된 것을 사용했다. *Notices et extraits de quelgues mss. de la Bibliothèque Nationale* (Paris, 1890-3), i-vi passim.

랭튼의 원고는 "Studies on the Commentaries"에 목록이 제시된다. 나는 랭튼의 Octateuch와 구약의 역사적 저서를 담고 있는 MSS. Peterhouse Cambridge 112 (다음부터 이 문서는 P로 표시함)와 그의 열두 선지서를 담고 있는 Trinity College Cambridge B. II, 26 (다음부터 이 문서는 T로 표기함)을 주로 사용하였다. 두 대학의 도서관 직원들은 친절하게 이 문서들을 사용하도록 허용하였다.

랭튼의 삶과 저서에 관하여는 F. M. Powicke, "Bibliographical Note on Recent Work upon Stephen Langton", *English Historical Review*, xlviii (1933), 554-7.

5 T. fo. 192b (On Zach. ix. 17): "Frumentum antequam ex eo panis fiat, teritur per quod sacre scripture difficultas significatur, cuiusmodi est in prophetis quos multiplici expositione frangi opportet antequam panis tropologie inde conficitur. Unde huiusmo야

지서들을 주석하기 전에 아가서를 주석했다. 이는 교훈에 대한 연구를 바탕으로 신중하게 생각한 프로그램처럼 보인다. 랭튼은 먼저 『역사』, 복음서, 지혜의 책들을 강의하기 위해 자신을 준비하고 그리고 그는 역사적 저술에서 문자적이고 영적인 설명을 할 준비가 되어있다. 그런 다음 그는 서신서와 마지막으로 다시 문자적이고 영적인 의미에서 선지서들을 주석했다.[6] 물론 이 순서는 이미 피터 챈터가 수행했을 가능성이 있다. 사사기에 대한 그의 주석은 분명히 시편에 대한 그의 주석으로 귀착된다.[7]

그런 다음 우리는 실제적인 도덕적 문제와 실질적인 도덕적 목적에 관심을 가지게 되는데, 이는 엄격하게 신학적 작업일 뿐만 아니라 강의lectio를 위한 영적인 해석의 사용 그 자체에서 나타난다. 나에게 챈터와 랭튼의 주석은 다른 12세기의 교사들의 주석보다 휴와 리차드의 작품과 더 유사해 보인다.

규칙과 영감뿐만 아니라 많은 자료가 생 빅터에서 나온다. 우리의 세 교사는 모두 앤드류의 Heptateuch[성경의 처음 여섯 권]을 인용했다. 그에게는 문자적 해석이 핵심이다. 또한 챈터 역시 『역사』*Histories*를 사용한다. 랭튼은 『역사』와 챈터의 주석을 모두 사용한다.[8] 적어도 세 가지는 앤드류와 서로 연

---

frumentum electorum dicitur esse, quia paucissimi sunt et electi qui per intelligentiam huius frumenti pane vescantur. Et vinum; quod delectabiliter bibitur et facile, unde significat sacram scripturam ubi facilis est, scil. ubi tropologia facile legentibus se offert, ut in libris Salomonis."

6 위의 87-89 참조. 랭튼은 *Didascalicon*을 알았고, *Didascalicon* v. iii에서 유래한 호세아 2:16절에서 생 빅터의 휴를 인용한다. 비록 그는 그 자신의 언어로 기억에 의존하여 인용하고 있다: T. fo. 14c: "Dicit magister Hugo sancti Victoris: Tanta est sublimitas sacre pagine super alias disciplinas quod significata aliarum sunt significantia in theologia."

7 MS. Balliol 23, fo. 140b (on Iud, xiii. 18): "*Cur quaeris nomen meum, quod est mirabile?*: … solet queri super Psalmos quare ineffabile dicatur nomen tetragramaton cuius IV littere interpretantur principium vite passionis iste, i.e. hic quem representat legalis sacredos habens laminam auream in fronte in qua scribitur nomen tetragramaton est principium vite adquiste morte passionis.

8 그는 전도서 7:20절의 주석에서 챈터의 이름으로 인용한다: "*Noli praevaricari in amicum pecuniam differentem.*" 그의 본문은 벌게이트와 다르다; 그는 *pro pecunia differenti*로 되어 있다.

MS. Balliol 20, 9b: "Cantor sic exponit: *pro pecunia differenti I.e. pro pecunia* que facit

결되어 있다.

마지막 특성에서 그들의 유사성에 대한 언급을 피할 수 없다. 랭튼은 다른 사람들에게는 부족한 위대함을 가지고 있다. 그러나 셋 모두 모두 유머 감각이 뛰어나고 실용적이다. '특성' 자체를 말할 수 있다는 사실만으로도 훨씬 더 애매모호한 대부분의 파리 교사들과 차별화된다. 랭턴의 주석과 『토론집』*Quaestiones*에서의 개인적 메모는 현대 학자에게 깊은 인상을 주었다. 사람들은 코메스터와 챈터의 작품에서 매우 비슷한 것을 발견한다. 랭튼만이 텍스트를 설명할 생각을 했다: "음행과 묵은 포도주와 새 포도주가 마음을 빼앗느니라"[호 4:11] 세상은 사랑이 그녀의 마음을 훔쳤다고 불평하는 노래를 붙잡음으로:

> 일반적인 노래에서의 세상처럼,
> 오 하나님! 누가 나의 마음을 훔쳐갔습니까?
> (unde et mundus in cantilena vulgari:
> Domine Deus! quis meum cor furatus est?)[9]

약속이 성취되는 복음서를 읽을 때, 교회의 침묵에 대해 약속을 지키는 사과를 쥐고 있는 아이들의 침묵과 비교하는 것은 오직 코메스터뿐이다.[10] 챈터의 주석은 그의 잘 알려진 저서 『개요』*Verbum Abbreviatum*만큼이나 종종 흥

---

magnam differentiam inter personas scil. pauperis et divitis... nos autem sic exponimus..." 챈터의 주석은 MS. Bibl. Nat. Nat. Lat. 15565, fo. 101a; "··· faciente differentiam inter pauperem et divitem etiam in amicitia." 아마도 랭튼은 여러 번 챈터를 '선생(magistri)으로 이름을 언급한다. 한 경우에는 그는 챈터로부터 인용하는 것 같다: MS. Bibl. Nat. Lat. 14417, fo. 185b(이사야서 9장1절: *Galilaeae gentium*); "i.e. Galilee populose. 'Sic *magistri* exponunt, ut dicatur Galilea gentium pro numerrositate habitatorum." 챈터는 MS. Maz. 178, fo. 60d: "populose Galilee que propter numerositatem habitantium dicitur gentium." 일반적으로 랭튼은 챈터를 모두 언급하지 않고 간략하게 재현한다. 예를 들면 p 236. n. 4. 참조.

9 T. fo. 23a.

10 아래 p. 240 참조.

미롭다. 구체적인 사물, 역사, 전례, 동료 피조물에 대한 관심은 주로 선입견을 가진 사람들보다 우리에게 더 생생함을 줄 수 있다. 그러나 우리는 그것을 설명할 수 있지만 그들은 빅터주의를 회상하게 하는 인본주의를 공통으로 가지고 있다.

그것은 문체가 아니라 사고의 인문주의다. 우리는 빅터주의자들의 저술에서 우리를 즐겁게 하는 여유를 잃어버렸다. 파리 교사들의 작품은 수도원에서 조용히 공부하기위한 것이 아니라, 학생들이 심판의 날처럼 지평선에서 갑자기 나타나는 시험을 준비시키기 위한 것이었다. 한편으로는 교과서와 학습 보조 자료와 같은 관심사가 있다. 『역사』*Historia Scholastica*는 표준주석과 『명제집』*Sentences* 옆에 한 '세트의 책'set book으로 자리하고 있다. 챈터는 『한권으로 된 복음서』*Unum ex Quattuor*라는 복음서를 조화시키는 저서를 출판했다; 영적인 해석 목록인, 『아벨 대전』*Summa Abel*; 『성경의 난제에 관하여』*De Difficultatibus Sacre Scripture* 또는 『비유법』*De Tropis Loquendi*은 언어와 문법을 주로 다루는 예를 들면, 접속사 *et*(그리고)의 다양한 용법과 같은 기술적인 연구이다.

다른 한편으로, 우리는 생각할 수 있는 가장 비문학적인 형태로 전해진 학생들에게 강의 노트인 그들의 주석들을 가지고 있다. 우리는 이 필기록 *reportatio* 체계에 대해 말해야 한다. 왜냐하면 우리는 그들의 주석에 대한 지식을 그것에 전적으로 의존하기 때문이다.

중세의 필기록은 많은 교부적 작품의 받아쓰기에 사용된 고대의 속기 stenograph 및 shorthand와 구별된다. 이 방법은 약어의 기초가 된 라틴어가 학습된 진영 외부에서 말하기가 중단 된 11세기경에 사라졌다고 한다.[11] 또한 강의에서 메모를 하는 연습과도 다르다. 이는 강의 그 자체만큼이나 오래되었다. 성 그레고리우스의 『도덕론』*Moralia*은 강의에서 일부 받아 적었고 그가 한가한 시간이 더 많았을 때 부분적으로 받아 적었다. 문체가 균일해 지도록

11 L. P. Guénin, *Histoire de la stenographie dans l'antiquité et au moyen âge* (Paris, 1908).

전자를 수정하는 데 주의를 기울였다.[12]

그의 학생인 클라우디우스Claudius는 그레고리우스가 병이 났을 때, 다른 설교들에 대한 메모를 작성하는 업무를 맡았다. 그는 아가서에 관한 성 그레고리우스의 첫 번째 판을 다음과 같이 부른다: *Expositio in Canticis Canticourm a capité de exceda relevata Domini Gregorii Papae Urbis Romae*. 이는 번역하면, '메모에서 주석으로서 완전해짐'이다. sheda는 메모가 작성되었던 기록지이다. 또한 그는 스승의 문학적 스타일을 재현하는 데 주의를 기울였다.[13] 학생에게 너무 많은 조망scope이 주어졌기 때문에 이 시스템은 불만족스러운 것으로 판명되었다. 성 그레고리우스는 이러한 순회하는 특정 설교들을 교리적으로 부정확하다고 회상했다. 9세기 중반 뤽세이유의 안젤롬Angelom of Luxueil은 클라우디우스와 거의 같은 역할을 하지만 적절한 감독 하에 있는 것 같다. 그는 창세기에 대한 그의 주석이 그의 스승의 가르침에 대한 자신의 노트에서 시작되었다고 말하며 그의 스승은 그가 이를 확장하고 나중에 승인하도록 도왔다.[14]

그 주석이 속기자에게 받아쓰도록 한 것인지 강의 노트로부터 쓴 것인지 각각의 경우에 완성된 저술은 하나의 문학적 산문이다. 반면에 필기록은 문학적 장르에 속하지 않는다. 이는 교실의 산물이며, 학생들의 필요로부터 직접 발생하였고, 초대의 두 방법을 교차하여 받아쓰는 것과 노트로 필기한 것이다. '기록자'는 전문적인 속기사stenoprapher가 아니라 단순히 노트를 적는 대신에 강의에 대하여 충분하고 연속적인 설명을 기록하려고 시도한 학생들이다. 그의 보고는 편집되지 않고 필사되었으며 이는 수정과 참고문헌의 보완을 필요로 한다.

우리는 그 필기가 라온Laon의 학교에서 시작했고 계속되었는지 알지 못

---

12 PL lxxv. 512-13.

13 PL. lxxvii. 1234-; B. Capelle, "Les Homélies de St. Grégoire sur le Cantique", Rev. Bén. xli (1929), 204-17.

14 PL cxv. 108-10.

한다. 단지 우리는 교사 안셀무스의 제자들이 그의 구두 가르침에서 '명제들을 수집했다'고 듣는다.[15] 이는 어느 정도 우연적이고 녹음된 형식도 아님을 의미한다. 아벨라르두스는 처음에 자신의 비공식적인 에스겔서 강의에 참여하지 않았던 이들이 오기 시작했고, 그들이 참석하지 않았던 과정의 부분들을 위해 주석들glosses을 필사했다고 말한다.[16] 그들이 교사 자신의 노트를 필사했는지, 또는 필기록들*reportationes*을 필사했는지는 분명하지 않다. 반면에 레클레르크Dom Leclercq가 안셀무스의 것으로 설명한 주석에 대한 두 가지 필기록들이 무엇인지 지적했다; 이것들은 그의 가르침의 전성기로 돌아가는 필기록일 것이다.[17] 그러나 여전히 그것은 라온에 독특하고 특이했을 수도 있다. 필기록에 대한 첫 번째 자세한 설명은 생 빅터에서 나온다. 휴의 학생들은 새로운 시간 절약형 장치를 발명하고 있다고 생각했다. 로렌스라는 한 학생이 휴의 『성례론』의 초기 버전으로 여겨지는 논문을 출판했다. 자신의 친구 모리스에게 추천하는 편지와 더불어, 어떻게 자신의 동료가 그에게 그와 다른 사람들의 일반적인 사용을 위해 휴의 가르침을 글로 그리고 기억으로 추천하도록 요청하였는지 설명하였다. 그는 일주일에 한 번 교사 휴에게 교정을 위해 서판을 가져 왔다. 로렌스는 작품의 '저자'라고 공언하지 않는다; 그러나 어떤 의미에서 그는 이것을 '계획했다'.[18]

그런 다음 우리는 오늘날 일부 지역에 남아있는 필기록을 확립된 대학의 관행으로 여긴다: "석사 또는 나중에는 학사가 특별히 책임을 지고 강의

---

15 위의 p. 67을 참조.

16 *Hist. Calam.* iii, PL clxxviii, 125; "… ii qui non interfuerant coeperunt ad secundam et tertiam lectionem certatim accedere, et omnes pariter de transcribendis glossis, quas prima die incoeperam, in ipso eorum initio plurimum solliciti esse."

17 "Le commentaire du Cantique etc", *Rech. Théol. anc. méd.* xvi (1949), 39.

18 Ed. B. Bischoff, op. cit. (p. 58, n. 5), 250: "… rogatus sum a plerisque sociorum … quatenus ad communem tam mei quam aliorum utilitatem easdem sententias scripto et memorie commendarem ... Semel in septimana ad magistrum Hugonem tabellas reportabam … Non enim me huius operis auctorem sed quodammodo artificem profiteor." 로렌스와 모리스의 정체에 관하여는 F. E. Croydon, "Abbot Laurence of Westminster and Hugh of St. Victor", *Medieval and Renaissance Studies*, ii (1950), 169-71.

안 또는 필기록들이 복사 및 배포되었다."[19] 대학의 당국은 교사들에게 그것이 발행되기 전에 개인적으로 그 보고서를 수정하도록 의무를 부과하였다.[20] 우리는 여전히 프로세스의 개요만 알고 있다. 보고자가 전체 강의를 필기할 수 있는 속기 시스템이 있었는가? 아니면 그 또는 교사가 나중에 참고문헌에서 인용문을 채웠을까? 예를 들어, 챈터와 랭튼, 앤드류의 상대적인 정확성을 설명하기는 어렵다.

다른 12세기 주석의 빈 여백은 보고서의 차이를 나타내는 것으로 제안되었다. 서두르는 보고자는 나중에 자신의 누락을 채우려고 했지만 결코 하지 않았다.[21] 아마도 보고서의 공정한 사본이 만들어 졌을 때, 서기관은 확인될 때까지 참고 문헌을 생략하라는 지시를 받았을 것이다. 13세기 보고서의 한 사본, 『옥스퍼드 토론』*Oxford quaestio disputata*은 인용되는 아리스토텔레스의 작품에 대한 참고에서 규칙적으로 빈 여백을 남긴다. 아마도 그 보고서의 표준 사본은 서기관들이 자신들이 확인할 때까지 참고문헌을 생략하도록 가르침을 받았을 때 만들어졌다.[22] 마태복음에 대한 주석의 13세기 사본[현 MS. B.III. 18 of Bale University Library]은 베일의 도미니코회Dominicans of Bale에 속했던 것으로, 나방 구멍으로 가득한 천 조각처럼 보이는 결함이 있는 보고서가 생겨났다. 여기서는 참조뿐만 아니라 많은 주석을 생략해야 했다.

본질적으로 이 보고서는 문학적 성질에 대한 척도를 가질 수 없다. 비정형적인 구어체 스타일과 제 삼자에게 스승에 대한 언급으로 구별된다. 때로

---

19 Rashdall's *Medieval Universities*, ed. Powicke and Emden, I (Oxford, 1936), 490; A. G. LIttle and F. Pelster, *Oxford Theology and Theologians* (Oxford, 1934), passim.

20 H. Kantorowicz, "The Quaestiones Disputatae of the Glossators", *Revue d'Histoire du Droit*, xvi (1939), 32-51. 그는 법학과 신학의 보고서에 대한 문헌들의 서지정보(Bibliography)를 제공한다. R. W. Hunt는 인문학 과정에서의 보고서에서 몇 가지 흥미로운 견본을 제공한다. "Studies on Priscian in the Twelfth Century II", *Medieval and Renaissance Studies*, ii (1952), 3-6.

21 A. Landgraf, "Écrits théologiques de l'école d'Abélard", op. cit. (p. 78, n. 4), xxxvi.

22 MS. Bale B. VII. 9. 나는 이 필기록의 사진을 보여준 Dr. Daniel Callus에게 대단히 감사한다.

는 보고자가 동료 학생의 행태로 인해 제대로 보고하지 못하게 한다고 의견을 말하거나 동의하지 않거나 불평(이는 법률 학교에서 나타남)하기도 한다. 보고는 숙련된 작업이었다.

우리는 토마스 아퀴나스가 신뢰할 수 있는 기록자였던 피페르노Piperno의 수사 레지날드Friar Reginald의 서비스를 더 이상 이용할 수 없을 때 교체하는 것이 어렵다고 한 것을 알고 있다. 성 토마스의 성경 강의에서 개인 편집과 필기록들 사이의 규칙적인 대체는 그의 기록자의 힘을 절약할 필요가 있었기 때문임을 제안한다.[23]

다른 학생들은 항상 자신의 공식 기록자에 의존하지 않았고 때로는 스스로 메모를 했다. 우리는 일부 학생들에게 옥스퍼드 수사인 콘월의 리차드Richard of Cornwall에게 요청하여 같은 강의 과정에 대한 여러 가지 개인적 필기록들에 대한 힌트를 얻었다. 그들은 이렇게 간청한다: "리차드 형제의 열정적 책임에서 그들 자신의 손으로 그에게서 넘겨받은 저술들은 그들 자신의 사용과 사적이고 더 큰 공동선을 위해 참으로 인정될 수 있다."[24]

따라서 드문 경우이긴 하지만 같은 작품이 여러 필기록들로 전해져 온다. 교사에 의해 수정되고 승인된 공식적인 필기록과 더불어, 우리는 더 좁게 회람된 개인적인 필기록도 있는데, 이는 대학 당국에 의해 결함 또는 나쁜 것으로 성격 지워질 수 있다; 이것은 둔스 스코트Duns Scot의 특정한 『토론집』에서도 일어났다.[25] 파리에서 성 보나벤투라St. Bonaventura가 1273년 부활절과 성

---

23 P. Mandonnet, "La Chronologie des écrits scripturaires de St. Thomas d'Aquin", *Revue Thomiste*, N.S. xi (1928), 42.

24 *Adae de Marisco*, *Ep*. cxcii, ed. J. S. Brewer, Mon. Franc. (Rolls Series), i. 349: "Plures, ut audio, reperientur opportuni ad numc dictum fratris obsequium, si scripturae quas ex studiosa praefati fratris R. Vigilantia manibus suis conscripserint, singulis suae concedantur in usus untilitatis privatae, tam ad communitatis profectum ampliorem." A. G. Little는 친절하게 나에게 이 참고문헌을 주었다.

25 A. Pelzer, "Le premier livre de *reportata Parisiensia* de Duns Scotus", *Annales de l'Institut Superieur de Philosophie*, v (Louvain, 1924), 454. 나는 Pelzer의 필기록(reportatio)에 대한 정의를 가지고, Langton의 주석에 적용하였다.

령강림주간 사이에서 전한 두 설교에 대한 두 가지 다른 필기록도 있다. 그들 중의 하나는 더 완성되고 다른 것보다 더 많은 필사본이 전해진다. 이 두 번째로 짧은 필기록은 기록자가 그가 어떻게 일했는지 알려주는 흥미로운 진술로 끝난다. 그는 설교자의 입으로부터 기록한 것처럼 그의 노트에 설교를 기록했다. 두 명의 동료가 그와 메모를 하고 있었지만 그들 자신 외에는 아무에게도 쓸모가 없을 정도로 혼란스럽고 읽기 어려웠다. 그의 원본은 일부 청중이 읽을 수 있었기 때문에 교정되었다. 성 보나벤투라 자신과 다른 많은 사람들이 그에게 가져간 사본에 대해 빚을 지고 있다. 며칠이 지난 후 그의 상급자가 그에게 시간과 기회를 주자 성급한 노트를 수정하고 발언자의 목소리와 몸짓에 대한 추억을 회상하며 그것들을 순서대로 정리하려고 시도했다. 그는 성 보나벤투라의 말에 아리스토텔레스의 논리적 작품과 다른 권위자에 대한 인용을 확대시키는 것을 제외하고는 아무것도 덧붙이지 않았다.

이 짧은 필기록은 사적인 것이었고, 언급한 다른 두 기록자는 그들 사이에 공식 버전을 준비했을 가능성이 높다.[26] 두 개의 필기록들이 조합되어 기록자들의 추가를 허용하며 두 세트의 다른 단어에서 기대할 수 있고 일반적으로 더 짧은 것이 더 긴 것보다 더 꽉 찬다는 인상을 정확하게 준다. 우리는

---

26 Fr. Dolorme's 의 주석, x-xvi. 보다 긴 형태의 필기록(reportatio)은 보나벤투라의 전집, *S. Bonaventurae Opera Omnia*, v (Quaracchi), 329-454에 실려 있다.

"Haec autem, quae de quatuor visionibus notavi, talia sunt qualia de ore loguentis rapere potui in quaternum. Alii quidam duo socii mecum notabant, sed eorum notulae prae nimia confusione et illegibilitate nulli fuerunt utiles nisi forte sibi. Correcto autem exemplari meo quod legi peterat ab auditorum aliquibus, ipse doctor operis de ipso meo exemplari et quamplures alii rescripserunt, qui pro eo mihi debent grates.

Elapsis autem diebus multis, concedente mihi copiam temporis et libri reverendo patre Ch[unrado], ministro Alamniae Superioris, rursum respexi quae scripseram veloci manu et nisus sum recolligere ordinate, cooperante mihi memoriae quo loquentis vocem audieram auditu et visu quo recordabar gestuum loquentis.

"… Nec tamen apposui quidquam quod ipse non dixerat, nisi ubi distinctionem librorum Aristotelis logicalium amplius quam ipse dixerat, distinxi.

Fr. Delorme's의 논평 x-xvi. 참조. 더 길고 아마도 공식적인 필기물은 S. Bonaventura Opera Omnia, v (Quaracchi), 329-454에서 출판되었다.

초기 연대기Year Books의 동일한 사건에 대한 다양한 보고서에서 유사한 영국 관습법을 지닌다.[27]

13세기의 필기록들은 우리에게 덜 알려진 12세기의 사람들을 식별하는 데 도움이 된다. 내가 조사한 코메스터와 챈터의 주석은 필기록들로 쉽게 알아볼 수 있다. 여기에는 '스승'이 어떤 누군가가 아니라 강의를 듣는 자에게 말할 때 '그가 말했다'*inquit*[28], '스승이 말했다'*dicit magister*[29], '스승이 이것을 더했다'*bis addit magister*[30], '스승이 이것을 인정하지 않았다'*magister bis non acquiescit*[31]와 같은 표현이 포함된다. 때때로 그는 첫 번째 사람으로 언급되고, 때로는 같은 문장에서 첫 번째와 세 번째의 조합이 있다: "그는 말하기를 나는 이 본문에 대한 주석 이외에 다른 곳에서는 읽은 것을 기억하지 못한다."[32]

지금까지 코메스터와 챈터의 각 주석에 대한 하나의 필기록만 알려져 있지만, 철저한 검색은 다른 결과를 낳을 수 있다. 이는 랭튼과 다르다. 우리가 랭튼 원고의 방대한 컬렉션을 분류하기 시작했을 때, 우리는 각 주석이 두 개 또는 더 자주는 세 가지 버전으로 존재한다는 것을 알았다.[33] 이것들은 서로 매우 다르기 때문에, 가장 부주의한 필사는 그들의 차이를 설명할 수 없었다. 그것들은 원본으로부터 올 수는 없다. 변형 버전을 병렬 열columns에 넣을 때 성 보나벤투라의 두 필기록들*reportationes* 사이에 존재하는 것과 동일한 관계

---

27 G. J. Turner, Introd. to *Year Book 4 Ed. II, Selden Soc.* xix (London, 1914), xvii.

28 The Comestor, MS. Laud Misc. 291, fo. 3c. The Chanter, MS. Brussels 252, ff. 36v, 70v; MS. Bibl. Nat. Lat. 15565, ff. 126c, 107a.

29 The Chanter, MS. Balliol 23, fo. 89b.

30 ibid. fo. 139b.

31 The Chanter, MS. Bibl. Nat. Lat. 15565, fo. 34b.

32 ibid. MS. Brussels 252, fo. 70v: "quod non memini, inquit, me legisse nisi in glosis hic." 우리는 12세기의 마지막 세대에 파리에서 가르쳤던 투르나이의 사아먼(Simon of Tournai)의 토론에서 첫 번째와 세 번째 인물의 동일한 결합을 발견한다: . J. Warichez. op. cit. (p. 62, n. 2), xiii, xlvi. 그 강의(lectiones)의 기록자는 토론(disputationes)의 기록자보다 자연스럽게 더 자신을 드러낸다. 그들은 교사의 관점에 자신이 개입하거나, 의견을 제시하지 않는다.

33 "Studies on the commentaries", 166-82. 나는 이 책에서 단지 랭튼의 구약의 역사서에 대한 주석의 버전들을 분류할 수 있다. 구약의 다른 책들에 대한 그의 주석을 내가 분류하는 것은 같은 문제들이 존재한다는 것을 보여준다.

를 발견했다. 우리는 각 버전이 동일한 포인트를 만들었고 동일한 인용문을 포함하고 있음을 발견했다; 그러나 그들은 약간 다른 단어를 사용했다. 하나는 단지 다른 것에서 발전된 요점을 암시할 뿐이다. 대부분의 장소에서 더 짧은 버전은 일부 장소에서 다른 것보다 더 광범위하다. 실제로, 그들은 같은 강의에 대한 세 가지 필기록들의 효과를 냈다. 자료의 정렬만으로 강사가 원래 말한 내용의 요지를 파악할 수 있었다.

각 그룹에서 한 버전은 다른 버전보다 많은 수의 사본으로 존재한다. 열두 예언자에 대한 인기 있는 랭튼의 주석은 세 가지 버전이 있다: A, B, C. 우리는 B의 6개, C의 3개, 그리고 A의 24개의 사본을 발견했다. A 버전을 담고 있는 사본의 항목들은 그 주석이 원래 학교에서 읽혀지는 것이었음을 드러낸다; "우리는 교사 스테판 랭튼이 파리에서 스스로 읽은 것처럼 열두 선지서에 대하여 긴 음조의 해석을 지닌다."we have *Expositio Magistri Stephani de longa tona super XII Porphetas sicut ipse legit Parisius.*; "교사 스테판의 주석… 학교에서의 그의 강의로부터"*Glose Magistri Stephani... in scolis ab eo lecte*; "교사 스테판 랭튼의 강의에서 수집된 열두 선지서에 대한 도덕"*Tripologia super Duodecim Prophetas collecta ad lectiones Magistri Stephani de Langeton.*[34] 세 버전 모두 완성되지 않았고 비공식적인 보고서의 형식을 지닌다; C 버전은 분명히 랭튼을 의미하는 세 번째 인물에서 스승에 대한 참고를 담고 있다.[35] A 버전은 셋 중에

---

34 MS. Troyes 1004, fo. 119r; MS. Bibl. Nat. Lat. 505, fo. 1r; MS. Oriel Coll. Oxford 53, fo. 88r; T. fo. 1r.

35 스가랴 12:2절에 대한 주석에서 나타난다: "보라 내가 예루살렘으로 그 사면 모든 민족에게 취하게 하는 잔이 되게 할 것이라. 예루살렘이 에워싸일 때에 유다에까지 이르리라." 성 제롬은 이 구절을 교회의 적에 대한 위협으로 설명한다. 그들은 신적인 진노에 의해 삼켜지게 될 것이다. 유다는 교회의 박해기간 동안 배교했던 그리스도인들을 상징한다. 랭튼은 그 자신의 시대에서 성 제롬의 알레고리를 적용하고 있다. 유다는 악한 성직자들로 이해한다. 세 버전은 아래와 같다:

A. (T. fo. 197b): "Ecce ego ponam Ierusalem id est ecclesiam superliminare crapule active in tantum ut qui persecuntur illam inebrientur calice ire Dei. Unde dicitur in Trenis: 'Gaude et letare filia Edom…'[Lament. iv. 20] quasi diceret: Inebriaberis calice pene gehennalis et nudaberis quia peccata tua humano generi detegentur. Et hoc fiet in

서 가장 완성되고 주의 깊게 준비된 것 같다. 열두 선지서에 대한 주석은 다른 그룹들에 일반적이다.

이러한 다양한 버전에 대한 가장 자연스러운 설명은 각 주석 그룹에서 보다 광범위하게 확산된 버전은 랭튼에 의해 승인된 공식 보고서에서 기원한 것이고 일부 사본에서만 살아남는 버전은 제한된 회람을 가진 비공식적인 개인적 보고서로 시작되었다는 것이다.

그러나 우리는 그것들을 설명할 수 있는 것은 변형 버전은 우리가 실제로 아는 것이 거의 없다는 것을 상기시켜 준다. 여러 버전을 함께 모아서 어떤 의미의 차이를 우리에게 주는지 살펴보면 적어도 발달 초기 단계에서 필기록의 불충분함을 깨닫기 시작한다. 그것은 항상 무언가 빠진 느낌이 들며 때로는 의심스러움을 남긴다. 우리의 세 교사의 세 기록자 중 어느 누구도 자신을 완전히 훼손한 적이 없다. 그러나 아주 정밀한 조사 없이는 자신이 아무것도 추가하지 않았다고 말하는 것은 안전하지 않다.

그러나 필기록은 특별한 매력이 있다. 파리 강의실로 바로 연결된다. 랭

---

omnibus populis in circuitu, qui ecclesiam circumentes hostiliter eam persecuntur. Sed et Iuda scil. clerici, erit in obsidionem contra Ierusalem; quod hodie fit manifeste quia clerici magis quam laici ecclesiam persecuntur…"

B. (Bibl. Nat. 17281, fo. 79a): "Ecce eog ponam …crapule. Qui tangunt Ierusalem inebriabuntur ira Domini in inferno. Unde Ieremias in Trenis: 'Latare filia Edom…' Sed et Iuda … Ierusalem. Hoc potest dici de clericis qui opprimunt alios et iudicant contra ecclesiam…"

C. (Troyes 1004, fo. 209a; Durham A. 1. 7, fo. 203d): "Ecce ego ponam etc. Magister [Durham은 여기서 아마도 우리(noster)를 대신 n̄을 지닌다.] istud intelligit moraliter ad voluntatem suam. Unde iuxta glosam dicit quod comminatur hostibus ecclesie quod si [qui semper] perseveraverint in persecutione ecclesie, ruent in infernum, ibique habundantia pene inebriabuntur et opprimentur. Unde Ieremias: 'gaude et letare …' Et IUda etc. hoc adimpletur quando clerici impugnant ecclesiam. …"

우리는 교사(magistri)가 랭튼을 의미하는 것으로 이해해야 한다; 만일 어떤 다른 권위자가 의미된다면 최소한 다른 버전들 중의 하나는 그에 대하여 참고를 지녔을 것이다. 우리는 번역해야 할 것이다: "우리의 교사가 그 구절에 자유스러운 해석을 주었다. 표준주석과 일치하여 그는 교회의 적들에 대한 위협이라고 말했다. ..." 이어지는 것은 랭튼이 첫째 부분을 위해서 표준주석을 유지하였고 문장의 두 번째 부분에서는 독자적인 설명을 하는 것을 보여준다.

튼이 어떻게 사무엘이 베들레헴으로 가서 다윗에게 기름을 바르기 위한 그의 구실이 여호와께 희생을 드리려[왕상 14:2]는 것으로 설명하면서 사무엘을 자신의 학생들과 비교하면서 벽과 의자를 일으켜 세운다:

> 이것은 오는 사무엘의 주요 목표가 아니었다. 특이한 방법으로 말하는 것이다. 질문에 대해 당신은 대답한다: "왜 학교에 오십니까?"는 "나는 앉아서 벽을 보러옵니다"가 아니다. 그러나 "그것이 네가 요즘 하는 것이다."

이는 친밀한 모임이다. 교사는 학생들에게 '아버지의 입장으로 도덕적 교훈의 권한'을 가지고 있다. 랭튼은 말하기를 그는 그들을 위해 기도해야 하며 반대로 기도를 요구해야 한다고 말했다.[36] 랭튼은 열두 예언서에 대한 첫 강의에서 그들 사이의 연관성을 강조한다. 그의 첫 구절은 다음과 같다. "열두 예언자의 뼈가 그들의 자리에서 튀어 나오길 바란다."[집회서 49:12]; 그는 계속한다:

> 그런 다음 이 뼈들이 내 혀, 내 마음과 당신의 마음, 내 작품과 당신의 작품에서 솟아오르도록 열두 예언서 책을 들고 강의를 했다.[37]

특별히 신학생들에게서 교사와 학생들 사이의 지적 발달의 차이는 우리가 익숙한 것보다 덜 두드러졌다. 왜냐하면 학생들이 이미 인문학 과정을 수년 동안 보냈으며 아마도 신학생들이 되기 전에 인문학의 교사로서 가르쳤기 때문이다. 우리는 학문의 모든 비밀이 숨겨져 있는 거룩한 문서sacred page(성경) 주위에 모여서 '학문의 여왕'[신학]에 헌신한 작은 그룹의 인문학

---

36 "Studies on the Commentaries", 165.

37 MS. Rawl. C. 427, fo. 69a: "Volens igitur predicta ossa pullulare in lingua mea et vestra, in mente mea et vestra, in opere meo et vestro, librum XII prophetarum legendum assumpsi."

자들litterali을 하나로 엮는 선택의 의미를 깨달아야 한다. 우리는 유럽의 장래의 성직에 대한 책임감을 더해야 한다. 학교는 선호하는 길이었다. 우리는 랭튼이 그들의 책임감을 연마하고 교만에 대해 경고하기 위해 노력하는 것을 발견할 것이다.

학생들은 현대 대학 과정에 다니는 학생들보다 덜 수동적인 청취자와 기록자였다. 피터 챈터는 강의에 대한 유명한 설명에서 토론disputation과 설교preaching의 두 가지 활동을 연결한다.

> 성경 연구의 실습은 다음과 같이 세 가지로 구성된다. 읽기*lectione*, 토론, 설교 … 읽기는 그 자체로, 다음에 오는 것에 대한 토대와 기초가 된다. 이것을 통해 나머지가 따른다. 토론은 이 연구 건물의 벽이다. 만일 그것이 토론의 이빨에 의해 먼저 씹어지지 않은 경우, 아무것도 완전히 이해되거나 충실하게 설교되지 않기 때문이다. 전자가 지지하는 설교는 유혹의 열기와 바람으로부터 신자들을 보호하는 지붕이다. 우리는 성경을 읽고 토론을 통해 의심스러운 문제를 조사한 후에야 전파해야 한다.[38]

여기에는 강의, 토론, 대학 설교의 세 가지 학문적 기능이 있다. 챈터는 그것들을 구별되고 분리된 것으로 취급하는 것 같다. 이것은 분명히 대학 설교를 훌륭하게 생각했고,[39] "완전히 발전된 토론의 기원은 적어도 12세기 말까지 거슬러 올라갈 수 있다."[40] 그러나 우리가 12세기의 주석을 살펴보면 우리

38 *Verbum Abbreviatum*, PL ccv. 25.

39 M. M. Davy, *Les Sermons Universitaires Parisiens de 1230-31* (Paris, 1931).

40 Little and Pelster, op. cit. (p. 202, n. 4), 29: "13세기의 실행된 토론은 둘 혹은 세의 논쟁자들사이에 학문적인 질문에 대한 토론이다. 이들 중의 한 사람은 특별한 의견을 옹호하는 역할을 수행하고 다른 사람 혹은 다른 사람들은 이 의견에 대한 반대나 어려움들을 제기한다. … 반면에 12세기 중반 무렵의 질문의 경우에 이는 그것이 엄격한 의미에서 토론인지에 대하여 명확하게 결정될 수 없다. 우리는 세기의 전환 무렵에 토론으로 설명할 수 있는 프레포지티누스(Prepositinus), 스테판 랭튼(Stephen Langton) 그리고 투르나이의 사이먼(Simon of Tournai)의 상당히 많은 양의 질문들을 지니고 있다."

는 강의lectio와 다른 두 연습을 구별하는 것이 매우 어려울 것이다 크레모나의 프레포지티누스Prepositinus of Cremona의 『시편개요』*Summa super Psalterium*는 '설교되었거나, 또는 최소한 설교되도록 쓰였다'고 말해진다. 챈터와 푸아티에의 피터Peter of Poitiers의 다른 두 개의 『시편 토론집』*Distinctiones super Psalterium*에도 동일하게 적용된다.[41]

나중의 작품에는 회중에 대한 연설을 암시하는 독립적인 '사랑하는 사람들'이 포함되어 있다.[42] 그러나 시편에 관한 챈터의 작품은 다른 강의와 비슷한 종류의 강의로 보였다. 어쨌든, 우리의 세 교사의 주석에서 영적인 설명에 전념하는 부분은 설교와 비슷하다. 그리고 우리는 유명한 영국 설교자인 세리톤의 오도Odo of Cheriton가 그의 자료들로서 랭튼의 주석에 크게 끌렸다는 증거를 얻었다.[43] 읽기lectio와 설교*praedicatio* 사이의 선은 얇게 세워져 있다.

연결하기 더 어려운 것은 읽기와 설교 사이의 관계이다. 바울 서신에 대한 랭튼 주석의 전체 부분은 아마도 그의 토론을 대표하는 수집된 신학적 『토론집』에 다시 나타난다.[44] 토론은 실제로 강의의 틀 안에서 발전했다: 텍스트와 그에 대한 주석은 교사와 학생들이 길게 다루기에는 어려움을 드러낸다; 나중에, 『명제집』에 관한 강의가 있을 때, 이 책과 관련하여 토론이 개별적으로 조직되었다; 그리고 성경 강사는 그의 짐을 덜어주었다. 신학적 질문은 더 이상 그의 주제가 아니었다. 그는 방해받지 않고 자신의 텍스트를 바로 볼 수 있었다. 강의 계획서에 이러한 변화가 있은 후, 강의 질문은 짧고 본문에서 직접 제기되었다.[45] 아마도 이것은 토론의 기원과 발전에 대한 완전한 설명은

---

41 G. Lacombe, "La Vie et les Œuvres de Prévostin" (*Bibliothèque Thomiste*, xi, Le Saulchoir, 1927), 120-1.

42 P. S. Moore, *The Works of Peter of Poitiers* (Catholic University of America, 1936), 82, n. 12.

43 Dr. A. Friend의 세리톤의 오도에 대한 출판되지 않는 논문에서 제시되었다.

44 G. Lacombe and A. Landgraf, "The Questiones of Cardinal Stephen Langton, no. III", *New Scholasticism*, iv (1930), 159 ff.

45 P. Mandonnet, *S. Thomae Aquinatis Quaestiones disputatae*, i (Paris, 1925), 1-12. r. M. Martin, "Œuvres de Robert de Melun", op. cit. (p. 73, n. 3), I, xxxiv-xlvi.

아니다. 이는 아마도 더 복잡했을 것이다.[46] 또한 그것은 논쟁의 여지가 없는 질문을 남긴다. 중세 학자들은 어떤 단계에서 응답자와 상대방과의 구두로 토론할 수 있는 변증법을 습득했는가? 기독교 학자들 사이 또는 기독교인과 유대인 사이의 대규모 공개 토론을 제외하고, 언제 학문적 훈련으로서의 공식적인 토론은 기술적으로 가능해졌습니까? 이 질문은 전문가에게 맡겨져야 한다. 현재의 논의에서 우리는 그들이 교사에 의해 지도를 받았는지 또는 학생들의 협조가 있었는지 하는 의문과 무관하게 성경에 관한 질문에서 언급된 질문들questiones에 관심이 있다. 우리의 주석은 선조들의 강의로부터 토론의 '분리'를 연속적인 단계로 설명하는 것 같다.

이 과정은 랭튼의 때에 거의 완료되었다. 그것이 완전히 완성되지 않았다는 것은 그의 『토론집』*Quaestiones*에 있는 사도에 대한 그의 주석에서 나온 질문을 포함함으로써 드러나며 이는 토론이 강의의 끝에서 일어났으며, 그로부터 발생하는 문제를 다룬다는 것을 제시한다. 그러나 『토론집』과 랭튼의 다른 주석에서 같은 구절을 찾으려는 우리의 모든 노력은 실패했다. 그의 다른 주석에서는 항상 '간단한 것'brief은 아니지만 텍스트와 주석에서 직접 질문들이 발생한다. 그것들은 일반적인 질문이 아니라 주석적인 질문으로 논의된다.

예를 들어, 요나를 설명할 때 그는 선지자가 '니느웨'의 멸망을 예언하는데 발생하지 않음으로 그가 '거짓말을 했는지' 여부에 관한 고전적인 질문을 다룬다. 여기서 그는 주석과 관련된 문제를 고려한다. 『토론집』에서 그는 일반적으로 예언의 문제를 다루는데 요나의 경우는 다른 관점에서 논의된다. 우리가 그의 가르치는 경력의 초기에 오는 지혜서와 집회서에 대한 그의 주석에서, 그는 때때로 신학적 질문에 손을 대고 갑자기 중단한다.

"이것과 이러한 사물의 종류를, 나는 토론에 남긴다."

---

46 A. Landgraf,, "Quelques collections de 'Quaestiones' de la seconde moitiè du xiie siècle", Rech. de Théol. anc. méd. vii (1935), 122-6.

"토론에서 이것은."

"이것에 관하여: 질문."

"그러나 이러한 표현들은 강의보다는 토론에 속한다."[47]

우리는 랭튼의 동시대인 알렉산더 네크밤Alexander Nequam의 성경 주석에서 그리고 스승이 신학적 요점을 제기할 때, 12세기 후반의 익명의 프리스기안Priscian 주석에서 한 번 이 표현들과 동등한 것을 발견한다:

그러나 이런 문제들은 토론에서 논의되도록 하자.[48]

세인트 체어의 휴 역시 그러하다:

그러나 이런 문제들은 토론에서 잘 논의된다.

그리고 우리는 로저 베이컨의 학생인 수사 토마스 도킹Thomas Docking에 의한 이사야 주석에서도 거의 같은 단어를 발견한다:

"… 다른 이유들이 있다.… 우리가 현재 지나가는 것은, 우리가 강의보다는 토론해야 하는 것 같기 때문이다."[49]

13세기 중반 파리와 13세기 후반 옥스포드에서 우리는 토론이 강의와 분

---

47 MS. Arsenal 64, fo. 140b: "hoc et huiusmodi disputationi relignquo";fo. 155a; "de hoc in disputatione"; fo. 155b: "de hoc questio." MS. Bibl. Nat. Lat. 384, fo. 180c: "Ista tamen verba potius sunt disputationis quam lectionis."

48 나는 이 참고 문헌에 대하여 Dr. R. W. Hunt에 감사한다.

49 MS. Balliol 29, fo. 179v: "… sunt et alie rationes... quibus ad presens me mais disputare videamur quam legere, supersedemus…"는 A. G. Little, *Franciscan Papers, Lists and Documents* (Manchester, 1943), 112에서 인용되었다.

리되어 있음을 알고 있다. 따라서 랭튼 또는 네크밤에서 사용될 때, 표현에 동일한 의미를 부여하는 것이 합리적이다.

지혜 문학보다 그 이후의 그룹에 속하는 토비아스서Tobias의 주석에서, 랭튼은 분명히 토론을 별도의 훈련으로 언급한다. 토비아스서 2장 14절의 주석은 논란의 여지가 있는 '노예적 두려움'servile fear을 제기한다. 랭턴은 그것을 인용하고 그 의미를 내놓는다. 주석에 따르면, 보상을 위해 죄를 절제하는 것은 용병이며 사악하다. 그런 다음 사람이 형벌에 대한 두려움 때문에 죄로부터 절제하는 노예적 두려움은 보상에 대한 희망에서 죄를 멀리하는 노예적 사랑과 평행을 이룬다. 이 자리는 노예적 두려움에 관한 토론에서 매우 주목할 만하다.[50] 랭튼은 학생들에게 토론의 유용한 점에 주의를 이끌고 있는 것 같다. 그는 강사로서 더 이상 관심을 갖지 않고 즉시 넘어간다.

그런 다음 1200년경의 소선지서에 대한 그의 주석에서 그는 토론 중일지도 모른다고 생각하는 강의에서 특정 요점을 인정해서는 안 된다고 말함으로써 두 연습을 가능한 한 선명하게 구별한다.[51] 그 세기 말에 교사에 의해 종종 반대로 지적된다.

---

50 P., fo. 156a: "Nota glosam marginalem: mali non nisi servili timore Deo srviunt; mercenarii mercedem querunt; ideo beatitudinem que ipse est Deus nunquam recipiunt. Secundum hanc glosam mali sunt mercenarii si abstinent a peccato amore premii; ergo sicut timor quidam est servilis quo cessatur a malo timore pene, sic est quidam more servilis [quo cessatur] a peccato amore mercedis eterne, et hoc locus habet valde notabile [est] ubi disputatur de timore servili."[MS. C.C.C. Cambridge 55, fo. 209v와 결합되었다]. 불행하게도 랭튼의 수집된 『토론집』은 노예적 두려움에 관한 어떠한 질문도 지니고 있지 않다. 이에 대한 가장 근접한 것이 '초기의 두려움'(de timore initali)이다; 따라서 우리는 그가 자신의 토론에서 이 본문에 대하여 표준주석을 사용하는 습관이 있었는지 알지 못한다.

51 MS. Maz. 177, fo. 92d (호2: 16); "Glosa: Etsi recte posset dici quod propter similitudinem nominis ydoli debet vitati. Hinc est quod quidam in nullo sensu hoc concedunt: Pater et Filius et Spiritus Sanctus sunt tres omnipotentes. Ad hoc etiam inducunt illam partem glose Ieronimi. Ex hoc habemus ex solis vocibus inordinate prolatis heresim posse incurri. Dicimus quod hoc intelligitur de vocibus prophane novitatis, nec est concedentum in lectionibus sunt tres omnipotentes, sed in disputatione potest concedit ut omnipotens teneatur adiective."

코메스터와 챈터는 초기의 덜 차별화된 강의와 토론의 상태를 드러낸다. 그들은 랭튼처럼 텍스트과 표준주석에 관련된 질문을 제한하지 않고 표준주석이 제안한 훨씬 더 일반적인 주제에 대해 논의하지만 그 이상의 내용을 다루고 있다. 챈터의 한 삽화는 그가 자신의 글에서 자신을 특별히 끌어들이는 일종의 주제 질문에서 어떻게 빠져나가는지를 보여준다. 그는 여호수아의 명령에서 시작하여 매복(수 8:4)을 하고, 성 아우구스티누스에서 인용한 주석을 제시한다. 여기서 전쟁의 기만이 합법적인지 묻는다. 성 아우구스티누스는 전쟁 그 자체가 단지 하나라면, 매복을 사용한다고 해서 그렇게 하지는 않는다고 대답했다. 전쟁은 호전적인 사람이 전쟁의 저자가 아니라 하나님의 정의의 도구로 작용할 때 정의롭다. 챈터는 실제로 이 의미에 대해 질문한다. 그는 사람들이 먼저 중재에 의지하고 자신의 호의에 따라 결정을 내리는 경우 죄의식 없이 전쟁을 할 수 있다고 결론 내린다. 심판자는 전쟁의 저자이다. 챈터는 상위의 봉건 제후의 법정에서 정의를 추구해야 할 봉신의 의무를 생각하고 있다. 그러나 황제가 프랑스 왕과 같은 우월적 특권을 가지지 않는 전쟁을 좋아하는 자기 동등하다고 가정하자. 그때 그들은 전쟁에 대한 죄의식을 지닌다. 그들은 자신들의 주장을 더 커다란 권력인 교황권에 호소해야 한다. 좋은 프랑스인으로서 챈터는 신성 로마 제국의 봉건적 우월성을 허용하지 않을 것이다. 분명히 교실에 그에게 반대하는 독일인은 없었다.[52]

이 예는 질문의 간단한 형태를 보여준다. 질문은 권한으로 해결되고 청원서가 작성된다. 때로는 토론이 훨씬 더 복잡하고 변증법이 사용된다. 이러한 질문을 '토론들'disputationes이라고 부를 수 있는지 여부는 알기가 어렵다. 우

52 MS. Balliol 23, fo. 119d: "Iusta bella diffinire solent que ulciscuntur iniurias, si gens vel civitas que bello petenda est vel vindicare neglexerit quod a suis iniuste factum est, vel reddere quod per iniurias ablatum est. Sed hoc genus belli iustum est quod Deus imperat, apud quem non est iniguitas, in quo bello ductor exercitus vel populus non tam auctor belli quam minister iudicandus est. Inde est, ut dicit magister, quod ubi iudice auctore fit bellum, non est periculum. Sed si pares non habentes superiores, ut rex Francorum et imperator bellent periculum est. Ad papam enim recurrendum esset, ut ad maiorem."

리는 학생들이 질문을 받거나 교사의 해결책에 대해 이의를 제기했는지 여부에 관계없이, 학생들이 [얼마나] 참여했는지 알 수 없다. 이 시점에서 챈터의 주석을 주의 깊게 연구하는 것이 좋다. 랭튼의 주석은 대화가 거의 모든 것이 랭튼에 의해 이루어졌다는 인상을 준다. 나는 한 학생이 '달은 무엇으로 만들어졌습니까?'라고 묻고, 그가 답하는 것처럼, "성경은 말하지 않고 우리도 말하지 않는다."라고 답을 듣는 것 같다.[53]

우리가 '성경적 도덕 학교'의 주석과 앤드류의 주석을 비교하려면 강의가 취한 형태에 대한 일부 설명이 필수적이었다. 우리는 강의가 모든 것을 포용하는 특성을 허용해야 한다. 교사는 텍스트와 그 표준주석을 강의하고 있다. 그러나 이것은 어느 쪽과도 가볍게 연결될 수 있는 질문으로 이어진다. 그는 또한 학생들에게 도덕적 훈련을 제공하고 성직자와 사람들에게 설교의 과제를 준비하도록 하고 있다. 그는 그들이 학문적 경력과 교회적 봉사를 위하여 적응시키며, 이는 그들의 공부가 끝나면 창고에 있게 된다:

> … 신학에 대한 연구는 교회 직분을 위한 것이며 이 직업의 요구 사항을 준수해야 했다.[54]

주석은 이 관찰을 보여준다. 그들은 스승이 그들의 주의를 자신의 텍스트와 학생들 사이에서 동등하게 나누는 방법을 보여준다; 그는 학생들과 그들의 필요를 생각해야 한다. 그는 앤드류만큼 치열하게 집중할 수 없다. 우리는 이 새로운 학문의 틀 안에서 빅터주의의 전통이 어떻게 진행되는지를 보아야 한다.

---

53 P. fo. 3c: "Idem queritur qua materia facta est luna. Non dicitur in sacra pagina, nec nos dicimus."

54 S. d' Irsay, *Histoire des uniersités françaises et éltrangères des origines à nos jours*, i. (Paris, 1933), 70.

2. 문자적 해석(THE LITERAL EXPOSITION)

빅터주의 전통의 가장 큰 승리는 『역사』의 성공이었다. 랭튼은 그들의 신학 고전인 『명제집』*Sentences*의 저자와 같은 수준에 그 작가를 둔다. 이 둘은 모두 지혜의 동료였다. 랭턴은 다음과 같이 말합니다.

> 그녀[지혜]의 집 가까이 거하는 자와 그 벽에 핀을 고정하는 사람은 복이 있다[집회서 14:22-5]. 그들은 『역사』를 편찬하는 탁발수도사나, 『명제집』을 기록하는 롬바르두스나 또는 성경에 기록되어 전해지는 몇 사람들과 같다.[55]

『역사』는 유용한 부록*additions*을 받았다. 푸아티에의 피터Peter of Poitiers는 아마도 사도행전의 개론을 통해서 복음서로 끝나는 코스터의 본문을 완성했을 것이다.[56] 랭튼이 "그 『족보』"*Genealogy*라고 말하는 것처럼[57] 피터는 『그리스도의 계보의 역사』*Compendium Historiae in Genealogia Christi*를 썼으며 이는 많은 원고에서 『역사』의 서두가 되었다. 이는,

> 그리스도의 족보의 형태로 주어진 성경 역사의 요약이다. 아담을 시작으로 족보를 형성한 사람들이 순서대로 열거된다. 각 사람에게는 본문의 짧은 전기에 대한 정보가 할당되어 있으며 여백에는 이름이 이중 원으로 표시되어 있다. 때로는 조잡한 그림이 이름을 대체한다. 이름과 그림은 한 사람에서 다른 사람으로의 연속선이 보이도록 배열된다. 이 작품에는 또한 그리스도의 족보에 들어가지 않은 일부 성경 인물들에 관한 전기에 대한 정보와 히브리인들

---

55 P., fo. 17a.

56 P. S. Moore, op. cit. (p. 209,n. 3), 118-22.

57 P., fo. 74a. 랭튼은 "푸아티에의 교사 피터의 족보에서 분명히 밝혀진 것처럼"(sicut evidenter patet in Genealogia magistri Petri Pictaviensis.)라고 인용한다. 『족보』에 대한 전체적인 내용에 관하여는 P. S. Moore, 96-117을 보라. 나는 그의 설명을 인용하였다.

을 둘러싼 나라들의 왕과 사건에 관한 기록도 포함되어 있다.

피터는 프롤로그에서 자신의 표를 그 장황하지만 학생들이 그것의 빈약함에도 불구하고, 성경의 역사를 '공부할' 수 있도록 의도되었다고 말한다. 그에게 엄청난 수고가 들었던 표는 아담에서 그리스도에 이르기까지 필수적인 이름과 날짜를 '가방에 든 것처럼' 기억에 남기는 데 도움이 될 것이다.

『족보』와 『역사』는 시간이 지남에 따라 보강되고 확장되었다. 약 1200년경에 성경의 역사적 연구에 대한 통찰력을 얻는 가장 좋은 방법은 『역사』에 대한 주석과 초기 필사본의 여백에 기록된 메모를 검토하는 것이다. 여기서 우리는 『역사』가 교재가 되고, 학생들이 그 강의에 참석하도록 강요받았다는 사실에 만족해야한다. 1223년 전에 쓴 오베르뉴의 윌리엄William of Auvergne은 1223년 직후에 불평한다:

> 『역사』나 다른 작품들과 같은 성경의 예비적인 것을 들어본 것에 만족하는 사람들도 있다. 그들은 나머지를 무시한다.[58]

아마도 '다른 작품들'은 『족보』를 의미 할 것이다. 윌리엄은 강의에서 분명히 언급하고 있다. 13세기에 이 강의는 아직 성경에 대한 강의 자격이 없는 젊은 성경학사*bachelarii biblici*에 의해 진행되었다. 랭튼 시대의 관행은 확실하지 않다. 『역사』에 대한 두 가지 주석, 둘 모두 필기록reportationes으로 그에게 귀속된다. 그들은 신학적인 질문을 배제하지 않고 간략하고 문자적인 코메스터의 본문을 연속적으로 설명한다.[59]

성경에 관한 강의에서 양피지에 새겨진 『족보』가 교실 벽에 걸려있었다.[60] 아마도 그의 학생들이 그것을 볼 수 있다는 사실은 랭튼이 『족보』를 한 번만

58 "Sapiential Books I", ii. 329.
59 "Studies on the commentaries", 18-51에 두 주석의 발췌문이 번역되었다.
60 P. S. Moore, 108, n. 20.

언급하는 이유를 설명하는 반면 그는 표준 권위자인 표준주석처럼 정기적으로 『역사』를 인용한다.

이러한 배치 덕분에 교사는 학생들의 일반적인 역사적 배경을 추정할 수 있다. 우리는 지금 한 마디로 그가 자신의 서문과 그 주석에서 구체화하는 성경을 따라 이끄는 대로 그를 따라야 한다.

지금까지 표준주석을 성취된 것*fait accompli*으로 받아들였지만 이는 적어도 우리의 선배 중 한 명인 멜룬의 로버트Robert of Melun보다 덜 비판적인 의미를 나타낸다. 로버트는 챈터보다 그의 태도가 더 급진적이었다. 챈터는 '주석의 과잉'을 찬성하지 않았지만, 로버트는 주석을 가지고 독서하는 관행에서 전혀 유용성을 보지 못했다. 그가 자신의 방법을 가졌다면 중세 주석은 다른 과정을 밟았을 것이다. 우리는 그의 강의를 통해 우리의 교사들을 따르고 그것이 정당화되는지 여부를 보려고 할 때, 그의 비판을 염두에 두어야한다.

로버트는 주석을 가지고 읽는 것이 말horse 앞에 마차를 놓는 것이라고 느꼈다. 교사들은 텍스트를 위해 주석을 읽는 것이 아니라 표준주석을 위해 본문을 읽고 있었다. 그들의 관행에 대한 그들의 방어는 너무 공격적이어서 맹세로 스스로를 묶고 피를 흘릴 준비가 되어 있었다. 모든 주석들은 거룩한 것으로 여겨졌지만 시편과 사도 바울의 주석은, (『대주석』*Magna Glosatura*), 거룩한 것 중에서도 거룩한 것으로 여겨졌다. 이제 로버트는 질문한다. 주석의 기능은 무엇인가? 주석이 텍스트와 동일하면 중복이다. 다른 말을 하면 해로울 수 있다. 권위가 있는 것으로 자신들의 주석을 방어하는 교사들에게 로버트의 답변은 '넌센스'nonsense!이다. 주석이 교부들의 권위로부터 발췌한 것인 한, 발췌 방식은 그들의 진정한 의미를 왜곡하는 것과 같다. 따라서 주석은 단지 시간을 낭비하고 학생을 성경과 교부들에 대한 진지한 연구에서 혼란스럽게 만든다.[61] 우리는 교사들의 과정을 보고 멜론의 로버트가 얼마나 과장하는지 판단해야한다.

---

61 *Sententie*, ed. R. M. Martin, *Œuvres de Robert de Melun*, iii (Louvain, 1947), 4-25.

먼저 우리는 교사가 성경의 문자를 설명할 때 명심해야 할 프로그램을 간략하게 설명해야한다. 문자적 설명은 텍스트와 그 변형에 대한 연구로 구성된다. 역사적이고 문법적인 설명 과정에 의해 얻어지는 문자적 의미에 대한 연구; 마지막으로 이러한 의미에 대한 의견은 교사에게 자신을 제안하는 것이다. 그의 텍스트 비평, 설명 및 의견은 그 앞에 놓여있는 특정 성경 사본과 강의 준비에 사용한 권위에 의해 결정된다. 그의 텍스트는 주석된 본문이기 때문에, 그의 설명과 그의 권위는 주로 표준주석에 달려 있다. 우리는 문자적 설명에 이르기 전에 설명되고 있는 본문과 주석, 그리고 이를 다루는 교사의 기술을 설명하기 위해 몇 번의 정지pauses를 해야 한다. 그리고 그 문자적 설명이 영적인 설명의 예비이므로, 우리는 그가 첫 번째 의미를 두 번째 의미와 어떻게 구별하는지 보기 위해 다시 일시 중지해야한다. 그런 다음 마침내 문자적 설명 그 자체에 도달할 것이다.

주석가는 프롤로그로 각 책에 대한 자신의 설명을 시작한다. 프롤로그는 저자, 날짜 (알고 있는 한), 구성의 원인, 문제 및 목적을 설명한다. 그는 고전과 고대 후기의 모델에 근거하여 12세기에 정교해진 인문학artes에 대한 소개에서 자신의 체계와 정의를 취한다.[62] 보다 간단한 예 중 하나를 제공하기 위해 멜론의 로버트가 사도 바울에 대한 프롤로그에서 사용한 '머리말'은 자료*materia*, 의도*intentio*, 순서*ordo*, 양식*modus*이다. 용어는 성경의 한 책에 대한 서문에 어떤 문법적, 논리적, 수사학적 텍스트에 대한 소개가 그 자리로부터 벗어날 때는 그 원래의 의미에서 벗어날 때 사용되기 쉬웠다. 인문학자들은 인문학의 실행을 시작하기 전에 알아야 하는 것들 사이의 차이를 표현하기 위해, 즉 인문학이 무엇이고, 우리가 인문학을 실천하기 위해 배워야 하는 규칙과 교훈이 무엇인지를 구분하기 위해 외적*extrinsecus*인 것과 내적*intrinsecus*인 것의 구분을 사용한다. 랭튼은 문자적이고 영적인 의미로 사용하므로 '외적

62 R. W. Hunt, "The Introduction to the 'Artes' in the Twelfth Century", Studia Mediavalia in Honorem R. J. Martin (Louvain, s.a.), 85-112.

으로' 그 책은 유대의 역사와 그와 같은 것이며 '내적으로'는 기독교회나 신실한 영혼에 관한 것이다. 체계는 자연적으로 세기말로 향하면서 더 복잡하게 되었고 헌트Dr. Hunt가 지적한 것처럼 그 의미를 '인문학'artes에 대한 원형을 모른다면 이해하기 힘들 것이다.' 전체 주제는 그의 삼학문trivium에 대한 예비 훈련에 대한 신학자들의 의무에 대한 인상적인 예이다.

각 프롤로그는 문자적으로나 영적으로 '우리가 가진 책'에 적용되는 성경 구절로 시작한다. 과정을 준비할 때 교사의 발명품이 나왔다면, 그는 이 출현을 위해 편찬된 많은 익명의 프롤로그 모음 중 하나를 참조할 수 있었고, 프롤로그는 공동 재산으로 간주되어 거리낌 없이 차용하였다.[63] 그런 다음 그는 설명하고 있는 책에 대한 성 제롬의 프롤로그의 본문을 통해 진행하고 표준주석의 일부가 된 다른 선호하는 문제들을 진행한다.[64] 프롤로그에 대한 이 설명은 전체 강의를 차지한 것으로 보이며 아마도 시리즈의 두 번째 강의이며, 첫 번째 강의는 교사 자신의 문제에 전념한 것 같다. 코메스터는 첫 번째 프롤로그가 충분하지 않았기 때문에 한 강의에 충분한 자료를 제공하기 위해 마태복음에 대한 표준주석에서 두 번째 프롤로그가 추가되었다고 말한다.[65]

그런 다음 교사는 본문과 그 주석을 읽는다. 후기의 관습으로 판단하면 그의 학생들은 성경을 수업에 가져와야 했으며 아마도 이것들은 주석될 것이다. 그럼에도 불구하고 본문과 주석은 소리 내어 읽은 것 같다. 우리의 필기록들*reportationes*은 명령형을 사용한다:

> 첫 번째는 시작되는 주석에서 말한 것을 기록하고 … 그런 다음 시작되는 다른 주석을 기록하고 … 그런 다음 이를 통해 끝까지 가는 주석을 기록하라.[66]

---

63 B. Smalley and G. Lacombe, "The Lombard's Commentary on Isaias and Other Fragments", *The New Scholasticism*, v (1931), 124 ff.

64 S. Berger, "Les Préfaces jointes aux livres de la Bible", *Mémoires présenté à l'Acadàmie des inscriptions et belles-lettres*, xi. ii (Paris, 1904).

65 B. Smalley, "La Glossa Ordinaria", (op. cit. p. 62, n. 1), 369.

66 창세기에 관한 랭튼의 주석의 시작은, P., fo. 2b: "Primo nota quod dicitur in glosa que

또는 그들은 수동태를 사용한다:

이곳까지 본문과 주석을 읽었다. "그녀는 다시 잉태했다."[호 1:6]는 처음으로 돌아가 비유적으로 설명된다.[67]

아마도 옥스퍼드셔[68] 오스니 수도원Osney Abbey으로부터의 창세기 표준주석 사본의 여백에 쓰인 13세기 초의 익명 주석은 표준주석에 포함된 다양한 주석을 읽는 정확한 방향을 제시한다:

아우구스티누스와 비드는 탁월하다: 그러므로 항상 먼저 그들의 주석을 읽는다.

그런 다음 저자는 프롤로그에 '속하는 주석들'*de introitu*과 '본문에 관한 주석들'*de littera*을 구별하는 방법에 대한 지시 사항을 제공한다. 그는 연속적으로가 아니라 여러 번incisive 읽을 것을 나타낸다:

이는 각 장소에 붙어있는 일련의 주석으로 읽는다.[69]

그 교사가 자신의 본문에 대한 보완으로서 표준주석을 다루었는지, 또는 자신의 본문처럼 이를 설명했는지는 분명하지 않다. 대부분 랭튼의 주석에

---

sic incipit: Sicut Paulus … Item nota aliam glosam que sic incipit: cum in divina scriptura … Item nota illam glosam: Divina scriptura aliquando loquitur de eternis, et eam prosequere usque ad finem."

67 소선지서에 대한 그의 주석의 시작은 T., fo. 1c: "Perlecta littera cum glosis usque ad hunc locum: *et concepit adhuc*, redi ad principium exponendo allegorice."

68 MS. Oxford, Magdalen College 121. N. R. Ker, *Medieval Libraries of Great Britian* (Oxford, 1941), 78 참조.

69 Fo. 2r; "Hec (glosa) legitur incisive, singula suis locis adaptando."

서는 본문에만 밑줄이 그어져 있다. 그는 소선지서에 대한 강의의 한 구절에서 어떤 주석은 예외적으로 어렵다고 말한다. 그러므로 그는 그것을 본문으로 넣을 것이다. 그런 다음 이 주석의 각 절은 마치 성경의 본문인 것처럼 복사되고 밑줄이 그어지고 설명된다.[70] 그러나 코메스터와 챈터의 주석과 랭튼의 이사야에 대한 버전에서 표준주석은 본문처럼 항상 밑줄이 그어져 있다.

아마도 표준주석을 읽고 주석을 달 때 정해진 절차는 없었을 것이다. 어쨌든 교사는 각 주석을 적절한 상황에 연결하도록 주의를 기울인다:

> 주석의 순서를 주의해서 확인하십시오. 이것을 시작으로 … 그 후에 주석의 중간에 남은 작은 조각을 요약한 다음, 다른 주석의 나머지 부분으로 돌아간다 …; 이제 이 주석만으로 … 그리고 앞서 언급한 모든 주석 이후에 또는 그 이전에 그것들을 읽을 수 있다.[71]

이 모든 것은 멜론의 로버트가 제공한 당대 절차에 대한 풍자적인 설명과 정확히 일치한다:

> 그들은 주석이 순서대로 해석되고, 올바르게 나뉘어져 있고, 구두점을 잘 맞추고, (텍스트에) 적절하게 첨부되어 있는지 여부에 대해 자주 그리고 매우 예리하게 논쟁한다. …

---

70 T., fo. 84b: "Et nota hic misticam glosam Ieronimi que non parvam continet difficultatem, quam sicut textum hic ponemus, sic: *Unitas habet sacrmentum unius Dei*; modo transi paulisper et dic: *qui unus et verus Deus est*; modo rediad id quod dimisisti, sic: *et esse in hoc numero prima beatitudo*; quare dicatur prima dicemus iam. *Secunda in secundo* i.e. in decade. Istud, *secunda*, aut intellegitur ascendendo aut descendendo..." 아모스 5:3절의 표준주석은, "Unitas habet sacrementum unius Dei et esse in hoc numero prima beatitudo est, quia unus et verus Deus est; secunda in secundo est…"

71 Peter the Chanter로부터 인용함, "La Glossa Ordinaria", 368-369. 비슷한 사례가 챈터와 랭튼으로부터도 인용될 수 있다.

주석을 읽는 법을 알고, 구두점을 달고, 자신의 글에 첨부하는 방법을 아는 사람이라면 누구나 존경할만한 박사에게 경의를 표하고 특별한 칭찬의 대상으로 생각한다.[72]

위에서 인용한 것처럼, 랭튼이 호세아서 1장 1-6절을 첫 번째 단락unit으로 취하는 곳에서 텍스트는 여러 세션으로 나누어진다. 랭튼은 이 부분들 각각을 설명한다. 그는 이 부분들을 먼저 문자적 의미, 이어서 영적인 의미에서 아주 임의로 선택하여 설명한다. 코메스터와 챈터는 표준주석의 순서를 따르는 것 같다. 그러므로 그들은 때때로 영적인 설명을 문자적 설명 앞에 놓았다. 챈터는 그의 설명이 짧다는 점에서 자신의 원칙에 충실하다.[73] 그는 랭튼처럼 각 구절을 완전히 설명하지는 않는다.

그러나 텍스트를 설명하기 전에 교사는 텍스트를 결정해야한다. 13세기에는 특정 텍스트가 선택되어 표준으로 채택되었다. 그러나 이 시기에 교사는 거의 모든 구절에 대해 다양한 판독값 중에서 선택할 수 있다. 휴와 앤드류가 본문의 개정에서 보여준 것과 같은 관심사는 코메스터와 챈터에서 알아볼 수 있는 반면, 랭튼은 체계적으로 수정한다. 그는 의심스러운 경우 변형variant 판독 목록을 작성한다. 그는 성 제롬이 '원본에서'(표준주석에서 발췌한 것과 다른 성 제롬의 주석) 인용한 본문과 대조한다. 때때로 그는 다른 유명한 주석가 라바누스 마우루스Raban Maur가 인용한 본문과 후자를 비교한다. 그는 성 제롬과 피터 롬바르두스가 인용한 두 개의 본문을 비교하여 아마도 롬바르두스에 속한 주석된 성경을 언급한다. 우리는 보스함의 허버트Herbert of Bosham의 노트에서 『대주석』*Magna Glosatura*에 이르기까지 롬바르두스가 본문의 변형에 관심을 가졌다는 것을 알고 있다.

랭턴은 그의 수정으로 유명했으며 13세기 수정*correctoria*에서 자주 인용

72 op. cit. 11-12.

73 *Verbum Abbreviatum* i과 이사야서 주석에서 그는 "주석의 과도함"에 대하여 한탄한다.

되었다. 『역사』를 강의할 때, 그의 청중들에 의해 활용되고 즉각 수용된 본문 1부의 8장 2절의 수정을 제안했다. 그것은 파리의 공식 본문에는 없지만, 많은 수정들과 세인트 체어의 휴에도 나타난다. 이 특별한 경우에 랭튼의 대안은 성공할 가치가 있다. 왜냐하면 벌게이트의 단어는 현재 그 상태로는 말이 되지 않기 때문이다. 그들은 "후심은 참으로 아비둡을 낳았다."*Mehusim vero genuit Abitob*(왕상 8:11)로 되어 있다면, 두아이 버전Douay-Rheims Bible은 "그리고 후심은 아비둡을 낳았다."And Mehusim begot Abitob이다. 후심Mehusim을 랭튼은 '후심으로부터'de Husim로 제안했다. 문맥은 8절에서 나오는 '사하라임'Saharim이 문장의 주어임을 분명히 보여준다. 후심은 그의 아내였다. *The Authorized and Revised Version*(혹은 새로운 킹 제임스 버전)은 "그리고 후심으로부터And of Huslim 그는 아비둡를 낳았다"라고 읽는다. 랭튼은 문자를 바꾸고 두 단어를 하나의 단어로 대체함으로써 본문에 실질적인 서비스를 제공하고, '후심'이라는 순전히 환상적인 인물을 폐지하고 있었다.[74]

이러한 제안을 할 때 랭튼은 그의 본문을 수립한다고 생각하지 않는다. 벌게이트의 상태가 이러한 무관한 생가을 낳았을 것이다. 어쨌든 우리가 앤드류와 나중에 베이컨에서 모을 때, 당대 히브리어는 강력한 매력을 지니고 있었기 때문에 제롬의 번역을 정화하는 똑같이 긴급한 과제에서 학자들을 혼란스럽게 만들었다. '둘 중 하나'either-or 시스템도 산만했다. 랭튼은 대안을 수집하는 것을 좋아한다. 영적인 설명을 위해 분명한 훼손의 징후가 있는 것에 대한 독서는 그에게 유용할 것이다. 랭튼은 기꺼이 이를 자신의 목록에 추가한다. 예를 들어, 스가랴 1장 21절의 본문에 대한 그의 처리를 살펴보

---

74 J. P. Martin, "Le texte parisien de la Vulgate latine", *Muséon*, vii (1888), 287 ff. 마틴은 랭튼의 주석에서의 이 구절을 입증한, *Historia Scholastica*, Bibl. Nat. MS. 14417, fo. 89c and 393, fo 108d. "In Hebraeo vero me sonat de. Verum forte deberet ibi esse De Usim non Meusim et ita de Usi alia uxore genuit istos qui sequuntur etc." The *correctorium* MS. 140, Bibl. S. Marco. Venicc. e, fo. 126(로저 베이컨의 시대에): "Cantuariensis dicit quod Meusim duo sunt partes quia '*me*' idem est quod '*de*', hoc est '*de-Usim*'; Quod verbum quidam rapuerunt de ore eius et in textu posuerunt '*de Usim*'."

자. 이 본문은 유다를 파괴하려는 네 개의 뿔과 뿔들을 내려놓고, 그들을 쫓아내고 유다를 적으로부터 구하기 위한 네 명의 대장장이의 환상을 묘사하고 있다. 벌게이트는 다음과 같이 읽는다. "이는 유다를 흐트러뜨리는 뿔이다… 그리고 그것들은 그녀를 두렵게 하기 위하여 온다."*Haec sunt cornua quae ventilaverunt Iudam … et venerunt isti deterrere ea*; Douay 버전: '이것은 유다를 흩어 놓은 뿔이다. 그리고 이것들은 그들을 말리기 위하여 온다. 랭튼은 위의 독서를 제시하고, 덧붙인다.

> 이것은 제롬과 롬바르두스가 저술한 글이지만, 다른 독해는 비유에 더 잘 어울린다.-'그녀를 두렵게 하기 위해'deterere ea. 유다를 산산 조각내는 뿔은 "파괴"되거나 "파손"될 뿐만 아니라 "폐기"되고 "땅에서 떨어져야" 한다.

그것들은 죄를 나타내며, 심지어 죄의 환경들이 남아있게 해서는 안 된다.[75]

본문의 변형에 대한 그의 일반적인 태도는 그 의미가 어느 정도 똑같다면 실제 문구에 대하여 우리가 지나치게 걱정할 필요는 없는 것 같다. 그는 두 번의 독해와 판단을 중지한 것에 대해 스스로 만족한다. 말라기 4장 1절의 예에서 그는 제롬과 칠십인역이 "용광로 불같은 날이 이르리니"*…et inflammabit eos dies veniens…*로 되어 있음을 관찰한다. 일부 책은 날이 이른다dies veniet로 되어 있다. 그 의미는 다소 동일하다. 그러나 우리가 두 번째 독해를 택한다면 그리고 그들을 불사를 것이다*et inflammabit eos*의 단어 뒤에서 멈추고 앞의 문장으로 가져와야 한다.[76]

---

75 T., fo. 170c: "*Et venerunt isti fabri deterrere ea*, sicut enim dicit Ieronimus et Limbardus; tamen alia littera que magis competit tropologie est deterere ea. Non solum enim predicta cornua sunt deterrenda vel confringenda, sed etiam deterenda, sive conterenda, ne alique reliquie Amalech in peccatorum circumstantis supersint."

76 T., fo. 207c: "*Et inflammabit eos dies veniens*: hanc litteram poni Ieronimus et etiam septuaginta. Quidam libri habent dies veniet; et est satis idem sensus. Sed secundum hoc

우리는 표준 본문과 문장 부호를 채택하기 전에 교사와 학생이 어려움을 겪고 있음을 깨닫기 시작한다. 그러나 우리는 또한 이러한 어려움에 얽매이지 않고 랭튼 자신의 도덕적 가르침에 대한 제안이 풍부하다는 것을 알고 있다.

또 다른 문제는 12세기 성경에 표준 챕터chapter의 구분이 없다는 것이다.[77] 가장 일반적인 중세의 방법 중 하나는 각 책의 머리 부분에 내용을 요약하여 각 책을 큰 섹션으로 나누는 것이다. 이 항목item들은 번호가 매겨지고 *tituli*(항)로 알려져 있다. 우리의 현재 시스템보다 어떤 것은 더 적은 수의 챕터를, 다른 것은 더 많은 챕터를 제공하는 다양한 일람 시스템도 있었다.[78] 파리의 공식 본문은 우리의 내용과 밀접한 관련이 있는 챕터로 나뉘었다. 그들은 일치가 완성될 때까지 13세기 동안 점차 수정되었다.[79] 파리 텍스트를 통해 이 특별한 구분은 어디에서나 표준이 되었다.

성경에서 인용할 때 챕터를 언급하는 관습은 12세기 후반이 되기까지는 드물거나 알려지지 않았다. 강의 및 필기록 체계의 발전은 그러한 참고 자료의 편의성을 보여 주어야 했다. 파리에서의 학문의 집중화는 표준화의 바람직함을 보여 주었을 것이다. 그러므로 우리는 세 명의 교사가 파리 텍스트 이전의 챕터 구분의 수용 및 표준화에서 세 단계를 표시한다는 것을 알 수 있다.

피터 코메스터는 단순히 장들이 복음서의 조화에 사용된다고 말하지만 그것들을 언급할 것을 제안하지는 않는다. 그리고 그는 성 제롬의 장capitula과 현재 사용 중인 것과의 차이점을 설명한다. 그가 우리에게 보여준 한 가지

---

clausula precedens terminatur hic *inflammabit eos*."

77 이 단락과 이어지는 두 단락에 대한 특별한 언급이 없으면, 이는 A. Landgraf, "Die Schriftzitate in der Scholastik um die Wende des 12. zum 13. Jahr.", Biblica, xviii (1937), 74-94에서 초기 인용에 대한 참고문헌을 찾을 수 있다. 또한, F. M. Powicke, *Stephen Langton*, 34, G. Lacombe, "Studies on the Commentaries", 15참조.

78 O. Schmidt, *Über verschiedene Einteilungen des heiligen Scriften* (Graz, 1892).

79 Martin, op, cit. (p. 220, n. 2), viii. 457ff.

예는 그가 후일 대체된 구분 체계에 익숙하다는 것을 증명한다.[80] 피터 챈터는 성경 인용문에서 챕터의 구분을 지속적으로 언급한 최초의 사람인 것 같다. 또한 옛 시스템 중 하나를 사용하고 있다. 배열은 여전히 표준화되지 않았다. 그는 때때로 텍스트의 두 부분을 서로 비교하고 하나를 다른 것에 비해 선호한다:

> "그때에"[수 22:1]. (그를 말하기를) 여기서 챕터를 시작하는 것이 훨씬 좋다. 다른 자들은 위에서 챕터를 시작한다.[81]

후기 연대기 학자 트레베Trevet와 나이톤Knighton은 성경을 "현대 사람들이 사용하는 챕터"로 나누는 것으로, 그를 인정했기 때문에, 기대감을 가지고 챈터에서 랭튼으로 향한다. 파리 성경의 내용과 거의 일치하는 챕터 목록은 다양한 사본으로 그에게 속한다.

그의 주석과 『토론집』에 대한 연구에 따르면, 그는 종종 숫자로 챕터을 언급한다. 이 숫자는 사용 중인 두 개의 구분 체계, 하나는 옛것, 다른 하나는 새로운 것을 보여준다.[82] 그러나 우리의 원고가 제시하는 숫자가 반드시 원래의 필기록reportatio으로 환원되지는 않는다. 어떤 경우에는, 나중에 랭튼 자신이나 서기관이나 학생이 삽입한 것이 확실하다. 그들은 지배하고 있는 혼란스러움에 대한 흥미로운 증인이지만, 강사로서의 랭튼의 관행에 대하여는 아니

---

80 이어지는 단락은 Dr. Landgraf에 인용된 것에 더하여 언급될 수 있다; 마가복음에 대한 표준주석의 서문에서의 구분(*spatiatim*)에 대한 논평, MS. Pembroke College, Cambridge, 7, fo. 229a: "et noli intelligere capitula maiores distinctiones que fiunt secundum ordinem tractatus, sed minores clausulas, quandoque unius tantum, quandoque duarum linearum." 마가복음 8:36, ibid. fo. 246a: "*Quid enim proderit*··· ad ingressum huiuscapituli lege glosam···"

81 MS. Balliol, 23, fo. 126c: "Eodem tempore, hic, inquit, magis et melius debet incipere capitulum, alii supra." 상황에 따르면 supra는 어떤 대적을 언급하는 것이 아니다.

82 Dr. Landgraf는 랭튼의 바울서신에 관한 주석과 그의 『토론집』에서 이 이중적 체계를 발견했다. 나 역시 그의 구약 주석에서 그것을 발견했다.

다. 반면에, 우리는 더 신뢰를 느끼는 수number 대신에 단어로 자신의 참고를 제시하는 것을 발견한다. 필사본을 만들 때 단어를 수정하는 것보다 숫자를 추가하는 것이 더 쉽다. 우리는 이러한 구두 언급을 학급에서 말한 것에 대한 진정한 증거로 받아들일 수 있다.

우리는 랭튼이 챕터를 제시하지 않고, 인용한 책의 대략적인 위치를 말하는 것을 발견한다: '전도서의 끝 부분에서'; 또는 시작하는 말에 이은 챕터에서; "잘못 희생 제사를 드리는 그의 제물에서"[34. 21]는 "피를 흘리는 그, 등." 으로 말해진다.[83] 인용된 챕터들은 그에게 설명되는 당대 [새로운] 체계와 일치하지 않는다. 그는 옛 체계 중 하나를 사용하고 있다. 그가 챈터를 채택했는지를 살펴보는 것은 흥미로울 것이다. 그러나 현재 증거가 충분하지 않다.

그러므로 현재의 구분을 랭튼에 귀속시키는 전통이 사실이라면, 우리는 그가 교수 기간이 끝날 무렵 그것을 소개했다고 추론해야 한다. 이 추론은 1203년으로 서기관에 의해 기록된 소선지서에 대한 그의 주석, MS. Troyes 1046의 사본에 의해 뒷받침된다. 이것은 1203년 이래로 분명히 매우 조잡하기 때문에 원본이 아니라 사본이다. 그것은 나중의 일부 사본보다 더 조잡하다. 그러나 간기刊記, colophon는 아마도 이 원고에 독창적일 것이다. 글자체의 모양은 날짜와 일치한다. 불행히도 유래의 흔적은 없다. 주석은 성경 본문에 따라, 제목을 위해 남겨진 자리에의 삽입은 적색 잉크의 숫자로, 그리고 다시 여백에서는 흑색 잉크의 숫자로 챕터를 나누었다; 빨간색과 검은색 숫자는 텍스트와 간기의 서기관이 쓴 것으로 보인다. 그것들은 현대의 챕터 부문에 해당하며 9가지 예외가 있는데 그중 2개는 요나서와 스바냐에서 4장이 빠져있는데 이는 부주의로 인한 것일 수 있다. 나머지 7개는 하나 또는 두 개의 구절이 약간 다르게 되어 있다. 예를 들어, 호세아 6장은 현재 5장 14에 표

---

83 여기서는 지면의 한계로 나는 둘 이상의 예를 제공하지 못했다. 둘 모두 전형적이다. T., fo. 206c: "Item in illo capitulo Ecclesiastici: *immolantis* ex iniquo [xxxiv. 21] dicitur: *qui effundit sanguinem* [27]." P., fo. 11b: "De prohibitione suffocati dicitur in Actibus Apostolorum [xv. 29] in illo capitulo: *Placuit Spiritui Sancto et nobis* [28]."

시되어 있다. 따라서 랭튼의 새 구분은 1203년에 그의 주석 중 하나를 필사하는 데 사용되어 알려졌다.

소선지서에 관한 이 랭튼의 사본은 거의 같은 시기나, 잠시 후의 다른 것들과 비교할 때 중요하다. 이것들은 후대의 작업을 제외하고는, 나뉘지 않거나 구형 시스템에 따라 나뉜다. MS. Cambrai 333(315)은 옛 항목tituli을 가지고 있다. MS. Balliol 22에는 호세아에 대한 45개의 챕터chapter, 요엘에 대한 11개의 챕터, 아모스에 대한 33개의 챕터 등이 있다. MS. Bibl. Nat. Lat. 17988에서 12세기 말이나 13세기 초에 소선지서들에 대한 챈터의 사본에서 비슷한 구성이 발견되었다. 여기에 호세아에서는 46개의 챕터, 요엘에서는 11개의 챕터, 아모스에게서 41개의 챕터가 있다.

MS. Troyes 1046은 랭튼이 새로운 구분과 관련이 있다는 사실과 1203년까지 프랑스에서 강의에 사용하지 않았음에도 알려졌다는 사실에 대한 귀중한 증거를 제시한다. 챕터 문제가 그의 교육 경력 초기에 그를 훈련시켰었다는 것은 성 제롬의 여호수아에 대한 프롤로그에 대한 그의 주석에서 주목할 만한 것으로 입증되었다: 우리는 강사들에게 경고하여 부지런한 서기관들이 숫자로 나누는 구분distinctiones를 유지하도록 하였다. *Monemusque lectorem ut... distinctiones per membra divisas diligens scriptor conservet:*

> 부분별로, 즉 챕터별로 원하는 부분을 찾고 기억하는 데 매우 필요하다. 여기에는 챕터 구분에 대한 근거가 있다.[84]

랭튼의 개선은 챈터와 다른 알려지지 않은 교사들이 공유한 약 30년의 시행착오 끝에 도달했을 것이다. 그의 교수 경험의 결과였다.

우리가 본문과 그 구분에서 표준주석으로 넘어갈 때, 두 원로 교사는 더

---

84 P., fo. 107a: "Per membar id est pes capitula …que valde necessaria sunt ad inveniendum quod volueris et ad tenedum memoriter. Hic habes auctoritatem distinguendi capitula."

확고한 입장에 있는 것 같다. 코메스터와 챈터는 그들의 본문에 대한 주석의 수를 위해 일종의 공식적인 표준을 인정한다. 그들은 어떤 주석이 승인되고 어떤 주석이 삽입되어야 하는지 알고 있다.

> … 이제 행간 주석을 읽으십시오; 여기에서 당신이 읽어야 할 모든 내용에 나는 주목하고 싶습니다. 왜냐하면 특정 책에는 이 장소에 추가해야 할 주석이 많기 때문입니다.[85]

랭튼을 사용하면 주석에 대한 이러한 경계가 완화된다. 그는 주석 수의 다양성이 당연하다고 생각한다. 예를 들면 학개 2장 6절에서 그는 다음과 같이 말한다:

> 그레고리우스는 여기서 『도덕론』*Moralia*에서 네 가지 조항을 설명하는 것을 주목하라. 어떤 책에는 여기에 어떤 주석이 있다. 즉 "그는 많은 것을 뿌리고…" 어떤 책에는 이 주석이 없어서, 여기에 넣었다.[86]

그는 또한 주석에서 다양한 표현을 받아들인다. 그는 자신과 롬바르두스의 텍스트를 비교하는 것처럼 자신의 표준주석 사본을 롬바르두스의 것과 비교한다.[87] 표준주석의 텍스트는 그 수용과 랭튼의 강의 사이에 수년간 통제되지 않은 것 같다.

코메스터와 챈터는 또한 해설자expositor, 주석가glosator와 그리고 주석 편집자ordinator를 신중하게 구분한다. 전자는 표준주석에 인용된 교부적 권

---

85 MS. Pembroke, 7, fo. 188a: "… modo lege interlineares. Volo enim notare omnes quas debes hic legere quia in quibusdam sunt multe que appunctande sunt in hoc loco."

86 T., ff. 160d-161a: "Item nota quod Gregorius in Moralibus hic exponit quatuor clausulas. Unde quidam libri habent inde hic quandam glosam, scil. hanc: Multum seminat … Quidam libri hanc glosam non habent, et ideo eam hic posuimus."

87 이사야에 대한 롬바르두스의 주석, 132-3; "La Glossa Ordinaria", 400.

한이며 후자는 표준주석을 구성하는 책임을 맡은 교사들의 권위 중 하나이다. 코메스터는 라바누스 마우르스Raban Maur와 '주석가'를 대조한다.[88] 챈터는 경고를 한다:

> 그리고 이 주석은 제롬이 아니라 편집자가 삽입하였다.[89]

이는 보스함의 허버트Herbert of Bosham가 롬바르두스의 『대주석』*Great Gloss* 판에서 관찰한 것과 같은 차이이다. 로저 베이컨은 이를 새로운 이름으로 언급한다. 그는 '신뢰하는 것'*authentica*과 '교사들의 것'*magistalia*을 대조하고 구별이 유지되지 않았다고 불평한다. 교사들의 주석은 마치 '권위적'authoritative, 즉 교부적patristic인 것처럼 취급되었다.[90] 랭튼은 용어의 전환을 나타내는 것 같다. 그는 해설자와 주석가를 사용하지 않는다. 그는 이런 식의 구별을 부정적으로 생각한다.

> 이 주석은 제롬에 의한 것이고, 저 부분은 아니다.…[91]

그 이후 1206년 직전에 등장한 에스겔에 대한 그의 후기 작품에서, 나는 "교사들의 주석"*glosa magistralis*이라는 표현을 발견했다.[92] 그러나 중요한 점은 구별이지만 이것이 표현되었다. 우리의 세 교사 중 누구도 베이컨의 비난을 받을 자격이 없다. 그들은 교사들과 교부들을 혼동하지 않았다. 반대로, 그들은 이름을 생략하거나 잘못 붙인 필사자들의 태만에 대항하여 주석의 설명을 보존하려고 애쓴다.

---

88 MS. Laud Misc. 291, fo. 6d.
89 MS. Brussels 252, fo. 26v.
90 위 p. 175. n. 2.
91 아래 p. 228. n. 2.
92 MS. Corpus Christi College, Cambridge, 89, fo. 113b.

일치의 문제 외에도 표준주석을 사용하면 심각한 단점이 발생하였다. 원본 연구를 대체할 수 있는 교과서는 없다. 12세기의 교사들은 이것을 예리하게 깨달았다. 그들은 우리처럼 교과서 체계를 필요악으로 받아들였다. 따라서 영어 주석가인 랄프 니제르Ralph Niger는 표준주석을 인용한 것에 대해 변명했다:

> 우리는 학교에서 들었듯이 거룩한 교부들의 성스러운 설명을 우리 자신의 연구 앞에 두었다. 그러나 간단히 말해서, 읽는 사람들은 이러한 간단한 이유로 그것에 대한 완전한 지식을 위해 원전으로 돌아가야 한다는 것을 이해할 수 있다.[93]

'완전한 지식을 얻기 위해 원본으로 돌아가기'는 세 명의 교사들, 특히 랭튼의 목표이다. 그의 방법은 표준주석을 시작점으로 만들고, 발췌물을 원본으로 확인하는 것이다. 예를 들어, 창세기와 출애굽기의 표준주석은 주로 성 아우구스티누스의 발췌물로 구성되어 있다. - *De Genesi ad Litteram*와 *Questiones in Heptateuchum*: 랭튼은 표준주석에 포함되지 않은 이들 작품의 구분section을 말한다. 그러나 그는 아마도 주석가가 그것을 사용하지 않았기 때문에,[94] 육일 동안의 창조Hexameron에 대한 암브로시우스의 중요한 작업에 대해서는 많이 사용하지 않았다. 라바누스 마우르스Raban Maur의 주

93 열왕기서에 대한 서문, MS. Lincoln Cathedral 25, fo. 6c: "Sacras expositiones sanctorum patrum dumtaxat quas in scolis audivimus nostris inquisitionibus superponimus, sub brevitate tamen, ut qui eas legerint ex ipsa brevitate intelligant ad originalia scripta fore recurrendum ad plenam de eis notitiam habendam ." 비록 Ralph는 *glosa*라는 단어를 사용하지 않지만, 편집본은 그가 표준주석을 사용하고 있음을 보여준다. 그의 주석은 1191년 2월 7일 직전에 마무리되었다. 그 편지가 W. Holtzmann, Papsterkunden, ii (Götingen, 1937), 453-4에서 출판되었다. Ralph는 파리에서 Gerard L Pucelle 아래에서 공부했다.

94 예를 들면, P., fo. 19b. 창세기 24:25절에 관한 질문: "… querit Augustinus quomodo potuerunt filli Rachel tantum malum perpetrare…" Augustine, Quaestio, CVIII in Genesim, PL xxxv. 575.

석에서 편집한 유딧서*Judith*의 표준주석과 마찬가지로 랭튼은 라바누스를 주요 권위로 만들어 라바누스의 최초 주석에서 표준주석의 차이를 메꾼다. 그는 주석 대신 '라바누스'를 언급할 때 표준주석이 아닌 후기의 작품에서 인용하고 있다.[95]

소선지서들은 우리에게 랭튼 체계의 특별히 흥미로운 예를 제시한다. 이 책의 표준주석은 거의 대부분 성 제롬의 주석에서 발췌한 것이다. 랭튼은 다시 두 가지 출처를 사용하여 후자를 '원래의 제롬'*Ieronimus in originali*으로 설명하지만, 전자는 평소와 같이 주석 또는 제롬의 주석*glosa Ieronimi*이다. 그는 서로 보충할 뿐만 아니라 실제로 두 가지를 비교한다. 주석가들은 "하나님의 말씀이 요엘에게 임하였다"*Verbum Domini quod factum est ad Joel*라는 문구에서 전치사의 의미를 설명하는 데 어려움을 겪었다. 랭튼은 표준주석에서 재현된 제롬의 해결책을 설명한다. 그런 다음 그는 제롬의 원본이 표준주석에서 인용된 제롬과 모순되는 것처럼 보인다고 말한다. 그래서 그는 성 제롬의 의미라고 생각하는 것을 제시하며 실제로는 그의 생각에 모순이 없음을 보여준다.[96]

다른 맥락에서, 랭튼은 원본과 비교하여 표준주석을 수정한다. 표준주석에서 원본의 여러 줄이 제거되어 의미를 크게 해친다. 표준주석은 나훔 1장

---

95 MS. Exeter College 23, fo. 12d (유딧서 6:14): "Unde nota quod dicit Rabanus quod magnum et precipuum inpiis precibus sit adiutorium…". Raban. PL cix. 555. 랭튼은 요약을 하고 있다. 나는 표준주석에서 Rabanus의 흔적을 찾을 수 있는 유딧서의 전체 주석에서 단자 한곳을 발견했다.

96 T., fo. 61c: "Unde glosa: *ad Ioel* recte factum est verbum Dei, quod erat inprincipio apud Deum, porro *factum* non secundum se, sed secundum eum ad quem dicitur, fit. Unde 'factus est mihi in salutem'," Quasi sicut hec dictio *factus* nichil copulat Deo, cum dicitur 'factus est mihi in salutem'… Sed huic expositioni contrarium videtur quod Ieronimus predicte glose continuat in originali, sic: 'qui post me venit, ante me factus est, quia prior me erat.' Sed istud intelligitur in evangelio de incarnatione, ergo et istud *factum* quod hic ponitur in textu de incarnatione, quod est contra predictam glosam. Dicimus [soution follows] … et ita planum est quod est in textu et in glosa." 표준주석과 성 제롬의 글 참조 PL xxv. 949.

2절에서 다음과 같이 언급된다: "여호와는 보복하시며 진노하시되" 등은 성스러운 분노가 자비로운 의도를 가지고 있다고 설명했다. 그것은 세인트 제롬에서 발췌한 것입니다.

> 여호와는 진노하시지만… 원수처럼이 아니라, 나무와 건초와 검불을 불살라, 순수한 금을 얻으려하는 것이다. 또한 그에게 적대적이고 반대하는 것은 무엇이든 폐하고, 원래의 상태로 회복시키고 되돌리려는 것이다.(*Ulciscens Dominus*…Non quasil inimicus sed ut ligno, foeno stipulaque consumptis, purum aurum recipiat, et quidquid hostile et contrarium sibi invenerit, tollat, et in pristinum statum restiuat et reducat.)

이 문장은 분명히 아무 의미가 없다. 찌꺼기가 이미 금만 남기도록 제거되었을 때 어떻게 찌꺼기가 '이전 상태로 복원'될 수 있습니까? 수수께끼의 열쇠는 얻으려한다*recipiat*가 여호와가 보복하시며 진노하시되*ulciscens Dominus et habens furorem*에 적용되는 경우에만 가능하다는 것이다. 다음 문장 그리고 적대적이고 반대적인 것은 무엇이든지*Et quidquid hostile, & c.*는 이어지는 자신의 대적에 대한 여호와의 보복*ulciscens Dominus in hostes suos*에 대한 성 제롬의 의견에서 발췌한 것으로, 새로운 사고방식을 소개한다. 랭튼은 이 마지막 구절이 그 맥락에서 취해져서 이전 발췌 부분에 합류된 방법을 보여준다. "무슨 효과가 있는지는 당신 스스로 살펴볼 수 있다."[97]

---

97 T., fo. 116d-117a: "…et post glosam ubi dicitur 'non quasi inimicus etc.' in originali sic: 'non quod sit inimicus et ultor quod de diabolo dicitur, sed, quod amica sit eius ultio, et quasi ignis lignum, fenum, stipulum consumat, ut rurum autum remaneat et regentium' [이는 성 제롬으로부터 인용하였다. PL, xxv. 1233]. Quod autem sequitur in glosa non continuatur prededenti in originali. Sequitur in originali" 'Ulciscens Dominus in hostes suos…' Ieronimus: 'secundum utramque intelligentiam corripit Dominus quem diligit et castigat omnem filium quem recipit. Ideo irascitur ut quod adversarium et inimicum sibi est, tollat ex hostibus et … in antiquum redeat statum.' [성 제롬, ibid.]. Nota hoc ultimum coniungitur cum precedentibus in illa glosa 'Zelatus Dominus etc.'. utrum autem bene, tu

다른 구절에서 그는 성 제롬이 표준주석에서 재현될 때, 성 제롬의 말에 가짜의 내용이 추가되었다고 지적한다. 표준주석에서 발췌한 부분의 첫 번째 부분은 진짜이다. 성 제롬의 주석을 표준주석과 비교한 결과[98] 랭튼이 옳다.

멜룬의 로버트의 분노의 그림자가 우리 앞에 서 있다. 원본으로 주석을 제어하려는 랭튼의 노력은 로버트의 그 관계에 관한 모든 문제의 진단을 정확하게 확인해준다. 로버트는 권위에서 발췌할 수 있는 다양한 방법을 분석한다. 의미와 문장diction을 모두 유지하면서 원본을 요약할 수 있다. 문장을 바꾸면서 의미를 유지할 수 있다. 또는 둘 다 변경할 수 있다. 그는 주석들은 종종 원래의 의미와 문장, 순서가 다르다고 불평한다. 더욱이, 문맥에서 한 구절을 제거함으로써, 당신은 문장을 그대로 유지하더라도 그 의미를 바꿀 수 있다. 그리고 의미를 유지하더라도 그의 단어를 바꾸면서 저자에게 폭력을 가한다. 강조하는 결론을 인용하자.: 주석은 단순한 주석이라는 사실에 의해서는 권위가 없다.

> 우리는 저자의 의미를 설명하고 그의 말을 바꾸는 사람이 권위의 대변인이라는 것을 부인한다.

로버트는 우리의 동정심을 강요한다. 교사들이 확인하지 않는다면, 학생들은 그들의 주석들에서 깨지기 쉬운 권위의 버전을 얻게 될 것이다. 이 경우 그는 그것을 모두 처분하여 문제를 해결할 수 있다. 그리고 갑자기 로버트는 주석에 대한 자신의 기소에 대한 최종 증거에 도달하고, 급격히 끌어 올린다. 원자료의 주제에 대한 그의 겉보기에 좋은 모든 의미 뒤에는 단어에 대한 미

---

videris."

98 T., fo. 125b. (on Nahum ii. 2): "Nota glosam 'Clipeus id est arma diaboli ect.' Cuius pars est Ieronimi, pars non, ut patet per verba que posuimus in fine eius; dicitur quod mali quando ducentur in infernum indignabuntur 'pro malis contra se que gesserunt et tamen contra Deum…'." 비교) 성 제롬, PL xxv, 1247.

신적 숭배가 있다. 그의 논증의 결론은 오늘날 학문을 예고하는 것처럼 발췌문에 대한 그의 공격을 반대하도록 경고한다:

> 사람이 저자의 말만 선언한다면, 심지어 저자의 말이 아닌 다른 의미로 적용하더라도 그가 권위의 대변인이 되어야한다는 것에는 의심의 여지가 없다. 그러므로 우리는 권위가 필수적으로 진실이 아니라 말로 존재한다는 것을 인정해야 한다는 우리 자신의 판단에 구속되어 있다. 발췌된 것으로 여겨지는 그 권위와 표현에서 차이가 있는 주석에서는 그 권위가 없다.[99]

우리가 지금 인식하고 있는 로버트는 교부들에 대한 모든 연구가 부재하고 그들의 문장이 바뀌어도 크게 걱정하지 않는다. 그는 그것이 구두 인용의 형태인 한 권위 있는 것으로 받아들여질 수 있다고 생각하는 것 같다; 권위의 말이 유지된다면 권위의 '왁스 코'waxen nose는[100] 뒤틀릴 수 있다. 우리가 기초석bedrock에 이를 때, 표준주석에 대한 그의 불만은 그것이 단어의 신성함에 위배된다는 것이다. 그가 격렬하게 공격하는 표준주석의 광신자들은 그보다 권위에 대한 태도가 더 지능적이었다. 그들은 학생들에게 성경에 관한 교부적 의견에 대한 아이디어를 주기 위해 단어를 희생할 준비가 되어있었다.

그리고 우리는 로버트가 진실로 건설적인 대안을 제공할 수 있는지 물을 수도 있다. 그는 성경을 조사하면서 자신의 『명제집』*Sentences*을 소개하고, 그

---

99 Op. cit. (p. 216, n. 1): "Unde aliquem sensum auctoris exponentem et verba mutantem, auctoritatis prolatorem esse negamus: cum solum verba auctoris pronuntiantem, etiam ea ad alium sensum applicantem quam ad illum in quo sunt ab auctore prolata, indubitanter constat esse concedendum auctoritatis fore relatorem; ex quo proprio convincimur iudicio, auctoritatem in verbis auctoris potius consistere quam in sententia. Et ideo verum esse quod diximus necesse est, scilict, nullam earum glosarum auctoritatem esse que in verbis ab auctoritatibus sunt diverse ex quibus excerpte creduntur."

100 쇼펜하우어의 글에 등장하는 표현으로 스스로의 성찰없이 단순히 배우기만한 지식을 일컫는다.

의 편집자가 지적한대로 영적 의미의 중요성을 주장한다.[101] 학생은 어떻게 표준주석을 보지 않고 합리적인 제한된 시간 안에서 주어진 구절에 대한 권위 있는 영적 해석을 발견했습니까? 우리가 12세기 관점에서 그 교사의 문제를 보려고 한다면 로버트의 비판이나 글을 읽는 것은 도움이 되지 않은 것 같다. 사실, 우리의 교사들은 구두점, 순서, 장소, 저자 및 그들 주석의 정확성에 대한 귀찮음에 소중한 시간을 할애할 의무가 있다. 그러나 로버트는 표준주석 그 자체를 끝으로 간주한다고 비난했다. 그것은 그의 동시대인들에게 적용되었을지도 모른다. 우리의 세 교사들을 그러한 책임에 대해 인정해야 한다. 그들은 표준주석을 원본을 대신 할 수 있는 것이 아니라 원본에 대한 조언pointer이라고 생각한다. 교육자로서 우리의 교사들은 학생들에게 가장 적합한 방법으로 올바른 책을 소개하는 데 관심이 있다. 또한 그들은 텍스트를 무시하고 질문을 전달한다는 비난도 받지 않는다. 그들의 해석의 길이와 철저함은 우리를 지치게 할 것이 확실하다.

이제 마지막으로, 본문과 주석gloss의 다양성이 다루어지고, 표준주석의 사용이 입증된 후에 우리는 [새로운] 주석commentary에 도달했을 것으로 기대할 수 있다. 아직은 아니지만 우리는 점점 가까워지고 있다. 우리는 문자의 해설을 준비하고 있다. 생 빅터의 휴는 두 번째로 시작하는 것이 아니라 첫 번째로 간주될 때까지 문자적인 설명과 영적인 설명을 신중하게 구별하도록 주석가들에게 가르쳐주었다. 해설가나 주석가가 모두 휴와 마찬가지로 문자와 영의 구별에 살아 있었다. 따라서 휴의 손을 잡으려는 교사들은 해석들을 분류하고 그들 중에서 문자적 의미에서 설명되어야 할 것들과 영적인 의미로 설명되어야 하는 것을 결정하는 섬세한 작업을 한다:

> 두 설명에 속하는 주석을 혼동하지 마십시오 … 따라오는 것이 다른 설명에

101 ibid. xvi.

속하므로, 여기서 주석을 제거하십시오.[102]

[여기] 이 행간 주석 외에는 문자에 대한 주석이 없습니다.

이 주석도 신비적 의미로 받아들여질 수 있습니다.[103]

여기까지 주석은 은유적으로, 이곳에서는 알레고리적입니다.[104]

창세기의 표준주석에 대한 익명의 주석은 실제로 문자적 의미로 설명되는 표준주석의 특정 구절이 '신비적' 또는 '도덕적'으로 잘못 제목을 달고 있음을 지적하는 데 어려움을 겪는다.[105]

피터 코메스터는 한 사람이 좋은 것을 너무 많이 가질 수 있다고 생각하고 심지어는 영적인 의미에서도 그러하다. 그는 다른 주석가와 달리 복음서의 족보의 영적 표현을 경계 내에서 유지했기 때문에 표준주석의 편집자를 찬양한다. 솔직함의 자랑스러운 도출이다:

> "이삭은 야곱을 낳았다." 엄숙하고 권위 있는 교사 제프리 바비온Geoffrey Babion의 글에서 전체 족보가 알레고리적allegorically으로 그리고 도덕적tropologically으로 설명되어 있다. 그러나 여기서 주석들을 편집한 사람은 균형을 유지하여 이 세 교부들의 말을 도덕적으로만, 뒤따르는 다른 사람은 알레고리적으로 설명한다. 그날까지는 그것에 관하여는 그 악이 충분하다; 여

102 마태복음에 관한 코메스터의 주석은 MS. Laud Misc. 291, fo. 8a: "Vide ergo ne commisceas glosas de utraque expositone… Hic dimitte glosam, quia quod sequitur est de alia expositione."

103 이사야에 관한 챈터의 주석은, MS. Brussels 252, fo. 40v: "Ad litteram non habes glosam nisi hanc interinearem"; fo. 49r: "Potest etiam hec glosa esse de mystico sensu."

104 마가복음에 관한 코메스터의 주석은, MS. Pembroke College, Cambridge, 7, fo. 231b: "Huiusque est glosa metaphorica, ab hoc loco allegorica."

105 MS. Eton College 48, fo. 116d: "hec autem glosa, licet mistica intituletur, toto litteralis"; fo. 117a: "Nota quod hec glosa moralis intitulatur, quamvis ad litteram spectat." 이 원고에 대하여는 "Gilbertus Universalis", op. cit. (p. 62, n. 1), vii, 256을 참조. 내 생각에 *Notulae super Genesim*은 12세기 후반이나 13세 아주 초기의 한 파리의 교사의 아마도 한 기록자(*reportatio*)의 작품이다.

기에 필요한 것 이상을 추가하지 마십시오.[106]

챈터는 표준주석과 예전liturgy의 차이에 의아해한다. 이사야의 말씀, "스바 사람들은 다 금과 유향을 가지고 와서"[60:6]는, 세 왕[동방박사들]에 대한 문자적 예언으로 주현절Epiphay에 대한 순차적 노래에서 불려진다. 그러나 표준주석은 여기에 다른 신비한 해석을 제공한다. 아마도 그는 교회가 세 왕을 문자적으로 언급하여 이 본문을 노래하는 것을 제정했다는 것은 이사야에 대한 성 제롬의 설명 이후라고 제시한다.[107] 이 경우 성 제롬은 의식적으로 전례 사용에 반대할 수 없었다.

은유와 예언에 대한 그들의 태도에서 휴의 가르침의 전체 결과를 볼 수 있다. 앤드류는 유대인의 논쟁 앞에서 망설이고, 『임마누엘』*De Emmanuele*에서의 논쟁은 어떤 것을 지나치게 계산했다. 이제 주석가들은 역사적 의미에 은유를 포함시킬 것인지, 문자적으로 그리스도를 언급하는 것으로 예언을 취할 것인지 아니면 이것이 알레고적인 설명에만 속했는지 여부를 분명히 결정해야했다. 12세기 후반의 시편에 대한 익명의 주석은 "보라 처녀가 잉태하여"라는 예언을 '문자적으로는 축복된 성모', '영적으로는 교회'로 설명된다고 간략하게 서술한다.[108] 푸아티에의 피터의 『성막에 대한 우화』*Allegoriae super*

---

106 MS. Laud Misc. 291, fo. 3c: "Ysaac genuit Jacob. In glosis, inquit, magistri Gau[friedi] Ba[bion] que solempnes sunt et auctentice, invenies totam genealogiam allegorice et tropologice expositam. Qui autem hic apposuit glosas ita temperate equilibarvit ut quod dictum est de his tribus patribus tantum moraliter exoneret, quod autem sequitur de aliis tantum allegorice. Sufficiat ergo 야다 malitia sua, ut nihil preter quod opportet hic apponamus." 이 설명은 이 구절에 대한 표준 주석에 정확하게 어울린다. 그리고 피터가 반대하는 지나치게 장황한 설명은 종종 Geoffrey Babion의 것으로 여겨지는 주석에서 발견된다. (PL clxi. 1230). A. Wilmart, "Un commentaire des Psaumes restitué à Anselme de Laon", op. cit. (p. 48, n. 4), 337, n. 45.

107 MS. Brussels 252, fo. 171v: "Hec tamen solent cantari in Epiphania ad litteram de tribus regibus … Non tamen exponitur hic sic. Forte post expositionem Ysaie ordinavit ecclesia ut hec cantaret die illo de tribus regibus ad litteram."

108 MS. Pembroke College, Cambridge, 7, fo. 1d: "ecce vigo etc. litteraliter de beata virgine, spiritualiter exponitur de ecclesia impleta."

*Tabernaculum*에서 괄호는 매우 중요하다. 그것은 단지 자신의 출처를 기록하는 것으로 스스로 만족했던 그의 작품의 일부에서 발생했다. 그럼에도 불구하고 그가 알레고리에 관한 비드Bede의 정의에 이를 때, 비드의 예를 들어 "이새의 뿌리에서 한 가지가 나서는, 등" 즉, 이는 동정녀 마리아는 다윗의 가지이며, 그녀에게서 그리스도가 태어날 것이다, 피터는 자격을 추가해야한다고 느낀다; "어떤 사람들은 이것이 은유적으로 관련된 역사라고 말한다."[109]

비드는 이 예언의 일차적 의미를 설명하고 있었다. 그러므로 피터는 비드가 그것을 역사적 의미에 속하는 것으로 간주해야 한다고 생각한다. 피터는 자신이 가장 좋아하는 권위인 비드와도 예언적 은유가 들어 있기 때문에 주요 역사적 의미를 알레고리로 분류하는 데 동의할 수 없다

피터 챈터는 발람Balaam의 예언에 대한 그의 논평에서 그 문제를 더 분명하게 지적했다. 강의를 준비할 때 그의 앞에 놓여 있던 앤드류의 작품은 유대인들이 그들의 메시아에 대한 발람의 예언으로 설명했다고 말하였다. "별은 야곱에게서 나오고, 한 규가 이스라엘에게서 일어나서"[민 24:17]. 챈터는 기독교적 의미에서 그것을 받아들인 것에 대해 자신을 정당화한다.

> 그리스도에 관해 말한 모든 것을, "그리고 그가 보았을 때"[20절]는 "그는 셋의 자식들을 다 멸하리라"를 제외하고는 다윗에게도 적용할 수 있다.

셋Seth의 후손들이 모두 홍수에서 멸망되었기 때문에 셋의 자녀들은 모든 인류를 상징한다.

> 그러나 다윗은 모든 인류와 모든 민족의 사람들을 멸망시키지 않았으며 이것

---

109 Petri Pictaviensis, *Allegorieae super Tabernaculum Moysi*, ed. P. S. Moore and J. A. Corbett (Notre Dame, Indiana, 1938), 100-2: "Quidam tamen dicunt hoc esse historiam per metaphorice trans-sumpta verba narratam; …"

은 적어도 그리스도에게도 진실이다.[110]

가장 명확하고 확실하지만 아직 미묘한 문제의 처리는 랭튼에서 같은 본문에서 나타난다:

> 이것은 명백한 그리스도의 예언이다. 그러므로 예언 이외의 다른 문자적인 해석으로 이해되어서는 안 된다. 그러므로 우리는 그 문자를 다음과 같이 설명해야한다. 한 별 그리스도는 유대 민족 야곱으로부터 성육신을 통해 일어날 것이다. … "그는 에돔을 소유할 것이며": 모든 민족은 그의 것, 즉 그리스도의 것이다. 문자적으로 이것은 다윗에게서 성취되었다; 그리스도는 그 악인을 공격해야 한다는 것은 신비적인 의미일 수 있다. [모압의 족장과] 그들의 땅, 즉 죄에 속박된 사람들이 소유하고 있다.[111]

랭튼은 발람의 예언의 일부가 다윗에게 문자적으로 성취되었으며 결국 그리스도의 오심을 상징한다고 언급한다. 그는 이것을 선지자의 원래 의미에 포함시켜야 한다고 믿기 때문에 문자적 의미로 간주한다. 그는 은유, 상징주의, 알레고리가 선지자의 마음속에 있으면 문자적 해석으로 올 수 있다는 것을 알았다. 우리는 그 구절에 나중에 '영적 해석'이 주어지기 때문에 예언의 문자적 의미를 뚜렷하게 유지했다는 것을 알고 있다. 알레고리적으로 allegorically 별은 축복받은 동정녀이며, 규septre는 그녀의 아들이다. 교훈적으

---

110 MS. Balliol 23, fo. 42d: "Et nota quod monia que dicuntur de Christo usque ad illum locum *cumque vidisset* possunt convenire David, preter illud: *vastavit omnes filios Seth*. cum enim occisus esset Abel a Ccain, non remanserunt nisi filii Cain. Sed *Adam iterum cognovit uxorem* et genuit Seth [창 4: 5]. In diluvio autem perierunt omnes de genere Cain, et omnes de genere Seth preter Noe et eius filios. Constat ergo quod sunt *omnes filii Seth*, sed non omnes homines vastavit David nec omnium nationum homines, quod saltem de Christo verum est." 동일한 논증이 더 간략한 형태로 *Hisoria Scholastica*, PL cxcviii, 1239 제시된다.

111 "Stephen Langton and the Four Senses", 65-6.

로tropologically 별은 '선한 행위의 빛', 규는 '양심의 순결함'이다.

이러한 생각idea은 그에게 확고한 뿌리를 내렸으며 그것은 문자의 도덕적 가르침에도 적용되었다. 그는 '도덕적 의미'tropological sense 또는 도덕화와 본문의 직접적 가르침에서 추론할 수 있는 도덕적 교훈을 구별한다. 후자는 문자에 따른 도덕*moralitas secundum litteram*이라고 부른다. 예를 들어, 토비아스서*Tobias*의 서두에 대해 언급하면서 그는 다음과 같이 말한다:

> 문자에 따른 도덕성을 보라. 이것을 취하라: "그의 포로 된 가운데"[1:2]. 보라! 그는 역경에서 굳건히 서 있다고 칭찬 받는다. …[112]

우리는 예언이나 추론에 관심이 없지만 '문자적' 해석과 '영적' 해석 사이의 구별에 관심이 있다. 우리가 영적 의미의 본질을 고려할 때 알 수 있듯이 분명한 구별은 우리가 주석exegesis이라고 부르는 것의 조건이었다. 12세기의 교사들은 불만을 느끼고 있었다. 그들은 사중 해석의 체계에 의문을 제기하지 않는다. 그러나 그들은 질서로 인도하고 그 모호성을 제거하려고 애쓴다. 그들은 무대 뒤에서의 진지한 토론을 암시한다.

마지막으로 도달 한 '문자'에 대한 견해comments에도 동일하게 적용된다. 우리의 문제는 그들이 빅터주의 전통의 정신을 계속 유지하는지 결정하는 것이다. 그들은 앤드류를 인용하여 그것에 대한 감사를 표한다. "그러나 그들은 그의 연구 사례를 따르고 그가 열어 놓은 출처를 이용합니까?" 출처를 철저히 조사해야만 이 질문에 대답할 수 있다. 현재 말할 수 있는 전부는 '그렇다. 어느 정도'이다. 코메스터는 확실히 교부들이나 앤드류에게서 가져오지 않은 유대인의 전통을 인용한다. 챈터와 랭튼, 둘 다 이사야 7장에 대한 주석에서 유대인들과의 새로운 토론의 흔적을 보인다. 챈터는 본문에 대한 유대인의 두 가지 설명을 알고 있다. 하나는 『임마누엘』에서 유래한 것일 수 있다; 임마누엘은 이사야의 아들이었다. 다른 하나는 앤드류가 언급하지 않았

---

112 "Stephen Langton and the Four Senses", 64.

다; 임마누엘은 아하스의 아들 에스겔이었다. 챈터는 변증법을 배웠다고 말하면서 유대 학자들과 개인적으로 접촉한 것 같다. 성 제롬에 따르면 유대인의 견해를 인용한 후에도 그는 다음과 같이 계속한다:

> 우리 시대의 유대인들은 궤변적인 구성으로 번역하여 다른 방식으로 말한다. 그들은 복잡한 구성으로가 아니라 나누어서 이해되어야 한다고 말한다: "'처녀'인 여성이 '잉태할 것이다'로, 그러나 처녀로 남아 있음은 아니다."

또는 챈터에 근거한 한 주석으로 이렇게 표현한다: "우리 시대의 유대인은 파르비폰타니Parvipontani이다". 그는 쁘띠 퐁Pit Point 학파의 특성에 따른 까다로운 논리학자였다.[113]

챈터의 주석을 알고 있는 랭튼은 토론을 한 단계 더 진보시켰다. 그는 다음과 같은 의견으로 유대인의 관점에 대한 챈터의 반대를 반복하였다:

> 그러나 이것은 쉬운 유대인의 해결책이다; 왜냐하면 그들은 본문을 그렇게… 읽는다.

토론의 새로운 교환은 다음과 같다.[114]

[12에서 13세기로] 세기가 바뀌는 때에 랭튼은 일하였고, 히브리어 연구가

---

113 MS. Brussels 252, fo. 30v; B. Smalley, "A Collection of Paris Lectures", op. cit. (p. 62, n. 1), 112-13. 'predocationem'을 'divisionem'로 읽음.

114 MS. Bibl. Nat. Lat. 14417, fo. 181b. 그러나 챈터나 랭튼은 모두 유대인과의 토론을 인정하지 않았다. 챈터는 종종 유대인들이 기독교인들에 반대하여 비난하는 경우를 회상한다; 랭튼은 사람은 유대인이 그를 도발하지 않는다면 논쟁하지 말아야 한다고 말한다. MS. Bibl. Nat. Lat. 15565, fo. 101d.(on Ecclus, viii, 15: Noli foenerari homini fortiori te, etc.): "… ut in disputatione Iudeorum et clericorum Remis, cum quidam opporneret quod solus Deus novit cogitationem, respondit Iudeus multis exemplis hoc esse falsum." MS. Rawl. C. 427, fo. 10a (삼상, xiv. 9: … stemus in loco nostro, nec ascendamus ad eos): "argumentum est quod non est disputandum cum Iudeis nisi provocatus fuerit quis."

더 일반화되었다. 랄프 니제르Ralph Niger와 알렉산더 네크밤Alexander Nequam은 둘 다 기초 히브리어를 알고 유대인들의 자문을 받았다.[115] 마틴Paulin Martin은 랭튼이 원본 히브리어에 의해 본문을 수정했다고 지적한다.[116] 마틴이 인용한 세 가지 사례 중 하나를 앤드류에게서 랭튼이 넘겨받았다.[117] 다른 두 사례는 랭튼에게 독창적이었을 것이다; 그러나 그들이 유대인들과 대화를 통해 얻은 간접적인 지식으로 히브리어에 대한 개인적인 지식을 나타내는지 확신할 수 없다.

랭튼은 확실히 자문하는 관행을 계속한다. 모압의 세 가지 범죄에 대하여[암 2:1] 표준주석은 열왕기하 3장 26-27절을 언급한다. "모압 왕이 … 맏아들을 데려와 성위에서 번제를 드린지라." 이에 대한 랭튼의 의견에 대한 필기록*reportatio*은 다음과 같다:

> 표준주석과 열왕기의 본문은 모압 왕이 자기 아들을 성벽 위에서 번제를 드렸다는 것을 의미하는 것 같다. 그러나 매우 학식 있는 어떤 유태인은 교사에게 자신의 아들이 아니라, 에돔 왕의 아들을 바쳤다고 말했다.[118]

랭튼의 동시대인 데이빗 킴히David Kimhi는 이 의견을 그의 아버지 요셉Joseph(1105-70)의 이름으로 보고한다.[119] 학개 2장 1절, "이십 사 일에, 등"의 필기록reportatio은 다음과 같이 기록한다.

---

115 G. Flahiff, "The Life and Writings of Ralph Niger", *Medieval Studies of the Institute of Toronto*, ii (1940), 121-2. Dr. R. W. Hunt는 자신의 원고를 나에게 빌려주었고, 전도서에 대한 알렉산더 네크밤(Alexander Nequam)의 주석의 노트도 빌려주었다.

116 Op. cit. (p. 220, n. 2), 455.

117 열왕기상 5:6절에 관한 랭튼의 주석은 같은 구절에 대한 앤드류의 주석에서 가져왔다. MS. C.C.C. 30, fo. 56b-c.

118 MS. Maz. 177, fo. 95c: "Nota quod predicta glosa et etiam textus Regum videtur velle quod rex Moabimmolavit suum proprium filium super murum. Dixit tamen quidam Hebreus doctissimus magistro quod non immolavit proprium filium sed filium regis Iudumee."

119 이 내용에 대해 나는 Dr. Rabinowitz에 감사드린다.

어떤 유대인이 스승에게 말한 것처럼 여기서 유대인들은 문장의 시작처럼 대문자가 있는데 앞선 장chapter에 달려 있다고 말한다.[120]

내가 찾은 가장 흥미로운 예는 아마도 모세가 죽은 장소인 아바림, 비스가, 느보 산의 상대적 위치에 대한 랭튼의 의견일 것이다.[신 34:1]. 그는 '교사*magistri*인 스승을 따르는' 생 빅터의 앤드류의 의견을 제시하고 '그렇지 않다'는 '당대 유대인'의 의견과 대조한다. 이 두 번째 의견은 랭튼의 동시대인 하제쿠니Hazzekuni의 편집에서 발견된다. 랭튼은 베이컨이 한참 후에 추천한 것을 하고 있으며 히브리어 자료에 대한 자신의 지식으로 앤드류를 확인하고 있다. 그럼에도 불구하고 그는 계속해서 챈터의 의견을 선호한다. '진실한 것 같고', '『역사』의 교사'도 이것에 동의한다.[121]

---

120 MS. Durham, A.I. 7, fo. 198v: "Apud Hebreos est hic magna littera quasi inchoativa sententie, ut dixit magistor quidam Hebreus, dicens eam pendere de precendenti capitulo."

121 나는 지리학적 *quaestio*의 흥미 있는 예들을 통해서 자료들을 모아 전체 문단을 재생하였다. MS. Trinity College, Oxford, 65, fo. 291b.

"Item supra in benedictionibus dicit: *Ascende in montem iustum Abarim, in montem Nebo. Item hic dicitur: Ascendit ergo Moyses de campestribus Moab super montem Nebo, inverticem Phasga*. Quomodo est hoc intelligendum vel quomodo possunt simul stare hec? Responidt: Andreas sancti Victoris, magistrum Hogonem secutus, dicit quod Phasga provincia est, Abarim mons, Nebo oppidum quodam. et quia dicitur *in montem Abarim*, hoc proprie dicitur, et est ibi intransitio; quod autem dicitur hic *super montem Nebo* improprie dicitur, et est ibi transitio, et est sensus, i.e. super Abarim, qui est iuxta Nebo oppidum. Hebrei moderni aliter dicunt: quod tam Abarim quam Nebo contra Phasga montes sunt, et quod Moyses in Nebo mortuus est. Verius videtur quod Abarim fui mons quidam magnus per quem erat descensus in Nebo, cuius Nebo scil. vertex erat altissima, et dicebatur Phasga *cacumen* illius, et huic concordat magister in hystoriis."

II. 1-2. 신명기 32:49절.

I 4. 이 의견은 휴의 출판된 작품에는 없다.

II. 5-6. 같은 본문에 대하여 앤드류는 MS. C.C.C. 30, fo. 47b: "Nabo oppidum est, mons eius est Abarim; in verticem Phasga; Phasga est provincia; verticem montem Abarim appellat, replicans more scripture quod iam superius dixerat."

II. 10-12. 챈터는 MS. Balliol 23, fo. 111d: "Nota quod Aabrim nomen est montis, Nebo nomen verticis eiusdem montis, cuius etiam montis nomen est Fasga, et inde potest videri terra promissionis."

이것이 랭튼의 전형적인 태도이다. 그는 자신의 권위(역사 포함)를 조정 manipulate해 그의 강의를 일종의 일치, '주석들의 불일치의 일치'*concordantia discordantium glosarum*로 바꾸는 열정을 가지고 있었다. 신학자들은 변증법의 도움으로 그들의 권위들을 해석하는 기술을 발전시키고 있었다; 랭튼은 본능적으로 지리학에 동일한 방법을 적용한다. 그의 출처가 팔레스타인의 지명에 관해 차이나는 경우 그는 지명은 추상적 용어인 것처럼 '구별'과 '애매모호함'의 두 방법으로 그것들을 일치시키는데 주저하지 않는다.

아모스 1장 12절에 관한 주석: "내가 데만에 물을 보내리니, 보스라의 궁궐들을 사르리라", 그는 보스라*Bosra*의 정체를 밝히기 위해 많은 지면을 할애한다.[122] 이 구절에서 언급된 보스라는 히브리어의 '요새화된'에서 유래한 에돔의 한 도시 이름이다. 그것은 이사야 63장 1절, 예레미야 49장 13절과 22절의 보스라*Bosra*와 동일하며, 르우벤의 '보솔'*Bosor*인 모압의 도시(렘 48:24)와 구별된다.[123] 그러므로 랭튼은 두 개의 분리된 보스라를 구별하는 데 옳았지만, 세부적인 실수를 하였다. 그는 먼저 자신의 권위자들을 문제의 본문에 관련하여 정리한다. 아모스 1장 12절의 행간 주석은 에돔의 한 도시이다; 성 제롬은 이 단어가 에돔 전역의 또 다른 이름이라고 말한다: *Bosrae non sicut quidam putant alterius civitatis sed Idumaeae.* 이사야 63장 1절의 "에돔에서 오는 이 누구며 붉은 옷을 입고 보스라에서 오는 이는 누구냐"는 이 보스라를 에돔의 한 도시라고 부르며, 이는 보스라를 모압의 성읍으로 언급하는 예레미야 48장 24절의 지지를 받는다: "심판이 … 모압의 땅 보스라와 모든 성읍에로다." 그러나 모압의 성읍에서 우리는 "보스라가 놀람과 황폐함과 저줏거리가 될 것이요… 그 모든 성읍이 영원히 황폐하리라 하시니라"[렘 49:13]를 지

I, 12. 신명기 3:27절: "Ascende cacumen Phasgae…"
Historia Scholastica, PL cxcviii, 1259-60.

122 전체 문단을 여기서 모두 제시하게에는 너무 길다. T., ff. 75d-76a: "… et ita secundum diversas significationes huius vocis Bosra loicuntur hic glose…"

123 A. Legendre, art. "Bosra", in *Dict. de la Bible*, ed. Vigouroux.

니고 있다. 그러므로 보스라는 에돔과 동일하거나 그 안에 위치했다. 자신의 권위들에서 모순을 고려할 때, 랭튼은 다소 독창적인 해결책을 제안한다: 보스라는 모압에 있는 도시의 적절한 이름이며, 또한 '요새화된'이라는 의미의 에돔 지역의 형용사이다. 우리는 예레미야 49장 16절로부터 알고 있다. 에돔은 언덕과 동굴로 요새화된 땅이었다; "바위틈에 살며 산꼭대기를 점령한 자여." 그는 주석들이 서로 상반되는 것이 아니라 같은 용어의 다양한 의미와 관련되어 있다고 주장한다.

마찬가지로 '『역사』*Histories*의 교사'가 지리적 문제에 대해 성 제롬과 의견이 맞지 않을 때, "몇몇 사람은 그 교사가 거짓말한다고 말한다. 그러나 그것은 어리석은 일이다. 우리는 거기에 애매모호함이 있다고 말한다."[124]

이러한 논리의 잘못된 적용은 학문적 관점에서 '~이거나 또는'either, or 체계보다 훨씬 잘못된 것으로 보인다. 대안의 문자열은 문제가 존재하고 이를 해결하기 위한 데이터가 부족하다는 것을 적어도 인식한다. 변증법은 인문학만큼이나 학문에 나쁜 것으로 판명되었다.

추가적인 질문으로 넘어 가면 앤드류 자신의 주석에 의해 그리고 자신의 주제에 대한 그의 개인적인 접근에 의해 세 명의 교사들이 얼마나 영향을 받았는가? 다시 대답은 '어느 정도'to some extent임에 틀림없다. 우리는 앤드류의 모험심과 독립심을 그리워한다. 그들의 인용문에서 그의 '물이 흘러 들어갔다.' 앤드류의 오경에 대한 주석, 그리고 육일 동안의 창조Hexaemeron에 대한 그의 해석의 가장 독립적인 부분은 『역사』*Historia Scholastica*에서 완전히 생략된다. 랭튼은 이것을 한 번만 언급한다. 모세가 어떻게 창조에 대

124 P., fo. 112a에서 여호수아 15:13절: "헤브론의 옛 이름은 기럇 아르바라"의 주석. "Et nota quod magister in hystoriis dicit in glosula quadam quod civitas illa Gebron [sic] dicitur 'Carialtarim' et in Paralipomenon 'Cariatharb'. Et contra Ieronimus dicit quod Cariatarim fuit una de civitatibus Gabraonitis, ergo non fuit illa, falsum est ergo quod dicitur inilla notula. Responsio. Dicunt quidam quod magister mentitus est, sed hoc insipientis est dicere. Unde dicimus equivocationem ibi fuisse, et hec alia est ab illa quam magister ponit." "*Historia Scholastica*", PL cxcviii, 1270.

한 지식을 얻었는지에 대한 질문에 앤드류의 신중한 추론에 대한 대담한 요약으로 제시한다:

> 또는 그가 자신의 선조들로부터 많이 배웠다고 말해질 수 있다.[125]

챈터는 앤드류의 소개 대부분을 인용하며, 그것은 생략보다는 더 중요성을 갖는 약간의 조정을 지닌다. 앤드류가 모세가 '천사의 창조에 모두 넘긴다.'고 말하면서 챈터는 다음과 같이 덧붙인다.

> … 어떤 [주석가들]에 따르면, 비드Bede와 동의하는 것처럼 보이는 많은 사람들과 다른 많은 사람들처럼, 12일의 차이에 따라 세상이 창조되었다고 말한다; 그러나 아우구스티누스는 우리가 말한 것처럼 사물들이 함께 만들어졌다고 말한다.[126]

앤드류의 요점은 천사의 창조가 전혀 명시적으로 언급되지 않는다는 것이었다. 챈터는 이 질문을 동시에*simul* 질문과 혼동하여 이 진술을 무시하려 한다. 그는 여전히 앤드류를 인용할 때 '모두 넘어 간다'를 '다루다'로 바꾸는 세인트 체어의 휴보다 원본에 더 충실하다![127] 다시 한 번, 세 명의 교사들이 모두 앤드류를 계속 사용하는 민수기에서는 유대인들이 자신들의 메시아에 대한 발람의 예언을 언급한다는 진술을 생략한다. 민수기 24장 15절을 보면,

---

125 P. fo. 2d: "… et prius nota quod dicitur in glosa que sic incipit: sicut Paulus etc. Ita enim queritur quomodo Moyses scivit mundi exordium: per revelationem Spiritus sacti. Vel potest dici quod multa didicit ab antecessoribus suis."

126 MS. Chartres 229, fo. 4b: "… pretermittit, secundum quosdam qui dicunt mundum creatum secundum distinctionem VII dierum, quibus Beda consentire videtur, et alii multi. Augustinus tamen dicit simul creata ut dicemus." 위의 p. 132 참조.

127 Post. in Gen. i. (Paris, 1530), fo. 6v: "… ideo de creatione angelorum, qui etiam hominibus serviunt, in principio agit."

"…눈을 감았던 자가 말하며…", 랭튼은 앤드류의 성급한 제안을 생략했다: 벌게이트는 말도 안 되며, 우리는 오리게누스와 히브리어를 선호하자;[128] 코메스터와 챈터는 그를 조작한다:

> 히브리어와 오리게누스의 번역에는 "누구의 눈이 열렸는가"가 있다. 그러나 그 의미는 동일하다: 그가 잠자는 동안, 그는 꿈에서 자신이 말하는 것을 보았다: 그러므로 그의 육안이 멈추고 마음의 눈이 열렸다.[129]

그러나 그 조작 자체는 비판적인 정신을 보여준다. 앤드류에게 감탄하면서 세 교사들은 그의 과장을 조금씩 벗겨내려고 한다. 우리는 코메스터가 자신의 학생들에게 의심스러운 전통에 대해서 경고할 때,[130] 그에게서 빅터주의의 비판적 의미를 다시 알 수 있다. 우리는 또한 문자에 대한 코메스터의 관심이 그를 문자적 해석을 위한 새로운 출처들로 이끌고 있음을 알았다. 그것들은 과학적이지는 않지만 교육 목적에는 유용하다.

그의 『역사』와 복음에 대한 주석에서 코메스터는 "성경 고고학과 전례와 관련이 있는 것에 대하여 편견이 남아있다"고 지적한다.[131] '성경 고고학'은

128 위의 페이지 168.

129 *Hist. Schol.*, PL cxcviii, 1238; MS. Balliol 23, fo. 42c.

130 주석에서 "요셉은 마리아를 얼굴을 대면하여 볼 수 없었다고 말해진다. 그러나 그에 대하여 마태복음 1:25절은 일치하지 않는다. '그는 그녀와 동침하지지 아니하더니.'(Dicitur quodd Ioseph Mariam facie ad faciem videre non poterat... de quo hic non agitur" to Matt. i. 25 Et non congnoscebat eam…) MS. Laud Misc. 291, fo. 9b: "Tradunt quidam, sed non est autenticum, quod de facie beate Virginis quamdiu pregnans erat egrediebantur radii splendoris, et adeo habebat igneam faciem ut in eam non posset Ioseph dirigere oculorum aciem, et ita non cognoscebat eam quia non potuit eam intueri. Satis potuit sic esse, ut dicit Ieronimus. Dicitur enim in hoc libro forte de infantia Salvatoris in quo etsi multa vera tamen respuit eum ecclesia velut apocriphum: sed non est ad hoc referendum quod hic dicitur 'non cognovit'." 표준주석에서 자세히 설명하지 않는 이 독특한 전설은 『구주의 유년기』(*Liber de Infantia Salvatoris*)에는 없으며, 코메스터가 성 제롬의 구절을 언급하였는지도 분명하지 않다. …

131 A. Landgraf, "Recheches sur les écrits de Pierre le Mangeur", Rech, Théol. anc. méd.

거룩한 땅의 성당과 성물에 대한 코메스터의 관심의 대명사이다. 전례에 대한 그의 관심은 더욱 깊어진다. 12세기에는 전례 드라마의 발전이 있었다; 코메스터의 학생들은 거룩한 날 예배의 틀 안에서 제작된 성경 연극 중 하나에 참여했을 가능성이 높다; 우리는 이 연극들 중 하나인 *Ludus Danielis*가 보베Beauvais에 있는 대성당 학교 학생들에 의해 쓰여졌다는 것을 알고 있다(약 1140 년).[132]

코메스터는 학생들의 경험에 호소하고 있으며 전례의 역사적이고 드라마적 특성에 관해 전적으로 자신의 세기의 정신 가운데 있다. 그것은 성경의 거울이다. 그는 그것들을 거룩한 문서[성경]에서 미사, 직무, 과정으로 지칭하는데 그곳에서 그것들은 같은 사건을 나타내는 것을 볼 수 있다; 그는 전례에서 성경이 어떻게 재연되는지 보여준다. 『역사』에서 쉽게 접근할 수 있으므로 사례를 제공할 필요가 없다. 대신 우리는 마태복음에 대한 그의 첫 강의에서의 기조연설을 인용할 것이다. 그는 미사에서 복음서를 읽음으로써 복음 '좋은 소식'*evangelium*의 의미를 조명하고 구약에서 신약으로의 그 구절이 교회에 의해 어떻게 표현되는지를 보여준다;

> 복음서의 이 세 가지 우위를 가르치기 위해 교회는 복음서를 읽을 때 세 가지 일을 한다. 미리 묘사된 것들의 계시를 나타내기 위해 교회는 머리를 들고 복음서를 듣는다. 약속의 성취를 표시하기 위해 교회는 마치 침묵으로 복음서를 듣는다. 마치 그 침묵으로 교회가 말하는 것처럼; "이제 약속된 것을 얻었다"; 아이들이 사과를 든 후에는 침묵하는 것과 같다. 약속의 숭고함을 표시하기 위해, 교회는 목소리를 높여서 은혜와 이익으로 가득 찬 복음서를 마친다. 반면에 구약의 교훈은 다음과 같이 말한 것처럼 목소리를 낮추었다. "세상적인 것이 약속되어 있다. 여기가 최고야"라고 말했던 것과 같다.[133]

---

iii (1931), 369.

132 K. Young, *The Drema of the Medieval Church*, ii (Oxford, 1933), 290, 395 ff.

133 MS. Laud. Misc. 291. fo. 1a: "Ad insinuandam hanc triplicem evangelii pre-

챈터와 랭튼도 같은 방법을 사용한다. 그들은 예를 들어 노트르담과 같은 특정 교회에 고유한 전례 사용의 사례를 좋아하며, 우리는 교회 관습에 대해 이상한 측면을 얻는다. 유대인들이 홀로페르네스Holofernes[134]에 의해 위험에 처했을 때: "주님의 제단은 머리카락으로 덮여 있었다"[유딧서 4:8]; 그러므로 랭튼은 포로될 위협을 받을 때 교회가 따르는 관습이 시작했다고 말한다; 교회는 가시나무와 가시로 그 문을 막았다.[135]

강의실에서 사용된 또 다른 장치는 '색인'concordence이었다. 빅터주의자들은 그들의 주석에 빠뜨릴 수 없다고 생각할 때만 병렬 텍스트를 인용한다. 권위에 의한 모든 진술을 지지하는 습관이 커지고 있었으며, 아마도 성경의 적절한 일치가 있기 전에, 학생들에게 참고 문헌을 주어야했다. 이 체계는 랭튼의 주석에서 크게 진화했다. 그는 거의 항상 자신이 설명하고 있는 텍스트나 그 해석을 뒷받침하는 텍스트로 제시되는 것들의 목록을 작성한다; 이 텍스트들은 차례로 다른 사람들을 제안한다. 때때로 목록은 실제로 색인집으로 향한다. 그의 주석은 사실상 13세기의 교사들이 발명하고 오늘날 우리가 의지하는 알파벳 작업에 대한 서투른 대안을 제공할 것이다.

이 색인집은 교사들에 부과된 성가신 도구의 최종 사례로 인용되었다. 랭튼은 4절verses로 구성된 부분을 취한다; 그는 변형된 독서 목록을 제공한다; 그는 주석의 순서와 아마도 그것들의 변형된 값을 알려준다. 그는 대안적인 설명을 수집한다(나는 1개의 텍스트에 대해 6개, 그 중의 3개는 그가 선호하는 것이라고 제시했다). 그는 주석가, 그들의 '원본', 그리고 발생하는 문제를 '조화

---

eminentiam, tria facit ecclesia cum legitur evangelium. Ad ostendendum enim quod per evangelium facta est figurarum revelatio, audit evangelium capite relevato; ad ostendendum quod in evangelio facta est promissorum impletio, audit evangelium cum silentio, ac si ipso silentio dicat: iam optineo promissa. Solent enim pueri silere postquam tenent poma..."

134 * 홀로페르네스: 바빌론의 왕 느브갓네살의 부하 장군으로 유대의 미망인 유디스(Judith)에 매혹되어 살해되었음.

135 MS. Exeter College 23, fo. 10a: "Ecce ex hocm sumpsit initium quod modo imminente captivitate geritur ab ecclesia, scil. portas ecclesie spinis et vepribus obstruere."

시키는' 규칙으로써 『역사』를 통해 해결한다; 그는 관련 성구의 표, 즉 '색인집'을 만든다; 그 후에도 그는 영적인 의미에 따라 계속해서 그것을 통해 끈기 있게 나아가야 한다. 그가 끝날 무렵 우리는 그가 이전 세션에 대해 말한 것을 잊었다. 성스러운 작가의 의미를 설명함에서 모든 연속성이 사라졌다.

랭튼 주석의 중세 독자들은 길이와 기타 특성으로 인해 우리만큼 압도된 것처럼 보인다. 그들은 다양한 종류의 발췌물 제작에 의한 문제를 해결했으며, 가장 효과적인 방법은 문자적 표현과 영적 표현을 분리하는 것이다. 거의 모든 랭턴의 주석 책에서, 한 필기록reportatio은 세 가지 형태로 발견되었다: 우리는 (i) 문자적 해석과 영적 해석을 모두 포함하는 완전한 형식의 원본을 가지고 있으며, (ii) 문자적 해석, (iii) 영적 해석, 얽매이지 않고 각각 별개로 필사되어 있다.[136] 따라서 많은 원고에서 알레고리와 도덕으로 갑작스런 전환에 의해 방해받지 않고 문자적인 해석을 읽을 수 있다. 우리가 '심각한'serious 주석이라고 부르는 것은 설교학에서 분리되었다.[137] 이것은 우리가 앤드류와 비교할 수 있는 일련의 주석을 제공한다. 앤드류는 자신이 했던 것처럼 그들이 마찬가지로 문자만 다루기 때문에 자신의 주석과 정당하게 비교할 수 있다.

우리가 예상한 대로 두 학자들은 놀라운 대조를 이룬다. 랭튼처럼 앤드류는 자신의 책을 일련의 고립된 문장으로 취급하지만 목표의 단일성과 신속성으로 인해 그의 의견이 서로 연결된다. 그는 랭튼이 지루해 하는 곳에서 활발하다. 앤드류의 설명은 랭튼이 막히고 연결이 끊긴 곳에서 쉽게 움직이며, 그의 호의와 관심은 그의 정교한 참고서를 통달하지 못했다. 아마도 과목은 대학 커리큘럼에 삽입될 때, 생명력의 일부를 잃게 될 것이다. 학문의 전통은 전승에 대한 대가를 치러야했으며 학교에 통과해야만 살아남을 수 있었다.

---

136 "Studies on the Commentaries", 152-60. 불행하게도 우리는 언제, 어디서, 누구에 의해 이 발췌문이 제작되었는지 알지 못한다. 동일한 구분이 "Studies"가 출판된 이후에 내가 검토했던 다른 랭튼의 다른 주석들 대부분에서 발견된다.

137 룻기에 대한 주석은 세 단락(Columns)으로 확장되어 인쇄되었다. 이는 세 가지 다른 형태, '완전'(full), '문자적'(literal) 그리고 '영적'(spiritual) 형태를 보여준다. ibid., 86-126.

3. 영적인 해석(THE SPIRITUAL EXPOSITION)

"성경은 하나님의 연회장으로서, 손님은 냉정하게 취해있다.… 역사History는 기초이다. … 알레고리allegory는 벽이며, … 도덕론tropology은 지붕이다.… "(*Historia Scholastica*의 프롤로그).[138]

"너희가 어찌하여 양식이 아닌 것을 위하여 은을 달아 주며?"(사 55:2). 즉 당신은, 영적인 의미와 공정한 도덕성을 위해 먹는 것이 아니라, 주석의 불필요한 것을 위해 먹는 문자를 따르는 사람이다.(챈터의 이사야 주석에서)[139]

"네 은은 찌꺼기가 되었고"(사 1:22) …이것이 말해지는 은이다: "여호와의 말씀은 순결함이여, 흙 도가니에 일곱 번 단련한 은 같도다."(시 12:7) 학자들은 그들이 교훈적이고 윤리적인 질문을 버리고 호기심에 따른 문제를 추구할 때는 이것을 찌꺼기로 바꾸는 것이다.(랭튼의 이사야 주석에서)[140]

빅터주의의 전통에 충실한 우리의 세 교사는 영적인 의미의 우월성을 믿는다. 그것은 신학적 질문이라기보다는 문자적인 것이다. 그들의 강의*lectio*는 수도원 강화*collatio*[141]에 가까운 사촌이다. '성스러운 문서'[성경]의 교사는 대수도원장과 일치하며 그의 직분은 위엄 있는 것처럼 느껴졌다. 챈터의 학생인 쿠르송Robert Courson은 그의 『강요』*summa*에서 "성경에 대해 공개적으로 강의하는 사람은 클레르보의 수도사보다 더 완벽하게 길을 갔다"고 주장한다.[142] 대수도원장과 마찬가지로 교사는 영적인 의미를 신뢰한다. 그의 본

138 PL cxcviii. 1053. 코메스터는 신비주의자들의 '깨어있는 취함'(sober drunkenmess)을 말한다.

139 MS. Brussels 252, fo. 156v: "... qui sequimini litteram occidentem, non intellectum curantes spiritualem nec pulcritudinem et moralitatem sed glose superfluitatem."

140 MS. Laud MIsc. 149, fo. 4c: "Argentum est illud de quo: Eloquia Domini eloquia casta. Hoc argentum scolares *in scoriam* vertunt, cum scil. tropologicas et morales questiones relinquunt et curiosas sequuntur."

141 On the *collatio*에 관하여 앞의 32p 참조,

142 M. and C. Dickson, "Le Cardinal robert de Courson, sa vie", *Archives d'histoire*

문에 대한 문자적이고 신학적 해석 후에, 그는 영적인 해석으로 돌아서서 거룩한 문서를 굳게 할 것이다.[143] 그러나 여기서도 참신함과 적응력을 찾을 수 있다. 영적인 해석은 12세기 동안 변화했고, 교실 밖에서는 변하지 않았다.

알레고리는 새로운 기능을 수행하고 있다. 휴에게서 그러했던 것처럼 학습과 지식을 습득하는 것이 쉬워지고 있다. 활발한 수도원 주석가인 노쟁의 귀이베르트Guibert of Nogent(1053-1124)는 이미 알레고리적인 의미가 그 목적을 달성했다고 제안했다. 그는 도덕론tropology이 이제 둘 중 더 유용하다고 생각했다.

> 알레고리는 믿음을 쌓는 것 이상의 역할을 한다. 이제는 하나님의 은혜로 믿음이 모든 사람에게 알려져 있으며, 우리는 종종 그것을 듣고 청중에게 그것을 반복해야 하지만, 그들의 도덕을 어떻게 개선시킬 것인지에 대해 더 자주 말해야한다.[144]

귀이베르트는 훌륭한 선지자였다. 신학에 대한 체계적인 가르침은 학교에서의 교육 방법으로서 알레고리를 덜 소중하게 만들었다. 그러나 12세기에는 대중 설교 활동이 크게 부흥하였다. 알레고리를 가르치고, 그들에게 교회와 성찬을 구체적이고 이해하기 쉬운 형태로 제시하기 위해 알레고리를 사용할 수 있다. 단순함에 적합하지 않은 비밀을 전달하는 방법으로서의 알레

---

doctrinale et littéraiire du moyen âge, ix (1934), 73에서 인용하였다.

143 하벵트의 수도원장 필립(Philip of Harvengt, d. 1182-3)은 젊은 파리의 학생들에 대한 조언에서 수도원적 개념인 *lectio divina*와 학문적인 *lectio*를 동일시하였다: "volo te non tam litteraliter quam spiritualiter erudiri", "sic Scripturas capere, ut internam liiarum mdulcedinem diligas experiri", "habes quod ad refocillandum animam expedire perhibetur, divinae series lectionis:" "schola claustrum alterum dici debet." PL cciii. 31, 165; 1589. Dom Berlière는 필립의 학교에 대한 생각이 옛날 방식이라고 생각했다: "il reste fidèle au traditions du passé, sans paraîte se douter de la transformation que subit la société qui l'entoure." "Philippe de Harvengt Abbe de Bonne Experance", Rev. Bén. ix (1892), 192. 만일 필립이 아는 자들이 코메스터나 챈터의 강의에 참석했다면 그의 진술은 상당히 최신의 것이다.

144 *Liber quo ordine sermo fieri debet*, PL. clvi. 26.

고리에 대한 옛 알렉산드리아의 개념은 낡은 것이 되었다.

우리는 모국어 설교의 변화를 추적할 수 있다. 설교 활동을 목적으로[145] 하는 알프릭Aelfric의 한 설교(990-4년 기록됨)는 전체적으로 문자 그대로의 의미를 유지한다. 그는 성모 마리아의 탄생 축일에 대한 복음서의 족보를 설명하기를 거절한다. 왜냐하면 이는 그를 알레고리로 끌어들이기 때문이다:

> 현재의 복음은 또한 평신도가 이해하기가 매우 어렵다. 그것은 모두 거룩한 사람들의 이름으로 가득 차 있으며, 영적의 의미에 따라 매우 긴 설명이 필요하다. 그러므로 우리는 그것을 말하지 않고 그대로 둔다.[146]

아마도 13세기 초에 북동부 중부 지방의 방언으로 복음의 설교를 썼던 아우구스티누스 참사회원 오름Orm은 '단순한 사람들이 교회의 교리를 이해할 수 있도록' 하겠다는 그의 목적을 제시했다. 그는 그들에게 정교한 알레고리와 숫자의 상징을 통해 이러한 교리를 가르친다.[147] '평민 남성'simple man에게 적합한 것이 무엇인지에 대한 오름의 생각은 알프릭과 크게 다르다.

인정을 받는 알레고리가 교구 사제의 능력을 넘어서는 것일 수 있다. 그들은 적어도 말 그대로 그들의 양떼에 문자적 의미를 설명해야 한다.[148] 13세기와 14세기에 배포된 설교자들을 위한 매뉴얼은 이 결함을 해결하려고 노력했다. 그들은 사중적 의미를 설교를 위한 여러 장치 중 하나로 분류한다.

성직자clerks를 위해 설교하거나 글을 쓸 때도, 알레고리를 불식시키도록

---

145 K. Sisam, "Aelfric's Catholic Homilies", Review of English Studies, vii (1931), 16: viii (1932), 58.

146 Ed. Thorpe, ii. 466.

147 오름(Orm)에게 속한 한 원고가 남아있다. J. E. Wells, *A Manual of the Writings in Middle English 1050-1400* (London, Oxford, 1916), 282-3; *Supplement*, ii. 1058.

148 "너희들은 적어도 신자들[양떼들]에게 문자적 의미를 설명하기 위해, 문자적인 것을 열심히 추구해야한다."(Litterratura pollere debetis, ut saltem litteralem sensum gregi vobis subidito exponatis.) Dr. R. W. Hunt가 나에게 알렉산더 네크밤의 설교에서 이 참고 문헌을 친절하게 제시했다.

지시하지는 않지만 알레고리를 계속 사용할 수 있었다. 그것은 12세기의 밝은 색의 종교적 정서를 완벽하게 표현할 수 있었다. 그러므로 그것은 우리의 인간성과 그의 어머니를 기리기 위해 작성된 아가서에 대한 주석에서 절정에 이르면서, 덜 추상적이고 개인적이며 묘사적인 경향이 있음을 보여준다.[149] 그러나 노장의 귀이베르트가 예측한 대로, 도덕론tropology은 주석의 미래를 지니고 있었다. 이 세 번째 의미는 12세기의 풍성하고 보편적인 열정, 풍자에 대한 욕구를 만족시킬 수 있었다.

'기본적으로 확실한' 연령에 이른 자들은 풍자되는 것들을 좋아한다. 통치자들과 목사들이 신적으로 세워진 직분임을 믿으면서도, 그들의 결점에 대해 듣는 것을 즐긴다. 사회 계층의 각 등급에 대해서도 동일하다. 모든 사람은 자신의 인정받는 역할을 가지고 있으며 그것을 달성하기 위해 자극이 필요하다. 그래서 설교자는 사회에 대하여 '거울을 붙잡고 있다.' 그는 사람들에게 재미있고 교묘한 광경에서 그들의 즐거움을 위해, 자신이 무엇인지, 무엇을 해야 하는지 보여준다.

도덕론은 풍자에 쉽게 적응할 수 있었다. 알레고리와 마찬가지로 이것은 더 구체적이 되었다. 개별적인 영혼의 전쟁에서 미덕과 악덕을 주로 다루는 대신에, 집단이나 유형의 행동, 종교적, 사회적 학대와 같은 외부적인 것들을 묘사했다.[150] 그것은 이제 성 그레고리우스의 『도덕론』*Moralia*과 그의 『목회규율』*Rules of Pastoral Care*에서 영감을 얻었다. 알레고리가 따뜻한 상상력을 요구

---

149 B. Gigalski, "Bruno Bischof von Segni", Kirchengesch. Stud. (1898), iii. iv. 210 ff; J. A. Endres, Honorius Augustodunensis (Munich, 1906), 16 ff. 이러한 종류의 전형적인 주석은 하벵트의 필립(Philip of Harvengt)과 리슬의 알란(Alan of Lisle)의 아가서 주석이다. PL. cciii, 181; ccx. 51.

150 성경에서 사회에 대한 반영을, 현재 상태에서의 교회(ecclesia in statue presente)를 발견하려는 12세기 주석의 욕구들은 W. Kamlah는 자신의 흥미로운 연구에서 강조하였다; "Apokalypse und Geschichtstheologie", Histo. Stud. 285 (Berlin, 1935). 계시록의 종말론적 중요성에 대하여 풍자가 지배적이다. 특별히 63-4페이지를 보라: "요한의 시대에 이미 과거인 것, 그리고 여전히 미래적인 것은 관심이 없었다. 사람들은 심지어 알기를 원하지 않았다, '과거에 어떤 일이 있었는지' 또한 개별적인 것이 어떻게 될 것인지가 아니라, 그것이 항상 그러한가를 알고 싶어했다."

한 것처럼, 도덕은 유머와 예리한 관찰을 요구했다.

네 번째 유비적analogical이거나 신비적mystical인 의미는 여전히 파리 교사들에 의해 인식되었다. 피터 롬바르두스는 의미를 분류할 때 알레고리를 이것으로 대체한다:

> 역사적 의미는 더 쉽고, 도덕적 의미는 더 달콤하고, 신비적 의미는 더 날카롭다. 역사적 의미는 초보자를 위한 것이고, 도덕적 의미는 상급자를 위한 것이며, 신비적 의미는 완전한 자를 위함이다.[151]

하나님과 영혼의 신비로운 연합을 다루는 이 의미는 교실보다는 수도원에서 사용되었다. 12세기의 신비주의자들은 종교적 경험을 묘사하기 위해 이 기술들을 확장한다.[152]

중요한 새로운 것을 말할 때, 언어가 발달할 것이다. 이것만이 영적 감각의 기묘한 언어의 충동을 설명할 것이다. 학자들과 수도사들은 모두 새로운 아이디어로 폭발했다. 그들은 구체적인 이미지에서 자신들을 가장 자연스럽게 표현했다. 그들의 상상력은 '시각적'visual이었다. 그들은 모든 것 이상의 권위를 지녔다. 영적인 의미의 언어는 상상력과 권위를 모두 제공했다. 따라서 그들은 그 자원을 최대한 활용했다. 그들은 범위를 넓히고 더 유연하게 만들었다. 그들은 '영적 사전'spiritual dictionaries을 편찬했다. 영적인 해석은 문자적 해석과 신학에서와 마찬가지로 '연구 보조 자료'를 지니고 있었다.

---

151 B. Hauréau가 편집한 한 설교에서, *Notices et Extraits*, xxxii b (1888), 122.

152 알레고리에 대한 묵상이 신비적 관상으로 이끈다는 점에서 신비적 의미는 알레고리적 의미와 밀접하게 연관되어 있다. F. Petit, *Ad viros religios: Quatorze sermons d'Adam Scot* (Tongerloo, 1934), 28; 홀란드의 길버트(Gilbert of Holland)는 이를 도덕적 의미와 날카롭게 구분한다. 성 베르나르두스(St. Bernard)의 죽음 이후에 아가서에 대한 설교를 계속하면서, 그는 신비적 의미를 설명하는 데 있어 자신의 무능함을 고백한다. 그는 자신을 도덕적 의미에 제한시키기를 원한다. PL clxxx. 22; E. Gilson, *La Théologie mystique de St. Bernard* (Paris, 1934), 85, n.

12세기의 영적 사전은 여전히 조사가 필요하다.[153] 추가 연구를 통해 독특한 발달에 대하여 훨씬 명확하게 이해할 수 있을 것이다. 현재 우리는 익명성과 날짜 부족으로 방해 받고 있다. 우리는 동기의 기원을 찾을 수 없다. 영적 사전의 가장 진화된 형태는 구분distinctio이다. 우리는 이것을 12세기 교실의 연구에서 매우 중요하기 때문에 이 문제를 다루어야한다.

구분은 오랜 시간 동안 한편으로는 교부들의 해설에서 같은 단어의 다양한 해석으로 돌아가고, 다른 한편으로는 리옹의 성 오이처Eucher of Lyons의 『영적 지혜의 양식들』*Formulae Spiritalis Intelligentiae*[154] 및 가짜 멜리토the pseudo Melito의 『성경의 열쇠』*Clavis Scripturae*처럼[155] 의미를 지닌 성경 단어의 목록으로 돌아가는 것으로 역사가 길다.[156] 질송M. Gilson이 지적했듯이 이러한 체계화 시도는 모두 성 아우구스티누스의 『기독교 교리』*De Doctrina Christiana*[157]에서 표현된 소망을 충족시킨다. 이 구분은 체계화한다는 점에서 새롭다. 어떤 사람은 3-4개의 의미에 따라 각 단어에 대한 의미 표를 만들고 각 의미를 텍스트로 설명한다는 훌륭한 아이디어를 가지고 있었다. 이것은 구분의 '가장 간단한 형태'로 설명되었다. 다음 예와 같이 침대라는 단어에 대한 구분을 쓰거나 '도식적으로' 정리할 수 있다.

---

153 A. Wilmart, "Les Allégories attribuées à Raban Maur", Rev. Bén. (1920), 47-56. 이 저술들을 선별하여 J. B. Pitra, *Spicilegium Solesmense* (Paris, 1852-8), ii, iii.가 출판하였다.

154 앞선 p. 29, n. 5 참조.

155 아마도 8세기에 성 아우구스티누스와 성 그레고리우스 그리고 다른 라틴 교부들의 작품을 편찬하였다. Pitra는 이것의 헬라어 번역본을 발견했고 사르디스의 성 멜리토(St. Melito of Sardis)의 작품은 잃어버린 것으로 여겨진다. (Pitra, op. cit. ii, i-xc; O. Bardenhewer, *Gesch. der altkirchlichen Literatur*, i (Freiburg i. Br., 1913), 463.

156 G. Lacombe, La Vie et les œuvres de Prévostin. op. cit. (p. 209, n. 2), 112 ff; P. S. Moore, op. cit. (p. 209, n.3), 78ff. 이 두 연구는 구분(*distinctio*)에 대한 가장 최근의 연구이다.

157 *Introduction a l'étude de St. Augustin* (Paris, 1931), 152, n. 1.

여기 하나의 침대가 있다.·	- 성경에서: 우리의 침상은 푸르고[아 1:16] - 묵상에서: 둘이 한 자리에 누었는데…[눅 17:34] - 교회에서: 솔로몬의 가마[침대]라 이스라엘 용사 중 육십 명이 둘러쌌는데[아 3:7] - 양심에서: 밤마다 [눈물로] 내 침상을 적시나이다[시 6:7] - 육체적 쾌락에서: 상아 침상에 누으며[암 6:4] - 영원한 형벌에서: 내 침상을 흑암에 펴놓으매[욥 17:13] - 영원한 축복에서: 아이들이 나와 함께 침상에 누웠으니[눅 11:7]

여기서 성경의 침대는 역사적 의미이다 (아가서의 문자적 의미는 은유적이다). 관상의 침대와 교회의 침대는 알레고리적인 의미; 양심의 침대와 즐거움의 침대는 도덕적 의미; 영원한 형벌의 침대 또는 영원한 축복의 침대는 신비적 의미이다.[158] 중세 학자는 이 모든 영적 의미가 설명된 교부들의 잘 알려진 구절에 대한 암시를 인정할 것이다.

이 '개략적인'skeleton의 구분*distinctio*은 단어로 지정된 것의 내용properties 또는 특성qualities과 그들이 제안한 해석을 나열함으로써 정교해질 수 있었다. 이는 자연적 역사와 우화집에 등장하는 전설을 하나로 묶는 편리한 방법이었다. 까마귀는 까맣고, 그는 썩은 고기를 먹고, 까악 까악 외친다; 그러므로 그는 허영을 먹으며 꾸물거리는 죄를 짓는 사악하고 검게 된 죄인을 상징한다.[159] 등등.

때로는 챈터의 *Summa Abel*과 *Distinctiones Monasticae* (아마도 영국의 시토회 수사인 코게스홀의 랄프(Ralph of Coggeshall에 의해)와 같이 알파벳 순으로 구분된 컬렉션이 만들어졌으며,[160] 때로는 프레포지티누스Prepositinius

158 나는 구분(*distinctio*)과 그 설명을 P. S. Moore, 78-81에서 빌려왔다.

159 이 특별한 구분은 랭튼의 창세기 8:6절의 표준주석에서 가져왔다.

160 ibid. iii. 452; G. Morin, "Le' cistercien Ralph de Goggeshall et l'auteur des *Distinctiones Monasticae*", *Rev. Bén.* xlvii (1935), 348 ff.

R. W. Hunt, "Notes on the Distinctiones monasticae et morales", Liber floridus Paul

와 푸아티에의 피터Peter of Poitiers의 『시편에 관한 구분들』*Distinctiones super Psalterium* 같은 시편의 본문에 대한 주석이 정리되었다. 14세기에는 성직자들과 백성들에게 설교가 풍부했으며 이는 '솔로몬 왕의 통치에서 은만큼 싼 것처럼' 보였다.[161]

우리의 가장 오래된 수집본은 12세기 마지막 분기에 속하는 것으로 보이는 파리 교사들의 작품이다. 그들은 오랫동안 필요로 하는 것을 공급하면서 기쁨으로 환영을 받았다. 우리는 거룩한 삼위일체의 수도원장인 피터 알게이트Peter Aldgate가 기뻐하며 감사하는 것을 듣는다. 이는 그가 한 공의회synod에서 길버트 폴리엇Gilbert Foliot에 의한 설교에서 새로운 방법에 대해 알게 되었을 때이다. 피터의 편집자의 의견으로 다시 재현한다.[162]

> "모든 설교는 어떤 구분들*distinctiones*에 의해 다양해지고, 단어와 문장의 꽃으로 꾸며졌으며, 여러 권위의 풍성한 배열에 의해 뒷받침된다. 그 시작점에서 동일한 시작점으로 가는 과정에서 앞뒤로 이동했다." 그런 다음 그는 예를 들었다. 길버트가 그리스도를 돌이라고 말했을 때, 그는 건축업자들이 거절한 돌을 가져 왔는데, 이 돌은 모퉁이의 머리가 되었고, 야곱이 기둥을 세우고 돌 위에 기름을 부었다. 다듬지 않고 산에서 잘라낸 돌을 가져 왔다. 피터는 이 방법에 많은 영향을 받았기 때문에 그는 열심 있는 강사*lector studiosus*는 그러한 모든 구절을 모아 정리한 작품을 쓰기로 결정했다. 이것은 구분*distinctio* 방법의 초기 예이기 때문에 정말 중요하다. 전형적인 중세 양식이 전달되는 방식을 면밀히 관찰하는 것은 드문 일이다.

우리는 구분에 대한 피터의 환영에 동조할 수 있다. 그것은 제안적이고

Lehmann gewidmet, ed. B. Bischoff & S. Brechter (St. Ottilien, 1950), 355-6. 그는 그 Distinctiones가 써진 곳으로 Louth Park로 제시한다.

161 *Histoire littéraire de la France*, xxxv (1921), 466.

162 R. W. Hunt, "English learning in the late twelfth century", op. cit. (p. 83, n. 2), 33-4.

노동절약적이었다. 텍스트에서 설명할 키워드를 간단히 선택하고 수집본에서 해당 구분을 찾아보았다. 아이디어가 필요하든 아이디어가 이미 존재하는 것에 대한 알레고리나 비유가 있더라도 표에 있는 내용이 도움이 될 것이다.

생 빅터의 휴와 성경적 도덕 학교의 영적인 설명을 비교하면서 우리는 내용이 더 독창적이고 기술이 더 인공적임을 알게 될 것이다. 첫 번째는 목표의 차이 때문이다. 교사들은 묵상에서 신앙을 도우려는 것이 아니라, 적극적인 직업career을 위해 학자들을 훈련시키려고 의도한다. 기술의 차이는 12세기의 빠른 기술 발전 특히 구분의 증가로 인한 것이다. 우리가 기대할 수 있듯이 생 빅터와 파리의 강의실의 대조는 스테판 랭튼에서 가장 두드러졌다. 그는 위대한 정치가이자 행동가였고 12세기 말과 13세기 초에 활동한 세 명의 학자 중 막내였기 때문이다. 따라서 우리는 랭튼의 주석들에 집중할 것이다. 그것들은 성 베르나르두스의 『아가서 설교』*Sermones in Cantica*가 수도원적 강화*collatio*에서 신비적 의미를 대표하는 것처럼 파리의 강의lectio에서 도덕적 의미의 최고의 성취를 나타낸다.

우리는 랭튼의 목적이 성 베르나르두스의 목표만큼 강력하고 일관됨을 한 번에 알고 있다. 모리스 포빅케Maurice Powicke 경은 『토론집』과 그들의 환경에 대한 그의 연구에서 랭튼의 경력의 내부 통일성을 우리에게 보여주었다. 랭튼은 교회 개혁 운동의 중심에서 일하고 있었다. 인노켄티우스 3세는 그의 동료였다. 그는 개혁가의 관점에서 존 왕과 영국의 남작을 상대할 때 만난 실제적 문제, 왕권의 본질, 순종의 한계와 같은 것을 논의했다. 주석은 『토론집』을 돋보이게 한다. 그들은 한 주일을 시작하고 한 주일을 마무리하면서 랭튼이 그의 학생들에 대한 개혁자의 관점에 어떠한 인상을 주었는지 보여준다. 그들은 미래의 설교자였다. 그는 그들의 임무를 위해 그들을 준비시키고 있었다.

이것이 그가 그들 앞에 제시한 이상ideal이다. 수도원 읽기*lectio*는 관상으로 랭튼에게는 행동으로 이끌었다:

주님의 말씀은 행동으로 바뀌어야 하며, 읽거나 들은 것에 따라 행동해야한다.[163]

파리 교사들은 행동과 관상contemplation의 문제에 대한 토론에서 관상이 '본질적으로'in essence 행동보다 낫다는 점을 인정했다. 그러나 그들 중 많은 사람들이 행동과 관상을 결합한 목회자의 삶이 가장 뛰어난 삶이라고 생각했다. 로베르트 풀루스Robert Pullus,[164] 아마도 피터 코메스터와[165] 웨일즈의 제랄드Gerald of Wales가[166] 이 견해를 지니고 있었고, 랭튼도 동의한다. 그는 수도원의 고독을 이브가 창조되기 전의 낙원과 비교한다:

"사람이 혼자 사는 것이 좋지 아니하니"[창 2:18]; 남자는 세상의 혼란에서 벗어날 때 "혼자"이다. 따라서 수도사들과 거룩한 사람들은 스스로 고독을 쌓았다. 그러한 사람, 관상적인 사람이 동반자가 없이 혼자 있는 것이 좋지 않다고 주님은 말한다. 그가 활동적으로 행동하는 것이 가장 좋다. "그를 위하여 돕는 자를 만들리라", 이는 그가 영적인 필요에 복종하는 것처럼 사람들은 현세적으로 사역하는 사람에게 복종하는 것이다.[167]

---

163 창세기 3:19절에 관하여, MS. Lincoln College, Oxford, 15, fo. 109d: "이것을 통하여 그는 가르쳤다, 하나님의 말씀은 행동으로 향해야 하고 우리들은 듣고 읽은 것에 따라 행동해야 한다."(Per hoc innuit quod verbum Dei debet converti in opus ut quandque operemur secundum quod audivimus et legimus.)

164 *Sententiae*, VIII. cxxi-xxv. PL clxxxvi. 933.

165 B. Hauréau, *Notices et Extraits*, op. cit. (p. 197, n. 4), iii. 26.

166 F. M. Powicke, *Stephen Langton*, 132-3에서 인용함.

167 나는 두 가지 버전을 융합하였다.

(a) P., fo. 7c: "Nota homo solus est quando separatus est a strepitu mundi scil. quando edificat sibi solitudinem in claustro, et de claustrali quando est disertus et discretus sepe fit prelatus. Unde hic dicitur: *non est bonum hominem* claustralen esse solum, sed optimum est ut fiat activus; faciamus ei aditorium plebem *simile sibi*."

(b) MS. Lincoln College, Oxford, 15, fo. 105a: "Vel homo *solus* est qui extra strepitum mundi est, unde claustrales et viri sancti edificant sibi solitudines. *Non est bonum* dicit Dominus *hominem* talem *esse* solum quasi sine comite; *faciamus ei adiutorium simile*

이것은 랭튼이 학생들에게 남자는 행정의 기술the art of government로 자신을 표현해야 한다고 말하는 방법이다.

그는 세상을 포기함으로써[168] '그들은 오로지 하나님을 구한다'고 생각했던 어떤 명상적인 사람들의 태도에 대항하여 실천적인 사람들activi을 옹호했다. 많은 세속 사람들은 하나님을 열렬히 사랑하며 자신들의 영혼에 해를 끼치지 않고 세속적인 영광을 추구하는 선량한 사람들이다. 존귀와 부는 하나님과 멀어지게 하지 않는다. 그들이 이 세상의 것들을 지금 점유하고 있지만 이후에는 그들의 선한 일들이 풍성함으로 하늘에 들어가게 될 것이다.[169] 어떤 사람들이 감독직의 명예를 얻었을 때 우리는 그것을 야망으로 전가해서는 안 된다. 그들의 목표는 교회에 봉사하고, 악을 뿌리 뽑고 잘못한 백성을 올바른 길로 회복시키는 것이다.[170] 랭튼은 심지어 학생들 중의 미래 목회자들에게 묵상을 위해 자신들의 백성을 무시하는 것에 대해 경고한다. 언약궤를 메고 있던 제사장들이 강바닥에 머무는 동안 요단 강물은 여전히 멈춰 서 있었다. 그들이 올라와 마른 땅을 밟기 시작했을 때, 물은 수로로 돌아와서 이전과 같이 흘러갔다[수 3:13-4:18].

제사장이 경계할 때, 사람들은 단호하고 인내한다. 그가 관상을 위해 행동하

sibi i.e. plebem subditam que adiuvet eum ministrando carnalia et adiuvetur ab eo recipiendo spiritualia."

168 T., fo. 88d: "Hoc contra illos caustrales qui cum videant seculares clericos vel laicos bonis temproalibus affluentes et mollibus et pretiosis vestibus indutos credunt se solos quasi Deum emisse, eo quod talibus sponte carent."

169 P., fo. 179d: "… licet gloriam asserquantur in mundo, per dignitatem, per opulentiam tamen, non alienant se a Deo. Licet quandoque que mundi sunt agant, tamen ingrediuntur Ierusalem in visionem vere pacis, cum spoliis, i.e. in plentitudine bonorum operum. 예루살렘의 이름의 해석은 '평화의 기대'(vision of peace)'이다.

170 P., fo. 149d: "… ita cum aliqui ad dignitatem prelationis ascendunt, reputantur a pluribus hoc causa ambitionis fecisse, tamen hoc fecerunt ut ecclesie prodessent, ut vitia destruerent, et subditos oberrantes in viam rectam reducerent."

는 것을 게을리하면 그들은 종종 옛 길로 돌아간다.[171]

랭튼은 자신의 학생들에게 그들의 목회적 열심은 교회와 국가에 의해 부여된 관심에 상반될 것이라고 경고했다. 개혁자들의 프로그램은 독립적이고 재조직된 교회에 의한 사회의 쇄신이었다. 개혁에 영향을 미쳤던 설교자들은 목회적 돌봄을 위해 훈련된 신학자들이 틀림없다. 세속 통치자들은 방해가 되었다. 그들은 정치적으로 신뢰할 수 있는 왕궁에서 훈련받은 공무원들에게 교회의 높은 직책을 부여했다. 개혁가들의 의견에 따르면 이러한 '왕실 주교들'curial bishops은 그들의 직무를 의무가 아니라 수입으로 취급했다. 영국의 대주교로 자신을 임명함으로 영국에 성무중지령이 발생한 폭풍은 랭턴이 종종 학생들에게 설명했던 세속적 권력과 교회 개혁가의 전망 차이로 인한 것이었다.[172]

학자들은 이 부여된 관심을 입증해야한다. 구약 선지자들의 의무는 이제 그들의 의무이다. 호세아에게 이스라엘을 책망하라는 하나님의 명령은; "그녀를 심판하라, 네 어미를 심판하라"그들에게 선포되었다. 랭튼은 그들에게 말한다:

> 이것은 학생들이 공부를 떠나 자신이 태어난 사람들에게 돌아올 때 이야기 된다. 그들은 계모나 적이 아니라 어머니로 판단해야 한다.[173]

---

171 MS. Bibl. Nat. Lat. 355, fo. 182a: "… quando vero sacerdotes vigilanter agunt, tunc populus stat et perseverat, sed cum negligunt actionem, etiam propter contemplationem, sepe fluit populus."

172 실제로 13세기의 학자적 주교들은 황실 주교나 수도사들보다 개혁자로서 더 활동적이었던 것 같다. Miss Gibbs는 헨리 3세 치하에서의 영국 감독들에 대한 인물 연구에서, 다양한 형태의 주교들의 기록들을 대조시킨다. "대체로 그들 시대의 삶에 대한 교시들(magistri)의 공헌은 다른 그룹들의 것보다 더 독창적이고 실제적이며 다양하다; 그들의 영향은 일상적인 사람들의 공감 하에 더 깊이 침투하고 더 깊이 뿌리를 내렸다." M. Gibbs and J. Lang, *Bishops and Reform* (Oxford, 1934), 50.

173 T., fo. 9c: "Hoc studentibus dicitur, ut si quando a studio revertantur matrem suam,

그들은 아모스처럼 그렇게 할 때 박해를 기대해야 한다. 베델의 대제사장이 아모스를 여로보암에게 고소한 것처럼[암 7:10-133], 왕실 주교는 개혁자에 대적하여 그의 후원자와 동맹을 맺을 것이다. 계층 구조 내의 배신자는 단편적으로 실제 악당이다.

> 아마시우스Amasius는 '굳건하다 그리고 차갑다'로 해석된다. 그는 악한 사제나 나쁜 탐욕의 성직자를 대표하며, 악에서 굳건하고, 선에서 냉정하고, 선한 자선의 불에는 이방인이다. 창녀, 또는 약간의 세상적인 이득을 위해, 그는 겨울밤에 두 리그[약 6마일] 이상을 갈 준비가 되어 있다. 가난한 사람의 마지막 고백을 듣기 위해서는 몇 분 동안이라도 식탁을 떠나지 않을 것이다 … 누군가가 진리의 길을 올바르게 설교하는 것을 보았을 때, 그는 자신의 사악한 길을 막을 것을 두려워하며 자신의 사악한 길을 조용히 한다. 불만은 이것이 그의 주요 관심사이지만, 설교자를 그의 왕이나 왕자에게 고발하고, 왕에 대한 무례함에 슬퍼하고 복수를 하도록 권유할 수 있다. 그러나 여로보암은 이 고소를 경박한 것으로 기각했으며, 이로 인해 설교자들이 세속 군주보다 훨씬 더 사악하다는 것을 알 수 있다. 군주는 나쁜 제사장의 거짓 비난을 조롱하지만 악을 원치 않는다. 아마시우스가 아모스에게 이르되 "선견자여", 설교가 너무나도 우리를 위협하는 예언자이자 배운 박사인 "너는 유다 땅으로 도망하여 가서"; 내 감독직이나 교구를 떠나 파리에서의 학업으로 돌아가시오. "거기에서 빵을 먹고 거기에서 예언하십시오." 파리에서 계속 가르치고 전파하십시오. "베델에서", 그곳은 내 주교구이며, "더 이상 예언하지 말며", 더 이상 설교하지 말라. 당신의 책망은 왕을 화나게 한다; 이 장소는 왕에게 속한다; 이 교회의 성직자를 선택하고 처분하는 것은 왕의 일이다. 나쁜 설교자들이 늘 행하는 것이다. "황제나 왕은 우리에게 위임한다. 우리는 그분의 권위와 특권으로 그렇게 한다."[174]

---

i.e. gentem de qua nati sunt, iudicent; sed non ut hostem vel ut novercam, sed ut matrem."

174 T., fo. 92c-d. 라틴어는 "스테판 랭튼과 네 가지 의미"에서 제시된다.

반대로 좋은 성직자는 토마스 베켓Thomas Becket의 예를 따른다.[175] 그의 원형은 마카비서Machabees에서의 요나단이다.

> 그는 교회를 공격하는 군주를 책망하기 위해 죽음에 대한 두려움에도 중단하지 않는다. 그는 자신의 자유를 지키기 위해 스스로를 범법자가 되는 것을 두려워하지 않는다. 교회를 대신하여 그는 군주에게 자신의 정당한 특권을 누리라고 요구했다.[176]

유대인들이 로마인들로부터 얻은 자유와 같은 교회의 자유는 "놋쇠판에 기록되어야한다."[마카비서 14: 26].[177]

랭튼은 학생들에게 자신의 세계관Weltanschauung을 세우기 위해 도덕론tropology을 사용하고 있다. 만일 그가 자신의 영적 해석을 자세히 연구하면, 그는 자신의 눈으로 본 사회의 완전한 그림을 찾을 수 있다. 동시에 그는 미래의 임무인 설교 활동의 특별한 측면에서 그들을 가르친다. 그는 유망한 학생들에게 설교하도록 권유하는 것이 교사의 의무라고 말한다. 이것은 대학 전통의 관점에서 흥미로운 구절이다. 랭튼은 룻Ruth의 이야기를 도덕화한다. 그녀는 학생을 의미한다. 추수하는 들판은 성경 강의*lectio sacra*이며, 베는 자는 교사이다. 룻은 "베는 자들을 따르기 원했다"(룻 2:7), 기도는 항상 강의의 서문이 되어야하기 때문에; "그녀는 밭에 서서"는 교훈의 명제들이 마음의 귀

---

175 P., fo. 170b, 2 Esdras vi. 3, 11. 랭튼은 토마스 베켓을 느헤미야에 비교한다. 그는 글(Foliot): "빗장을 지르고 나를 잠자라고 부른다."(calvum teneo et me ad sompnum vocas,)에 대한 편지와, 자신을 살해하려는 자들에 대하여 문에 빗장을 거는 것을 거절하는 것은 인용한다. *Materials for the History of Thomas Becket*, ed. Robertson (Rolls Series), v. 515; iv. 75.

176 P., fo. 178d on 1 Mach. xi.2: "Hic Jonathan est prelatus bonus; non cessat pro timore mortis principes degrassantes in ecclesiam corripere, nec formidat se discrimini obicere pro libertate ecclesie… In munitionem ecclesie postulat prelatus a principe ut possit debito privilegio gaudere."

177 P., fo. 182d: "Libertas excelsa viris ecclesiasticis tabulis ereis debet scribi, i.e. indelibiliter consummari, ut possint transquilitatis gaudere privilegio."

에 들어오는carry away or report 강의에 참석했다. 신을 상징하는 보아스는 그녀가 "다른 밭에서 모아서는"[8절] 안 된다고 주장했다. 즉 신학에서 다른 학과로 넘어 가지 말아야 한다.[178] 보아스는 베는 자들이 맡겨진 청년에게 물었다. "이는 누구의 소녀냐?"[5절]. 강의에서 학생이 부지런히 성경 구절을 모을 때, 주님께서 그에게 전파하라고 요청하실 때, 베는 자들, 즉 박사들은 그를 설교하도록 부른다.[179] 자신의 지위를 묻는다. 이것은 기말 시험과 새로운 교사의 취임 연설에 대한 참조로 보인다.

랭튼은 학생들에게 평신도들에게 설교해야 하며 그들 자신의 문화권에 제한되어서는 안 된다고 명심시킨다. 인기 있는 설교는 종종 설교자보다 더 많이 보답을 받는다. 삼갈은 "소 모는 막대기로 블레셋 사람 육백 명을 죽였고," 반면에 에훗은 그의 날카로운 칼로 단지 한 사람만 죽였다.[삿 3장]

> 보라! 이것은 설교자가 항상 에훗의 검처럼 세련되고 미묘한 설교를 사용해서는 안 되지만, 때로는 소 모는 막대기[또는 쟁기]를, 즉 무례하고 소박한 권고를 사용해야 한다는 것은 분명하다. 종종 인기 있는 이야기(저속한 실례)는 세련되고 미묘한 문구보다 효과적이다. 에훗은 양날의 칼로 단 한사람을 죽였고, 삼갈은 소 모는 막대기로 육백 명을 죽였다. 따라서 평신도는 무례하고 다듬지 않은 설교로 쉽게 개종할 수 있지만, 성직자clerks에게 설교하는 사람은 그의 잘못에서 그 중 하나를 거의 이끌어 낼 수 없다.[180]

---

178 학생들에게 사치스러운 학문이나, 시민법 또는 교회법 등을 위해 신학을 포기하지 말도록 경고하는 것은 주석에 많이 등장한다. 교사 없이 떠난 평신도는 굶주렸다. T., fo. 94c: "그들의 귀한 자는 굶주릴 것이요 무리는 목마를 것이라"(*Nobiles interirunt fame et multitudo siti exaruit*)[사 5:13]: *Nobiles*[귀한 자] sunt litterati qui cum habeant perspicax ingenium, acutissimam rationem et memoriam tenacem, et ita bene possunt sacre scripture masticare solidum cibum, *intererunt fame*[굶주릴 것이요] cum per leges et decreta et cetras scientias lucrativas famen sedare laborant; et ex hoc provenit quod *multitudo*[무리는] laicorum *siti exaruit*[목마를 것이라], et exarescit, non habens qui ei ministret vel propinet simplicis intelligentie sacre scripture potum."

179 라틴어 본문은 "Studieds on the Commentaries", 100.

180 "Studies on the Commentaries", 173.

인기 있는 설교와 성직자에게 하는 설교는 보리와 밀의 두 종류의 곡물과 같다. 밀은 더 비싸고 보리는 훨씬 소출이 많고 유용하다.[181] 호세아의 저주에서 가슴breasts[호 9:14]은 사람들에게 거의 또는 전혀 설교하지 않고 종교적이거나 성직자에게만 가르치는 사람들처럼, 간단한 교리의 우유를 그곳에서 끌어내지 못하는 사람에게서의 메마른 신 · 구약을 상징한다.[182]

스스로 유명한 설교자인 랭튼은 학생들에게 실용적인 방향을 제시한다; 그들은 설교를 할 수 있는 수많은 장치를 '보고'해야 했다. 주석은 노트와 함께 뿌려져 특정 종류의 설교에 대한 특정 주제의 적합성을 나타내었다.[183] 알레고리적 설명은 특별한 축일과 절기를 제안한다: 주의 나심, 모든 성자들의 축일, 강림절 등의 설교, 이 구분들은 주로 신앙적이다. 랭튼은 생 빅터의 교사 아담Adm of St. Victor의 것으로 인정되는 "구세주의 어머니"Salve mater Salvatoris에서 다음과 같이 인용합니다.

당신은 솔로몬의 왕좌이며Thou art the throne of Solomon
동등하지 않는 왕좌throne without equal
실체에서나 공교함에서나in substance or art;
순결의 흰색 상아white ivory of chastity,
자비의 붉은 금red gold of charity

181 T., fo. 64b: "uid per frumentum nisi doctrina sive predicatio clericis proposita? Quid per ordeum nisi predicatio laicis proposita? Que quamvis grossior longe tamen fertilior et utilior quam predicatio clericis facta."

182 ibid. fo. 46a: "… 어떤 사람처럼 그들은 대중들에게 거의 또는 결코 설교하지 않고 성직자나 수도사에게 설교한다."(sicut quidam faciunt qui vix aut nunquam faciunt sermonem ad populum, sed ad clericos vel ad claustrales.)

183 아마도 이 노트는 랭튼 강의의 원래의 필기록에는 없었다. 그것들은 여백에 종종 쓰여 있기도 하고, 본문에 쓰여 있다. 어떤 노트에는 둘 다 등장한다. 같은 주석의 일부 사본은 다른 것보다 더 많은 노트를 지닌다. 그러나 그것은 분명히 초기 사본에까지 거슬러 간다. MS. Troyes 1046. 소선지서 주석의 사본은 1203년으로 여겨진다. 어떤 노트는 '성직자와 군주들에 대한 설교'(*Sermo ad prelatos et principes*); '수도사들을 위한 주제'(*Thema ad claustrales*)가 본문에 들어 있다.

신비를 예고한다foreshadow mysteries.[184]

랭튼의 알레고리적 표현은 대부분 이런 종류의 비교로 구성된다. 산문과 정교하게 다듬어진, 그것들은 구절이 그들에게 부여하는 매력을 잃고 하품이나 떨림을 만든다. 그럼에도 불구하고 그것들은 『신앙적 감정의 역사』*Histoire du Sentiment Religieux*의 자료이다.

도덕 부분에서 메모는 '특별 청중'에게 적합한 '도덕성'을 규정한다. "수도사들에 대한 설교"*Sermo ad claustrales*; "수녀들에 대한 설교"*Sermo ad moniales*; "공의회에 대한 설교"*Sermo in synodo*. 또는 더 구체적인 제안이 있다. 홀로페르네스Holofernes의 타락에 대한 주석은 '다른 사람들이 그의 운명에 의해 교훈을 받을 수 있는 어떤 강력한 세상 사람의 죽음에 대한 훌륭한 주제'로 알려져 있다.[185] 이사야 11장 8절의, "젖 뗀 어린아이가 독사의 굴에 손을 넣을 것이라"의 주석에서 랭튼은 독사는 악마, 젖 뗀 아이는 세상의 사랑에서 멀어진 신앙인이라고 설명한다. 그는 자신의 손을 바실리스크의 소굴에 감히 넣을 수 있는 자는 그가 마음에서 악마를 뽑아낼 수 있는 수도원이다. 젖 뗀 아이만이 그렇게 할 수 있다. 설교자가 자신의 무가치에 항의하는 것은 엄숙한 설교가 시작될 때 관행이었다. 그래서 랭튼은 계속한다:

이것은 설교가 시작될 때 스스로 변명하기 위해 신자들에게 말해질 수 있다.[186]

---

184 MS. Bibl. Nat. Lat. 384, fo. 192a: "그리고 이어서 생 빅터의 교사 아담의 구세주의 어머니"(Unde in ilia sequentia magistri Ade sancti Victoris Salve mater salvatoris.) 이 문서는 MS. Exeter Coll. Oxford 23. fo. 19b에 이어지는 어떤 것(*quedam sequentia*)으로 다시 인용되었다. 그는 또한 부활절 시인 *Zyma vetus expuretur*를 생 빅터의 아담에게 돌렸다. MS. Rawl. C. 427, fo. 2d. 리슬의 알란(Alan of Lisle) 역시 이 시를 아담에게 돌렸다. 참조) F. J. Raby, *A History of Christian Latin Poetry* (Oxford, 1927), 353, 367에서 이 두 시의 저자에 관하여 검토하였다. 이어지는 찬송의 저작권에 관하여는 R. W. Hunt, ibid. 360-1참조.

185 MS. Exeter Coll. Oxford 23, fo. 15d.

186 MS. Laud Misc. 149, fo. 31d: "…이는 설교의 시작에서 자신을 변명하도록 성직자에게 말해질 수 있다."(hoc potest dici claustralius in principio sermonis ad se excusandum.)

눈꺼풀이 약간 튀어 나오는 것을 보았고 이 서론에 의해 많은 신자들의 무리에게 관심을 끌었는지 궁금하다.

시스라Sisara와 겐 족속 하벨의 부인 야엘의 이야기[삿 4:17-18]는 인기 있는 설교의 주제를 제시한다. 적대적 지파 출신이지만 이스라엘과 친구가 된 야엘은 성 막달라 마리아를 의미한다. 이방인 시스라가 그녀의 장막을 피난처로 삼았을 때, 그녀는 그를 받아들였다. "들어오시고, 두려워하지 마소서." 죄인은 막달라와 죄에서 돌이킨 다른 성인들께 봉헌된 교회에 들어갈 때 더 안정감을 느낀다. 그는 그들 성인들이 그와 공감하며 더 쉽게 죄를 고백하도록 움직여짐을 느낀다. 이는 '막달라, 마태 또는 한때 죄인이었던 어떤 성인들의 절기에 대한 설교'로서 기록되었다.[187] 이 주제가 사용되었다면 청중이 너무 단순하여 야엘의 이야기가 어떻게 끝나는지를 기억하기를 바란다.

이 도덕적인 부분에는 종종 인기 있는 설교의 요소가 포함되어 있다. 그들은 온갖 유머와 주의를 끌기위한 장치를 가지고 있으며 이는 12세기 설교들을 그러한 생동감이 있는 독서로 만든다. 랭튼은 우리에게 반복해서 말하면서 무덤grave과 동성애gay를 혼합하는 것을 믿으며 성공했다. 그와 챈터는 모두 인기 있는 잠언을 사용한다: "우리는 누가 대머리인지 누가 머리카락을 지녔는지 판단할 것이다."[188], "누군가가 턱을 들어 올리면 쉽게 수영할 수 있다."[189]; 랭튼은 이 속담을 도덕화하면서, 우리가 이 세상 바다에서 싸울 때 악마가 우리의 턱을 들어 주겠다고 제안하고, 우리가 '쉽게 하도록' 촉구한다. 우리의 교사들은 또한 기억에 대해 경건한 생각을 하는 작은 반복jingle을 좋아하며 도덕적 일화나 모범을 보여준다.

그들의 주석에 예들이 나타나는 것은 매우 중요하다. 이것은 그들의 의도

---

187 MS. Bibl. Nat. Lat. 384, fo. 92b.

188 이사야서에 대하여 챈터는 MS. Brussels 252, fo. 16v: "그리고 통속적으로 말해진다: 그는 대머리였고 또한 머리카락을 지닌 재판관이 분명하다."(Unde dicitur vulgo: Apparebit in iudicio quis calvus fuerit et quis capillatus."

189 MS. Rawl. C. 427, fo. 27b. S. Singer, *Sprichwörter des Mittelalters*, i (Bern, 1946), 52, no. 114.

를 강조한다. 12세기 이전에 학습된 작품에서는 그 예를 알 수 없었다.[190] 그러나 성직자들은 그것을 평신도에게 교훈하기 위해 특별히 고안된 방법으로 간주했다. 그러므로 윌리엄 맘즈베리William of Malmesbury은 교회에 헌신한 우스터의 성 울프스탄St. Wulfstan of Worcester의 삶에 관하여 설교했다.

> 주교는 이 문제를 사람들에게 전하고 있었다. 그리고 필연적으로 그는 예들을 소개했다. 그러나 나[저자]는 문자를 다루고 있다. 내가 말한 것은 예시가 필요한 것으로 잘 알려져 있다.[191]

랭턴 역시 인기 있는 설교의 모범적인 통속적인 사례들을 성직자들에 대한 설교의 '세련된 문구'와 대조한다.[192]

1141년경 사도 바울에 대해 주석한 아벨라르두스의 익명의 학생과 코메스터는 모두 모범exemplum에 대한 사용을 보여준다.[193]

내가 아는 한 챈터는 성경에 대한 강의에 이를 체계적으로 소개하는 첫 번째 교사이다. 나의 생각에 이것은 파리의 교사들이 큰 비중을 차지한 인기 있는 설교의 부흥과 분명히 관련이 있다. 챈터가 세심하게 초등 교육 방법을 강의실에 도입할 때, 그는 자신의 학생뿐만 아니라 그들이 설교할 평신도를 생각해야 한다. 우리는 랭튼과 챈터가 말한 모범 중 일부가 13세기 설교와 설교자들을 돕기 위해 마련된 '모범집'example book으로 나아갔다는 것을 알고 있다.[194] 그것들은 학생들에 의해 유포되거나 기록된 주석에서 직접 복사되

190 J. Th. Welter, *L'Exemplum dans la littérature religiuse et didactique du moyen âge* (Paris, 1927), ch. i.

191 *The vita Wulfstani*, op. cit. (p. 119, n. 3), 38.

192 위 p. 254 참조.

193 *Commentarius Cantabrigiensis*, ed. A. Landgraf, op. cit. (p. 73, n. 2), ii, 306, 316. 코메스터에는 MS. Bibl. Nat. Lat. 446, fo. 52b.

194 B. Smalley, "Exempla in the Commentaries of Stephen Langton", Bulletin of the John Rylands Library, xviii (1933), 121-9. 나는 랭턴의 모범처럼 체계적으로 챈터의 모범을 연구할 수 없었다; 그러한 연구는 이 매우 흥미로운 형태의 역사를 위해서 매우 유용할 것이다.

어야 했다. 운명이 파리 교실은 우리에게 회신으로서 그 모험을 보여준다. 미신, 놀라운, 기적의 요소는 이 두 교사에게 호소력이 거의 없다. 그들은 영리하게 선택된 삽화와 재담repartee을 선호한다.

이 클래스에는 자신의 고향인 라임Rheims의 두 성직자 수도사canons에 대한 챈터의 이야기가 있다; 본문 욥기 20장 20, 22절의 예로 든다: "그가 기뻐하는 것을 하나도 보존하지 못하겠고." 한 수도사는 부를 얻었고 그의 재물을 입금할 곳이 없었기 때문에 예전의 가난했을 때보다 부에 대하여 애통해 했다. 그가 채워질 때, 그는 쇠약해질 것이다. 다른 수도사는 돈을 가슴에 넣었다. 그가 새벽 예배를 돕는 동안 그는 도둑에 대한 염려로 갉아 먹혔다. 아침에 그는 돈을 없애고 '평화를 사기 위해' 가난한 자에게 주었다.[195] '재담'의 좋은 예는 랭튼의 하박국 2장 11-12절이다: "담에서 돌이 부르짖고 … 피로 성읍을 건설하는 자에게 화 있을진저."

> 특정 왕에게 예의 바른 사람은 강도와 강탈의 결과로 놀라운 디자인의 집을 지었다. 그는 성직자에게 입구에 "기억하는 비문"을 작성해달라고 요청했으며 서기는 이렇게 말했다:
>
> 잘못 지어진 집A house built on wrong
> 오래 지속되지 않을 것이다.Will not last for long[196]

랭튼의 학생들은 이 이야기를 즐겼어야 했다. 그것은 가난한 학자 대 사업가의 영원한 주제이다.

모범들exempla, 잠언 및 기타 장치는, 말하자면 영적 주석의 향료이다. 강의의 실제 주제는 주석 자체의 기술, '성경 옥수수를 교훈tropology의 빵으로 갈아내는 방법'이다. 랭튼은 장인 중 한 명이 자신의 소명을 '수수께끼'로 부

195 MS. Bibl. Nat. Lat. 15565, fo. 29c.

196 "Exempla in the Commentaires of Stephen Langton", 128.

르며 도제를 시작하는 것을 말해준다. 우리는 그의 목소리에 전문적인 자부심을 느낄 수 있다. 호세아 8장 9절: "에브라임은 값 주고 사랑하는 자를 얻었도다."는 에브라임은 죄인을 의미한다고 설명한다:

> 어떻게 죄인이 사랑하는 자에게 값을 줄 수 있는가? 기다려 보라![197]

그 비교는 매우 미묘하다:

> 일부 매춘부는 고용을 하고, 다른 매춘부는 자유롭게 제공하며, 따라서 죄인들도 마찬가지이다. 어떤 사람들은 그들을 기다릴 준비가 되어 있는 죄를 지을 기회를 찾게 되며 이들은 고용될 것이다. 다른 사람들은 기회를 찾는다. 이들은 고용하고 스스로를 제공한다.

그는 학생들에게 영적 해석은 문자보다 더 넓은 범위를 제공한다고 지적한다. 역사는 한 번 일어난 것이며 바꿀 수없는 것이다. 교훈[즉, 도덕]은 '자유'free롭다. 영적인 의미는 문자적 의미와 반대의 의미를 가질 수 있는데[198] 하나는 다른 것이 약속을 포함하는 곳에서 위협을 내포할 수 있다.[199] '영적으로' 한 단어의 동일한 텍스트에서 많은 의미가 부여될 수 있으므로, 영적인 의미에서는 주석에서 벗어나는 것이 허용될 수 있다. 랭튼은 때때로 본문에 대하여 주석에서 제안한 영적인 의미로 자신을 만족시킬 것이다. 때때로 그

---

197 T., fo. 41c: "Sed quomod peccatores dant *mercedm amatoribus*? Attende et videbis."

198 ibid. fo. 138a: "Cernis … quomodo ea que secundum litteram super Caldeis interpretati sumus nunc iuxta tropologiam videa[n]tur sonare clementiam et libertatem eorum qui de Caldeorum manibus evaserunt. Historia facta est et evagandi non habet facultatem, tropologia libera."

199 ibid. fo. 74c: 코매스터 역시 영적 해석의 우월한 '자유'(freedom)에 대하여 설명한다. MS. Laud Misc. 291, fo. 5d. 이 표현은 성 제롬의 이사야에 대한 주석에서 왔다. *Prol. in Lib.* v, PL xxiv. 154.

는 국법적인 모신을 위하고 있다고 분명히 말할 것이다.[200] 이 모든 것은 1세기에 유대인 필로Philo Judaeus가 존중했던 것과 같은 영적 주석의 '규칙들'rules에 종속된다. 영적인 해석은 그것이 의미하는 것의 속성에 근거해야 한다. 주석가는 이러한 속성을 알고 자신의 학문을 보여주고, 자신의 기술을 적응시켜 보여준다. 그의 지식이 드러나면, 랭튼이 민수기의 텍스트에서 했던 것처럼 스스로를 친다beaten고 고백해야 한다: "만나는 갓 씨와 같다"[11:7]

> 이 문제에 대해 오랫동안 이야기할 수 있다. 그는 유감스럽게도 "갓 씨의 본질과 품질만이 우리에게 알려졌다"고 말했다.[201]

그는 '하얗고 빛나는' 만나*manna*로 돌아가야 한다. 그러므로 그것은 성경을 의미한다.

때때로 랭튼은 구분*distinctio*을 위해 단어의 알려진 모든 속성을 수집한다; 때때로 그는 한 가지 고려 사항에 대한 주석을 통해 더 간략하게 진행한다. 그는 학생들에게 자료를 최대한 활용하는 방법을 보여준다. 히브리어 이름의 해석이 그에게 자신이 원하는 의미를 부여하지 않는다면, "만일 갈라아드Galaad가 우상이라면 … [호 12:1], 그것을 돌아서 간다.

> 도덕적으로 갈라아드가 증거의 말뚝으로 번역된다면, 나의 교훈tropology은 [장소명의] 해석이 아니라, 평신도를 상징하는 주민인, "텐 티리베스"Ten Tribes에서 가져온다.[202]

이 두 번째 해석은 랭튼이 가장 좋아하는 것 중 하나이다. 그는 현재의 사

200 T., fo. 159c: "Lice Ieronimus istum… accipiatur [sic] in malo, nos tamen moraliter accipiemus in bono."
201 "Stephen Langton and the Four Senses", 71.
202 ibid. 72.

건들에 대한 적절성을 지적한다. '일반적으로 이 열두 예언서에서 성직자를 의미하는' 이스라엘 열 지파는 유다의 두 지파와는 대조적으로 평신도 또는 하급less 성직자를 의미한다.[203] 여기서 랭튼은 학생들에게 이 책의 전형적인 도덕적 해석의 열쇠를 주고 있다. 그는 그들에게 문자적 의미로 모든 세부 사항을 소중히 하는 방법을 가르친다. 문자를 설명하면서 그는 영적 해석에 중요한 요점이 있다고 지적한다. "이것은 신비에 속한다"*hoc valet ad mysterium*. 그런 다음 영적인 의미로 같은 본문을 다시 설명할 때 이 세부 사항을 근거로 사용한다.

랭튼의 방법을 설명하기 위해 우리는 특히 지치지 않은 하나의 비유를 취할 수 있다; 그것은 열왕기하 1장 2절의 도덕화이다.: "아하시야가 사마리아에 있는 그의 다락 난간에서 떨어져 병들매." 여기서 핵심어는 사마리아Samaria인데, 이것은 '돌봄'charge, 즉 '보호'custodia로 해석된다. 사마리아에 거주하는 사람은 다른 사람들을 '책임'지는 사람이어야 한다. 사마리아에 지어진 집은 위층의 이야기가 있기 때문에 높고 위엄 있는 목회 사무실을 나타낸다. 작은 빛이 통과하는 격자창은 '불명확함'을 나타낸다. 우리는 랭튼의 학생들이 갇힌 중세 파리의 어두운 다락방을 생각한다. 따라서 격자는 목회적 돌봄의 당혹스러움을 의미한다. 아하시야는 설교자이자 왕실 주교로서, 그의 직분을 서둘러 준비를 하지 않은 채 직분에 들어간다; 그것의 당혹스러움은 그를 배척하고 슬프게 한다. 그는 "격자를 넘어 떨어져서" 스스로를 상처 입힌다; 그는 슬프게도 죄를 짓는다.[204]

여기에는 성공적인 비유trope의 모든 구성 요소가 있다: 겉핥기의 박식함, 독창성, 재치 및 관찰. 개혁자의 가르침은 간결하게 표현되지만, 잊을 수 없을 정도로 적절하게 표현된다. 도덕론tropology은 위-학문pseudo-science일 수 있다; 이는 적어도 살아있다. 필로의 유서 깊은 전통은 파리 학교에서 새로

---

203 ibid. 71.

204 T., ff. 33a, 89b, 208a.

워진 것 같다. 후기 중세의 상징주의는 적절히 쇠퇴기에 들었다고 여겨진다:

> 상징주의는 실제로 실행되었다. 상징과 알레고리를 찾는 것은 무의미한 지적 오락이 되었으며, 하나의 유추에 근거한 얕은 기발함이 되었다.[205]

이 압제받는 상징은 많은 관련된 것association의 부담 아래 사물을 사장시키고, 인식의 신선함을 가로막았다. 그러나 12세기에는 이것이 사실이 아니다. 랭튼에게 사상이 여전히 언어의 여주인이다. 상징주의는 사상이 선택하고, 그것을 선명하게 만드는 도구이다.

이것이 인정되면, 랭튼은 성경이 자신이 원하는 것을 정확하게 말하게 하는 기술을 완성한 것으로 보인다. 우리는 이것이 '순수한 랭튼'이기 때문에 그의 비유를 즐긴다. 그것은 목적과 의미가 있다. 그것은 주석이 아니다. 우리는 이제 장의 시작부터 우리를 기다려온 질문에 직면해 있다.

우리는 랭튼이 그의 학생들에게 영적인 해석의 기술에 대한 어떤 규칙을 제공하는 것을 보았다. "그는 그 내용에 대하여 지침을 제공합니까?" 이것은 우리에게 전적으로 주관적인 것처럼 보인다. "랭튼이 우리와 어느 정도로 동의할까요?" 아하시야가 정치 경험의 부족으로 배신한 왕실 주교가 아니라, 학자 주교를 대표해야 한다고 반대하는 학생이 있다고 가정해 보자. " 랭튼은 어떻게 대답할까요?", "그는 실제로 영적인 해석을 아주 진지하게 받아들입니까?"

그것은 중세 저자가 표절이나 위조에 대해 느낀 점을 묻는 것과 같다. 그러나 우리는 답을 시도해야 한다. 알레고리적 의미와 도덕적 의미를 구별하는 것으로 시작해야 한다.

---

205 J. Huizinga, The Waning of the Middle Ages (London, 1927), 189. G. Owst 교수는 중세 설교에 대한 연구는, *Preaching in Medieval England* (Cambridge, 1926), *Pulpit & Literature in Medieval England* (Cambridge, 1933) 신선한 12세기의 설교와 맥이 빠지고 이차적인 후대의 설교 사이의 구분이 생략된 것 같다.

랭튼은 실제로 알레고리적 해석에 대한 우리의 반대 의견을 제기한 사람에 대해 알려준다. 율법이 명령한 희생제사의 소의 붉은 색이 수난Passion의 피를 미리 나타내었다는 사실을 듣고, 이 이단자는 조롱하면서 이렇게 말했다. '만일 모든 소가 검은 색이었더라도 같았을 것이다; 알레고리는 무가치하다. 랭튼은 소의 색이 무엇이든 어떤 종류의 알레고리도 발견할 수 있다고 말했다.' 랭튼은 이것을 반박할 필요가 없는 끔찍한 불경의 예라고 언급했다. 그는 알레고리의 내용을 테스트했다. 반드시 기독교 신앙을 따라야한다. 그는 표준주석에서 발견한 오리게누스의 주장을 면밀히 조사하고 이것이 어떤 의미에서 정통인지 설명한다.[206]

그러므로 알레고리는 확립된 신학적 진리를 설명하고 확인하는 것으로 간주된다. 이것은 그 자체로 증거를 구성하지 않는다. 랭튼은 일반적으로 신학적 진리가 논의되는 『토론집』에서 알레고리적인 주장을 사용하지 않는다. 이 기준을 따라서 그는 자신의 주석에 있는 알레고리의 미묘함에 반대하지 않는다. 기독교적 도덕에 의해 판단될 수 있는 한 그것은 도덕론에도 적용된다. 성 그레고리우스의 『목회규율』*Rules of Pastoral Care*로 설교에 대한 많은 랭튼의 발언은 정당화될 수 있었다. 그러나 도덕은 정치에 영향을 미친다. 신학적 진리와 같이 잘 정의되는 정치 조직이 없었다. 랭튼은 그가 인식할 수 있는 진실의 표준이 없을 것이다.

하나의 텍스트가 그를 이 위험한 땅으로 인도한다. "태양은 어둠으로, 달은 피로 바뀔 것이다"[욜 2:13] 자연스럽게 그에게 세속적 권력에 대한 그들의 정책을 정당화하기 위해 고위 성직자들이 사용한 주장을 제시한다. 하루를 지배하는 더 큰 빛은 교회를, 더 적은 빛은 국가를 의미한다. 달이 태양

---

206 예를 들면, 오리게누스는 율법에 명령된 희생 제사의 다양성은 인간 미덕의 다양성을 의미한다고 주장했다; 어떤 사람은 약간의 미덕을, 다른 사람은 모든 미덕을 지녔다. '하나의 미덕을 지닌 사람은 모든 미덕을 지녔다'는 받아들여진 견해와 이것과 충돌을 일으킨다. 그러므로 오리게누스의 알레고리는 미덕의 활용(use)에 대한 업급이지 미덕의 실제적인 소유에 관한 언급은 아니다. "Stephen Langton and the Four Senses", 74-5.

으로부터 그녀의 빛을 받음에 따라, 국가는 대표단으로서 교회로부터 그녀의 힘을 받는다. 이것과 밀접하게 연결된 것은 두 검의 이론이다[눅 22:38].

영국인인 랭튼은 12세기 유럽에서 가장 강력한 군주국의 백성이었다. 그는 극도로 영어를 싫어했다. 랭튼은 논쟁을 말하면서 다음과 같이 더한다. "이는 문제가 된다." 랭튼이 일반적으로 교황의 정치적 주장으로 사용된 '도덕성'에 의문을 제기할 때 우리는 숨을 멈춘다. "그가 상식에 반하는 것으로 불쾌감을 드러내면서 후회한다면 그는 어떤 기준으로 판단할 것을 제안합니까?" 분명히 그는 모든 방법에 대해 의심을 품고 있음을 알아야한다. 비유trope는 논쟁의 가치가 없다. 순전히 주관적이다.

그에게는 그런 생각이 없다. 그는 자신의 텍스트로 돌아가서 완전한 만족을 주는 해결책을 찾는다. 그는 이 글은 극단적 교황주의자papalist의 관점이 아니라 사실과 관련하여 타협하는 영국식 타협을 표현한다고 올바르게 해석했다. 둘 다 가려지기 쉬운 경우 하나의 힘이 다른 힘을 지배한다고 말하는 것은 게으름이다.

> 달은 태양으로부터, 교리의 빛과 믿음의 화려함을 받는다고 말할 수 있다. 그러나 태양은 종종 달의 작용으로 일식을 겪는다. 달은 지구의 그림자와 태양의 화려함 때문에 월식을 겪고 있다. 그리고 이제 우리는 "해가 죄의 암흑으로, 달이 전리품의 피로 변하는" 그런 길에 이르렀다.[207]

---

207 T., fo. 70c: "Sol et luna duo magna luminaria, quorum unum scil. sol preest diei, et alterum scil. luna nocti, et luna non habet lumen nisi a sole. Sol est ecclesie principatus, qui preest diei, i.e. spiritualibus; luna vero est principatus secularis qui preest nocti i.e. terrenis; et sicut luna lumen recipit a sole, sic principatus secularis est a principatu ecclesie. Unde in passione duo gladii Domino sunt allati. Istud tamen questionis est. Unde potest dici quod luna ista accipit lumen doctrine a sole et fidei splendorem, sed sol iste sepe sit passus eclipsim per lune interpositionem, et luna sit passa eclipsim per umbram terre obnubilantem et solis splendorem lune auferentem. Modo ad hoc devenit res, quod *sol conversus est in tenebras peccatorum et luna in sanguinem rapine*.

우리는 이것이 비참한 회피라고 생각할 수 있다. 우리가 참을성이 없는 것은 좋지 않다. 랭튼은 하나님과 우주에 대한 그의 모든 개념과 결부된 방법을 비판할 수 없다. 그는 여전히 거울과 반향의 아우구스티누스적 세계에 살고 있다. 눈에 보이는 세상과 마찬가지로 성경은 하나님과 모든 진리의 모든 것을 반영하는 큰 거울이다. 사람처럼 성경에도 몸이나 문자보다 훨씬 더 중요한 영혼이 있다!

이것이 가정되지만 랭튼의 모든 상식이 영적인 해석에서 결함을 감지할 수 있는 것은 아니다. 앤드류의 모든 학문으로 사람들의 관심을 문자로 바꿀 수 있는 것은 아니다. 랭튼의 글에서 나온 '영적' 발췌문이 문자보다 훨씬 더 인기가 있다는 것이 중요하다. 변화는 새로운 가정assumption에서 출발한 학자에 의해서만 이루어질 수 있었다. 혁명이 필요했다. 이것은 13세기에 도미니쿠스회원들과 단테가 빅터주의자들과 그들의 학교가 하지 못한 일을 했을 때 일어났다.

6장

수사들

1. 주석과 주석가들(POSTILLS AND POSTILLATORS)

『라틴교부전집』*Patrologia latina*은 늪을 통과하는 통로 역할을 했다. 이것은 약간의 인쇄물을 제공했지만 편집 및 속성이 불안정할 수 있다. 그것은 인노켄티우스 3세Innocent III로 끝나고 학생은 자신의 길을 찾아야한다. 학교가 발전함에 따라 더 많은 강의가 제공되었기 때문에 훨씬 더 많은 자료가 있다. 더 적은 수가 인쇄되었다. 세인트 체어의 휴, 성 알베르투스 및 성 토마스는 굳은 땅을 고치지만 그들은 멀리 떨어져 있다. 그리고 탐구는 이제 옥스퍼드로 확장되어야한다. 다행히 우리는 글로리오Fr. Glorieux의 『목록』*Repertoire*에서 파리에 대한 훌륭한 지도를 가지고 있다. 그것은 모든 개척자들이 하는 것처럼 일련의 수정과 부록을 촉구한다.[1] 리틀A. G. Little과 칼루스Dr. D. A. Callus는 옥스퍼드에서 교사들의 계보를 드러내려고 구상했다.[2] 이 안내서를 사용

---

1 V. Doucet, *Archivum franciscanum historicum*, xxvii (1934), 531-64의 리뷰를 참조하라. "Fr. Mattaei ab Aquasparta Quaestiones disputatae de gratia", *Bibl. franc. schol. med. aevi*, xi (Quaracchi, 1935), lxvi-lxvii; F.-M. Henquinet, "Les écrits du Frère Guerric de Saint-Quentin", *Rech. Théol. anc. méd.* vi (1934), 188-93; "Notes additionelles sur les écrits de Guerric de Saint-Quentin", ibid. viii (1936), 369-88; M. Grabmann, "Ungedruckte exegetische Schrifte von Dominikanertheologen des 13. Jahrhunderts", *Angelicum*, xx (1943). 다른 말이 없다면, 나의 참고문헌들은 Répertoire에서 신학자들의 수(number)에서 가져오거나, 이것의 보충하는 안내에서 가져왔다.

2 A. G. Little, "The Franciscan School at Oxford in the Thirteenth Century", *Archivum franciscanum historicum*, xix (1926), 803-74; *Francisan Papers, Lists and Documents*

하여 학생은 자살 같은 성급함의 잘못 없이 발견의 여정을 시작할 수 있다. 그럼에도 내 책의 이 부분은 여행자 이야기로 구성되어 있다. 그들은 13세기의 모습에 대해 나 자신의 인상을 줄 것이다. 여행자는 자신이 찾고 있는 것을 찾는 경향이 있다.

가장 영향력이 있는 자들로 나에게 생각되는 파리의 교사들을 나열하는 것으로 시작한다. 옥스포드에 대해 동일한 것을 시도하기에는 아직 데이터가 충분하지 않다. 그런 다음 13세기 주석의 형태와 내용에서의 새로운 발전에 대해 논의한다.

우리는 거의 미지의 단편들에서 시작한다. 랭튼는 1206년에 학교를 떠났다. 설교 수사단은 1229년 파리의 생 자크St. Jacques에서, 1231년에 프란체스코 수도회Friars Minor가 각각 인문학교*studiumm generale*(대학의 성격을 지닌 고등 교육기관)를 열었다. 막간의 기간은 탁발 수도회에 의해 부활하기 전에 성경 연구가 쇠퇴하였음을 보여주는 것처럼 보인다. 물론 이것은 13세기 초 파리에서의 연구 경향을 놓치게 됨으로 지나치게 단순화된 것으로 보인다.[3] 실제로 무슨 일이 있었을까?

상식은 성경 강의가 여전히 강의 계획서에 의해 규정되어 있음을 보았을 때 이것이 멈출 수 없었음을 말해준다. 그리고 그 반대로 긍정적인 증거가 있다. 조사에 따르면 옥스퍼드에서의 초기 가르침은 세기의 전환기에 파리의 가르침에서 비롯된 것이다. 어떤 경우에는 연관성을 추적할 수 있다. 파리의 세속 교사인 아브빌의 존John of Abbeville은 시편에 나타난 도덕성moralities을 남겼다. 랭튼의 도덕성이 발췌된 것처럼 아마도 그의 전체 주석에서 발췌되었을 것이다. 이 경우 정식 버전은 사라졌다. 우리는 도덕성과 일치하는 별

(Manchester, 1943); A. G. Little and F. Pelster, *Oxford Theology and Theologians c. 1282-1302* (Oxford Historical Society, xcvi, 1934); D.A. Callus, "The 'Tabulae super Originalia Patrum' of Robert Kilwardby," *Studia Mediaevalia* (op. cit., p. 216, n. 2), 249-52.

3 M.-D. Shenu, Introduction à l'étude de S. Thomas d'Aquin (Montreal, Paris, 1950), ch. 1.

도의 문자적 발췌문을 찾을 수 없다.[4] 존은 학교에서 랭튼의 당대인이었으며 대주교와 추기경으로의 경력으로 마무리하는 점에서 랭튼과 닮았다. 그는 '성경적 도덕 학교'의 시대와 13세기 20년대의 연관성을 나타내며, 1216년 또는 그 이후까지 랭튼이 떠난 후에도 계속 가르쳤다. 시편에 관한 존의 연구는 놀라울 정도로 많은 필기록들*reportationes*로 회람되었다. 그 중 하나는 1230-48년 옥스퍼드에서 시편을 강의할 때 도미니크 회원인 로버트 베이컨Robert Bacon의 기본 자료로 사용되었다. 그 관계에 대한 가장 개연성 있는 설명은 로버트 베이컨이 파리에서 아브빌의 존의 학생이었다는 것이다. 따라서 우리가 어떤 지식을 가지고 있는 최초의 옥스퍼드 설교자는 교황청과 관련이 있으며, 특히 그의 설교로 유명하다: "설교에 있어 최고의 신학자"*ad predicandum optimus theologus*.[5]

로버트 그로세테스테Robert Grosseteste는 옥스퍼드의 프란체스코회(1229/30-35)에서 강의할 때 파리에서 가져온 것과 같은 종류의 자료를 사용해야했다. 에클레스톤Eccleston은 형제 엔젤루스는 성스러운 기억의 로버트 그로세테스테 스승이 형제들에게 강의를 읽도록 설득했다고 말한다. 그 밑에서 아주 짧은 시간 안에 그들은 설교에 적합한 질문과 미묘한 도덕에서 헤아릴 수 없는 진보를 이루었다.[6] 그로세테스테 주석의 전통은 수고스럽고 독창적으로 결합되어 있으며 전반적인 인상이 드러난다. 모든 것은 12세기 말과 13세

---

4 B. Smalley, "Robert Bacon and the Early Dominican School at Oxford", *Transactions of the Royal Historical Society*, xxx (1948), 1-19: 다른 주석들은 아베빌의 존의 것으로 돌려진다. 나는 단 하나의 필사본으로 남아있는 것 같은 Octateuch에 대한 그의 주석을 살펴보았다. MS. rome. Angelica 509 (D.8.13). 이는 도덕성을 구성하는 데 있어 시편에 대한 그의 주석과 유사하다; 그러나 사람들은 전자가 완전한 주석으로서 원본이라고 추론할 수 있다. 여기서는 도덕성이 발췌되었을 때 남아있는 문자적 의미에 대한 언급하는 형태로 분명한 증거가 있다. 예를 들면, 민수기 1:1절에 관한 주석이다. (fo. 63v).

5 1225년을 위해서는 트로와 폰테인의 알베릭(Alberic of Trois Fontaines)의 연대기를 보라. *M.G.H. Script*. xxiii, 916.

6 *De adventu fratram Minorumin Angliam*, c. xi, ed. A. G. Little (Paris, 1909), 60-1.

기 초 파리에서 사용된 방법에 대한 그의 충실함을 가리킨다.[7] 그의 가르침에 대한 에클레스톤의 설명과 충분히 일치하는, 복음서에서 도덕의 자료들에 대한 그의 연구는 그의 스승의 이름을 밝힐 수 있다. 로버트 베이컨을 위해 할 수 있다면 그로세테스테는 어떠한가? 이러한 연구 결과에 따르면 옥스퍼드 초기 교사들의 관계들을 개선하게 될 뿐만 아니라 조금 밖에 알려지지 않은 시기 파리의 어떤 것이 우리에게 알려질 것이다.

파리로 돌아와서 우리는 노트르담 법률고문이 되었을 때 1206년에서 1218년 사이에 가르쳤던 필립 챈슬러Philip the Chancellor의 가르침을 발견한다. 시편에서 살아남은 그의 도덕성에 대한 많은 사본들은 그들의 인기를 입증했으며 나중에 세속 교사인 오도Odo of Chateauroux에 의해 거의 전부 차용되었다. 필립은 신학에 대한 연구가 반드시 성경의 가르침을 방해하는 것은 아니라고 알려준다. 1223년 전부터 1228년 파리의 주교로 승진하기 전까지 매우 뛰어난 철학자이자 신학자인 오베르뉴의 윌리엄에게도 마찬가지다. 그는 아마도 강의로 전달된 잠언, 전도서 그리고 아가서에 대한 주석들을 남겼다. 비록 윌리엄은 자신의 지면 대부분에 영적인 해석을 제공하지만 세속 철학에 대한 지식을 문자적 의미에 받아들여서 그를 독창적이라 부르는 것이 안전해 보이는 새로운 방법을 가져왔다. 세인트 체어의 휴는 전도서에서 그를 광범위하게 인용했다.[8]

이 기간 동안 세속 교사들의 다른 주석들이 기록되어 있으며 13세기의 많은 익명의 작품 중 일부가 추가되어야 할 것이다.[9] 그럼에도 불구하고, 랭튼

---

7 D. A. Callus, "The Oxford Career of Robert Grosseteste", *Oxoniensia*, x (1945), 42-72; "The *Summa Theologiae* of Robert Grosseteste", *Studies in Medieval History*는 F. M. Powicke (Oxford, 1948), 180-208에 제시된다.

8 B. Smalley, "Sapiential Books I", 326-37, 333-4.

9 누가복음에 관한 주석: MS. Vat. Rossiani 107, fo. 1-136, 13세기 이른 중반의 이 주석은 이 기간에 해당한다. 그 문체와 방법은 그것을 제시하고 있다. 성 베르나르두스와 달리 유일한 당대의 인용은 피터 코메스터인 것 같다: 저자는 형제적 수정의 quaestio(fo. 43r)와 Histories(fo. 15r, 27r)에서 "Manducator"(탁발수도사)를 언급한다(fo. 43r); 그는 교회에서 직분의 목록을 제시한다: 주교직, 성직자, 성전기사단, 성요한기사단, 관상하는 자들(*contemplativi*: 수도사

과 세인트 체어의 휴 사이에는 어떠한 교사도 성경에 길고 연속적인 주석을 남겼다는 것이 사실이 아니다.[10]

이 증거는 20년대에 또는 랭튼의 출발과 생 자크St. Jacques에 학교studium의 설립 사이에 파리에서의 발전의 주요한 개요의 재구성을 보증하는 것으로 보인다. 랭튼은 세 노선을 따라 그의 주석적인 가르침을 추구했다. 그는 설교를 돕기 위해 성경을 도덕화하는 기술을 완성했다. 그는 교리를 탐구했다; 그는 학생들에게 복잡한 주석적 도구들을 다루고 조화롭게 하는 방법, 문자를 도덕과 구별하고 주석들과 본문의 변형을 비교하고 문자의 의미를 설명하는 그의 자료를 인용하고 추가하는 방법을 보여주었다. 그의 후임자들은 첫 번째와 두 번째 연구 노선을 따라 세 번째를 무시했다. 우리는 한 권의 책에 많은 도덕성과 많은 신학적 질문들quaestiones을 지닌다. 필립 챈슬러와 마찬가지로, 같은 학자도 두 가지 모두에서 많은 결실을 거둘 수 있다. 필립은 그의 시대에 가장 인기 있는 도덕성과 가장 인기 있는 신학적 『요강』*summa*을 작성했다. 그러나 교수법의 전문화 과정으로 인해 두 가지가 분리되었다. 결과적으로 이 시기의 성경 강의의 유물은 거의 전적으로 도덕성으로 구성된다. 우리는 물론 도덕적 발췌만 남기고 사라진 랭튼식 유형의 강의로 그들 저자를 인정할 수 있다. 요점은 나머지 강의 과정은 보존할 가치가 없는 것으로 간주된다는 것이다. 한편, 새롭고 흥미로운 인물인 아리스토텔레스와

들). 그의 리스트에 탁발수도사(friar)의 부재는 탁발수도회들이 설립되기 이전에 그가 활동하고 있었음을 제안한다. 다른 측면에서 그는 12세기의 신학자들에 의해 사용되지 않았던 구분인 *causa efficiens, materialis, formalis*를 사용하는데, 전통적인 저자(*author*), 자료(*materia*), 저자의 목적(*intentio*), 그리고 방법(*modus agendi*)에 첨가하고 있다(아래 p. 297참조). 이는 나에게 연구되어야만 하는 생생하고 흥미 있는 자료로 여겨진다. 나는 어떤 수집 본에서도 이 서문을 발견하지 못했다. 그것은: "Beatus homo quem tu erudieris … Quia qui legit unum evangelium legit omnes … HIs visis accedamus ad prolgum Ieronimi et postea ponemus alium introitum specialem in ipsum librum. Lucas syrus natione etc. Prologus iste dividitur … Salutat vos Lucas medicus, Col. iv. In hac auctoritate possunt satis convenienter notari… Quoniam quidem multi etc. Etiam hoc prohemio ostendit …"

10 오도(Odo of Châteauroux)는 성경의 많은 책들에 대하여 서문을 남겼다. 그러나 시편을 제외하고는 어떠한 주석도 남기지 않았다. (Rép. no. 137)

아랍 학문이 파리로 쏟아져 들어와 추론, 이단 및 비난을 일으켰다. 오베르뉴의 윌리엄은 새로운 아리스토텔레스를 서비스 주석에 넣기 시작한다. 우리가 가지고 있는 그의 주석은 주로 도덕에 헌신한다. 그러나 새로운 철학적 움직임에 의해 자극을 받아 랭튼의 세 번째 접근 방식을 따르려는 약간의 시도가 있는 것 같다.

탁발수도사들의 과제는 빅터주의자들이 12세기 초에 해왔던 것처럼 이 모든 다양한 교수법을 다시 통합하는 것이었다. 사실 도미니쿠스 회원들은 특히 종교적이며 성경적 도덕 학교에 속했고 또한 그들은 능동적인 교사이자 복음전파자였기 때문에 빅터주의자들의 전통을 되살리고 결합시키는 것을 목표로 삼았다. 생 자크에서의 삶과 이 수도회의 모든 수도원에서는 참으로 현대화된 렉치오 디비나를 중심으로 삼았다. 성 제롬과 그의 후임자들의 긴 계보에 의한 해석에 따르면, 이것은 학문에 포함되어야 했다. 논쟁과 설교도 포함되었다. 아마도 우리는 성 도미니쿠스St. Dominic의 목표를 평가하는 다른 쪽 끝에서 시작해야 할 것이다. 그러나 마지막 활동은 첫 번째를 내포한다. 설교 수사회는 필연적으로 박사들의 수도회이기도 했다.[11] 최근 토론은 처음부터 도미니쿠스 수도원의 일상에서 연구는 일과의 한 부분임을 강조했다.[12] 보다 유연한 규칙과 자산 관리의 자유로 인해 설교자들은 참사수도회Canons Regular를 포함한 이전 수도회들보다 지식을 추구함에 더 나은 위치에 있었다. 1217년에 사망한 저명한 교회법학자 사이렌세스터Cirencester의 수도원장 알렉산더 네크밤Alexander Nequam이 신앙은 연구와 양립할 수 없다고 불평하는 것을 발견하는 것은 흥미롭다. 수도원은 이를 위한 완벽한 장소가 되어야 한다. 그러나 "규율 훈련의 황금의 수단golden mean이 사라지고, 규칙과 규정에 너무 많은 스트레스가 있다."[13] 도미니쿠스 회원들은 대중 설교와 개

---

11 P. Mandonnet, op. cit. (p. 83, n. 1), 65-7.

12 H.-M. Féret, "Vie intellectuelle et vie scolaire dans l'Ordre des Frères Prêcheurs", *Archives d'histoire dominicaine*, i (1946), 5-37.

13 Dr. R. W. Hunt는 친절하게 나에게 그의 Nequam에 관한 출판되지 않은 논문으로부터

혁에 대한 세속적 대가들의 열정과 진지한 관상적 작품들을 결합시키는 데 성공했다. 프란체스코 회원들은 그들의 모범을 따랐다. 사실 두 수도회의 정서ethos는 달랐다. 성 보나벤투라는 설교수사단이[도미니쿠스 수사들] 학문을 거룩함에 앞세우고, 프란체스코 수사들은 거룩함을 배움의 앞에 둔다고 말함으로써 이를 표현했다.[14] 그러나 그들의 차이에도 불구하고, 한 수도회의 구성원은, 강의에 도움을 원할 때 다른 [수도회] 사람에게서 빌리는 것에 대해 좋게 여기지는 않았다. 교리의 차이를 감추기 위해 몇 번의 수정만으로 충분했다. 성경 주석가의 학생은 두 수도회의 결과물을 다뤄야하며 항상 그것들을 구별할 수는 없었다.

새로운 제도의 결실은 『목록』의 페이지들에서 한 번에 볼 수 있다. 세인트 체어의 휴로부터 우리는 세속 교사와는 현저히 다른, 성경에 대한 지속적인 강의에 대한 증거를 가지고 있다. 우선, 성경 전체 또는 그 상당 부분을 설명하는 관습이 다시 확립된다. 둘째로, 성경에서 멀어지고 이론적 신학speculative theology 쪽으로 기울어짐이 해결된다. 탁발수도사들은 그들이 성경으로 돌아오는 데 있어 혁신을 이루거나 오히려 새로운 균형을 이루고 있다는 것을 의식한 것으로 보이며 세속 사람들로부터 비판을 받아야했다. 안식일에 밀 이삭을 뽑는 제자들 이야기에 대해, 애매하지만 흥미진진한 도덕화(막 2:23-4)는 모든 수사 학생들을 그들의 비평가들과 대비시킨다. 이것은 도미니쿠스 회원인, 세인트 체어의 휴가 1235년경에 쓴 복음서 주석에 나온다.[15]

이 참고내용을 제시했다.

14 In Hexaëmeron, Coll. xxii (ed. Quaracci, in S. Bonaventura Op. Omn. v, 440): "… Hi sunt Praedicatores et Minores. Alii principaliter intendunt speculationi … et postea unctioni. Alii principaliter unctioni et postea speculationi." 나는 이 참고문헌은 Dr. D. A. Callus에게 빚지고 있다.

15 Post. in Bibl. (Paris, 1530-45), vi, fo. 86: "Hi sunt reprehensores fratrum studentium qui nimis sunt intenti circa studium scripturarum. Dicunt morales: non est bonum in theologia tot questiones implicare. Dicunt questioniste: non est bonum tot moralitates fingere: et quilibet reprehendit quod nescit." 휴의 작품에 대한 연대기는 아래 p. 272를 참조하라. 만일 그가 성경의 책들을 차례로 진행한다면 가능한 것처럼 여겨진다, 그는 1235년경 교수직의 끝 무렵에 복음서에 이르렀을 것이다.

밀밭은 성경을 의미한다; 이삭을 뽑는 제자들은 '성경 연구에 매우 열심인' '수사 학생들'이다; 제자들을 책망한 바리새인들은 '비난자'*reprehensors*들이며 수사에 대한 비평가는 아마도 신학의 세속 대가들이다. 비평가들은 '도덕주의자들'과 '질문자들'*questioniste*이라는 두 개의 하위 분야로 분류된다.

> 도덕주의자들은 "신학에 너무 많은 질문을 포함시키는 것은 좋지 않다"고 말한다. 질문자들은 "너무 많은 도덕을 발명하는 것은 좋지 않다"라고 말한다. 그리고 각 사람은 자신이 알지 못하는 것을 비판한다.

그처럼 두 그룹의 전문가들이 탁발수사들을 공격하고 있다. 하나는 도덕성에 다른 하나는 질문들quaestiones에 집중한다. 어느 쪽도 상대방의 가치에 감사할 수 없다. 수사들은 두 종류의 활동이 똑같이 중요하다고 생각하고 둘 다 추구한다. 휴는 질문들이 성경 강의의 틀 안에 포함되어야한다는 것을 의미하지는 않는다. 그는 단지 일반적인 의미의 신학은 성경 연구뿐만 아니라 추론을 포함해야하며 수사들은 한 학문을 위해 다른 학문을 무시하는 것을 거부하고 있다고 말하고 있다.

수도사와 세속학자의 세 번째 차이점은 해설의 성격에서 나타난다. 더 이상 도덕성이 우세하지 않다. 랭튼식 및 빅터주의의 기술이 채택되어 더욱 발전했다. 우리는 이것을 성경 연구의 전체 참고서들*apparatus*이 개선되고 정비되는 생 자크 학교의 작품들에서 가장 명확하게 볼 수 있다. 수사 설교자들은 성경의 색인concordances 및 수정*correctoria*(텍스트에 대한 변형된 읽기 및 수정 목록)에 대한 훌륭한 협동 작업으로 유명하다. 세인트 체어의 휴는 그 운동을 이끌고 조직했다. 그는 1230-35년 생 자크에서 두 신학 강좌 중 하나를 맡고 있었고 학교를 떠난 후 먼저 수도회의 교구에서 이후에는 추기경으로 계속 지도하고 감독했다. 그의 주석은 성경 전체를 다룬다. 그것들은 중세 후기에 존경할 만한 도서관의 선반에서 발견되었으며 15세기 후반에서 17세기

까지 여러 번 인쇄되었다.[16]

그들의 성격을 고려하기 전에 우리는 익숙하지 않은 이름으로 잠시 쉬어야한다. 주석*Postilla*은 아마도 '이 단어에 따라서'*post illa verba*에서 파생되었을 것이다.[17] 그것은 주석이 본문의 요점loci들 사이에 삽입된 연속적인 주석으로서 논평comment이 쓰였다는 사실을 가리킬 수도 있다. 휴의 주석*postills*이 유포된 시점부터 이 단어는 이런 종류의 모든 주석을 지시하게 되었다. *glosa* 또는 *glosula*라는 단어는 더 이상 연속에 적용되지 않지만, 난외주 및 행간주석으로 제한된다. 표준주석Gloss의 요약을 *glosarium*이라고 한다.[18] 해설expositio과 강해lectura라는 단어도 사용된다; 그러나 이 두 용어와 주석의 정확한 차이는 아직 만족스럽지 못하다. 학교에서 발굴되는 주석들commentaries에게 '주석'postill이라는 이름을 채택하는 것이 더 간단할 것이다.

표현의 역사는 여전히 연구되어야 한다. 한편 여러 가지 이유로 인해 glosa의 대체를 설명해야한다. 이 단어는 경멸적인 의미를 얻고 있었다. 그것은 작가가 의도한 것을 솔직하게 말하지 않고 '주해한다'를 암시했다. 이미 성 프란체스코는 어떤 [아래 단락에서는] 주해도 그의 규칙을 이용해서는 안 된다고 요구했다.[19] 이 단어는 15세기까지 지속적으로 아래쪽으로 내려갔다. 개스코인Gascoigne은 *glosa*가 거짓*falsitas*를 의미할 수 있으며, 공동 해설*expositio communis*[20]로 이름을 바꾸어 표준주석의 명성을 구하고 싶다고 했

---

16 Spicq에 의해 제시되는 편집의 목록을 보라, 324.

17 Du Cange, *Glossarium med. et inf.* lat. vi (1886), 434.

18 B. Smalley, "Some more exegetical works of Simon of Hinton", *Rech. Théol. anc. méd.* xv (1948), 104-5.

19 *Testamentum in Opuscula S. Francisci*, ed. L. Lemmens (Quaracchi, 1904). 79.

20 개스코인(Gascoigne)은 공동 해설(*expositio communis*)을 *glossa*보다 선호하며 자신의 이유를 제시한다: "Glosa enim si dicatur in vulgo aliquo putatur falsitas. Dicunt enim diversi heretici quod doctores sancti putative glosant evangelium secundum voluntatem suam propriam, quamvis verum est quod Dominus verba eorum confirmavit sequentibus signis, id est miraculis"(MS. Lincoln College, Oxford, 118, fo. 111b). 나는 이 단락을 드러내는 데 Dr. Callus에게 매우 감사하며, 그는 MS의 한 필사본을 나에게 주었다. 인쇄된 텍스트는 신뢰성이 떨어진다; *Loci e Libro Veritatis*, ed. J. E. Thorold Rogers (Oxford, 18881), 142-3.

다. 이로 인해 용어가 더 제한적으로 사용되었을 수 있다. 아마도 '주석'postill이 더 정확한 표현인 것으로 느껴졌다. 이것이 유행하게 됨에 따라 중세 도서관 카탈로그의 해석이 훨씬 쉬워졌다. 12세기와 이후의 카탈로그의 '주석된' 본문은 일반적으로 표준주석을 나타내는 반면, '주해들'glosses은 랭튼 유형의 주석commentary 또는 희소한 난외주를 나타낼 수 있다. 주석postilla은 한 가지만을 의미 할 수 있다.

비슷한 시기에 용어의 또 다른 변화가 일어났다. 13세기에도 '거룩한 문서' Sacra pagina는 성경을 위해 사용되었다; 그러나 그것은 책*Biblia*이나 문서*Scriptura*로 대체되는 경향이 있는 반면, '거룩한 문서의 교사'는 신학이나 신학의 교사 또는 박사라고 할 수 있다.[21] 후자에 대한 선호는 이론 신학과 교리의 점증하는 중요성과 성경 강의와의 분리를 반영한다. 아마도 '거룩한 문서'의 점진적인 소멸과 glosa에 주어진 더 좁은 의미는 서로 반응했을 것이다: 그들은 밀접하게 관련되어 있다. 거룩한 문서의 표준주석에 대해 주석을 내거나 강의할 수 있다. 한 페이지가 아니라 성경의 몇 책도 주석하였다postillated(동사도 사용됨). 미묘한 태도 변화는 식별할 수 있는 것처럼 보인다. 주석postill의 내용물은 여러 가지 측면에서 주해gloss의 내용물과 다를 것이다.

현재 우리의 커다란 열망은 원고 전통과 휴의 주석postills에 대한 비판적 연구이다. 주제는 논문의 대상으로 선정되었다: 따라서 몇 년 안에 틈이 채워질 것으로 기대된다. 한편, 그들의 범위와 구성에 대한 일반적인 그림을 형성하는 것이 가능하다.[22] 휴는 5년간의 교육 기간 동안 표준주석과 비슷한 이 거대한 작업을 수행했으며, 성경을 처음부터 끝까지 연속적으로 훑어 본 것 같다. 휴는 표준주석을 보완하기 위해 그의 주석postill을 의도했다. 학생들은

21 J. de Ghellinck, "Sacra Pagina", *Stud. Med.*, op. cit. (p. 216, n. 2), 56-9.

22 *Rép.* no. 2; H. F. Dondaine, "Hugues de Saint Cher et la condamnation de 1241", *Reuve de science philosophique et théoloique*, xxxiii (1929), 170-4; B. Smalley, "Sapiential Books I", ii, 338-47; "The School of Andrew of St. Vitor", op. cit. (p. 112, n. 3), 161-2.

표준주석의 편집과 그의 교수직 사이에서 문자적 해석과 도덕성에서 성경학의 성취를 학생들에게 소개해야했다. 이러한 작업의 필요성은 대학교육 경험이 있는 모든 사람에게 발생할 것이다. 초보자는 지도 없이는 당대의 저술의 방대함에서 자신의 방법을 찾지 못할 것이다. 우리는 표준주석이 학생들에게 원본을 소개하도록 되어있는 것으로 보인다. 아마도 주석의 목적도 동일하다. 그들은 확실히 빅터의 앤드류에게 독자들을 보내는 데 성공했다. 어쩌면 휴는 당대인들이 발췌문을 아는 것으로 충분하다고 생각했을 것이다. 그는 표준주석과 원본originalia을 억누르지 않는다. 그것은 자신의 주석postills과 표준주석을 동시에 사용하는 학생들에게 불편함을 수반했을 것이다. 그는 '*glosa*'와 12세기 초와 13세기 초의 주석가들(빅터주의자들, 챈터, 앤드류the Histories, 랭튼, 오베르뉴의 윌리엄)의 다양한 발췌문에서, '원본에서' 이러이러한 교부들의 인용문에 덧붙였다. 이러한 인용문은 종종 익명이므로 찾기가 어렵다. 나의 목록은 구약의 특정 책들에 대해서만 우연을 철저히 연구한 결과는 결코 아니다.

성경을 가르치는 것 이외의 다른 직업을 지닐 때 5년 안에 그러한 수고를 통해서 한 사람이 얻는 것은 분명히 상상할 수 없는 일이다. 주석postill의 특성을 고려할 때 해결책은 그것들이 안셀무스의 표준주석과 유사하며 후대의 협동 작업이 될 때의 색인 및 수정과 유사해야 한다. 생 자크의 수도원에 있는 형제들의 팀이 교사의 지시에 따라 일부 발췌물을 복사하는 것을 대부분 볼 수 있다. 이것은 휴가 자신의 것을 추가한 것이라고 말할 수 없다. 어떤 작품은 독창적으로 들리며 다른 곳에서는 발생하지 않는 것 같다. 그러나 그의 자료가 고정될 때까지는 편집자로서 그의 기여를 평가하기가 어려울 것이다.

휴의 주석postills은 그가 의미하는 바가 되었다: 표준주석을 위한 필수적인 보충supplement. 휴의 교수시기(1233-42)와 겹친 세인트 쿠엔틴의 게릭Guerric of St. Quentin은 이미 '형제 휴'Frater Hugo를[23] 인용하고 있다. 1253-57

23 B. Smalley, "A commentary on Isaias", op. cit. (p. 183, n. 3), 386.

까지 가르치는 보나벤투라는 주석을 광범위하게 사용하였고, 라이벌 교단[24]에 합류하기 전에 휴의 학생이었을 수도 있다. 성 알베르투스St. Albert는 복음서에 그것들을 사용했다.[25] 한 가지 예외를 제외하고는, 무시해도 되는 소집단의 사례는 발견되지 않았으며[26] 이는 고분고분하게 그 규칙을 증명한다. 1248년에서 1250년 사이에 몇 년 동안 가르치고 있는[27] 옥스퍼드의 도미니쿠스회원인, 힌튼의 사이먼Simon of Hinton은 휴의 주석을 인용하지 않는다. 아마도 그는 그것들을 몰랐을 것이다. 우리는 사이먼의 전임자 중 한 명인 로버트 베이컨이 옥스퍼드에서 사용하기 위해 파리에서 학생들의 노트를 가져왔을 수도 있다. 그러나 옥스퍼드 졸업생은 파리의 최신 작품에 접근하지 못했을 수도 있다. 그리고 이 시기의 옥스퍼드 인들은 다소 독립적인 것처럼 보인다.[28] 그들은 자신의 교수 전통을 확립할 시간이 있었다.

휴의 주석postills은 13세기 말까지 그들의 목적을 잘 수행했다. 교사들은 때때로 그들을 비난하지만 큰 방법으로 그들을 대체하려고 하지 않았다. 그런 다음 두 명의 도미니쿠스 회원인 니콜라스 고란Nicholas Gorran과 14세기 초의 도미닉 그리마Dominic Grima는 별도의 연구에서 최근 학문을 통합하기 위해 같은 범위의 새로운 편집을 제안한다. 고란의 목적은 그의 작업의 정도와 출처에 대한 철저한 연구에서 추측될 수 있다. 우리는 그리마를 추측할 필요가 없다. 그는 서문에서 성경 전체에 대한 강해lectura를 작성할 계획이라고 말하고, 모세 오경에 대한 강해를 그의 첫 열매로 교황 요한 22세에게 헌

---

24 C. Van Den Borne, "De fontibus commentarii S. Bonaventurae in Ecclesiasten", Archivum franciscanum historicum, x (1917) 257-70; H. D. Simonim, "Les écrits de Pierre de Tarentaise", *Beatus Innocentius PP. V: Studia et Documenta* (Rome, 1943), 180.

25 아래 p. 300 참조.

26 B. Smalley, "William of Middleton and Guibert of Nogent", Rech. Théol. anc. méd. xvi (1949), 283-4; "Sapiential Books I", ii. 338-9; iii. 49, 72-4, 243-7.

27 아래의 p. 319 참조.

28 O. Lottin, *Psychologie et morale aux XIIe et XIIIe siècles*, i (Louvain, 1942), 112, 118, 190.

정한다.[29] 그는 또한 토마스 아퀴나스의 서작물이 본문과 관련이 있는 곳이라면 어디에서나 참고 문헌을 추가하는 것을 의미한다고 분명히 말한다. 그는 체계적으로 그렇게 했다. 그의 계획은 구약의 Heptateuch[성경의 첫 여섯 권]와 역사서들까지는 도달했지만 더 이상은 아니다. 고란과 그리마의 프로그램에 따르면 일부 학자들은 적어도 당시의 성경적 도구가 현대화되어야 한다고 믿는다.[30]

둘 다 휴를 대신하는 데 성공하지 못했다. 15세기 중반 토마스 개스코인Thomas Gascoigne은 여전히 역사적, 도덕적 의미의 대표적 인물로 그를 성 제롬 옆에 두었다. 제롬이 고전에서 쓴 것을 휴는 그의 본문에 대해 논평하면서 보다 명확하고 쉬운 문체로 글을 썼다.[31] 다른 사람이 그를 대체한다면 그는 프란체스코회원인 리라의 니콜라스Nicholas of Lyre였다. 그러나 니콜라스의 목적은 다소 달랐다. 그는 히브리어 본문과 유대 전통 일반적인 도덕에 대한 최신 안내를 제공하는 것을 목표로 삼았으며 휴는 라틴계에 의존했다. 두 세트의 주석을 위한 여지가 있었다.

따라서 휴의 편집의 역사는 13세기 초반의 교사들의 방법을 조명한다. 그들은 우리가 생각했던 것보다 더 고급 계획자planner였다. 파리의 도미니쿠스 회원들이 한 첫 번째 일은 성경 연구에 필요한 도서관과 교실 장비를 제공하는 것이었다. 그것들은 존재하지 않았기 때문에 구입할 수 없었다. 그들은 스스로 그것들을 만들어야했다. 처음부터 그들은 학생들과 그들 교사의 입장에서 인내와 조직을 요구해야하는 팀-작업에 참여했다. 그들의 성과를 되풀이하기 위한 이후의 노력의 실패는 확실히 후기 중세에 일어난 협력의 붕괴를 보여준다.

---

29 MS. Paris, Bibl. Nat. Lat. 362. fo. 1r-2v.

30 Gorran에 관하여는 *Hist. lit.* xx (1842), 324-56; B. Smalley, "Sapiential Books II", L. Meier, "Nicholas de Gorran, op., author of the Commentary on the Apocalypse erroneously attributed to John Duns Scotus", *Dominician Studies*, iii (1950), 359-62 참조. Grima에 관하여는 *Hist. lit.* xxxvi (1921), 254-65; Spicq, 344 참조.

31 W. Pronger, "Thomas Gascoigne", *English Historical Review*, liii (1938), 620.

전체 성경에 대한 주석*postillae in totam Bibliam*은 개별 서적에 대한 해석에 의해 보충될 필요가 있었다. 전도서에 대하여 보나벤투라는 어떻게 단일 주석postill이 고전이 될 수 있는지 보여준다. 나는 13세기 후반과 14세기 초반의 전도서에 대한 많은 주석들을 보았다. 모두 보나벤투라를 인용하거나, 모두 그를 익명으로 인용한다.[32] 그의 복음서 주석 중 일부의 확산은 이것들이 동일하게 영향력 있는 것이었음을 제시한다. 연구에 따르면 파리와 케임브리지에서 가르치고 1257년에 사망한 영국의 프란체스코회원인 미들턴의 윌리엄은 보나벤투라를 가장 좋아했다.[33] 그들의 주석들이 성경의 다른 부분을 다루기 때문에 그들은 경쟁하지 않았다. 한 명의 교사가 일련의 주석들을 생산할 때 소수만이 인기를 얻게 된다는 것을 발견하는 것은 흥미롭다. 드물게 호의적인 것은 값 비싸고 잘 써진 사본으로 배포될 것이다. 나머지는 전문서기관이 아닌 학자에 의해 쓰여진 유형의 초라한 작은 수첩에 남아있을 것이다.[34] 주석의 인기를 결정한 것은 다루는 내용의 완성도 또는 자료 선택의 행운일 수 있다. 알베르투스와 토마스가 성경 연구에 미치는 즉각적인 영향은 여전히 문제가 된다. 알베르투스의 여러 작품들에 대한 원고의 전승은 그의 철학적, 과학적 논문들이 그의 신학보다 훨씬 더 자주 복사되었음을 보여주었다. 살아남은 사본 수에서 인기를 평가할 수 있다면,[35] 성경에 대한 그의 주석들은 목록에서 매우 낮아진다. 성 토마스의 성경 연구는 이 표준에 의해 더 많은 성공을 거두었다. 그러나 우리는 얼마나 그들이 인용되었는지 모른다. 첫 번째 복음에 관한 성 토마스 강연을 들었을 수도 있는 알톤의 윌리엄

---

32 B. Smalley, "Sapiential Books I", iii. 41, 'II'.

33 B. Smalley, "William of Middleton and Guibert of Nogent", op. cit. (p. 273, n. 4), 281-3; "Sapiential Books I', iii 53-9.

34 ibid. iii. 77

35 B. Geyer, "Die handschriftliche Verbreitung der Werke Alberts des Groszen als Maszstab seines Einflusses", *Studia Mediaevalia in honorem R. J. Martin* (Bruges, undated), 221-5. Robert Holcot는 그러나 누가복음에 대한 알베르투스의 주석을 인용한다. Com. in Sap., lectio 7 (Bâle, 1586), 24-5.

은 토마스의 해설을 사용하지 않은 것 같다. 또한 윌리엄은 게릭Guerric의 이사야 주석에 기반을 두어 자신의 주석을 작성한다. 성 토마스의 주석의 최근 연대 측정에 따르면, 이사야의 해설은 그의 마지막 몇 년 동안의 나폴리에 속한다. 결과적으로 알톤 윌리엄은 그것을 들을 수 없었다.[36] 마찬가지로, 윌리엄과 토마스 사이의 접촉에 대한 증거가 전혀 없다는 것을 언급할 수밖에 없다. 아마도, 단지 해설가들이 동시대인들에게는 알베르투스와 토마스는 그들의 주석에서 너무 진보하였다.

우리는 이제 파리의 주석postill을 12세기의 주해gloss와 구별하기 위해 오는 형식적인 변화를 고려해야 한다. 여기서 우리는 파리와 옥스퍼드 사이에 눈에 띄는 차이를 발견한 것이다. 파리에서 경향은 짧고 간결함을 지향하는 것이다. 우리가 랭튼과 그의 전임자들에게서 목도한 주석서commentary에서 신학적 질문들*quaestiones*을 분리하는 과정이 완료되었다. 사실, 질문*quaestio* 형식은 유지된다. 성 보나벤투라는 전도서에 대한 자신의 주석에서 각 장 또는 장의 일부 이후에 한 줄의 질문들을 배치한다. 그러나 이들은 본문에서 직접 발생하는 요점을 다룬다. 그들 뒤에 실제 토론을 할 필요는 없다. 그의 질문들이 같은 책의 거의 모든 후속 주석에서 구두로 또는 약간의 수정으로 다시 나타난다는 사실은 이곳의 질문이 요약summa과 마찬가지로 문학적 장치라는 것을 증명한다. 그런 다음 본문과 그 주해들을 읽고 구성하는 기본적인 작업은 세기가 지나는 동안 성경학사bachelarius biblicus에게 맡겨졌고 주석commentary은 그 교사에게 맡겨졌다.[37] 그러므로 13세기 후반의 교사들의 강의는 랭튼을 방해하던 표준주석에서의 수많은 인용문이 없다. 이 두 번째 변화는 옥스퍼드와 파리에 공통적이다.[38] 첫 번째는 아니다. 그러나 한 옥스퍼

---

36 "Sapiential Books I", iii 62-87; P. Glorieux, "Essai sur les Commentaires scripturaires de saint Thomas et leur chronologie", *Rech. Théol. anc. méd.* xvii (1950), 246-9, 251-3.

37 주임교사(regent master)는 일반적으로 동시에 구약과 신약에서 각각 한 권씩에 대하여 강의하였다. M.-D. Chenu, *Introduction etc.* op. cit. (p265, n. 1), 209.

38 이와 관련하여 유일한 차이는 파리의 학사들은 『명제집』 이전에 성경을 읽었고 옥스퍼드에서는 그 순서를 반대로 했다. Little and Pelster, op. cit. (p. 264, n. 2), 26, n. 3.

드 주석에 있는 표준주석의 인용문은 빈번하게 포함되어 있지만, 여기에 포함된 다른 모든 물질과 비교했을 때 아주 소량에 불과하다.

옥스퍼드 관행에 대한 우리의 증거는 너무 모순되어 있으므로 그것은 단지 두 가지의 당시 의견을 반영하는 것으로 해석할 수 있다. 꽤 명확한 것에서 시작하면: 로버트 그로세테스테는 대체로 성경 연구를 신학과 동일시하였다. 링컨의 주교이자 대학교 총장으로 옥스퍼드 신학 주임 교사들에게 보낸 그의 편지는 그의 견해를 분명히 밝힌다.

> 그는 그들을 기초를 놓기 위해 석재를 최대한 주의 깊게 선택하는 능숙한 마스터 건축가와 비교한다. …신학의 교사들이 건축가인 건물의 기초석은 구약, 사도들의 글 그리고 복음서들의… 예언들과 다른 책들이다. 기초석을 놓는 데 가장 적합한 시간은 아침 시간, 즉 정규강의*lectiones ordinariae*를 위해 지정된 시간이다. 그러므로 이 시간 모든 강의는 신약 성경이나 구약에 관한 책이어야 한다. 이것은 우리의 교부들과 장로들의 전통적 관습이며 우리가 앞서 가서는 안 되는 파리 주임 교사들의 관습이다. 마지막으로, 그것이 매우 중요함을 보여주기 위해 그는 성경 연구에 전념할 수 있도록 정규강의에 그들의 모든 시간을 바치도록 독려하고 경고하고 권고하는 새로운 주장을 이 요점에 덧붙였다.[39]

학자들은 그로세테스테 자신의 가르침이 이러한 원칙을 준수했음에 동의한다. 칼루스 박사Dr. Callus는 그의 살아남은 『토론집』*quaestiones disputatae* 중 일부는 강의*lectio* 과정에서 비롯된 것이라고 주장한다. 그의 『로마서 주석』*Expositio super Epistolam ad Romanos*에서 '몇 가지 미묘한 학문적 토론'이 발견되었다.[40]

---

39 *Roberti Grossteste Epistolae*, ed. H. R. Luard (Rollls Series, 1861), 346-7, D. A. Callus에 의해 요약되었다. op. cit. (p. 266, n. 2), 56.

40 ibid. 54, 64.

로버트 베이컨은 시편에 대한 그의 도덕에서 몇 편의 짧은 질문들을 지니고 있다. 그는 우리가 가지고 있는 것처럼 그의 자료에서 그것들을 찾지 못했으며 내가 조사한 12세기 후반과 13세기 초 파리의 도덕성에서도 그와 유사한 것이 없다. 그리고 1248년에서 1250년 사이에 가르치고 있는 힌튼의 사이먼Simon of Hinton은 긴 질문들을 일부는 관련이 있고, 다른 것들은 그의 텍스트에 느슨하게 붙어있는 포함하는 훌륭한 옛 형식으로 확산된 해설을 만들어 낸다. 그의 해설의 얇고 큰 마태복음에 대한 그의 주석은 $12\frac{5}{8} \times 9\frac{1}{4}$ 인치 크기의 173개의 장leaves을 차지한다는 사실에서 대부분 판단될 수 있다. 하지만 그 주석postill은 미완성이고 처음 다섯 장chapter에 대하여는 서문과 논평을 결여하고 있다. 또한 질문들에서 일부는 원고의 한 페이지를 차지한다. 더구나 사이먼의 기록자는 어떤 경우에는 교실 학습을 대표한다는 긍정적인 증거를 우리에게 주었다. 요나서에 대한 서문에서 성 제롬으로부터 발생하는 어려움에 대해 논의되고 있다. 그 진술에 대한 일련의 반대 의견이 제기된다. 그런 다음 기록자는 다음과 같이 쓴다:

> 그러나 교사는 이 반대에 답하는 것을 허락했다. 처음에 그는 …

그 대답은 순서적으로 이어진다.[41]

MS. University Library, Cambridge, Kk. iv. 10의 출애굽기 표준주석 사본의 여백에 13세기 후반의 손으로 익명의 주석이 복사되었다. 이것은 이 시기 옥스퍼드의 모습에 잘 맞을 것이다.[42] 이 본문은 전례와 실천적인 요점들

---

41 "반론(object)에 대하여 교사는 응답할 것으로 기대되었다. 첫째로는 …"(Ad obiecta vero magister concedit respondere. Ad primum…) B. Smalley, "Two Biblical Commentaries of Simon of Hinton", *Rech. Théol. anc. méd.*, xiii (1946), 62. 사이먼의 *Quaestiones*의 수집본은 교실 작품이 아니라, 학문적이다. 아마도 완성되지 않은 대전(summa)의 일부이다. 그는 이것을 자신의 마태복음에 대한 postill에서 언급한다; B. Smalley, "The Quaestiones of Simon of Hinton", *Studies in Medieval History*, op. cit. (p. 266, n. 2), 211-214.

42 그 서두는 "Belsebel이 장막의 입구에 매달았다"(Fecit Belsebel in introitu tabernaculi

에 관한 일련의 질문들을 불러일으키는데, 이것은 성격상 엄격하게 주석은 아니다: 물에 의한 시련(갈대상자에 들어 있는 모세에게 적절한); 성찬을 남겨두는 것; 굶주린 사람이 훔칠 권리가 있는지; 남자가 부모의 명령으로 종교에 들어갈 수 있는지 여부.[43] 이 논증은 권위를 벗어남으로 발전하고 지원된다. 사용된 용어 우리는 인정한다*concedimus*; 나는 믿는다*credo*; 나는 표현한다*expresse dico*는 일종의 논쟁을 제안한다. 연대는 로버트 베이컨이나 힌튼의 사이먼의 옥스퍼드에 적절할 것이다. 주석가postillator는 과거 시제로 알비파 십자군Albigensian Crusade을 언급하기 때문에 1226년 이후 작업을 했을 것이다. 그러나 그 사건과 그로 인한 문제는 여전히 그의 마음에 새롭다. 이단자를 죽이는 합법성과 어떤 조건에서는 다른 질문보다 그를 사로잡는다.[44] 표준주석 사본의 여백에서 주석의 위치는 그로세테스테 자신을 암시한다.[45] 여하튼, 여기에 포함된 질문들은 1230년대 또는 40년대 파리보다는 옥스퍼드를 가리킨다.

1260년에서 1265년 사이에 가르치던 토마스 도킹Thomas Docking은 옥스퍼드의 기록까지도 오랫동안 이겼던 것 같다. 그는 바울 서신에 대한 주석을 거의 쓰지 않았다:

> 완료되면, 그 부피는 최소한 1000페이지를 포함해야 한다. 각 페이지는 거의 18 x 12 인치, 이중 배열과 각 열의 평균 약 55행을 지닌다. "마리아여 도와

---

tentorium)이다. 다는 다른 필사본을 발견하지 못했다. 앤드류는 당대의 교사로서 유일하게 이름이 언급되었다. 위 p.184 참조. 도덕성은 그 백성과 성직자들에게 주요한 주제였다.

43 ff. 129r, 149v, 172v, 174v, 179v.

44 fo. 146v: "… per hoc patet quod non peccabant in terra Albigensium qui simul Christianos cum Albigensibus occidebant, quod concedimus, cum iam esset eis signatum quod recederent ab eis ne invenirentur cum illis." fo. 174v (on Exod. xx. 13): "Heretici dicunt quod non debemus eos occidere … Habito quod liceat occidere hereticum queritur utrum quilibet sua auctoritate sine iudicio possit eum occidere… Solutio: non occidetur nisi mediante iudicio. Si vero exierit lex dat propinquo potestatem occidendi."

45 D. A. Callus, "The Oxford Career of Robert Grosseteste), op. cit. 60-6.

주소서!"를 간구하기 전에, 서기관이 그 길이의 3/4을 끝냈다는 사실만 궁금할 것이다.

도킹의 주석들postills에는 많은 질문들*quaestiones*과 질문*quaestio* 형태에 속하지 않는 지엽적인 것이 포함되어 있다.[46]

여기에 성경의 텍스트에 신학적 가르침을 덧붙이는 관례에 대하여 네 증인이 있는 데 한 세속 증인, 그로세테스테, 두 명의 도미니쿠스 회원과 한 프란체스코 회원이 포함된다. 심지어 약 1230년에서 1265년까지 출애굽에 관한 익명의 연구를 포함시키면 5명의 증인이 있다. 그것은 강의 과정에서 토론을 개최함으로 행하여졌고 이는 피터 챈터의 [시대의] 파리로 돌아가는 방식이다. 그것은 실제로 랭튼의 교수법 이전의 방법을 가르치는 상태를 나타낸다. 이 증거에 근거한 일반화에 대한 유일한 반대는 실천이 상당히 균일하지 않다는 것이다. 힌튼의 사이먼과 토마스 도킹은 각자 자신의 체계에서 벗어났다. 사이먼은 욥기의 주석에서, 도킹은 이사야의 주석에서 그러하다. 이들 중 어느 것도 질문들을 포함하지 않는다.

명백한 모순은 도미니쿠스회 소속 교사인 리차드 피쉬에커Richard Fishacre에게서 나온다. 1240-43경에 쓰인 『명제집』에 관한 그의 주석commentary의 프롤로그에서[47] 피쉬에커는 성경에 대한 강의에서 제공되는 도덕 교육과 신학적 질문을 날카롭게 구분한다. 후자는 더 어려워서 논쟁의 여지가 있다. 당대의 교사들은 성경으로부터 이를 분리하여 『명제집』에 대한 강의에서 이를 가르친다. 도덕 교육은 순서에 따라 먼저 이루어져야 한다. 그렇지 않으면 학생은 교리 과정에서 거의 또는 전혀 이익을 얻지 못할 것이다. 피쉬에커는

---

46 A. G. Little, "Thomas docking", *Frnaciscan Papers, Lists and Documents* (Manchester, 1943), 98-121.

47 D. A. Callus, "Introduction of Aristotelian learning to Oxford", Offprint of *Procedings of British Academy*, xxix (1943), 32.

'시편에 대한 아름다운 도덕'과[48] 피터 롬바르두스의 신학적 교과서에 대한 주석commentary을 작성한 것으로 알려져 있다. 아마도 그는 있는 대로 1부Part I를 읽은 학생들을 위한 안내서로 의도했을 것이다. 그는 자신의 학생들이 『명제집』에 대한 그의 주석으로 시작할 때 1부를 가져 왔으며, 이제 2부에 착수할 것이라고 말했다.[49] 그는 도덕과 질문이 똑같이 중요하다는 생각에서 세인트 체어의 휴에 동의한다. 그는 여기에서 그들이 별도로 공부해야 한다고 지적하고 있다. 그의 진술은 동일한 강의 과정에서 도덕과 질문을 번갈아 가며 진행하는 그의 후임자인 힌튼의 사이먼의 실천과 상충된다.

로저 베이컨Roger Bacon은 1266년과 1267년에 로버트 그로세테스테Robert Grosseteste, 아담 마쉬Adam Marsh, 그리고 나이 많은 현자들이 관찰한 관습을 지나치는 것에 대해 슬퍼한다. 그들은 신학적 가르침을 성경에 덧붙이고 다른 교과서는 사용하지 않았다.[50] 토마스 도킹은 로저 베이컨과 동시대인이었다. 그는 『명제집』을 강의함으로써 베이컨의 이상에서 출발했지만 거의 모든 측면에서 『명제집』을 따라야만 했다.[51] 14세기 초는 이 책의 범위를 벗어났지만, 누군가가 그 관행을 조사하기를 원한다면, 그는 지혜서에서 로버트 홀

48 ibid.

49 MS. Balliol College, Oxford, 57, fo. 4b-c: "Verumtamen altera pars, scil. de moribus instruendis, a magistris modernis cum legentur sancti libri docetur; alia tanquam difficilior disputationi reservatur. Hec autem pars difficilior, doe canone sanctarum scripturarum excerpta, in isto libro quia sententiarum dicitur ponitur. UNde non differt hec legere et disputare, et quia, ut dicitur Sap. i. (4): In malivolam animam non introibit sapeintia, prius est ut affectus infrometur moribus, quam aspectus desudet in questionibus circa fidem difficilibus, alioquin parum aut nichil proficiet. Unde Tim. 6, principio (1 Tim. vi. 4): Superbus est, nichil sciens, sed languens circa questiones et pugnas verborum. Quia ergo in precedentibus de moribus instruendis audistis, ratio ordinis et consummationis exigeret ut etiam secunda pars, que est de questionibus circa fidem difficilibus, nunc convenienter legeretur." Dr. Callus는 친전하게 나에게 이 단락을 밝혀 주었다.

50 A. G. Little에 의해 수정된 텍스트로 인쇄된 *Opus minus*, in: *Archivium franciscanum historicum*, xix (1926), 809; Opus tertium (Rolls Series), 82.

51 A. G. LIttle, "Thomas Docking", op. cit. (p. 278, n. 4), 103, 118.

코트Robert Holcot를 포함하는 방대한 양을 기록해야만 한다.[52] 이 책은 16세기 또는 17세기 초로 거슬러 올라가는 대부분의 도서관 선반에서 인쇄물로 발견된다. 홀코트의 일부 강의안*lectiones*을 일별하면, 로저 베이컨이 선호하는 주석의 유형이 작성될 것임을 확신시킬 수 있다. 사실, 『명제집』에 대한 강의 관습은 리차드 피쉬에커가 성경에 대한 강의에서 모든 어려운 질문을 제거하고 이러한 강의를 도덕 교육에 국한시킴에서 오는 그러한 효과가 없었다. 로저 베이컨의 한탄은 당대의 실천과 전혀 일치하지 않는다.

옥스퍼드에는 리차드 피쉬애커가 표현했던 것처럼 당대 파리의 전문화된 방법을 채택하는 데 찬성했던 그룹이 있었다. 다른 그룹들은 12세기로 거슬러 올라가서 옥스퍼드에서 로버트 그로세테스테가 육성했던,[53] 초기 파리 방법의 보존을 선호했을 것이다. 로저 베이컨은 여전히 1260년대에 그것을 옹호하고 있었다. 옥스퍼드 교사들은 타협한 것처럼 보인다. 그들은 『명제집』에 관한 강의를 채택했지만 성경 강의에 구식 유형의 질문들을 계속 소개했다. 아마도 매우 논리적인 해결책은 아니었다. 그러나 각 당사자는 원래의 프로그램을 유지했다. 이것은 빈약한 증거로부터의 재구성이다. 더 많은 옥스퍼드 자료의 발견으로 점검될 수 있기를 바란다.

우리는 이제 [주제를] 13세기 주석들postills의 내용의 변화로 바꿔야한다. 우리는 수사들이 성경적 도덕 학교와 빅터주의의 전통을 되살리는 것을 보았다. 부흥은 변화를 암시하며 우리는 그 변화가 광범위하다는 것을 알 수 있다. 그들은 12세기 파리의 교사가 도입한 빅터주의의 가르침의 수정보다 훨씬 더 나아간다. 그것들을 연구할 때 우리는 우리의 일상적인 절차를 반대로 하고 문자적인 것이 아니라 영적인 설명으로 시작해야 한다. 영적인 면에서

---

52 Robert Holcot는 옥스퍼드에서 도미니쿠스회 교수직을 지녔다. 그의 마지막 설교(*Sermo finalis*)는 1333년 직후이다.; J. C. Wey, "The Sermo finalis of Robert Holcot", *Mediaeval Studies* (Toronto, Canada), xi (1949), 219; B. Smalley, "Sapiential Books II",

53 Dr. R. W. Hunt는 시편에 대한 알렉산더 네크밤(Alexander Nequam)의 주석이, 옥스퍼드의 강의로서 랭튼 유형으로 가득하다고 지적한다.

우리는 쇠퇴를 발견하고, 문자적인 독창성과 새로운 발전을 발견할 것이다.

2. 영적 해석의 쇠퇴(THE SPIRITUAL EXPOSITION IN DECLINE)

강단과 학교에서 많이 행해진 영적 해석은 수도원에서의 종교적 경험으로부터 활력을 이끌어 냈었다. 그것은 오래된 수도원 전통, 강화집*Conlationes*, 『욥기 주석』*Moralia in Job*, 성 베르나르두스의 『아가서 설교』의 토양인 렉치오 디비나의 뿌리를 통해 수액을 공급받았다. 우리가 생 빅터의 리차드와 13세기 초의 빅터주의 신비주의자인 베르첼리의 토마스Thomas of Vercelli를 포함시키지 않는다면, 클레르보 대수도원은 진정으로 마지막 교부였다. 토마스는 초기의 몇몇 프란체스코 신비주의자들에 영향을 미쳤으며 로버트 그로세테스테와 친했다. 그는 자신을 표현하기 위해 영적인 해석을 계속 사용했다. 그러나 첫 인기를 얻은 이후 토마스는 14세기에 그의 저술에 대한 관심이 회복될 때까지 잊혔던 것으로 보인다.[54] 이것은 그 자체로 태도의 변화를 의미한다. 영적 삶과 렉치오 디비나의 장소에 대한 새로운 개념은 영적 해석의 감소로 이어졌다. 변화를 예측하는 가장 확실한 지침은 13세기 신비주의자들로부터 나온다. 우리는 그들이 영적인 해석을 불필요하게 만드는 방식으로 렉치오 디비나를 해석하는 것을 발견할 것이다.

한편으로, 렉치오 디비나는 더 지적이 되었다. 성 도미니쿠스의 생애를 기

54 우리는 여전히 베르첼리의 토마스의 작품과 영향에 대한 완전한 연구를 기다리고 있다. G. Théry, "Thomas Gallus, apreçu biographique", *Archives d'histoire doctrinale et littéraire du moyen âge*, xii (1939), 142-208; M. d'Alverny, "Le second commentaire de Thomas Gallus, Abbé de Verceil, sur le Cantique des Cantiques", ibid. xvi-xvii (1940-42), 391-402, 그의 생애와 성경 주석에 대한 최근의 글: D. A. Callus "The Date of Gorsseteste's Translations and Commentaries on Pseudo-Dionysius, etc." *Rech. Théol. anc. méd.* xiv (1947), 186-210; "An Unknown Commentary of Thomas Gallus on the Pseudo-Dionysian Letters", *Dominican Studies*, i (1948), 58-74.

록한 색슨의 요르단Jordan of Saxony은 4년 동안 성스러운 연구를 하면서 '그동안 공부를 하면서 끊임없이 탐욕스럽게 성경의 냇물을 마셨고 그는 지칠 줄 모르는 연구로 거의 잠들지 않는 밤을 보냈다'고 말한다. 이는 초기의 거의 모든 성직자 성인의 삶으로부터 나왔을 것이다. 그러나 요르단은 계속한다:

> 그는 그런 간절한 사랑으로 하나님의 명령을 받아들이고 그와 같은 선의와 헌신적인 기쁨으로 신랑the Spouse의 목소리를 들었기 때문에 하나님은 그에게 지식의 은혜를 더하였다. 그는 성경의 우유milk에 적합할 뿐만 아니라; 그는 겸손한 마음의 이해로 어려운 질문의 비밀을 조사하고, 매우 쉽게 탐구한 고기meat를 삼켰다.[55]

초기 성자saint의 전기 작가는 문자적 의미의 우유와 영적 의미의 고기를 대조했을 것이다. 여기서 우유는 주석, 또는 강의*lectio*이며, 고기는 신학적 질문이다.

반면에 헌신의 방법은 변하고 있다. 이는 체계화되었다. 오래된 전통은 독서*lectio* 또는 기도*oratio*와 크게 구분되지 않았다. 성 제롬에게 독서는 시내산에 오르는 것이었다.[56] 『수도승의 사다리』*Scala Claustralium*의[57] 12세기 작가의 경우, 그것은 독서*lectio*, 기도*oratio*, 묵상*meditatio*, 관상*contemplatio*으로 이루어진 사다리의 가장 아래 단계다. 명상은 그것에 머물러 있지 않는 것이 좋다. 성 베르나르두스의 『아가서 설교』를 이어가는 시토 수도원장인 네덜란

---

55 *B. Jordanis de Saxonia Opera*, ed. J. J. Berthier (Friburgi Helvetiorum, 1891), 4.
56 *Comm. in Is. Proph. praef. lib.* ix. PL xxiv. 314: "나는 이미 이사야의 장을 제시했다. 우리는 모세와 더불어 구름과 암흑속으로 들어가면 우리의 얼굴이 밝게 빛날 것이다."(sed jam proponamus Isaiae capitulum, et cum Moyse ingrediamur nubem et caliginem, ut clarificetur vultus noster.) 이는 D. Gorce의 op. cit. (p. 29, n. 3), 191에 인용되었다. 또한 181-92를 보라.
57 PL clxxxiv. 475-84. 아마도 1150년 전에 카르투지오 수도사이며 후일 수도원장이 되는 Guy II에 의해 쓰였다. A. Wilmart, op. cit. (p. 173, n. 1), 230-40.

드 길버트Gilbert of Holland는 기도하는 것보다 더 열렬히 독서를 하는 형제들을 책망한다:

> 독서는 기도하는 시간을 가져야하고, 시간을 잠식하지 않고 품성을 약화시키지 말고 [묵상을 위해] 분위기를 준비해야 한다.[58]

같은 전통에서 『가장 경건한 묵상』*Meditationes Piissimae*의 저자는 자신이 독서를 너무 좋아한다고 비난한다:

> 그러나 나는 가련한 자로 기도보다 독서에 더 빨리 달려간다. 나는 미사를 듣는 것보다 더 기꺼이 글을 읽는다. 나는 그것을 읽고 독서는 사랑의 열매를 잃는다.[59]

성 프란체스코는 이러한 경향의 극단을 보여준다. 그는 자신의 수사들과 함께 책을 개인적으로 사용하지 않았다. "당신이 시편을 가질 때 당신은 성무일과서를 원할 것이며 당신이 성무일과서를 원할 때 당신은 고위 성직자처럼 당신의 의자에 앉을 것이고 형제들에게 말할 것이다: '나의 성무일과서를 가져 오십시오.'"[60] 초심자에 대한 그의 말은 잘 알려져 있다. 성경에 대한 그의 사랑을 떠올리며, 한 수사가 선지자들이 병에 걸렸을 때 무엇을 읽길 원했을 때, 성 프란체스코는 성경에서 하나님을 찾는 것이 좋지만 묵상에 대해 충분히 배웠다고 대답했다: "나는 그리스도는 가난하고 십자가에 못 박히셨음을 안다."[61] 우리는 『완전의 거울』*Speculum Perfectionis*에서 '기도와 묵상'을

58 *Sermo VII in Cant.*, PL clxxiv. 43.

59 ibid. vii. 498. 이 저서는 잘못으로 성 베르나르두스의 것으로 여겨졌다; Dom Wilmart는 그것은 13세기 초의 원고들에서 발견되었다고 나에게 말해주었다.

60 "Intentio Regulae", *Documenta Antiqua Franciscana*, ed. L. Lemmens (Quaracchi, 1901), 93.

61 Thomas de Celano, "Legenda Secunda", *S. Francisci … Vita et Miracula*, ed. E.

많이 듣는다. 그들과 함께 걷던 '독서'는 사라졌다.

이는 프란체스코 신비주의만이 아니다. 그것은 또한 적어도 초기에는 도미니쿠스 수도회의 '독실한 여성들'에게도 적용된다. 성 도미니쿠스에 의해 자신에게 맡겨진 수녀 안달로의 다이아나Diana of Andalo에게 편지를 쓴 색슨의 요르단Jordan of Saxony은 자매들에게 "기도에는 즉시로 묵상에는 의지로"라고 말한다. 수녀원은 독서 시간을 밝혔지만 여기서 누락된 내용은 중요하다. 그의 편지에는 전혀 나타나지 않았다. 요르단이 다이아나의 묵상의 책에 대해 언급할 때, 이것이 언급되는 것을 들을 수 있을 것으로 예상된다:

> 사랑하는 딸이여, 당신이 당신의 마음의 눈에 들어간 책을 들고 읽음으로 당신이 훨씬 더 좋고 달콤한 위로를 가질 때, 내가 당신의 위로를 위해 나의 작은 편지를 써야 할 어떤 필요성이 있습니까? 생명의 책, 훼손되지 않는 율법책 혹은 영혼의 개종?

그러니 아니다. 이 책은 성경이 아니다: 이는 십자가이다:

> 이 율법은 더러움이 닦여졌기 때문에, 더럽혀지지 않은 율법은 사랑이다. 이것은 당신이 자주색으로 쓰인 양피지처럼 십자가 위에 그의 거룩한 피로 빛나는 우리 구주 예수를 볼 때, 아름답게 기록되었음을 발견할 것이다. 사랑하는 자여, 나는 당신에게 질문하기를, 사랑의 교훈lectio을 어디에서 그렇게 잘 배울 수 있겠습니까?[62]

Alenconiensis (Rome, 1906), lxxi. 249. 이 장(chapter)는 서두에 기록되어 있다: "학문적인 독서를 권면했을 때, 어떤 형제가 자신이 아는 것을 대답했다."(Quid se scire cuidam fratri respondit cum hortaretur ad *studium lectionis*.)

62 B. Altaner, "Die Briefe Jordans von Sachsen", *Quellen u. Forsch. z. Gesch. des Dominikanerordens in Deutschland* (Leipzig, 1925), xx, Ep. xvi, xv. 18-20. Ep. xvi는 아마도 1230년에 쓰였을 것이다; Ep. xv는 1231, 1233, 또는 1235년에 쓰였을 것이다. 115-16을 보라. A. Walz, "Intorno alle lettere del beato Giordano di Sassonia, *Angelicum*, xxvi (1949),

심지어 성경 연구를 신비주의 방식과 비교하여 불리한 점을 비교하는 것이 가능해졌다. 우리는 지금은 상실되었지만, 『단순한 영혼의 거울』*Mirror of Simple Souls*의 13세기 프랑스 원문의 번역본에서 이 놀라운 발전을 발견했다. 그것은 완전을 향한 길에 대한 작은 논문이며, 관상을 위해 쓰였으며 일반적으로 대담하지만 비정통은 아니다. '신성한 교회'와 '사랑'이 신비로운 연합에 도달하는 영혼의 상태에 대해 이야기하고 있는 한 구절에서 그들은 사랑의 행위와 주해들glosses로 대표되는 이성의 행위를 대조한다:

> "우리는 말할 것이다." 거룩한 교회의 낮은 자가 말하길, "사랑이 그들 안에 있기 때문에, 이 영혼들이 우리보다 위의 삶에 있다고 한다. 그리고 이성은 우리 안에 있다. 사랑은 그들을 이끌고, 이성은 우리를 이끈다. 그러나 이것은 우리에게 반대되는 것이 아니다." 거룩한 교회의 작은 자가 말했다. "그러나 우리는 성경의 주해들 가운데서 그들을 찬양한다."[63]

나중에, '사랑'은 하나님에 대한 더 깊은 지식을 지니고 있는 '거룩한 교회의 작은 자는 거의 모든 그의 무례한 성경'으로 질문을 받았다. 이 구절들을 이해하기 위해 우리는 고대 수도원 전통으로 돌아가는 『은둔자들의 수도 규칙』*Ancren Riwle*(13세기 초에 쓰여진 익명의 수도원 규칙)을 그들 곁에 세워야 한다:

> 사랑하는 자매 여러분, 종종 당신이 더 적게 기도하면, 더 많이 읽을 수 있다. 독서는 좋은 기도이다. 마음이 기뻐할 때, 책을 읽으므로 경건이 생기며, 많은 기도의 가치가 있다. 성 제롬의 말하기를: … "거룩한 독서가 항상 네 손

143-64, 218-32. 십자가 위의 우리 주(Lord)의 몸과 한 원고를 비교하는 것은 진부하다. 그러나 상황에서는 의미를 지닌다. 십자가의 사용에 대한 증가는 L. Gougaud, *Devotional and Ascetic Practices in the Middle Ages* (London, 1927), 75-9 참조.

63 Ed. C. Kirchberger (Orchard Books, London, 1927), 105, 115, 118.

에 머물게 하라."[64]

우리는 이에서 얼마나 멀리 길을 떠났습니까! 더 오래된 전통에서, 관상과 주석 사이의 대립은 거의 생각할 수 없다: 성경은 신비로운 설명으로 신비한 삶의 모든 비밀을 담고 있기 때문에 종교적 경험의 문이었다.

성경 연구의 역사에서, 이 읽기*lectio*의 감소는 그 긍정적인 측면을 가지고 있다. 오래된 알레고리와 도덕은 문자적 의미를 강하게 깨닫기 전에 희미해졌다. 성 프란체스코의 목표는 그리스도를 가능한 한 '문자적으로'literally 본받는 것이었다. 그는 시편을 원했던 초심자에게 자신도 책을 원하는 유혹을 받았었다고 말했다. 그래서 그는 성경의 첫 글에서 그의 눈에 불을 붙일 하나님의 뜻을 알기 위해 기도했다: "천국의 비밀을 아는 것이 너희에게 허락되었으나; 그들에게 비유로 말하는 것은"[마 13:11,13], 그는 가난과 소박함에 대한 명령으로 받아들였다.[65] 놀라운 역전에서 선택elect의 신비는 성 프란체스코에게 신비한 것이 아니라 성경의 엄격한 문자적 의미였다. 마찬가지로, 그들의 묵상에서 수사들은 그리스도의 고난에 참여하기를 갈망한다. 이러한 이상idea은 새로운 것이 아니지만 13세기에 근거를 마련한다. 독서는 경건에 길을 제시하고 이것은 성경에 대한 더 역사적인 접근을 의미한다. 침대, 묵주, 십자가에 의해 유발되는 것은 문자적 의미에서의 복음이다.

영적인 해석이 종교적 감정에 출구를 제공하는 것을 멈추자마자 인위적인 것의 운명이 되었다. 논리적으로 그 사용이 제한되어야 한다. 그러나 도덕주의자들은 신비주의자들이 그들을 버렸을 때조차도 그의 구분*distinctiones*에 매달렸다. 그 교훈은 수사들이 자신들의 규율에서 지녔던 풍자를 위한 모든 새로운 역량에 의해 유지되고 강화되었다. 그들은 스스로 사회에 새로운 질서를 소개하고 있었고, 그 관습은 칭찬하거나 풍자될 수 있었다.[66] 그럼에도

---

64 Ed. J. Morton (Camden Soc., 1853), iv. 287.

65 "Intentio Regulae", op. cit.

66 A. Dondaine, "Un commentaire scriptuaire de Roland de Crémone. "Le livre de Job"",

불구하고 우리는 전통적인 형태에서의 영적인 해석에 불만을 나타낸다. 어떤 주석가들은 문자적인 설명을 확대하고, 영적인 해석을 더 좁히면서 불쾌감을 드러낸다. 이것들은 우리가 나중에 만나게 될 더 깨끗하고 조심스러운 영혼들이다. 다른 주석가들은 소생시키려고 노력하고 보다 직접적이고 흥미롭게 만든다. 이들은 잠시 우리가 다루어야야만 하는 사족과 같은 사람들이다.

부흥을 위한 한 번의 시도는 미들턴의 프란체스코 회원인 윌리엄에 의해, 소선지서에 대한 그의 주석postill은 보수적인 측면에서 온건한 작은 에세이의 형태를 취한다. 놀랍게도 그는 베네딕트 수도원장인 노쟁의 귀이베르트Guibert of Nogent의 호세아의 『도덕론』*Tropologies*을 가져왔다. 그들은 12세기의 첫 10년에 쓰였다. 내가 읽은 다른 파리나 옥스퍼드 주석가들은 귀이베르트를 인용하지 않았으며, 그는 내가 아는 표준주석이나 다른 편집물에도 나타나지 않았다. 그는 미들턴의 윌리엄의 교사와 동시대인들이 실제로 잊어버린 세대에 속한다. 12세기와 13세기의 교사들은 신비적 작가들을 인용하는 것을 좋아한다; 그러나 그들은 백인 수도사들을 선호했다. 성 베르나르두스는 그들의 페이지에 자주 등장하며 또 다른 시토 대수도원장인 보네발의 아놀드Arnold of Bonneval도 종종 등장한다.[67] 13세기 초의 성경에 대한 복합적인 주석은 당대 취향의 중요한 예를 보여준다:[68] 그것은 베르나르두스 이외의 많은 시토 수도사들과 생 빅터의 휴와 리차드로부터 발췌한 것이다; 더 오래된 베네딕트 전통은 그것의 부재에 의해 눈에 띈다. 이제 13세기 프란체스코 회원들이 베네딕트 영성으로 돌아오는 것을 볼 수 있다.

윌리엄이 귀이베르트를 인식했는지 여부는 확실하지 않다. 그는 인용할 때 그를 '귀이베르트'라고 부른다. 그리고 시토수도회의 유작 모음에서 『도

Archivum Fratrum Praedicatorum xi (1941), 115-116; A. G. Little, *Franciscan Papers, Lists and Documents* (Manchester, 943), 118.

67 B. Smalley, "Two Biblical Commentaries of Simonof Hinton", *Rech. Théol. anc. méd.* xiii (1946), 69.

68 "Studies in the Commentaries", 133.

덕론』의 존재가 그를 잘못 인도했을 수도 있다. 모든 사건에서 그는 귀이베르트의 해석의 성격을 인정했어야 했다. 『도덕론』은 성 그레고리우스와 카시아누스의 전통을 되살리려는 의식적인 노력을 나타낸다.[69] 귀이베르트는 이러한 방법으로 관상적 종교의 내면의 삶을 탐구하고 예시하고자 한다. 그는 자신의 친구인 성 노베르트St. Norbert가 종교 심리학에서 인정받는 전문가이기 때문에 이를 자신의 친구에게 헌정했다. 따라서 『도덕론』을 읽는 윌리엄은 파리 교실에서 들었던 것보다 더 내부적인 유형의 도덕성을 발견할 것이다. 그는 대학 강의에서 선호되고 더 종교적인 태도를 취한 외적이고 풍자적인 비유에 대항한 것처럼 보인다. 그는 아마도 열두 예언서에 관한 휴의 주석postill에 대한 보충물을 찾았을 것이다. 그는 챈터와 랭튼을 너무 피상적인 것으로 거부했으며 백인 수도사들 중 아무도 이 성경 부분을 설명하지 않았기 때문에 귀이베르트를 선택하여 필요한 것을 제공했다.[70]

우울하지만 이전 자료를 찾는 것은 무해하다. 윌리엄은 부흥을 되살리고 있다. 우리는 고대 필로Pilio 전통의 망령에 도달했다. 그러나 평화로운 쇠퇴 대신 노인성 치매의 발병이다.

지금까지 서구에서 영적 해석은 인정된 한계 내에서 작동했다. 그것은 성경에서 이미 믿는 것이 무엇인지 또는 그 삶의 결국에 관해 믿음이 가르치는 것을 찾는 방법이었다. 영적으로 해석된 성경은 과거, 현재, 시간의 종말을 반영한다. 현재와 종말 사이의 기간은 어둡다. 도이츠의 루퍼트Rupert of Deutz와 같이 그들에게 신령한 의미를 드러내는 사람들조차도 그 암흑의 조각을 엿보려 하지 않았다. 정치적 열정의 열기에 대해 언급한 사람들조차 자신의 대적을 적그리스도라고 밝히지 않았다. 주석가들은 그의 오심에 대한 대중적인 추론을 이용하지 않았다.[71] 상식적인 일부 본능이 그것들을 억제했을 것이다.

---

69 위의 p. 244 참조.

70 B. Smalley, "William of Middleton and Guibert of Nogent", op, cit (p. 273, n.4), 281-91.

71 W. Kamlah, op. cit. (p. 245, n. 2), 125-6, nn. 21, 23.

왜냐하면 성경이 모든 진리를 반영하고 하나님이 선택된 학생들에게 그 의미를 나타낼 수 있다면, 왜 거울의 이 특정 조각은 희미해야 하는가?

영적인 해석이 더욱 체계적이 됨에 따라 독창적인 해석의 가능성은 줄어들었다. 성 그레고리우스, 성 베르나르두스와 파리의 교사들은 다른 사람들이 할 말을 거의 남겨두지 않았다. 종교적 열정은 다른 방향으로 출구를 찾을 수 있었다. 그러나 전통적인 렉치오 디비나와 영적 의미에 매달린 수도사는 그의 전임자들이 무시했던 유일한 영역에 불가피하게 이끌릴 수밖에 없었다. 시토 수도회의 개혁자이며 칼라브레인Calabrain 수도원장인 플로라의 요아킴Joachim of Flora이 한밤중에 새로운 종류의 영적 해석을 보여준 계시를 받았다는 것은 놀랍지 않다.[72] 요아킴은 변증법을 공부했으며 그의 발견을 확립하는 데 놀라운 효과를 냈다. 그는 성직자의 세속성에 대한 개혁가의 혐오를 지녔다. 그들은 악용을 징계하기 위해 성경의 도덕적 의미를 사용하는 것이 별다른 영향을 미치지 않는 것 같았다. 그는 새로운 종류의 해석이 '그들의 잠든 마음을 움직이기를' 바랐다. 그는 비잔틴의 영향이 여전히 강한 이탈리아의 한 지역에서 왔다. 그래서 그는 신성의 하나가 아닌 삼위일체를 강조하는 것이 당연했으며 이러한 개념의 차이는 그에게 알레고리적인 의미에 대한 새로운 아이디어를 주었다. 구약과 신약을 약속과 성취의 단순한 관계로 표현해야하는 이유는 무엇일까? 구약과 신약이 왜 세 번째 기간을 미리 묘사해서는 안 되는가?

요아킴은 『구약과 신약의 조화』에서 자신의 방법에 대한 논증을 제시했고, 복음, 계시록, 시편에 대한 주석들commentaries에서 그 의미를 밝혀냈다.[73]

---

72 요아킴은 1204년에 사망했다. 나는 D. Douie에 의해 제시된 그의 작품과 영향에 관한 설명을 사용했다. D. Douie, *The Nature and the Effect of Heresy of the Fraticelli* (Manchester, 1932), 21-48. 그의 주석에 관하여는 H. Grundmann, "Studien über Joachim von Floris", *Beiträge zur Kulturgesichte des Mittelalters und der Renaissance*, xxxii (Leipzig, 1927), chapter i; M. E. Reeves, "The *Liber Figurarum* of Joachim of Fiore", *Mediaeval and Renaissance Studies*, ii (1950), 57-81.

73 *Concordantia Novi et Veteris Testamenti* (Venice, 1519); *Expositio in Apocalypsim,*

이것들은 영적인 해석에 대하여 "부조리한 추론"*reductio ad absurdum*이며, 기술적이고 미묘하여 어떤 요약을 이것에 정당화할 수 없다. 모든 오래된 개념들이 가져와졌고, 놀랍도록 왜곡되었다. 『조화』*Harmony*는 인정된 방식으로 구약의 신적인 심판에 대한 문자적인 설명으로 부드럽게 시작된다. 그런 다음 요아킴은 그들의 영적 중요성에 대해 이야기한다. 그는 구약을 특히 성부 하나님, 신약은 성자 아들에게 돌린다. 유대인들은 옛 율법을 문자적으로 또는 육적으로 이해했으며, 그리스도인들은 신약을 문자적이거나 육적으로 그리고 영적으로 이해했다. 요아킴은 우유와 고기가 모두 필요하다는 유명한 바울의 본문을 인용한다[고전 3:2]. 그러므로 그는 우리가 문자를 제쳐 놓고 영적인 사람들이 성경을 완전히 영적으로 이해하게 될 때, 특히 성령에 속하는 세 번째 시대age를 기대해야 한다고 생각한다. 성령이 아버지와 아들에게서 나아오는 것처럼 이 영적인 이해는 구약과 신약에서 나온다. 구약 시대는 아담으로 시작하여 결혼wedlock의 질서order와 일치하며 신약 시대는 유다의 웃시야Ozias로 시작하여 성직자의 질서와 일치하며, 성령의 시대는 새로운 엘리야로 시작하며 수도사의 질서와 일치한다. 성 세례 요한이 아들의 오심을 준비했던 것처럼 성 베네딕트는 성령의 이 새로운 시대를 준비했다.

요아킴의 추론의 전형적인 두 가지 주장은 다음과 같다: 성령이 아버지로부터만 발출된다면 수도사의 질서는 성직자의 질서와 함께 시작되었을 것이다(그리고 예측은 불가능할 것이다). 그러나 우리는 성령이 두 가지[아버지와 아들] 모두에서 발출하다고 믿는다. 그러므로 성령의 시대에 해당하는 수도사의 질서는 처음 두 시대의 계승으로 이어져야 한다. 두 번째 주장은 다음과 같다: 사람은 하나님 자신의 형상, 즉 삼위일체 형상으로 창조되었다. 그는 육과 피로된 몸과 생명의 숨결인 영혼으로 구성되었다. 이제 피는 몸과 영혼의 중간에 있다: "모든 육체의 생명은 피 속에 있다.[레 17:14]. 마찬가지로 성직

Psalterium Decem, Chordarum (Venice, 1527); *Tractatus super Evangelia*, ed. E. Buonaiuti (Rome, 1930).

자의 질서는 결혼의 육체적 질서와 수도사의 영적 질서 사이의 중간에 있다. 생명을 주는 성 베네딕트 규칙은 성령과 관련이 있다. 왜냐하면 그곳에 포함되어 있는 것이 영과 생명이기 때문이다.[74]

이것은 문자를 육체로 식별하고 종교인의 특별한 고유한 영적 해석을 그 대립으로 간주한 교부 전통의 정점이다.

구약과 신약의 사건이 함께 성령의 시대에 무엇을 의미하는가에 대한 원리를 세우고 이미 사용 가능한 도구인 티코니우스Tyconius의 규칙,[75] 숫자의 신비한 의미, 아우구스티누스에게서 설명된 세계의 나이, 세 번째 시대를 예언할 수 있는 계보의 표를 능숙하게 사용함을 바탕으로 그는 임박한 것으로 생각했다. 그것은 첫 번째 적그리스도의 도래로 시작될 것이며 새로운 관상적 질서에 의해 표시될 것이다. 두 번째 시대의 수도사들은 완벽하지 않았다; 시토회원들조차도 배가되는 양떼와 무리를 돌보았다. "따라서 사도적 삶의 진정한 닮음에 성공하는 것이 필수적이다."[76] 그는 열두 명의 족장들과 열두 사도들이 미리 묘사한 열두 명의 거룩한 사람들의 오심을 예언했다.

요아킴은 12세기 후반에 글을 썼지만 '요아킴주의'Joachimitism는 13세기의 2분기에 속한다. 당대인들은 그의 아이디어를 빌리기를 원하거나 용기를 내지 않고 그것을 흥미롭고 인상적인 것으로 발견했을 것 같다. 그러나 프리드리히 2세의 경력과 교회에 대한 그의 박해는 적그리스도의 도래를 시사한 반면 수사들에게는 요아킴이 새로운 사도적 질서에 대한 기대를 충족시켰다. 그의 방법에 대한 그럴듯한 정당화는 흥분을 불러 일으켰다. 지적이고 현명한 사람들은 어떤 진리가 있을 것이라고 생각했다. 요아킴의 작품을 자신의 의견으로 그로세테스테에게 보낸 옥스퍼드 수사인 아담 마쉬Adam Marsh는

---

74 *Concordantia*, ff. 9-10.

75 * 티코니우스는 370-390년경에 아프리카의 도나투스주의 작가로서 그의 하나님의 도성이라는 개념은 히포의 아우구스티누스에게 영향을 주었다. 그는 성경 해석을 위한 7가지 규칙을 제시했고 아우구스티누스의 『기독교 교리』(*De doctrina christiana*)에서 인용되고 설명되었다.

76 *Concordantia*, fo. 59v.

그것들을 마치 실제 주석인 것처럼 '해설'expositions과 '해석'interpretations이라고 말한다.[77] 요아킴은 주석되었다glossed. 이사야와 예레미야에 대한 의심스러운 주석이 그의 것으로 돌려졌다. 그는 신의 계시에 의해서 선지서를 이해하는 예언자로서, '영적'인 성경 해석가라는 옛 알렉산드리아적 개념에 어울렸다. 프란체스코회의 연대기 저자인 살림베네Salimbene는 1248년에 요아킴적 프란체스코 수도사들Joachimite Minorite과 회의적인 설교자 사이에서 상식에 대한 토론을 기록할 때 이를 분명히 드러낸다: 이 설교자는 마차의 다섯 번째 바퀴만큼이나 요아킴의 예언에 많이 사용되었으며 교황 그레고리우스 1세는 롬바르드 족의 침략이 세상의 종말을 의미한다고 가정하며, 착각했다고 말했다. 프란체스코 수사들은 요아킴의 '전설'에서 적절한 추가와 함께 대수도원장이 성자라는 것을 확립함으로써 시작한다. '그 선지자를 믿습니까? 그렇다면 왜 요아킴은 믿지 않습니까?'가 그 주장의 요지이다.[78]

살림베네는 대수도원장에게 공평하게 그의 제자들이 너무 멀리 갔다고 언급했다. 그들은 그가 의도한 것보다 더 정확한 계산에 빠지면서 슬픔에 빠졌다.[79] 이 경향은 1254년 파리에서 한 젊은 프란체스코 수사가 출판한 『영원한 복음에 대한 서론』*Introduction to the Eternal Gospel*에서 절정에 이르렀다. 이것은 요아킴의 작품을 그가 예언한 세 번째 시대의 복음으로서 신약을 대체하는 것으로 다루었다. 『서론』은 요아킴주의의 위험성을 보여 주었고 요아킴의 교리 중 일부는 교황위원회에 의해 정죄되었다. 그의 가르침은 이단과 프란체스코 영성파의 패배의 원인과 동일시되었다. 이들은 그 저자가 요아킴의 새로운 엘리야라는 생각에 의해 그들의 초기의 규율을 위한 투쟁에서 자신들을 위로했다.

도미니쿠스 회원들은 처음부터 그의 방법에 관심을 덜 가졌지만 우리는 심지어 그들의 진영에서도 가끔 덤벼들었다는 소식을 듣는다. 최근 1270년

---

77 *Ep*. xliii, op. cit. (p. 204, n. 1), 146-7.

78 *Cronica*, ed. O. Holder-Egger, *M.G.H., Scriptores*, XXXII (1905-8), 239-41.

79 ibid. 239.

경 파리에서 주임 교사였던 바르지의 존John of Varzy으로 추정되는 익명의 설교자의 잠언에 대한 주석postill에서 '요아킴주의의 주장들'과 닮은 어떤 구절이 드러났다. 나는 식별의 불확실성을 지적하기 위해 삽입된 쉼표에서 이 이름으로 그를 부른다. 그의 의견은 분석의 가치가 있다. 이는 그것이 저자 측의 요아킴주의의 영향과 그의 독창성을 모두 보여주기 때문이다.

'존'은 그의 자료들에서 잠언 30장 29-33절의 해석은 교회의 기초와 적그리스도의 도래에 대한 예언임을 발견했다. 불굴의 정통에 속한 사람들 성 그레고리우스, 비드, 세인트 체어의 휴는 이런 방식으로 그 구절을 해석했다. 사자lion는 그리스도를 위해, 수탉은 사도들과 설교자들의 질서를 위해 양은 박해를 견디는 교회의 설교자들을 위해 선다; "그(어린 양)를 저항할 왕이 없다." 마지막으로 "그가 높아진 뒤에 어리석은 자가 된 그는" 적그리스도를 의미한다. '존'은 교회에서 이 네 가지 질서를 교회의 역사에서 네 시대로 바꾸었지만 적그리스도가 나타날 마지막 시대는 현명하게 어떤 날짜도 예측하지 않는다. 그는 네 시대 각각이 네 가지 주요 미덕의 하나를 상징하도록 하였고, 세 개의 상징적 동물과 바보fool로 상징되었다. 첫 번째 미덕, 용기는 사도들과 순교자들과 함께 원시 교회의 시대를 표시한다. 그것은 콘스탄티누스의 통치로 끝났다. 두 번째 미덕, 절제는 서방 교회의 성직자들에 의해 독신이 받아들여졌을 때, 교부 작가들과 사막의 교부들의 시대를 나타낸다. 성 베르나르두스는 이 두 번째 시대의 마지막 위대한 인물이었다. '존'의 '현재 시대'였던 세 번째 시대는 교회가 세상을 정복하고 자신의 잘못을 극복할 수 있는 힘을 가지고 있었기 때문에 정의의 미덕으로 특징지어졌다. 그것은 인노켄티우스 3세 교황과 함께 시작되었다. 이전에는 교회가 폭군이나 이교도 철학자와 이단자들로부터 박해를 당해야했다. 이제 교회에 저항할 왕은 없다. 인노켄티우스 3세는 황제 오토 4세를 그레고리우스 9세는 프리드리히 2세를 폐위시켰다. 마지막 시대는 적그리스도의 간계를 꿰뚫어 보는 사람들의 신중함으로 표시될 것이다. '존의 시대구분'은 요아킴주의의 예언에 내재된 낙관주의와 비관론의 극단을 피한다. 그는 매우 현실적이다. '정의의 시대'에 살고 있는 설교자들은 그 미덕에서 대단하다고 생각하지 않는다. 그는 그들이 전임자들보다 더 강력하지만 더 무시해도 된다고 믿는다. 그럼에도 불구하고 교회에는 적그리스도의 시대를 제외하고는 항상 좋은 설교자가 있다. 그러면 좋은 상황이라면 성직은 즉각 폐기될 것이다.[80]

'존'이 생각했던 것처럼 그는 더 나은 목적을 위해 요아킴주의 방법을 사용하여 해설자들에 맞서려고 했던 것처럼 들린다. 그는 성경에서 미래에 대한 거친 예측 대신 현재의 사건에 대한 정확한 예측을 발견하려 했다. 그의 논증은 이렇게 진행되는 것 같다. "우리는 아는 한, 우리는 종말이나 성령의 시대에 다가가지 않는다. 그러나 우리는 교황권이 승리한 시기에 살고 있다." '존'은 이 제목을 인노켄티우스 3세와 인노켄티우스 4세의 시대에 이 제목을 부여한 『케임브리지 중세사』*Cambridge Mediaval History* 편집자들에 동의할 것이다. 그는 교황의 승리에 크게 기여한 한 수도회의 사상을 표명한다. 프랑스 군주와의 갈등은 미래에 놓여 있다. 현재, 호엔슈타우펜은 패배했고 이단은 통제되었다.

요아킴은 역사학 학생의 마음을 흥분시킨다. 그는 사람들에게 역사 과정을 사유하고 자신의 시대를 다른 시대들과 차별화하도록 자극했다. 그는 영성주의의 반항적이고 묵시적인 그림이든 설교자의 권위주의적 계획이든, 각자 자신의 '세계관*Weltanschauung*을 색칠할 수 있는 캔버스를 제공했다. 그러나 그의 사유의 형식을 위한 장소는 주석이 아니다. 우리가 본 것처럼 이 교육은 중세에 낯선 방문객을 수용해야했다. 13세기에 서서히 사라지거나 수도원의 교사가 되었다. 요아킴은 가장 마지막 참가자였으며 그의 무리에게 가장 위험한 사람이었다.

이 방법은 어떤 정교한 반박을 요청하지 않고서 세기 후반에 경멸을 받기 시작했다. 성 토마스는 이것을 『대전』*Summa*의 한 문제*quaestio*에서 간단히 살펴본다: 새로운 법이 세상의 끝까지 견딜 것인지. 그는 지상에서 완전의 세

---

80 B. Smalley, "Sapiential Books I", iii, 260-5.

번째 시대를 기대할 수 없음을 보여 주면서 스스로 만족해한다. 사람은 새로운 법을 수행함에 따라 완전에 접근하는데, 이 법은 이생에서 대체되지 않을 것이다; 우리는 사도들보다 성령의 은혜를 더 크게 기대할 수 없다. 성령께서는 그들에게 구원에 필요한 것이 무엇인지 가르쳐 주셨지만 사람들이 알지 않아도 되는 미래의 사건들에 대한 구체적인 것들은 아니었다. 옛법은 그리스도를 전제로 하므로 성부에게만 귀속될 수는 없다. 그리고 율법은 성자뿐만 아니라 성령에 속한다. 성 토마스는 영적인 해석으로 미래를 예측하는 것의 모순을 당연한 것으로 여긴다.[81]

이 조용한 기각은 영적 의미의 모든 문제에 대한 태도의 변화를 의미한다. 요아킴의 방법의 실제 뇌관은 아리스토텔레스였다. 성경이 거울이나 육신이 감금된 영혼 또는 땅에 뿌리를 내리는 건물이 될 수 없다면 그 성찰의 범위, 정교함의 정도, 절정의 높이 등이 문제가 되지 않을 것이다. 과장은 별도로 고려할 가치가 없다.

3. 아리스토텔레스와 문자(ARISTOTLE AND THE LETTER)

아리스토텔레스는 그 본질이 감각적 징후를 통해서만 알 수 있다고 주장했다. 아리스토텔레스를 기독교에 적응시키기 위해 성 토마스는 아우구스티누스주의자들이 행했던 것보다 영혼과 육체를 훨씬 더 밀접하게 연합시켰다. 영혼은 육체의 형상이며, 몸의 전체에 현재하고, 선천적 관념을 통해서가 아니라 감각을 통해서 지식을 획득한다. 신체에 대한 의존은 참회해야 하거나 또는 곤란한 필요성hard necessity으로 끝나지 않고, 그에 '적절하게' 된다. 지능과 신체적 감수성이 조화를 이룬다. "사람들 가운데 감각적 접촉이 가장 좋은 사람은 최고의 지능을 가진다. 『영혼론』*De anima*에 기술된 바와 같

81 2부 1권, q. 106, a. 4.

이 우리는 몸이 정련되고 마음에 잘 부여된 자들에게서 그러한 표시를 관찰할 수 있다."[82]

몸과 마음에 대한 자신의 견해를 '문자와 영'으로 전이하며 아리스토텔레스주의자들은 성경의 '영'을 뒤에 숨기거나 추가하지 않고, 본문에 의해 표현된 것으로 인식했다. 우리는 그의 영혼을 조사하기 위해 사람을 숭배할 수 없다. 우리는 문자와 영을 구별하고 각각을 따로 연구함으로써는 성경을 이해할 수 없다.

아리스토텔레스는 사람들을 성찰이 아닌 인과관계의 관점에서 생각했다. 순수한 현실태인 하나님은 열등한 원인을 가능태에서 움직이게 하는 첫 번째 움직이는 자이다. 몸이 새로운 위엄을 얻었듯이 열등한 원인은 그것이 아우구스티누스 전통에서 가지고 있지 않은 행동의 힘을 얻었고 이것은 또한 성경 연구에도 반응했다. 하나님은 우주의 '최초의 운동자'로서 성경의 '첫 번째 저자'이다; 성스러운 저술가들도 하나님에 의해 계시의 도구로 선택되었고, 하나님의 움직임에 따라 행동하지만 자신의 말과 재료를 선택하는 저자들이다. 성경은 보편적 진리의 거울처럼 보이지 않고 저자들이 특정한 진리를 가르치려고 의도한 여러 작품과 비슷해지기 시작했다; 그래서 주석은 이 저자들의 학문적 연구로 스스로를 해결해야 했다. 주석가는 자신의 의미를 표현하기 위해 가장 쉬운 것으로 자신이나 번역자가 선택한 단어를 나타내는 문자에 관심을 기울였다.

그러한 연구는 아리스토텔레스가 주석으로 신학의 일체성을 파괴했을 때 가능해졌다. 학문에 대한 아리스토텔레스의 개념의 영향으로 신학자들은 이론적으로 실제 교육 기관에서 오랫동안 인정한 것을 이론으로 인정했다. 신학은 '이론적 학문'이다; 각각의 열등한 학문이 자신의 합의된 전제에서 시작하는 것처럼, 신학은 계시의 전제에서 새로운 결론으로 진행된다. 그것의 방법은 논증이 아니라 주석적이다. 마침내 신학자들은 자신의 모든 작품이 단

82 *Summa Theologica*, I, q. 76, a. 5는 *De anima*, ii, 9, 421a로부터.

순한 알레고리적 해석을 위한 훈련이라는 허구를 버리는 것임을 충분히 확신했다. 그들은 공식적으로 신학을 주석으로부터 해방시켰고, 따라서 신학에서 주석을 해방시켰다.

그들은 그 반대가 아니라 첫 번째 요점을 강조해야한다는 것은 당연한 일이었다. 형이상학적으로 아리스토텔레스가 제기한 어려움은 논리와 추론으로 답해야했다. 그러므로 주석에서 신학의 해방은 진보를 의미했다. 이 대화는 우리가 아는 한 기쁨을 주는 원인으로 누구에게도 영향을 미치지 않았으며 성경 연구에 대한 그의 태도에 옛 방식인 로저 베이컨으로부터 항의를 낳았다. 그는 『기독교 교리에 관하여』*De Doctrina Christiana*의 가르침을 견지했다. 이것은 성경을 암호로 쓰인 신성한 백과사전으로 만들었다; 그는 신학적 질문이 더 이상 성경 강의에서 다루어지지 않았다고 애도했다. 그럼에도 불구하고, 그것은 무시되거나 유감이 될 수 있지만, 우리는 전문화가 성취되었고 긍정적인 결과를 가지고 있음을 알 수 있다.

아리스토텔레스만으로는 혁명을 이루지 못했을 수도 있다. 다른 유대인 철학자가 이것이 어떻게 행해질 수 있는지를 보여주지 않았다면, 그의 가르침을 성경에 적용하기가 어려웠으며, 필로Philo 전통을 깨뜨리기는 어려웠을 것이다. 필로와 마찬가지로 마이모니데스Maimonides는 구약 성경과 현대적 사고를 조화시키기 시작했다; 그러나 아리스토텔레스의 강력한 혼합을 통해 12세기 아랍 철학은 다른 방법을 요구했다. 알레고리에 의한 설명 체계는 저자의 마음을 알고 싶어 하는 독자들을 만족시키지 못할 것이다. 마이모니데스는 일반적으로 알레고리보다는 말함에서 은유 또는 비유를 선호한다. 그는 모든 구절에서 동일한 '규칙'을 사용하는 대신, 배경과 선지자 또는 율법수여자의 가르침에 대한 연구를 통해 이러한 '비유'를 설명한다. 여기서 그는 라틴 중세 시대에는 접근할 수 없었지만 아랍인에게는 잘 알려졌던 책인 플라톤의 『법칙』*Laws*의 영향을 받았다. 『법칙』은 마이모니데스에게 율법수여자와 선지자들이 동일한 것을 명확하게 보여 주었고, 따라서 그들의 의미에 대한 열쇠를 주었다. "유대인과 무슬림이 이해한 계시는 율법의 형태였다. 따라서 계시는 충성된 철학자들에 의해 완전한 것으로, 이상적인 법ideal law은 이상적 정치 질서로 해석될 수 있게 되었다"고 말했다. 그러므로 "그들은 모세나 모하메드를 철학자 왕으로 생각해야 하고, 또한 생각했다."[83]

우리가 자신의 백성을 가르치고 통치하는 것을 목표로 하는 철학자 왕에 대한 아이디어로 시작한다면 우리는 그의 행위의 모든 구체적 사항 뒤에 이유를 찾을 수 있다.

"특정 지파의 군주가 누구였는지 아는 것만으로도 어떤 정신을 교화하고 어떤 미덕을 발전시키며, 어떤 기쁨을 얻을 수 있겠습니까?"[84] 한 12세기의 학자, 아마도 푸아티에의 피터Peter of Poitiers는 이러한 질문을 했고, '위대하고 심오한 수수께끼', 즉 영적인 해석에서 해답을 발견했다. 마이모니데스도 같은 질문을 한다; 그의 대답은 미스터리가 아니라 이유이다.

> 율법의 모든 이야기는 종교적 가르침과 관련하여 특정한 목적을 수행한다.

역사적 세부 사항은 이야기를 상황화하고 설득력 있게 하며 이야기의 핵심 부분이 될 수 있다:

> 설명을 읽는 사람은 그것이 불필요하게 반복되거나 쓸모없는 반복이 포함되어 있다고 생각하지만, 그가 읽은 사건을 목격했다면 설명의 모든 부분의 필요성을 보게 될 것이다.[85]

기독교 주석가들은 그 문자를 멸시하고 '신비'에 거하였는데, 이것이 부적절하고 불완전해 보이는 것을 합리화하는 유일한 방법이기 때문이다. 마이

83 L. Strauss, "On Abravanel's Philosophical Tendency and Political Teaching", *Isaac Abravanel*, ed. J. B. Trend and H. M. Loewe (Cambridge, 1937), 97-8.

84 *Allegoriae super Numeros*, quoted by P. S. Moore, op. cit. (p. 209, n.3), 77.

85 *Guide for the Perplexed*, trans. M. Friedländer (London, 1904), 381-2.

모니데스는 문자적인 의미에서 이유와 교리를 찾도록 가르쳤다.

[마이모니데스의] 『난제에 대한 안내』*Guide to the Perplexed*는 13세기 초 라틴어로 번역되었다. 그것의 다양한 번역의 역사와 학교에의 침투는 아직 기록되어 있지 않으며 아리스토텔레스의 번역에 대한 완벽한 설명은 아직 남아 있지 않다. 그러나 세인트 체어의 휴에서 성 알베르투스와 성 토마스에 이르기까지 일련의 주석가들postillators의 작업을 비교하면 주석exegesis의 변화에 대한 아이디어를 얻을 수 있다.

1230-35년에 일하는 세인트 체어의 휴는 여전히 문자적 해석과 영적 해석 사이의 관계에 대한 그의 태도에서 혼란스러워하고 있다. 우리는 그의 주요 목적이 12세기와 13세기 초의 자료를 대규모로 편집하는 것이었음을 살펴보았다. 그는 그들의 분위기에 남아 있다. 그는 여전히 자신의 프롤로그에서 12세기의 구분division 방법을 사용하고 있는데, 우리는 스테판 랭튼에서 발견되는 내적, 영적 의미의 중요성을 강조한다. 외적인 자료와 내적 자료 *meteria extrinsecus, intrinsecus*; 문자적 목적과 영적 목적*intentio litteralis, spiritualis*; 행동 방식*modus agendi*.[86] 그는 문자적 의미가 '유대인들이 말하는 것'이라고 생각하는 것 같다. 이는 유대인들이 문자적 의미에 따라 설명하기 때문이다; 동일한 옛 혼란스러움. 휴 또는 그를 도와준 사람은 앤드류가 이사야의 예언에 대한 '유대화된' 해석에서 많은 구절을 옮겼다. 그것들은 믿지 말라고 경고하지 않고 그것들은 문자적 의미로 제시되며 그리스도인의 해석은 영적인 의미에 관한 부분으로 남겨진다. 예언 "보라 처녀가 잉태하여"는 실제로 문자적 의미로 그리스도를 언급하는 것으로 해석되지만 '고난당하는 종'의 구절은 아니며 예를 들어, "이 땅의 통치자에게 어린 양들을 드리되"[사 16:1]의 구절도 아니다. 내 독자 중 일부는 앤드류를 12세기의 르와지Loisy[87]로 상상할

---

86 B. Smalley, "A Commentary on Isaias by Guerric", op. cit. (p. 183, n. 3), 여러 곳에(passim).

87 * Alfred Firmin Loisy(1857-1940)는 과학과 철학의 진보를 반영하여 가톨릭 교리를 수정하려고 했던 로마 가톨릭 교회 내 모더니즘의 창시자로 평가받는다[다음백과].

수도 있다. 그러나 이것은 이단과 싸우기 위해 설립된 수도회의 교수와 미래의 추기경인 세인트 체어의 휴에는 적용되지 않을 것이다. 휴가 예언에 대한 유대인의 해석을 문자적 의미로 해석한다면, 그것은 구약의 전통적인 기독교적 견해를 수정하려는 진지한 의도보다는 문자적 의미를 교화 기능을 가진 것으로 간주하지 않았기 때문이다. 그러나 다른 곳에서는 새로운 영향을 나타내며 행복하지는 않지만 의미들 간의 관계를 명확히 하려 한다. 예를 들어, 그는 에스겔의 환상에 대하여 문자적으로litteraliter, 은유적으로imaginarie, 신비적mystice으로 설명한다. 그는 은유의 부분에서 환상의 모습을 묘사하고, 문자적 부분에서 그 모습이 선지자에게 의미하는 것을 설명한다. 아마도 은유는 예언에 대한 마이모니데스에서 유래된다. 그렇다면, 휴는 단순하게 표현을 빌려서 서투르게 적용했다. 아리스토텔레스의 영향은 휴에게 중요하지만 형식적이다. 그는 철학적 텍스트에 주석을 다는 방법에 따라 각 책과 각 장을 다시 나누고 세분화한다. 그것은 단지 각 단락을 주석하는 대신, 책 전체를 다루고 내용을 논의하기 위한 최소한의 단계이다.[88]

1233-42년 생 자크St. Jacques에서 가르치는 게릭Guerric of St. Quentin은 더 선명하고 분명한 윤곽의 풍경을 소개한다. 그는 휴를 따라 텍스트를 나누고 세분화할 뿐만 아니라; 그는 적어도 자신의 프롤로그 중 일부에서 네 가지 원인의 아리스토텔레스 체계를 채택하는 데까지 나아간다. 이 방법에 따르면, 설명될 책의 내용은 제목의 원인인, 질료인, 형상인 목적인*causa efficiens, materialis, formalis et finalis* 아래에 주어졌다.[89] 이 계획은 이 책의 저자와 그가

---

88 I. M. Vosté는 Hugh가 이러한 방법을 시도한 첫 번째 신학자라고 제시한다: "이미 그는 선지서들과 바울서신들을 설명하기 위하여, 단락을 나눔을 통한 주석을 처음으로 보여주었다."(ipse iam exhibet primum tentamen exegeseos per divisiones logicas, praecipue in explicandis prophetis et epistolis paulinis.) *S. Albertus Magnus*, i, *In Novum Testamentum* (Rome, 1932), 13.

89 R. W. Hunt, "Introductions to the 'Artes'", op. cit. (p. 216, n. 2), 107-9. 구에릭에 관하여는 B. Smalley, "A commentary on Isaias, etc," op. cit. (p. 183, n. 3); "The Sapiential Books I", ii, 338, 348-55.

글을 쓰는 이유에 주의를 집중시키는 이점이 있었다. 이 책은 신비의 모자이크로 끝나지 않았으며 대신 신의 영감을 받았지만 인간의 산물과 지식으로 여겨졌다.

네 가지 원인은 여전히 외부 유형으로 이는 전적으로 부적합한 자료에 부과될 수 있으며 여전히 인위적으로 선택된 일련의 텍스트에 의해 지지된다. 그러나 그들은 주석가를 그 저자들에게 상당히 가까이 이끌었다. 실제로 게릭은 영적인 해석보다는 문자적 해석에 더 많은 관심을 갖는다. 그의 도덕성은 단순히 휴의 요약일 뿐이다. 문자에 대한 그의 말은 독창적이다. 그는 앤드류의 인용 때문에 휴를 심하게 공격한다. 그가 앤드류를 전혀 사용하지 않았다는 사실이 아니다. 그는 휴와는 별개로 앤드류를 크게 끌어왔다. 그는 문자적 의미에서 메시아 예언이라고 생각한 것에 대한 비판적인 해석에 반대했다. 그의 기록자는 휴가 채택한 '유대인과 앤드류'의 의견에 대해 다음과 같이 기록했다:

> 그러나 게릭은 이 해석을 텍스트의 왜곡과 예언에 대한 비방이라고 부른다.

게릭은 주제에 대하여 강하게 느꼈다. 왜냐하면 그가 문자적 의미에 일차적이며 가장 중요한 관심을 기울였기 때문인 것 같다. 해석의 첫 단계는 의미들의 구분을 둘러싼 안개를 제거하고 문자적 의미가 저자의 완전한 의미임을 확인하는 것이었다. 그런 다음에야 내용을 평가할 수 있었다. 게릭은 특히 그의 본문의 형이상학적 의미에 매료되었다. 질문과 난제들을 풀면서 면밀한 말의 분석을 통해 문제를 해결한다. 다른 주석가가 모든 종류의 외부 고려 사항으로 해결하려고 하는 문제를 게릭은 다른 것을 언급하지 않고 해결한다. 그는 저자가 실제로 말한 것에서 저자의 의미를 알아내고 싶었다. 이는 그에게 드문 미덕이었다.

안타깝게도 게릭의 주석postill은 주로 메모 형식으로 전해졌다. 그들 중 일부는 강의의 필기록*reportatio*보다, 강의자가 자신이 무엇을 이야기하는지 상기시키기 위해 수업에 가져가는 제목처럼 더 읽혀진다. 그러므로 사람들은 거친 인상으로 만족해야 한다. 그러나 역사가에게 편애가 허락된다면, 나는 게릭에 대한 특별한 존경에 고백할 것이다.

보나벤투라는 게릭이 방금 접촉한 문자적 의미에 내재된 모든 가능성을 최대한 활용한다. 1253-57년에 준비된 전도서에 대한 그의 주석에는 영적인 설명이 들어 있다; 그러나 여기서도 강조점은 문자 자체이다. 그는 전통에 따라 토론을 제시한 이 책의 고유한 특성을 인식한다. 그 저자 '솔로몬'은 다양한 의견을 제시하고 마지막에 요약한다. 보나벤투라는 그로부터 발생하는 모든 의견들과 문제들을 고려함으로 그의 주석은 크게 신학적 성격을 지닌다. 그의 프롤로그는 보나벤투라가 주장했듯이 지식이 성화를 위한 수단이라고 생각한 중세의 전도서 독자들에게는 핵심적인 어려움으로 직결된다: 어떤 점에서 우리는 세상적 모든 것들을 헛된 것으로 경멸하도록 가르침을 받았고, 동시에 우리는 세상은 창조주의 선하심을 반영함을 어떻게 알 수 있습니까? 프롤로그가 포함된 주석은 특정한 목표를 가지고 있고 특정한 문제를 야기하는 책을 문자적으로 해석한 거대한 기념물이다. 그 인기는 보나벤투라의 접근 방식이 독자에게 원하는 것을 제공했다는 것을 드러내었다. 그러나 지금까지 우리의 교사들은 문자적 의미에 점점 더 많은 관심을 보였으며 그들의 관심에서 더 큰 비중을 차지했다. 그들은 상대적인 중요성에 대해 이론화하지 않았고 영적인 것에 너무 많은 시간을 보낸다고 전임자들을 비판하지 않았다.

알베르투스 마그누스Albert Magnus와 함께 우리는 공격을 통과한다. 알베르투스의 주석들은 아마도 그의 삶의 말년인 1270-80년에 속할 것이다.[90] 그것들은 1256-73년에 교수 경력에 있어 다양한 간극을 지닌 토마스의 것들보다 현재 형식에서 늦은 것이다.[91] 알베르투스는 자신의 학생에 의해 영향을 받았을 진 모르지만, 그의 주석들은 파리에서 1242-48년, 쾰른에서 1248-

90 I. M. Vosté, *S. Albertus Magnus*, i, *Novum Testamentum* (Rome, 1932), 5-12; ii *in Vetus Testamentum* (Rome, 1932-33), 39-40, 53.

91 P. Glorieux, "Les commentaires scripturaires", op. cit. (p. 275, n. 4), 237-66.

54, 57-60년까지 오랜 교육의 결과였다. 그러므로 우리는 그것들을 세인트 체어의 휴와 게릭의 세대와 다른 한편으로는 성 토마스 사이의 세대를 대표하는 것으로 생각할 수 있다.

성 알베르투스는 영적 해석을 받아들이고 그의 전임자가 했던 것처럼 미묘하게 사용한다. 열두 예언자에 대한 그의 주석은 스테판 랭튼과 같은 텍스트로 시작된다: "열두 예언자의 뼈가 그 자리에서 튀어 나오길 바란다"[집회서 49:12]; 그러나 그는 오로지 의도적일 수 있는 비틈twist을 그 해석에 제공한다. 랭튼은 마른 뼈를 성경의 문자로, 골수 및 기름은 영적인 해석과 인용구의 어려움으로 비교했다. 알베르투스는 뼈가 건조하기 때문이 아니라, 단단하기 때문에 '사실의 진실'[92]에서 단단함을 취함으로써 뼈를 문자적 의미를 비교한다. 알베르투스와 함께 '문자적 진리'는 새로운 의미를 갖는다. 이는 간단한 예비가 아니라 어려운 목표이다.

몇 가지 예는 그가 문자적 의미에 집중하는 방법을 보여줄 것이다. 예레미야애가를 설명할 때, 그는 역사적 주제에 근거하여 네 가지 구분을 설명한다. 번영의 상실, 영광의 상실, 현재의 불행, 행복한 과거와 현재의 대조에 대한 애도이다. 다른 사람들 (그는 표준주석에서의 파스카시우스Paschasius와 길버트Gilbert the Universal를 의미한다)은 그 사람과 세계가 네 가지 요소로 구성되어 있거나, 연중 사계절이 있기 때문에 다른 설명을 제시했다:

> 하지만 우리의 습관은 문자에서 추론할 수 없는 구분divisions에 관심을 갖지 않는 것이다.

구약 성경보다 더 완전한 복음서에 대한 그의 주석은 그의 목적을 가장 분명하게 보여준다. 사도 베드로의 부인에 관한 이야기는 스스로를 도덕화에

---

92 "Signant autenn *ossa* Scripturae solidatem, in qua sicut dulcedo medullae latet spiritualis sensus… Ossa pluraliter, quia in singulis istorum, quattuor sunt sensus, historicus scil., solidatem habens ex rerum veritate …" I. M. Vosté, ii. 6에 인용되었다.

쉽게 빌려주었다. 사도 베드로는 죄인, 종들과 방관자로서 유혹, 동의, 잘못의 세 단계의 죄를 의미하였다. 성 알베르투스는 말하기를:

> 이 모든 것은 도덕적으로 설명될 수 있지만, 신앙의 경건에서 독자의 마음을 산만하게 하는 것은 나에게 유익이 없는 것 같다; 그래서 우리는 그런 설명을 넘어간다.

그는 광야에서 돌을 빵으로 바꾸라는 주님에 대한 유혹temptation에 관한 주석에서, 다음과 같이 말한다. "이것은 문자적 진리이다." 계속해서 그는 단단한 바위와 율법 또는 죄인의 마음 사이의 전통적인 비교를 거절한다:

> 나는 그것이 터무니없는 해석이라고 생각한다. 저자의 마음에 위배된다.[93]

그가 이 환상적인 설명을 버렸을 때, 성 알베르투스는 특히 그가 사용하고 있는 세인트 체어의 휴의 주석을 주목하였다.[94] 그는 자신의 방법이 얼마나 새로운지를 깨달았다.

성 토마스는 새로운 입장을 정의했다. 그의 『대전』*Summa*은 문자적이고 영적인 의미와 그들 관계의 모든 문제에 대한 진술로 시작된다. 그는 『기독교 교리에 관하여』의 단어와 사물의 익숙한 구별을 사용하여 이를 아레스토텔레스주의 틀에 조화시켰다. 하나님은 성경의 주요 저자이다. 인간 저자들은 말로 그들의 의미를 표현한다. 그러나 하나님은 또한 '사물', 즉 역사적 사건에 의해 자신의 의미를 표현할 수 있다. 그러므로 성경의 문자적 의미는 인간 저자가 자신의 말로 표현한 무엇이며; 영적 의미는 인간 저자가 관련된 사건들에 의해 신성한 저자가 표현한 것이다. 성경은 신성하고 인간적인 저

---

93 나는 Vosté에 의해 제시된 것들 중에서 이 사례를 선택했다, Vosté, i. 20-1; ii, 26.

94 Vosté, i. 22; ii. 12-13.

자 모두를 지닌 유일한 책이며 오직 성경만이 문자적이고 영적인 의미를 모두 가질 수 있다.

문자에 포함되어야 할 문제는 결과적으로 스스로 해결되었다. 주석가들은 이유를 전혀 이해하지 못한 채 비유와 은유가 문자적 해석에 속한다는 입장을 취했다. 그러나 '문자'가 영감 받은 저자의 전체 의도로 정의된다면 평범한 언어로 표현하든 상징적으로 또는 은유적으로 자신을 표현하든 차이가 없다. 성 토마스가 설명했듯이 문자적 의미는 말의 표현이 아니라 그것이 상징하는 내용으로 생각되었다. 영적인 의미는 저자의 말에서 유래한 것이 아니라 그가 참여한 성스러운 역사에서 비롯되었으며 당시 그 의미는 그 저자인 하나님에게만 알려졌다. 영적인 의미에서 논쟁을 이끌어 낼 수는 없지만 문자에서만 논쟁할 수 있다는 것도 똑같이 분명했다.[95]

성 토마스는 그의 주석에서 그 정의의 결론을 이끌어 냈다. 그는 학문적 연구의 대상으로서 영적 의미를 배제했다. '형상 속에 예시되었다'*In figuris preisgnatur*는 그의 성찬찬송의 주제지만 그의 성경에 대한 강의에서는 거의 주제가 아니었다. 현대 주석의 배경에 대립시켜 이것을 읽으면 자연스럽게 중세적 요소의 놀라움을 발견한다. 12세기와 13세기에 그들에게 다가 가면 그들의 현대성은 더 놀랍다. 때때로 그는 오래된 인습에 신선한 삶을 되살리기도 하고, 때로는 무시할 것이다. 예를 들어, 그의 프롤로그에서 그는 전통적인 방식으로 텍스트를 시작할 수 있지만, 그것은 그의 주제를 조사하기 위

95 Summa Theologica,i, q. i, a. 10, *Quodlibet, viia*, 14-16. P. Synave, "La doctrine de St Thomas d'Aquin sur le sens littéral des Ecriture", *Reuve Biblique*, xxxv (1926), 40 ff. 성 토마스가 성경의 한 단락은 하나의 문자적 의미 이상을 지녔을 것이라는 성 아우구스티니스의 생각을 따랐는지는 많이 논의되었다: Synave에 더하여, F. O. p. Ceuppens, "Quid S. Thomas de multipli sensu litterali S. Scripturae senserit"; S. M. Zarb, "Utrum S. Thomas unitatem an vero pluralitatem sensus litteralis in Sacra Scriptura docurit?. *Divus Thomas* (Placentia, 1930), xxxiii. 164-75, 337-59. 이 논의들은 성 토마스가 성 아우구스티누스를 따랐는지 또는 그가 자신의 의미를 명확히 하지 않았는지를 보여준다. 그의 주석에서 그는 일반적으로 자신의 선임자들에게 익숙했던 긴 목록을 제시하는 것을 피하고 있다. 이는 그가 문자적 의미를 선호하였음을 드러낸다.

한 수단이 된다. 예를 들어 시편에서 :

> 그의 모든 작품에서 그는 영광의 말씀으로 거룩하신 분과 가장 높으신 분께 감사를 드렸다[집회서 47: 9]. 이것은 문자적인 의미로 다윗에 대한 것이며 이 작품의 원인을 보여주기 위해 채택되었다.[96]

때때로 그는 서론적 텍스트를 완전히 생략한다. 욥에 대한 그의 해석은 요한 스코투스와 앤드류에게서 우리를 놀라게 하는 것과 같은 강력한 힘으로 시작한다:

> 자연의 과정에서 생산된 사물들에서와 같이 불완전한 것을 통해 점진적으로 완전에 이르므로 이것은 진리에 대한 이해에서 인간에게서도 일어난다. …[97]

이 특별한 책은 빅터주의자들, 세인트 체어의 휴, 성 알베르투스 그리고 성 토마스 사이의 거리에 대한 척도로 사용된다. 익명의 빅터주의의 편지를 쓴 사람은 욥기에서 '유용한' 문자적 의미를 허용하지 않는다; 그리스도와 그의 교회가 그것을 읽도록 하라.[98] 세인트 체어의 휴는 우리에게 인간의 불행의 깊이를 보여주고 인내심을 가르치는 문자적인 의도를 인정할 것이다. 그는 여전히 성 그레고리우스의 『도덕론』*Moralia*에 의해 최면에 걸려 있지만 이 책의 가치는 이론적이라기보다는 실용적이라고 말한다.[99] 때때로 그는 문자적인 의미를 버리고 영적인 면에서만 설명한다.[100] 성 알베르투스는 마이모

---

96 *Expositio Aurea* (Paris, 1640), 259.

97 *In Librum Iob Expositio* (Rome, 1562), 5.

98 위 p. 88 참조.

99 *Post. in Bibl.* (Cologne, 1621), iv. fo. 396r: "Theologie supponitur liber iste per omnes suas partes, magis tamenpractico deservit intellectui. Unde infra, viia: *Militia est vita hominis super terram*."

100 Fo. 432v on Job xxix; 다른 구절들에서는 문자적 의미는 부주의하게 버려진다; fo. 434

니데스로부터 섭리와 인간의 고통에 대한 철학적 토론으로 욥기를 읽는 것을 배웠다. 그는 자신의 프롤로그에서 이 견해를 더 오래된 책과 함께 제시한다: 이 책은 의인의 고통이 위로로 끝날 것이며 이생에서 지혜를 가르치는데 필요하다는 것을 보여준다; 그것은 우리에게 인내하도록 권고한다.[101] 그는 다른 주석들보다 이교도 시인들과 철학자들로부터 더 자주 인용함으로써[102] 이 책의 특별한 성격을 존중하며, 네 명의 친구들의 주장을 차별화하는데 마이모니데스를 따른다. 욥과 그의 친구들 사이의 논쟁이 무자비하고 학문적 논쟁의 틀에 굳게 박혀 있었기 때문에 하나님께서는 결국 욥에게 호의적으로 '결정'하시는 것이기 때문에 주석에 대한 실험이 인상적이었지만 덜 매력적이다.

알베르투스와 달리 성 토마스는 『안내』*Guide*에서 인용하지 않는다; 그는 원칙적으로 항상 세부적인 것은 아니지만, 이것을 동화하고 자신의 것으로 만들었다. 그의 관점에서 욥기의 목표는 '인간 문제가 신의 섭리에 의해 지배되는 가능한 이유'에 의해 드러난다. 인내도 언급되지 않는다. 의로운 사람의 고통은 토론의 기초로 선택된 주제이다. 성 토마스는 에스겔의 본문[14: 14]이 욥을 역사적 인물로 취급하는 것 같다고 덧붙인다. 분명히 그 책에 대한 전통적인 그레고리우스적 관점은 어디에서 인정되어야 하는지 질문할 수 있다. 프롤로그를 읽는 것은 그것이 어떻게 다루어지게 될지 약간의 흥분으로 기다리게 한다. 성 토마스는 이것을 마지막 문장으로 남겨두고, '이 책을 문자적 의미에 따라서 간략하게 설명하기를' 제안한다; "왜냐하면 축복받은 교황 그레고리우스는 미묘하고 신중하게 우리에게 신비를 열었고, 따라서 더 이상 추가할 필요가 없는 것 같다."

그의 '간략한' 취급 덕분에 그 '목적'은 고립된 본문의 표현 뒤에 사라지지 않는다. 성 토마스는 알베르투스보다 철학자들의 말을 덜 인용하지만 이

---

on xxx: "문자는 명백하고, 역사는 열려있다."Littera plana est et aperta historia."

101 *Commentarii in Iob*, ed. M. Weiss (Freiburg i. Br., 1904), 1. 2.

102 Vosté i. 45-6.

책의 철학에 집중한다. 프롤로그의 마지막 문장에서 살펴보면 이 해석은 성 토마스와 알렉산드리아인들 사이의 거리를 보여준다.

하나의 특정 본문의 역사는 이 매우 세밀한 부분에서 그 차이를 더 자세하게 설명할 것이다. 우리는 율법의 계명을 받아들일 수 있다. "염소 새끼를 그 어미의 젖으로 삼지 말지니라"[출 13:19], 아우구스티누스에서 성 토마스까지 다양한 주석가에게 전달된 내용을 확인하라. 아우구스티누스는 이 교훈이 문자적 의미를 가지고 있다는 것을 부인했다. 그는 그 부조리가 성경의 존엄성과 일치하지 않을 것이라고 생각했다. 그는 알레고리의 모든 자료를 활용하여, 무고한 사람들의 도살당함에서 멸망하지 않는 그리스도의 예언으로 해석했다.[103] 율법 수여자가 예언에서 이것을 의미했는지 여부; 그가 입법한 사람들에게 의미하는 바; 실제로, 그것이 법적인 의미를 가진 법과 동일한 기초에 관한 실제 법으로 간주되었는지 여부: 이 질문들 중 어느 것도 대답되거나 질문되지 않는다.

그것들은 문자적 의미에 대한 부인에 당혹감을 느끼는 후대의 주석가들에게 일어났다. 명화성을 찾기 위해 용감한 스코투스는 성경의 내용을 상징과 신비의 두 제목으로 나누었다. 하나의 신비는 기록된 역사적 제도가 있다. 예를 들면 구약의 성막과 율법, 세례, 신약에서의 성찬 등이 있다. 하나의 상징은 어떤 역사적 사건을 나타내지 않는다. 그것은 언어적이다. 실제로는 그렇지 않은 것으로 이해될 때에도 일어난 것처럼 말하는 경우가 있다. 상징의 한 사례로 요한은 시적 은유를 제시다. "산들은 숫양들같이 뛰놀며"[시 114:4]; 부자와 나사로의 비유; 다음과 같은 교리적 구절: "태초에 말씀이 계시니라"[요 1:1]; 그리고 "그 젖으로 새끼를 삶지 말지니라"에 대한 계명은 이처럼 이해하기 어려운 분류에서 흥미 있게 벗어나 있다.[104] 그것은 아우구스티누스의 문자적 의미에 대한 거부에 대해 생각할 수 있는 유일한 해결책이

---

103 *Quaestiones in Heptateuchum*, ii. 90; PL xxxiv. 629.

104 *Commentarius in Ioannem*, PL. cxxii. 344-8.

었으며, 그 계명을 법의 일반적인 부분으로 취급하지 못하게 했다.

같은 종류의 문제로 어려움을 겪고 있는 그라티아누스Gratian의 합법적 사고는 다른 것이지만 좀 더 만족스러운 답변에 이르렀다. '다가올 일의 성례'로써의 그들의 가치로 인해 어떤 것들이 허용되었다.[105] 그는 아마도 이러한 계명이 그것을 받아들인 사람들에게는 현실이라는 것을 의미한다; 그러나 그것들은 예언의 정신을 가진 사람들을 제외하고는 교육적인 가치를 가질 수 없었다; 그것들은 구약을 읽는 그리스도인들의 교육을 위한 것이다. 그라티아누스는 아우구스티누스의 개념을 12세기의 교회법 서적에 맞추기 위해 최선을 다했다. 구약 율법의 계명을 역사적인 것으로 받아들임으로써 그는 역사적 의미에 따라 그것을 비합리적인 것으로 만들어야 한다; 모순을 막기 위해 알레고리적인 의미를 추가해야 한다. 우리는 같은 결론에 도달하는 주석가를 볼 수 있다. 그라티아누스의 접근 방식은 스코투스의 접근 방식보다 선호된다.

앤드류는 랍비와의 대화에서 계명이 여전히 지켜지고 있음을 발견했다. 그러므로 그는 문자적 의미가 있어야 한다고 생각했고 이것은 유대인들이 그것에 대해 믿고 실천한 것이라고 생각했다:

> 우리가 '양' 또는 '새끼'에 대한 히브리어는 오히려 어떤 '분리된 것'을 의미한다; 그 의미는: 육신과 분리된 것, 즉 육신으로 잉태되고 낳아진 것은 아무것도 없다. 유대인들은 이것이 허용되는 종류 때문에 명령되어야 한다고 생각한다. 계속해서 그는 오늘까지, '그들은 '걷는' 동물의 살을 젖이나 버터나 치즈와 같은 우유 제품으로 요리하지 않는다'고 말한다. '그들은 젖의 금지를 해석하고 가장 접근하기 쉬웠기 때문에 모유가 특별히 언급되었다고 생각한다.'[106]

---

105 Decretum, cxxxi, q. i, c. 7는 G. Le Bras, "Les Écritures dans le Décret de Gratien", Zeitschrift Savigny, lvii (Kanon. Abt. xxvii, 1938), 63에 인용되었다. 그라티아누스는 유대인이 동물로 희생 제사를 드리는 것과 다윗이 밧세바와 결혼하는 것을 예로 들었다.

106 MS. C.C.C. 30, fo. 29b: "Verbum Hebraicum por quo nos hedum sive agnum habemus

그는 또한 당대 유대인의 관점도 제시한다.

스테판 랭튼이 아우구스티누스와 앤드류 사이의 모순에 직면했을 때, 그는 앤드류에게로 기울었다:

> 아우구스티누스는 이것이 어떻게 문자적으로 이해될 수 있는지 알지 못하므로 영적인 의미에 의지해야 한다고 말한다. 그러나 문자적인 의미가 있을 수 있다. i.e.: 아직 너무 어리고 연약한 동안 "삼지 말지니라"…

그런 다음 앤드류에게서 인용하고, 알레고리적이고 도덕적인 해석으로 끝낸다.[107] 세인트 체어의 휴는 랭튼을 재현한다.[108]

랭튼은 공개적으로, 앤드류가 암묵적으로 그 '모순'에도 불구하고 이 구절에 문자적인 의미를 부여함으로써 아우구스티누스와 부딪치기 시작했다.

---

magis separatum significat, et est sensus: nichil quod separatum est a carne, i.e. quod per generationem carnalem conceptum et editum est, quod propter aves determinandum Iudei putant; nichil inquam, tale in lacte congues. Observant usque hodie Iudei ut nullius gressibilis animalis carnes in lacte vel cum alio eorum que de lacte fiunt, scil. caseo vel butyro et huiusmodi coctas comedant. Non ideo putant in lacte matris sue agni scil. vel he야 vel separati dictum fuisse quod si in alterius pecoris lacte coquatur transgressio non sit, sed quia hoc lac paratius et magis presto quam aliud forsitan inveniri possit. Nec ideo nec de agno vel hedo hoc prohibitum quod de aliis animantibus fieri liceat, sed quod de hoc animali precipitur de omnibus potius, exceptis avibus que non de carne sed de ovis separantur, debere intellegi. Sunt tamen qui non de quolibet agno vel hedo hoc dictum putant, sed de his tantum que Domino offeruntur, de quibus Dominus in lege precipit dicens: *bos, ovis et capra cum generata fuerint vii diebus erunt sub ubere matris sue* … Hi hoc modo litteram exponunt: *Non coques hedum*, i.e. non offeres ad occidendum et coquendum dum est *in lacte matris sue*, i.e. dum recenter natus non herba pascitur, sed solo lacte matris sue alitur." 위의 p. 153-4 참조.

107 MS. Trinity College, Oxford, 65, fo. 133a-b: "Augustinus dicit se nescire quomodo hoc ad proprietatem littere possit intelligi; ideo recurrendum est ad intelligentiam spiritualem: et potest esse sensus ad litteram i.e. non coques eum dum adhuc nimis tener est et lacte matris nutritur … Postest autem intelligi allegorice dupliciter: hedus est Christus … Moarliter hedus est peccator…"

108 Op. cit., i. 91.

그들은 금지가 실제로 무엇을 다루었는지 알고 싶어한다. 그 문자적 의미가 영적인 가치를 가질 수 있다는 생각은 그들에게 일어나지 않았다. 영적 가치는 알레고리적이고 도덕적인 의미에서 비롯된다.

『난제에 대한 안내』*Guide to the Perplexed*는 율법이 아무 말도 하지 않았다는 것을 보여주고자 한다. 위생상의 이유로 금지가 정당화된다. '우유로 끓인 고기는 의심할 여지없이 조잡한 음식이며 지나치게 풍성하다'; 또한 율법의 목적은 유대인들을 우상 숭배에서 멀어지게 하는 것이었다; 이런 종류의 음식은 아마도 우상에게 제물을 바칠 때 사용되었을 것이다.[109]

성 토마스는 스테판 랭튼의 입장을 받아들인다. 옛 율법의 계명은 문자적이고 알레고리적이고 도덕적인 의미를 가졌다. 그는 이것에 『안내』의 가르침을 더한다. 문자적 의미뿐만 아니라 문자적 이유도 있었다:

> 결론으로 이끄는 것에 대한 이유reason는 결론에서 가져와야 한다. 이제 의식적 명령[제사법]의 끝은 이중적이다. 왜냐하면 그들은 특정한 때의 신적 예배와 그리스도의 예표를 위해 제정되었기 때문이다 … 따라서 옛 율법의 의식적 명령의 이유는 두 가지 방법으로 취할 수 있다. 그 특별한 시기에 지켜야 할 거룩한 숭배와 관련하여 첫째로, 이들 이유는 문자적이다.[110]

문자적 의미가 언어적 은유를 포함하는 것처럼, 그것은 의식ritus의 명령의 종교적 중요성도 포함한다. 젖에 끓이는 것을 금지할 때, 그는 문자적 의미가 터무니없다는 반대 의견을 말하고, 마이모니데스가 부분적으로 제안한 답변을 제공한다.

> 도살당한 새끼는 그 고기가 요리되는 방식을 인식하지 못하지만, 자손의 영양

---

109 Op. cit., i. 371.
110 신학대전 2부 1권 q. 102, a. 2.

을 공급하기 위한 양의 젖이 같은 접시에 제공된다면 무의미함을 맛볼 수 있다. … 또한 이방인들은 그들의 우상 축제를 축하하면서 이런 식으로 새끼들의 고기를 준비했다고 말할 수 있다.

이런 종류의 금지는 당시 비합리적이지 않았다. 율법은 사람을 이성과 감정의 복합물로써, 있는 그대로 받아들였다. 그것은 동료들에게 친절을 베풀기 위해 동물들에게 동정심을 나타냈다.[111]

원시 법law에 대한 현대의 연구에 따르면 이러한 명령의 목적은 마이모니데스와 성 토마스의 생각보다 더 복잡하다는 것이 밝혀졌다. 그러나 이것은 매우 사소한 사항이다. 성 토마스는 구약의 명령이 학문적 연구의 대상이 될 수 있는 단계로 기독교 주석을 가져 왔다. 동시에 그는 구약 성경이 신앙 교육의 역사라는 내용을 교부들의 가르침에 주고 있었다.

우리는 정치학과 주석에서 이러한 변화의 영향을 볼 수 있다. 도미니쿠스회의 학생인 단테는 태양과 달, 그리고 두 개의 칼에서 기인한 유명한 논쟁의 오류를 보여주고 싶었을 때, 그는 스테판 랭튼보다 훨씬 더 강력한 위치에 있었다. 그에게 관련된 문제는 랭튼의 경우와는 다르다. "태양의 특성은 교회의 특성과 완벽하게 일치합니까?" 그는 말 자체가 아니라 저자의 의도를 고려한다: 모세는 교회와 국가 사이의 관계를 나타내기 위해 크고, 작은 빛을 의도했는가? 그의 창조 이야기의 순서는 이것을 불가능하게 만든다. 규칙은 사람에게 '우연'accidental이며 타락의 결과이다. "그렇다면 인간의 창조에 대해 이야기하기 전에, 왜 이것을 소개해야합니까?" 마찬가지로 두 개의 칼의 주장에서 단테는 우리를 상황으로 이끈다. 그 말씀: "겉옷을 팔아 검을 살지어다"[눅 22:36]는 열두 사도에게 말해졌으며 박해를 준비하라는 경고였다. 그것은 두 개의 칼이 올바른 숫자가 아니라 '더 이상 없기 때문에' 충분하다는 의미이다. 네 복음서 모두에서 그려지는 사도 베드로의 성격은 그

111 ibid. a. 6. ad. 4.

가 선생과 다른 의미로 '도검'을 사용했을 가능성은 매우 낮다; 그의 답변은 항상 직설적이고 성급하며 생각이 없지만 그의 성실성과 '본성적인 순수함과 단순함'을 지니고 있다. 그러나 이 구절을 전형적인 형태로 이해해야 한다면, 그들은 평행한 본문들을 참조해야 한다: "나는 평화가 아니라 검을 주러 왔다"[마 10:34]. 사도 베드로는 대답할 때 이 영적 전쟁에 대해 생각하고 있었다. "여기 두 개의 칼이 있다." 그는 열두 사도가 말과 행동으로 싸울 준비가 되었음을 의미했다.[112]

이것은 '영적 해석'에 대한 양보가 아니다. 그것은 결코 랭튼에 의해 고안된 해결책과 유사하지 않다. 단테는 여전히 그의 저자의 의도를 생각하고 있다. 그에게 전형적인 표현은 '은유적으로'라는 의미이다. 그러므로 그것은 문자적 해석의 일부이다. 그는 논의를 통해 모든 주장이 타당하기 위해서는 논쟁에 근거해야 한다고 가정한다. 가능한 한 태양과 달과 두 개의 칼이 은유적 의미를 가지고 있다면, 우리는 문맥 연구에서 그것을 추론하고 모세나 복음서 저자가 의도한 바를 물어야 한다. 성 토마스와 마찬가지로 단테는 시에서 영적인 의미를 사용하지만 논증에서는 아니다.

이 두 사람은 우리를 위해 그들의 천재성으로 예리하게 변화를 표현했다. 그러나 우리는 이것을 겸손한 사람들에게서 볼 수 있다. 영감을 받지 않고 양심적인 프란체스코 회원들, 토마스 도킹은 옥스퍼드에서 '미묘하고 고상하고 문자적인 의미'에 대한 강연에서 연설한다.[113] 이사야의 표준주석의 익명 주석자는 '주해들에는 없는' 문자적 의미를 제공한다.[114] 위대한 박사가 아닌

---

112 E. Moore and W. H. Reade, *Dante De Monarchia* (Oxford, 1916), iii. 8, 9; 369-70.

113 A. G. Little, op. cit. (278. n. 4), 112, n. 2.

114 MS. Oxford, Bodl. Auct. D. 2. 10, fo. 86v. *Gloss*에 있는 gloss는 13세기의 30년대나 50년대에 작고 깔끔한 손으로 쓰여졌다. 이 원고(MS)는 알려지지 않은 자료에 속한다. 저자는 유대인과 예언에 관하여 논쟁한다(fo. 19r; 57r). *Gloss*와 본문에서 단어에 상당하는 프랑스어를 제공한다(fo. 76r; 86r). 그리고 이사야서 63:1에 대한 "John in *Gerarcria*"를 인용한다(fo. 102r). 나는 그 인용을 추적하는 데 성공하지 못했다. 나는 N. R. Ker이 이 원고에 대하여 밝혀 준 것에 대해 감사한다.

좋은 수다쟁이였던 수사 살림베네Friar Salimbene는 교황, 왕자, 거지, 그리고 그가 접한 모든 사람들에게 사용하는 것과 같은 친숙한 음색의 거룩한 저자들을 언급한다. 복음서 저자들과 선지서 저자들의 문체적 특징을 묘사하는 그의 연대기에서 이 단편은 다른 세기에는 거의 쓰이지 않았을 것이다. 구약과 신약 저자들은 고대 또는 중세의 교부들, 심지어 이교도 역사가들과 혼합된다. 모두 자신이 좋아할만한 스타일을 가지고 있으며 그에게 강렬하게 살아남은 예술가들이다:

> 욥과 이사야와 전도서, 요한 크리스토무스와 축복받은 그레고리우스와 베르나르두스와 많은 사람들과 같은 일부 작가나 교사들은 쾌적하고 매끄럽고 우호적이었다는 것을 알고 있다. … 그러나 다른 사람들은 호세아와 디도 리비우스, 오르시우스 등과 같이 그들의 표현에서 매우 모호하며, 안티오크의 한 처녀에 관한 이야기에서 축복받은 암브로시우스Ambrose는 너무 모호하게 말하면서 거의 이해할 수 없다. 그리고 선지자들 중에 호세아처럼, 복음서 저자들 중에 마가처럼, 박사들 중에 암브로시우스처럼, 역사가들 중에 오로시우스Orosius는 무겁고 어렵고 모호하게 여겨진다. 호세아에 대해서는 그의 구절 중 하나가 다른 구절에서 거의 뒤따르지 않는 것이 분명하다. 마가복음에도 마태의 발자취를 따라 간 것이 분명하다. 마가는 말을 꾸미지 않고, 마태가 이미 말한 것을 반복하기 때문이다. 왜냐하면 마가는 소박한 스타일과 거친, 시골적인 어법을 지녔다. 그러나 그는 짧기 때문에 성자들saints과 비드Bede에 의해 높이 평가받았다. 오로시우스에 따르면 그는 바다 옆에 있는 작은 마을의 스페인 사람이라는 것을 알고 있어야 한다. 나는 그것[마을 이름]을 전에 알고 있었지만, 지금은 기억이 안 난다 …이 문제에 대해 충분히 말하자.[115]

115 *Cronica*, op. cit. 186-7. 나는 *dictatores*[받아쓰게 하는 사람]와 *dictamen*[문체]의 기술적인 의미를 만들려는 시도는 하지 않았다.

13세기의 어떤 주석가들은 때로 그들의 성찰[학문]의 세계를 벗어나 매일의 일상으로 '안경을 통해'through looking-glass 물러났다. 첫 번째 충동은 신앙적 경험에서 비롯된 것 같다. 우리는 필로의 전통이 마이모니데스와 아리스토텔레스가 그것을 대체하고 이것을 불신하기 전에, 호소력을 잃고, 완전히 환상으로 붕괴되는 것을 볼 수 있다. 학자들은 이미 일어나고 있는 일을 합리화하고 서두른다. 성경의 '문자'는 그들의 이유뿐만 아니라 그들의 애정도 사로잡았다.

4. 자연학, 윤리학 그리고 정치학 (THE LIBRI NATURALES, ETHICS AND POLITICS)

아리스토텔레스는 그의 학생들에게 문자에 대한 새로운 이론을 향한 도움을 줄 뿐만 아니라; 해석에 내용을 제공했다. 아리스토텔레스적 학문 전체 *corpus*의 수용은 그 절정을 향하는 고대 문명의 성취를 학자들에게 보여주었다. 이전에는 자연 과학이 오랫동안 쇠퇴했고, 경이로움, 전설 및 상징이 혼합되었던 로마제국 후기와 중세 초기에 백과사전이 편집되었다. 그들의 저자는 스스로 아리스토텔레스가 했었던 관찰이나 실험을 장려하지 않았다. 과학적 연구는 실험실보다는 도서관의 일이었다. 모든 새로운 책을 읽고 소화하려면 시간과 에너지가 필요했다. 그들의 진실에 대한 테스트는 나중에 이루어져야 할 것이며 응용과학 탐구에 대한 자극은 부족했다. 그럼에도 불구하고 13세기에 시작되었다. 전문 점성가, 연금술사 및 의사와 천문학, 화학 및 의학에 대한 그들의 기여를 제외하고도 우리는 예술가들 사이에서 실험가, 관찰자 및 식물학자에 대해 들었다. 로저 베이컨만이 아니었다.[116] 성경의 주석가

116 L. Thorndike, *History of Magic and Experinental Science*, ii (New York, 1923), 345, 378, 439, 546-8 and passim; A. C. Crombie, "Robert Grosseteste and the Origins of English Empiricism", *The Cambridge Joruna*l, iii (1950), 356-67. Crombie의 출간 예정인 책은 이 주

들postillators은 인문학 과정에서 아리스토텔레스를 연구했을 것이다. 그들은 필연적으로 『자연학』*Libri naturales*과 성경학 및 우주론을 비교할 것이다. 더욱이, 과학적 글을 읽고, 우주의 메커니즘과 그 구성 부분을 성찰하는 데 익숙한 사람은 새로운 눈으로 다른 글을 연구할 것이다. 그는 일이 일어났다는 것을 아는데 만족하지 않고 어떻게 일어났는지 묻는다. 그리고 그는 과학적 지식을 축적하는 데 도움이 되는 모든 것에 시선을 고정할 것이다.

『자연학』의 사용에 대한 가능한 두 가지 오해는 처음부터 해결될 수 있다. 파리에서 새로운 아리스토텔레스의 가르침에 대한 일련의 교황들의 금지는 잘 알려져 있으며, 그 영향에 대해 많은 논의가 이루어졌다. 일반적으로 금지는 인문학부에서만 다뤄졌으며, 어떤 경우에도 지속적인 결과가 없음에 동의한다. 신학자들은 그레고리우스 9세Gregory IX에 의해 '철학자들의 허구를 하나님의 말씀과 섞지 말라'고 명령받았지만 세속적인 저자들을 그들의 주석에 인용할 만큼 조심성이 없지는 않았다. 교황들 자신이 모범을 보였다. 아이러니하게도 그레고리우스 자신은 황제가 불신자들에 대항하여 성전을 이끌도록 촉구할 때 창세기의 책과 아비첸나Avicenna의 『영혼론』*De anima*을 혼합했다.[117] 우르바누스 4세Urban IV는 저녁 식탁에서 물질의 영원과 같은 문제를 논의했다.[118] 둘째, 프란체스코 수도회가 도미니쿠스 수사들보다 자연 과학에 더 많은 관심을 가졌다는 믿음이 여전히 널리 퍼져 있다. 사실이 아니다. 설교 수사회의 초창기에 동시대인들은 신학자보다 인문학부로부터 더 많은 사람들이 모집되었다는 것을 알게 되었다. 인문학을 전공한 학생은 수도회에 들

제에 대하여 더 풍성하게 다룰 것이다. 자연학(Libri naturales)의 수용과 대학 교과에 그것의 도입에 관하여는 M.-D. Chenu, op. cit. (265, n. 1), 28-38, 63-4, 173-5를 보라. 다양한 번역과 그 연대 그리고 전파는 G. Lacombe, *Aristoteles Latinus* (Rome, 1939)를 보라. 이 단락에 대한 자료는 다른 언급이 없으면 나의 "Sapiential Books I, II"이다.

117 B. Smalley, "Gregory IX and the Two Faces of the Soul", *Mediaeval and Renaissance Studies*, ii (1950), 179-82.

118 그의 요청에 당대 시인의 글에 따라; H. Grauert, "Magister Heinrich der Poet in Würzburg und die römische Kurie", *Abhandlung der königl. bayerischen Akademie der Wissenschafts (philo.-philog. und hist. Klasse)*, 1912, 90.

어갔을 때 과학적 관심을 갖게 되었다.[119] 프리드리히 2세Frederick II의 당파이며, 설교자들에 대한 적대적인 비난가는 설교하는 대신 사람들에게 자연 과학을 가르치며 그들이 설교단을 교사의 좌석으로 바꾼다고[120] 그들을 고소했다. 자연 과학에 대한 초기 도미니쿠스 회원들의 관심은 세기 후반에 성 알베르투스의 연구에 필요한 배경을 형성했다.

13세기 학자들 사이에서 자연 과학에 대한 태도가 대조적인 것은 오히려 파리와 옥스퍼드 사이에 있다. 영국은 아랍어 학습과 헨리 1세가 우드스탁에 있는 그의 공원에서 지니고 있는 짐승의 수장을 찾아 스페인으로 여행하는 등 다양한 분야에서의 상징적인 연구 전통을 가지고 있었다. 이 전통은 옥스퍼드 주석들postills에 반영된다. 그들은 『자연학』에서 더 많은 인용문을 포함하고 있으며 파리의 관습보다 더 텍스트에 열심히 적용한다. 항상 예외가 있다. 그러나 이것은 규칙인 것 같다.

그러므로 우리는 파리에서 시작하였지만 두 대학을 다르게 다루어야 할 것이다. 여기서 세기 내내 우리는 인용의 정도와 정확성에서 상승하는 곡선을 발견했다. 두 명의 세속적인 교사인 필립 챈슬러와 오베르뉴의 윌리엄은 내가 아는 바에 따르면, 『자연학』을 주석으로 인용한 첫 번째 인물들이다. 1218년 이전에 일했던 필립은 『영혼론』*De Animalibus*을 시편의 도덕에 사용한다. 그러나 그는 그것들을 매우 전통적인 방식으로 인용한다. 아리스토텔레스는 동물우화집의 이야기를 보충하고 있다. 그는 설교자에 의해 도덕화 될 수 있는 동물의 특성을 이야기하고 목록으로 만든다. 1223년 이전에 근무한 오베르뉴의 윌리엄은 그를 더욱 진취적으로 사용한다. 전도서에 대한 윌리엄의 주석postil (내가 철저하게 연구한 유일한 것)에는 아리스토텔레스에 대한 두

---

119 A. Dondaine, "Un commenaire scripturaire, etc." *Archivum Fratrum Praedicatorum*, xi (1941), 115-16; M. Grabmann, "Die 'Summa de astris' des Gerardo da Feltre O.P.", ibid., 51-82; R. Creytens, "Hugues de Castello astronome dominicain du XIVe siècle", ibid. 95-7.

120 J. L. A. Huillard-Bréholles, *Vie et comrrespondence de Pierre de la Vigne* (Paris, 1865), 414.

가지 추적 가능한 언급이 들어 있다. 윌리엄은 『영혼론』의 시작 단어를 그의 프롤로그에 넣고 물의 원형 운동에 대한 전도서의 설명을 확인하기 위해 『운석학』*Meteorics*에 호소한다: 모든 강물은 다 바다로 흐르되 바다를 채우지 못하며 강물은 어느 곳으로 흐르든지 그리고 연하여 흐르느니라"[전 1:7] 아리스토텔레스는 자신이 찾는 그것을 발견했음을 듣고 놀랄 것이다. 『운석학』에서 아리스토텔레스는 강이 바다나 대양으로 흘러 들어오고 나갈 수 없다고 주장한다. 그는 강이 타르타로스Tatarus라고 불리는 거대한 중앙 저수지에서 흐르고 '그들 모두가 원래 흐름의 원천으로 다시 순환하게 된다'는 플라톤의 반대 의견을 공격한다. 이제 윌리엄이 사용해야했던 『운석학』의 초기 번역은 아리스토텔레스의 견해를 생략하고 플라톤을 마치 아리스토텔레스의 것처럼 반박하지 않고 설명한다. 잘못 인도되고 기뻐하는 가련한 윌리엄은 아리스토텔레스가 전도서의 '의견을 확인한다'고 말한다. 그가 더 책임이 있는 또 다른 부정확성으로 그는 『운석학』을 『하늘과 세상에 관하여』*De coelo et mundo*라고 한다. 자연 과학에 대한 이러한 관심은 더 이상 단순한 고통의 순간이 아님을 팔레르모의 유게니우스Eugenius of Palermo 시칠리아 대공이 번역한 프톨레마이오스Ptolemy가 쓴 광학에 관한 책을 인용함으로써 그는 보여준다.

크레모나의 롤란드Roland of Cremona, 파리에서 최초의 도미니쿠스회 교사는 볼로냐의 인문 학부로부터 수도회에 합류했다. 최근에 발견된 욥에 대한 주석에서 이교 철학자들은 화려하게 전파되어 갔다. 위-아리스토텔레스의 『식물학』*De vegetabilibus*을 포함하여, 알부마자르Albumasar, 알가젤Algazel, '톨레도의 점성가', 아비첸나Avicenna, 갈렌Galen, 프톨레마이우스Ptolemy, 아라비아 수학Algorismus과 연금술Almagest이 그리고 거의 모든 『자연학』이 그의 페이지에 나타난다. 롤란드는 성경 연구에서 세속 과학의 사용을 변호한다. 인용뿐만 아니라 관찰은 세계의 영원성과 다른 오류에 대항하는 논쟁으로 제기된다. 지구의 지름을 측정하는 방법과 발굴에 의해 발견된 지질 지층에 대

한 이야기가 있다.[121]

세인트 체어의 휴의 주석들postills에서는 새로운 아리스토텔레스에서 많은 인용문을 찾을 것으로 기대할 수 없다. 그와 그의 협력자들은 오베르뉴의 윌리엄을 제외하고 『자연학』을 알지 못한 초기 주석가들로부터 편집하고 있었다. 나는 그것들을 독립적으로 사용한다는 증거를 찾지 못했다. 다른 한편으로 설교자가 되기 전에 의학뿐만 아니라 인문학을 공부한 성 구엔틴의 게릭Guerric of St. Quentin은 욥기 5장 10절의 비rain에 대한 정의에 대하여 『운석학』을 언급한다: "비를 땅에 내리시고", 그리고 4장 13절에 관하여 『꿈에 대하여』*De somniis*로부터 꿈의 물리적 기원을 설명한다: "사람이 깊이 잠들 즈음 내가 그 밤에 본 환상으로 말미암아." 이사야 1장 6절 본문: "상한 것과 터진 것과 새로 맞은 흔적뿐이거늘 그것을 짜며 싸매며 기름으로 부드럽게 함을 받지 못하였도다."는 그의 직업적 본능을 일깨우고, 다양한 종류의 부상과 치료법에 대해 자세히 설명한다.[122] 게릭의 친구인 프란체스코 수사인 미들턴의 윌리엄은 아리스토텔레스의 발생학embryology을 가져 와서 거인의 등장과 율법에 의해 규정된 출산 후의 정화를 지지하도록 한다.[123] 보나벤투라의 주석들postills에서 인용 범위를 연구하려는 사람은 모든 참고의 주가 달린 Quaracchi 판의 페이지를 넘길 수 있다. 강이 신선한 이유를 설명하기 위해, 전도서에서 강이 바다에서 흘러나온다고 말하지만 그는 아리스토텔레스가 묘사한 바닷물을 단물로 만들기 위한 실험을 말한다. 전도서 1장 5-6절 본문의 태양의 경로에 대하여는 그를 천체의 움직임에 대한 긴 토론으로 이끌었다. 보나벤투라는 『자연학』의 가장 광범위한 사용의 예를 설정했다. 그의 계승자들에 의해 이 관행은 계속되었지만, 도미니쿠스 회원인 보베의 빈센트Vincent of Beauvais에 의한 자연 과학의 위대한 백과사전이 출판된 후에 어떤

---

121 A. Dondain, op. cit. (p. 285, n.2), 109-37.

122 B. Smalley, "A commentary on Isaias, etc.' op. cit. (p. 183, n. 3), 385.

123 창 6:4과 레 12:1-7. MS. Paris, Bibl. Nat. Lat. 526, fo. 15, 138v. 이 원고(MS)에 관하여는 B. Smalley, "Sapiential Books I", iii. 57-9.

인용문도 원문에서 직접 온다고 가정하는 것은 위험해졌다. 『자연의 거울』*Speculum naturale*은 첫 판edition으로 회람되었으며, 현재 약 1244년에 사라졌다. 나중 판에서는 인쇄된 판으로 표시되며 약1250년경이다.[124] 주석가들은*postillators*은 이것이 유용하다고 생각했다.

알베르투스 마구누스Albertus Magnus는 다른 전임자 중의 어느 누구보다도 크레모나의 롤란드와 유사하다. 그는 롤란드와 마찬가지로 개인과 장소에 대한 개인적인 경험뿐만 아니라 그의 주석을 설명하기 위해 과학적 도구를 제공한다. 그는 『자연학』을 광범위하게 사용하여 의학 저자들과 철학자들 그리스어, 라틴어, 아랍어 및 유대인을 통해 주석을 보완한다. 돌, 식물 또는 생물체, 수면 또는 임신과 같은 자연적 기능 또는 모든 종류의 질병에 대한 언급에서 그는 어떤 과학적인 근거에 기초하여 그 탐구에 자신을 몰두한다.[125] 마지막으로, 우리의 설교자 중 가장 후대의 인물 중 하나인 니콜라스 고란Nicholas Gorran은 두 가지 새로운 작품을 목록에 추가한다. 그는 위-아리스토텔레스의 『난제들』*Problemata*(xxx. 14)을 인용하여 잠언 6장 22절을 설명한다: "… 제가 잘 때에 (네 아비의 명령을 지키는 것이) 너를 <u>보호</u>하며":

> 문제에 관한 책에서 철학자는 우리가 분주한 일이나 소망하거나 원하는 것을 꿈으로 꾸고 있다고 말한다.

잠언 15장 1절: "유순한 대답은 분노를 쉬게 하고"는 『수사학』*Rhetoric*(ii. 3)에서의 "개는 앉아 있는 동안에는 사람을 물지 않는다"는 아리스토텔레스의 발언에 동의한다.[126]

---

124 A. Dondain, "Jean de Mailly et la Légende Dorée", Archives d'histoire dominicaine, i (1946), 73.

125 I. M. Vosté, op. cit. (p. 298, n. 1), i. 39-40. 43-7, 56-61; ii. 14-15, 24, 27. 31, 33, 35.

126 "Sapiential Books II", 알베르트에 인용된 작품에 대한 Vosté의 목록에는 조금도 나타나지 않는다.

육일 간의 창조Hexaemeron에 대한 13세기 주석들postills에 대한 연구는 새로운 과학의 역사에 큰 관심을 가져야 한다. 그러한 연구는 미들턴의 윌리엄에게 기약되었지만 글을 쓰는 시점에는 나타나지 않았다.

아리스토텔레스를 읽음으로 인문학부의 학생들과 심지어 신학자들에게도 자연주의적 견해가 생겨났다. 새로운 사례는 끊임없이 우리 앞에 놓여진다.[127] 주석postill이 추가적인 예를 제공하는가? 그렇다면 우리는 새로운 생각이 신학의 가장 내부에 있는 성경 연구에 침투하고 있다는 증거를 갖게 될 것이다. 나는 단지 내가 본 주석들에서 잠정적으로 대답한다. 그 주석들 중의 어느 것도 융통성 있는 용어의 의미에서 아베로에스주의Averroism에 닿을 정도로 늦지는 않았다. 주석가들postillators은 이단을 접할 때, 항상 천사의 편에 있다. 그러나 그들은 자신들의 주장에 의해 우리에게 무언가를 말해준다. 영혼의 불멸, 무로부터의ex nihilo 창조, 인간의 운명에 대한 별들의 영향에 대한 회의론은 오베르뉴 윌리엄에서부터 이어져 13세기 주석가들에게 폭발적인 문제가 되었다. 윌리엄 자신, 크레모나의 롤란드, 보나벤투라는 모두 회의주의가 존재하고 반박되어야 한다고 생각한다. 그들은 긴 논쟁으로 이단에 대하여 반대하던 것에서 이단자들이 사용했던 경전으로 관심을 돌렸다. 그들은 코메스터, 챈터 또는 스테판 랭튼보다 공격에 대항하여 기독교의 근본 교리를 지키는 데 훨씬 더 절박한 느낌을 보여준다. 이 마지막 세 교사들은 논란이 덜한 분위기에서 살고 있으며 후임자와 비교할 때 거의 만족스러워한다.

어쨌든 『자연학』은 13세기 학생들을 당황하게 한 주요 문제의 가장자리에 있다. 아리스토텔레스가 제기한 의구심은 내용에 있어 형이상학적으로나 심리적으로 논쟁을 불러 일으켰다. 성경에 기록된 특정 기적에 과학적 자연주의를 적용하는 것은 전장의 전체적인 견해를 고려할 때, 토론에서 아주 작

---

127 G. Paré, *Le Roman de la rose et la scolastique courtoise* (Paris/Ottwa, 1941); R.-A. Gautier, "Trois commenaires 'avveroistes' sur l'Ethique a Nicomaque", *Archives d'histoire doctrinaire et littéraire du moyen âge*, xvi (1948), 187-336; O. Lottin, "A porpos de la date de certainscommentaires sur l'Ethique", *Rech. Théol. anc. méd.* xvii (1950), 127-33.

은 부분을 차지할 수 있다. 그럼에도 불구하고 우리는 때때로 성경의 기적적인 요소에 의문을 제기한다는 징후를 발견한다. 다키아의 보에티우스Boethius of Dacia는 꿈과 환상이 물리적 기원을 가지고 있다고 주장했다.[128] 브라방의 지거Siger of Brabant는 대홍수를 설명하기 위한 조수tidal 이론을 제안했다.[129] 보에티우스와 지거는 신학자가 아니었다. 파리 주석postill에서 찾은 이런 종류의 논쟁에 대한 가장 가까운 접근은 다니엘서에 대한 라로셸의 요한John of La Rochelle의 주석postill에 있다. 요한은 1230년경 프란체스코 수도회에 들어와, 1238년 파리에서 신학 교수로 알렉산더 헤일즈Alexander of Hales의 성공을 이어 갔다. 그는 1246년에 죽었다. 게릭과 미들턴의 윌리엄의 당대인으로서, 그는 새로운 과학의 완전한 의미가 실현되기 전에 가르치고 있었다. 프란체스코 수도회에 합류하기 전에[130] 오랜 시간 동안 인문 학부에서 강의한 그는 『자연학』을 연구할 수 있는 기회를 가졌다. 다니엘에 대한 그의 주석에서 우리는 그가 성경에 대한 그들의 견해를 반영하는 것을 본다. 본문을 설명하기 위해 단순히 그것들을 사용하는 다른 파리 주석가들과 달리, 그는 설명을 위해 그것들을 사용하려고 노력한다.

토론은 바빌론 왕의 궁전에 있는 히브리 어린이들이 기적적으로 금식하는 이야기를 중심으로 한다. 콩과 물로 10일이 지난 후 "그들의 얼굴이 더욱 아름답고 살이 더욱 윤택하여 왕의 음식을 먹는 다른 소년들보다 더 좋아 보인지라"[단 1:15]. 요한은 어떤 사람들은 이 기적의 자연스러운 이유를 찾고 싶어 한다고 말한다. 그렇게 하기 위해, 그들은 두 가지 종류의 신체적 양식을 구별한다. 물질적인 음식을 취함으로 얻는 에너지의 보충; 모세와 엘리야처럼 심리적 안녕에 대한 자극으로 얻을 수 있는 에너지 보존. 잠언에서 말

---

128 그의 *De somniis*, ed. M. Grabmann, "Die Opuscula des Botius von Dacien", *Archives d'histoire doctrinale et littéraire du moyen âge*, vi (1931), 287-317.

129 그의 *Quaestiones on the Meterrics*, ed. F. Van Steenberghen, *Siger de Brabant*, i (1931), 252; ii (1942), 669.

130 D. H. Salman, "Jean de la Rochelle et l'Averroisme latin", *Archives d'histoire doctrinale et littéraire du moyen âge*, xvi (1948), 133-44.

하는 것처럼 영혼의 고난, 기쁨과 슬픔은 자연스럽게 체력을 유지하거나 덜 유지하기 위해 작용한다: "마음의 즐거움은 양약이라도, 심령의 근심은 뼈를 마르게 하느니라"[잠 17:22]. 이러한 견해를 가진 사람들은 심리적 원인, 마음의 기쁨이 히브리 어린이들이 금식을 지속할 수 있게 했으며 성 매리 막달라 St. Mary Magdalen와 오랫동안 금식한 다른 성인들에게도 마찬가지로 견딜 수 있게 했다고 말했다.[131]

그러나 그것은 육체에 있는 한 자연의 열기는 불이 작용하고 접촉하는 것을 불사르는 것을 막을 수 없는 것처럼, 항상 열을 유지한다는 철학적 근거에 반대한다. 따라서 에너지 손실은 항상 신체에서 발생하며 지속적인 보충이 필요하다. 그래서 요점을 구체화한 일부 사람들은 잃어버린 에너지의 보충을 위한 두 가지 자연적인 원인을 제시하는 데 사용되었다. 각 사람은 기분과 영혼의 증가로 그 자체로 만족한다. 기분의 증가는 물리적 음식에 의해서만 영향을 받을 수 있지만 정신의 증가는 마음의 선택에 의해 영향을 받을 수 있다. 따라서 그들은 (요한은 과거 시제를 사용하기 시작했다), 영혼의 증가에 의해 보충과 보존이 영향을 받았다고 말했었다. 그러나 두 견해에 대항하여 우리는 그리스도께서 금식하실 때 배고프셨다는 것을 읽는다. 굶주림은 잃어버린 에너지를 대체하기 위한 영양을 원하는 것 외에는 아무것도 아니다. 그러나 영적 기쁨이 그리스도의 영혼에서 가장 높은 수준으로 존재했기 때문에 그들의 의견에 따르면 그의 몸에 에너지 손실이 없어서 굶주림이 없어야했다. 이에 대해 그들은 더 나은 의견에 대한 편견 없이 대답할 수는 있었지만 그리스도의 굶주림은 실제적이었으나 그것이 필요성보다는 거룩한 경륜으로 왔다는 것이다. 그의 추정된 인간 약점의 경륜으로 인해 그것이 필요하지도 않고 기뻐하지도 않았고 그의 인간성으로 인해 하나님과의 연합의 은혜로 높아졌

131 St. Mary Magdalen는 광야에서 삼십년을 살았다. 그녀의 전설에 따르면 천사에 의해 공급받았다; James of Vitry, *Legenda aurea*, ed. T. Graesse (Dresden and Leipzig, 1846), c. xcvi, 413.

기 때문에 그리스도의 영혼에는 가장 큰 기쁨이 있었다.[132]

건강에 대한 고난[133]의 신체적 영향에 대한 아비첸나Avicenna의 설명은 성경과 전설에 묘사된 기적적인 금식에 예기치 않은 방식으로 적용되었다. 결과는 그것이 도달하는 방법보다 더 이상하다. 요한의 '어떤 사람'quidam은 신약의 기적적인 요소를 강화함으로써 구약의 기적을 버릴 수 있었다. 심리적 이유가 금식하는 동안 히브리 어린이의 건강을 설명한다면, 광야에서 그리스도의 굶주림은 부자연스러운 것으로 간주되어야 한다. 그렇지 않으면 패턴

132 MS. Paris, Bibl. Nat. Lat. 15, 582, fo. 4b. 나는 그 단락을 정확하게 번역하기 보다는 그 논쟁을 재현하려고 시도하였다.

"*Apparuerunt crapulentiores*. Huius miraculi volunt quidam reddre rationem naturalem, distinguentes duplicem sustentationem: quedam perditorum restauratio et hec fit corporalibus cibis, quedam sumptorum conservatio et hec potest fieri intensione dilectionis mentis et hec fuit in Moyse, Exod. xxxiv, et in Helia, iii Reg. xix. Tantum enim in eis incendebatur spiritualis dilectio ut nulla in eis fieret corporis deperditio. Passiones enim anime secundum delectationem vel tristitiam naturaliter faciunt ad conservationem corporis vel deperditionem, Prov. xvii: Spiritus tristis exsiccat ossa. Animus iocundus floridam etatem facit, sicut dicunt accidisse in istis pueris et in Magdalena et aliis sanctis.

Sed contra eos obicitur philosophice quod calor ipse naturalis dum est in corpore semper agit et sicut ignis presens non posset non talem facere et applicatus materie non consumere, sic nec calor naturalis. Semper ergo erit in corpore consumptio et ideo necessaria erit continua reparatio. Ideo quidam subtiliantes ponebant duplicem naturalem causam in reparationem deperditorum: multiplicationem humorum et spirituum, quarum utraque sufficit per se. Multiplicatio vero humorum non potest fieri nisi ex cibis corporalibus, sed multiplicatio spirituum potest fieri ex ipsa intensionis iocunditate mentis. Ex multiplicatione ergo spirituum dicebant reparationem fieri et conservationem.

Sed contra ambos est de ipso Christo, qui legitur esurisse. Esuries enim nichil aliud est nisi appetitus nutrimenti in reparationem deperditi, sed cum in ipsa anima Christi fuerit summa dilectionis spiritualis intensio, nulla posset esse in corpore Christi deperdito et ita nec esuries. Ad quod ipsi possent dicere, sed sine preiudico, quod esuries Christi vera erat, sed dispensanda, non necessaria. Ex dispensatione enim assumpte infirmitatis humane, cum sibi placebat esuriebat, non de necessitate nature humane sublimate in gratiam divine unionis secundum quam erat in anima Christi summa delectatio."

133 *De anima*로 알려진 아비켄나의 *VI Natualium*의 두 번째 어미의 장을 보라. 니콜라스 고란은 라로셀의 존에 의해 인용된 것처럼 동일한 주제에 대한 잠언의 본문을 설명하기 위해 분명 이 구절을 사용한다: "마음의 즐거움은 얼굴을 빛나게 한다."(Cor gaudens exhilarat faciem, 15:13). "Sapiential Books II'.

에 맞지 않는다. 자연주의의 이상한 결과이다! 그러나 우리에게 깊은 인상을 주는 것은 물리적 과정에 대한 관심과 합리적인 설명을 찾는 것이다. 두 번째 단락에 의해 과거 시제에 시작하는 요한의 '어떤 사람'은 그의 인문 학부의 동료들과 동일합니까? 나는 여기저기서 그의 주석postills에 빠져 들었다. 더 완전한 연구는 동일한 유형의 추론에 대한 더 많은 예를 공개할 수 있다.

요한의 주장은 학교에 잘 알려졌을 것이다. 성 알베르투스는 같은 구절에 대해 언급할 때 간단히 언급한다. 그는 '히브리 아이들의 금식에 대한 제안'을 설명한다: 요한이 했던 것처럼 광야에서 모세의 금식을[134] 예로 들면서 "성자들은 영적인 기쁨으로 심지어 육체적으로도 새롭게 되었다." 히브리 어린이의 10일 다이어트diet 요법에 관해 이야기할 때, 그는 더 이상 문제를 논의하지 않고, 거룩한 작가에 대해 특별한 용어를 사용한다.: "시험하여 보라!"

파리에서 옥스퍼드로 넘어 가면서, 옥스퍼드인들은 길고 설득력 있는 유형의 주석을 선호하기 때문에, 자유롭게 활동할 공간이 더 많다는 것을 먼저 알게 되었다. 그들은 또한 『자연학』을 연구할 충분한 기회를 가졌다.[135] 가장 유명한 두 교사인 로버트 그로세테스테와 로저 베이컨 중 어느 쪽도 주석의 중요한 유산을 남기지 않았다는 것은 실망스럽다. 후자는 인문학의 교사였기 때문에 성경에 대해 강의할 기회가 없었다. 그는 우연히 그것을 취급했다.[136] 그 작품이 단편적이고 편집된 상태에서 판단될 수 있는 한 전자는 자연과학에 대한 관심을 나타내지만 다소 낮은 단계의 교육을 대변한다. 예를 들어, 그 단어는 잠에서 깨어난다[롬 13:11]는 수면과 꿈에 대한 긴 담론을 요구한다.[137] 그러나 그로세테스테와 베이컨은 성경 연구에서 『자연학』의 사용

---

134 *Opera*, ed. A. Borgnet (1890-99), xviii. 463: "참으로 성자들은 기쁨의 힘으로 육체가 재생된다."(Sancti enim delectatione virtutis etiam corporaliter reficiuntur.)

135 D. A. Callus, "Introduction of Aristotelian learning to Oxford", *Proceedings of the British Academy*, xxix (1944), 3-55.

136 T. Crowley, *Roger Bacon: the Problem of the Soul in his Philosophicl Commenaries* (Doublin, 1950), 17-80.

137 D. A. Callus, "The Oxford Career of Robert Crosseteste", op. cit. (p. 266, n. 2), 71.

에 자극을 주었을 것이다. 그들은 성경을 이해하기위한 자연 과학의 중요성에 대한 강한 신념을 가지고 있으며 과학 자체의 연구에 기여했다. 우리는 아주 초기부터 새로운 아리스토텔레스에 대한 지식을 발견하기 때문에 그들 중 하나를 전체 운동에 책임을 지울 수는 없다. 첫 번째 도미니쿠스회 교사인 로버트 베이컨Robert Bacon은 그의 기본 자료인 파리의 교사인 아브빌의 존John of Abbeville의 강의에서 찾을 수 없는 것을 많이 언급한다. 아마도 베이컨이 추가했을 것이다.

베이컨은 필립 챈슬러가 했던 것처럼 『영혼론』*De animalibus*의 자료들을 도덕화했고, 『옛 윤리학』*Ethica vetus*의 초기 주석의 하나로 그것을 인용했고, 『영혼론』*De anima*(ii. 5)에 대하여 노골적으로 언급하였다. 마지막은 새로운 심리학에 대하여 경건한 영혼의 자발적인 반응을 보여주는 것으로 특히 흥미롭다. 지식의 감각적인 기초에 대한 아리스토텔레스의 가르침은 아우구스티누스주의와 충돌했다. 전통적인 견해에 따르면 인간의 지성은 하나님에 의해 조명되었기 때문에 작동할 수밖에 없었다. 어떤 인식과 인간의 가르침은 이해를 돕는 보조일 뿐이다. "이것은 학식 있는 사람이 아니라 성령Spirit이 그에게 지식을 주었다"는 것을 그의 영웅의 학창 시절인 12세기 초의 시인의 글에서 말한다.[138]

시편의 한 구절은 받아들여진 이론을 간결하게 표현하는 것 같았다: "하나님이여 나를 어려서부터 교훈하셨으므로"[시 71:17]. 로저 베이컨은 그 의미를 설명한다. 하나님만이 진정으로 이해의 조명으로 내적으로 가르친다고 말할 수 있다: 인간 교사들은 단지 외부 수단으로 가르친다. 그렇다면 그는 우리가 철학자의 진술에 대해 이해가 영혼에 의해 행사되고, 반면 감각의 인식은 무에서 인식된다고 말할 것이다; 이해의 연습이 자발적이라면, 감각적

---

138 *S. Anselmi Lucenisis Episcopi vita, a Rangerio successore,* … *Scripta*, ed V. de la Fuente (Madrid, 1870), 12.

Haec illi non doctus homo, sed spiritus ille
scire dabat, …

인 인식이 비자발적인 과정이 되는 것인가? 베이컨의 대답은 시편 저자가 교만한 사람의 입에 넣은 자랑을 요청하는 것이다: "그들이 말하기를 우리의 혀가 이기리라 우리 입술은 우리 것이니 우리를 주관할 자 누구리요 함이로다"[시 12:4]. 이 구절은 전통적으로 이교도 철학자들에게 언급되었다. 그는 이제 아리스토텔레스를 버리고 인간 교사의 종속적 역할에 대해 아우구스티누스를 인용한다.[139]

오늘날 많은 사례들을 통해 라틴어 학자들은 아리스토텔레스의 인식론과 전통적인 아우구스티누스의 인식론이 양립할 수 없음을 파악하기 위해 오랜 시간이 걸렸으며 그들의 첫 번째 생각은 모순된 요소를 조화시키고 종합하는 것이라고 생각했다.[140] 여기서 옥스퍼드의 교사들은 두 가지가 함께 진행되지 않을 것으로 보았다. 『영혼론』*De anima*의 가르침에 타협하지 않은 그의 거부는 나중에 옥스퍼드가 토미즘에 반대하는 것을 예언한다. 반면에 『영혼론』*De animalibus*과 『윤리학』*Ethics*에 대한 그의 환영은 그가 그와 같은 새로운 학습을 승인하지 않았다는 것을 보여준다.

옥스퍼드 교수직에서 여러 번 배제되는 과정에서 로버트 베이컨Robert Bacon의 후임자인 힌튼의 사이먼Simon of Hinton은 두 측면에서 그의 모범을 따랐다. 베이컨이 인용한 구절에서 아우구스티누스가 인용한 본문 중 하나는 마태복음 23장 8절이다: "너희는 랍비라 칭함을 받지 말라, 너희 선생은 하나요, 너희는 다 형제니라." 사이먼은 마태복음에 관한 그의 주석postill에서 이 본문에 이를 때 그는 "한 사람이 다른 사람을 가르칠 수 있느냐?"라는 질문을 제기한다. 그는 베이컨이 한 것보다 더 자세하게 들어가서 아비첸나(및 심지어 아베로에스)의 해석으로부터 파생된 교리를 망설이지 않고 받아들이는 것 같다: 능동지성*intellectus agens*은 곧 하나님이다. 이 교리는 인간의 지

---

139 *Libri retratationeum duo*, i. 12. B. Smalley, "Robert Bacon, etc.", op. cit. (p. 265, n. 2), 14-17.

140 F. Van Steenberghen, op. cit. (p. 314, n. 2), ii. 357-497; D. H. Salman, op. cit. (p. 314, b. 3): T. Crowley. op. cit. (p. 317, n. 2), 200-7. Crowley, 163-7.

성에 대한 신적 행위를 보호했고 옥스퍼드 사람들에게 호소했다. 로저 베이컨은 자신의 옥스퍼드 시대에 그것을 따뜻하게 변호했다. 그러므로 사이먼도 이것을 거의 당연한 것으로 생각하는 것을 발견하는 것은 흥미롭다.[141] 『자연학』에 관해서, 사이먼은 베이컨elder Bacon의 인용문을 100배로 증가시킨다.

7년 전, 사이먼의 알려진 유일한 성경 작업은 그의 열두 선지서에 대한 그의 『도덕론』*Moralia*이었다. 이것은 물에서 튀어 나온 부분과 그 아래에 거대한 덩어리를 지닌 침몰한 선박의 선체와 유사함을 나타낸다. 그것의 일부는 인양을 받았다. 우리는 이제 열두 선지서에 대한 주석postill과 거의 완성된 마태복음에 대한 그의 주석, 욥에 대한 그의 주석과 표준주석에 대한 그의 일부 요약을 지니고 있다.[142] 그는 자신의 학생들에게 사복음서와 로마서에 대한 자신의 주석들postills에 대해 언급한다. 이것들은 여전히 발견되어야 한다.

사이먼은 문자적 의미와 영적 의미에 대해 같은 길이로 언급했다. 개별적으로 취해진 부분은 크기에서 파리의 주석의 평균을 능가한다. 그럼에도 불구하고 그는 예를 들어 바르지의 존John of Varzy과 비교하면, 일방적으로 계획을 진행해 나갔다. 텍스트 비평과 유대인의 전통은 그에게 관심이 없었다. 그는 형이상학자가 아니다. 이러한 결함을 보완하기 위해, 그는 새로운 과학의 영향을 인상적이고 종종 무장 해제하는 방법으로 설명한다. 그는 시간과 공간에서 멀리 떨어져 있지만 정신적으로는 그와 같은 주석가들 그룹에 속한다. 생 빅터의 앤드류, 스테판 랭튼, 크레모나의 롤란드는 자신들의 본문을 사회적 삶과 관련시켰다. 그 본문은 "나는 이스라엘의 활을 꺾으리라"[호 1:5], 그에게 웨일스인들의 긴 활을 제안한다. 그는 영국 정부가 기사단의 의무를 더 대중화하고 평민 기사의 서임에 대해 호소하는 장치로 사용하기 시작한

141 B. Smalley, "Two Biblical Commentaries of Simon of Hinton", op. cit. (p. 277, n. 3), 76-7. 다른 언급이 없다면, 사이먼에 관한 자료는 이곳에서 가져왔다. 그의 인식론에 대하여는 "The Quaestiones of Simon of Hinton", *Studies in Medieval History*, op. cit. (p. 266, n. 2), 221-2.

142 B. Smalley, "Some More Exegetical Works, etc." op. cit. (p. 270, n. 3). 욥기에 대한 그의 postill에 대한 저작권의 증거에 관하여는, "Sapiential Books I", ii. 338.

대량 기사 훈련을 여러 번 언급한다.[143] 그는 옥스퍼드에서 '북부'와 '남부 국가'의 액센트 차이가 언급되어 있는데 이는 대제사장의 집에서 사도 베드로에 대한 말을 설명하기 위해서다: "네 말소리가 너를 표명한다"[마 26:73].[144] 그는 대학과 귀족의 관습을 고수한다. 영국, 영국인, 영국 수도인 런던에 대한 그의 암시는 그의 주석을 언급한 15세기의 손에 소위 영감을 주었을 정도로 빈번하다: '*videtur esse anglicus*'[그는 영국 사람처럼 보인다].

어떤 주석가도 그보다 본문에 언급된 대상을 그리기 위해 더 큰 노력을 기울이지 않았다. 명사(동물, 채소 또는 광물)의 등장은 그에게 그것에 관한 모든 것을 배우겠다는 단호한 결의를 불러 일으킨다. 그는 백과사전과 사전으로 둘러싸인 일을 해야 한다. 오래전부터 즐겨 사용하던 것들 성 이시도루스의 의 『어원』*Etymologies*, 라바누스의 『자연물』*De natura rerum* 및 후구치오Huguccio의 Magnae derivationes에 의해 보충된 파피아스Papias의 용어집, 알렉산더 네크밤Alexander Nequam의 『프로메테우스 모음집』*Corrogationes Promethaei* 및 보베의 빈센트의Vincet of Beauvais의 『자연의 거울』*Speculum naturale*로 보완된다. 백과사전에 대한 그의 사랑을 공유하는 사람들은 그의 부적절함을 용서할 것이다. 예를 들어, '눈'이라는 단어를 찾아보면 눈병과 그 치료법에 대한 매혹적인 섹션과 그것을 삽입하려는 유혹을 참을 수 없을 것이다. 사이먼의 학생들은 그의 강의에서 많은 기타 정보를 가져갔다. 그는 어떤 사물들이 같은 모습인지 알고 싶었다. 그는 신학과 결의법casusitry의 문제에 대해 논의해야 할 십계명에 대한 그의 『토론집』*Quaestiones*에서조차도 성경적 질문, 율법의 돌판에 계명을 배치하는 데 상당한 시간을 소비한다. 어려움은 그들이 다섯과 다섯으로 나뉠 경우, 그 배열은 비대칭적이고 그의 모든 작품에서 섭리에 의해 관찰된 조화와 비율에 반했을 것이다. 아마도 더 긴 계명은 주석 없

143 N. Denholm-Young, *Collected Papers on Medieval Subjects* (Oxford, 1946), 65-6.

144 그 본문에 대한 이러한 전형적인 사례는 학교 전통의 일부임에 틀림없다. 성 토마스는 다양한 프랑스 방언을 지적한다; P. Glorieux, "Lex commentaires scripturaires de Saint Thomas", *Rech. Théol. anc. méd.* xvii (1950), 248.

이 돌판에 쓰여서 그것들을 같게 만들었다. 여기서도 요세푸스를 포함한 모든 가능한 권위들이 참고 되었다.[145]

아리스토텔레스의 인용문은 주로 『자연학』에서 왔다. 우리는 『운석학』*Meteorics*, 『영혼론』*De animalibus*, 『꿈과 깨어있음』*De somno et vigilia*, 『영혼에 관하여』*De anima*, 아마도 『호흡』*De respiratons*, 『물리학』*Physics*에 대한 명시적 또는 암시적 언급을 발견한다. 이삭 이스라엘Isaac Israeli, 디오스코리데스Dioscorides, 플라테아리우스Platearius, 그리고 아비첸나Avicenna의 의학 저술들도 서비스로 출판되었다. 구름의 본질에 대한 '그 철학자'에 따른 언급은, 욥기 20장 6절 본문에 관련하여 지금까지의 전문가를 패배시켰다:

철학자가 말하듯이 그것은 스폰지처럼 움푹 들어가 바람을 받아들인다.

아리스토텔레스의 작품에는 그러한 진술이 없었다. 결국 칼루스박사는 비드는 '철학자'[146]의 것으로 이해된 『자연에 관하여』*De natura rerum*의 주석에서 이것을 땅에 미치는 것으로 나아갔다. 그 주석은 『라틴교부전집』*Patrologia Latina*에 비드의 본문으로 인쇄되어 있지만 날짜는 알려지지 않았으며 저자 또는 철학자의 정체성에 대한 실마리는 없다. 사이먼이 직접 빌려왔는지 여부도 알 수 없다.

사이먼은 때때로 자신의 책에서 찾은 정보에 대해 건전한 회의론을 보이며 경험에 의해 시험하도록 옮길 수도 있다. '이것이 사실이라면,' 『자연의 거울』에 인용된 한 보석상에서 값비싼 보석의 놀라운 속성을 보고한다. 염소는 '아리스토텔레스가 말하고 경험의 교사가 말하는 것처럼' 불쾌한 냄새가 난

145 B. Smalley, "The Quaestiones of Simon of Hinton", op. cit. (p. 319, n. 1), 216.

146 PL xc. 263: "Philosophi quoque similiter opinantur aere denso terram sustentari, et esse in modum spongiae, atque in medio aeris mole sua immobilem pendere.'
여기서 '땅'은 공중에 떠다니는 스펀지로 비교된다; 사이먼은 (그의 자료보다는 더 호감을 가지고) 구름에 대한 비교로 받아들인 것 같다.

다. 알곡과 가라지의 비유[마 13:25]에서 잡초*zizania*라는 단어는 식물을 조사하도록 이끌었다. 사이먼은 그 의미에 대해 네 가지 권위를 수집한다. 아우구스티누스와 제롬은 모두 잡초가 어린 밀과 거의 구별되지 않았음을 지적한다. 제롬은 그것을 옥수수*lolium*, 아우구스티누스는 귀리*avena*, 옥수수*lolium* 또는 이와 유사한 것으로 부른다. 백과사전의 라바누스(Isidore 를 인용하여)는 게오르기스Georgics에 대한 언급을 추가한다(I, 154):

> 귀리, 옥수수 그리고 잡초, 이것을 시인들은 불행하게도 항상 옥수수로 말한다. Avena, lolium, zizania, quam poetae semper infelix lolium dicunt.

이삭 이스라엘은 잡초의 의약적 속성을 보여준다. 사이먼은 이 네 작가를 비교한 후 옥수수나 영어에서의 '선옹초'(잡초의 일종) 같은 교부들의 해석을 거부하는 데로 나아간다. 그는 이 선옹초는 익은 밀과 쉽게 구분된다고 말한다(실상 선홍초는 자주색 꽃을 지닌다). 그러므로 비유의 가라지는 틀림없이 독보리 또는 야생 귀리임에 틀림없다; 그는 영어 이름을 제공한다. 그들은 밀에 대한 착각할 수도 있는 잡초이다. 누군가 이것을 착각하기 쉬운 것처럼 선옹초일 수 없다.[147]

그는 성경 기적의 역사를 이해하기 위해 라 로셀의 요한John of la Rochelle과 동일한 걱정을 보인다. 그러나 요한과는 달리 그는 '누군가의' 뒤에 자신을 숨기지는 않는다. 이전 주석가들은 요나와 물고기이야기에 대한 아우구스티누스의 변호에 만족했다: 아우구스티누스는 그 뱃속에서 인간을 담을 만큼 충분히 큰 물고기의 뼈대를 보았다. 사이먼은 어떻게 그 선지자가 '물고기의 소화 능력'을 견딜 수 있는지 어떻게 그가 숨을 쉴 수 있는지 알고 싶어 했다. 심지어 그곳에 공기를 담을 충분한 공간이 있었는지 그 공기는 충분히 차가운지? 사이먼은 호흡의 기능은 마음을 시원하게 하는 것이라는 당

---

147 "Two Biblical Commentaries", 73-4.

시의 이론을 생각한다. 그는 결정하기를 요나가 '통행 불능'과 또는 물고기의 '소화 능력'이 일시적으로 제한되었음을 받아들였으며, 반면의 그의 마음은 잠정적으로 차게 할 필요성을 잃었거나 그 공기는 특별히 그를 위해 제한된 것임이 틀림없다.[148]

최후의 만찬 및 성찬 제정의 질문에 대한 자신의 긴 문자열에서 사이먼은 화체가 되기 전에 미사의 잔에 부어진 물이 와인이 되는가 하는 문제에 특별히 흥미를 보였다. 그는 '경험주의자들'experimentatores이 '포도주와 물을 인위적으로 분리할 수 있기 때문이 아니라, 와인 시음자들이 약한 와인과 및 희석한 강한 와인 사이를 잘 구별할 수 있기 때문이라고 생각했다. 그것은 하나의 사물에서 다른 사물로의 물리적 변화의 성격으로 아리스토텔레스의 가르침에 반하는 것이다.[149] 그는 십자가에서 그리스도의 죽음의 방식에 대해 길게 설명한다. 성 토마스는 "그리스도가 스스로 죽었는지 혹은 다른 사람에 의해 죽음을 당했는지에 관한 질문*quaestio*이 있다."(*Summa theologica*, III, q. 47, a. 1). 거부하는 의견에 대한 논증 중 하나는 마태복음 27장 50절이다: "예수께서 다시 크게 소리 지르고, 영혼이 떠나시니라." 죽음의 순간에 약해진 인간은 큰 외침을 할 수 있는 힘이 부족하다. 그러므로 그리스도는 자신의 의지로 사망했다. 사이먼은 같은 질문을 물었고 그는 성 토마스와 같은 결론에 도달한다; 그리스도는 실제로 그의 사형 집행인에 의해 죽임을 당했다. 그러나 성 토마스의 논증이 주로 논리적이고 신학적인 반면 사이먼은 이 하나의 반대를 논박하는데 집중한다. 그것은 고통 받는 구주에 대한 그의 연민에 의해 완화된 주체의 정신적 치료이다.[150]

사이먼의 주석들postills은 그의 다른 신학적 소책자만큼은 아니지만 대륙에서 읽혔다. 우리의 다섯 원고 중 두 개만이 잉글랜드에 있다. 영어의 손으

---

148 "Two Biblical Commentaries", 78-9.

149 ibid. 85. 이 질문은 만일 성찬의 잔에서 물을 와인에 섞지 않았을 경우의 성례의 유효성에 관하여 제기되었다.

150 ibid. 79-80.

로 된 하나는 현재 파리에 있고; 하나는 로마에 그리고 다른 하나는 베일Bâle의 도미니쿠스 수도회 도서관에 있다. 표준주석에 대한 그의 요약은 카탈로그와 볼로냐의 도미니쿠스 수도회의 라이브러리의 잔재로 알려져 있다. 사이먼의 작품은 그의 수도회의 학교를 통해 출판되었을 가능성이 보인다. 우리의 다음 옥스퍼드 주석가*postillator*, 토마스 도킹Thomas Docking은 오로지 영어 대중들만 지녔지만, 비록 섬나라이지만 이것은 사이먼의 대중보다 더 컸다. 하지만, 원고 증거는 그가 15세기 학자들의 입맛에 의해 재발견되고 그들에게 어필하였음을 제시한다; 토마스 개스코인Thomas Gascoigne은 그를 칭찬했다. A. G. 리틀의 매력적인 연구를 통해 나는 도킹을 알았다.[151] 이것은 틀림없이 불완전하고 단지 원고를 읽을 때 대답할 수 있는 질문을 제기한다. 자신이 사망하기 몇 년 전에 리틀은 '토마스 도킹을 잊지 않도록' 나에게 말했다. 만일 내가 그렇게 했을 경우 이는 첫째는 도킹 같은 다작의 저자는 오랜 시간의 연구를 필요로 하는 까닭이다. 두 번째는 리틀의 도움으로 우리는 이미 거의 그에 대한 근본적인 사실의 일부를 알고 있기 때문이며 거의 알려지지 않은 주장이 더 급한 것 같았기 때문이다. 그의 살아남은 주석들은 사이몬의 다른 책에 있는 것은 불행한 일이다; 그래서 자세한 비교를 위한 근거가 없다.

확실히 도킹은 우리가 힌튼의 사이먼에게서 알게 된 경향을 강조한다. 그는 인용의 더 큰 범위를 지닌다: 아랍 철학자들, 아비첸나, 아베로에스, 알가첼Algazel이 이름으로 인용된다; 마이모니데스도 자주 나타난다. 사이먼에게는 알려지지 않은 의학 저자 판테크니이Panthegni에서 콘스탄티누스Constantinus는 이삭 이스라엘Isaac Israeli 옆에 자리를 차지한다. 프톨레마이오스는 우주론과 자연 과학의 저자들에 결합한다. 도킹은 자신의 주해에 있는 『자연학』을 더욱 철저하게 사용한다. 그의 질문들*quaestines* 중 일부는 성경 본문의 해석보다는 『운석학』*Meterics* 또는 『식물학』*De vegetabilibus*에 대한 주석에서 가져온 것이다. 그는 특히, 철학과 13세기 옥스퍼드의 실험 과학 모두에

151 Op. cit. (p. 278, n. 4).

서 떠오르는 매우 큰 주제인 광학optics에 관심을 가지고 있다. 그는 그로세테스테의 『무지개에 관하여』*De iride*의 한 구절을 산에서 약속의 땅을 바라보는 모세에게 적용한다. 그는 당대의 관습과 미신, 인류, 청소년 및 노인의 여러 유형의 습관에 대한 그의 관찰에서 사이먼보다 상당히 더 나아간다. 그는 참으로 완벽한 해설자의 로저 베이컨의 꿈의 실현에 가까이 왔음이 틀림없다.

리틀의 글을 읽는 독자가 도킹이 자신의 흥미를 끄는 데 실패하지 않았을 책인 아리스토텔레스의 『정치학』을 알고 있는지 물어볼 것이다. 분명히 리틀은 그것에 대한 참조를 찾을 수 없었다. 알려진 바에 따르면, 『정치학』은 13세기가 거의 끝날 때까지 성경 작품에 인용되지 않는다.[152] 그 이유는 『정치학』은 윤리학이나 자연과학에 관한 책보다 늦게 서방에 이르렀기 때문이라고 해야 한다. 『정치학』의 라틴어 번역은 1260년경에 회람되기 시작했다. 번역은 중세의 학교들에서 이 책의 수용의 단지 첫 번째 단계를 나타낸다: 번역자는 그 본문의 문자를 유지하면서, 이것을 해설자들에게 이해할만한 것으로 무거운 책임을 지운다. 첫 해설자는 더 이상 추가적 의미에 대해 근심하지 않고, 저자가 무엇을 의미하는지 설명함에 자신을 제한하는 것이다. 세 번째 단계는 토론과 비판이 될 것이다. 성 토마스와 성 알베르투스는 『정치학』을 교과서로 만드는 작업을 시작한 것으로 보인다.[153] 따라서 1260년 이후 가르치고 있지만 우리의 주석가들postillators 어느 누구도 자신의 혀에 이것을 올리지 않아야 했다는 것은 놀라운 일이 아니다. 한 사람은 『자연학』보다 『정치학』이 주석에 훨씬 더 광범위한 영향을 미칠 것으로 기대한다. 성경은 사회에서의 인간에 관한 것이다: 창세기 이후 인간과 분리된 자연에 대한 언급은 부수적이다. 따라서 『정치학』은 더 쉽게 그리고 적절하게 적용될 수 있다. 이러한 관점에서 13세기 주석의 관심은 그들이 우리에게 그것의 수용에 대한 배경을 제공한다는 것이다. 그들은 단지 초점을 제공하기 위해 『정치학』을 필

---

152 "Sapiential Books II"에서 14세기 초반의 인용에 대하여 살펴보라.

153 나는 Rev. Dr. C. Martin이 13세기와 14세기 초반의 『정치학』에 관한 논문에서의 결론을 인용한다. 이 논문은 Claredon 출판사에 의해 출판되었다.

요로 하는 정치 제도의 문제점에 대한 인식을 보여준다.

이 새로운 인식의 가장 확실한 증상은 주석가들*postillatores*이 정치적, 윤리적 문제를 담고 있는 책에서 자신의 자료를 선택하는 방법이다. 첫째, 그들은 성경 자체의 지혜서로 바로 이동한다. 솔로몬의 '세 저서'에 대한 교부 전통에 따르면 다음과 같다: 잠언과 전도서는 아가서에 포함된 고급 교육에 대한 예비이다. 전도서는 세상을 경멸하도록 우리를 가르치고 영적인 생활에서 초보자를 위한 것이다. 잠언은 우리에게 선한 행동을 가르치고 미덕에서 진보하는 자들을 위한 것이다. 아가서는 하나님의 사랑의 시작을 가르친다. 12세기의 주석가들은 아가서를 선호했고, 두 예비적인 책을 오히려 덜 본질적인 것으로 대충 읽었다. 13세기는 욥기, 집회서 그리고 지혜서를 포함한 모든 지혜서들의 주석이 증가하는 결과를 보았다. 솔로몬은 학교에서 가장 좋아하는 저자로서 시편과 사도 바울을 대체할 수는 없었다; 그러나 그는 그들을 따라잡기 시작했다. 뿐만 아니라 그는 주석의 대상이지만 그에게서의 인용은 다른 작품들에서 증가하는 것으로 보인다.

고전 저자들의 유형은 많은 동일한 인상을 준다. 어떤 저자도 이 시대의 성경 주석들에서 세네카보다 더 자주 인용되지 않는다. 그의 이름은 종종 12세기의 주석들에서 나타난다. 때로 13세기 주석postill의 장[페이지]에서 단어 '세네카'는 후추의 통으로 그 위에 뿌린 것처럼 보인다. 로버트 베이컨은 심지어 그를 '철학자'로 부른다, 나중에 이는 아리스토텔레스를 위해 예약된 호칭이다.[154] 솔즈베리 요한John of Salisbury의 『폴리크라티쿠스』*Policraticus*는, 정치적인 문제에 대한 토론과 자신의 시대에 궁정의 삶에 대한 조사로, 교실에 침투하기 시작한다. 프란체스코 교사 웨일즈의 존John of Wales이 그의 『요약』*Breviloquium*에서 그것을 대중화했다. 웨일즈의 존은 아마도 1260년 전에는 옥스퍼드의 주임교사, 그리고 1281-83년에는 파리에서 주임교사였다. 이

---

154 B. Smalley, "Robert Bacon", op. cit. (p, 265, n. 2), 14. 세네카는 그의 사도 바울과의 가짜 서신 왕래에도 불구하고 14세기까지 이교도로 간주되었다. A. Momigliano, "Note sulla leggenda del Cristianesimo di Seneca", *Rivista Storica Italiana*, lxii (1951), 325-44.

것은 옥스퍼드 프란체스코회원인, 토마스 도킹, 그리고 파리의 도미니쿠스회원인, 니콜라스 고란, 전자는 웨일즈의 존 이후에 곧 가르치는 인물이며 후자는 아마도 그와 함께 동시대에 글을 쓰는 다른 인물인 이 두 인물이 『폴리크라티쿠스』를 인용한 것은 중요하다. 고란은 왕이 잘 교육을 받도록 하기 위한 필요성에서 솔즈베리의 요한의 인용과 더불어 "이스라엘 왕 … 솔로몬의 비유들"이라는 잠언을 시작하는 본문에 대한 자신의 주석을 시작한다.[155]

동시에 우리 주석가들은 스스로를 정치적 문제에 대한 논의에 얽혀드는 것을 허용하기 시작한다. 이전 교사들은 지금까지 그들이 교회와 국가 사이의 관계에 관심을 갖는 한에서만 그것에 접촉해왔다. 우리의 파리 교사들과 많은 저자들은 그 관계를 정의하고 일반적으로 교회에 유익하도록 정의했다. 스테판 랭튼은 이 문제에 대하여 예외적으로 조심스런 인물이었다.[156] 반면에 서임권 논쟁Investitur Contest 동안 활동한 주석가들은 제국에 대항한 폭력적인 논쟁에 참여했다.[157] 13세기 사람은 세속 정부의 문제에 순진한 관심일지라도 진지하게 구별했다. 지금까지, 우리의 주석으로부터 판단하면 훌륭한 통치자는 성직자에 대한 온순함에 의해 구별되고 있다. 이제 뭔가 그에게는 더 필요하다. 세인트 체어의 휴는 프랑스의 왕국을 세워가는 필립 아우구스투스의 예를 통해 잠언의 본문을 묘사한다: "왕은 정의로 나라를 견고하게 하나"[잠 29:4].

잠언의 다른 본문 "땅에서 즐거워하며"[잠 8:31]는 그에게 세상 지배의 변화를 생각하게 하며 현재의 상황에 대한 설명을 하도록 했다. 그는 세상의 지배는 공놀이와 닮았다고 말한다. 오늘날과 같이 제국의 공은 한 권력으로부터 다른 권력으로 던져지거나 때론 나누어진다. 아마도 휴는 권력이 유럽의 다양한 왕국과 이슬람 국가 사이에 나누어져 있다는 의미이며, 반면에 과거에는 권력은 제국의 승계에 속했다. 그는 유럽 제국에 대한 독일의 주장

155 "Sapiential Books II".
156 위의 p. 261 참조.
157 위의 p. 48 참조.

에 대한 경멸에서 한 사람에게 피터 챈터를 기억나게 한다. 충분히 중요하지만, 챈터는 휴가 이 맥락[158]에서 언급하지 않은 교황권에 대한 최고의 관할권을 부여했다.[159]

그리고 처음으로 우리는 주석들에서 흥미 있는 왕권의 의무에 대한 짧은 논문을 찾을 수 있다. 바르지의 존John of Varzy, 잠언에 대한 도미니쿠스회의 주석가는 공동의 안녕commenwealth: *respublica*에 대한 훌륭한 통치자의 의무를 설명하기 위해 자신의 본문에서 기회를 가졌다. 원인이 정당할 경우에, 왕은 반란을 억제할 권리를 가진다. '존'은 귀족의 습관에 대한 몇 가지 제한을 제시한다. 그들은 단지 사소한 이유로 전쟁을 하는 경향이 있다. 방탕한 생활로 자신을 가난하게 하는데 그들은 강탈에 의해 비용을 회수해야 한다. 반대로 좋은 왕은 자신의 백성에 대한 지나친 과세를 금함으로 부동산과 동산에 있는 공적안녕의 자원을 육성한다. 그는 적대적인 침략에 대항하여 그의 백성들의 지원을 찾기 위한 그 특권을 인정한다. 그는 자신을 공국의 소유자가 아니라 청지기로 생각해야 한다. 여기에 '존' 또는 아마도 그의 주석postill에 영어로 삽입한 사람은 교회의 고위 성직의 직분을 취임할 때 부과되는 맹세의 용어와 비교되는 대관식 선서의 조건을 인용한다. 세속과 교회 지도자 모두는 그들이 할 수 있는 한 그들 공국의 권리를 보호하기 위해 맹세하고 그 재산을 훼손하지 않고 부당하게 손실 및 흩어진 것을 복구할 것을 약속해야 한다.[160] 이것은 많은 유사점을 가지고 있지만 '존'의 논문에서 중요한 요점은 그 독창성이 아니며 이미 많은 비슷한 것들이 있다. 중요한 요점은 잠언에 대한 주석에서의 그 위치이다. 왕권에 관한 이 모든 발언은 잠언 21장과 29장

---

158 위의 p. 212 참조.

159 "Sapiential Books I", ii. 345-6.

160 ibid. 254-9. 이 시기의 영국 왕의 대관식에 맹세의 용어에 대한 논의는 H. G. Richardson, "The English Coronation Oath", Speculum, xxiv (1949), 44-75 참조. 이 주석에서 묘사된 것과 일치하는 주교의 맹세의 유형에 관하여는 H. Bradshaw and C. Wordsworth, *Statutes of Lincoln Cathedral* (Cambridge, 1892-97), ii. 343. 나는 Canon Srawley가 친전하게 이 참고문헌을 나에게 보내준 것에 대해 감사한다.

1-5절에 의해 제안되었다.

바르지의 존과 연결하여, 잠언의 또 다른 주석가*postillator*는 위-디오니시우스Pseudo-Dionysius의 『천상적 위계에 관하여』*De coelesti hierarchia*의 가르침을 잠언 8장 15-16절의 본문에 적용한다: "나로 말미암아 왕들이 치리하며 방백들이 공의를 세우며, 등." 그는 특이한 구체성과 정치 질서에 계층 구조의 개념, 중세 사상의 핵심적 요소로 위계구조의 개념을 특이한 구체성을 지니고 정치 질서에 적응시켰다. 위-디오니시우스에 의해 주어진 위계구조의 정의는 '신적 질서, 지식 및 행동'*ordo divinus, scientia et actio*이다. 우리 주석가는 정의definition의 마지막 단어에 '또는 행정권'sive executio을 추가한다. 그는 '규정된 능력'*potestas ordinata*과 '절대적 능력'*potestatis autoritas*으로 '신적 질서'를 설명했다. 이것은 정치적 권위의 신성한 승인에 대한 솔로몬의 가르침과의 일치를 제공하고 동시에 솔로몬의 가르침에 계층 구조의 개념을 삽입한다. 교회는 이 계층 구조에서 국가 위에 선다; 하지만 모든 권력은 하나님에 의해 제정된다.[161]

영국 프란체스코회원 중 일부는 1258-67년사이 잉글랜드에서의 '혼란의 시간'에서 좌파적 가르침left wing doctrine을 지녔다. 한 프란체스코 수도사에 의해 작곡된 루이스의 노래*Song of Lewes*는 사이먼 드 몽포르Simon de Montfort 일행의 변명에 대한 선전이 되었다.[162] 도킹은 이 기간에 교육했을 것이다. 리틀은 드 몽포르의 정권에 대한 승인의 표현으로 자신의 주석의 하나를 해석한다:

> 그것은 나에게, 편견 없이 보다 균형 잡힌 판단 또는 의견이다. 만일 그 신중하고도 정부의 일에 적합한 어떤 사람이 정부의 패배에 의해 위험하게 된 하나님의 백성을 본다면 그는 하나님의 사랑과 백성의 이익을 위하여 지배의

---

161 이러한 사고는 생 빅터의 휴의 *De coelesti hierarchia*에 관한 설명에서 제시되었을 것이다. 그러나 주석가는 이것을 밝히고 스스로 이를 적용하였다: "Sapiential Books II".

162 Ed. C. L. Kingsford (Oxford, 1890).

존엄성을 열망하는 경우에 그의 목표는 훌륭하고, 그는 좋은 행위를 수행하기를 열망한다.[163]

그것은 확실히 백작을 위한 변명 같은 소리이며 그리고 얼마나 이러한 발언이 원칙적이 될 수 있는지 보기는 어렵다.

우리의 주석가는 점점 정치적 동물로서의 사람에 관심이 있다. 그들은 『정치학』을 인용하지 않지만, 그들은 할 수 있다면 하였을 것이다. 『군주의 지배에 관하여』*On the governance of princes*를 쓰도록 토마스를 이끈 정치적 질문을 생각하려는 욕망은 솔로몬에 대한 그들의 주석에서 드러날 정도로 그들에게 현존했다.

성 알베르투스는 그러한 열망에 가장 가까웠다. 그는 실제로 마태복음에 대한 그의 주석postill에서 '정치학에서의 아리스토텔레스'Aristoteles in Politiis를 인용한다.[164] 인용은 여기서 논의할 수 없는 기술적인 요점의 수를 증가시킨다. 그러나 이 정도는 확실하다: 인용한 구절은 『윤리학』보다는 『정치학』에서 비롯된다. 가장 가능성 있는 설명은 알베르투스가 『정치학』을 읽고 설명하기 전에 적어도 자신의 주석postill의 이 부분을 쓴 것으로 보인다.[165] 그는 틀림없이 그것에 대하여 듣고 그 내용을 생각했음이 틀림없다. 그러므로 그는 중간적 단계를 나타낸다. 『정치학』이 존재한다는 것이 알려졌고, 성경의 주석가들은 자신의 손안에 이것을 지니진 못하였지만 이것을 향해 손을 펼쳤다.

그의 언급은 잠언에 대한 '바르지의 존'에서 발견되는 유형의 논문에서

---

163 Op. cit. (p. 278, n. 4), 108.

164 *Opera*, ed. Borgnet, xx. 267: "Dicit enim Aristoteles in Politiis quod 'ad rempublicam continendam non sufficit sermo instructivus, qui sufficit tamen ad ignorantium doctrinam: neque etiam sufficit sermo persuasivus, qui sufficit ad bonorum et studiosorum informationem: sed propter eos qui nolunt iustitiam colere, et pietatem amare, opportet esse sermonem coactivam."

165 Eth. Nich. x. 9, 1179b, 1-1180a.4. 정치학에서는 정확한 동일구절은 없다. 나는 이 인용을 추적하도록 하는 나의 요청에 대한 Dr. Conor Martin의 도움에 감사한다. 그는 곧 *Medieval and Renaissance Studies*에 출판될 논문에서 이로부터 나타나는 문제를 다루었다.

발생한다;[166] 그러나 여기서 그 주제는 훨씬 더 발전하고 있다. 실제로는 소규모의 『군주의 통치에 관하여』*De regimine principum*를 호출할 가치가 있다. 알베르투스는 왕국regnum의 의미를 정의한다. 그는 정부의 다양한 형태에 대해 설명하고 다양한 자료들에서 풍부하게 사례를 통해 정의, 금융, 법률, 국방, 교육에서의 통치자의 의무를 설명한다; 따라서 이 같은 주제에 대한 분명 주요 권위로서 『정치학』에 대한 그의 언급이다. 독자들은 어떤 텍스트에 이 작은 정치학에 관한 논문이 첨부되는지 질문할 것이다. 그것은 주기도문의 간구, "나라가 임하시오며"에 대한 논평의 서문이 된다. 중세의 초기 주석가들은 그들의 유일한 조국은 하늘나라라고 생각했다: "우리가 여기에는 영구한 도성이 없으므로 장차 올 것을 찾나니"[히 13:14]. 그들은 성경의 설명에 도시나 왕국이라는 단어에 이를 때마다 종종 이 본문을 기억하고 인용했다. 알베르투스는 그 순서를 완전히 역전시켰다. 그는 세상의 정치에 대한 논의에서 하늘나라에 대한 자신의 설명을 시작한다. 우리는 새로운 세계로 입장한다.

5. 히브리 진리(HEBRAICA VERITAS)

새로운 아리스토텔레스 우주에서 주석가들의 첫 단계는 사물은 암호가 아니며, 일부 편견으로 간주되었던 사물 그 자체이다. 주석에 대한 학문적 방법은 알레고리만큼 평판이 나쁘다. 위대한 학교의 인물들은 주로 성경학자가 아니었다. 성 토마스와 성 보나벤투라는 신학자로서, 성 알베르투스는 철학자였다.[167] 도미니쿠스인들의 주석 원칙에 변화를 가져온 아리스토텔레스에

---

166 265-9.

167 I. M. Vosté, op. cit. (p. 298, n. 1), i. 35. Vosté는 성 알베르트가 그리스어와 히브리어에 약간의 지식을 가지고 있다는 것을 보여주었다. 그러나 성경의 원본을 읽을 정도는 아니었다. 그의 독서는 correctoria로부터 왔다. 성 토마스 역시 약간의 그리스어는 알았다. 그러나 그가 히브리어를 알았다는 증거는 없다. H. Pope, "St. Thomas as an Interpreter of Holy Scripture" in *St. Thomas Aquinas* (Oxford, 1925), 118-21.

대한 집중은 새로운 원칙이 결실을 맺는 것을 막는 경향이 있었다.

성경학은 이제 12세기에 발전했고 13세기는 과학과 형이상학에 대한 관심에서 무시되었던 인문주의적 문화를 요구했다. 『역사』*Histories*는 13세기 후반의 학교에서는 유행에서 뒤떨어진 것이 되었고 '교재'로서는 중단되었다.[168] 역사적, 문학적 배경이 없다면, 해당 본문에 대한 교사의 나눔 또는 세분화는 알레고리와 교훈만큼 더 이상 적절하지 않았다. 특히 편의를 위해 본문에 부과된 챕터 시스템을 기반으로 할 때 여전히 주관적이다. 당대 독자들에 대한 그의 분석은 실제와는 거리가 멀고 구분*distinctio*은 보다 지루하고 재미도 덜하였다.

13세기 영국의 학자 중 가장 인기 있는 로저 베이컨Roger Bacon은 잘 알려진 구절에서 전체 스콜라적 방법을 비난한다. 그는 철학자에 대한 법률 서적 및 문법에 대한 주석에서 가져온 자의적인 일치와 리듬에 따라 장chapter에 따라 진행하는 자의적인 분석을 반대한다.[169] 그는 동시대 사람들이 과학적 성경 연구를 소홀히 한다고 비난한다. 성경적 언어에 대한 그들의 무지가 그들의 해석에 해를 가져오며 그들의 본문 비평의 원칙은 건전하지 않다. 베이컨의 오용abuse은 그럴듯하고 끔찍한 오류 목록을 주의를 기울여 기록하며 그의 언어가 신선하고 활력이 넘쳐 사람들이 13세기의 성경 연구를 그의 눈을 통해 보는 경향이 있다. 그러므로 그의 동시대 사람들이 어떤 기술적 진보를 이루었는지 묻기 전에 베이컨이 신뢰할만한 증인인지, 그리고 개혁에 대한 그의 제안이 가치가 있는지 물어야 한다.

베이컨은 반역적인 반동자이자 또는 반동적인 반역자였다. 그는 사람들

---

168 A. G. Little and F. Pelster, op. cit. (p. 264, n. 2), 25-6. 그들은 『역사』가 시간과 공간에 따라 유연하게 변화될 수 있는 주석들(postills)에 의해 대체되었다고 말한다.

169 Opus Minus, ed. Brewer (Rolls series), 323: "Quae fiunt in textu principaliter legendo et praedicando, sunt tria principaliter; scil. divisiones per membar varia, sicut artistae faciunt, concordantiae violentes, sicut legistae ununtur; et consonantiae rhythmicae, sicut grammatici. In istis tribus stat praecipuus modus artificum exponendi Scripturam. Et haec licet utilia sunt, tamen tracta sunt de philosophia."

에게 권위에 의존하는 대신 스스로 생각할 것을 촉구했다. 최소한 성경에 관한 그 자신의 생각은 매우 보수적이었다.[170] 그는 이 문자의 새로운 개념에 대해서는 아무 소용이 없었다. 그는 성경에는 모든 지식이 담겨 있고 철학은 족장들에게 신적으로 계시되었으며 문자적인 의미는 영적 의미의 기초로서 중요하다는 알렉산드리아인들의 견해를 신랄하게 고수했다: 그는 생 빅터의 휴의 방법을 믿었다: 신학과 철학은 성경 연구로 수렴한다.[171] 본문을 확립하는 언어, 문자적 의미를 설명하는 과학보다 영적 의미를 드러내는 것이 더 나았다.[172] 그는 성막과 성전에서 생 빅터의 리차드의 기술을 승인했다: 기하학이 필요하다.

> 노아의 방주, 모든 기구가 있는 장막, 솔로몬 성전과 에스겔 성전은 물질적으로 묘사 될 수 있다. … 만일 문자적 의미를 아는 것이 불가능하다면 결과적으로 영적인 의미도 그러하다. 오래되고 거룩하고 현명한 사람들이 이 일을 마쳤다. 나는 그들의 작업 중 일부를 보았으며, 이것이 성경이 사물을 나타내는 방식으로, 우리는 낡고 새로운 것을 알 수 있으며 새로운 것을 예표하는 그 사람들의 제사를 우리의 눈으로 볼 수 있다.[173]

베이컨의 교육 계획과 생 빅터의 휴 사이의 유일한 차이점은 그 동안 지식 분야가 확대되었다는 것이다. 베이컨은 성경 연구를 위해 훨씬 더 광범위하고 집중적인 준비를 요구했다. 결과적으로 그의 계획은 빅터주의보다 실용성이 떨어졌다. 베이컨이 권장하는 모든 것을 포괄하는 주석commentary을 달성하기 위해 최선을 다한 토마스 도킹조차도 한 가지 측면에서 실패했다. 그의

170 A. G. LIttle, 'Roger Bacon', op. cit. (p. 278, n. 4), 72-79.
171 *Opus Teritium*, 79-83.
172 *Opus Minus*, 349-59; *Opus Tertium*, 203; *Compendium Studii*, 438-9, 464-6.
173 ibid. 226.

업적은 언어학까지 확대되지 않았다.[174] 힌튼의 사이먼은 그의 지식에 있어서도 같은 차이가 있었다. 어느 한 학자라도 『자연학』에 포함된 모든 과학과 신학에 대한 철저한 기초, 그리스어와 셈어를 모두 갖추기가 어려웠을 것이다.

반대로 그의 프로그램에서 별도의 항목은 문맥에서 분리된 경우 매우 현대적인 소리를 낸다. 반복해서, 베이컨은 원본에서의 성경 연구를 위한 성 제롬과 성 아우구스티누스의 주장을 자신의 것으로 만들었다. 그는 히브리어와 갈데아Chaldean에 대한 지식이 관용구와 리듬에 대한 이해와 구약의 의미를 이해하는데, 그리고 그리스어가 신약의 의미에 대한 이해에 얼마나 필수적인지를 설명한다.[175] 그는 라틴어와 마찬가지로 라틴의 사상은 파생적이라고 지적했다. 따라서 우리는 그리스어 텍스트뿐만 아니라 그리스어 교부도 필요하다.[176] 우리는 [원]자료로 가야한다. 진리는 원천에서Veritas in radice: 이것은 베이컨의 전쟁구호이다.[177]

그가 원문에서 라틴어 번역으로 향했을 때 그의 일관성이 더 명확하게 나타난다. 학자로서 그의 이상은 그 출처를 연구하는 것이었지만 베이컨은 학생들의 출발점이 강의에서 읽은 텍스트인 벌게이트가 될 것이라는 사실을 인정했다. 따라서 가능한 한 그 원본에 가까워야했다.[178] 파리의 교사들은 특히 나쁜 텍스트를 표준으로 제안했다. 이것은 서점들에 의해 유포되고 있었고 곧 그리스도교 세계에 퍼질 것이다. 이 잘못된 텍스트는 여전히 무책임한 수정으로 인해 더 손상되었다. 교부들의 주석에 있는 성경적 인용문, 전례 그리고 히브리어로부터 상당히 낯선 읽기alien readings가 삽입되었다.

베이컨은 교정자들이 성 제롬의 원본을 복원하는 데 집중해야한다고 주

---

174 A. G. Little, op. cit. (p. 278, n. 4), 105.

175 *Opus Maius*, ii, iii; *Opus Tertium*, 264-7; *Compendium Studii*, 438-9, 464-6.

176 ibid. 474.

177 *Opus Minus*, 332.

178 ibid. 330-49. P. Martin, "La Vulgate latine au XIIIe siècle", *Muséon*, vii (1888), 88, 169, 278, 381; "Le Texte parisien de la Vulgate latine", ibid. viii (1889), 444; ix (1890), 55, 301.

장했다. 그는 단계적으로 이것이 동시대 사람들이 생각했던 혼합 버전이 아니라, 교회에서 사용된 버전(시편 제외)임을 증명했다. 그는 교황에게 유능한 학자들에 의해 벌게이트의 개정을 위한 위원회를 설립하라고 간청했다. 그들은 파리 텍스트보다 오래된 원고를 다루고, 더 일반적인 독서를 수집하고 의심스러울 때 번역자들의 원본으로 가야한다.

벌게이트의 중세적 첨가에 대한 그의 태도는 논리적으로 본문에 대한 그의 태도에 따랐다. 성 제롬의 신뢰할 만한 주석에 덧붙여진 익명의 서론들을 싫어한다.[179] 그는 비-교부적인 주석들을 싫어했다.[180] 그는 벌게이트가 주석가들이 소유하지 않았던 성 제롬의 어휘와 배경에 대한 지식을 요구한다는 것을 인식했다. 에스겔 23장 41절: "화려한 자리에 앉아 앞에 상을 차리고"*Sedisti in lecto pulcherrimo, et mensa ornata est ante te*는 음란함을 언급하면서 오비드의 시행을 인용하여 그것을 설명한다. [Metam. v. 603]:

> 나는 알몸이었기 때문에 저에게 더 잘 준비된 것처럼 보였다.
> *Et quia nuda fui, sum visa paratior illi.*

베이컨은 이 맥락에서 '침대'를 의미하는 그 렉투스*lectus*를 적절하게 부인한다. 표준주석이 잘못되었다. 침대*Lectus*는 고대인들이 식사를 할때 기대는 소파*triclinium*이다.[181] 실제로 그는 그 주석에서 '…하지만 침대는 앉아서 정욕을 준비한다.'*... ut sederes lectulo libidini praeparata*라고 말하는 성 제롬보다 더 고전적classical이다. 주석가glossator 길버트Gilbert는 단순히 자신의 '보편적

179 *Opus Minus*, 337: "히에로니무스가 아니라, 우리의 성경을 나쁘게 생각하며 그에 속하지 않는 것을 나쁘게 번역하는 어떤 사람의 서문에서의 이것을 반대한다."(Nam nec S. Hieronymus contra hoc in quibusdam prologis, qui male ponuntur in Biblia nostra, qui non sunt in sua, transfert male …). 이 서문은 앞의 p. 217, n. 2를 보라.

180 *Compendium Studii*, 459; *Opus Minus*, 353; *Opus Tertium*, 211.

181 *Opus Minus*, 355-6.

지식Universal Knowledge'[182]에서 제공한 꼬리표tag로 성 제롬을 보여주고 있었다. 베이컨은 자신들이 알고 있는 유일한 고대적 설정에 따라 최후의 만찬을 그리스도와 사도들과 함께 벤치에 앉아 있는 것이 아니라 소파*triclinia*에 기대고 있는 그림을 그리는 16세기의 예술가들을 예표한다: "고고학적 정확성에 대한 세심한 추구."[183]

성경학에 대한 베이컨의 기여는 세 가지였다. 그는 현재의 오류들과 잘못된 어원 등에 대한 유용한 목록을 작성했으며 연구를 위해 표준 보조 도구를 사용했다(목록에는 다양한 실수가 포함되어 있음). 그는 독창적인 연구와 라틴어의 회복에 관한 규칙을 제시했다: "우리는 그의 작품에서 쉽게 읽을 수 있고 건강하게 생각할 수 있는 적은 양의 최대값을 쉽게 추출할 것이다."*on extrairait facilenebt de ses ouvrages un petit volume de grandes maximes, bonnes à lire, et saines à méditer.*[184] 가장 중요하고 귀중한 것은 그는 그리스어와 히브리어 문법을 작성했다composed. 아마도 그의 거친 초안 중 일부가 발견되어 출판되었는데 이는 그가 두 언어에 대한 실무 지식을 가지고 있음을 보여준다;[185] 적어도 전자에게는 그의 프로젝트가 독창적인 것처럼 보인다.[186] 그러나 그가 가장 과학적이고 진보적인 것처럼 보였을 때 그는 당대인들에게 자신을 의심하게 만드는 당혹스러운 생각을 만들어 낼 것이다. 그는 특정 방법으로 3일 이내에 읽기 목적에 충분한 히브리어와 그리스어를 가르치는 것을 보장했다.

---

182 베이컨이 인용한 시행은 Gloss의 인쇄본에 있다. 12세기의 한 원고에서 증명될 수 있다. MS. Pembroke College, Cambridge, 61, in loc. 에스겔에 라바누스의 주석에는 나타나지 않는 것으로 보아 이는 아마도 Gilbert the Universal에 의해 더해진 것이다. Brewer는 *visa*를 식당(*mensa*)로 지니고 있다. 베이컨은 표준주석의 후기 원고로부터 이 훼손된 독해를 가져왔을 것이다.

183 예를 들면, Hexapla에 대한 그의 설명에서, *Opus Minus*, 337.

184 P. Martin, op. cit., vii. 384.

185 J. L. Heiberg, "Die griechische Grammatik Roger Bacons", Byz. Zeitschr. ix (1900), 479-91; E. Nolan and S. A. Hirsch. *The Greek Grammar of Roger Bacon and a Fragment of his Hebrew Grammar* (Cambridge, 1902).

186 A. G. Little, "Roger Bacon", op. cit.

이것은 신비하게도 불명확하다. 하지만 추측할 수 있다. 아마도 그는 마법적 기술로 문법을 실행했을 것이다.[187]

그러므로 베이컨은 엄밀하게 말하면 성경학자가 아니었다. 성경에 대한 그의 직접적인 작품은 보존되지 않았다. 그는 특성에서 닮지 않았다. 우리는 그를 성 알베르투스, 성 토마스 또는 성 보나벤투라보다 더 많이 대표하는 자로 여겨서는 안 된다. 13세기의 이 전형적인 학자는 네 명 중 어느 누구보다 더 제한적인 사람이었다. 그는 교황의 특별 요청에 따라 베이컨 [자신]처럼 글을 쓰지 않는 작은 그룹circle을 위해 일하고 있었다. 베이컨은 그의 동시대 사람들의 태만과 무지를 과장한다. 그가 언급한 '가장 지혜로운 인간'*homo sapientissimus*은 30년이 넘는 시간 동안 텍스트와 문자 표현의 수정에 시간을 보냈지만,[188] 자신이 밝히는 것처럼 그렇게 고립되지 않았다. 베이컨이 무엇을 해야 하는지 훌륭하고 설득력 있게 세 번 이상 말을 반복하는 동안 다른 사람들은 조용히 이를 시도하고 있었다. 그들은 스콜라적 방법과 인문주의의 쇠퇴에도 불구하고 어떤 방식으로 성공했다.

베이컨의 망령을 깨뜨리고 희망을 가지자 우리는 덜 주목받는 사람들에게로 향할 수 있다. 베이컨은 향상된 교육 기관[189] 및 참고서에 대해서는 언급하지 않았다.

우선적으로 장chapter의 구분이 점차 표준화되었다. 필립 챈슬러는 1225년경에 체계적으로 장을 참조하는 방법을 공통적으로 사용하는 것처럼 보였다. 그런 다음 장의 다양한 세분화가 시도되어 현재의 구절verse이 구성되었다. 세인트 체어의 휴는 알파벳 문자로 이러한 세분細分을 처음 언급했을 수도 있다. 그는 또한 성경 색인의 양식을 체계화했으며 그 기술은 세기 동안

187 *Opus Tertium*, 89-94.

188 위의 p. 275 이하 참조.

189 위의 p. 222, n. 3 참조.

변경되고 향상되었다.[190] 이것은 중세 도서관의 학생[191]에게 깊은 인상을 주는 성경과 교부들에 대한 언급을 표로 만드는 위대한 운동의 가장 잘 알려진 예일 뿐이다. 성경 사전의 형태로 공부하는 것을 돕기 위해, 윌리엄 브리토 William Brito의 것이 가장 인기 있었고, 베이컨을 비과학적으로 공격했다; 그러나 그것들은 일반적인 활동의 표시이다. 학자들은 대중적인 교과서를 거의 칭찬하지 않는다. 또 다른 표시는 팔레스타인의 지리에 대한 설명의 출판이다.[192]

베이컨이 훼손되었다고 비난한 벌게이트의 파리 본문조차도 그 기능이 무엇인지 이해하면 이해할 수 있게 된다. 베이컨의 발언은 약 1226년에 교사들의 위원회가 학교에서 사용하기 위해 표준으로 특히 나쁜 최신 텍스트를 선택하여 파리 서점에 추천했음을 의미하도록 구성되었다.[193] 일부 표준화가 필요했고 강의 시스템은 그들에게 거의 선택의 여지를 주지 않았다. 학생을 위한 '교과서'는 성경과 그 표준주석이었다.[194] 표준주석은 12세기에 준

---

190 E. Mangenot, art. "Concordances" in *Dict. de la Bible*, op. cit.

191 예를 들면, S. H. Thomson의 "Grosseteste's Topical Concordance of the Bible and the Fathers", Speculum, ix (1934), 139-44; Kleinhans, "De Concordantiis Biblicis S. Antonio Patavino aliisque attributis", Antonianum, vi (1931), 273-326; D. A. Callus, "The Tabulae super Originalia Patrum of Robert Kilwardby, o. p.", *Studia Mediaevalia* (op. cit. p. 216, n. 2), 243-70; "New MSS of Kilwardby's Tabulae, etc", *Dominican Studies*, ii (1949), 38-45.

192 P. Mandonnet, art. "Dominicains", in *Dict. de. la Bible*.

193 베이컨의 실제 표현은, "왜냐하면 약 40년 동안 무수히 많은 신학자들과 파리 지역의 서적상들이 이를 보면서 모범(exemplar)를 제안했다."(Nam circa quadraginta annos [sunt] multi theologi infiniti et stationarii Parisius parum videntes hoc propusuerunt exemplar): *Opus Minus*, 333(1267년에 기록됨). 위원회가 텍스트를 선택하고 표준화하는 것은 Matin의 독창적인 제안이다. 랭튼이 주목한 텍스트의 다양성은 학교 교실의 목적을 위해 표준화가 얼마나 필요한 것인지를 보여준다. 마틴은 또한 파리 성경의 다수에서 베이컨이 언급한 잘못 읽기를 증명한다. 파리의 모범(*exempla Parisiense*)에 대한 베이컨의 지속적인 언급은 특정한 텍스트가 파리에서 공동으로 사용되었는지를 분명하게 만든다. 이것이 얼마나 정확하게 받아들여질 수 있는지는 작은 문제이다. 이 문제는 *Gloss*의 수용의 자세한 방법처럼 더 연구가 필요하다.

194 H. Glunz, *The Vulgate in England from Alcuin to Roger Bacon* (Cambridge, 1933), 259, 65. 나는 파리의 택스트가 주석이 달린 텍스트라는 데에 Dr. Glunz에 동의한다. 그는 더 나아가 이것이 피터 롬바르두스에게 속했던 주석된 텍스트라고 생각했다. 실제로 랭튼은 이 피터 롬바르두스와 랭튼이 강의하고 있던 주석된 텍스트를 비교한다. (위 p. 225, n. 3 참조), 이

비되어 있었기 때문에 예를 들어, 이전의 원고를 선택할 수 없었다. 그들의 표준 텍스트는 주석이 있는 텍스트여야 했고 따라서 최신의 것들이다. 파리에서 설명된 바와 같이 성경은 교부들과 중세의 전통에 비추어 볼 때 성경에 필연적으로 결합되어 있었다. 따라서 파도바의 프란체스코 수도사는 그들에게 『파리의 문자와 참고서에 관하여』*de littera et apparatu Parisiensi*라는 주석된 성경을 주었다.[195]

12세기 초부터 파리의 교사들은 그 품질에 대한 환상을 가지고 있지 않았다. 도미니쿠스인들에 의해 처음 소개된 『수정』*correctoria*[196] 또는 교정 및 대안적 읽기alternative readings 목록은 스테판 랭튼의 강의에서 텍스트 비평의 전문화 및 체계화를 나타낸다. 초기 학문에 대한 그들의 연속성은 세인트 체어의 휴의 『수정』*correctorium*(1244-63)에서의 빈번한 앤드류와 랭튼의 인용문에 나타난다.

베이컨은 그 수정이 단지 나쁜 것the evil을 가중시켰다고 주장했다. 수정자들correctors은 스스로를 성 제롬의 번역본으로 제한하지 않았지만 다른 버전에서 읽은 내용을 모아서 본문에 끌어들였다. 그는 특히 도미니쿠스인들의 교정을 공격하고 있었다. 세인트 체어의 휴의 조사에 따르면 베이컨이 전부는 아니었다. 휴의 자신의 서문에서 그의 주요 출처는 교부들의 주석들, 그리스어와 히브리어 원본 그리고 샤를마뉴 시대로 돌아가는 -베이컨이 승인한- 고대 라틴어 성경이라고 말한다. 더욱이 그의 전임자들처럼 그는 스스로 찬성 또는 반대를 말하지 않고 관심이 있는 많은 대안들을 수집했다. 그들은 오리게누스의 『헥사플라』*Hexapla*에서 일어난 것처럼, 책임을 지지 않은 필사자들의 잘못에 의해 본문에 삽입되기 쉽다. 그럼에도 불구하고, 베이컨이 말

러한 연결은 매우 개연성이 있다.

195 A. M. Iosa, i cod: MSS. d. bibl. Ant. (Padua, 1886), 48-9, 나는 그 수집본을 본적이 있으며 그 주석은 표준 주석(*Ordinaria*)이다.

196 *corretoria*에 관하여는 *Quam notitiam*, 26-36참조: H. Denifle, op. cit. (p. 80, n. 1); E. Mangenot, art, "Hugues de St. Cher", *Dict. de la Bible*에서 온전한 참고문헌이 제시된다.

한 것처럼 휴의 주된 목적은 혼란스러워 보인다. 그는 원본과 비교하여 벌게이트 텍스트의 복원과 다른 버전을 구별하지 않았다. 그는 필요하지만 분리된 상태로 유지되어야하는 두 가지를 결합하려고 했다. 다른 교정자들은 그의 혼란을 공유했다. 프란체스코 회원들에 의해 만들어진 몇몇 후대의 『수정』에서 그 목표는 더 명확해졌다. 베이컨의 친구이자, 파리에서 1274-5년경 가르치고 1285년에 사망한 영국인 프란체스코 수사인 윌리엄 드 라 마레William de la Mare는 데니플Denifle에게 그 세기의 최고의 수준 있고 과학적이라는 인상을 준 『수정 D』*Correctorium D*를 준비했다.[197] 그와 익명의 교정가, 『수정 E』*Correctorim E*의 저자는 벌게이트 본문이 히브리어와 다를 때마다 수정되지 않아야한다고 명시하고 있다.[198] 둘 다 유능한 히브리어 학자이며 이들은 학자들이 원본도 공부할 것이라고 생각했다. 그들이 생각을 베이컨에 빚졌는지 그 반대인지에 대해서는 현재 말하기 어렵다. 그들은 2세대 교정자였으며, 1세대의 실수로부터 배울 수 있었다.

이 학습 도구가 실제로 사용되었다는 것은 13세기의 주석들postills을 읽은 것에서 나타난다. 성경과 교부들에 대한 언급은 똑같이 이전보다 훨씬 더 정확해졌다. 성경의 책에는 장과 종종 세분[절]이 주어질 것이고, 교부에게도 제목, 책, 장이 주어질 것이다. 나는 잠언에서 도미니쿠스회원의 『수정 B』*Correctorium B*를 체계적으로 사용하는 다른 주석가들이 다른 교정으로 보완된 것을 발견했다. 두 명의 수사 설교자가, '바르지의 존'과 니콜라스 고란Nicholas Gorran이다. 13세기 말에 일하는 고란은 더 지속적으로 그것을 언급하고 그것을 '수정'corretorium이라고 명시적으로 인용하는 것은 의미가 있다.[199] 성 알베르투스는 자신의 책상에[200] 같은 종류의 것을 가지고 있었고, 살

---

197 데니플은 잠정적으로 그를 베이컨에 의해 "가장 지혜로운 사람"(*homo sapientissimus*)와 동일시 했다. 윌리엄의 삶과 작품에 관하여는 E. Longpré, in *Dict. Théol. Cath*. viii, 2467-70; Rep. no. 317.

198 Denifle, 298-311.

199 "Sapiential Books I", iii. 247-53, "II".

200 I. M. Vosté, op. cit. (p. 298, n. 1), i. 18-19; ii. 11.

림베네Salimbene는 진행 중인 활동에서 우연히 발언하는 것을 발견했다. 그는 1249년에 "관구장은 나에게 볼로냐에 있는 친구를 찾아 성경을 바로 잡으라"고 말했다.[201]

마틴과 데니플의 연구 덕분에 우리는 13세기 성경 연구의 다른 어떤 것보다 더 많은 수정들*correctoria*을 알고 있다. 베르거Berger는 또한 윌리엄 드 라 마레William de la Mare의 『주석된 성경의 히브리어와 그리스어 단어에 관하여』*De Hebraeis et Graecis vocabulis glossarum Bibliae*의 중요성과 후이의 제랄드Gerald of Huy(윌리엄의 학교에 속하는 프란체스코 수도사) 형제의 *Liber Triglossos*[202]의 중요성을 보여주었다. 둘 다 그리스어와 히브리어 문법을 가르친다. 윌리엄은 주로 언어학적인 메모를 텍스트에 추가한다. 그는 라시Rashi의 해설을 알고 그것을 퍼루스*perus*라고 부른다.[203] 과학적 연구에 대한 이러한 모든 도움들은 원 자료에 접근하기 위한 위대한 운동의 명백한 증상이라는 점에서 색인concordance과 유사하다.

베이컨은 그리스어 연구에서 느린 진척을 불평했다: 그로세테스테 아래에서 부흥이 있었다. 그 이후로 번역 작업이 중단되었다. 그로세테스테에 대한 베이컨의 칭찬은 그의 번역과 그의 그룹에 대한 최근의 연구에 의해 완전히 뒷받침된다.[204] 육일 간의 창조*Hexaemeron*와 시편에 대한 그로세테스테의 주석은 의도적으로 그리스 교부들에 대한 숭배를 보여준다. 그가 원본을 얻을 수 있을 때 그는 황금사슬catena을 사용했다.[205] 그러한 참신함을 찾지 못했다. 그로세테스테는 비드Bede에게는 알려졌지만 수 세기 동안 거의 사용

---

201 Op. cit. (290, n. 1), 333.

202 * 이는 문법책으로 그리스어 대한 기본적인 문법을 소개하고 페트라르카는 이 저서를 통해 그리스어에 대한 기본적인 지식을 습득했다고 한다.

203 *Quam notitiam*, 36-48.

204 E. Frnaceschini, "Grosseteste's Trnaslation of Maximus", etc., *Journal of Theological Studies*, xxxiv (1933), 355-63; S. H. Thomson, "A Note on Grosseteste's Work of Translation", ibid. 48-50의 최근의 논문을 찾을 수 있다. 위의 p. 266, n. 2 참조.

205 M. R. James, "Robert Grosseteste on the Psalms", *Journal of Theological Studies*, xxiii (1921), 183-5.

되지 않은 육일 간의 창조에서 성 바실리우스St. Basil의 라틴어 번역을 사용하여 자신의 진지함을 보여준다. 그러나 후대의 것들은 사용하지 않았다; 표준주석의 편찬자, 앤드류, 챈터 및 랭튼은 모두 이를 무시한다. 그는 세인트 에드먼즈베리St. Edmundsbury의 수도사로부터 성 바실리우스의 사본을 빌려 보관했다. 그들은 서약하여 표준주석에 12세기 주석의 수집본을 남겼다. 교환은 상징적이었다. 그로세테스테는 '선별된 발췌문'에 대한 강의보다 원본을 선호했다.[206]

다음 세대의 주석가들은 번역되어 사용 가능한 그리스어 교부들의 작품들을 계속해서 존중했다. 토마스 아퀴나스가 파리 전체 도시보다 선호하는 책은 마태복음에 대한 요한 크리소스토무스의 책(12세기 후반 피사의 부르군디오Burundio of Pisa에 의해 번역됨)이었다. 라틴어 주석에 대한 번역에서 그리스 교부들의 영향에 대한 이야기는 쓸 것이 여전히 남아있다. 그렇지만 우리는 그 중요성을 확신할 수 있다.[207]

성경 본문과 관련된 그리스어 언어 연구의 범위는 우리의 지식에 또 다른 격차를 형성한다. 알제이어 박사Dr. Allgeier는 6세기에서 13세기까지 손에 의한 서른 두 개의 그리스-라틴 시편을 나열했으며 이는 서유럽 전체에 퍼져 있었다.[208] 그는 또한 12세기의 (아마도 조금 일찍)[209] 손에 의해 써진 두 개의 필사본에서 「칠십인역」에서 라틴어로의 시편의 두 가지 다른 번역을 발견했다. 그의 연구는 적어도 일부 중세 학자들이 그리스어의 가치를 이해하고 그것을 가장 널리 읽힌 구약 성경에 적용했음을 증명했다. 다음 단계는 알제이어 박사가 10세기의 밤베르크Bamberg, 9세기의 베일Bale과 뷔르츠부르크Wurzburg를 위해서 했던 것처럼 이 모든 원고를 그들이 제작한 학문 중심지

---

206 B. Smalley, "A Collection of Paris Lectures", etc. op. cit. (p. 62, n. 1), 103-5.
207 M.D. Chenu, *Introduction*, etc., op. cit. (p. 265, no. 1), 127-9.
208 "Exegetische Beiträege zur Geschichte des Griechischen", *Biblica*, xxiv (1943), 261-5.
209 "Die mittelalterliche Überlieferung des Psalterium etc", *Oriens christianus*, iii-iv (1928/9), 200-31.

와 연관시키고 지역적 성경 연구에 어떤 영향을 미쳤는지 확인하는 것이다. 9세기에 13세기 중 적어도 그리스에 대한 피상적인 지식이 이전보다 더 일반적이 되었다고 말하는 것은 사실인 것 같다. 그러나 그 작품이 연구된 수정가들 중의 한 사람인 프란체스코 수사 휴의 제랄드는 실제로 히브리어보다 그리스어를 더 많이 알고 있었다.

실제로 히브리어는 그리스어 연구에서 베이컨의 동시대인들을 흡수하고 어느 정도까지 정신을 산만하게 했다. 여기에서 그는 정의justice보다 그것을 적게 다룬다. 13세기는 꾸준한 발전을 이루었다. 아마도 12세기 히브리어 학문의 최고점을 넘어 설 수 없었을 것이다. 보스함의 허버트Herbert of Bosham는 그의 후계자보다 더 능숙함에 이르렀을 수 있다. 앤드류의 주석들에[210] 대한 점증하는 인기는 관심의 증가와 더불어 더 나은 것으로 대체하지 못했음을 나타낸다. 그러나 히브리어에 대한 지식은 이전보다 적어도 더 널리 퍼져 많은 학자들이 스스로를 훌륭한 히브리어주의자들로 만들었다. 드문 경우지만 후이의 제랄드와 윌리엄 드 라 마레와 같이 이들은 그 이름이 우리에게 알려져 있다. 그러나 일반적으로 13세기의 히브리주의자들은 익명이다. 그가 유럽의 어느 지역에서 왔는지 안다면 운이 좋다. 우리는 아마도 이 수에 대한 무지를 인정해야 할 것이다. 그러나 체계적인 연구는 결국 헤브라이즘의 총계를 추정할 수 있게 한다. 여기에는 성경 히브리어-라틴어 텍스트와 라틴어 주석이 있는 히브리어 텍스트에 대한 원고의 수집본을 검색하고 당대의 주석들postills의 연구가 포함될 것이다. 우리는 또한 조사 결과를 종합했을 때 13세기의 히브리어 연구가 어느 정도까지 협력적이었으며, 어느 정도까지는 그것들이 단지 개별적인 노력이었는지 알게 될 것이다.

여기에서 이 장chapter의 끝까지 이어지는 노트는 현재 축적되고 있는 증거의 유형과 그로부터 도출된 결론의 유형에 대한 생각을 제공하기 위한 것이다.

---

210 위 p. 184 참조.

우선 몇 가지 일반적인 고려 사항이 있다. 알타너 박사Dr. Altaner는 특히 도미니쿠스 수도회 진영에서 히브리어 교사로서 유대인 개종자의 중요성을 강조했다.[211] 망도네Mandonnet는 히브리어 연구를 위한 학교가 실제로 파리에서 1236년경에 설립되었다고 생각했다.[212] 다음은 개별 원고들이다. 13세기 중반 파리 사본에서 탈무드에 대한 한 기독교인의 소개가 있다.[213] 옥스퍼드 원고, Bodl. Or. 135는 13세기의 히브리어-프랑스-라틴어 용어집을 포함한다.[214] 아마도 히브리어에 대한 지식이 부족한 프랑스 남부에 있는 그리스도인은 히브리어와 병행하여 라틴어로 기록했다. 다른 한편으로는, 13세기 말 라틴어 표제와 음역 히브리어 머리글이 있다. 같은 원고에는 히브리어 위에 쓰인 벌게이트에 대한 참고문헌으로 주석을 단 랍비적 격언 모음집이 있다(fo. 356 et seq.) 그것은 옥스퍼드의 엑서터 컬리지Exeter College에 기부한, 1327-69년 엑서터의 주교 그랜슨Grandison에 속한다. 리치필드 성당 도서관에는 '히브리어 사전'이 있었다. 불행히도 그것은 흔적을 찾을 수 없다.[215] 그래서 우리는 그것이 진짜인지 또는 '히브리어 이름의 해석'인지 알 수 없다. 그러나 이 모든 것이 함께 히브리어와 랍비에 대한 관심을 암시하며 진지한 성경 연구의 배경이 될 수 있다.

피터 코메스터의 『역사』*Histories*의 두 옥스퍼드 사본은 그 소유자나 주석

---

211 B. Altaner, "Zur Kenntnis des Hebraeischen im Mittelalter", *Biblische Zeitschr*. xxi (1933), 288-308.

212 P. Mandonnet, "Dominicains", op. cit. (p. 334, n. 2), 1471-2는 도미니쿠스 수도회의 히브리어 연구에 대하여. *St. Dominique*, op. cit (p. 83, n. 1), I, 195에서 그는 어떤 참고문헌을 제시하지 않고: "이 시기(1236년) 히브리 학교는 파리에 정착 한 것으로 보인다."(vers ce temps (1236) une école d'hévreu semble avoir été étabilie à Paris)라고 주장한다.

213 E. Klibansky, "Zur Talmudkenntnis etc.", *Bez. des christl. M. A.'s zum Judentum*, 458-62.

214 Neubauer 1466, Summary Catalogue 3086은 Neubauer & Böhmer, "Un vocabulaire hébraico-fraçais", *Romanische Studien* I (1897), 163-96에 의해 인쇄되었다. D. Blondheim, "Le glossaire d'Oxford", *Reuve des étudis juives*, lvii (1909), 1-18.

215 N. R. Ker, "Patrick Young's Catalogue of the Manuscripts of Lichfield Cathedral", *Mediaeval and Renaissance Studies*, ii (1950), 151-68. Young은 이시도루스의 *Ethmologies*의 한 구절을 지닌 히브리어 사전의 한 단락을 요청한다. ibid. 158.

가의 히브리어 지식을 보여준다. 하나의 사본, 현재 MS. University College, 190은 비벌리Beverley의 한 도미니쿠스 수도회에 속해 있으며 앤드류에 대한 많은 참고 문헌이 포함된 것으로 이미 알려져 있다.[216] 예전에는 라틴어 텍스트에 이어, 솔로몬 성전의 현관에 대해 묘사하는 히브리어 텍스트가 있었다; 그 겉장은 분리되어 현재 옥스퍼드 칼리지의 MS. 113의 뒤에 묶여 있다.[217]

『역사』의 다른 사본, 현재 MS Bodl. Rawl. C.46은 아마도 영국 종교적 건물에서 나온 것이다. 그것은 13세기의 손으로 쓰였으며 영어나 프랑스어일 수 있다. 그것은 많은 주석들을 포함하고 있으며 그중 많은 영어 단어를 제공하는 14세기 손에 의한 한 세트가 있다. 표지 뒷면 여백flyleaf에는 1280년 5월 8일 일요일에 '브라하의 수도원장 요하네스'Abbas Iohannes de Brach가 첫 미사를 거행했다고 영국인으로 보이는 손으로 기록한 메모를 남겼다. 생략된 성surname은 이 책의 지역을 확인하는 데 도움이 되지 않는다. 아주 운 좋은 기회만 있으면 수도원장 존을 식별할 수 있다. 여기서 우리와 관련된 13세기의 주석들은 주로 문법과 어원에 관한 것이다; 그러나 그들은 또한 아리스토텔레스에게서는 논리학과 형이상학을 언급하고,[218] 오리게누스의 '페리아르콘'Peryarchon을[219] 마이모니데스에게 '가장 고상한 유대철학자'라고 언급한다. 야곱의 사다리 환상에 대한 그의 해설은 "성자들과 잘 어울린다."[220]

---

216 위의 p. 183 참조.

217 Coxe, Ca. Cod. Coll. Oxon. I, 34; R. W. Hunt, "The MS Collection of University College, Oxford", *Bodleian Library Record*, iii (1950), 31.

218 Fo. 6v, 95r.

219 Fo. 7v: *De formatione mulieris*의 장에 반대하여: "Peri, id est, de Periarchon principatus. Peryarchon est liber in quo Origenes dicit Christum adhuc in aere pro demonibus pati debere, sicut in terra pro hominibus passus est. Quod falsum est." 이는 단지 주석가가 이차적인 손으로 알았던 De princ. iii, 5-6에 대한 언급이다.

220 Fo. 26r: "Rabi Mosu, nobilis Iudeorum philosophus, hanc apparitionem erecte scale philosophice exponit, dicens scalam illam esse ordinatam cognitionem creature et creatoris, gradus autem scale dicit esse scientias (MS. scientia) sermonales et doctrinales et naturales et morales et (*sic*, ad?) Deum (*sic*)." 주석의 마지막 부분은 미완성으로 보이며 '하나님'(Deum) 다음에 한 두 단어가 누락되었다. 이는 *Guide*, 1. 15에 대한 암시이다. 그러나 마이모니데스의 요점은 밝혀졌고 다듬어졌다. 주석가는 *Guide*에 나타나지 않는 다른 알레고리적

마이모니데스에 대한 두 번째 참조는 언어적 관점에서 더 흥미롭다. 주석가는 방주에서 나오는 노아에 관한 『역사』의 장에 주석을 달고 있다. 그는 창세기 8장 21절의 라틴 벌게이트를 『안내』*Guide*에서 인용된 마이모니데스의 구절 본문을 비교하고, 유대인에서 개종한 스페인 사람 페트루스 알폰소Petrus Alphonsi의 『대화』*Dialogi*에서 사용된 본문을 비교한다.[221] 자신의 개종의 이유를 설명하기 위해 1106-10년(라틴어로) 작성된 알폰소의 작품은 중세 시대에 꽤 인기가 있었다; 예를 들어,[222] 버리Bury의 성 에드문드Bury St. Edmund의 수도사들은 사본을 가지고 있었다; 그러나 나는 그것이 히브리어 텍스트에 대한 안내서로 사용된 적이 있음을 발견하지 못했다. 주석가들이 비록 그의 저자들에 대한 더 나은 요점을 놓치고 있지만,[223] 비교를 시도하기에 충분한 언어를 알고, 음역으로 히브리어를 번역했다. 또한 유대인의 전례 관행과 구약의 역사를 연결시키려고 노력한다. 그는 율법을 주시는 출애굽기 19장 18절에 관하여 『역사』의 장에서 말한다: "온 산이 크게 진동하며.":

> 따라서 유대인들은 여전히 산의 떨림을 나타내는 기도에서 떨고 있다.

이 영향에는 유대 전통이 없는 것 같다. 그러나 여기서도 우리는 지식이 아니지만 관심의 증거를 발견한다.[224]

해석을 첨가하고 결론을 낸다. "et bene concordat ista expositio sanctis"[또한 그것은 성인의 그 해석과 잘 일치한다]. 여기서 ista는 아마도 마이모니데스를 언급한다. 왜냐하면, 알레고리적 해석은 교부들로부터 왔고 조화될 필요성이 없기 때문이다.

221 Fo. 14v. 이 언급은 *Guide*, iii, 22 ed. Friedländer (London/New York, 1904), 298과 *Dialogi*, PL clvii, 645에서다.

222 M. R. James, "The Abbey of St. Edmund at Bury", op. cit. (p. 48, n. 5), 15.

223 이 단락에서 제기된 질문은 여기서 다루기에는 지나치게 기술적인 문제이다. Mr. Raphael Loewe는 곧 발표할 논문에서 이를 다룰 것이다.

224 Fo. 47v: "Inde est quod Iudei adhuc inorationibus suis tremunt, representantes illum tremorem montis." Mr. Loewe는 기록하기를, "나는 16절에서처럼 칠십인역과 어떤 히브리어 사본들에서 '산' 대신에 '백성들'을 지니고 있으므로 출애굽기 19:18절 이 현상에 대한 어떠한 유대적 연결도 발견할 수 없다. 아마도 주석가들은 16절과 18절의 표현의 유비를 통해 추론을

히브리어 본문과 랍비 전통에 대한 언급은 13세기 주석들postills에 포함되어 있다. 미들턴의 윌리엄과 알톤의 윌리엄은 모두 실례를 제공한다.[225] 특히 미들턴의 윌리엄의 연구는 이 관점에 더 많은 연구를 보답할 것이다. 그러나 이들은 주로 다른 목적으로 자료를 다룰 때 수집하는 일종의 자료정리용 카드fiches이다. 평균적인 파리의 강의에서 『수정들』*correctoria*이나 그 이전의 자료에서 도출되지 않은 구절은 나의 경험상 드물기 때문에 그들이 일어날 때 더욱 흥미롭다.

또 다른 가능성 있는 정보의 자료는 13세기 성경의 본문이다. 최근에 히브리어로부터 시편의 새로운 번역본이 영국 박물관에 의해 획득된 포켓 성경에서 밝혀졌다; 현재 MS. Egerton 2908. 13세기에 이탈리아 북부 또는 중부에서 쓰였다. 프란체스코 성인들의 카탈로그는 그 텍스트를 따르고 파리 표지 뒤의 여백에는 "저 성경은 형제 요하네스에게 속한다. …"[*Ista biblia est fratris Iohannis* … (fo. 390b)][226]라는 소유권이 지워진 메모가 있다. 불행히도 글은 아주 작고 대부분의 시편에서 거의 읽을 수 없을 정도로 닳아있다. 그러나 몇 페이지에서 특히 확대된 사진에서 너무 많은 눈을 찡그리지 않고도 읽을 수 있을 정도로 선명해지며 언젠가 번역가의 능력과 방법에 대해 더 자세히 연구하기를 희망한다. 이 발견은 중세 성경을 돌보는 사서에게 어떤 놀라움이 있는지 궁금하게 만든다. 이 이탈리아 프란체스코 사본은 시편을 제외하고는 매우 평범하다. 그것의 예쁜 색칠은 같은 종류의 다른 많은 것보다 더 흥미롭게 한다. 이 시편이 로마 버전, 갈리아 버전 또는 [성 제롬의] 헤브라이카*Hebraica*가 아니라 독립적인 버전이라는 경고나 언급은 없다.

그리고 우리는 기독교 도서관이 소유하고 있는 히브리어 텍스트의 증거

끌어온 것 같다.

225 B. Smalley, "Sapiential Books I", iii. 59-61, 76-7.

226 *Catalogu of Additions to the British Museum*, 1911-1915 (London, 1925), 423; A. Allgier, "Eine unbekannte mittelalteriche Psalmübersetzung", *Römisch Quartelschfift*, xxxii (1939), 437-9.

를 가지고 있다. 물론 그들은 단지 보여주기 위한 조각이나 호기심으로 획득되었을 수 있으며 실제로 연구되었다는 증거를 찾아야한다. 버리의 성 에드문트에 속했던, MS. Laud. Or. 174가 아닌, 히브리어 시편은 좋은 예이다. 시편의 라틴어 서문은 13세기 후반 학자의 손길에서 발견되었다. 주석은 없지만 이 제목은 적어도 한 수도사가 히브리어에 대한 단순한 관심 이상을 취했을 것이라고 제안한다.[227] 히브리어와 라틴어 버전을 모두 제공하는 병렬 텍스트는 비교와 학습에 대한 열망이 있기 때문에 더욱 중요하다. 생 빅터의 히브리어-라틴어 시편과 같은 이러한 사본 중 일부는 오래된 도서관 카탈로그에서만 알려졌다.[228] 웨스트민스터의 아름다운 히브리어-라틴어 시편처럼 다른 것들도 살아남았다.

베르거Berger는 영어로 된, 그리고 현 영국의 도서관에 있는 일련의 히브리어-라틴어 사본은 히브리어와 벌게이트 외에 히브리어로부터의 새로운 라틴어 번역본을 포함하고 있다고 지적했다.[229] 히브리어와 벌게이트는 평행한 열에 있다. 시편은 이중 라틴어 버전, 프랑스 버전, 또는 벌게이트, 그리고 히브리어 가까이에는 성 제롬의 해브라이카를 가진다는 점에서 예외적이다. 새로운 라틴어 번역은 단어마다 히브리어에 대한 행간 주석으로 작성되었다. 번역자의 신원을 알 수 없다. 그는 자신의 작품을 알려진 라틴어 버전과 원본을 비교하려는 학자들을 위함임을 분명히 의도했다. 그는 벌게이트의 표현을 번역의 기초로 삼아 번역을 수정하여 의견이 일치하지 않는 부분을 보다 문자적으로 설명했다. 배르거는 같은 학자가 전체를 책임지고 있다고 확신했다. 그의 작품은 구약의 거의 완전한 번역을 제공하는 사본으로 남아 있다. 그들 중 어느 것도 출처의 흔적이 없다. 그의 번역은 MS. Egerton

---

227 Neubacher, 117. M. R. James, "The Abbey of St. Edmund at Bury", op. cit. (p. 48, n. 5)에서 설명되었다. 약간의 세부적인 것은 수정이 필요하다. 제임스의 후대의 라틴어 제목들과 제목 뒤의 여백의 글들에 흘려 쓴 것들에 대한 그의 번역은 부정확하다: "Fui Parisius mcclxx prix haut puto. Fui Andegavis … sponte relicta … nomina tallentium (?) ..."

228 L. Delisle, *Le Cabinet des mss. de la Bibl. nat.* (1874), ii, 229.

229 *Quam notitiam*, 49-53.

2908의 번역과 비록 신중한 조사를 통해 몇 가지 공통 요소를 드러낼 수 있지만 동일하지 않다.

살아남은 세 가지 시편의 사본에 대한 연구는 그를 둘러싼 미스터리를 조금 밝혀냈다.[230] 우리는 그의 시편 번역이 최소한 그로세테스테에 의해 명령되었다는 것을 알고 있다. 링컨 주교는 '3~4개의 시편이 함께 포함된 곳'*simul coniunctim*에 자신의 시편의 히브리어에 대해 그것을 썼다. 그것은 후대의 주석가에 의해 '링컨사람의 위첨자'添子: *superscriptio Lincolniensis*로 인용된다.

가장 오래된 기존 사본은 MS. Corpus Christi College, Oxford 10으로서 13세기 2/4기의 손에 의해 기록되었다. 이 사본에서 시편 서두에 붙은 익명의 서문이 새 번역의 목표를 설명한다. 나는 서문의 저자가 그로세테스테라고 생각한다. 그는 출판에 책임을 지고 그렇게 함으로써 자신을 정당화한다. 그러나 그는 번역가라고 주장하지 않는다. 서문의 신선하고 헌신적인 분위기, 결정 및 넓은 전망은 모두 그로세테스테, 학자, 감독 및 성자 중 하나를 상기시킨다.

그는 시편에 숨겨져 있는 신비를 고려하면서도 적절한 겸손과 '문자적 히브리어 베일이나 외부 껍질'까지 접근한다. 그는 자신이 맡은 사업의 새로움 때문에 변명한다. 많은 학자들은 서로 존중하지 않고 시편을 번역했다; 성 제롬은 자신의 것을 바꾸고 고쳤다. 그의 텍스트가 손상되었으며 수정이 필요하다. 벌게이트는 히브리어와 많은 구절에서 동의하지 않는다. 저자는 새 라틴어 번역을 인용하여 벌게이트와 '히브리어' 사이의 불일치를 보여주는 예를 들었다. 그는 모든 사람들의 동일한 어머니이자 여주인인 교회의 두 성경을 모두 알고 일치시키는 것이 옳다고 결론지었다:

---

230 B. Smalley, "Hebrew Scholarship among Christiams in Thirteenth-Century England, as illustrated by some Hebrew-Latin Psalters; a paper read to the Society for Old Testament Study", *Lectiones in Vetere Testamento et in Rebus Judaicis* (1939), no. 6. 특별한 언급이 없는 참조는 이곳에서 찾을 수 있다. 이 팜플렛은 설명한 네 시편의 사진을 담고 있다. 이는 Mr. H. Loewe와의 협력 작업에서 준비되었다.

그러므로 어머니의 모태에서의 이 충돌과 갈등을 해소하기 위해 방언과 성경에 대한 지식을 통해 그러한 차이를 화해시킴으로써 그리스도의 주권 아래서 사람들을 믿음의 통일성으로 모으는 것과 두 성경은 서로 다르기 때문에 항상 싸우지 않도록 나란히 두는 것은 유익이 없다고 생각될 수 있다.

하나님의 집에 대한 이 열정은 나에게 히브리어 성경을 신실한 사람들을 위해 확정하고 불신자들을 부르라고 권유한다; 그러나 지나치거나, 부족하거나 오류가 발견될 경우 그러한 방법으로 형제적인 사랑에서 제거하거나 추가하거나 수정하게 하라. 나는 교정이나 수정의 흔적이 아니라, 대적enmity의 그것들만 거부한다. 왜냐하면 "의인이 나를 칠지라도 은혜로 여기며 책망할 지라도 머리의 기름같이 여겨서"[시 141:5]이다.[231]

관습적인 '변경 및 수정' 권유는 받아들여졌다. 우리는 나중에 학자들이 그로세테스테의 히브리어 시편 가이드를 높이 평가하고 집중적으로 연구했

---

231 Fo. 1d: "… Ideoque non estimo minus ecclesie que omnium nationum mater est et magistra utramque scripturam cognoscere, necnon et utramque concordare. Scio enim quod in utraque dissonantia sit, ut plerumque quod est in nostra desit in illa, et quod in illa est desit in nostra necnon et in eodem loco dissimiliter habeamus et aliquando opposito modo …[exemples follow].

Unde propter huiusmodi collisionem in utero matris et pugnam mitigandam non inutile cre야 potest dissonantias tales conciliando per diversarum linguarum notitiam et scripturarum, Christo duce, gentes in unitatem fidei congregare, et ne per dissonantiam scripturarum semper pugnent, scripturas pariter coaptare.

Zelus igitur domus Dei me stimulat ut ad confirmationem fidelium et infidelium vocationem scripturam Ebreorum edisseram, ita tamen ut si superfluum inveniatur caritative tollatur, ac minus suppleatur, ac devium fraeterne corrigatur. Non enim corretionis aut correctionis stimulum renuo, sed invidie; *iustus enim in misericordia invrepet, oleum autem peccatoris*", etc.

해당 문건의 마지막 구절은 "iustus enim in misercordia increpet, oleum autem peccatoris', etc. 이다. 이 마지막 절은 시편 141:5절을 자의적으로 인용한 것이다. 'increpet'는 분명히 위첨자(superscriptio)로부터 왔는데, 이는 벌게이트가 'increpabit'로 되어 있고, *Herbraica*는 'arguet'이기 때문이다. *[옮긴이] 따라서 이 책의 본문에서 사용된 본문을 직역하면 "의로운 사람이 자비로 나를 책망케 하며 그러나 죄인의 기름이 나의 머리를 살찌우게 하지 말라."이지만, 개혁개정 성경 본문에 따라 제시했다.

다는 증거를 가지고 있다. 그의 원래 위첨자superscriptio는 사라졌다. 그러나 우리는 적어도 네 개의 사본이 존재한다는 것을 알고 있다. 우리는 두 개의 완전한 사본을 가지고 있다. MS. Corpus 10은 프롤로그를 지니며, 상대적으로 후대의 사본은 MS. Trinity R. 8. 6이다. MS. Corpus Christi College, Oxford 11은 세 번째 것에서 많은 인용문을 지니고 있다. 후기의 작가인 케임브리지의 프란체스코 수사 헨리 코세이Henry Cossey(1336년에 사망했을 가능성이 높은)는 네 번째 것에서 광범위하게 인용한다.[232] 이들 모두가 그로세테스테에 속하는 원래 위첨자에서 가져온 프롤로그의 인용문과 대조되고 비교되면, 많은 차이점이 있다. 그들은 기록의 부주의로 설명할 수 없는데, 이는 지능적인 수정과 비교 때문이다. 때때로 그것들은 히브리어의 다른 의미의 음영에서 파생되고, 때로는 히브리어 텍스트의 변형에서 파생된다. 하나는 *Kere*를 따라 텍스트를 읽었다면, 다른 하나는 *Ketib*을 따라 본문을 썼다.

또한 시편에 약간의 난외주欄外註가 있다는 증거도 있다. MSS. Corpus 10과 Trinity R. 8. 6은 몇 가지 언어적 표현과 히브리어 단어의 음역을 가지고 있다. 공통된 자료가 없기 때문에, 서로 독립적으로 활동하는 두 명의 알려지지 않은 학자들이 있었다. 13세기 후반에 기록된 히브리어-라틴어 시편(Herbaica만 해당)을 포함하는 MS. Corpus 11은 난외주와 일종의 수정*correctorium*이 있다. 링컨 사람의 위첨자는 수집된 변형 판독 값 중에서 "유대인은 말한다"Iudeus dicit로 인용된다.[233] 이 시편에는 프롤로그도 있는데 익명의 주석가는 원고의 목적을 설명한다. 히브리어와 비교하기 위해 알려진 모든 라틴어 버전을 그룹화하려는 시도이다.

주석가는 자신이 찾은 시편의 '여섯 혹은 일곱 개'의 라틴 번역을 열거함

232 시편에 대한 그의 주석은 MS. Christ's College, Cambridge 11. "Hebrew Scholarship", etc. Cossey에 대하여는 A. G. Little, op. cit. (p. 278, n. 4), 139-41.

233 Berger는 이 시편이 행간 주석을 지니지 않았다고 지적하며 위첨자로부터의 발췌물이 난외주(*marginalia*) 가운데 인용된 것은 언급하지 않았다.

으로써 시작한다.[234] 그는 히브리어 옆에 헤브라이카를 써서 두 언어를 능숙하게 사용하는 사람들이 그 언어가 얼마나 다르거나 동의하는지 알 수 있었다. 그는 거의 모든 사람들이 그것을 마음에 가지고 있거나 알고 있기 때문에 '갈리아 버전Galican이라고 불리는 벌게이트'를 제외한 다른 버전의 변형 판독 값을 여백에 표시했다. 이것이 그의 결론이다:

> 그래서 나는 이 사본에서 헤브라이카 옆에 앞서 언급한 모든 번역을 간략하게 썼다. 나는 그것들을 모두 시험해 보았을 때 더 나은 것을 선택할 수 있고, 더 나쁜 것을 반박할 때 다른 것을 증거로 지닐 수 있다. 벌게이트 버전의 오류 정도는 히브리어에 나타난다; 다른 번역판들도 거의 모든 구절에서 지금 하나, 지금 또 하나, 지금 여러 개를 함께 볼 수 있다. 때로는 적고 때로는 많기도 하며 실제 번역본과 다르다[즉, 히브리어]. 성 제롬의 것이라는 번역본은 히브리어와 거의 다르지 않다; 그러나 때때로 "좋은 호머는 때때로 끄덕임"을 위해 다른 사람들에 의해 초래된 오염으로 인해 또는 자신의 부주의 또는 기술 부족 때문에 발생한다. 그는 히브리 진리를 완전히 규정했다고 주장하지는 않는다, 그러나 기록에서 어떤 변화도 없었다고 주장하지는 않는다. …
>
> 그러나 그가 초기 번역판의 지시와 도움을 받았을 때 나는 그와 다른 사람들 (그러한 이유로 내가 그들을 언급했음)과 유대인들에게도 도움을 받았다. 나는 다른 사람의 증인에 의해 그들 중 하나를 대담하게 수정하려고 하고 때로는 하나를 따라 다른 때는 다른 하나를, 때로는 그들 중어 어느 것도 따르지 않고 다른 곳에서 증명한다. 그리고 이것은 아마도 추정이나 성급하지 않게 그러나 히브리어 진리에 대한 조사와 우리의 검토를 매우 신중하게 대조하고 조사한 후에 오류에 대한 명백함과 유대인의 증인과 더불어 이것을 한다.[235]

---

234 Prof. S. H. Thomson은 현재 위첨자(*superscriptio*)와 그 연관성에 대한 연구의 책임을 맡게 되었다. 나는 그가 두 개의 서문을 편집하고, 그로세테스테의 작품의 일부로서 시편 번역에 관한 중세 전통에 대한 더 완전한 연구를 제시할 것을 기대한다.

235 Fo. 110v. (이 노트는 시작 대신에 끝으로 여겨진다: "Hanc notulum debui posuisse in

이 프롤로그와 그로세테스테의 논조의 차이는 매우 인상적이다. 이것은 히브리어 연구에서 반세기의 발전을 의미한다. MS. Corpus 11의 익명의 주석가는 자신을 혁신가로 정당화할 필요가 없고, 벌게이트와 히브리어를 자세히 비교할 필요가 없으며 번역에 의존할 필요가 없다. 원본을 읽을 수 있기 때문에 그는 선택을 할 수 있다. 성 제롬과 일반적으로 교부들에 대한 그의 순진한 오만함은 '다가오는 시대'의 인정된 표지 중 하나이다. 그의 주석들은 히브리어와 그리스어에 대한 광범위한 지식을 보여준다. 그는 유대인들의 전례적 전통에 대해서 끈기 있게 그들에게 질문을 했으며 끊임없이 마이모니데스를 인용했다. 그는 성 제롬의 헤브라이카 사본 넷을 모았다. 그는 히브리어 사본과 라틴어로 된 변형을 언급했으며, 더 나은 텍스트에 대해 '그의 유대인'과 상의했다.

이 진취적인 학자는 시편에 대한 주석을 남기고, 브리스톨의 존(John of Bristol, 1317-20년까지 관구장을 역임함)을 섬겼던, 영국의 도미니쿠스 수사, 니콜라스 트레베Nicholas Trevet와 연결되어 있다. 트레베는 갈리아 버전을 설명하는 관습을 깨고, 대신 성 제롬의 헤브라이카를 선택한다. 그는 종종 히브

---

principio"):

"Itaque in hoc codice iuxta Hebraicam breviter conscripsi, quoad diversitatis notitiam, omnes pretactas translationes ut omnibus probatis tenerem quod melius est, et ut una alteri attetur ad reprehensionem peioris. Quantus autem sit error in nostra usitata, patet in Hebreo, testibus quoque aliis translationibus, nunc quidem una, nunc alia, nunc simul pluribus pene per singulos versus, quia quandoque minus, quandoque plus, quandoque aliter habet a vero. Similiter et quelibet aliarum licet sit magis et minus; nam illa que dicitur Ieronimi minus discordat ab Hebreo, et tamen aliquando, sive per corruptionem ab aliis factam in translatione sua, sive per suam negligentiam aut imperitiam, quia quandoque bonus dormitat Homerus [Horace, A. P. 359]. Unde ipse non asserit se omnino veritatem Hebraicam posuisse, sed nihil de ea scienter mutasse...

Sed sicut ipse instructus et adiutus per precedentes translationes, ita ego tam per illam quam per ceteras, propter quod eas contuli, quam etiam per Hebreos, audeo quamlibet earum corrigere, et ceterarum attestatione, nunc unam nunc aliam nunc nullam earum sequens, sed aliunde convincens, et hoc, non quidem presumptuose aut precipitanter, sed diligentissima nostrum colatione et examinatione et Hebraice veritatis inquisitione, et sic manifestissima erroris reprobatione et Hebreorum attestatione."

리어 본문과 '링컨사람의 위첨자'*superscripti, Lincolniensis*에 일치하는 자신의 인용문을 언급한다. MS. Corpus 11에서 주석을 지닌 수집본은 이것이 트레베의 주석에 중요한 출처임을 보여준다.[236] 때로는 언어적 동일성 때로는 확장 또는 압축이 있다.[237] 15세기 학자인 토마스 개스코인Thomas Gascoigne은 트레베의 주석과 그에 대한 인용을 직접 알고 있었으며 그는 런던 서점에서 병행 히브리어 텍스트를 지닌 히브리어 번역본을 포함하는 시편에 대한 트레베의 사본을 보았다고 기록했다. 개스코인의 설명은 MS. Corpus 11 자체를 제시한다. MS. Corpus 11은 트레베 자신의 노트북으로, 나중에 주석으로 작업했다; 우리는 그가 다른 책들에 대한 자신의 주석들의 예비 초안을 만들었음을 알고 있다. 또는 아마도 익명의 주석가가 그의 교사일 것이다. 트레베의 주석에 대한 추가 연구는 어느 것을 결정해야 한다.

그 사이에 그로세테스테의 위첨자와 우리의 가장 초기 사본을 연결하고 우리의 최근의 트레베와 그 간격을 메우는 트리니티 시편을 연결하는 것은 즐겁다. 마지막으로 헨리 코세이Henry Cossey가 있는데 그 중 세 가지 주요 출처는 링컨 사람의 위첨자, 니콜라스 트레베 및 리라의 니콜라스Nicholas of Lyre이다.[238]

시편의 또 다른 흥미로운 그룹에는 라틴어-프랑스어 주석이 있는 히브리어 텍스트만 포함되어 있다. 토마스 개스코인Thomas Gascoigne이 소유한 히브리어 시편은, 현재는 MS. Bodley Or. 621은 13세기에 아마도 영어로 음역과 프랑스어 또는 라틴어 동의어에 해당하는 많은 히브리어 단어에 대한 메모

236 시편에 대한 트레베(Trevet) 주석의 완전한 본문을 담고 있는 MS. Bodley 738은 성경 읽기(collation)로 사용되었다. 나는 시편에 대한 트레베의 원고 목록과, 자신의 니콜라스 트레베(Nicholas Trevet)에 대한 박사 논문으로부터 다른 정보를 제공해준 Miss Ruth Dean에 매우 감사한다.

237 W. A. Pronger, "Thomas Gascoigne", *English Historical Review*, liii (1938), 621; liv (1939), 20.

238 Cossey는 트레베의 주석으로부터 축어적로 인용한다.

를 가지고 있다. 베르거가 언급한 Bibliothèque, Nationale, Hébreu 113의 필사본은 시편 처음 열 편에 같은 유형의 주석을 가지고 있다. MS. Lambeth 435라는 훨씬 완성된 주석이 있다.[239] 그것의 여백에는 언어적 메모들, 구약 역사와 반유대주의 논쟁 및 해석에 대한 의견을 지니고 있다; 이것의 행간 주석은 시편을 히브리어에서 프랑스어, 라틴어 및 라틴어화 된 프랑스어의 기이한 혼합물로 거의 완벽하게 번역한다. 히브리어 문법 및 구문에 대한 메모는 표지 뒷장에 기록한다. 두 MSS. Hébr. 113와 Lambeth 435는 13세기 중반 이후 그리 멀지 않은 반면 MS. Bodl. Or. 621은 다소 빠를 수도 있다. Lambeth의 주석가는 영어 특성을 표시했으며, 책 표지 뒷면 하나에 흘려 쓴 이름은 아마도 노퍽Norfolk의 M. R. James의 가능성을 제시했다. 그렇지 않으면 사본 중 하나에는 출처의 표시가 없다. 세 명의 주석가들 모두 전문가가 아닌 학자의 손으로 쓴다.

세 명 중 누구도 링컨 사람의 위첨자에 대해 아는 사람이 없으며 서두른 조사로 판단할 때 서로 의존하는 것처럼 보이지 않다.[240] 여기에 우리는 세 개의 개인적인 학자들의 노트를 가지고 있으며, 모두 시편을 원본으로 공부하고 있다.

히브리어와 히브리어-라틴어 시편의 히브리어 문자는 중요한 문제를 제

---

239 작고한 Herbert Loewe는 Lambeth 시편에 대한 자신의 글을 사용하도록 허락했고 구약 성경의 사회에 대한 연구를 읽도록 허락했다. 참고와 사례에 대한 온전한 설명은 "Hebrew scholarship , &c.", 에서 찾을 수 있다. Palte II 참조.

240 예를 들면, MSS. Héb. 113 and Lambeth 435는 '죄'에 대한 다양한 히브리어 단어들을 제시하며 시편 5:11절에 *scelerum*으로 메모를 하였다. 그러나 동일하지는 않다.

MS. Héb, 113, fo. 3r:

Het: peccatum grande.
Avon: peccatm parvum scil. fornivatione.
Pesa: culpa

MS. Lambeth 435, fo. 3r.

Pesa est cupla quam homo facit quasi in despectu domini sui.
Attaz est peccatum quod homo fecit quasi ignoranter.
Avon est peccatum scienter et pro edia corporis sui.

기한다. 작은 MS. Bodley Or. 621은 분리되어 있다. 그것은 지금 MS. Laud Or. 174는 버리Bury의 수도사들에 속했던 주석이 없는 히브리어 시편과 유사하다.[241] 이것은 전문적으로 작성되고 예쁘게 색칠되어 유대인들에게서 쉽게 입수할 수 있었다. 이는 자주 일어났음에 틀림없다: 헨리 코세이Henry Cossey는 최근 개종자 '교사 I'이 소유했던 히브리어 시편을 사용했음을 알고 있다. 다른 모든 시편들, 위첨자 그룹 및 MSS Hébr. 113과 Lambeth 435에는 서기관이 쓴 히브리어 텍스트가 있는데, 비록 그들이 잘 썼음에도 불구하고, 고도로 전문화된 유대인 직업의 기술적 규칙을 지키지 않았다. 같은 종류의 대본이 또 다른 13세기의 히브리어-라틴어 시편에서 발견되는데 여기에는 행간 번역과 성 제롬의 헤브라이카가 없지만 위첨자 그룹인 MS. Westminster 2와 비슷하다.[242] 각 경우에 서기관들은 단column의 왼쪽을 똑바로 유지하지 못했다. 그들은 많은 실수와 누락을 한다. 거의 각 면Folio에는 약간의 수정이 있다. Lambeth 시편의 서기관은 실수로 테트라그라마톤Tetragrammaton을 [243] 추가했을 때 지우지 않았다. 윌리엄 드 라 마레William de la Mare가 지적했듯이 유대인 서기관은 결코 거룩한 이름을 지우지 않을 것이다. 그는 불필요하게 쓰였음을 보여주기 위해 그것을 원으로 표시했다.[244]

그리스도인 서기관들이 그렇게 아름다운 히브리 문자를 형성하는 법을 배운 적이 없었을 것 같다. MSS. Lambeth 435와 Corpus 11의 주석가들은 종종 언어학적 주석에 히브리어 단어를 쓴다; 그들의 서투른 대본은 시편의 대본과는 매우 다르다. 어떤 경우에는 시편의 실수가 표현이 비슷하지만 동

---

241 M. R. James, *The Abbey of St. Edmund at Bury*, op. cit. (p. 48, n. 5), 3, 87,

242 J. A. Robinson and M. R. James, *The MSS of Westminster Abbey* (Cambridge, 1909), 64. 나는 이 시편이 위 첨자(superscriptio)를 지니지 않는 것처럼 "Hebrew Scholarship"에서 언급하지 않았다. 그 머리글은 MS. Corpus 10의 것들과 매우 유사하다; 그러나 그 손[기록자]은 다르며, 히브리어는 MS. Trinity R. 8. 6에서 처음 쓰여졌다. 반면에 MS. Corpus 10에서는 라틴어가 먼저 쓰였다. 그곳에는 여백에 언어학적인(linguistic) 것이 필기되어 있다.

243 * 히브리어에서 하나님을 표기하는 네 자음 문자, 예를 들면, YAWH, YHVH 등.

244 *Quam notitiam*, 41.

일하지는 않은 다른 시편의 히브리어와 혼동하기 때문이다. 히브리어 시편을 철저히 알고 있는 사람만이 이런 종류의 실수를 저지르기 쉬웠을 것이다. 아마추어가 쓴 히브리어 시편 6개가 존재한다는 것은 단순한 우연의 일치일 수는 없다. 그것은 유대인 개종자들이 히브리어를 쓰기 위해 기독교 학자들에 의해 정기적으로 고용되었거나 비전문적인 유대인 서비스의 도움을 받아 일하는 체계가 있었음을 암시한다.

번역으로서 Lambeth 시편의 위첨자 및 라틴-프랑스어 주석의 가치는 더 많은 연구가 필요하다. 둘 다 객관적이고 심지어 신선한 문자 그대로 자극적이다; 그들은 히브리어에 가까이 가는 것을 목표로 하고 그들의 생각을 비교하면 흥미로운 변형이 생긴다. Lambeth 주석에는 특히 언어적, 역사적으로 놀라운 것이 포함되어 있다.

이 주석가는 히브리어를 쓰고 이해할 수 있었지만 MS. Corpus 11의 주석가보다 덜 알고 있었다. 그는 실수를 한다. 그는 자신에게 가르쳐주는 유대인이 있었다: "한 랍비가 말했다…" 문법 노트와 미드라쉬Midrash가 그의 랍비에 속한다. 또한 그는 랍비 자신의 시편인 '나의 스승의 책'에서 알지 못하는 히브리어 철자를 언급한다.

구약 학자들은 그가 널리 보급된 현대의 테트라그라마톤(네 자음 문자)을 사용했다는 소식에 놀랐다. 그는 그것을 JAAHWE에 매우 가까운 IAHAVE로 쓴다.[245] 그가 어떻게 여기어 이르렀는지는 미스터리이며 불행히도 토론하지 않았다. '기괴한 형태' Jehoveh는 이미 13세기 후반에 그리스도인들에게 알려졌다. 헨리 코세이는 IEHAVE로 써서 Jehoveh와 Jahweh 사이에서 타협하는 것 같다. 위첨자는 단지 'Deus'로 번역하고; MS. Corpus 11의 주석가는 유대인들이 그것을 '아도나이'Adonai, 즉 '주'Dominus라고 읽었다고 말한다.[246] Lambeth 시편의 주석가는 교부들에게서 자신의 형태를 거의 도출

245 Fo. 21r. "Hebrew Scholaship, &c." 참조.
246 Fo. 34r.

할 수 없었다. 성 제롬은 IAHO를 사용했다. 그리스 교부, 테오도레Theodoret의 IABE는 아마도 그에게 알려지지 않았을 것이다. 그는 아주 최근까지 '야웨'Jahweg라고 발음한 사마리아인들과도 접촉하지 않았을 것이다. 그의 필사는 르네상스 학자들에게 알려지지 않은 것 같다. 13세기의 주석에 대한 더 자세한 연구만이 그가 자신의 시대에 예외적이었는지 여부를 보여줄 것이다.

우리가 그의 해석에 넘어가면 우리는 그의 견해가 그리스도인 해설자에서 이례적이라는 것을 알게 된다. 복음서와 사도행전에서 인용된 예언으로[247] 시편 110편 1절에 대한 그의 주석이다: "여호와께서 내 주에게 말씀하시기를 내가 네 원수들로 네 발판이 되게 하기까지 내 오른쪽에 앉아 있으라." 그는 그리스도가 아니라 다윗과 사울 또는 다윗과 솔로몬에 대한 것으로 이것을 설명한다. 히브리어 단어에 대한 놀이play는 베냐민 사람인 사울의 다윗에 대한 박해를 암시한다.

> 여기에서 다윗은 사울을 그의 주인이라고 부른다; 또는 다윗은 그의 아들 솔로몬에 대해 예언했다.
> '앉아 있으라' 또는 '기다리라'는 말하자면 '견디다'이다. 이와 같이 주님께서는 '때까지' 다윗에게 사울을 견디다[고통을 당하다]라고 말했다. 등.
> '이미니'[*Iemini*, 즉, 내 오른편에]는 베냐민이라고 불리고, 사울은 베냐민에서 왔다.[248]

그는 6-7절을 설명한다: "… 그는 여러 나라의 머리를 쳐서 깨뜨리시며, 길가의 시냇물을 마시므로 그의 머리를 드시리로다." 이는 산헤립에 대한 히

---

247 *마 22:44; 행 2: 34-5.

248 Fo. 101r: "David vocat hic Saulem dominum suum vel David prophetavit super Salomonem filium suum.

"adsede vel attende, quasi diceret: patere. Ita dixit Dominus ad David quod pateretur Saulem donec etc.

"Iemini vocabitur Beniamin et Saul venit de Beniamin."

스기야의 승리에 관한 것이다[사 36-37]. 그 이름은 신중하게 음역되었다:

> 산헤립은 큰 땅이었던 니느웨와 아시리아의 왕이었다. 다윗의 줄기에 속한 히스기야가 그를 정복했다.[249]
> 이것은 산헤립이 예루살렘에 침략하고 그의 모든 부하들과 함께 요르단을 건너 돌아가며, 자신을 자랑했다; 주님께서는 하늘에서 천사들을 보내서 그의 군대를 돌이키게 하셨고, 히스기야가 그를 정복하였다: 후자에게 이사야가 예언하고 말했다: "한 처녀를 보라, 등."[250]

이 해석에 대한 그의 출처는 미드라쉬Midrash와 라시Rash이다.[251] 그는 그것들을 시편의 참된 문자적 의미를 제시하는 것으로 받아들이고, 그것을 메시아적 성격을 부인했거나, 단지 그의 랍비가 그에게 말한 호기심 많은 것들 중에서 자신의 노트에 그것들을 적어 놓고 있었다. 아마도 앤드류의 이사야에 대한 해석을 읽고 존경했던 앤드류의 영적 후손일 것이다.

16세기 초의 위대한 토마스주의자 카예탄 추기경Cardinal Cajetan이 시편을 문자적로 설명하기 시작했을 때 그는 자신이 가장 먼저 그렇게 했다고 생각했다:

> 그들이 문자적으로 요청하는 시편에 대한 의미만이 누구에게도 분명하지 않지만, 여전히 주석을 발표한 거의 모든 사람들이 신비로운 의미만을 설명했

---

249 ibid: "Chaneherebbe fuit rex de Nineve et Assur que erant magne terre. Hezkiiia qui fuit de prole David vicit illum."

250 Fo. 102r: "Hic fuit Chaneherebbe qui obsederat Ierusalem et convertendo obibat Iordanem tot quos habuit et iactavit se et misit Dominus angelos de celo et converserunt [sic] exercitum suum et Hizkiia vicit illum et super istum prophetavit Isayas et dixit: *ecce virgo* etc."

251 베냐민 지파 사울에 대한 참조로서, '나의 오른편에', Iemini의 해석에 대하여는 R. Shalom the Levite의 미드라쉬 시편 110의 5section의 주장을 보라. ed. Buber, fo. 233b. 이 생각은 탈굼(Targum)에서 발견된다. 6-7절에 관한 그의 주석의 자료는 라시(Rashi)이다.

기 때문에 여전히 모호하다. 시편은 교회에서 너무 자주 읽고 노래하여 그 의미가 다른 책보다 명확하고 분명해야한다.[252]

카예탄Cajetan은 13세기와 14세기 초의 영국의 주석가를 연구할 수 없었다. MSS. Lambeth 435와 Corpus 11의 주석들은 전적으로 문자적이다. 보스함의 허버트Herbert of Bosham는 말할 것도 없고 니콜라스 트레베Nicholas Trevet와 헨리 코세이Henry Cossey의 주석도 마찬가지이다. 그의 주제의 기술적인 측면은 트레베에게 흥미가 있어 그가 하나의 악기처럼 시편을 그림으로 묘사했다. 카예탄과 마찬가지로, 그는 메시아 시편의 수를 제한한다; 그리고 이 잔재 속에서도 그는 그리스도인과 대조적으로 유대인 해석을 유지한다. 예를 들면 시편 21편에 대하여 그는 "그 진실은 허구 옆에 놓이면 더 명확하게 나타날 수 있다"[253]에 따라 두 가지 해석에 따라 문자적인 의미를 부여해야 하므로, 유대인의 관점에 대한 관심을 배반할 수 있다고 한다. 카예탄은 자신의 주석에 대한 제목인 『히브리 진리에 따라 거부되고, 어떤 문자적 의미에 따라서 말해지는 다윗의 시편들』*Psalmi Davidici ad Hebraicam veritatem castigati et iuxta sensum quem literalem vocant enarrati*은 트레베 또는 코세이에 완벽하게 어울리며, Lambeth 주석가는 그 어떤 것보다 기독교적 해석을 배제하는 데 더 나아간다.

아가서에 대한 문자적인 해석을 발견하는 것은 훨씬 더 놀라운 일이다. 서양의 전통에 따르면 이 책은 항상 그리스도와 교회, 그리스도와 신실한 영혼

---

252 A. Allgeier, "Les Commentaires de Cajétan sur les Psaumes", *Reuve Thomiste*, n.s. xvii (1934), special no. 41-5.

253 MS. Bodley 738, fo. 40r-v: "… expressam valde continet prophetiam de passione Christi secundum litteram, quamvis Iudei dicant compositum de liberatione populi Israel per Hester a persecutione Aman. Ponemus autem expositionem litteralem utroque modo ut pateat magis veritas posita iuxta umbram." 시편 110편에 관하여 그는 사울 또는 솔로몬으로 하는 유대적 해석을 토론하고 논쟁한다(fo. 198r). 여기서의 자료들은 MS. Corpus 11, fo. 92r. 트레베의 주석에 관하여는 A. Kleinhans, "Nicholaus Trivet O.P. Psalmorum Interpres", *Angelicum*, xx (1943), 219-36.

또는 12세기부터 동정녀와 관련하여 설명되었다. 앤드류의 거의 완전한 컬렉션을 지닌 동일한 MS. Vat. Lat. 1053에는 익명의 『솔로몬의 아가에 대한 역사적 해석』*Expositio Hystorica Cantici Canticorum secundum Salomonem*: ff. 105-114가 있다. 그것은 1300년경에 나머지 원고와 같은 파리의 손으로 쓰였다;[254] 그리고 그곳(fo. 107)에서 나타나는 한 히브리어 단어는 일반적인 앵글로-프랑스어 문자이다. 저자는 당대의 장chapter의 구분을 일관되게 사용한다. 그러므로 그는 1230년경 이후에 활동했을 것이다. 그는 구절verse을 언급하거나 나누거나 세분화하지도 않는다. 13세기 말 이전에 활동했음을 암시한다. 불행히도 이 본문을 썼던 서기관들이나 그의 전임자들은 히브리어에 대한 언급을 이해하지 못했으며 때로는 본문을 이해할 수 없었다. 다른 사본은 알려져 있지 않다. 앤드류와의 연관성 및 그 작품이 앤드류의 것과 같은 제목으로 불렸다는 사실은 주석가가 앤드류를 그의 모델로 취해 앤드류의 방법을 역사적 해석*expositio historica*을 아가서로 확장했거나 나중에 학생이 유사성을 언급했음을 의미해야 한다. 그것들을 같은 단에 복사되었다. 두 경우 모두 예언자들에 대한 앤드류와의 비교는 이 두 시대 사이에 어떤 진전이 있었는지 매우 강력하게 보여준다.

앤드류와 마찬가지로 이 익명 주석자는 히브리어를 언급한다. 그러나 그는 원본으로 읽을 수 있었고 히브리어 문법의 기술적 요점을 이해했다.[255] 앤

254 위의 p. 176 참조.
255 그의 히브리어로부터의 번역은 문자적이다:
Fo. 105c on Cant. 1:4: "... pelles Salomonis; in Hebreo habetur sicut cortine Salomonis."
Fo. 106b on Cant. 1:15: "lectulus noster floridus; Hebreus habet frondosus."
Fo. 107b on Cant. 2:13: "Surge tibi."
Fo. 114c on Cant. 8:12: "mille tui pacifici. Herbreus habet tibi Salomoni et ideo patet quod li tui et li pacifici sunt genitivi singulares."
그는 히브리어 *le*를 *li*로 번역하였을 것이다. 그리고 그 의미는 '나의 것인 내 포도원에서' 그리고 다시 당신의 솔로몬에게서 전치사 *le*는 매우 사실인 소유격을 표현할 수 있다. 동일한 의견이 리라의 니콜라스의 주석(*Postilla*)에 나타난다. 같은 곳: "*Tui pacifici* sunt genitivi casus singularis numeri." 그러나 Father Daniel Callus는 *li*는 한 단어의 특별한 의미를 가리키기 위해 학자들에게서 보통 *li*나 *ly*가 되었을 것이라고 제안한다.

드류처럼 그는 문자적인 해석을 하는 것을 목표로 한다. 즉, 그는 자신의 저자, 이 경우 솔로몬의 의미와 목적을 설명하려고 한다. 앤드류처럼 그는 랍비적 전통에 의지했다. 그의 주요 출처는 라시와 미드라쉬이다. 프롤로그는 거의 같은 성경 인용문으로 라시를 축어적으로 번역한 것이다. 한 곳에서 그는 심지어 같은 텍스트에 라시가 자신의 자료로 언급하기 때문에 아마도 Pešikta를 언급한다.[256] 그는 라시를 인정하지 않는다; 그러나 그는 랍비의 이름을 미드라쉬에서 가져 오는 두 가지 일화에서 제공한다.[257] 그는 앤드류보다 그의 기록된 자료에 훨씬 더 가깝다. 그들은 더 이상 단순히 히브리인들 *Hebraei*이 아니다. 비록 이것이 미드라쉬일지라도[258] 그의 설명 중 적어도 하

---

256 Fo. 107b on Cant. 2:13: "··· in alio autem qui dicitur peisqualsa [sic, for Pesikata, the old from] exfonitur idem sic: Ficus protulit grossos suos quia inillo triduo quo fuerunt tenebre in terra Egypti, Exod. x. mortui sunt omnes peccatores magni Iuderoum qui non erant digni liberari de Egypto, et ideo tunc, quia noluit Dominus quod viderent Egyptii mortem Hebreorum et letarentur; et tunc vinee florentes dederunt odorem i.e. residui qui remanserunt egerunt penitentiam et placuit Deo." 전체 단락은 Rashi에 있다. 마무리하기를 "그러므로 이는 Pesikta에서 설명되었다." *Pesikta Rabathi*, xv, ed. Freedman, fo. 75a 참조.

257 Fo. 105a (prologue): "···Unde dicit rabi Eliezer quod rex quidam tradidit sextarium frumenti pistori suo ut inde faceret ei panem; fecit ille ex illo frumento primo panem nigrum et grossum pro familia; alium fecit subtiliorem pro armigeris et militibus; tertium fecit de simila, quasi panem regium. Sic Salomode sapientia sibi data fecit primo Proverbia pro insipientibus···"

Fo. 108b on Cant. 3:11: "quaesivit rabi Hanina a rabi Symeon filio rabi Helyeser sapientissimi, utrum aliquando audivisset a patre suo exponi id quod dicitur: *in dyademate quo coronavit eum mater sua*. Respondit ille quod pater suus hoc exponens dicebat quod rex quidam habebat filiam unicam quam ex magna dilectione vocabat filiam suam; post, crescente amore, vocavit eam sororem suam; tandem ex amore excellenti vocaviteam matrem suam. Sic Deus populum Israeliticum gentem peculiarem vocabat filiam, Ps. [xliv. 11]: *audi filia*, et idne post sororem, idem v: *aperi michi soror mea* [2], tandem matrem, Ys. li: *attendite ad me populus* [sic] *meus et tribus mea me audite* [4] Hebreus habet: et mater mea me audite. Hec enim sunt nomina amoris: filia, soror et mater. Ideo dicit hic *in dyademate quo coronavit eum mater sua*. Audita tam eleganti responsione rabi Hanina osculatus est caput rabi Symeonis." 이 두 일화는 미드라쉬의 발췌본인 *Yalkut*에 있다. 그러나 두번째는 *Yalkut*보다는 더 원래의 미드라쉬를 따르고 있다.

258 Fo. 107a on ii. 12: "Tempus putationis advenit; Hebreus habet tempus cantus quasi diceret: tempus venit quando cantabitis cantivum scil. in exitu maris rubri, Exod xv; vonx

나가 명백한 자료에 있지 않기 때문에 아마도 구두 전통에 의존했을 것이다.

작품의 전체 내용은 랍비적이다. 주제는 프롤로그가 설명하는 것처럼 이스라엘에 대한 하나님의 사랑이다:

> 솔로몬은 이스라엘 백성이 포로가 되고, 여러 번 포로가 되고 포로 상태가 되어 그녀가 부름을 받았을 때 모든 나라에서 그의 독특한 백성이 되었을 때 그녀에 대한 하나님의 이전의 사랑과 친밀함을 빼앗길 것이라고 영으로 예언한다. 이스라엘은 신명기 7장에서 부름받은 것처럼 모든 열방들 중에 하나님의 특별한 백성이었다: "네 하나님 여호와께서 너를 택하셨나니, 등"과 호세아 2장에서도 똑같이 말할 것이다: "내가 본 남편에게로 돌아가리니", 하나님이 시간의 끝에 그녀에게 주겠다고 약속하신 것을 예견하고, 이 책을 구성했다. 그녀의 남편에 의해 미망인으로 남아 있고 그에게 돌아가기를 원하고 한숨을 쉬고 그녀의 젊은 시절의 사랑을 기억하며, 사랑에서 그와 결합하기를 열망하며, 여인의 비유 아래 구성했다. 그리고 신랑은 곤경에 처한 그녀를 위해 동정심을 가지고 있으며, 선한 일과 아름다움을 회상하며 강한 사랑으로 그녀와 결합하여 기꺼이 겸손하게 하며, 그녀를 부인하지 않으며, 여전히 그녀의 남편이며 그녀는 여전히 그의 아내라고 말했다 …[259]

---

turturis que est avis casta et habet gemitum pro cantu et significat Mariam sororem Moysei que castissima fuit et interpretatur amaritudo." 홍해를 건넘은 그의 자료에서 왔다. 그러나 미리암에 대한 언급은 아니다. 그는 동정녀에 대한 기독교적 해석을 가져다가 이를 구약성경의 매리에 적응시켰다; 만일 그렇다면, 이는 일반적으로 행해진 것에 대한 흥미 있는 도치이다.

259 Fo. 105a: "Salomon previdens in spiritu quod populus israel captivandus erat multiplici captivitate et in captivitate positus lamentaturus erat super familiaritate et amore Dei quondam ad ipsum, quando erat ei populus peculiaris de cunctis gentibus, ut dicitur Deut. vii: *te eligit Dominus Deus tuus* … et dicturus erat idem, Osee ii *Vadam et revertar*…, et ea que ei promisit daturum in fine dierum, composuit librum hunc sub metaphora mulieris que derelicta est vidua a viro suo adhuc vivo et desiderat et suspirat reverti ad ipsum, et unitur ei per amorem, recolens amorem adolescentie sue. Sponsus etiam ipse compatitur ei ein angustia ipsius, recordans misericordias adolescentie eius et pulcritudines eius et rectitudines operum eius, quibus coniungebatur ei amoreforti, ut per hoc notificet ei quod non ex corde humiliavit eam, nec repudiavit eam simpliciter, immo adhuc ipsa est

그런 다음 아가서는 출애굽기 율법의 수여 등을 설명한다. '역사적' 부분의 시작부터 끝까지 하나도 기독론적 언급이 없다. 그럼에도 불구하고, 우리가 그의 출처들을 고려한다면, 우리는 랍비에서 작가의 선택이 사려 깊고 신중한 것임을 알 수 있다. 앤드류와 달리 이 주석가는 문자적 표현이 '유대인이 말하는' 것 전부라고 생각하는 것과는 거리가 멀다. 그는 구약 성경에 자신을 제한하고 랍비에 대한 많은 메시아 해석을 철저히 배제했다. 그의 솔로몬이 그리스도의 오심을 예언하지 않는다면, 유대인 메시아도 언급하지 않는다. 해설자는 마지막 문장에서 그의 의도를 명확하게 보여 주었으며 여기서 그는 처음으로 영적인 의미를 언급한다. 그는 일반적인 영적 해석 중 하나를 제공하는 대신 자신의 주제와 일치, 이스라엘에 대한 약속을 유지한다:

> 저는 이 모든 것이 그리스도로 개종한 유대인과 관련하여 영적으로 성취되었고 세상 끝에서 개종해야 하는 유대인과 관련하여 영적으로 성취될 것이라고 말한다.[260]

리라의 니콜라스Nicholas of Lyre는 현재 책의 범위 밖이다. 트레베Trevet와 코세이Cossey는 링컨 사람의 위첨자와의 연결을 통해 그 안에 자신들을 삽입했다. 그러나 이미 리라가 히브리어와 랍비학 연구를 위한 운동의 정점을 나타내는 것은 분명하다. 그는 과거에 많은 빚을 졌다.[261] 우리가 고려한 모든 증거, 연구 보조, 주석들glosses 및 postills, 도서관 내용, 히브리어 번역, 문자적 의미를 설명하는 데 랍비 전통의 수용은 매우 인상적이다. 우리의 13세기 학자들은 12세기의 전임자들의 방법을 계속 발전시키고 있다. 대부분의 원고

---

uxor eius et ipse vir illius."

Fo. 114d: "… et ego dico quod hec omnia sunt impleta spiritualiter quandtum ad Iudeos ad Christum conversos et adhuc spiritualiter complebuntur quantum ad Iudeos in fine mundi convertendos."

261 Spicq, 335-42. 또한 H. Hailperin, "The Hebrew Herigate of Christiam Biblical Scholarship", *Historia Judaica*, v (1943), 133-4.

는 출처가 알려지지 않았으므로 수도사나 세속인이 작성하거나 주석을 달았을 수 있다. 우리가 의심스러운 것을 모두 빼더라도 수사들은 여전히 먼 길을 남겨두고 있다. 과학적, 철학적 이론과 같은 언어학적 지식을 성경 연구에 적용할 때 그것은 수사들의 세기였다.

결론

긴 이야기를 끝내고 결론을 도출할 때이다. 마지막으로 훨씬 더 대담한 일반화를 시도하면 성경 연구의 역사가 과연 중세 문화에 신선한 빛을 비출 수 있는지 묻는 것이다.

한 가지 사실은 분명하게 드러난다. 사전에 추론되었을 수도 있으며 증거에 의해 증명된다. 그러나 분명한 것은 강조할 가치가 있다. 엄밀한 의미에서 성경학은 일정한 수준의 물질적 번영과 안보를 암시하는 기관에 의존하고 있다. 빅터의 앤드류가 말한 것처럼 모든 시대의 학자들을 위해 말한다:

> '분주하고 방해받는 시간에서가 아니라 한가한 시간의 여유로부터 지혜가 생각난다.'Ab otiosis et in tempore otii et non a discurrentibus et perturbationis tempore spientia discitur.[1]

고대 텍스트의 해석은 어느 정도 주관적일 수밖에 없다. 해석자의 선입견과 그가 사용할 수 있는 기술에서 유래한다. 그러나 학자가 되기 위해서는 저자의 마음에 들어가기 위해 현존하는 기술을 사용하고 개선하기를 원해야 한다. 도발적인 상황에서 어떤 개인이 이 목표를 자신에게 제시하지 않는다는 것을 제안하는 것은 상당히 잘못된 일이다. 4세기에 애클라눔의 줄리아누스Julian of Aeclanum보다 더 격랑이 많은 경력을 지닌 사람은 거의 없었는데 그

1 위 p. 116 참조.

는 자신의 주교구와 야만족의 침략과 교회 내의 교리적인 갈등으로 인해 계속해서 피난처에서 내쫓겼다. 가장 생산적이고 영향력 있는 학자들도 분리와 여유로운 삶을 필수로 하지 않았다. 반대로, 그들은 일반적으로 적어도 시간의 일부를 정치와 행정에 매우 많이 할애했다. 몹수에스타의 테도도르Thodore of Mopsuestia에서의 링컨의 로버트 그로세테스테에 이르기까지 학자 감독의 많은 실례가 있다. 앤드류조차도 불안전한 국경 지역에서 대수도원장으로 일생을 마쳤다. 자신들의 프롤로그에서 풍부한 여가를 보내기 위해 글을 쓰고 있다고 설명하는 수도원 주석가들은 다른 사업에서 시간을 빼앗긴 사람들보다 학문에 덜 기여했다. 그러나 고립된 학자는 단지 막다른 골목을 의미한다. 생산성을 높이기 위해서 연구자는 도서관 시설이 있어야 한다. 영향력을 발휘하기 위해서 필사자들, 독자 및 제자들이 필요하다. 그러므로 미래에 대한 그의 연구의 중요성은 현재의 반응을 발견하는 데 달려있다. 그렇지 않으면 그는 잊혀질 수 있다; 방치의 위험은 개인뿐만 아니라 전체 세대의 발전을 위협할 수 있다. 우리는 주석의 전체 학교가 망각에 빠지는 것을 보았으므로 그 후임자들은 그의 발자국 아래에 문명을 모르고 묻힌 도시의 부지에 건물을 짓는 사람들을 상기시킨다.

몹수에스타의 테오도르와 라틴어, 애클라눔의 줄리아누스를 포함한 그의 제자들은 서구 주석가들의 시야에서 사라졌다. 일부 중요하지 않은 단편들이 살아남았다. 방법과 영감이 사라졌다. 빅터주의는 처음부터 다시 시작해야 했다. 이번에는 문자적 해석을 심화시키고 개선시키는 움직임이 포착되었다. 코메스터, 챈터, 스테판 랭튼과 같은 일부 파리 교사들은 빅터주의 전통을 이어 가며 수사들 가운데 훌륭한 후계자들을 낳았다. 그것은 다시 망각으로 무너졌다. 우리는 성경 연구가 후퇴하는 시기를 중세 후기 시대로 쓰기에는 중세 후기의 성경 연구에는 너무 조금 알고 있다. 그러나 분명히 14/15세기의 교사들은 앤드류와 그의 제자들의 기억이 사라지도록 허용했다. 그렇지 않았다면 카예탄이 시편의 문자적 의미를 설명할 때 그렇게 독창적이라고 생각하지 않았을 것이다. 그는 앤드류와 보스함의 허버트Herbert of Bosham가 경험했던 것과 거의 같은 외로운 모험의 감정을 느꼈다.

19세기와 20세기의 현대적 연구는 안티옥인들과 빅터주의의 업적을 밝히기 위해 필요했다. 그것은 발굴 프로세스였고, 그 발견은 단절된 층layer에 놓여 있다. 5세기에서 12세기까지 두 번의 중단이 있으며 르네상스 학자들을 포함시킨다면 두 번의 새로운 출발이 있다. 각각의 경우에, 이전 '문화'의 몇몇 작품은 살아남았고 인기를 유지했다: 첫 번째 단계에서 유닐리우스 아프리카누스Junilius Africanus의 교과서 피터 코메스터의 『역사』*Histories*와 두 번째 단계에서 세인트 체어의 휴의 주석들postills, 그러나 그것들을 낳은 운동의 방법이나 정신을 전달하기에 충분하지 않다. 새로운 출발자들은 개척의 모든 스릴과 어려움을 경험했다. '미지의 길 없는 곳을 통해' 자신의 길을 가기 위해 각 사람이 어떻게 출발하는지 보는 것과, 그의 선구자들을 완전히 모른 채 앤드류의 생생한 은유를 빌리는 것은 애석한 일이다.

다양한 단계에서 성경학이 발전하고 부활하며 번성하는 조건에는 몇 가지 공통된 특징이 있다. 알렉산드리아인들은 그것을 발견했다: 알렉산드리아의 그리스도인들은 제국 정부에 의해 박해를 받았다. 다른 한편으로 그 정부 자체는 안정과 질서를 대표했다. 안디옥인들이 더 나았다. 그들은 기독교 제국의 보호를 받았으며, 여전히 야만인들로부터 비교적 보호받는 지방에 살았다. 테오도르의 생애 동안 안디옥은 위기 이전과 마찬가지로 소동과 새로운 도시였지만 여전히 번영했다.[2] 주석에 대한 안디옥인들의 실험은 무너졌다. 의심할 여지없이 테오도르의 정죄와 파당에 의해 그의 기억이 검게 칠해졌기 때문이다. 더 중요한 것은 그의 학문은 관심을 받지 못하였다는 것이다. 샤를마뉴Charlemagne의 협력자들이 이어받은 것처럼 라틴어 교부들은 성경 연구를 현재의 필요에 부응시켰다. 그들은 문자적 의미와 텍스트 비평을 유지했지만, 영적인 해석의 기초로만 사용했다. 가장 우선적으로 성경은 거룩함의

---

2 R. Devresse, *Le patriarcat d'Antioche depuis la paix de l'Englise jusqu' à la coquête arbe* (Paris, 1945), 111-14.

수단이었다. 렉치오 디비나는 금욕적 트라이앵글의 한 측면을 형성했다: 독서, 기도, 묵상. 믿음을 유지하는 데 있어서의 그 역할도 마찬가지로 중요했다. 영적 의미를 발전시킨 긴 계보의 주석가들은 명상적일뿐만 아니라 행동하는 사람들이었다. 그들은 이교도, 유대인, 이단자들로부터 교회의 교리를 방어하면서 교회를 세웠다. 그들은 교회를 샤를마뉴 치하에서 기독교 국가의 방어에 끌어들였다. 그들은 세속 권력에 대한 그레고리우스의 개혁을 지지했다. 그들은 성직자와 평신도의 의무를 설명했다.

그들은 잠정적으로 신비주의와 선전propaganda에 학문을 종속시켰다. 연대 기자들이 '그 때에'*Eo tempore*…가 아니라 '그 시대들에'*Ea tempestae*…라고 문단을 시작했을 때 이는 고난의 시대에는 자연스러웠다. 성경학 쇠퇴는 인내력보다 놀라운 일이 아니다. 경이로운 것은 알렉산드리아인들에서 빅터주의자들로 뻗어있는 실타래에서 가느다란 실이라면 실처럼 작은 정도로도 살아남았다.

휴Hugh, 리차드Richard, 앤드류Andrew는 c. 1130-70년에 가르치고 있었다. 그들은 희망이 가득한 시대적 배경을 가지고 있었다. 우리는 주석들에 침투한 울부짖음과 한탄을 들었다. 롬바르드 족은 로마에 진군하고 있었다. 바이킹은 파리를 약탈했다. 이제 예루살렘은 라틴 사람들의 손에 다시 기독교 도시이다. 인구는 증가하고 토지 개간 및 식민지가 건설되며 무역이 확대되고 새로 설립된 수도회들이 번성하고 있다. 교회는 봉건 사회에서 독립된 장소를 위해 그녀의 전투에서 승리했다. 국가와의 갈등은 특권의 한계에 대한 질문을 촉발시키며 이는 분노를 유발시키지만 양 당사자의 존재를 위협하지는 않았다. '봉건주의'로 분류되는 관계 체계는 질서를 보장하는 것으로 보인다. 아마도 2세기 이래로 학자들은 안전에 대해 매우 강력하게 보장 받았다.

12세기 말과 13세기의 시작은 또 다른 위기를 겪었다. 그러나 이번에는 보편적이지 않았다. 주로 교회에 영향을 미쳤다. 이단과 반성직주의anti-clericalism는 실제적인 위험을 낳았다. 다시 위기는 성경 연구에 반영되었다. 요아킴의 사유는 새로운 신비주의의 물결을 의미했다. 성 베르나르두스는 학자에게 위협이 아니라 대안을 제시했다. 그들은 『아가서에 대한 설교』의 방법을 이식할 수 없었기 때문에, 학교와 수도원 중에서 선택해야 했다. 요아킴의 방법은 어느 곳에서나 지성인들에 강력한 호소력을 지녔다. 그러나 위기는 지나갔다. 이단과 반성직주의는 억압되거나 완화되었으며 탁발수도회들은 교회를 섬기기 위해 학자들을 모집했다. 요아킴에 대한 관심이 점차 줄어들었고 잠언에 대한 도미니쿠스 해설자가 13세기 3분기까지 그에 대한 형세를 역전시켰다. 인노켄티우스 3세Innocent III로 시작하는 시기는 적그리스도의 통치에 대한 서막이 아니라 '정의의 시대'the age of justice이다. 교회의 군대는 거의 교회에 승리를 가져오는 것 같았다. 그리고 빅터주의의 승리가 유지되고 확대될 때 이것은 성경학의 전성기와 일치했다.

아마도 최근에 분석된[3] 중세 후기 시대의 전반적인 위기는 아마도 성경학을 다시금 선호하지 않게 만들었고 그것이 경박하고 무관한 것처럼 보이게 만들었다. 마이스터 에크하르트Master Eckhart는 14세기의 요아킴이었을 것이다. 그러나 이것은 우리의 논증에서 벗어난다. 우려하는 것은 현대 학자들이 지난 10년 동안 중세 주석에 대한 태도를 변화시킨 것이다. 교부들과 중세 주석가들에 우세한 영적 해석에는 10년 전에 거의 옹호자가 없었다. 성 토마스가 그 한계를 정의한 것에 대해 다소 미묘한 감탄이 있었지만 그 해석자들의 지나침extravagance과 주관주의subjectivism는 비난을 받았다. 이제 신비주의에 대한 관심이 되살아나면서, 어떤 학생들은 자신의 판단을 뒤집을 수 있었다.[4] 비록 이러한 경향이 작은 그룹에 국한되어 있지만 그것은 주석의 역사가 그 역사가들에서 주석에서 스스로 연장하는 방식의 경고 사례를 통해 매혹적인 것을 제공한다. 혁명과 불확실성은 과거에 성경학을 좌절시켰고 더 주관적인 해석 방식을 자극했다. 오늘날의 상황은 알레고리주의자에게 동정심을 불러

---

3 R. Hilton, "Y eut-il une crise générale de la féodailte?", *Annales: économies-sociétés-civilisations* (1951), 23-30.

4 A,-M. Dubarle는 이러한 경향을 요약하고 논의했다, "Le sens spirituel de l'Ecriture", *Reuve de science philosophique et théologique*, xxxi (1947), 41-47.

일으키고 있다. 중세의 '영성'spirituality에 대한 연구가 많이 있다. 주석들에 대한 그 영향을 상쇄하려고 시도한 학자들은 여전히 별로 감사해하지 않는다.

중세 학문은 간단한 개화에서 무엇을 달성했는가? 애클라눔의 줄리아누스는 오리게누스의 알레고리를 '유대인의 놀라운 전통'과 결합한 것으로 제롬을 비난했다.[5] 우리의 학자들은 제롬을 그들의 교사로 보았다. 현대 학생들이 불문에 부친 그들의 작업에 대한 판단은 줄리아누스의 판단을 가깝게 따른다. 히브리어에 대한 그들의 '열정'은 혼란스럽고 다소 폴린 마틴Paulin Martin을 고통스럽게 했다; 사무엘 베르거Samuel Berger는 그들이 잘못된 길을 택했다고 생각했다. 그들은 히브리어를 그리스어보다 선호했다. 그들의 랍비적 교사들은 수정 대신에 교부들의 알레고리적인 방법만을 강화시킬 수 있었다.

> 우리가 히브리어의 대가로서 드러낸 바로 그 사람들은 단순히 그리스어 초보자를 거의 능가하지 못했다. 그리고 이것은 실제로 불행한 일이다. 히브리어 연구는 거의 전적으로 전통에 넘겨졌다. 유대 학교에서는 조상들로부터 물려받은 성경 해석 방법이 항상 번성했다. 즉, 문자적 의미와는 거리가 멀고 알레고리적이다. 사실상 그리스어는 주석을 알지 못하고 권위를 제공하지 않으며 사람들을 자유롭게 해준다. 이것이 베이컨이 아니라 에라스무스가 새로운 시대를 시작한 이유이다.[6]

베르거Berger의 비난에는 그리스어를 무시하는 것과 히브리어의 나쁜 영향이라는 두 가지가 있다. 아마도 첫 번째 비난은 과장된 것이지만 전체적으로는 비난받아야 할 것이다. 카롤링거Carlingian의 부흥에는 그리스어 연구와 성경 본문에의 적용이 포함되었다. 그럼에도 불구하고, 우리는 요한 스코투

---

5 PL xxi. 962: "… vel per allegorias Origenis, vel per fabulosas Iudaeorum traditiones, tota eius defluxit oratio".

6 *Quam notitiam*, 58.

스가 『칠십인역』의 도움 없이 위-디오니시우스의 구약 인용문을 번역해야 했다는 것을 알았다.[7] 이는 예언적인 것으로 증명되었다. 후기 학자들은 그리스도인과 이교도 저자들을 그리스어에서 라틴어로 번역하는 데 막대한 활동과 결의를 보여주었다. 그들은 『칠십인역』이나 그리스 신약성경에서 작업할 때 모두에 동일한 정도의 노력energy을 사용하지 않았다.

비잔틴 주석으로 알려진 작은 것은 다른 강조점을 제시하며 그리스어 성경 연구와 성경 연구에서 신약 성경의 우세함 사이에 밀접한 관련을 지적한다. 12세기에 비잔티움의 총대주교구 학교에는 세 명의 신학 교사가 있었다.[8] 학교의 교장이기도 한 복음서 교수, 바울서신의 교수, 성경의 교육에서 시편 교수는 동·서방에 공통이다; 그러나 서방에서 신학자들은 구분 없이 '거룩한 문서의 교사'magistri sacre pagine라고 불렸다. 비잔티움에서 가장 높은 호칭은 복음서 교수였다. '성경의 책임 해석자'rhetor interpreter of Scripture라는 제목의 네 번째 교사는 15세기 목록에 있다. 그는 구약을 가르치는 특별한 기능을 가졌다고 추정된다.[9] 그러나 12세기에 구약은 교수의 조교들에게 맡겨졌어야 하고 그 해석은 시편, 복음서, 바울서신에 대한 해설보다 덜 명예로운 것으로 여겨졌다. 서방에서 12세기의 성경 연구의 큰 부흥은 주로 선지서와 역사서에 있었다. 13세기에는 지혜서가 특별한 사랑을 받았다. 아가서는 항상 주석가들에게 인기가 있었다. 파리와 비잔티움의 대조는 파리에서의 히브리어와 구약에 대한 호의를 이끌어내는 역할을 한다.

히브리어에 대한 이러한 선호의 뿌리는 중세 라틴 심리학에 깊이 내리고 있다. 서양인이 그리스어에 능숙해지기 위해서는 그가 마주하는 실제 물리적 장애에 대해 뭔가를 허용해야 한다. 그는 비잔티움이나 이탈리아 남부 또는 시칠리아로 여행을 가야했지만, 반면에 옆집 유대인들로부터 히브리어를 배울 수 있었다. 그러나 그리스어로부터 아리스토텔레스의 번역가들은 그들의

7 위의 p. 44 참조.

8 L. Bréhier, La civilisation byzantine (Paris, 1950), 494.

9 ibid.

사업에서 관련된 비용과 불편을 극복할 수 있었다. 그래서 우리는 더 살펴볼 필요가 있다. 서양 학자들에 의해 받아들여지면서 그 선호는 기독교 전통에 포함되었다. 그것은 유대인들과 상의하고 감히 구약에서 신약까지의 본문에 대한 연구를 확장하지 않은 오리게누스로부터 제롬을 통해 그들에게 왔다. 중세 학자들은 이 전통을 맹목적이거나 의심의 여지없이 받아들이지는 않았다. 우리는 교부적이고 유대적인 모두 자신의 출처를 비판하는 많은 예를 자세히 살펴보았다. 그들은 원칙적으로 그것을 받아 들였고, 그들에게 죽은 것이 아니라 살아 있기 때문에 그들 자신의 것으로 만들었다. 그들 저자의 예는 보편적인 관점과 일치했다. 히브리어는 다른 언어들보다 마술적 탁월함을 지녔다. 히브리어는 방언들의 어머니였으며, 축복받은 사람들이 모든 언어를 말할 수 있지만 하늘에서 통용되는 언어가 될 것이다.[10] 그리스어는 알파와 오메가와 비교할 때 신성함이 거의 없었던 것 같다. 언어에 대한 그 사실주의적 개념과 결합하여, 히브리어의 신비적 속성에 대한 이러한 경배는 그 연구가 그를 문제의 핵심으로 데려 가고 있다고 중세의 히브리어학자들Hebraist을 설득했다. 그는 자신의 본문에서 가장 깊은 의미의 샘을 관통하고 있었다.

또 다른 독특한 사고로 인해 당대 랍비들의 조언을 구하게 되었다. 중세 학자는 "관심 있는 의미가 아니라 강한 연속성의 의미"를 가졌다고 말해진다.[11] 그러므로 교황권의 로마는 여전히 제국의 로마를 상징하며, 고전의 학생들은 그 저자들로부터 당대까지보다[시간적 간극이 아니라] 지혜의 열등한 정도에 의해 분리되어 있다고 느낄 것이다. 마찬가지로 유대인도 구약에 대한 일종의 전화telophone로 그에게 호소했다. 여기 모세의 언어를 말하고 율법을 지키고 성경 역사에 관한 많은 전통을 가진 사람들이 있었다. 우리의 학자는 또한 추상화를 위한 현저한 능력을 가지고 있었다. 카이사르의 로마에 대한 그의 존경은 당대 로마인들의 결점, 그의 말로 표현할 수 없을 정도의

---

10 1080년경 천상의 기쁨을 설명하는 은둔 수사에 대한 한 수도사의 편지로부터; A Wilmart, "Eve et Goscelin", *Rev. Bén*. I (1938), 81.

11 H. Waddell, *The Wandering Scholars* (London, 1927), ix.

악이 결코 그의 눈을 멀게 하지 않았다. 그래서 회당을 다룰 때 그는 당대의 대표자들에 대한 그의 비-승인을 과거에 대한 존경심에서 추상화했다. 그러나 유대인은 멸시를 당하고 핍박을 당했지만 그를 족장들, 선지자, 시편 저자와 접촉하게 만들 수 있었다.

신약 연구를 위한 그러한 명백한 자료는 제시되지 않았다. 전설과 미신에 대한 비판의 여지가 분명히 있었다. 우리는 피터 코메스터가 그의 학생들에게 외경에 대해 경고하는 것을 들었다. 일련의 학자들은 성 안나St. Anne의 삼중 결혼의 지속적인 전설을 반박하기로 했다; 우리는 이 주제에 대해 적어도 두 개의 논문을 가지고 있고, 보스함의 허버트Herbert of Bosham는 생 드니St. Denis에서 의사이자 미래의 대수도원장인 르 미르William Le Mire의 의견에 의해 살아남은 바로 상급생들의 휴게실Senior Common Room 대화의 형식을 기록하고 있다. 윌리엄은 시리아를 방문했고 그곳에서 교회의 봉헌식을 연구했다.[12] 피터 코메스터는 또한 성경 고고학에 유망한 관심을 나타냈다. 그러나 이러한 연구는 다소 부수적인 것이다. 복음은 종종 조화를 이루었다. 주석가들은 내용을 생생하고 이해하기 쉽게 만들려고 노력했으며 경건을 위해 그것들을 제공했다. 그러나 사람들은 새로운 지평을 개척하고 새로운 정보 출처를 개척하려는 노력을 그리워한다. 때때로 미신에 대한 비판은 새로운 자료의 부족을 보상하지 않는다. 더욱이 신약의 상당 부분인 바울 서신은 신학자에게 맡겨졌다. 학문이 아닌 변증법이 사도 바울을 설명하기 위해 선택된 도구였다.

그러므로 배르거의 책임은 부정적인 면에서 입증되었다. 그러나 그것은 중세 정신에 대한 진술보다 중세 학문에 대한 비판은 아닌 것 같다. 교부들

12 M. R. James, "The Salomites", *Journal of Theological Studies*, xxxv (1934), 287-97; G. Albert, J.-M. Parent, A. Guillenmette, "La légende des trois mariages de Sainte Anne. Un texte nouveaux", (*Etudes d'histoire littéraire et doctrinales du XIIIe siècle*, Publ. de L'Institut d'Etudes Méd. de Montréale, I. 11932); B. Smalley, "A commentary by Herbert of Bosham on the Hebraica". *Rech. Théol. anc. méd.* xviii (1951), 37-9.

에 대한 경외심조차도 중세 라틴 학자가 히브리어와 구약 성경 연구에 힘을 집중시키고 신약은 높고 건조한 것으로 남겼음은 우연이 아니다. 그가 다르게 행동한다고 상상하는 것은 순전히 시대착오가 될 것이다. 히브리어는 그의 감정과 철학, 역사에 호소했다

우리가 그의 한계를 지나치고 그것들의 한계를 가지고 그의 긍정적인 업적을 향하면 베르거의 견해는 훨씬 더 의문스럽다. 히브리어 본문과 새로운 번역에 대한 자세한 연구는 큰 이득과 진정한 해방을 나타낸다. '히브리 진리'는 라틴 벌게이트를 의미하지 않고 원본을 의미하기에 이르렀다. 이와 관련된 랍비적 자료들이 도움이 되지 않았습니까? 처음에는 두 가지가 함께 진행되었다. 벌게이트를 표준주석에서 분리하는 것보다는 히브리어 텍스트를 전통적인 주석에서 더 이상 분리할 수 없었다. 필수적인 하나를 아는 것은 다른 것과 관련이 있었다. 두 번째로, 랍비적 자료들에는 구별되어야 할 세 가지 요소가 있다. 개척자적 작업을 하고 있는 배르거는 차별화할 위치에 있지 않았다. 전통적인 미드라쉬Midrash와 전설은 라틴 학자들이 교부들로부터 히브리어 주석가에로 바뀌었을 때 프라이팬에서 불로 뛰어 들었다는 인상을 주었다. 랍비 자료들에서 인용한 내용을 읽어 보면 그에게 동의할 수 있다.

그러나 유대 출처에는 언어 연구와 문법적 주석이 포함되어 있어 텍스트 연구를 촉진하고 새로운 문제를 제기했다. 마지막으로, 라시Rashi의 학교를 발전시킨 합리주의자, 문자주의자의 해석이 있었다. 그 학교가 13세기 초에 사라졌기 때문에, 이것은 그리스도인들에게 단지 일시적인 영향을 줄 수 있었다. 그러나 라쉬밤Rashbam과 요셉 백호르 쇼어Jeoseph Bekhor Shor는 생 빅터의 휴와 앤드류에게 뭔가를 빌려준 것 같다. 앤드류에 대한 그들의 일반적인 영향은 헤아릴 수 없다. 자신의 연구에 대한 그의 모든 태도는 당대 랍비와의 접촉에 의해 영향을 받았다. 마이모니데스Maimonides는 다음 세기에 보다 엄격하게 철학적인 종류의 합리적 영향을 행사했다. 그리스도인들은 유대인의 생각과 전통을 가지고 히브리어를 공부할 때 건전한 교환을 했다. 비록 그들은 많은 왕겨chaff를 지녔지만 좋은 곡식을 얻었다.

더욱이 그들은 수용만이 아니라 응대에서 배웠다. 이것은 베르거에서 자연스럽게 숨겨져 있던 부채의 또 다른 측면이다. 예언에 대한 유대인의 해석, 특히 라시의 비-메시아적 해석은 전기적인 충격으로 작용했다. 앤드류가 구약의 문자적 의미로 그들을 받아들였을 때 그것은 더욱 컸다. 그의 유대화 경향은 기독교 주석가들을 당혹스럽게 만들었고 다양한 해결책들은 어려운 생각에 증거로 제시했다. 앤드류의 해석은 다소 간혹 받아들여질 수 있다. 세인트 체어의 휴가 약간의 유보만으로 이 노선을 선택한 것처럼 존경했고 존경할만한 선생이었다. 보스함의 허버트는 메시아 시편에서 교부들과 라시 사이를 거절과 선택을 통해 타협하였다. 대부분 생 빅터의 리차드와 세인트 쿠엔틴의 게릭Guerric of St. Quentin은 앤드류의 양보에 격렬하게 저항했다. 이 논쟁은 문자적 의미와 영적 의미 사이의 관계를 명확하게 하고 문자 내용에 대한 정의를 강력하게 자극했다. 앤드류의 주석에서 가장 약한 부분은 이 이론적 문제를 검토하지 못한 것이었다. 그는 핵심 구절의 기독론적 해석을 문자적인 의미에서 영적인 의미로 옮기는 기독교적 변증학에 대한 결과에 직면하지 않고서도 그 문자에 대한 그의 설득력 있는 설명을 보충하기 위해 영적인 설명에 의존한 것으로 보인다. 파리 교사들의 주석들에는 문제가 그것들을 행사하고 있다는 많은 징후가 포함되어 있다. 성 토마스는 그의 존경받는 아리스토텔레스 철학을 바탕으로 해결책을 제공했다. 그러나 그의 전임자들에 의한 긴 토론과 중재 과정의 마지막 단계였다. 그들은 문제를 너무 시급하게 제기한 앤드류와 그의 유대인 교사들에게 많은 빚을 졌다.

중세 학문에 대한 조사에는 앤드류에 대한 재평가가 포함되어야 한다. 지난 10년 동안 그를 더 나은 관점에서 볼 수 있게 되었다. 13세기 주석들postills에 대한 연구는 그의 영향력의 정도를 밝히고 그가 얼마나 모방되었는지를 보여 주었다. 내 결론은 그가 처음에 생각했던 것보다 훨씬 중요하다는 것이다. 나는 그의 주석에 대해 더 이상 직접적으로 연구하지 않았지만 종종 인용문을 확인하고 비교하기 위해 그것들을 언급해야했다. 매번 나는 그의 페이지에 매료되었다. 그들과 같은 것은 없다. 보스함의 허버트는 개선된 이론과 히브리어에 대한 더 나은 지식을 가지고 있다; 그러나 그는 앤드류가 간결한 곳에서 말이 많으며 자신의 저자에게 덜 집중한다. 12세기와 13세기의 교사들은 관심의 대상이 너무 많기 때문에 텍스트와 그 문자적 해석에 전적으로 헌신하는 앤드류의 모범을 따르는 사람은 아무도 없다. 반면에, 그의 작품에 대한 그들의 사용은 의심스러운 자보다는 훨씬 큰 것으로 판명되었다. 그들은 인정하든 인정하지 아니하든 인용에 의해서 그리고 모방과 비평에서 그에게 빚지고 있음을 나타낸다. 헤브라이카*Hebraica*에 대한 허버트를 발견한 케르M. Ker, 라파엘 뢰브Mr. Raphael Loewe의 허버트의 자료들에 대한 연구, 적어도 리라의 니콜라스Nichlas of Lyre보다 족히 한 세기 이전 이름으로 '랍비 살로몬'Rabbi Salomon에 대한 그의 인용, 이 모든 것은 13세기의 성경학의 발전의 풍경을 바꾸었다. 앤드류와 허버트가 산 정상을 표시한다면 수사들은 고원plateau을 이루는 것으로 보인다. 13세기에는 히브리어에 대한 지식이 더 널리 퍼졌다; 앤드류 자신은 더 잘 알려졌다; 일반적인 기술 수준이 상승한다; 새로운 번역, 랍비학에 대한 새로운 연구, 라시에서 더 많이 차용하고 있었다. 그러나 두 번째 앤드류와 두 번째 허버트는 없다.

우리가 고려해 온 좁은 의미의 성경학은 성경을 다루는 중세 활동의 일부에 지나지 않는다. 학문을 더 넓게 정의하면 그 활동에 감사할 수 있을 것이다. 학습 도구를 갖춘 연구나 교실에서 사용하기 위한 교과서로 성경을 물리적 형태로 생각한다고 가정해 보자. 우리는 중세 시대, 12세기와 13세기에 발전이 두드러진 것을 즉시 볼 수 있다. 1300년에 이르러 성경은 현대의 여러 장으로 나뉘어졌으며 다양한 실험을 거친 후 이로 인해 현재의 구절 번호 체계가 도입될 각 장의 세분화가 시도되고 있었다. 본문의 두 가지 주요 개혁이 도입되었다. 첫 번째는 샤를마뉴 치하에서 알퀸Alcuin에 의해 두 번째는 주석을 지닌 파리 성경의 전파에 의해서다. 두 개혁은 어느 정도 표준화를 강요한다는 목표를 달성했다. 알퀸은 텍스트를 정화하고 표준화했다; 주석이 있는 텍스트를 묶은 파리의 교사들은 수정들*correctoria*을 가져와서 이를 보완했다. 벌게이트와 교부들에 대한 색인concordance은 13세기부터 시작된다. 세기말이 되면 일치하는 텍스트를 볼 수 있고 수정들에 문의하여 변형된 독서 목록을 찾거나 아우구스티누스가 그로부터 발생하는 요점에 대해 말한 것을 발견할 수 있다. 용어집, 사전 및 기타 연구 보조 자료는 잘 갖추어진 도서관에 여러 책장을 채웠다. 성 제롬의 히브리어 이름 해석과 같은 일부는 교부 시대부터 시작되었지만 대부분은 최근에 구성되었을 것이다. 이러한 모든 연구 보조 자료를 감안할 때 책, 챕터 및 성경 구절에 해당하는 참고 문헌의 정확한 인용이 기대된다; 교부들에 대해서도 저자, 제목, 책, 장. 사실상 전체 도서관 기술은 놀라운 갑작스러움으로 현대에 접근했다.

12세기에 본문은 표준 주석*Glossa Ordinaria*을 획득했다. 라온의 안셀무스와 그의 협력자들은 아마도 자신들의 출발점으로 기존의 주제별 발췌집*florilegia*, 중세 초기의 주석가들, 란프랑과 베렝가와 같은 그들 직전의 선구자들을 사용하고, 자신들의 메모와 교차적 참고를 통해 교부들의 저술에서 표준주석을 편집했다. 피터 코메스터의 『역사』와 푸아티에의 피터의Peter of Poitiers의 『족보』*Genealogies*를 통해 피터 롬바르두스Peter Lombard는 자신의 『대주석』*Magna Glosatura*에 의해 시편과 사도 바울에 대해 확대되고 확장된 표준주석은 '거룩한 문서[성경]'sacra Pagina의 가르침에 없어서는 안 될 최소한의 것을 제시한다. 13세기에 세인트 체어 휴의 주석들은 표준주석에 당대적인 보충을 제공했는데 그들은 팀워크의 결과물과 비슷했다. 따라서 학생들은 교부들과 중세 초기뿐만 아니라 책상에서 12세기와 13세기 초반의 교사들을 선택할 수 있었다. 우리는 표준주석과 주석들이 불필요하다고 생각할 수 있다. 그렇다면 우리는 멜룬의 로버트Robert of Melun와 로저 베이컨Roger Bacon보다 상대적으로 더 심각하지 않을 것이다. 그러나 파리 교사들이 표준주석을 최소한 원 자료에 대하여 가리키는 것으로 간주했다는 점을 인정하면 오늘날까지 지속되는 체계를 정죄할 수는 없다. 우리는 여전히 학교 강의 계획서에 명문집anthologies과 발췌물을 선택하고 교과서를 사용한다.

해설자glossators들과 주석가들postillators을 미래를 위해 건설했다. 그들의 참고서들은 중세 시대보다 오래 지속되었다. 주석들은 대중적인 인기를 누렸다. 나중에 추가된 표준주석은 17세기 초에 가톨릭 신자와 성공회를 위한 표준 참고 서적이었다. 아마도 토마스 애넌Thomas Anyan 크리스티 칼리지Corpus Christi College 학장에 의해 1620년경의 한 옥스퍼드 설교에는 '리아누스'Lyanus, '고르함'Gorrham, '표준 주석'Ordinary glosse, '행간 주석'Intersall (interlinaear) glosse, 페레이아Pereia, 부처Bucer, 그리고 그리스와 라틴 교부들에서 발췌한 한 페이지에 걸친 인용이 있다.[13] 이 설교자는 매우 절충적이었을 것이다. 그러나 존 던John Donne은 또한 표준주석을 확장된 형태로 사용한 것 같다. 그는 사본을 가지고 있었고 그의 『신령한 시들』*Divine Poems*에 대한 많은 언급은 원본orignalia의 내용을 복원하지 않고[14] 거기에 포함된 발췌문에서 찾아 볼 수 있다. 중세의 성경은 반동-종교개혁의 시대에 손상 없이 살아남았다. 현대의 학자들은 그 첨가된 것들을 벗겨내면서도 영구한 기억처럼 장chapter의 구분을 유지한다.

만약 우리가 13세기 후반 파리의 주석을 살펴보면 거기에 없는 것에 깊은 인상을 받을 것이다. 교사들은 강의의 형태와 내용을 현대 대학 과정과 더 유사한 것으로 이끌었다. 자신의 전임자들의 잠정적인 노력을 완성한 성 토마스는 이제 저자의 완전한 의미로 정의된 문자적 해석을 강조하는 의미들 사이의 관계에 대한 이론을 제공했다. 전문화 과정은 교리를 주석으로부터 분리했다. 우리는 랭튼의 강의를 몇 백 년 후의 강의와 비교함으로써 변화를 추정할 수 있다. 랭튼의 강의는 너무 산만하고 과장되어서 동물의 해산의 고통을 상기시킨다. 그 새끼가 태어나고 각자 다른 길로 나아간다. 신학적 논쟁은 각각의 교육이 되었다. 색인concordance은 관련된 긴 텍스트를 충분히 지닌 실타래를 만들었고; 학사bachelor는 교사의 어깨에서 '주석으로 읽기' 작업을 하였다. 설교의 기술은 실제로 학교에서 별도의 주제로 가르치지는 않는다; 그러나 설교학ars praedicatoria과 사례모음집exempla collection의 제작은 그의 강

13 MS. Bodl. Top. Oxon. f. 52, fo. 4v. *Bodleian Library Record*. ii (1949), 67을 참조.

14 H. L. Gardner, *John Donne the Divine Poems* (Oxford, 1952), 54-113.

의에서 설교에 대한 많은 지시를 할 필요성을 덜어 주었다. 그는 텍스트 자체의 내용의 확립, 구분, 분석 및 해설에 자유롭게 집중할 수 있다. 물론 예외가 있다. 더 오래된 체계는 옥스퍼드에서 살아남았지만 일부 어떤 옥스퍼드 사람들은 그것을 거부했다. 하늘이 알고 있듯이 파리의 교사들은 어느 시대의 강의에서도 그러한 것처럼 부적절함을 피하는 데 전적으로 일관성이 없다.

우리가 성경 연구의 발전에서 지리적 중심지를 구성하려고 하면, 지도에 명확한 개요가 있는 것을 알 수 있다. 우리는 지중해 지역에서 시작하여 로마와 비잔티움에서 잠시 멈추어 성 그레고리우스를 듣고 노섬브리아Northumbria와 아일랜드로 갔다가 라인란트Rhineland와 독일 남부의 수도원 학교 카롤링거 제국의 프랑크의 중심으로 되돌아간다. 그런 다음 11세기와 12세기 초의 연구는 네덜란드와 프랑스 북부의 학교에 분산되어 있으며 로마와 다른 학교 또는 중부와 북부 이탈리아와 독일 남부의 왕궁에 배치되어 있다. 그 후 파리의 집중은 13세기 옥스퍼드를 방문하는 것을 제외하고 수사들의 연구*studia* 일부를 일별하기 위해 도시와 교외로 나아갈 필요성을 없애준다.

지금까지 우리는 사람보다는 장소에 대해 이야기했다. 이 학교의 관련자들은 대부분 국제적이다. 그럼에도 불구하고 영국과 대륙에서 일하는 성경학자들 사이에는 많은 영국인들이 있다는 사실이 놀랍다. 첫 번째 판edition의 목록을 이제 늘릴 수 있다. 비드Bede, 알퀸Alcuin, 멜룬의 로버트Robert of Melun, 스테판 랭튼Stephan Langton, 알렉산더 네크밤Alexander Nequam, 로버트 그로세테스테Robert Grosseteste, 로저 베이컨Roger Bacon, 드 라 마레의 윌리엄William de la Mare, 토마스 도킹Thomas Docking, 니콜라스 트레베Nicholas Trevet, 헨리 코세이Henry Cossey는 힌튼의 사이먼Simon of Hinton, 미들턴의 윌리엄William of Middleton, 알톤의 윌리엄William of Alton과 함께 보스함의 허버트Herbert of Bosham의 두려운 명단에 추가할 수 있다. 앤드류의 원래의 국가는 불명이다. 그러나 위그모어의 대수도원장으로 선출된 것을 고려하고, 생 빅터에서 공부한 영국인의 수를 고려할 때[15] 그가 영국에서 왔을 가능성이 높다. 나는 브리들링턴의 로버트Robert of Bridlington 유형의 편찬자와 로버트 베이컨Robert Bacon과 같은 도덕론자를 생략했지만, 후자는 우리가 시편에 대한 그의 주석을 원래 형태로 가지고 있다면 자격이 있을 수 있다.

그 숫자는 단순한 우연의 일치를 넘어선다. 그 의미는 다른 사람들에게 남기고 그것은 신학에서 성경의 위치에 대한 우월한 신심이나 특이한 고립된 견해의 증거가 아니라는 점만을 언급한다. 파리와 옥스퍼드 사이에는 성경에 관한 강의가 취해야하는 형태의 강조점에서 차이가 있었다; 그로세테스테와 일부 다른 옥스퍼드 교사들은 두 학문을 분리하는 대신 주석에 신학을 포함시키는 것을 선호했다. 그러나 그들만의 특수한 방법에 따라 파리에서 가르친 미들턴의 윌리엄과 알튼의 윌리엄은 옥스퍼드인들, 힌튼의 사이먼, 토마스 도킹과 같이 설득력 있는 주석가는 아니지만 많은 저술을 했다. 영국인들이 성경 연구에서 취한 것으로 보이는 특별한 관심은 아마도 앵글로색슨으로 거슬러 올라가는 유물과 역사 기록에 대한 관심을 형성하는 것으로 보인다. 우리의 성경학자들은 출애굽기 시인 옆자리에, 바스Bath 유적지의 조각들, 앵글로색슨 연대기의 편집자, 12세기 역사가, 13세기 파리의 매튜Mattew를 조화시킨다.

> … 건조한 길은 모두 도로이고, 회색은 고속도로이다. 바다는 제쳐 놓았고 지금까지 사람들이 쫓아내고 빛나는 들판에 대해 들어 본 적이 없는 고대의 기초들 지금까지 파도에 묻힌 매장된 해저는 항상 … [16]

출애굽기에서 홍해를 건널 때의 묘사는 '고대 기초'의 발견에 대한 낭만적인 태도를 배반한다. 이 책은 그들의 단조로움과 정서 부족에도 불구하고

---

15 F. E. Croydon, op. cit. (p. 202, n. 3).
16 Trans. R. K. Gordon, Anglo-Saxon Poetry (Everyman), 128.

앤드류와 다른 주석가들이 공유한다.

이제 우리는 현대적 의미에서 학문에 참여하지 않는 명상과 교육을 포함하여 중세 주석의 전체를 볼 수 있다. 아마도 여기서 우리는 가장 커다란 변화를 본다. 중세 초기의 주석가는 석공이 석재를 자를 때처럼 텍스트를 잘라내어 독자가 자신의 마음을 영원하고 무한한 것에 집중할 수 있게 한다. 우리 시대가 끝날 무렵 그는 이것을 성경의 역사에서 나온 일련의 그림들, 장르일 수도 있는 그림들에 대한 견고한 배경으로 취급하고 있다. 13세기 주석은 원형 성당이나 고딕 성당 문을 가로지르는 패널 줄row of panels과 비슷하다. 그들은 고립되어 있지만 생생하고 인간적인 연구이다. 시리즈를 정사각형 또는 직사각형으로 나누는 장식은 책의 시작 부분과 각 장의 글에서 주석가들postillator이 텍스트에 부과하는 구분 및 세분화에 의한 정교한 분석을 상기시킨다.

12세기는 첫 번째와 두 번째 취급 사이의 중간 단계를 의미한다. 이는 성례주의와 상징주의의 위대한 시기이다. 그들의 영감은 전적으로 공식적으로보다는 아우구스티누스적이다. 위-디오니시우스Pseudo-Dionysius는 물질적 사물이 통로로써 신의 현실을 전하는 그릇flask이라고 할 수 있는 커다란 가치를 지니는 더 큰 성사적 우주를 제시한다.[17] 빅터주의자들은 '그 문자'the letter에 대한 갑작스러운 기쁨에서 스스로 표출되는 자연적 아름다움에 대하여 강한 감정을 지녔다. 문자적 의미에서 성경은 그들에게는 도덕주의자들이 비난하는 특별히 언급된 아름다운 사물의 두 가지 감각적 특성을, 즉 반투명성과 접촉의 부드러움을 지닌다.[18] 신적인 빛에 투명한 아름다움*pulcre lucens*, 접촉의 기쁨*tactu placens*은 예술적 감수성으로 설명된다. 생 빅터의 리차드는 특히 예술가로서 의식적으로 문자에 접근한다.

파리의 12세기 교사들은 그들의 제자들을 모든 책임과 그 도전에서 성직

---

17 M.-D. Chenu, "Naturalisme et théologie au XIIe siècle", *Recherches de science religieuse*, xxxvii (1950), 16. 나는 이 자극적인 종합에 많은 것을 빚지고 있다.

18 W. S. Heckshe r, "Relics of Pagan Antiquity in Mediaeval Settings", *Journal of the Warburg and Courtauld Institutes*, i (1938), 212-13.

을 위해 훈련시켜야만 하는 실천적인 사람들처럼, 텍스트를 덜 민감하고 더 비즈니스적인 방식으로 간주한다. 그러나 그들의 전망은 본질적으로 빅터 주의자들과 동일하다. 그들은 성경에 나오는 사물들의 이름을 교육적인 역할로 밀어 넣었다. 성경 역사의 인물, 장소 이름, 동식물, 풍경과 상품은 도덕적 교훈의 주제로 관심이 있다. 랭튼은 만나와 고수풀coriander 씨앗의 특성을 모르기 때문에 좌절감을 느낀다. 물체의 묘사는 세심한 정확성의 표준에 도달할 필요가 없다. 전설은 전통에 의해 인증된다면 가능할 것이다. 그러나 도덕주의자는 항상 물질적 현실에 시야를 고정시켜야 한다. 그의 교훈은 성경에서 언급한 것의 특징에서 시작해야하고 그것이 끝이 났음에도 불구하고 그러하다.

이 태도는 13세기 초에도 그대로 유지된다. 이 변화는 신학 교육에서 수사들의 우세와 일치하는 『자연학』*Libri naturales*의 수용과 함께 이르렀다. 중세 예술사 역사가들에 의해 지적된 자연의 재발견은 주석이 학생의 주의를 끌었다.[19] 주석가들은 사물 자체에 관심이 있었다. 자연이든 예술이든 모든 피조물은 탐구할 가치가 있다. 살림베네Salimbene는 모든 알레고리와 도덕에 대해 알고 있는 훈련된 신학자이자 설교자였다. 그러나 파르마Parma 사람들이 프리드리히 2세로부터 빼앗은 '제국의 왕관'을 무거운 장식을 지닌 '커다란 솥단지'as big as a stewpot처럼 묘사하는 그의 설명을 읽는다.[20] 그는 그것을 제국 존엄성의 상징으로써 아니라 그가 보고 다루고 그에게 관심을 일으켰던 사물로서 회상한다. 성경의 사물들은 주석가들에게도 같은 호소력을 발휘한다. 그가 만지고 볼 수 없는 것이 『자연학』에서 과학적으로 설명된 것을 찾을 수 있다. 그는 자연 자체로부터 도움을 받을 수도 있다. 힌튼의 사이먼은 씨 뿌리는 사람의 비유에 나오는 가라지를 다양한 종류의 영국 잡초와 야생꽃과 비교했다. 마찬가지로 인간과 우주에서 자연적 과정을 연구하는 데 관심이

---

19 L. White, "Natural Science and Naturalistic art in the Middle Ages", *Speculum*, lii (1947), 425-35.

20 Op. cit. (p. 290, n. 1), 203.

있으면 성경 이야기에서 물리학을 탐구하게 된다. 이 탐구는 우리를 총체적이거나 순진한 것으로 만들 수 있는 형태를 취한다: "요나는 어떻게 배의 물고기의 소화력*virtus digestiva*에 저항했습니까?" "히브리 어린이의 사기morale는 금식 중에도 그를 건강하게 할 수 있었습니까?" 그러한 질문은 일이 어떻게 일어났는지 정확히 이해하려는 원동력이 된다.

성경의 말씀과 사건은 모두 상징적 가치를 보유한다. 그러나 주석가들은 자신의 관심을 돌렸다. 그는 땅 위로 떠다니면서 가끔 위를 바라보며, 위로 올라가는 것이 아니라 가끔씩 내려오고 있다. 성 알베르투스가 "나라가 임하시오며"*Thy Kingdom come*에 대한 그의 주석을 군주들의 통치에 관한 논문으로 제시하는 것처럼 상징화 과정은 혼란을 일으킬 수 있다.

이 성경 연구에 자연 연구를 적용하는 데는 두 가지 측면이 있다. 하나는 종교적 감정의 역사에 관한 것이다. 성경의 실제 이야기, 성탄절, 유아기, 그리스도의 사역 및 십자가 고난에 대한 이야기는 더 강렬하게 인식된다. 장면 자체가 인간의 정서에 너무 흡수되어 다른 무언가로 변형시키는 데 상징의 도움이 필요하다. 오히려 새로운 유형의 상징에 초점을 맞춘다. 사건은 채색이 되고 경건에 의해 제안된 세부 사항으로 채워진다. 다른 한편으로 우리는 중세 사상의 세속화 단계를 보고 있다. 중세 초기와 13세기 주석들commentaries에서 이탈과 이질적인 문제를 비교해 보자: 우리는 많은 것을 심지어 파리에서 진화한 전문적이고 간결한 주석에서도 발견할 수 있다. 이탈의 목적은 경건하고 신비롭거나 변증적인 것이었다. 서임권 논쟁Investiture Contest과 함께 교회 정치가 침투하기 시작했다. 파리의 교사들은 권력남용을 풍자하여 교회를 개혁하고 성직자들을 존중함으로써 교회의 특권을 지키기를 원했다.

우리의 13세기 주석가들은 삶의 목표와 같은 충성스러운 교인으로 남아 있다. 그들은 아직 『정치학』*Politics*을 소화하지 않았다. 그러나 세속 정부의 문제는 더 많은 관심을 끌고 있다. 국가는 성직자에 대한 적대감이나 친밀감과는 별개로 그 자체로 중요한 무언가로 그들 앞에 어렴풋이 나타나고 있다. 익명의 파리 설교자, 바르지의 존John of Varzy, 성 알베르투스St. Albert 및 토마스 도킹Thomas Docking은 세속 정치에 관심을 보였다; 힌튼의 사이먼은 정치적인 논의를 피하면서, 설명하고 싶어 할 때 당시 왕족이나 귀족 가문, 왕국 또는 공국을 한 번쯤 생각한다. 우리는 다른 많은 자료들에서 13세기 학교에서 이런 종류의 자연주의가 등장했다는 증거를 가지고 있다; 그러나 우리가 발견할 것으로 기대하는 마지막 장소인 성경에 대한 주석에서 그 설정은 이를 특별히 중요하게 만든다. 초기 중세와 많은 12세기 해설자들은 하늘의 행복을 묘사하기 위해 '신비적으로'anagogically으로 벗어났으며 관상의 '갑작스런 황홀한 비행'sudden esctatic flights에서 맛을 보았거나 그 이후에 덧붙였다. 이제 우리는 최상의 지상 정부와 부동산과 움직일 수 있는 그의 왕국의 가치를 증대시켜야 할 통치자의 의무에 관한 지엽적 논쟁을 발견한다.

고전 유물에 대한 관심이 증가함에 따라 현존하는 사물에 대한 관심이 커지고 있다. 고전적인 꼬리표와 사례들exempla은 12세기에 일반적이었다. 이제 책 분량이 증가한다. 의학과 자연 과학에 관한 『자연학』과 그리스어와 아랍어 작품이 지배적이 되었다. 그러나 고대 문학적 학습을 기록한 솔즈베리 요한John of Salisbury의 『폴리크라티쿠스』*Policraticus*는 백과사전을 보충하는 참고서로 사용되기 시작했다. 다시 우리는 이전 진행과정과 반대로 작동하는 것을 볼 수 있다. 랭튼은 오비드Ovid를 도덕화했다. 고란은 이교 철학자들의 견해에 대한 정보의 원천으로 『신국론』*City of God*을 사용한다.

이러한 모든 인용문과 언급들은 13세기의 주석에서 작은 비율만을 차지했다. 그들은 많기 때문에가 아니라 새로운 것이기 때문에 중요하다. 우리가 연구한 사람들은 신학 교사로서의 의무와 세속적 이해 사이에서 균형을 유지한다. 보나벤투라Bonaventurae는 새로운 아리스토텔레스 옷을 입었지만 성경 연구의 지침으로 세속 학습에 대한 빅터주의자들의 신념을 공유했다. 토마스는 문자적 해석의 가치를 정의하고 입증하는 데 집중했다. 알베르투스는 다재다능하고 방대했다. 그의 긴 주석들에 많은 저택mansions을 위한 여지가 있었다. 소수의 사람들은 이 세 가지 패턴 중 하나 혹은 그 이상을 따른다.

그러나 우리가 다가올 것에 눈을 돌리면 중세 후기 주석의 미래에 대한 추측을 위험에 빠뜨릴 수 있다. 한편으로는 세속적인 관심과 자연주의가 증가할 것이다. 다른 한편으로는 신비주의에 상응하는 반응이 있을 것이다.*

참고문헌

INTRODUCTION: reference books and books covering more than one of my chapters

F. Stegmüller, *Repertorium Biblicum Medii Aevi* (Madrid, 1950-1961); *Supplementum*, with N. Reinhardt (1976-1980). These 11 volumes give MSS, editions and bibliography, where they exist, for each item, with full indexes in the last volume

The Cambridge History of the Bible ii, ed. G. W. H. Lampe (Cambridge, 1969)

The Bible and Medieval Culture, ed. W. Lourdaux and D. Verhelst (Medievalia Lovanensia Series i, Studia vii, 1979)

H. J. Spitz, *Die Metaphorik des geistigen Schriftsinns. Eine Beitrag zur allegorischen Bibelauslegung des ersten christlichen Jahrtausends* (Munich, 1972)

H. de Lubac, *Exégèse médiévale. Les quatre sens de l'Écriture* (Paris, 1959-1964)

J. M. Evans, *Paradise Lost and the Genesis Tradition* (Oxford, 1968)

A. Borst, *Der Turmbau von Babel. Geschichte der Meinungen über Ursprung und Vielfalt der Sprachen und Völker* (Stuttgart, 1957-1963)

F. Ohly, *Hohelied Studien. Grundzüge einer Geschichte der Hohenliedauslegung des Abenlandes bis um 1200* (Wiesbaden, 1958)

H. Riedlinger, *Die Makellosigkeit der Kirche in den lateinischen Hohenlied-kommentaren des Mittelalters* (Beiträge zur Geschichte der Philos. und Theol. des Mittelalters xxxviii/3, 1958)

W. Affeldt, *Die weltliche Gewalt in der Paulus-Exegese. Rom. 13, 1-7 in den Römerbriefkommentaren der lateinishcen Kirche bis zum Ende des 13 Jahrhunderts* (Göttingen, 1969)

P. Prigent, *Apocalypse 12. Histoire de l'exégèse* (Beiträge zur Geschichte der biblischen Exegese, ii Tübingen, 1959)

E. A. Gosselin, *The King's Progress to Jerusalem, Some Interpretations of David during the Reformation Period and Their Patristic and Medieval Background* (Humana Civilitas ii, Malibu, California, 1976)

J. Chydenius, *Medieval Institutions and the Old Testament* (Helsinki, 1965)

CHAPTER I. THE FATHERS

E. Auerbach, *Mimesis. The Representation of Reality in Western Thought*, transl. W. Trask (New York, 1957)

J. Pépin, 'À propos de l'histoire de l'exégèse allégorique: l'absurdité signe de l'allégorie,' *Studia Patristica* i (1957) 394-413; *Mythe et allégorie les origines grecques et les contestations judéochrétiennes* (Paris, 1958)

H. Dörrie, 'Zum Problem der Ambivalenz in der antiken Literatur', *Antike und Abendland* xvi (1970) 85-92
W. Den Boer, 'Allegory and History', *Romanitas et Christianitas. Studia Iano Henrico Waszink oblata*, ed. W. Den Boer and others (Amsterdam, 1973) 15-27
J. Barr, *Old and New in Interpretation. A Study of the Two Testaments* (London, 1960) 103-148
T. P. T. O'Malley, *Tertullian and the Bible* (Utrecht, 1967)
M. A. Fahey, *Cyprian and the Bible: A Study in Third-Century Exegesis* (Beiträge zur Geschichte der biblischen Hermeneutik ix, Tübingen, 1971)
J. N. D. Kelly, *St. Jerome. His Life, Writings and Čontroversies* (London, 1975)
Peter Brown, *Augustine of Hippo a biography* (London, 1967)
M. Pontet, *L'exégèse de Saint Augustin prédicateur* (Paris, 1944)
C. Dagens, *Saint Grégoire le Grand. Culture et expérience* (Études Augustiniennes, Paris, 1977)
A. Williams, 'Bedas Bibelauslegung' *Archiv für Kulturgeschichte* xliv (1962) 281-314
G. Bonner, *Saint Bede in the Tradition of Western Apocalyptic Commentary* (Jarrow Lecture vi, Newcastle-upon-Tyne, 1966)
Clavis Patrum Latinorum, ed. E. Dekkers, 2nd ed. (*Sacris Eruderi* iii, 1961)
The Latin Josephus, ed. F. Blatt, i (Acta Jutlandica, 1958)
J. Chatillon, 'Isidore et Origéne, recherches sur les sources et l'influence des "Questiones in Vetus Testamentum" d'Isidore de Séville', *Mélanges bibliques rédigés en l'honneur d'André Robert* (Paris, 1957)

Chapter ii. Monastic and Cathedral Schools

La Bibbia nell'Alto Medioevo (Settimane di Studio di Centro Italiano sull'Alto Medioevo x, Spoleto, 1963)
B. Bischoff, 'Wendepunkte in der Geschichte der lateinischen Exegese in Frühmittelalter', *Sacris Erudiri* vi (1954) 189-281
R. E. McNally, *The Bible in the Early Middle Ages* (Woodstock Papers iv, 1959); 'The Tres Linguae Sacrae in Early Irish Bible Exegesis', *Theological Studies* xix (1958) 395-403
M. Thiel, 'Grundlagen und Gestalt der Hebräischkenntnis des frühen Mittelalters', *Studi Medievali* x/3 (1969) 3-212
R. Wasselynck, 'L'influence de l'exégèse de Saint Grégoire le Grand sur les commentaires bibliques médiévaux (VIIe-XIIe siècle)', *Rech. Théol. anc. méd.* xxxii (1965) 183-192
E. A. Matter, 'Exegesis and Education: the Carolingian Model', in press for *Teaching and Learning the Christian Tradition: Essays on Schools of Christian Thought*, ed. W. S. Babcock and others (Fortress Press, 1983); 'The Lamentations Commentaries of Rabanus Maurus and Paschasius Radbertus' in press for *Traditio* xxxviii (1983)

M. L. Laistner, 'Some Early Medieval Commentaries on the Old Testament', *Harvard Theological Review* xlvi (1953) 27-46

J. Leclercq, 'Les Psaumes 20-25 chez les commentateurs du haut moyen âge', *Collectanea Biblica Latina* xiii (1959) 213-229

G. Italiani, 'La tradizione esegetica nel commento ai Re di Claudio di Torino', *Quaderni dell'Istituto di Filologia Classica "Giorgio Pasquali" dell'Universita degli Studi di Firenze* iii (1979) 9-147

Pseudo-Jerome Quaestiones on the Book of Samuel, ed. A. Saltman (Studia Post-Biblica xxvi, Leiden, 1975); 'Rabanus and the Pseudo-Hieronymian *Quaestiones Hebraicae in Libros Regum et Paralipomenon*', *Harvard Theological Review* lxvi (1973) 43-75

C. Maus, *A Phenemology of Revelation. Paschasius Radbert's Way of Interpreting Scripture* (Pontificium Athenaeum Antonianum Facultas Theses ad Lauream, clxxx, 1970)

Jean Scot Homélie sur le Prologue de Jean. Introduction, texte critique, traduction et notes, ed. É. Jeauneau (Sources Chrétiennes cli, 1969); *Jean Scot Commentaire sur l'Évangile de Jean etc.*, ed. É. Jeauneau (Sources Chrétiennes clxxx, 1972)

R. Quadri, 'Aimone di Auxerre alla luce del "Collectanea" di Heiric di Auxerre, *Italia Medioevale e Umanistica* vi (1963) 1-48

J. J. Contreni, *The Cathedral School of Laon from 850 to 930* (Münchener Beiträge zur Mediävistik und Renaissance-Forschung xxix, 1978)

M. T. Gibson, 'Lanfranc's Commentary on the Pauline Epistles', *Journal of Theological Studies* N.S. xxii (1971) 86-112; *Lanfranc of Bec* (Oxford, 1978)

Iohannis Mantuani in Cantica Canticorum et de Sancta Maria Tractatus ad Comitissam Matildam, ed. B. Bischoff and B. Taeger (Spicilegium Friburgense xix, 1973)

I. S. Robinson, 'The Metrical Commentary on Genesis of Donizo of Canossa. Bible and Gregorian Reform', *Rech. Théol. anc. méd.* xli (1974) 5-37

R. Grégoire, *Bruno de Segni. Exégète et théologien monastique* (Spoleto, 1965)

S. Martinet, *Montloon reflet fidèle de la montagne et des environs de Laon de 1100 à 1300* (Laon, 1972)

O. Lottin, *Psychologie et morale aux XIIe et XIIIe siècles* v (Gembloux, 1959)

H. Weisweiler, 'Paschasius Radbertus als Vermittlers des Gedankengutes des Karolinischen Renaissance in den Mattäuskommentaren des Kreises um Anselm von Laon', *Scholastik* xxxv (1960) 363-402; 503-536

D. Van den Eynde, 'Literary Note on the Earliest Scholastic *Commentarii in Psalmos*', *Franciscan Studies* xiv (1954) 121-154; 'Complementary Note', ibid. xvii (1957) 149-172

V. I. J. Flint, 'Some Notes on the Early Twelfth Century Commentaries on the Psalms', *Rech. Théol. anc. méd.* xxxviii (1971) 80-88

W. Hartmann, 'Psalmenkommentare aus der Zeit der Reform und der Frühscholastik', *Studi Gregoriani* ix (1972) 312-366

K. Guth, 'Zum Verhältnis von Exegese und Philosophie im Zeitalter des Früscholastik', *Rech. Théol. anc. méd.* xxxviii (1971) 121-136

B. Smalley, 'Les commentaires bibliques de l'époque romane: glose ordinaire et gloses périmées, *Cahiers de civilisation médiévale* iv (1961) 15-21, reprinted in my *Studies in Medieval Thought and Learning from Abelard to Wyclif* (London, Hambledon Press, 1981) 17-26; 'An Early Twelfth-Century Commentator on the Literal Sense of Leviticus' *Rech. Théol. anc. méd.* xxxvi (1969) 78-99, reprinted in *Studies* 27-48; *Ralph of Flaix on Leviticus', Rech. Théol. anc. méd.* xxxv (1968) 35-82, reprinted in *Studies* 49-96: 'Some Gospel Commentaries of the Early Twelfth Century', *Rech. Théol. anc. méd.* xlv (1978) 147-180; 'An Early Paris Lecture Course on St Luke', *"Sapientiae doctrina". Mélanges de théologie et de littérature médiévales offerts à Dom Hildebrand Bascour* (Rech. Théol. anc. méd. numéro spéciale i, 1980) 299-311; in press for *Theologische Realenzyklopädie*, 'Glossa Ordinaria'

H. C. Van Elswijk, *Gilbertus Porreta: sa vie, son œuvre, sa pensée* (Spic. Sac. Lov. xxxiii, 1960)

(I. Brady), *Magistri Petri Lombardi Parisiensis Episcopi Sententiae in IV Libris Distinctae*, Prolegomena I/1 (Spicilegium Bonaventurianum iv, Rome, 1971; Prolegomena II, ibid. v (1981)

R. Pepermüller, *Abelards Auslegung des Römerbriefes* (Beiträge zur Geschichte der Philos. und Theol. des Mittelalters, N.F. x, 1972)

E. F. Kearney, *Master Peter Abelard, Expositor of Sacred Scripture: an Analysis of Abelard's Approach to Biblical Exposition in Selected Writings on Scripture* (unpublished Dissertation submitted to the Faculty of the Graduate School, Marquette University, Milwaukee, Wisconsin, 1980)

C. de Hamel, *The Production and Circulation of Glossed Books of the Bible* (unpublished D.Phil. Thesis, Bodleian Library, Oxford, 1978); 'The manuscripts of Herbert of Bosham', *Manuscripts at Oxford: an exhibition in memory of Richard William Hunt 1908-1979)*, ed. A. C. de la Mare and B. C. Barker-Benfield (Bodleian Library, 1980) 39-42; book now in press

N. Häring, 'The Creation and the Creator of the World according to Thierry of Chartres and Clarembald of Arras', *Archives d'histoire doctrinale et littéraire du Moyen Âge* xxii (1956) 137-216

U. Horst, *Gesetz und Evangelium. Das alte Testament in der Theologie des Robert von Melun* (Munich, 1971)

P. Classen, *Gerhoch von Reichersberg eine Biographie* (Wiesbaden, 1960)

I. Peri, *Das Hexaemeron Arnos von Reichersberg. Eine Exegese aus dem 12 Jahrhundert* (Jahrbuch des Stiftes Klosterneuburg N.F. x, 1976)

G. Dahan, 'Guillaume de Flay et son commentaire du Livre des Juges', *Recherches Augustiniennes* xiii (1978) 37-104

J. Prawer, 'Jerusalem in the Christian and Jewish Perspectives of the Early Middle Ages', *Gli Ebrei nell'Alto Medioevo* (Settimane di studio del Centro Italiano di studi sull'alto medioevo xxvi, Spoleto, 1980) 739-812

R. Weber, 'Deux préfaces au Psautier due à Nicolas Maniacoria', *Rev. Bén.* lxiii (1953) 3-17; 'Un nouveau manuscrit de la révision du Psautier Iuxta Hebraeos due à Nicolas Maniacoria', ibid. lxxxv (1975) 402-404

V. Peri, 'Notizie su Nicola Maniacuta', *Aevum* xxxvi (1962) 534-538; '"Correctores immo Corruptores". Un saggio di critica testuale nella

Roma del XII secolo', *Italia Medioevale e Umanistica* xx (1979) 19-125
On the origin and development of the *quaestio disputata*, J. P. Torrell, *Théorie de la prophétie et de la connaissance aux environs de 1230. La contribution de Hugues de Saint-Cher* (Spic. Sac. Lov. Études et documents xl, 1977) xv-xviii

CHAPTER III. THE VICTORINES

R. Goy, Die Überlieferung der Werke Hugos von St. Viktor (Monographien zur Geschichte des Mittelalters xiv, Stuttgart, 1976)
G. Zinn, 'Hugh of St. Victor and the Ark of Noah: A New Look', Church History xl (1971) 261-272
H. J. Pollitt, 'Some Considerations on the Structure and Sources of Hugh of St. Victor's Notes on the Octateuch', *Rech. Théol. anc. méd.* xxxiii (1966) 1-38
J. Chatillon, *Richard de Saint-Victor, "Liber exceptionum"* (Paris, 1958)

CHAPTER IV. ANDREW OF ST VICTOR

A. Penna, 'Andrea di S. Vittore. Il suo Commento a Giona, '*Biblica* xxxvi (1955) 305-331
A. Saltman, 'Pseudo-Jerome in the Commentary of Andrew of St. Victor on Samuel', *Harvard Theological Review* lxvii (1974) 195-253
G. A. C. Hadfield, *Andrew of St. Victor a twelfth-century Hebraist: an investigation of his works and sources* (unpublished D.Phil. Thesis, Oxford Bodleian Library, 1971); Dr Michael Signer has edited Andrew on Ezechiel in a doctoral thesis for The Pontifical Institute of Mediaeval Studies, Toronto, Canada, in press for C.C.S.L. Cont. Med.; the Rev. Mark Zier is currently editing Andrew on Daniel for the same Institute
R. Loewe, 'Herbert of Bosham's Commentary on Jerome's Hebrew Psalter. A Preliminary Investigation into its Sources', *Biblica* xxxiv (1953) 44-77; 159-192; 275-298; 'The Mediaeval Christian Hebraists of England', *Transactions of the Jewish Historical Society of England* xvii (1951-2) 245-249
A. Saltman, 'Supplementary Notes on the Works of Ralph Niger', *Bar-Ilam Studies in History*, ed. P. Artzi (1978) 103-113
R. Chazan, *Medieval Jewry in Northern France* (Baltimore, 1973)
A. Grabois, 'Un centre intellectuel juif à Paris sur la Rive Gauche aux XIIe-XIIIe siècles?', *Revue des études juives* cxxxi (1972) 223-234

CHAPTER V. MASTERS OF THE SACRED PAGE: THE COMESTOR, THE CHANTER, STEPHEN LANGTON

B. Smalley, *The Becket Conflict and the Schools. A Study of Intellectuals in Politics in the Twelfth Century* (Oxford, 1973); 'Peter Comestor on the Gospels and his Sources', *Rech. Théol. anc. méd.* lxvi (1979) 84-129; 'The

Gospels in the Paris Schools in the Late Twelfth and Early 13th Centuries, (i), *Franciscan Studies* xxxix (1979) 230-254
L. Schmugge, 'Thomas Becket und König Heinrich II. in der Sicht des Radulfus Niger', *Deutsches Archiv für Erforschung des Mittelalters* xxxii (1976) 572-579
S. R. Daly, 'Peter Comestor: Master of Histories', *Speculum* xxxii (1957) 62-73
I. Brady, 'Peter Manducator and the Oral Teachings of Peter Lombard', *Antonianum* xli (1966) 454-490
J. W. Baldwin, *Masters, Princes and Merchants. The Social Views of Peter the Chanter and his Circle* (Princeton, 1970)
M. B. de Vaux Saint-Cyr, 'Les deux commentaires d'Étienne Langton sur Isaië', *Revue des sciences philosophiques et théologiques*' xxxix (1955) 228-236
R. Foreville, 'A. d'Esneval, L'inspiration biblique d'Étienne Langton d'après le Commentaire sur Ruth et les Interpretations nominum hebraicorum', *Revue de l'histoire de l'Église de France* lxiii (1977) 202-204 (= review of unpublished thesis submitted to the University of Caen, 1976)
R. H. and M. A. Rouse, 'Biblical *Distinctiones* in the thirteenth century', *Archives d'histoire doctrinale et littéraire du Moyen Âge* xli (1975) 27-37
F. C. Tubach, *Index exemplorum. A Handbook of Medieval Religious Tales, FF Communications* cciv (Helsinki, 1969)
C. Delcorno, *Giordano da Pisa e l'Antica Predicazione Volgare* (Biblioteca di Lettere Italiane xiv, 1975) 413-417 gives a full bibliography of *exempla* collections and sources
Stephen Langton Commentary on the book of Chronicles. Edited with an introduction by Avrom Saltman (Bar-Ilan University Press, 1978)

Chapter vi. The Friars

T. Kaeppeli, *Scriptores Ordinis Praedicatorum Medii Aevi* (Rome, 1970) in progress
I. Brady, 'Sacred Scriptures in the Early Franciscan School', *La sacra scrittura e i francescani* (Pontificium Athenaeum Antonianum. Studium Biblicum Francescanum, Rome, 1973) 4-82
G. Baroni, 'La legislazione sugli "studia" dei predicatores e dei minori', *Convegni di Centro di studi sulla spiritualitá medievale* xvii (Todi, 1978) 207-247; G. Severino Polica, 'Libro, lettura, "lezzione" negli *Studia* degli ordini mendicanti (sec. XIII)', ibid. 399-410
P. Glorieux, 'L'enseignement au moyen âge. Techniques et méthodes en usage à la Faculté de Théologie de Paris au XIIIe siècle', *Archives d'histoire doctrinale et littéraire du Moyen Âge* xxxv (1969) 65-186
M. D. Chenu *La théologie comme science au XIIIe siècle* (2nd ed., Paris, 1957)
M. M. Dufeil, *Guillaume de Saint-Amour et la polémique universitaire Parisienne 1250-1259* (Paris, 1972)
R. H. and M. A. Rouse, 'The Verbal Concordance to the Scriptures', *Archivum Fratrum Praedicatorum* xliv (1974) 5-30

A. J. Minnis, 'Discussions of "Authorial Role" and "Literary Form" in Late-Medieval Scriptural Exegesis', *Beiträge zur Geschichte der deutschen Sprache und Literatur* xcix/1 (1977) 37-65; 'Late Medieval Discussions of *Compilatio* and the Role of the *Compilator*, ibid. ci/3 (1979) 385-421; in press *Medieval Theories of Authorship*

F. Chatillon, 'Vocabulaire et prosodie du distique attribué à Augustin de Dacie sur les quatre sens de l'Ècriture', *L'homme devant Dieu. Mélanges H. de Lubac* ii (Paris, 1964) 17-28

Summa Britonis sive Guillelmi Britonis Expositiones Vocabulorum, ed. L. W. and B. A. Daly (Padua, 1975)

B. Smalley, 'The Gospels in the Paris Schools in the Late Twelfth and Early Thirteenth Centuries' ii, *Franciscan Studies* xl (1980) 298-369; 'William of Auvergne, John of la Rochelle and St Thomas Aquinas on the Old Law', *St Thomas Aquinas 1274-1974* i (Toronto, 1974) reprinted in my *Studies* 121-182); 'The Biblical Scholar' *Robert Grossesteste Scholar and Bishop*, ed. D. A. Callus (Oxford, 1955) 70-97; 'John Russel O.F.M.' *Rech. Théol. anc. méd.* xxiii (1956) 277-320 reprinted in my *Studies* 205-288

E. J. Dobson, *Moralities on the Gospels. A New Source of Ancrene Wisse* (Oxford, 1975)

R. C. Dales and S. Gieben, 'The Proemium to Robert Grossesteste's Hexaemeron', *Speculum* xliii (1968) 451-461

J. I. Catto, 'New Light on Thomas Docking O.F.M.', *Mediaeval and Renaissance Studies* vi (1968) 135-149

D. M. Solomon, 'The Sentence Commentary of Richard Fishacre and the Apocalypse Commentary of Hugh of St Cher', *Archivum Fratrum Praedicatorum* xlvi (1976) 367-377

G. Hendrix, 'Les Postillae de Hugues de Saint-Cher et la traité *De doctrina cordis*', *Rech. Théol. anc. méd.* xlvii (1980) 114-130

M. Reeves, 'The Originality and Influence of Joachim of Fiore', *Traditio* xxxvi (1980) 269-316

A. Fries, 'Die Entstehungzeit der Bibelkmmentare Alberts des Grossen', *Albertus Magnus, Doctor Universalis, 1280-1980*, ed. G. Meyer and A. Zimmermann (Walberger Studien. Philos. Reihe, vi, Mainz, 1980) 119-139

S. Thomae de Aquino, Opera Omnia, iussu Leonis XIII edita, *Expositio super Job ad litteram* v (1965); *Expositio super Isaiam ad litteram* xxvii (1974)

H. V. Schooner, 'La Lectura in Matthaeum de S. Thomas (Deux fragments inédits et la Reportatio de Pierre d'Andria)', *Angelicum* xxxiii (1956) 9-142

J. A. Weisheipl, *Friar Thomas d'Aquino. His Life, Thought and Work* (New York, 1974); Review of the *Exposito super Isaiam* (see above), *The Thomist* xlii (1979) 331-337; *Thomas d'Aquino and Albert his Teacher* (Étienne Gilson Series 2, Toronto, 1980)

E. Panella, 'La "Lex Nova" tra Storia ed Ermeneutica. Le occasioni dell'esegesi di S. Thomaso d'Aquino', *Memorie Domenicane* N.S. vi (1975) 11-106

M. Arias Reyero, *Thomas von Aquin als Exeget: die Prinzipien seiner Schriftdeutung und seine Lehre von den Schriftsinnen* (Sammlung Horizonte, Neue Reihe, iii, 1971)
T. Domanyi *Der Römerbriefkommentar des Thomas von Aquin. Eine Beitrag zur Untersuchung seiner Auslegungsmethoden* (Basler und Berner Studia zur historischen und systematischen Theologie, xxxix, 1979)
W. Dettloff, 'Weltverachtung und Heil. Eine Interpretation der allgemeinen Einleitung Bonaventuras zu seinem Ecclesiasteskommentar', *S. Bonaventura 1274-1974*, ed. J. G. Bougerol, iv (Grottaferrata, Rome, 1974) 21-55
H. J. Klauck, 'Theorie der Exegese bei Bonaventura', ibid. 71-128
H. Mercker, *Schriftauslegung als Weltauslegung. Untersuchungen zur Stellung der Schrift in der Theologie Bonaventuras* (Munich, 1971)
D. L. Douie, 'Olivi's "Postilla super Mathaeum" (MS New College B.49)', *Franciscan Studies* xxxv (1975) 66-92
La "Lectura ordinaria super sacram Scripturam" attribuée à Henri de Gand. Introductio generalis ad sacram Scripturam, Introductio generalis ad Genesim. Expositio trium primorum capitulorum Genesis, ed. R. Macken (Analecta Mediaevalia Namurcensis xxvi, 1972)
G. Dahan, 'La leçon de Guillaume de Bourges: ses transcriptions de l'hébreu', *Archives juives* v (1979) 23-33; *Guillaume de Bourges, Livre des Guerres du Seigneur et deux homélies. Introduction, texte critique, traduction et notes* (Sources Chrétiennes cclxxxviii, 1981)
H. Hailperin, *Rashi and the Christian Scholars* (Pittsburgh, 1963)
G. Nahon, 'La communauté juive de Paris au XIIIe siècle', *Actes du 100e Congrès national des sociétés savantes. Philos. et Hist.* ii (Paris, 1978) 143-156
R. Loewe, 'The Mediaeval Hebraists of England. The *Superscriptio Lincolniensis*', *Hebrew Union College Annual* xxviii (1957) 205-252; 'Latin Superscriptio MSS on Portions of the Hebrew Bible other than the Psalter', *The Journal of Jewish Studies* ix (1958) 63-71
H. G. Richardson, *The English Jewry under Angevin Kings* (London, 1960)